Michelangelo
1475–1564

Frank Zöllner
Christof Thoenes

Michelangelo
1475–1564
Leben und Werk

Directed and produced by
Benedikt Taschen

TASCHEN

Inhalt

7
Vorwort
Frank Zöllner, Christof Thoenes

10–361
Michelangelo Buonarroti – Leben und Werk
Frank Zöllner, Christof Thoenes

10
I.
Der Beginn einer
großen Karriere
1475–1491
Frank Zöllner

20
II.
Zwischen Florenz,
Bologna und Rom
1492–1500
Frank Zöllner

38
III.
Der Durchbruch
in Florenz
1501–1504
Frank Zöllner

56
IV.
Zwischen Rom
und Florenz
1505–1508
Frank Zöllner

64
V.
Die Sixtinische Decke
1508–1512
Frank Zöllner

198
VI.
Der Architekt
in Florenz
1513–1534
Christof Thoenes

212
VII.
Der Bildhauer
1513–1534
Frank Zöllner

238
VIII.
Geschenkzeichnungen
und *Jüngstes Gericht*
1534–1541
Frank Zöllner

316
IX.
Der Architekt
in Rom
1534–1564
Christof Thoenes

340
X.
Spätwerk: Die letzten
Gemälde und Skulpturen
1540–1564
Frank Zöllner

360
Epilog
Frank Zöllner

362
Anhang

362
Bibliografische Nachweise zu Leben und Werk

364
Literaturverzeichnis

366
Register

Vorwort

Jacopino del Conte
Porträt Michelangelos, um 1535
Öl auf Leinwand, 98,5 x 68 cm
Florenz, Casa Buonarroti

Innovativ wie der eine Generation ältere Leonardo da Vinci, produktiv wie der wenig jüngere Raffael aus Urbino, geheimnisvoll wie der in Venedig tätige Giorgione und mit einem langen Leben und einer unbändigen Schaffenskraft gesegnet wie Tizian, verkörpert Michelangelo Buonarroti vielleicht am umfassendsten die Idee des neuzeitlichen Künstlers. Bis heute ist kein Buch seinem umfangreichen und vielseitigen künstlerischen Schaffen gerecht geworden. Die bislang umfassendsten Werkverzeichnisse von Charles de Tolnay und Frederik Hartt, die im Übrigen die architektonischen Projekte Michelangelos nicht berücksichtigen, verlieren mit dieser Publikation naturgemäß nicht ihre Gültigkeit. Allerdings ist das fünfbändige, für den Fachmann nach wie vor unerlässliche Werk Tolnays insofern veraltet, als es hauptsächlich den Forschungsstand der Zeit bis zum Ende des Zweiten Weltkriegs repräsentiert. Kaum aktueller und oft nicht auf dem Stand der Forschung ist die dreibändige Werkmonografie von Hartt. Weniger umfangreiche Gesamtdarstellungen neuerer Zeit, etwa die von Paolo d'Ancona, setzen sich kaum inhaltlich mit den Werken Michelangelos auseinander oder sie sind, wie beispielsweise die verdienstvollen Publikationen von Umberto Baldini, Ettore Camesasca, Valerio Guazzoni, Pier Luigi de Vecchi und Alessandro Nova, jeweils den Einzelgattungen Skulptur, Malerei und Architektur gewidmet. Die sehr verlässlichen Standardpublikationen von John Pope-Hennessy und Joachim Poeschke zur Plastik der Renaissance schließlich berücksichtigen nur die Skulpturen Michelangelos und klammern Fragen der Inhaltsdeutung oft aus. Die Inhaltsdeutung aber ist von herausragender Bedeutung für unser Verständnis der neueren Kunstgeschichte. Sie nimmt daher in diesem Buch neben der Kontextualisierung der Einzelwerke eine zentrale Stellung ein.

Zudem basieren die einzelnen Kapitel auf folgenden Arbeitshypothesen: Dass Michelangelo seinen raschen Aufstieg zum führenden Künstler Italiens sowohl seinem Talent als auch seinen exzellenten gesellschaftlichen Verbindungen zu verdanken hatte; dass sein schneller Erfolg ihn früh in die Lage versetzte, seinen Auftraggebern selbstbewusst gegenüberzutreten; dass ihn sein überragender Status dazu prädestinierte, zum Prototyp des modernen Ausdruckskünstlers zu werden, der in einem bis dahin nicht gekannten Maße sich selbst zum Thema seiner Kunst machen konnte; dass ihn seine Unabhängigkeit in die Lage versetzte, fast nach Belieben die Darstellungskonventionen, ja sogar das eben erst errungene Prinzip der Naturnachahmung zu verletzen, und dass er dabei seinen Werken eine semantische Vielschichtigkeit und ästhetische Autonomie sicherte, die später selbstverständlich werden sollte, zu jener Zeit aber noch ihresgleichen suchte.

Vom sprachlichen Anspruch her orientiert sich das Buch an der knappen Prosa, die beispielsweise in den Monografien von Herbert von Einem und Howard Hibbard einen lesbaren und zugleich informativen Text gewährleistet. Vorbild war auch die bisweilen dramatisierende, aber einfühlsame Sprache der umfassenden Monografie Antonio Forcellinos. Ihr gebührt das Verdienst, den oft blassen Michelangelo der neueren Fachprosa durch einen Menschen aus Fleisch und Blut ersetzt zu haben. Orientiert haben wir uns naturgemäß auch an der neueren Spezialforschung. Hier hat es in den letzten Jahrzehnten eine ganze Reihe neuer Erkenntnisse gegeben, etwa zum Frühwerk, das gleichwohl in Teilen nur strittig zugeschrieben ist, oder hinsichtlich der Vermögensverhältnisse und Investitionsstrategien Michelangelos. Stellvertretend für die jüngere Forschung sei hier Rab Hatfield genannt, der uns Michelangelo als cleveren Geschäftsmann und als Investor in soziales Prestige vorstellt. Ebenfalls inspirierend fand ich vor allem die neueren Arbeiten von James Beck (†), Claudia Echinger-Maurach, Michael Hirst, Joachim Poeschke, Michael Rohlmann, William Wallace und Kathleen Weil-Garris.

Fast alle prominenten Werke Michelangelos sind in den vergangenen Jahrzehnten einer gründlichen Restaurierung unterzogen worden. Das hat nicht selten zu scharfen Kontroversen geführt, gleichzeitig aber völlig neue Perspektiven für die Forschung eröffnet. Die vorliegende Publikation legt daher aktuelles Abbildungsmaterial der bisher restaurierten Werke Michelangelos vor. Soweit es möglich war, wurden dabei auch Aufnahmen berücksichtigt, die der Position eines realen Betrachters vor den jeweiligen Objekten nahekommen.

Für die hier vorliegende Neuausgabe wurde auf die umfangreichen und sehr ins Detail gehenden Anhänge mit den Werkkatalogen der Skulpturen, Gemälde und Zeichnungen Michelangelos verzichtet, da diese Kataloge sich eher an spezialisierte Fachvertreter als an das breitere Publikum wenden. Für einen Einblick in die aktuellen Forschungsdebatten sei daher auf die im Jahr 2007 bei TASCHEN publizierte Ausgabe „Michelangelo. Das vollständige Werk" verwiesen.

Mein Dank für Hinweise bei den Arbeiten zu diesem Buch gilt in erster Linie dem Leipziger Michelangelo-Team, hier besonders Katrin Pietrass, Benjamin Sommer und Annika Michalski, die den größten Teil meines Textes gelesen und kritisch kommentiert haben, sowie Michaela Marek, Thomas Pöpper, Jeannette Kohl, Karin Schumann, Martin Weicker, Susanne Vetter, Carina Bauriegel und Christine Frank. Quellen kontinuierlicher Inspiration waren neben dem Altmeister Christof Thoenes auch Ralph Konersmann, Frank Hopp und Miroslav Bronski. Gedankt sei schließlich Brigitte Beier, Petra Lamers-Schütze und Juliane Steinbrecher für Lektorat und Betreuung.

Frank Zöllner

Selbstporträt Michelangelos,
Detail aus: *Bekehrung des Saulus*,
1542–1545
(Abb. S. 346–347)

Anders als das figürliche Werk ist Michelangelos Architektur erst in jüngerer Zeit extensiv erforscht und auch wiederholt umfassend dargestellt worden (Schiavo, 1949 und 1953; Tolnay, 1955; Ackerman, 1961; Portoghesi/Zevi, 1964; Nova, 1984; Argan/Contardi, 1990). Ackermans Buch, mehrfach neu aufgelegt und 1986 noch einmal revidiert, gehört längst zu den Klassikern der architekturhistorischen Literatur; in der Sammlung, Sichtung und rationalen Durchdringung des Faktenmaterials wie in der Weite des interpretatorischen Horizonts bleibt es ein Referenzpunkt aller nachfolgenden Forschung. Tolnay hat sein monumentales Handzeichnungs-Corpus noch selbst abschließen können; der letzte, 1980 erschienene Band enthält den Großteil von Michelangelos Architekturzeichnungen und damit den Stoff einer weiteren Monografie. Argan und Contardi bieten die umfangreichste und am ausführlichsten illustrierte kritische Zusammenfassung des zu ihrer Zeit erreichten Forschungsstands. Seither sind zahlreiche Einzelstudien erschienen, die neues Licht auch auf das Gesamtwerk werfen (Bellini, Elam, Hirst, Joannides, Krieg, Maurer, Morrogh, Satzinger, Wallace u. a. m.). Der im vorliegenden Band abgesteckte Raum zwang zur Konzentration. Unsere Texte sollen die Hauptlinien von Michelangelos architektonischem Schaffen hervortreten lassen.

Michelangelos Arbeit als Architekt ist primär in seinen Zeichnungen dokumentiert. Ausgeführte Bauten – deren heutiges Erscheinungsbild sich von dem geplanten oft erheblich entfernt – können nur in ausgewählten Ansichten vorgeführt werden. Für das Verständnis vor allem der römischen Werke ist sekundäres Bildmaterial (zeichnerische Aufnahmen, Veduten, Projektstiche u. a.) unentbehrlich.

Als „Prototyp des modernen Ausdruckskünstlers" kann auch der Architekt Michelangelo gelten. Aber Architektur ist nicht das Produkt einer Hand, die ausdrückt, was das Subjekt empfindet; vielmehr durchläuft der Entwurf von der ersten Idee bis zum ausgeführten Gebäude eine Serie von objektivierenden Instanzen, die zu kontrollieren dem Architekten gelingen mag oder auch nicht. In Florenz agiert Michelangelo weitgehend souverän in einem für uns gut überschaubaren sozialen Umfeld; so lassen seine dortigen Architekturen sich mehr oder minder direkt als persönliche Schöpfungen interpretieren. In Rom gibt es vergleichbare Situationen erst wieder in der Spätzeit (Cappella Sforza, Porta Pia); zuvor wird Michelangelos Arbeitskraft großenteils von Unternehmungen absorbiert, die ohne sein Zutun in Gang gekommen waren und nach seinem Tod anders fortgesetzt worden sind: so der von politischen Kontroversen durchzogene Bautenkomplex auf dem Kapitol, der zur bürokratischen „macchina" erstarrte Riesenbau von St. Peter, der zum innerstädtischen Residenzschloss mutierende Familienpalast der Farnese. Hier kam es darauf an, Michelangelos künstlerische Entscheidungen aus dem Kontext der Baugeschichten heraus zu verstehen und auch für den Nicht-Spezialisten verständlich zu machen. Ohne einige Umständlichkeiten einerseits, Vereinfachungen andererseits ging es dabei nicht ab.

Überblickt man Michelangelos Künstlerlaufbahn, so fällt eine Schwerpunktverschiebung ins Auge: Der größte Figurenbildner seiner Generation hat in seinen letzten Lebensjahren vorwiegend Architektur produziert. Es gibt eine Reihe objektiver, von der Forschung erörterter Gründe dafür, doch kann ein subjektives Motiv auch hier zumindest vermutet werden. In dem berühmten Vierzeiler, mit welchem Michelangelo in Florenz auf ein konventionelles Lobgedicht auf die Medicigräber antwortete (s. Kap. VII), lässt er die Nacht erklären, sie wolle nicht „sprechen" (d. i. lebendig erscheinen), noch sehen und hören, sondern „Stein sein" (esser di sasso); so könnten das Unheil und das Unrecht der Gegenwart sie nicht berühren. Nicht sprechen können, nicht sprechen müssen: diesem Ideal kommt von allen Künsten die Architektur am nächsten. Dies mochte Michelangelo umso stärker verlocken, je pessimistischer er über seine eigene Zeit dachte. Das Fresko des Jüngsten Gerichts, in dem seine negative Grundstimmung unverkennbar hervortrat, hatte neben den üblichen Lobformeln auch Kritik provoziert, in der es an drohenden Untertönen („Ketzerei", s. Kap. VIII) nicht fehlte. Hier war offenbar eine Grenze berührt. Eine deutlichere Absage an den Zeitgeist war in einem figurativen Medium wohl nicht mehr denkbar; Michelangelo formulierte sie in seinem architektonischen Spätwerk. Neinsagen im Modus des Verstummens: Vielleicht ist dies die letzte „Aussage" von Michelangelos Architektur.

Über Michelangelo haben Kunsthistoriker seit Vasari nachgedacht: keine der hier geäußerten Überlegungen, Mutmaßungen und Meinungen gehört dem Autor allein. Die Forschung ist im Fluss, der Austausch mit jüngeren Kolleginnen und Kollegen an der Bibliotheca Hertziana, Rom, und am I. U. A. V., Venedig, half Schritt zu halten. Zu danken habe ich zuerst meiner Frau, die mich während dieses anstrengenden Jahres ertragen und, wie stets, in Krisenmomenten mir zur Seite gestanden hat.

Christof Thoenes

I.
Der Beginn einer großen Karriere

1475–1491

Frank Zöllner

*So wie, indem man abnimmt, langsam nur
innen im harten Berggestein sich findet
ein Niederschlag lebendiger Figur,
der mehr erwächst, je mehr der Stein verschwindet, –
so ist von manchem guten Tun die Spur,
darin die Seele bebend sich erwiese,
versteckt durch diese Oberfläche, diese
des eignen Fleisches steinige Natur.
Du kannst allein aus meinen Außenseiten
dieses befrein, wozu aus mir in mir
nicht Wille ist, noch Kraft, es zu bestreiten.*

— MICHELANGELO

Seite 11:
Kentaurenschlacht (Detail), 1492
(Abb. S. 15)

Figurenstudie nach Giottos Fresko *Die Himmelfahrt des Evangelisten Johannes*, nach 1490
Feder, 317 x 204 mm
Paris, Musée du Louvre, 706r

Giotto
Die Himmelfahrt des Evangelisten Johannes (Detail), um 1320
Fresko
Florenz, S. Croce, Peruzzi-Kapelle

Wenn Ludovico Ariost im 1532 erschienenen *Orlando furioso* seinen Zeitgenossen Michelangelo Buonarroti als „il divino", den Göttlichen, bezeichnet, dann stellt er damit einen bereits bekannten Vergleich für die Beurteilung des Künstlers vom Kopf auf die Füße. Denn während die Gegenüberstellung von Gott und Künstler im Mittelalter dazu diente, die schaffende Kraft göttlichen Wirkens zu veranschaulichen, diente der Vergleich fortan zur Überhöhung künstlerischer Schöpferkraft. Zwar sahen sich bereits die Maler und Bildhauer des 15. Jahrhunderts gerne als Vertreter göttlicher Kräfte, doch zur vollkommenen Verkörperung der Idee vom Künstler als Gott wurde erst Michelangelo. Hierbei vollzog sich ein weiterer Paradigmenwechsel: Während die Künstler des 15. Jahrhunderts ihre soziale Stellung, ihre Größe und ihren Rang dadurch bestimmten, dass sie sich mit antiken Kollegen und zeitgenössischen Literaten verglichen, trat an deren Stelle seit der Mitte des 16. Jahrhunderts Michelangelo als alleiniger Maßstab. Diesen Status erlangte Michelangelo zum einen durch herausragende Einzelwerke, die nicht selten das Normalmaß individueller schöpferischer Leistung überstiegen. Andererseits kombinierte er diese Einzelleistungen mit einer ungewöhnlichen Vielseitigkeit sowohl in den Bereichen der Bildhauerei und der Malerei als auch auf dem Gebiet der Architektur. Zudem gelang es dem Künstler, sich schon zu Lebzeiten eine gute Presse zu verschaffen, etwa in Gestalt der Michelangelo-Vita seines Schülers und Freundes Ascanio Condivi (um 1525–1574), die zum größeren Teil als Michelangelos Autobiografie gelten kann. Als Gipfel dieser biografischen Verklärung darf die Michelangelo-Vita Giorgio Vasaris (1511–1574) gelten, der den Künstler zum End- und Höhepunkt der Kunstgeschichte machte.

Die Idee der Einzigartigkeit Michelangelos und seines Schöpfertums hat im Grunde bis heute ihre Gültigkeit bewahrt. Zwar sieht die neuere Forschung nun auch die Schattenseiten des Genies, namentlich eine schroffe Art im Umgang mit seinen Zeitgenossen, seinen Geiz und Jähzorn sowie einen oft unbegründeten Hang zum Lamentieren, doch ruft sein monumentales Lebenswerk unter fast allen Aspekten immer wieder Erstaunen hervor. Tatsächlich hat sich Michelangelo wie vor ihm kein anderer Künstler unabhängig von Traditionen und Auftragszwängen machen und seinen ureigensten schöpferischen Impulsen folgen können. Er verkörpert den perfekten Künstler der Neuzeit, der mit beinahe allen Facetten seiner Persönlichkeit für sein Schaffen steht und den Auftragskünstler des Mittelalters ersetzt. Indem er dem Ausdruckskünstler moderner Prägung zum Durchbruch verhalf, vollendete er einen Emanzipationsprozess, den bereits die Künstler des ausgehenden Mittelalters initiiert hatten.

Talent und Schaffenskraft Michelangelos sind naturgemäß nicht allein in seiner Persönlichkeitsstruktur begründet. Der 1475 unweit von Arezzo geborene und 1564 in Rom verstorbene Künstler entwickelte sich in einem Kraftfeld fruchtbarer sozialer, politischer und persönlicher Spannungen. Von der Herkunft her war er Mitglied einer altehrwürdigen Florentiner Familie, die zwar der Aristokratie angehörte, aber nicht über einen entsprechenden politischen Einfluss und angemessene ökonomische Mittel verfügte. Als Künstler gehörte er gleichzeitig zum Stand der Handwerker mit einem vergleichsweise geringen sozialen Status. Durch die selbstgewählte Zugehörigkeit zu einer noch handwerklich definierten Schicht nahm er also innerhalb des gehobenen Bürgertums eine Sonderstellung und als Aristokrat unter den Handwerkern eine Außenseiterrolle ein. Wirklich verbunden fühlte er sich nur seiner Familie, besonders seinem Vater, seinen Brüdern, Neffen und Nichten, für deren ökonomische Absicherung und sozialen Aufstieg er den allergrößten Teil seines riesigen Vermögens bestimmte. Dieses Vermögen hatte er in den vielen Jahrzehnten seines künstlerischen Schaffens oft unter persönlichen Entbehrungen angehäuft, während er selbst die meiste Zeit wie ein armer Mann lebte.

Die besondere Stellung Michelangelos beginnt bereits mit seiner Geburt. Während für einige Meister des 15. Jahrhunderts nicht einmal das genaue Geburtsjahr bekannt und lediglich der ungefähre soziale Status ihrer Familien gesichert ist, sind wir über die Herkunft Michelangelos und seine Geburt gut informiert. Wie andere Mitglieder des gehobenen Bürgertums von Florenz hatte sein Vater, Ludovico di Leonardo Buonarroti Simoni, in seinem Familienbuch wichtige Ereignisse notiert, so auch die Geburt des zweiten seiner insgesamt fünf Söhne, der am 6. März 1475 in Caprese das Licht der Welt erblickte. Dieser Ort liegt nahe Arezzo im oberen Tiber-Tal, wo Michelangelos Vater für die Amtszeit von einem Jahr Stadtvogt (*podestà*) war. Danach zog die Familie nach Florenz zurück, wo sie entweder auf einem kleinen Landgut in Settignano oder in einer Stadtwohnung im Viertel von S. Croce wohnte. Bereits diese Informationen erhellen, dass Michelangelo und sein Vater einer Gesellschaftsschicht angehörten, die für die Ausübung öffentlicher Ämter infrage kam. Zudem war Ludovico Buonarroti ein Guelfe und damit ein Angehöriger jener politischen Strömung, deren Anhänger die Unabhängigkeit der Stadt Florenz gegenüber fremder Herrschaft zu wahren versuchten. Diese Fremdherrschaft konnte von außen kommen, etwa von Papsttum und Kaiser, aber auch von innen, von Florentiner Familien wie den Medici, deren Machtansprüche mit den republikanischen Ideen des guelfischen Bürgertums kollidierten.

Naturgemäß beschwor Michelangelos politische Nähe zum Guelfentum mehrfach Konflikte mit wichtigen Auftraggebern herauf. Hierzu gehörten in den ersten Jahr-

I. DER BEGINN EINER GROSSEN KARRIERE 1475–1491

Masaccio
Der Zinsgroschen (Detail),
um 1427
Fresko
Florenz, S. Maria del Carmine,
Brancacci-Kapelle

**Figurenstudie nach Masaccios
Fresko** *Der Zinsgroschen*,
nach 1490
Feder, z. T. über Rötel, 317 x 197 mm
München, Graphische Sammlung,
2191r

zehnten seines Schaffens vor allem die Medici. Diese Familie hatte die politischen Geschicke von Florenz im 15. Jahrhundert eher indirekt als direkt gelenkt, durch ein weit verzweigtes Netz politischer Allianzen, aber auch durch eine aufwendige Kunstförderung. Im 16. Jahrhundert hingegen gingen die Medici mehr und mehr dazu über, ihre Herrschaftsansprüche gegen republikanische Strömungen ganz offen und bisweilen brutal durchzusetzen. Ein hier angelegter Konflikt wurde noch dadurch verschärft, dass Michelangelo die ersten Schritte seiner frühen Karriere als Bildhauer unter dem Schutz Lorenzo de' Medicis (1449–1492) vollziehen konnte.

Generell sind wir über das Leben Michelangelos bis zu seinem Tod am 18. Februar 1564 außerordentlich gut informiert. Lediglich für die ersten Jahre nach seiner Geburt und seine Anfänge als Künstler muss man sich teilweise auf Legenden und Konjekturen stützen. Unsere Informationen über die Jugend des Künstlers beziehen wir aus den Michelangelo-Viten Giorgio Vasaris (1550 und 1568) und Ascanio Condivis (1553). In seiner Tendenz versucht vor allem Condivi den Künstler als frühreifes Genie darzustellen, das keine nennenswerte Schulung erhielt. Außerdem tendiert der Biograf dazu, das Verhalten Michelangelos gegenüber seinen Auftraggebern in ein günstiges Licht zu rücken. Das gilt in erster Linie für den vier Jahrzehnte währenden Konflikt um die Fertigstellung des Juliusgrabes. Immerhin schwebte über dem Künstler der Vorwurf, er habe die ihm anvertrauten riesigen Geldsummen nicht immer zweckgebunden verwendet.

Wir wissen, dass Michelangelos Familie, die seit dem 12. Jahrhundert in Florenz und der Toskana nachgewiesen ist, vor allem Kaufleute und Inhaber mittlerer Verwaltungsposten hervorgebracht hatte, zudem einige Kleriker wie Michelangelos älteren Bruder Leonardo Buonarroti, aber keine Künstler. Daher geben sich die Biografen große Mühe, die Berufswahl Michelangelos zu begründen. An erster Stelle steht bei Vasari natürlich der Ratschluss Gottes, der einen göttlichen Engel, einen „Michael Angelus", in der Toskana, dem Land der schönen Künste, das Licht der Welt erblicken ließ. Doch dann folgt bei den Biografen als zusätzliche, quasi irdische Erklärung die berühmte Anekdote über Michelangelo und seine Amme in Settignano: „Der Ort ist reich an Steinen, vornehmlich an Sandsteinbrüchen, die ohne Unterlass von Steinmetzen und Bildhauern bearbeitet werden, welche meist in jenen Gegenden heimisch sind. Ludovico gab dort Michelangelo zu der Frau eines Steinmetzen, damit sie ihn als Amme nähre. Dies aber war Anlass, dass Michelangelo einstmals im Scherz zu Vasari sprach: ,Giorgio, mein Geist an sich ist zu nichts nütze, sondern nur, weil er in der milden Luft von Arezzo, Eurer Heimat, ans Licht gekommen ist, so wie ich auch mit der Milch meiner Amme Meißel und Hammer eingesogen habe, womit ich meine Figuren mache.'"

Vasaris anekdotisch anmutender Bericht verweist unmittelbar darauf, dass Michelangelo tatsächlich wie viele Säuglinge der höheren sozialen Schichten nicht von der eigenen Mutter, sondern von einer Amme gestillt wurde. Außerdem spiegelt die Anekdote einen wichtigen Aspekt im Leben des Knaben Michelangelo wider. Auf dem Landgut seines Vaters in Settignano wuchs er zwischen den Marmorarbeitern und Steinmetzen der Gegend auf, so dass bereits hier eine Vertrautheit mit dem Marmor und seiner handwerklichen Bearbeitung angelegt war. Die manuellen Aspekte künstlerischen Schaffens respektierte Michelangelo bis an das Ende seines Lebens. Er unterschied sich damit radikal von den zeitgenössischen Künstlern, deren Anspruch auf sozialen Aufstieg mit einer Negierung ihrer handwerklichen Wurzeln einherging. Bezeichnend hierfür ist beispielsweise die geringschätzige Beurteilung der manuellen Seite künstlerischer Arbeit im Malereitraktat Leonardo da Vincis.

Michelangelo ist einer der ersten Künstler der Frühen Neuzeit, über dessen Aussehen wir durch zahlreiche zeitgenössische Porträtdarstellungen außerordentlich gut informiert sind (S. 6). Diese Porträts zeigen ein bärtiges Gesicht mit hohen, scharf definierten Wangenknochen und einer breiten, etwas eingedrückten Nase. Neben den Porträts existieren Charakterisierungen Michelangelos durch seine Zeitgenossen: Sie schildern einen nachlässig gekleideten, sogar etwas ungepflegten Mann, der bescheiden lebte und gelegentlich zu Großzügigkeit gegenüber Untergebenen neigte, während er gegenüber seinen Auftraggebern grob werden konnte. Aber es muss auch den gut gekleideten Michelangelo gegeben haben, der teure Hemden liebte und sich den Luxus eines guten Pferdes leistete. Die früheste und wohl auch glaubwürdige Charakterisierung Michelangelos durch einen Zeitgenossen stammt von Paolo Giovio, der um 1527 Folgendes über den Künstler zu berichten weiß: „Im Übrigen war der Mann mit dieser Begabung von Natur so rau und schroff, dass er, abgesehen von dem unglaublichen Schmutz seines häuslichen Lebens, der Nachwelt Nachfolger in seiner Kunst nicht gönnte. Denn obgleich er von den Fürsten beschworen wurde, konnte er niemals dazu gebracht werden, jemanden in die Lehre zu nehmen oder wenigstens zum Zuschauen in seine Werkstatt einzulassen."

Von Michelangelos Physis berichtet sehr anschaulich Condivi: „Michelangelo ist von guter Leibesbeschaffenheit, der Körper eher sehnig und knochig als fleischig und fett, vor allem gesund, sowohl von Natur aus als durch die körperlichen Übungen und

durch seine Enthaltsamkeit im Beischlaf und in der Nahrung, obwohl er als Kind kränklich und Zufällen unterworfen und als Mann zweimal krank gewesen war." Wie sehr Michelangelo selbst dieser Beschreibung seiner Person zustimmte, zeigen kürzlich publizierte, auf den Künstler selbst zurückgehende Randbemerkungen des 1553 erschienenen Vitentextes von Condivi: Dort ist beispielsweise vermerkt, dass Michelangelo sexuelle Enthaltsamkeit als nützlich und als Voraussetzung für ein langes Leben ansah.

Den bescheidenen Lebensstil Michelangelos schildert auch der aus Arezzo stammende Maler und Künstlerbiograf Vasari: „Er war sehr mäßig und genügte sich, um anhaltend bei der Arbeit zu bleiben, in der Jugend mit ein wenig Brot und Wein und pflegte in späteren Jahren, bis zu der Zeit, wo er das Weltgericht in der Kapelle malte, abends nach vollbrachtem Tagwerk ein sparsames Mahl einzunehmen. Obwohl reich, lebte er gleich einem Armen, nie oder doch selten aß ein Freund mit ihm, auch wollte er von niemand Geschenke annehmen, da er sich demjenigen, der ihm etwas gab, für verpflichtet hielt. Seine Mäßigkeit war Ursache, dass er äußerst wachsam war und nur wenig Schlaf bedurfte; oft stand er nachts auf, wenn er nicht ruhen konnte, um mit dem Meißel zu arbeiten, für welchen Zweck er sich eine Kappe von starkem Papier gemacht hatte, in deren Mitte oben er ein brennendes Licht befestigte, das überall, wo er arbeitete, einen hellen Schein verbreitete, ohne die Hände zu behindern." In dieser Darstellung mag die Passage über Michelangelos leuchtende Kopfbedeckung ein wenig übertrieben sein, doch der sparsame Lebensstil des Künstlers lässt sich, ausgehend von der Analyse seines Bankkontos und unserer Kenntnis seines Hausstandes, unschwer rekonstruieren.

Das „Markenzeichen" Michelangelos war bekanntlich seine plattgedrückte Nase, von deren Ursprung der Florentiner Goldschmied und Bildhauer Benvenuto Cellini (1500–1571) berichtet. Cellini gibt in seiner Autobiografie einen entsprechenden Bericht des Bildhauerkollegen Pietro Torrigiani (1472–1528) wieder: Torrigiani, im Gegensatz zu Cellini ein erklärter Widersacher Michelangelos, habe seinem Gegner während einer Schlägerei in der Florentiner Kirche S. Maria del Carmine das Nasenbein gebrochen. Die Worte Torrigianis kolportiert Cellini folgendermaßen: „Dieser Buonarroti und ich gingen als Knaben in die Kirche (S. Maria) del Carmine, um in der Kapelle des Masaccio zu studieren, und Buonarroti hatte die Art, alle zu foppen, die dort zeichneten. Eines Tages machte er sich unter anderen auch an mich, und es verdross mich mehr als sonst: Ich ballte die Faust und schlug ihn so heftig auf die Nase, dass ich Knochen und Knorpel so mürbe fühlte, als wenn es eine Oblate gewesen wäre, und so habe ich ihn für sein ganzes Leben gezeichnet."

Wer den Spott und den Sarkasmus Michelangelos aus seinen Briefen kennt, wird sich nicht wundern, dass der erzürnte Torrigiani ihm in S. Maria del Carmine die Nase zerquetschte. Zu dieser Gewalttat mag außerdem die bittere Erkenntnis beigetragen haben, dass Michelangelo, der wenig jüngere Konkurrent, ein sehr guter Zeichner war, mit dem er, Torrigiani, nicht mithalten konnte. In jedem Fall wirft diese Anekdote ein Licht auf die früh mit dem Zeichnen verbundene Ausbildung Michelangelos, die eher künstlerisch-praktischer als theoretischer Natur war. Tatsächlich scheint er kaum mehr als die übliche Grundschulausbildung absolviert zu haben. So ist Michelangelo schon als Zwölfjähriger am 28. Juni 1487 als Geldbote oder Laufbursche für die Malerwerkstatt Domenico Ghirlandaios (1449–1494) nachgewiesen. Er war also bereits in diesem Alter berufstätig und hatte gar nicht die Möglichkeit, sich nach Abschluss der Grundschule eine höhere Bildung anzueignen. Rund neun Monate später, am 1. April 1488, begann Michelangelo dann seine Lehrzeit als Maler in der genannten Werkstatt Ghirlandaios. Davon zeugt ein von Vasari (1568) wörtlich zitiertes Dokument, das den Beginn der Ausbildung und entsprechende Gehaltszahlungen von Seiten Ghirlandaios rechtsverbindlich festlegt.

Was genau der junge Künstler in der Werkstatt machte, lässt sich nur mühsam rekonstruieren. Wie andere Malerburschen auch, so dürfte Michelangelo dort die Grundlagen des Zeichnens und den Umgang mit Farben erlernt haben. Seine späteren Arbeiten als Maler, etwa in der Sixtinischen Kapelle, belegen eindrucksvoll, dass er bei Ghirlandaio dieses Metier gründlich studiert hat. Dazu gehörte nicht nur die Technik der Fresko- und Tafelmalerei, sondern ebenso die Fähigkeit, große Flächen mit figürlichen Kompositionen überzeugend auszufüllen. Hier war gerade Ghirlandaio, der gegen Ende des 15. Jahrhunderts in Florenz die monumentalsten Freskenzyklen schuf und auch an der ersten Ausmalung der Sixtinischen Kapelle beteiligt war, ein geeigneter Lehrmeister.

Über den weiteren Verlauf der Karriere des jungen Künstlers informieren uns wieder die Anekdoten der frühen Biografen. Nach den etwas voneinander abweichenden Berichten Condivis und Vasaris erhielt Michelangelo von seinem Freund Francesco Granacci, einem ebenfalls bei Ghirlandaio tätigen jungen Maler, einen Kupferstich Martin Schongauers mit der *Versuchung des heiligen Antonius*. Diesen Kupferstich habe Michelangelo kopiert und koloriert. Zur Perfektionierung der bizarren Gestalten sei er auf den Fischmarkt gegangen, um dort die Flossen und Augen der Fische zu studieren. Hinter dieser Anekdote verbirgt sich der Topos vom Schüler, der seinen eigenen Weg geht: Er folgt nicht mehr dem Meister, sondern der Natur (für die er in diesem Fall geeignete Beispiele auf dem Fischmarkt findet). Die an sich wenig glaubwürdige Geschichte mag im Kern ein Stückchen Wahrheit enthalten: Naturstudium gehörte gegen Ende des 15. Jahrhunderts natürlich zur Ausbildung der Künstler, und die Druckgrafik oder illustrierte Buchdrucke aus dem Norden Europas fanden tatsächlich zu jener Zeit in Italien Verbreitung. Bedeutende Werke der italienischen Kunst sind von druckgrafischen Erzeugnissen nordeuropäischer Künstler oder überhaupt von Druckgrafik angeregt worden – so Luca Signorellis (um 1450–1523) Fresken im Dom zu Orvieto in den 90er Jahren des 15. Jahrhunderts durch die Illustrationen aus Hartmann Schedels *Weltchronik*. Später ließ sich auch Michelangelo selbst in zwei Fällen – der Sixtinischen Decke und der *Bekehrung des Saulus* – durch druckgrafische Vorlagen inspirieren. Die Druckgrafik als Inspirationsquelle war ein Novum der Kunstgeschichte, das den Künstlern Anregungsmöglichkeiten von außerhalb der Lehrwerkstatt und des eigenen Kunstkreises erschloss.

Aber auch die von Cellini kolportierte Geschichte, dass Michelangelo dem Vorbild älterer Meister wie beispielsweise den Fresken Masaccios nacheiferte, findet eine Bestätigung in den frühen Zeichnungen des Künstlers. So haben sich u. a. Studien nach Giottos *Himmelfahrt des Evangelisten Johannes* (S. 12) in der Peruzzi-Kapelle der Florentiner Kirche S. Croce und nach Masaccios *Zinsgroschen* (S. 13) in S. Maria del Carmine erhalten. Diese Zeichnungen sind in ihrer Zuschreibung und Datierung teilweise strittig. Gleichwohl dürften einige der Blätter einen ungefähren Eindruck von Michelangelos Anfängen als Zeichner geben. Bemerkenswert ist hierbei die Auswahl des erhaltenen Bestandes: Mindestens drei Kopien sind nach den beiden wichtigsten Protagonisten der Florentiner Malerei entstanden, Giotto (1266 [?]–1337) und Masaccio (1401–1429). Eben diese Künstler spielen im Geschichtskonstrukt Vasaris die entscheidende Rolle: Giotto markiert um 1300 die erste Phase des Aufschwungs der Künste und Masaccio um 1420 die zweite, während Michelangelo selbst die dritte und höchste Stufe der Kunstgeschichte personifiziert. Giotto und Masaccio waren auch vor Vasari in der sogenannten Florentiner Kunsthistoriografie die Protagonisten der neueren Kunstentwicklung, so bei Dante, Filippo Villani, Lorenzo Ghiberti, Cristoforo Landino und Leonardo da Vinci.

Um 1490, also zu jener Zeit, als Michelangelo seine Zeichnungen nach Giotto und Masaccio schuf, beschreibt Leonardo da Vinci (1452–1519) dieses Periodisierungsmodell der Kunstgeschichte: „Wie die Malerei von Zeitalter zu Zeitalter immer tiefer sinkt und verkommt, wenn die Maler nur die schon geschaffenen Gemälde zum Vorbild haben. Der Maler wird sein Bild wohl kaum vortrefflich machen, wenn er sich die Gemälde andrer zum Vorbild nimmt; aber wenn er bei der Natur in die Lehre geht, wird er guten Erfolg haben. So sehen wir, dass die Maler, die nach den Römern kamen, einander fortwährend nachahmten und dass die genannte Kunst dabei von Zeitalter zu Zeitalter immer tiefer sank. Nach ihnen kam Giotto der Florentiner, der

I. DER BEGINN EINER GROSSEN KARRIERE 1475–1491

Bertoldo di Giovanni
Schlachtenrelief, um 1475
Bronze, 43 x 99 cm
Florenz, Museo del Bargello

Kentaurenschlacht, 1492
Marmor, 80 x 90,5 cm
Florenz, Casa Buonarroti

I. DER BEGINN EINER GROSSEN KARRIERE 1475–1491

*Damals arbeitete Michelangelo ... aus einem Stück Marmor ...
die Schlacht des Herkules mit den Kentauren, die so schön gelang,
dass jeder, der dies Werk ansieht, es für die Arbeit nicht eines
Jünglings, sondern eines geschätzten, in den Studien erfahrenen
und in der Kunst geübten Meisters halten muss.*

— GIORGIO VASARI

in den einsamen, nur von Ziegen und ähnlichen Tieren bewohnten Bergen geboren war und der nun, von der Natur zu jener Kunst hingezogen, auf den Felsen die Stellungen der Ziegen zu zeichnen begann, die er dort hütete. So zeichnete er nach und nach alle Tiere, die in der Gegend lebten, und zwar so gut, dass er nach langem Studium nicht nur die Maler seiner Zeit, sondern auch die vieler vergangener Jahrhunderte übertraf. Nach ihm ging es mit der Kunst wieder bergab, weil alle nun wieder die schon geschaffenen Gemälde nachahmten, und so sank sie von Jahrhundert zu Jahrhundert tiefer, bis der Florentiner Tommaso, mit dem Beinamen Masaccio, durch ein vollkommenes Werk bewies, dass alle, die sich etwas andres als die Natur, die Lehrmeisterin der Meister, zum Vorbild nahmen, sich vergeblich mühten."

Weiter behauptet Leonardo, dass ein Studium anerkannter Meister dem jungen Künstler weit weniger nütze als die direkte Arbeit nach der Natur. Blickt man auf die frühesten Zeichnungen Michelangelos, dann erkennt man sofort, dass sie die von Leonardo beschriebene Periodisierung der Kunstgeschichte perfekt widerspiegeln. Andererseits stellen die erhaltenen Zeichnungen nach den Fresken Giottos und Masaccios aber eine eklatante Abweichung von den Empfehlungen Leonardos dar. Tatsächlich dokumentieren die genannten Studien einen Bruch mit dem Prinzip der direkten Naturnachahmung, denn die Kunst Michelangelos entstand in ihren belegbaren Anfängen weniger aus dem Studium der Natur, sondern nach dem Vorbild älterer oder zeitgenössischer Kunst: Giotto, Masaccio und Schongauers Druckgrafik.

Michelangelo hat in seinem Leben große Mengen von Zeichnungen vernichtet, wahrscheinlich, um die Spuren seiner Ausbildung und seiner künstlerischen Anfänge zu verschleiern. Es ist daher zu vermuten, dass die erhaltenen Blätter mit Kopien nach Giotto und Masaccio auf eine bewusst vorgenommene Auswahl des Künstlers zurückgehen. Michelangelo wollte also von der Nachwelt als direkter Nachfolger der beiden größten Florentiner Maler gesehen werden. Zudem formulierte er mit dieser Selektion seiner Zeichnungen auch einen kunsttheoretischen Anspruch: Seine Kunst folgt nicht nur den Pfaden des Naturstudiums, sondern ebenso dem Studiums von Kunst. Diese Distanzierung von der Mimesis, der Naturnachahmung als Kunstprinzip, nimmt ähnliche Tendenzen seines Spätwerks (vgl. Kap. X) vorweg, spiegelt aber auch unmittelbar eine Gegenposition zur Naturnachahmung, wie sie sich zeitgleich in der *Kentaurenschlacht* (S. 15) zeigt (s. u.).

Nicht lange nach seiner ersten Ausbildung als Maler und Zeichner erhielt Michelangelo die Möglichkeit, sich auch als Bildhauer zu schulen. Das geschah im legendären Garten von S. Marco, einer von Lorenzo de' Medici begründeten Antikensammlung, wo der junge Künstler wahrscheinlich unter Anleitung des Bildhauers Bertoldo di Giovanni (um 1420–1491) die Grundzüge des Metiers erlernte.

In der Vita Michelangelos und in der Torrigianis berichtet Vasari ausführlich von diesem Garten, in dem Lorenzo de' Medici auf seine Kosten junge Bildhauer ausbilden ließ – und zwar nach dem Vorbild vor allem antiker Skulpturen. Auch hier entstand also Kunst vornehmlich nach dem Vorbild von Kunst. Dokumentiert ist dieser Medici-Garten seit etwa 1475, er befand sich gegenüber dem Kloster von S. Marco, an der Ecke der heutigen Via Sangallo und Via degli Arazzieri. Ebenfalls dokumentiert sind ab etwa 1480 die Besuche hoher politischer Würdenträger, denen der Garten, seine Antikensammlung und vielleicht auch die dort tätigen Künstler als Sehenswürdigkeiten gezeigt wurden. Dass Michelangelo wohl zwischen 1490 und dem Tod Lorenzo de' Medicis am 8. April 1492 einige Zeit in dieser Akademie verbrachte, ist durch einen Brief vom 14. Oktober 1494 belegt (s. a. Kap. II). Michelangelo wird dort als „Bildhauer aus dem Garten" der Medici bezeichnet.

In diesem Garten des Lorenzo il Magnifico tat sich der junge Künstler den Überlieferungen der Biografen zufolge durch besonders gewitzte Nachahmungen antiker Kunstwerke hervor. So soll er einen antiken Faunskopf dadurch imitiert haben, dass er ihn nachträglich, gewissermaßen zum „Beweis" seines ehrwürdigen Alters, mit einer Zahnlücke versah. Abgesehen von einem ersten Kontakt mit der Antike ist Michelangelos Aufenthalt im Garten von S. Marco noch aus einem anderen Grund wichtig. Der junge Künstler erhielt als Familienmitglied der Medici eine besondere Förderung, die so ganz und gar nicht dem üblichen Karriereverlauf eines Auftragskünstlers entsprach. Sie machte Michelangelo schon früh unabhängig von den Zwängen des durch Auftraggeber bestimmten Kunstmarktes, und sie verschaffte ihm bereits zu Beginn seiner Karriere eine gesellschaftliche Position, wie sie der durchschnittliche Handwerker-Künstler jener Tage nicht innehatte.

Im Haushalt der Medici traf er Bertoldo di Giovanni, der durch seine Stellung in der Privatakademie ebenfalls den üblichen Fährnissen alltäglicher Auftragskunst enthoben war. Zu Bertoldos bedeutendsten Werken zählt ein der Antike nachempfundenes Schlachtenrelief (S. 14), das sich u. a. dadurch auszeichnet, dass die Figuren im Gegensatz zu ihren antiken Vorbildern im Pisaner Camposanto völlig nackt sind. Hieran knüpft auch Michelangelo mit seiner *Kentaurenschlacht* an, zusammen mit der strittig zugeschriebenen *Madonna an der Treppe* das älteste erhaltene bildhauerische Werk des Künstlers. Inspiriert vom Schlachtenrelief seines Lehrers Bertoldo di Giovanni, schuf Michelangelo ein Knäuel nackter Leiber, deren genaue Identifizierung in den meisten Fällen schwerfällt. Thema des Reliefs ist wahrscheinlich die u. a. in Ovids *Metamorphosen* (12.210–535) beschriebene Hochzeit des Lapithenkönigs Peirithoos mit Hippodameia, bei der auch einige Kentauren als Gäste erscheinen. Im Rausch provozieren diese aus Mensch- und Tierleib zusammengesetzten Mischwesen einen Kampf um die Frauen der Lapithen. In der wilden Schlacht, die mit der Niederlage der Kentauren endet, erhält Peirithoos Hilfe von seinem Freund Theseus, der vermutlich in dem jüngeren, mit einem großen Stein bewehrten Mann links der Mitte dargestellt ist. Möglicherweise ist mit dieser Figur aber auch Peirithoos selbst gemeint. Bei der dominanten Figur in der Mitte handelt es sich wahrscheinlich um den Anführer der Kentauren, Eurythion.

Auch die Identifizierung der Frauen, um deren Besitz es in dem Kampf eigentlich geht, bereitet einige Mühe: Zwei von ihnen sind am oberen Rand links im Hintergrund zu erkennen, und eine ebenfalls durch längeres Haar als weiblich charakterisierte Figur findet sich in der rechten Hälfte des Reliefs. Sie scheint einen jungen Mann zu würgen, doch wahrscheinlich ist mit dieser Figur ein Lapith gemeint, der sie vor einem von rechts nahenden Kentauren in Sicherheit bringt. Weitere Kentauren sind schwer auszumachen. Die bereits genannte Figur in der Mitte des Reliefs gehört wahrscheinlich dieser Spezies an, denn ihr Oberkörper scheint in einen animalischen Unterleib überzugehen. Eindeutiger identifizierbar ist ein zu Boden gesunkener Kentaur am unteren Bildrand, dessen linker Hinterlauf zwischen die Füße des Theseus reicht.

Wie schwierig die korrekte Identifizierung des von Michelangelo dargestellten Sujets ist, zeigen auch Condivis Ausführungen zu dem Relief: Es sei auf Anregung des Haushumanisten der Medici, Angelo Poliziano, entstanden, der dem Künstler genaue Anweisungen gegeben und ihm als Thema den „Raub der Dejaneira und den Kampf der Kentauren" vorgeschlagen habe. Das bei Condivi genannte Sujet erscheint allerdings aufgrund der Zahl identifizierbarer Frauengestalten kaum haltbar, aber vielleicht kam es hierauf auch gar nicht an. Es ging wahrscheinlich weniger um das exakte Sujet, sondern mehr um die formale Auseinandersetzung mit der Antike, die bereits Bertoldo mit den zahlreichen Aktfiguren seines Bronzereliefs zu übertreffen versucht hatte. Michelangelo schuf sein Relief im Kontext einer bestehenden Sammlung antiker Kunst und in Bezug auf ein Sammlerstück zeitgenössischer Bronzeplastik. Das eigentliche Thema der *Kentaurenschlacht* Michelangelos ist also die Auseinandersetzung mit der Kunst, sowohl der antiken als auch der zeitgenössischen.

Dass es sich bei der *Kentaurenschlacht* um die Thematisierung von Kunst durch Kunst handelt, belegt auch die am linken Rand des Reliefs erkennbare Figur. Sie unterscheidet sich vom übrigen Bildpersonal durch ihr fortgeschrittenes Alter und ihre Kahlköpfigkeit. Der Alte mit der Glatze gilt als eine verschlüsselte Selbstdarstellung Michelangelos, und zwar nicht im Sinne eines physiognomisch wiedererkennbaren Selbstporträts, sondern als Kryptoporträt in der Tradition der Antike. Wir wissen aus

MICHELANGELO

mehreren griechischen und römischen Quellen von dem Kryptoporträt, das der berühmte antike Bildhauer Phidias im 5. Jahrhundert v. Chr. angefertigt hatte. Die ausführlichste Beschreibung dieses Selbstporträts findet sich bei Plutarch (um 46–um 120) in den *Vitae parallelae,* den Lebensbeschreibungen berühmter Männer, genauer, in der Vita des Perikles. Plutarch berichtet von Neid und Missgunst, die der Ruhm hervorrufen könne, und in diesem Zusammenhang auch von einer Amazonenschlacht, die auf der Außenseite eines Schildes der Göttin Athena auf dem Parthenon dargestellt gewesen sei. Auf diesem Schild mit der Schlacht zwischen den Athenern und den Amazonen hätten sich zwei Kryptoporträts befunden. Plutarch beschreibt eines dieser Porträts folgendermaßen: „Doch es war der Ruhm der Werke, der Phidias so viel Neid und Hass eintrug, vor allem aber die Tatsache, dass er bei der Gestaltung der Amazonomachie auf dem Schild eine Art Selbstbildnis herausarbeitete und zwar in der Form eines kahlköpfigen Alten, der mit beiden Händen einen Stein in die Höhe hebt (…)."

Der Künstler Phidias hatte also sich selbst nicht autonom, d. h. in Einzelbildern, dargestellt, auch nicht erkennbar als Phidias, sondern als Kryptoporträt, d. h. in der Gestalt eines kämpfenden Kriegers mit einem Stein in Händen. Das Porträt war nicht in offener, sondern nur in versteckter Form möglich, was – unabhängig vom Wahrheitsgehalt dieser Geschichte – einiges über den Status des Künstlers und über seine Abbildfähigkeit in der Antike aussagt.

Diesen Status des bildenden Künstlers, dessen Porträtwürdigkeit offenbar infrage stand, bestätigen auch andere antike Quellen, so später Cicero in seinen *Tusculanae disputationes* (1.34). Cicero schreibt über Künstler-Handwerker und nennt hier auch den Fall des Phidias: „Die Künstler (*opifices*) wollen nach dem Tod geehrt werden. Warum sonst fügte Phidias ein ihm ähnliches Bild im Schilde der Minerva ein, da es ihm nicht erlaubt war, eine Inschrift anzubringen?"

Der auffällige alte Mann mit der Glatze und dem großen Stein in der Hand ist also ein Verweis auf die von Plutarch, Cicero und anderen antiken Autoren überlieferte List des Phidias, der sich mittels einer Selbstdarstellung indirekt in seinem Werk verewigte. Michelangelo stellte sich damit als Bildhauer der nachmittelalterlichen Zeit in die große Tradition der Antike. Er demonstrierte mit diesem Verweis auf Phidias zudem seine Gelehrsamkeit sowie ein gewisses Verständnis von Kunst, das man heute als konzeptualistisch bezeichnen würde. Denn es kam ihm, wie gesagt, in der *Kentaurenschlacht* weniger auf die Bedeutung des Sujets an als vielmehr auf die Demonstration des Kunstcharakters seiner Kunst. Diese Vermutung ergibt sich auch aus dem Relief Bertoldos, das bereits einen ähnlichen Status hat. Michelangelos *Kentaurenschlacht* ist ein frühes Beispiel für die freie, von den Zwängen eines vorgegebenen Sujets unabhängige Ausübung künstlerischer Erfindungskraft und dafür, dass ein Kunstwerk vor allem aus der Auseinandersetzung mit anderen Kunstwerken, sowohl bekannten (Bertoldos Relief) als auch unbekannten (die Werke des Phidias), entsteht. Die wesentliche Voraussetzung für eine solche Konzeptkunst war Michelangelos privilegierte Stellung im Garten von S. Marco.

Eine für damalige Verhältnisse große Unabhängigkeit von Auftragskunst schlägt sich auch in der teilweise nur skizzenhaften Ausführung des Reliefs nieder. Tatsächlich kontrastieren die bereits perfekt polierten Oberflächen der erhabeneren Teile der Darstellung mit den weniger ausgearbeiteten Partien des Mittelgrundes und der nur grob behauenen Fläche am oberen Rand. Hiermit führt Michelangelo unmittelbar die Prozesshaftigkeit manuellen künstlerischen Arbeitens vor Augen. Die unregelmäßigen Kanten verweisen auf das ursprüngliche Brechen des Werkstücks aus einem größeren Marmorblock, die mit dem Spitzeisen bearbeiteten Partien auf die nächste Arbeitsstufe und die polierten Flächen auf den letzten Schritt der Vollendung des Reliefs. Dieses Insistieren auf der Erkennbarkeit manueller Arbeit ist für die 90er Jahre des 15. Jahrhunderts bemerkenswert, denn die Künstler jener Jahre setzten in der Regel alles daran, ein Werk in allen seinen Teilen zu vollenden und damit die handwerklichen Aspekte ihres Tuns vergessen zu machen. Bezeichnend hierfür ist die Position Leonardos, der in seinem Malereitraktat anlässlich des *paragone* (§ 36), des Wettstreits der Künste, die Bildhauerei wegen ihrer mühsamen, manuellen Seite geringschätzte und immer wieder die theoretische und „wissenschaftliche" Seite der Kunst betonte. Diese Akzentsetzung, die der sozialen Nobilitierung von Kunst und Künstler diente, war Michelangelo fremd. Aufgrund seiner Herkunft konnte er die sozialen Ambitionen seiner Künstlerkollegen gelassen zur Kenntnis nehmen und in der *Kentaurenschlacht* auch die manuelle Seite seines Schaffens thematisieren. Hier scheint auch seine Vertrautheit mit der handwerklichen und materiellen Seite des Bildhauers durch, die er bereits während seiner Kindheit, quasi an Stelle der Muttermilch, aufgesogen hatte (s. o.) und die er im Kontakt mit den Marmorarbeitern in Settignano und Carrara ein Leben lang pflegte. Diese starke Verwurzelung im handwerklichen Milieu spiegelt sich im Übrigen auch im bescheidenen Lebensstil Michelangelos wider, der, obwohl er schon früh die Möglichkeit dazu besaß, die Bequemlichkeiten einer aristokratischen Existenz verschmähte und noch hochbetagt, fast bis zu seinem letzten Atemzug, der Schwerstarbeit des Marmorbildhauers nachging.

Das einzige Gefühl, das die Gottheit den schwachen Sterblichen einflößen kann, ist der Schrecken, und Michelangelo scheint dazu geboren zu sein, den Seelen dieses Entsetzen durch den Marmor und die Farben einzuprägen.

— STENDHAL

II.

Zwischen Florenz, Bologna und Rom

1492–1500

Frank Zöllner

Der Marmor war gewissermaßen das Schicksal Michelangelos. Nur in Marmor mochte er seinen Gebilden Dasein geben, nur in Marmor arbeitet er mit Lust, Feuer und Ausdauer.
— CARL JUSTI

Seite 21:
Pietà (Detail), 1498/99
(Abb. S. 32)

Der heilige Prokulus, 1494/95
Marmor, Höhe mit Basis 58,5 cm
Bologna, Basilika S. Domenico,
Arca di San Domenico

Mit dem Tod Lorenzo de' Medicis verlor Michelangelo nicht nur einen wichtigen Förderer seiner Kunst, sondern auch einen väterlichen Freund und Gönner. Es verwundert daher nicht, dass der junge Künstler nach dem Tod Lorenzos zunächst in das Haus seines Vaters zurückkehrt. In dieser Zeit oder wenig später entstehen einige strittig zugeschriebene und nicht mehr erhaltene Werke, darunter das Holzkruzifix aus der Florentiner Kirche S. Spirito und ein *Herkules*, den der Künstler möglicherweise auf eigene Initiative aus einem alten, etwa vier Ellen (ca. 2,33 m) hohen Marmorblock schuf. Diese von den Biografen erwähnte Skulptur gelangte zunächst in den Palazzo Strozzi in Florenz und von dort nach Frankreich, wo sie noch bis ins 17. Jahrhundert nachweisbar war. Danach verliert sich ihre Spur. Der Verlust des nur spärlich dokumentierten *Herkules* hat die enorme Bedeutung dieser Skulptur vergessen lassen. Mit einer Höhe von über 2 m war sie die bis dahin größte Marmorskulptur mit einem antiken Sujet. Selbst im 16. Jahrhundert sollten nur wenige Figuren – beispielsweise Baccio Bandinellis *Herkules und Kakus* – dieses Maß in der Profanskulptur übertreffen (s. S. 42).

Eine ohne Auftrag geschaffene Monumentalskulptur wie der *Herkules* wäre ungewöhnlich, selbst für Michelangelo, dessen Vita reichlich Anomalien aufweist. Entweder traute sich der noch junge Künstler tatsächlich zu, eine ohne konkreten Auftrag geschaffene Großplastik nach Fertigstellung erfolgreich zu vermarkten, oder dem Herkules lag ein Auftrag von Seiten der Strozzi zugrunde, in deren Palast er sich bis mindestens 1527 befand. Innerhalb von Florenz zählten die Strozzi zu den prominentesten Gegnern der Medici, und falls der verlorene *Herkules* auf eine Bestellung dieser Familie zurückging, dann zeigt sich auch hier das für Michelangelos Karriere charakteristische Hin-und-her-Gerissensein zwischen zwei Auftraggebern, zwischen Parteien, die sogar miteinander verfeindet waren.

In eine andere Richtung weist wiederum die von Condivi kolportierte Anekdote, Michelangelo habe im Auftrag Piero de' Medicis einen Schneemann verfertigt. Für den 14. Januar 1494 ist starker Schneefall in Florenz nachgewiesen, so dass auch diese Geschichte einen wahren Kern gehabt haben dürfte. Sie verweist zudem darauf, dass Michelangelo auch nach dem Tod seines ersten Gönners Lorenzo de' Medici weiter für diese Familie tätig war.

Michelangelos Schneemann ist naturgemäß nicht erhalten, doch für die Zeit ab 1494 betreten wir das Terrain überlieferter und gesicherter Werke. Ihre Genese hängt mit dramatischen Ereignissen im Herbst 1494 zusammen und damit, dass Michelangelo sich zwischen Parteien entscheiden musste, für die er arbeiten wollte. Im Herbst 1494 drohten die französischen Truppen Karls VIII. die Stadt Florenz zu erobern, und aus einer heute nicht immer ganz verstandenen Angst heraus ergriff Michelangelo die Flucht. Wie berechtigt diese Ängste waren, erwies sich wenig später, als die Truppen Karls VIII. Florenz eroberten, die Medici vertrieben und damit die Voraussetzungen dafür schufen, dass in der Stadt eine Volksregierung an die Macht gelangte.

Condivi versucht in seiner Schilderung der dramatischen Flucht Michelangelos von ihrem politischen Hintergrund abzulenken. Er berichtet umständlich von mehreren Visionen eines Musikers, die Michelangelo schließlich veranlasst hätten, die Stadt zu verlassen. Tatsächlich waren die 90er Jahre geprägt von bedrohlichen Visionen, vor allem von denen Girolamo Savonarolas (1452–1498), der in seinen Predigten gegen die Amtskirche, die herrschende Klasse von Florenz, den Luxus und damit auch gegen bestimmte künstlerische Produkte wetterte. Savonarola wurde zudem zum geistigen Führer jener politischen Bewegung, die nach der Vertreibung des älteren Zweiges der Medici für einige Jahre eine republikanische Verfassung in Florenz durchsetzte. Michelangelo fand sich aufgrund seiner republikanischen Gesinnung auf Seiten der neuen Volksregierung, musste sich aber auch den eben vertriebenen Medici verpflichtet fühlen, in deren Haus er kurz zuvor in das Metier der Bildhauerei eingeführt worden war. Wie groß der Loyalitätskonflikt war, in den Michelangelo mit seiner Flucht gegenüber seinen ersten Förderern geriet, ist dokumentarisch durch den bereits genannten (Kap. I) Brief eines gewissen Ser Amadeo belegt: „Ich erfuhr, dass Michelangelo, der Bildhauer aus dem Garten, nach Venedig abgereist ist, ohne Piero (de' Medici) etwas davon zu sagen, und als dieser nach Hause kam, war er, glaube ich, ziemlich gekränkt."

Ziel der Mitte Oktober 1494 erfolgten Flucht Michelangelos waren zunächst Venedig und dann Bologna, wo der Künstler bis Ende 1495 blieb und den Auftrag erhielt, für den Dominikusschrein mit dem Grab des Heiligen – die sogenannte *Arca di San Domenico* – die Figuren der Heiligen *Petronius* (S. 24) und *Prokulus* (S. 24) sowie einen *Leuchterengel* (S. 25) zu schaffen. Während der Zeit seines Aufenthalts in Bologna wohnte Michelangelo bei dem wohlhabenden Gianfrancesco Aldovrandi, einem Vertrauten des damaligen Herrschers von Bologna, Giovanni Bentivoglio, der wiederum im November 1494 die aus Florenz vertriebenen Medici für kurze Zeit freundschaftlich aufnahm.

Die bis heute nicht geklärte Art und Weise der Vergabe des Auftrags kleidet Michelangelos Biograf Condivi in folgende Anekdote: „Eines Tages, als er (Gianfrancesco Aldovrandi) ihn durch Bologna führte, ging er mit ihm die Arca des S. Domenico anzuschauen in der diesem Heiligen gewidmeten Kirche, an der zwei Figuren aus Marmor fehlten, nämlich ein heiliger Petronius und ein kniender Engel mit einem Leuchter in der Hand; er fragte Michelangelo, ob er es sich zutraute, sie zu verfertigen, und da er mit Ja antwortete, bewirkte er, dass sie ihm zur Ausführung übergeben wurden, wofür er ihm 30 Dukaten auszahlen ließ, für den heiligen Petronius 18, für den Engel 12. Diese Figuren waren drei Palmen hoch und können noch an demselben Orte gesehen werden."

Diese Geschichte stellt Michelangelo als eine Art Gentleman-Künstler dar, der von einem anderen Gentleman en passant einen Auftrag vermittelt bekommt; sie ist, wie viele andere Anekdoten auch, wahrscheinlich etwas übertrieben, hat aber wohl einen wahren Kern, denn tatsächlich zeigt Michelangelos Karriere verschiedentlich Züge eines solchen privilegierten Künstlertyps. Den Hintergrund dieser Auftragsvergabe bildeten sicherlich auch Aldovrandis Kennerschaft sowie seine Florentiner Kontakte, etwa die zu den Medici. Michelangelo profitierte also trotz seiner etwas überhasteten und offenbar nicht mit Piero de' Medici abgesprochenen Flucht aus Florenz auch hier von den Verbindungen seiner ersten Gönner.

Der von Nicolà Pisano 1265 begonnene Schrein des heiligen Dominikus war zwischen 1469 und 1473 von Niccolò dell'Arca mit Figuren versehen worden und bei dessen Tod 1494 unvollendet geblieben. Insgesamt gelten heute drei Figuren des Schreins als Arbeiten Michelangelos und nicht nur zwei, wie Condivi behauptet. Das folgt unmittelbar aus dem stilkritischen Befund und aus den Angaben des Bologneser Schriftstellers Leandro Alberti, der im Jahre 1535 einen *Leuchterengel*, die Figur des *Heiligen Petronius* und die des *Heiligen Prokulus* als Arbeiten Michelangelos bezeichnet.

Michelangelo stand bei seinem Aufenthalt in Bologna vor der Aufgabe, ein bereits bestehendes Figurenprogramm zu ergänzen. Möglicherweise wirkt daher der *Heilige Petronius* traditioneller, als man es angesichts der kurz zuvor geschaffenen *Kentaurenschlacht* erwarten würde. Als Schutzpatron von Bologna hält der mit Albe, Chormantel und Mitra bekleidete Heilige ein Modell dieser Stadt in Händen. Unter dem schweren Stoff des Untergewandes sind deutlich die Bewegung des rechten Beines und die Andeutung eines klassischen Kontraposts zu erkennen. Gleichwohl wirkt *Petronius* deutlich traditioneller als der wenig später geschaffene *Prokulus*.

Prokulus war Soldat und Märtyrer zur Zeit der römischen Christenverfolgung in Bologna und hatte dort einen Vertreter des römischen Kaisers ermordet. Auf seine Vergangenheit als Offizier der kaiserlichen Armee spielen die gegürtete Tunika und eine Waffe an, die er ursprünglich in der Hand hielt. Die aggressiven Zornesfalten auf der Stirn nehmen diesen kriegerischen Ton auf und erinnern gleichzeitig an die Bluttat des Heiligen. Zudem weist seine Physiognomie bereits auf den *David* (S. 40) voraus.

Das Engagement in Bologna war nur eine Episode auf dem Weg zu bedeutenderen Aufträgen, die sich der Künstler mit der Rückkehr in seine Heimatstadt im letzten Viertel des Jahres 1495 erhoffte. Dort wandte er sich erneut an die Medici, nun an die

MICHELANGELO

Der heilige Petronius, 1494/95
Marmor, Höhe mit Basis 64 cm
Bologna, Basilika S. Domenico,
Arca di San Domenico

Der heilige Prokulus, 1494/95
Marmor, Höhe mit Basis 58,5 cm
Bologna, Basilika S. Domenico,
Arca di San Domenico

Kniender Engel (Leuchterengel),
1494/95
Marmor, Höhe mit Basis 51,5 cm
Bologna, Basilika S. Domenico,
Arca di San Domenico

in der Stadt verbliebene jüngere Linie dieser Familie. Für sie schuf er zwei heute verlorene Marmorskulpturen, nämlich einen jugendlichen *Johannes den Täufer*, den wahrscheinlich Lorenzo di Pierfrancesco bestellt hatte, sowie einen *Schlafenden Cupido*, der offenbar aus eigener Initiative des Künstlers entstand. Vor allem um den *Schlafenden Cupido* ranken sich die Legenden, denn die Figur war für die weitere Karriere des Künstlers von ausschlaggebender Bedeutung. Der *Schlafende Cupido* gelangte offenbar durch Vermittlung Lorenzo di Pierfrancesco de' Medicis nach Rom, wo ihn der Kunsthändler Baldassare del Milanese für 30 Dukaten erwarb. Der Händler gab die Figur als antik aus, um sie dann für die hohe Summe von 200 Dukaten an Kardinal Raffaelle Riario verkaufen zu können, einen mächtigen Kleriker und bedeutenden Kunstsammler Roms. Die darauf einsetzenden Verwicklungen, die Condivi lebhaft schildert, führten zu Michelangelos erstem Rom-Aufenthalt. Allerdings darf man den Anteil Lorenzo di Pierfrancesco de' Medicis in dieser Angelegenheit nicht unterschätzen, denn ihm berichtete Michelangelo pflichtschuldigst seine Ankunft in Rom. Der am 2. Juli 1496 verfasste Brief des Künstlers an seinen Gönner in Florenz lautet folgendermaßen: „Erlauchter Lorenzo, ich schreibe nur, um Euch zu benachrichtigen, dass wir am vergangenen Sonnabend (25. Juni) glücklich hier (in Rom) eingetroffen sind. Sogleich machten wir dem Kardinal von San Giorgio (Raffaele Riario) unsere Aufwartung, und ich übergab ihm Eure Empfehlung. Dem Anschein nach sah er mich gern und wollte, dass ich mir unverzüglich gewisse (antike) Figuren ansähe. Das tat ich und brachte damit den ganzen Tag zu, weshalb ich an diesem Tage Eure anderen Briefe nicht mehr abgegeben habe. Am Sonntag darauf (26. Juni) kam der Kardinal in seinen neuen Palast (die Cancelleria) und ließ mich rufen. Ich ging zu ihm, und er fragte mich, was ich von den Kunstsachen hielt, die ich gesehen hatte. Ich sagte ihm mein Urteil darüber; und gewiss, nach meinem Dafürhalten sind viele vortreffliche Stücke darunter. Darauf fragte mich der Kardinal, ob ich mich etwas Schönes auszuführen getraute? Ich antwortete, so große Sachen (wie die Antiken in seiner Sammlung) könnte ich nicht machen; aber er würde ja sehen, was ich zu leisten vermöge. Wir haben nun ein Stück Marmor zu einer Figur in Lebensgröße gekauft, und nächsten Montag (am 4. Juli) will ich mit der Arbeit beginnen."

Wie der Brief verdeutlicht, kam der junge Künstler in der Ewigen Stadt dank der Kontakte Lorenzo di Pierfrancesco de' Medicis gleich mit wichtigen Leuten in Verbindung. Kaum in Rom eingetroffen, wurde er in eine Antikensammlung eingeladen, um dort einzelne Stücke zu beurteilen. Im Zusammenhang mit dieser Tätigkeit als Kunstexperte ist auch der recht gut dokumentierte Auftrag für den *Bacchus* (S. 27) zu sehen, den der Künstler 1496/97 für Raffaele Riario schuf.

Zwischen Juli 1496 und Juli 1497 erhielt Michelangelo insgesamt 150 Dukaten für die Arbeit an der Skulptur und zehn Dukaten für den Marmorblock. Die vergleichsweise geringe Summe für den Marmor ist ein Hinweis auf dessen schlechte Qualität, die auch heute noch beim Studium des Originals erkennbar ist. Aufgrund dieser Erfahrung mit minderwertigem Material ging Michelangelo wenig später dazu über, die Marmorbeschaffung für seine Werke in die eigenen Hände zu nehmen und gegebenenfalls monatelang in den Marmorbrüchen von Carrara nach qualitativ hochwertigen Blöcken zu suchen.

Michelangelos *Bacchus* ist in fast jeder Hinsicht eine ungewöhnliche Figur. Erstmals in der Geschichte der neuzeitlichen Kunst schuf hier ein junger, noch nicht etablierter Bildhauer eine allansichtige, etwas überlebensgroße und damit für damalige Verhältnisse monumentale Marmorfigur mit einem antiken Sujet. Ihre Allansichtigkeit, im Übrigen einmalig in Michelangelos Œuvre, trug dem Umstand Rechnung, dass die Skulptur für eine Antikensammlung unter freiem Himmel bestimmt war, wo sie von allen Seiten betrachtet werden konnte. Anknüpfend an die geplante Nachbarschaft zu antiken Werken versah Michelangelo seinen *Bacchus* mit Attributen und Eigenschaften, die eine entsprechende Figur des Altertums ausgezeichnet hätten: So stützt ein bocksfüßiger Satyr, der an einer Weinrebe nascht, den unsicheren Stand des Weingottes. Weinreben, Weinlaub und Efeu schmücken als pflanzliche Attribute den Kopf, und eine Trinkschale in der rechten Hand spielt auf den berauschenden Trank an, der durch das Keltern der Trauben gewonnen wird. Auch der felsige Sockel, auf dem der trunkene Gott sich unsicheren Schritts zu bewegen scheint, sowie das Raubtierfell in der linken Hand des *Bacchus* finden sich bei entsprechenden antiken Statuen. Auf die Antike bzw. auf ein vermeintlich ehrwürdiges Alter der Skulptur verweisen auch das abgeschlagene Glied des Gottes und die Tatsache, dass die rechte Hand und die Trinkschale noch bis etwa 1553 fehlten. Möglicherweise hatte Michelangelo seinen *Bacchus* absichtlich mit kleineren Defekten versehen, um so den Eindruck zu erwecken, dass es sich um eine authentische Skulptur der Antike handelte. Mit dieser Form der Antikennachahmung knüpfte der Künstler an jenen Kunsthändler an, der Michelangelos *Schlafenden Cupido* erfolgreich als authentische Skulptur des Altertums ausgegeben hatte und sie daher zu einem unverschämt hohen Preis weiterverkaufen konnte.

Allein Michelangelo begnügte sich im Falle des *Bacchus* nicht damit, eine antik wirkende Skulptur zu schaffen. Als Kennzeichen authentischer Großplastik des Altertums galt damals wie heute ein solider Kontrapost, d. h. die sorgfältige Balance einer

Marten van Heemskerck
Bacchus in der Antikensammlung Jacopo Gallis in Rom,
um 1532–1535
Federzeichnung, 130 x 203 mm
Berlin, Staatliche Museen,
Kupferstichkabinett
(Berliner Skizzenbuch, I, fol. 72)

Bacchus, 1496/97
Marmor, Höhe 203 cm
(184 cm ohne Basis)
Florenz, Museo Nazionale
del Bargello

Figur mit Stand- und Spielbein, mit der Michelangelo bereits beim *Heiligen Prokulus* und wahrscheinlich auch beim heute verlorenen *Herkules* experimentiert hatte. Ganz anders der *Bacchus*, dessen Trunkenheit und unsicherer Gang sowohl in der instabilen Stellung der Beine als auch im Neigungswinkel von Oberkörper und Kopf zum Ausdruck gelangt: Er mutet wie eine Verhöhnung des Kontraposts an.

Die Deutungsgeschichte der Figur beginnt mit Condivi, der sie folgendermaßen beschreibt: Das fröhliche Gesicht mit seinen lüsternen und schielenden Augen kennzeichne den Hang des Bacchus zu übermäßigem Weingenuss, das Weinlaub und der Efeu auf seinem Kopf wiesen ihn als Erfinder des Rebsaftes aus. Eine besondere Bedeutung habe schließlich das Raubtierfell, denn nicht das Tier selbst sei dargestellt, sondern lediglich seine körperliche Hülle; Michelangelo habe damit andeuten wollen, dass die Gier nach dem berauschenden Wein zwangsläufig den Tod nach sich ziehe.

Condivis Deutung ist so moralisch, wie man sie von einem konservativen Autor aus der Mitte des 16. Jahrhunderts erwarten würde: Wer zu viel Wein trinkt, der stirbt früher als die anderen. Neuere Interpreten sehen die im *Bacchus* zweifellos thematisierte Trunkenheit deutlich positiver: Der Rausch sei im übertragenen Sinne als Mittel zur Erkenntnis göttlicher Mysterien zu verstehen. Mit beiden Interpretationen bewegt man sich durchaus im Bereich des Möglichen, doch entscheidend ist hier wohl gerade das Vorliegen einer Mehrdeutigkeit.

Vielleicht noch wichtiger als die semantische Ambivalenz des *Bacchus* sind sein Entstehungskontext und seine frühe Rezeptionsgeschichte. Geplant war schon von Beginn an eine Aufstellung in einer Antikensammlung. Dort sollte sie in einen Dialog mit den Zeugnissen aus der großen Zeit Roms als politischer und kultureller Hauptstadt der Welt treten. Michelangelo antwortete mit einem antiken Thema – *Bacchus* – auf eine antike Herausforderung – Monumentalskulptur. Wie die Zeitgenossen diese spezielle Nachahmung der Antike verstanden, zeigt ein Kommentar des Künstlers und Kunsttheoretikers Francisco de Holanda: „Zu Rom wurde mir ein Bacchus aus Marmor gezeigt mit einem kleinen Satyr, der für jenen einen Korb voller Weintrauben auf dem Rücken trägt, und zwar ein erstaunliches Kunstwerk der Antike. Und in der Tat schien es die Arbeit eines bedeutenden Meisters zu sein, aber dennoch nicht antik, obwohl die Tönung des Marmors und alle Feinheiten der Mache darauf hindeuteten. Als bei jener Gelegenheit einige Römer mich ausfragten, was ich über die Statue dächte, äußerte ich: ‚Wunderbar schön sei sie, gewisslich das Werk eines hervorragenden Künstlers, doch stamme sie nicht aus dem Altertume; denn ob auch die Erfindung, die Verhältnisse und die vollkommene Technik sowie der kleine Satyr mit dem Korbe echt schienen, so seien doch die Hände und Arme des Bacchus halb bewegt, weder ganz gesenkt, noch ganz erhoben, im Widerspruch zum Brauche der Alten; desgleichen sei die Bewegung des einen Beines schwächlich und das Auftreten des anderen nicht fest genug, abweichend von der bestimmten Regel der Antike.' Über meine Rede verwundert, erwiderten sie darauf: ‚Michelangelo habe dieses Werk vor Tagen vollendet, um damit die Römer und den Papst zu täuschen.' Aber der Meister erfuhr, dass er mich nicht getäuscht hatte."

Francisco de Holanda war ein Zeitgenosse Michelangelos, der in seinem *Tractato de pintura antigua* von 1548 die Kunstanschauungen jener Tage in Rom wiederzugeben versuchte. Sein Text belegt, dass es für die Zeitgenossen sowohl um die Verehrung antiker Skulptur als auch um ein an der Antike geschultes Kunsturteil ging. Hierbei kam es im Fall eines Sammlerstücks aus einem Antikengarten nicht unbedingt auf eine einzige und präzise Deutung an, sondern eher auf die semantische Ambivalenz und auf die Erwartungshaltung der Sammler. Passend für dieses Ambiente römischer Sammler der Renaissance knüpfte Michelangelo mit seinem *Bacchus* an die Größe der Antike oder an das Mysterium ihrer Kulte an. Das antike Kunstideal stellte er aber gleichzeitig durch die schwankende Gestalt des *Bacchus* listig infrage. Er ahmte die Antike nach, um sie durch seinen Witz gleichzeitig zu übertreffen.

Allerdings scheint Kardinal Riario diesen Witz nicht verstanden oder wenig geschätzt zu haben, denn die Skulptur gelangte nach ihrer Fertigstellung in den Besitz des Bankiers Jacopo Galli, mit dem Michelangelo befreundet war. Die Gründe für diesen Transfer des Werkes in den Garten Gallis, der ebenso wie die Antikensammlung Riarios unweit des Campo de' Fiori lag, sind nicht genau bekannt. Möglicherweise schenkte Riario die Skulptur seinem Nachbarn, wahrscheinlicher aber ist, dass sie dem ursprünglichen Auftraggeber nicht gefiel. Für diese Annahme spricht vor allem Condivis Versuch, die Auftraggeberschaft Riarios und damit auch dessen Ablehnung der Figur zu verschleiern. In dieselbe Richtung geht zudem seine Behauptung, Riario habe keinen Kunstverstand besessen. Auf Schwierigkeiten mit Riario verweist auch ein Brief Michelangelos an seinen Vater Ludovico vom 1. Juli 1497, in dem er den Grund für seine verzögerte Rückkehr nach Florenz beschreibt: „Ehrwürdigster und lieber Vater. Wundert Euch nicht, dass ich nicht zurückkomme, denn ich habe meine Angelegenheiten mit dem Kardinal noch nicht ins Reine bringen können, und abreisen will ich nicht eher, als bis ich für meine Mühewaltung befriedigt und abgelohnt bin. Und bei solchen großen Herren muss man sachte vorgehen, denn sie lassen sich nicht zwingen; doch glaube ich unter allen Umständen in der folgenden Woche von allem los und ledig zu sein."

Vermutlich erst nach Fertigstellung des *Bacchus* bemühte sich Michelangelo um weitere Aufträge in Rom. Hierzu zählt der von den frühen Biografen erwähnte *Cupido* oder *Apoll*. Zudem wissen wir von einem Auftrag Piero de' Medicis, den Michelangelo am 19. August 1497 in einem Brief an seinen Vater erwähnt: „Ich habe von Piero de' Medici den Auftrag für eine Statue übernommen und den Marmor dazu gekauft; dann habe ich sie aber nicht angefangen, weil er mir seine Zusagen nicht gehalten hat: Infolgedessen stehe ich auf eigenen Füßen und arbeite an einer Figur zu meinem Vergnügen. Und ich habe ein Stück Marmor für fünf Dukaten gekauft, und er war nicht gut, und ich hatte das Geld weggeworfen. Darauf habe ich ein anderes Stück gekauft, wieder zu fünf Dukaten, und an diesem arbeite ich zu meinem Vergnügen, so dass Ihr schon glauben dürft, dass auch ich Ausgaben und Mühen habe; jedoch was von mir verlangt, werde ich Euch schicken, und sollte ich mich gleich als Sklaven verkaufen."

Michelangelos Brief ist bezeichnend für seine besondere berufliche Situation: Einerseits repräsentierte er zu diesem Zeitpunkt noch den traditionellen, auf konkrete Aufträge angewiesenen Handwerker-Künstler, andererseits aber agierte er gleichzeitig schon als freischaffender, autonomer Künstler, der von sich aus Werke schuf, um sie dann Klienten anzubieten. Für die Gattung der Skulptur ist das bemerkenswert, weil hier allein schon der hohe Wert des Materials erhebliche ökonomische Vorleistungen des Künstlers voraussetzte, die mit finanziellen Risiken verbunden waren, wie sie Michelangelo in dem zitierten Brief beschreibt.

Die erneut schlechten Erfahrungen mit fehlerhaftem Material, die Unzuverlässigkeit Piero de' Medicis und vielleicht auch die Probleme mit Raffaele Riario veranlassten den Künstler schließlich, noch im Sommer 1497 auf das Metier seiner ersten Lehrjahre auszuweichen, auf die Malerei. Hierüber geben neu aufgefundene Dokumente Auskunft, die belegen, dass Michelangelo, der sich später immer wieder als Bildhauer bezeichnete und damit seine beruflichen Prioritäten klar setzte, am 27. Juni 1497 eine „Holztafel zum Bemalen" anschaffte. Zudem berichten Vasari und Varchi von einer *Stigmatisation des heiligen Franziskus*, die der Künstler entworfen bzw. gemalt habe. Im August oder September des Jahres 1500 schließlich erhielt Michelangelo den Auftrag, für die Grabkapelle des Kardinals Giovanni Ebu in S. Agostino ein Altarbild zu malen. Michelangelos Tätigkeit als Maler und Entwerfer während der ersten Jahre in Rom ist also zweifelsfrei dokumentiert. Allerdings bleibt bislang ungeklärt, ob die heute Michelangelo zugeschriebenen und in London verwahrten Gemälde mit einer *Madonna* und einer *Grablegung* authentische Zeugnisse dieser Phase seines Schaffens sind.

Unstritig hingegen ist das erste wirkliche Hauptwerk Michelangelos, die römische *Pietà*, entstanden zwischen 1498 und 1499 (S. 32). Die aus einem einzigen Block carraresischen Marmors geschaffene Skulptur begründete seinen frühen Ruhm als

MICHELANGELO

Michelangelo sah in Raffael das Studium, in sich die Natur: dort das Lernen, hier die Begabung.
— FRIEDRICH NIETZSCHE

MICHELANGELO

Pietà, 1498/99
Marmor, Höhe 174 cm
(Basisbreite: 195 cm, Breite der
Figurengruppe 166 cm,
Tiefe 103 cm)
Rom, Vatikan, Basilika St. Peter

> *Wenn durch belebten Stein die Kunst vermag*
> *ihr Antlitz Tag für Tag*
> *im Gleichen hinzuhalten; sollte nicht*
> *der Himmel erst, da sie von seiner Hand,*
> *wie dies von meiner ist, so viel Bestand*
> *ihr leihn, dass sie (nicht nur für mein Gesicht)*
> *nicht menschlich mehr, als Göttin sich erhielte?*
> *Und doch geht alles hin und währt nur kurz.*
> *Mir scheint, dass ich im Wichtigsten verspielte,*
> *wenn da ein Stein besteht nach ihrem Sturz.*
> *Wer wird dies rächen? Einzig die Natur.*
> *Denn was sie wirkt, geht mit der Zeit; und nur,*
> *was ihre Kinder wirken, hat hier Dauer.*
>
> — MICHELANGELO

Bildhauer und gilt zusammen mit Leonardos *Abendmahl* als Höhepunkt der Renaissancekunst überhaupt.

Der Ausführung des Werkes ging eine Reise nach Carrara voraus, wo Michelangelo sich ab November 1497 nach einem geeigneten Marmorblock umsah. Er zog also hier erstmals Konsequenzen aus den bereits genannten schlechten Erfahrungen mit minderwertigem Arbeitsmaterial. Im Juni 1498 traf der Marmorblock in Rom ein, kurz darauf, im August 1498, unterzeichnete Michelangelo den Vertrag mit dem Auftraggeber der *Pietà*, Jean de Bilhères-Lagraulas, und ein Jahr später, im August 1499, wurde die Skulptur in S. Petronilla, der Kapelle der französischen Könige neben dem südlichen Seitenschiff von Alt-St.-Peter, aufgestellt. An ihren heutigen Standort, in die erste Seitenkapelle rechts von Neu-St.-Peter, gelangte die *Pietà* erst im 18. Jahrhundert.

Der Auftraggeber der Skulptur war 1491 als Delegationsleiter der Gesandtschaft des französischen Königs Karl VIII. nach Rom gekommen und nach dem Tod Papst Innozenz' VIII. im Jahre 1492 zum Gouverneur von Rom ernannt worden. Diese Ernennung erfolgte durch einen alten Bekannten Michelangelos und seines Freundes Jacopo Galli, durch Kardinal Raffaele Riario. Hier zeigt sich, dass die wichtigen Auftraggeber Roms einem überschaubaren Kreis angehörten und dass Michelangelo bereits seit seiner Ankunft in der Ewigen Stadt mit diesem Netzwerk eng verbunden war. Das dokumentiert auch der Vertragstext selbst, in dem Jacopo Galli als Bürge der Abmachungen vom 27. August 1498 fungiert. Dieser Text lautet:

„Es sei einem jeden, der diesen Vertrag lesen wird, kund und zu wissen, dass der hochehrwürdige Kardinal di San Dionigi mit Meister Michelangelo, dem Florentiner Bildhauer, folgende Übereinkunft getroffen hat: Genannter Meister ist verpflichtet, vom Tage des Werkbeginns an gerechnet, innerhalb eines Jahres und auf eigene Kosten eine Pietà aus Marmor zu schaffen, nämlich eine bekleidete Jungfrau Maria, welche den verschiedenen Christus in den Armen hält, und zwar in der Größe eines natürlichen Menschen, zum Preise von 450 Golddukaten in päpstlichem Gold. Der genannte ehrwürdige Kardinal verspricht die Bezahlung wie folgt zu regeln: Als Erstes verpflichtet er sich, ihm vor dem Beginn der Arbeit 150 Golddukaten in päpstlichem Gold zu geben. Ist das Werk begonnen, so verspricht er, genanntem Michelangelo alle vier Monate 100 Dukaten gleicher Währung zu zahlen, derart, dass die genannten 450 Golddukaten in päpstlichem Gold in einem Jahr, wenn der genannte Auftrag erfüllt sein wird, ausgezahlt sind. Sollte das Werk vorher vollendet werden, so ist Seine Ehrwürden verpflichtet, die ganze Summe zu zahlen.

Und ich, Jacopo Galli, verspreche dem ehrwürdigen Monsignore, dass der genannte Michelangelo das Werk in einem Jahr vollendet und dass es die schönste Marmorskulptur sein wird, die es heutigentags in Rom gibt, und dass es kein Meister heute würde besser machen können. Und ich verspreche andererseits genanntem Michelangelo, dass der hochehrwürdige Kardinal die Bezahlung genau ausführen wird, wie es oben niedergelegt ist. Zur Bekräftigung dessen habe ich, Jacopo Galli, die gegenwärtige Niederschrift mit eigener Hand aufgesetzt, nach Jahr, Monat und Tag, wie oben geschrieben steht. Es herrscht Einvernehmen darüber, dass durch diesen Vertrag jede andere Niederschrift von meiner Hand oder auch von der Hand des genannten Michelangelo aufgehoben und ungültig wird, und dass allein diese Rechtsverbindlichkeit hat. (...)"

Der Text zeugt von normalen Vertragsbedingungen mit Fristsetzung und Ratenzahlungen, die einen termingerechten Verlauf der Arbeiten garantieren sollten. Auffällig ist das Datum des Vertrages, denn er wurde erst aufgesetzt, nachdem Michelangelo den Marmorblock besorgt hatte. Es bestand also schon vor der Festlegung der Vertragsmodalitäten ein Vertrauensverhältnis zwischen dem Künstler, dem Auftraggeber und dem Vermittler Jacopo Galli, der hier als enger Freund Michelangelos sogar eine einzigartige Skulptur verspricht. Das alles bezeugt die außergewöhnliche Stellung Michelangelos, der bereits nach kurzer Zeit ein gutes Verhältnis zu den höchsten Auftraggebern in Rom aufgebaut hatte.

Michelangelo war gerade einmal 24 Jahre alt, als die *Pietà* an ihrem Bestimmungsort aufgestellt wurde. Sie weist eine Meisterschaft in der Behandlung des Marmors auf, die selbst im Falle eines älteren und erfahreneren Künstlers erstaunen würde. Es wundert daher nicht, dass die *Pietà* Michelangelos Durchbruch als führender Bildhauer seiner Epoche, ja sogar als führender Bildhauer nachantiker Zeit markiert und dass er wenig später zum Inbegriff des „göttlichen Künstlers" sowie zum Paradigma für künstlerisches Schöpfertum überhaupt wurde. Augenfällig ist die Perfektion der Ausführung: Die lebensgroße Figur der Muttergottes hält den toten Christus auf ihrem Schoß, dessen fast vollständig nackter Körper in lebhaftem Kontrast zu dem üppigen und extrem detailliert gestalteten Gewand Mariens steht. Michelangelo hatte sich hier offenbar die schwierige Aufgabe gestellt, die Lagen, die Schwere und die winzigsten Windungen des weichen Tuches in der harten Materie des Marmors nachzuahmen. Zugleich stellte Michelangelo nicht nur die reiche Stofflichkeit vom Gewand Mariens dar, sondern auch das zwischen ihrem Schoß und dem nackten Körper des Toten ausgebreitete Leichentuch. Dieses Tuch verweist auf den Kreuzestod des Erlösers und mittelbar auch darauf, dass die Skulptur ursprünglich die Grabstätte des Auftraggebers in S. Petronilla zierte.

Michelangelos Skulptur greift den Typus des sogenannten Vesperbildes auf. Dieser Typus mit der trauernden Maria und dem toten Christus auf ihrem Schoß war, ausgehend von der Volksfrömmigkeit und der spätmittelalterlichen Mystik, seit dem 14. Jahrhundert vor allem in Nordeuropa und damit in der Heimat des Auftraggebers verbreitet, aber durch etliche importierte Exemplare auch in Italien bekannt. Die in der Regel kleinformatigen Holzskulpturen zeichneten sich durch einen expressiven, eher kruden Realismus aus, der Leid und Trauer sehr unmittelbar zum Ausdruck brachte.

Die Darstellung der *Pietà* war besonders geeignet, den Zusammenhang zwischen der Inkarnation, der Menschwerdung Christi, und der sakramentalen Darbringung, dem Opfer Christi, bildhaft zu vergegenwärtigen. Tatsächlich assoziierte man in der mittelalterlichen Theologie Maria sowohl mit der Geburt des Erlösers als auch mit dem Altar, auf dem das Opfer Christi während der Messe wiederholt wurde. Den auf dem Schoß einer Marienskulptur präsentierten Leib Christi verstand man als Analogon zu der vom Priester erhobenen Hostie während der Messe. Dieses Konzept schwingt auch in der lebensgroßen, von Michelangelo für den Altar einer Grabkapelle geschaffenen Marmorskulptur mit.

Neben dem eucharistischen Aspekt der *Pietà* sei auch die erneute Aktualität dieses Themas sakraler Skulptur in Italien am Ende des 15. Jahrhunderts genannt. Tatsächlich mehrten sich in jenen Jahren die Berichte über Wunder wirkende Vesperbilder: 1494 habe eine Pietà in Assisi wirkliche Tränen über Verderbnis und Schwelgerei der Stadt vergossen, 1519 eine Madonna bei Sanseverino den elenden Zustand der Kirche und die Ketzerei Martin Luthers beweint; eine Madonna in Padua soll sogar eine Pestepidemie beendet haben. Das expressive Vesperbild des Nordens entfaltete in Italien also ganz wundersame Kräfte und mag auch daher für den Auftraggeber ein interessantes Sujet gewesen sein. Michelangelo übernahm diesen aus dem Norden importierten Typus, übersetzte ihn aber in eine ästhetisch völlig andersartige Form: Den unmittelbaren Ausdruck von Leid und Trauer des Vesperbildes nordeuropäischer Prägung verwandelte er in eine ideale, an der Antike orientierte Ästhetik, die das Publikum weniger durch die drastische Darstellung leiblichen und seelischen Schmerzes als vielmehr durch künstlerisch gestaltete Schönheit rühren sollte.

Die besondere Ästhetik der römischen *Pietà* bemerkte bereits Condivi: Niemand sei von ihrer Schönheit unberührt geblieben; gleichwohl hätten einige Betrachter das zu jugendliche Aussehen der Maria bemängelt, die kaum älter sei als ihr Sohn. Darauf habe Michelangelo geantwortet: „Weißt du nicht, dass die keuschen Frauen sich viel frischer erhalten als die unkeuschen? Gilt dies nicht viel mehr für eine Jungfrau, der niemals die kleinste lüsterne Begierde gekommen ist, die den Körper angreifen könnte?" Die körperliche Frische der Muttergottes demonstriere also ihre Jungfräulichkeit. Diese Auffassung Michelangelos, so Condivi, sei eines Theologen würdig: Der Künstler habe nicht nur mit seiner Hand Einzigartiges geleistet, sondern auch gezeigt, dass er zum Werk seiner Hände göttliche Gedanken äußern könne. Diese Göttlichkeit kommt mittelbar auch in der Signatur der *Pietà* zum Ausdruck, die auf einem quer über die Brust der Madonna laufenden Riemen in antikisierenden Buchstaben eingemeißelt ist und folgendermaßen lautet: MICHAEL.A(N)GELVS.BONAROTVS.FLORENTIN(VS).FACIEBA(T) (Der Florentiner Michelangelo Buonarroti machte es; s. S. 21).

Aufschlussreich ist hier zunächst der Beginn der Inschrift, denn der Künstler schreibt seinen Namen in zwei deutlich voneinander getrennten Worten, MICHAEL und ANGELVS, womit er auf den Engel (lat. *angelus*) bzw. den Erzengel Michael anspielt, einen unmittelbar von Gott gesandten Boten. Nimmt man diesen nicht gerade bescheidenen Gedanken der Signatur ernst, dann begriff sich also schon der junge Michelangelo als eine von Gott gesandte, engelsgleiche Mittlergestalt zwischen dem Irdischen und dem Himmlischen.

Künstler des ausgehenden 15. Jahrhunderts signierten ihre Werke eher selten. Das gilt auch für Michelangelo, der lediglich die römische *Pietà* mit seinem Namen kennzeichnete. Andererseits existierten gerade in Alt-St.-Peter mehrere signierte Hauptwerke, darunter Filaretes Bronzetür (entst. 1433–1445) sowie die Grabmäler Sixtus' IV. (reg. 1471–1484) und Innozenz' VIII. (reg. 1484–1492), die Antonio del Pollaiuolo (1432–1498) kurz zuvor vollendet hatte. Die Peterskirche war damals schon eine der wichtigsten, am häufigsten besuchten Stätten der westlichen Christenheit, und mit seiner Signatur der römischen *Pietà* versuchte Michelangelo sich an diesem Ort neben seinen älteren Kollegen auch namentlich zu verewigen. Zudem knüpfte er sowohl mit der Buchstabenform seiner Inschrift als auch mit deren Tempus an eine antike Tradition an. Er bediente sich nämlich nicht der damals bei Signaturen üblichen Vergangenheitsform „FECIT" (er hat es gemacht), sondern entschied sich für das Imperfekt „FACIEBAT" (er machte es). Michelangelo bezog sich damit auf einen Brauch der Antike, von dem Plinius Secundus d. Ä. im Vorwort (Praef., §26) zu seiner *Naturalis historia* berichtet: Die berühmtesten Maler und Bildhauer des Altertums hätten ihren vollendeten Arbeiten nur eine unverbindliche Aufschrift mit der Verbform „faciebat" gegeben. Plinius deutet diesen Brauch als einen Gestus der Bescheidenheit und als eine Maßnahme, mit der sich die Künstler gegen die Missgunst ihrer Kollegen absichern wollten. Es ist schwer vorstellbar, dass Michelangelo, der sich in derselben Inschrift als „Engel Michael" bezeichnet, diesen Gestus der Bescheidenheit teilte. Ihm ging es wahrscheinlich eher um die Anspielung auf einen antiken Brauch und – wie schon im *Bacchus* – gleichzeitig um die Überwindung der Antike.

Die Kunst des Altertums war für Michelangelo nicht nur ein bewundertes Ideal, sondern zugleich Prüfstein und Herausforderung. Das belegt allein schon die vergleichsweise hohe Zahl antiker Sujets in seinem Frühwerk, die bis dahin von keinem anderen Künstler erreicht wurde. Wenn er 1499, also am Ende des 15. Jahrhunderts, mit seiner römischen *Pietà* ein sakrales Kunstwerk mit einer Signatur versah, mit der er einen Bescheidenheitsgestus der Antike praktisch in sein Gegenteil verkehrte, dann war damit tatsächlich eine neue Kunstepoche angebrochen, die mehr war als nur eine Renaissance des Altertums.

Zu den Schönheiten des Werkes gehört außer den göttlichen Gewändern der Leichnam Christi, dessen Glieder so herrlich, dessen Leib so kunstvoll ist, dass niemand wähne, eine nackte Gestalt finden zu können, bei der Muskeln, Adern und Nerven mit so richtiger Beachtung über die Knochen gelegt sind, noch einen Toten mit einer solchen Totenähnlichkeit.

— GIORGIO VASARI

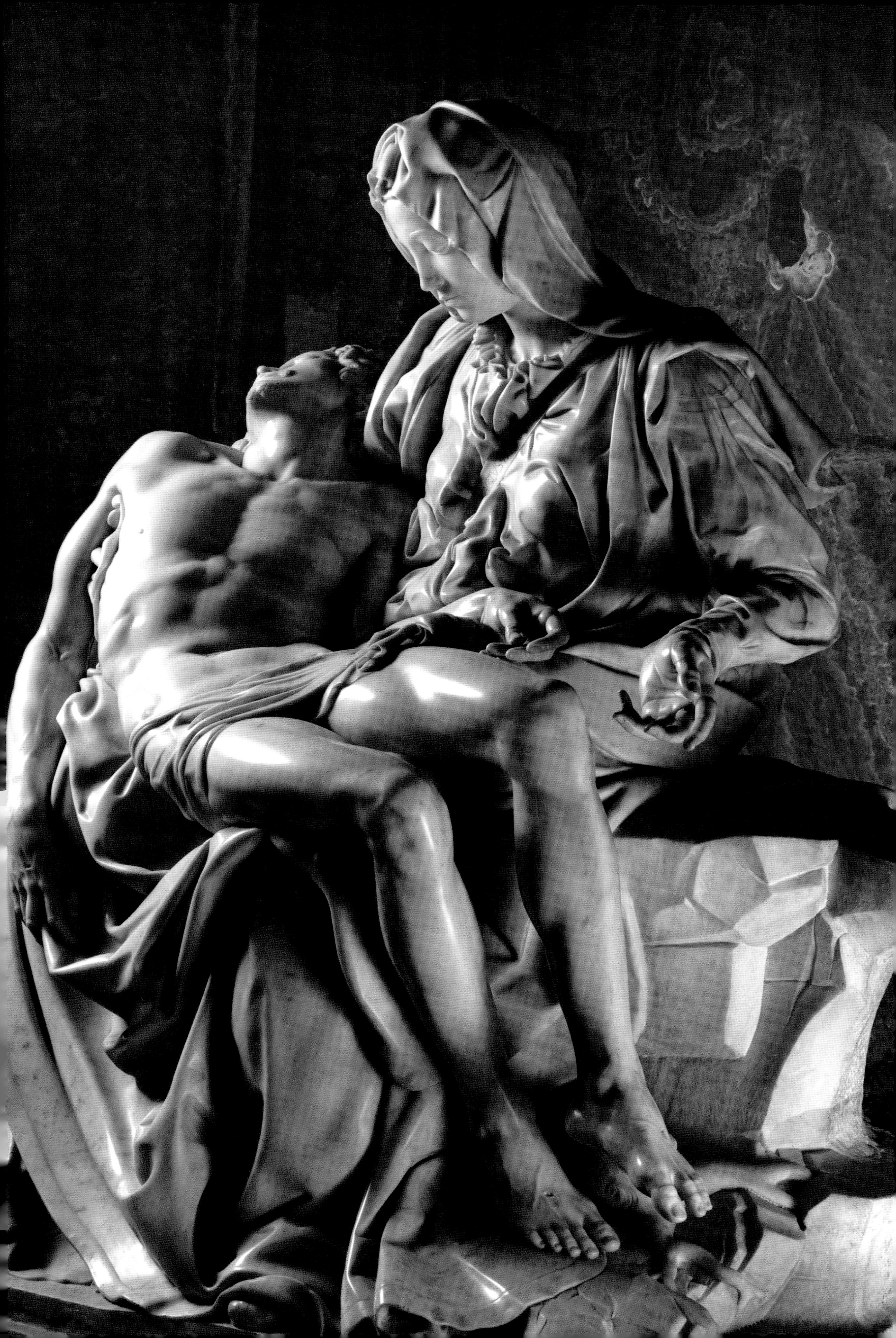

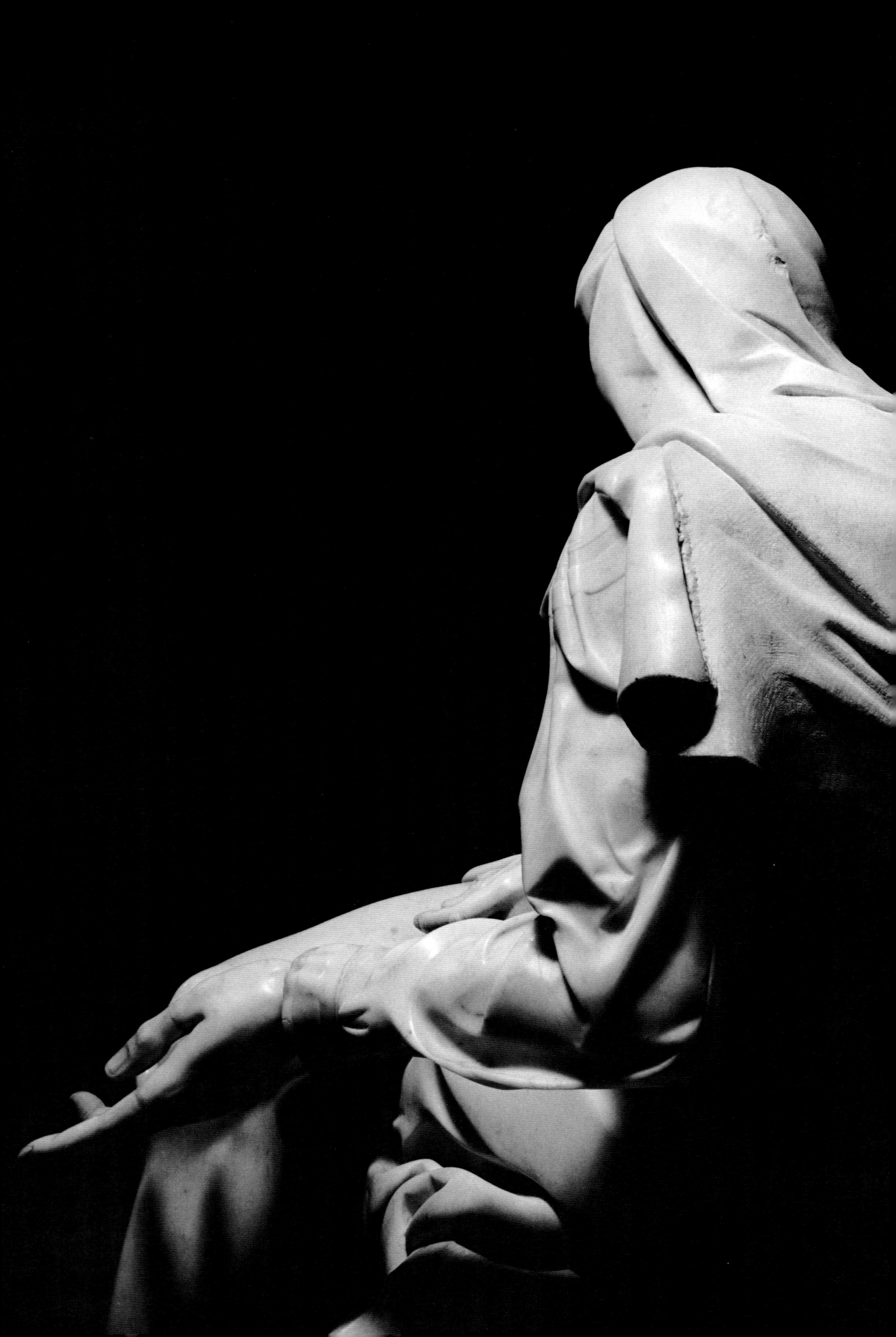

II. ZWISCHEN FLORENZ, BOLOGNA UND ROM 1492–1500

*Die Behandlung der Haut ist von einer Zartheit,
die wenig ihresgleichen hat. Der Gliederbau
gehört zu den feinsten Gestalten des Meisters ...
Es ist die bestproportionierte Gestalt Michelangelos.*

— GOTTFRIED SCHADOW

III.
Der Durchbruch in Florenz
1501–1504

Frank Zöllner

Der Künstler, der seit der großen Zeit griechischer Bildhauerkunst als Erster wirklich begriff, dass der Akt mit der großen figürlichen Kunst gleichbedeutend ist, war Michelangelo. Vor seiner Zeit hatte man ihn zu wissenschaftlichen Zwecken und als Hilfsmittel bei der Darstellung der bekleideten Figur studiert. Er erkannte ihn als einen Wert an sich und als das höchste Ziel seiner Kunst. Der Akt und die Kunst waren für ihn gleichwertige Begriffe.

— BERNARD BERENSON

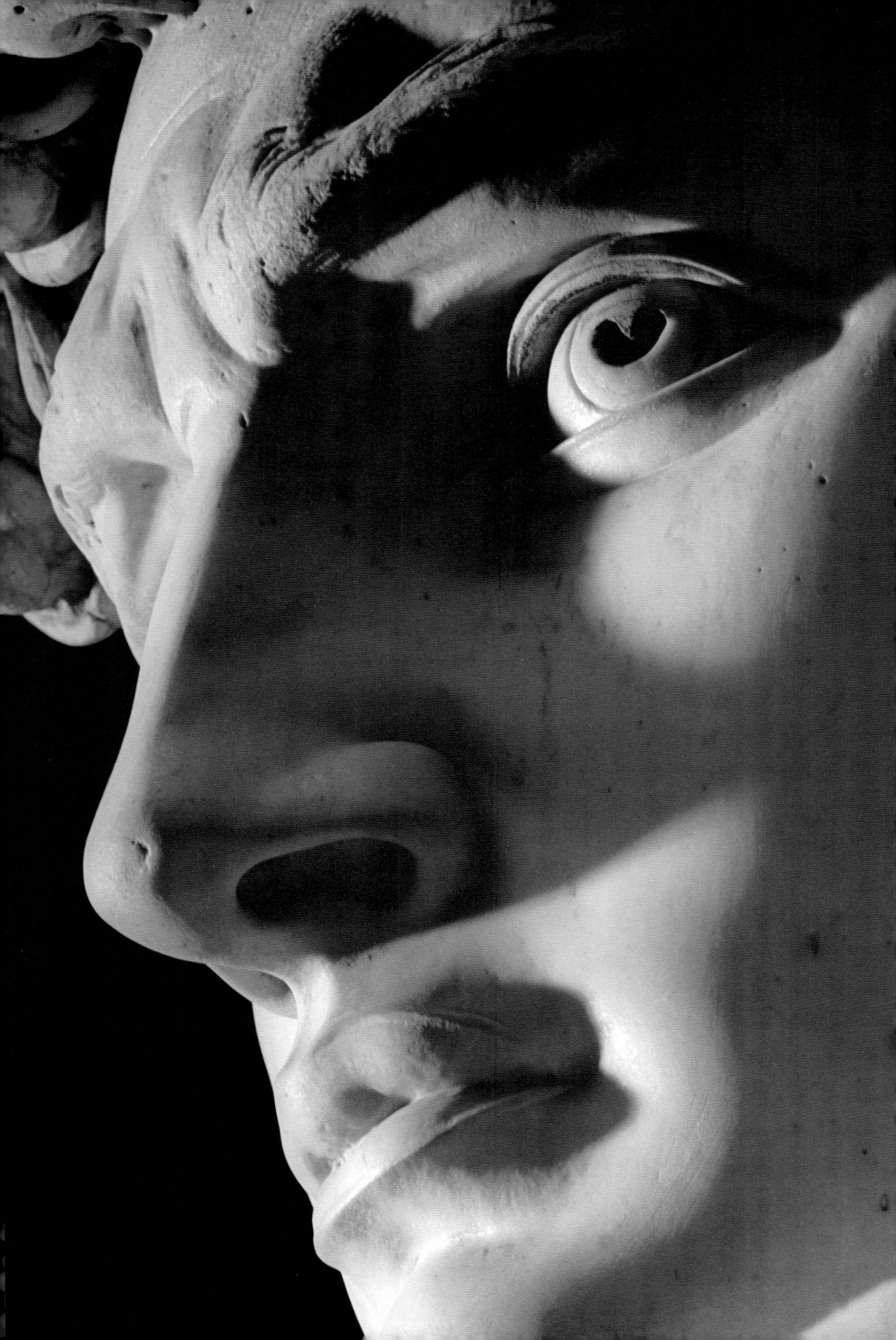

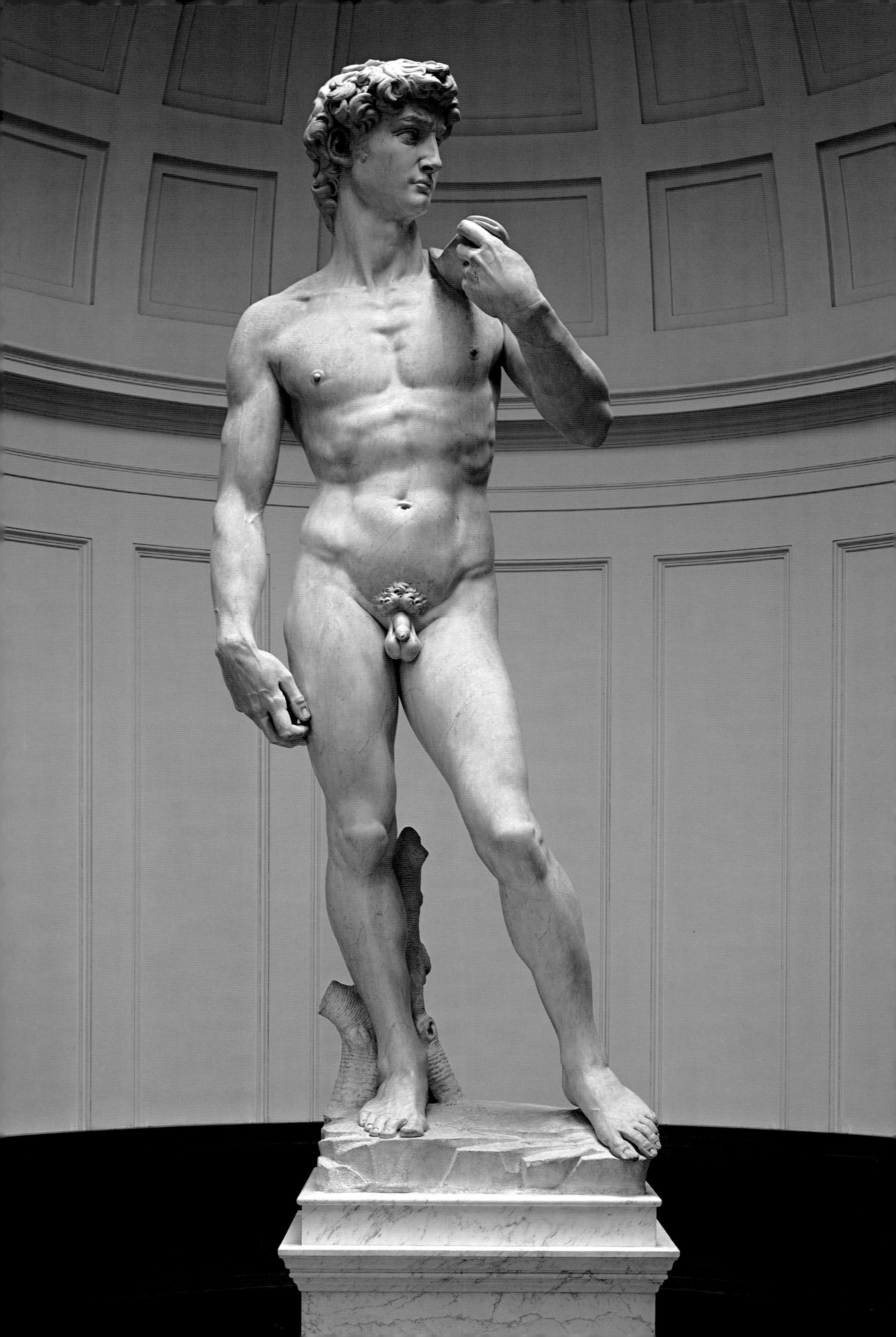

III. DER DURCHBRUCH IN FLORENZ 1501–1504

David, 1501–1504
Marmor, Höhe 516 cm
Florenz, Galleria dell'Accademia

Nach Vollendung der *Pietà* für Jean de Bilhères-Lagraulas verbringt Michelangelo noch einige Monate in Rom, doch im März 1501 ist er wieder in Florenz. Ab November zahlt er sogar das Geld zurück, das er im Jahr zuvor für ein Altarbild in S. Agostino erhalten hat (s. Kap. II). Gleichwohl muss Michelangelo während seines ersten Aufenthalts in Rom noch andere Aufträge erledigt und gut entlohnt bekommen haben, denn seine bis zur Rückkehr nach Florenz angesammelten Ersparnisse sind beträchtlich. Tatsächlich belegen die Kontoauszüge seiner Bank, dass der Künstler zwischen 1497 und 1501 in Rom bereits mehr verdient hat als sein Vater in zehn Jahren. Es stellt sich daher die Frage, warum Michelangelo einige Monate nach Fertigstellung der aufsehenerregenden *Pietà* für St. Peter wieder nach Florenz ging. Ein Grund war sicher sein ausgeprägter Familiensinn – Michelangelos Vater drängte schon seit Jahren auf die Rückkehr seines Sohnes. Zudem dürfte Michelangelo bereits in Rom den attraktiven Auftrag eingefädelt haben, 15 Marmorfiguren für den sogenannten Piccolomini-Altar in der Kathedrale von Siena zu schaffen. Der erst im Mai und Juni 1501 vertraglich besiegelte Auftrag war der bislang umfangreichste für den jungen Künstler und brachte ihn zudem seiner Heimatstadt näher. Bis zum Jahr 1504 vollendete er allerdings nur vier Figuren. Noch wichtiger für die Rückkehr in die Vaterstadt dürfte die Aussicht gewesen sein, in Florenz einen Auftrag zu übernehmen, der alle bis dahin an ihn herangetragenen Aufgaben in den Schatten stellen sollte, nämlich die weit überlebensgroße Marmorfigur des *David* für einen Strebepfeiler des Florentiner Doms zu schaffen.

Der zeitgeschichtliche Hintergrund für den *David* ist außerordentlich komplex. Die Entstehung der Figur und die Entscheidung über ihren Aufstellungsort stehen in unmittelbarem Zusammenhang mit den politischen Umwälzungen, die sich in den Jahren zuvor in Florenz ereignet hatten. Nach der Vertreibung des älteren Zweiges der Medici im Herbst 1494 lag die Macht bis 1512 bei den Repräsentanten jener mittleren Bourgeoisie, der auch die Familie Michelangelos angehörte. Mit der prominentesten politischen Figur dieser neuen Führungsschicht, Piero Soderini, war Michelangelo ebenso befreundet, wie er ein Jahrzehnt zuvor Lorenzo de' Medici nahegestanden hatte. Der Wechsel des politischen Regimes brachte für den Künstler also keine Verschlechterung seiner beruflichen Position, wohl aber einen Loyalitätskonflikt, da gerade die Medici wesentlich dazu beigetragen hatten, dass seine Karriere mit einem steilen Aufstieg begann.

Die Abmachungen für den *David* (S. 41), für eine der spektakulärsten Skulpturen der neueren Kunstgeschichte, beginnen vergleichsweise prosaisch. Am 16. August 1501 einigt sich Michelangelo mit der Dombauhütte von Florenz und den Konsuln der Wollhändlerzunft darauf, einen monumentalen *David* innerhalb von zwei Jahren fertigzustellen. Der Auftrag für den *David* war ursprünglich Teil eines älteren Programms aus dem 14. Jahrhundert, das für die Strebepfeiler des Florentiner Doms monumentale Prophetenfiguren vorsah. Dieses Figurenprogramm kam zunächst nicht über Anfänge hinaus, wurde aber nach der Mitte des 15. Jahrhunderts wiederbelebt: Bis 1464 schuf der Bildhauer Agostino di Duccio (1418–1481) eine monumentale Terracotta-Figur, „uno gughante overo Erchole" (einen Giganten oder Herkules), wie es in den Dokumenten heißt. Dieser Herkules aus vergänglichem Material reichte aber offenbar nicht aus, denn zwischen 1464 und 1466 arbeitete derselbe Künstler an einem 9 Ellen (etwa 5,25 m) hohen Marmorblock zu einer gigantischen Figur für einen der Strebepfeiler an der nördlichen Apsis. Doch Agostino di Duccio versuchte sich vergeblich an dem großen Werkstück, das, wie die Dokumente berichten, „schlecht behauen" („male abbozzatum") und unvollendet in der Dombauhütte verblieb.

Im Sommer 1476 wagte sich der Bildhauer Antonio Rossellino (1427–1479) an den von Agostino di Duccio bearbeiteten Marmorblock. Aber auch Rossellino kapitulierte vor der Aufgabe, und der gigantische Block verblieb weitere 25 Jahre in der Dombauhütte, bis die Vorsteher dieser Institution Anfang Juli 1501 einen erneuten Anlauf nahmen und nach einem Künstler für das Unternehmen suchten. Möglich ist, wie gesagt, dass Michelangelo schon einige Monate zuvor in Rom Wind von der Sache bekommen hatte und auch aus diesem Grund nach Florenz zurückgekehrt war. Das legen die Äu-

ßerungen Condivis und Vasaris (1568) nahe. Jedenfalls erfolgte der Vertragsabschluss mit Michelangelo, der sich hierbei möglicherweise gegen den konkurrierenden Bildhauer Andrea Sansovino (1460–1529) durchsetzte. Der Vertrag sah zunächst eine eher bescheidene Bezahlung von 144 Dukaten in Gold vor und lautet folgendermaßen:

„Die im Audienzsaal der Bauhütte versammelten ehrenwerten Konsuln der Arte della Lana haben zusammen mit den Vorstehern zu Nutz und Ehren der Bauhütte den ehrwürdigen Meister Michelangelo Buonarroti, Bürger von Florenz, zum Bildhauer der Bauhütte gewählt und ihn beauftragt, eine ‚der Gigant' genannte Figur aus Marmor, die 9 Ellen hoch ist und sich zur Zeit in der besagten Bauhütte befindet und die früher einmal grob, aber schlecht von Meister Agostino aus Florenz behauen wurde,

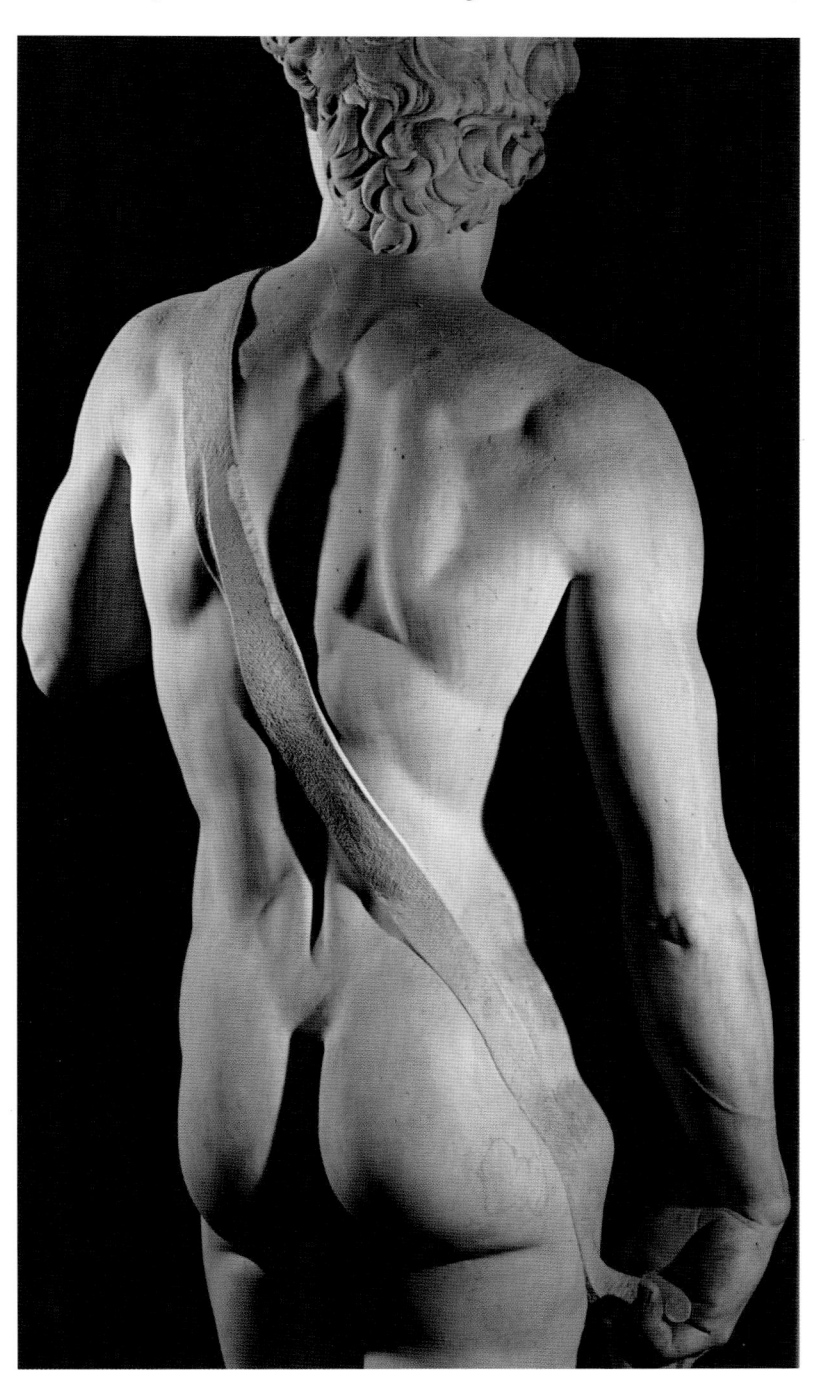

MICHELANGELO

*Vor einer Figur von Michelangelo denken wir an das,
was sie tut, und nicht an das, was sie empfindet.*
— STENDHAL

Herbert List
**Michelangelos *David* und
Baccio Bandinellis *Herkules
und Kakus***
Piazza della Signoria, Florenz, 1950

chelangelo war der Auftrag für den *David* zudem auf der politischen Ebene eine persönliche Herausforderung, da er aus einer guelfischen Familie von Sympathisanten der republikanischen Sache stammte.

Am 13. September 1501 nimmt Michelangelo die eigentliche Arbeit auf, nachdem er vier Tage zuvor bereits einen Knoten auf der Brust des „schlecht behauenen Blockes" weggeschlagen hat. Aus dieser Angabe in einem entsprechenden Dokument folgt, dass die von Agostino di Duccio begonnene Figur schon bis zu einem gewissen Stadium fortgeschritten war: Der Oberkörper mit einem Gewandknoten, wie man ihn etwa in Donatellos (1386–1466) Marmor-*David* (S. 46) sieht, muss bereits teilweise skulptiert gewesen sein.

Die Arbeiten am *David* gehen in den nächsten Monaten offenbar zur Zufriedenheit aller Beteiligten voran, denn am 25. und 28. Februar 1502 folgt die Domopera einer Forderung Michelangelos und erhöht die Bezahlung auf ansehnliche 400 Golddukaten. Zwei Jahre später, am 25. Januar 1504, gilt die Figur in den Dokumenten als fast vollendet. Vom 14. bis 18. Mai 1504 erfolgt ihr Transport von der Dombauhütte zur Piazza della Signoria und am 8. September ihre Aufstellung auf dem inzwischen gefertigten Sockel vor dem Palazzo della Signoria, wo sie bis 1873 verbleibt. Seitdem steht sie in der Accademia in Florenz, während ihren Platz vor dem Palazzo della Signoria seit 1910 eine Kopie einnimmt.

Spätestens am 25. Januar 1504 muss allen Beteiligten klar gewesen sein, dass Michelangelo eine ganz außerordentliche Skulptur zustande gebracht hatte – und das nicht nur hinsichtlich der Aufgabe, aus einem verhauenen Block doch noch ein passables Kunstwerk zu schaffen. Der schon als unfertiger Marmorblock mit dem Namen „der Gigant" bezeichnete *David* machte nun seinem Namen auch in künstlerischer Hinsicht alle Ehre. Die Florentiner müssen so überwältigt gewesen sein, dass sie nun nicht mehr an der ursprünglich beabsichtigen Aufstellung des *David* hoch oben auf einem Strebepfeiler des Domes festhielten. Da über den zukünftigen Standort Uneinigkeit herrschte, wurde eine Kommission von etwa 30 namhaften Malern, Architekten und Beamten der Kommune eingesetzt, die am 25. Januar 1504 über die Verwendung der Figur beriet. Zu den Mitgliedern der Kommission gehörten u. a. die Maler Leonardo da Vinci, Sandro Botticelli, Filippino Lippi, Cosimo Rosselli, Francesco Granacci, Pietro Perugino (der damals gefragteste Maler Italiens), Davide Ghirlandaio sowie die Architekten Cronaca und Giuliano da Sangallo, Letzterer ein enger Freund Michelangelos.

Zur Debatte standen grundsätzlich zwei Aufstellungsorte: der Dombezirk oder die Umgebung des Kommunalpalasts, des damals noch Palazzo della Signoria (heute Palazzo Vecchio) genannten Regierungssitzes an der gleichnamigen Piazza della Signoria. Als erster Redner der Kommission äußerte sich Francesco di Lorenzo Filarete, der erste Herold der Stadt, der als Staatsbeamter hauptsächlich für das öffentliche Zeremoniell zuständig war: Seiner Meinung nach gebe es nur zwei Möglichkeiten der Aufstellung, einmal nahe dem Eingang des Palazzo della Signoria, wo man kürzlich (d. h. 1495) Donatellos *Judith* aufgestellt habe, oder aber im Innenhof des Palastes, in dem zu jener Zeit der Bronze-*David* (S. 46) desselben Künstlers stand. Diese Vorschläge hatten zweifellos einen starken politischen Beigeschmack, denn die nach einem Erlass der Stadtregierung vom 9. Oktober 1495 in den Bezirk des Palazzo Vecchio überführten Bronzeskulpturen Donatellos stammten ursprünglich aus Medici-Besitz. Ihre Neuaufstellung war ein symbolischer Akt, mit dem die republikanische Regierung sich die Skulpturen aneignete und ihren politischen Primat gegenüber den vertriebenen Medici zum Ausdruck brachte. Zudem waren beide Skulpturen als Symbole republikanischer Freiheit interpretierbar. Wenn nun Michelangelos *David* an die Stelle der *Judith* trat, dann übernahm er deren politische Konnotationen, und erhielt einen besonders symbolträchtigen Platz: Links neben dem Hauptportal des Palazzo della Signoria musste er dem Betrachter praktisch als gigantischer Palastwächter erscheinen.

Der biblische David war bekanntlich nicht König und Dichter, sondern auch ein Kämpfer der besonderen Art. Als Hirtenknabe hatte er allein, nur mit seiner

innerhalb von zwei Jahren, gerechnet von den nächsten Kalenden des September, auszuführen, fertigzustellen und nach bestem Wissen und Gewissen zu vollenden, gegen eine Entschädigung und Entlohnung von 6 Gold-Fiorini pro Monat. Die Arbeit, gleich welcher Art, ist in den Räumlichkeiten der Bauhütte auszuführen, die alles tun wird, um ihm Hilfe zu leisten und ihm Gehilfen, Holz und alles Notwendige zu liefern. Wenn das Werk, das heißt, der Mann aus Marmor, fertiggestellt ist, werden die amtierenden Konsuln und Vorsteher beurteilen, ob das Werk einen höheren Preis verdient; das wird ihrem Urteil überlassen."

Michelangelo schloss seinen Vertrag mit Institutionen ab, denen in besonderem Maße die öffentliche Kunstpflege oblag, den Konsuln der Dombauhütte und der Wollhändlerzunft, die zu den Körperschaften der Kommune gehörte. Die Kommune hatte bereits seit dem 12. Jahrhundert die weltliche Verwaltung der wichtigsten Sakralbauten übernommen. Hierbei waren die größeren Zünfte für einzelne oder mehrere Bauten zuständig, so die Arte della Lana, die Wollhändlerzunft, seit 1331 für den Dom S. Maria del Fiore. Aufträge der Dombauhütte, die im Einvernehmen mit der zuständigen Zunft agierte, waren also weniger kirchliche Aufträge als solche einer politisch verfassten Körperschaft, was besonders seit der Vertreibung der Medici im Jahre 1494 und der Installierung einer republikanischen Regierungsform in Florenz galt. Für Mi-

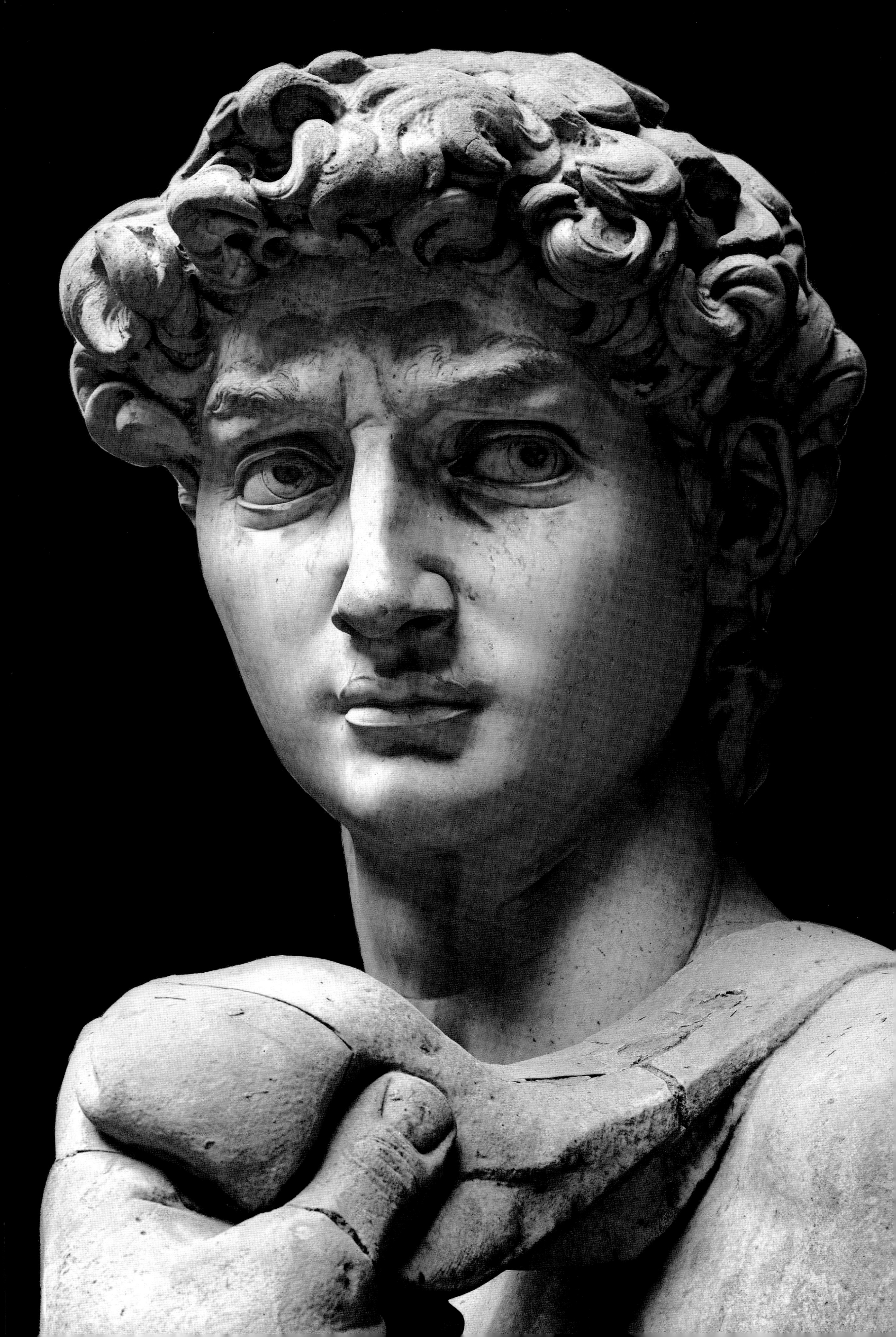

MICHELANGELO

*Da die meisten meiner Figuren vom männlichen Akt
ausgehen, bin ich natürlich sicher, dass die Tatsache,
dass Michelangelo die sinnlichsten männlichen Akte in
der bildenden Kunst gemacht hat, mich beeinflusst hat.*
— FRANCIS BACON

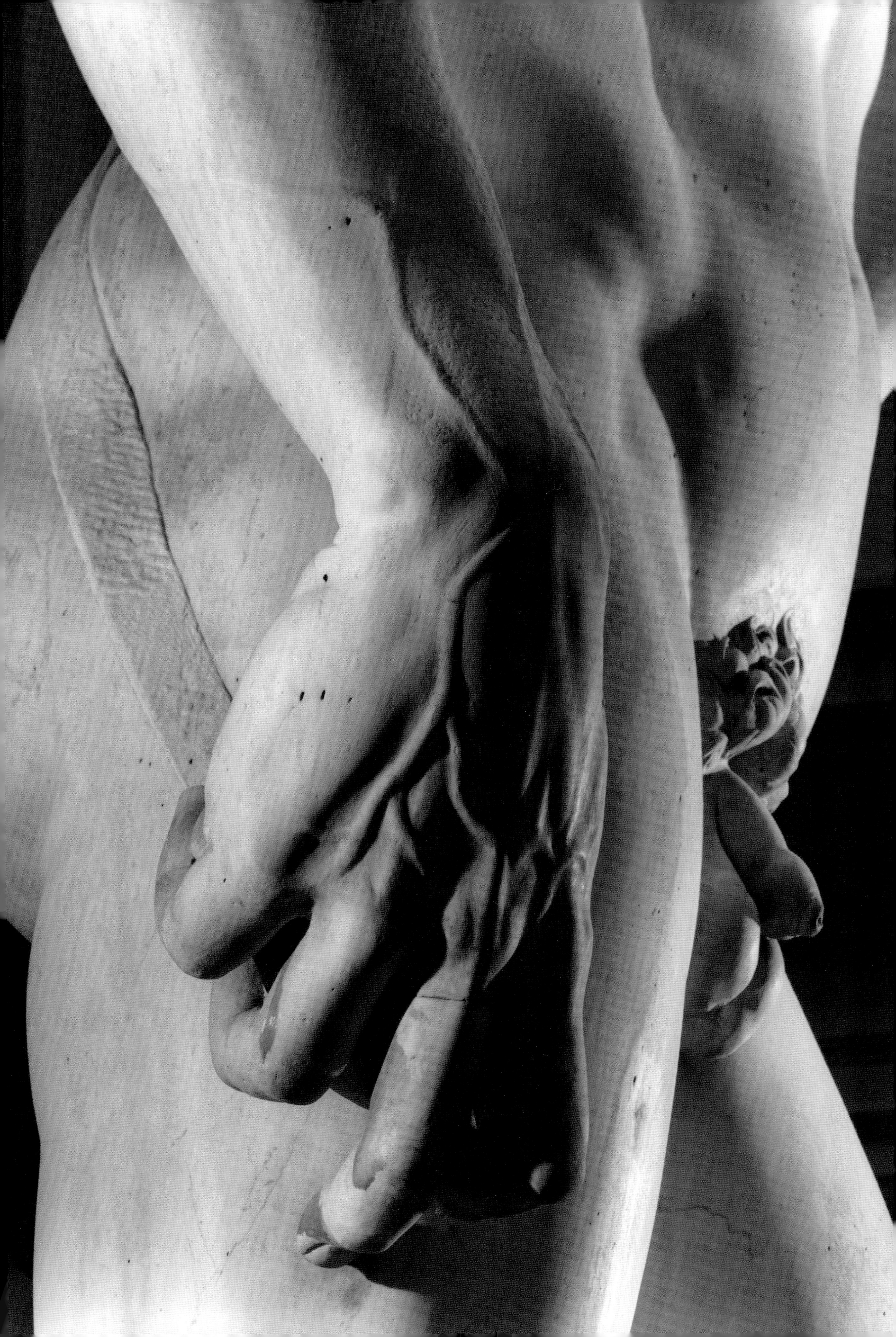

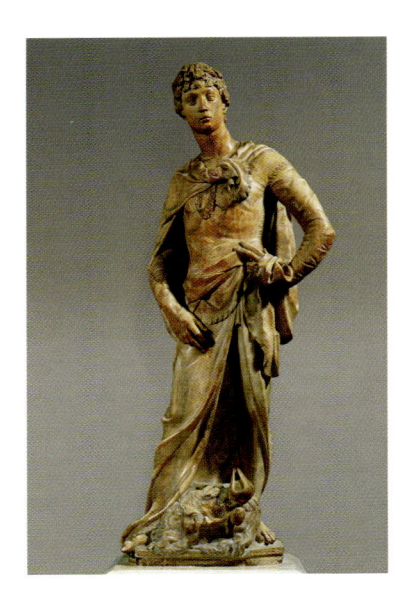

Donatello
David, 1415/16
Marmor, 191 cm
Florenz, Museo del Bargello

Donatello
David, um 1440 (?)
Bronze, 158 cm, Durchmesser an der Plinthe 51 cm
Florenz, Museo del Bargello

Armstudie zum Marmor-David (?), Studie zu einem Bronze-David, Schrift,
nach 1501/02
Feder, 265 x 188 mm
Paris, Musée du Louvre, 714r

Schleuder bewaffnet, den Riesen Goliath besiegt und so den scheinbar aussichtslosen Kampf des israelitischen Volkes gegen die Philister gewonnen (1. Sam 16–17). David konnte somit als Sinnbild für den Beistand Gottes und für den Sieg des Volkes Israel in einem ungleichen Kampf verstanden werden. In der politischen Ikonografie der Stadt Florenz hat diese Auffassung tiefe Spuren hinterlassen. Bezeichnend hierfür ist bereits der erste *David*, den Donatello in den Jahren 1415–1416 im Auftrag der Florentiner Kommune für den Palazzo della Signoria geschaffen hatte (S. 46).

Eine grundsätzlich politische Deutbarkeit gilt auch für den Bronze-*David* Donatellos (S. 46). Die kleinformatige Skulptur, die im Gegensatz zu dessen älterer Marmorfigur dem Betrachter in heroischer Nacktheit gegenübertritt, war wahrscheinlich von Cosimo de' Medici il Vecchio (1389–1464) nach dem militärischen Sieg über die Visconti im Jahre 1440 für seinen Familienpalast in Auftrag gegeben worden. Die Medici stellten sich damit symbolisch an die Spitze des Florentiner Sieges. Eine politische Umdeutung der Figur erfolgte im Jahre 1476, als die Signoria sie aus dem Privatbesitz der Medici herausnahm und in den Palazzo della Signoria überführte. Wahrscheinlich als Ersatz für den Bronze-*David* Donatellos gelangte danach der Bronze-*David* Andrea del Verrocchios (um 1435/36–1488) in den Stadtpalast der Medici, doch auch diese Figur erfuhr durch die Kommune eine entscheidende Politisierung: 1494, mit der Vertreibung der Medici, wurde auch sie in den Palazzo della Signoria überführt. Wir können also angesichts der Aufstellungen und Neuaufstellungen der Davidskulpturen Donatellos und Verrocchios davon ausgehen, dass auch Michelangelos *David* entweder schon bei der Auftragserteilung oder aber zum Zeitpunkt seines endgültigen Transports zur Piazza della Signoria eine hochpolitische Angelegenheit war.

Michelangelos *David* ist in mehrfacher Hinsicht ungewöhnlich. Er übertrifft mit seinen Dimensionen alle bis dahin bekannten Variationen dieses Sujets, er besitzt kaum eindeutige Attribute und stellt im Gegensatz etwa zu den Figuren Donatellos und Verrocchios keinen Hirtenknaben dar, sondern einen kräftigen jungen Mann. Der *David* erinnert durch seine Monumentalität, durch seine Nacktheit, seine deutlich akzentuierten Muskelpartien und seinen Kontrapost eindeutig an antike Herkulesdarstellungen und an die mit diesem Helden assoziierte Kardinaltugend der *fortitudo*. Zu dieser Doppelkodierung als David und Herkules gesellt sich die seit den Predigten Savonarolas in Florenz verbreitete Auffassung, dass der Name David „stark von Hand und schön von Aussehen" („manu fortis et pulcher aspectu") bedeute und dass erst Stärke und Schönheit zusammen die Vollkommenheit Davids als Prototyp eines gleichsam christlichen Herrschers ausmachten. Diese Deutung Savonarolas spiegelt Michelangelos Skulptur mit ihrer sowohl kräftigen als auch ästhetisch perfekt durchgebildeten Körperlichkeit unmittelbar wider. Aber auch Savonarolas Hinweis auf die Beidhändigkeit Davids, auf die gleiche Stärke der rechten und linken Hand, die ihn zu einem „Doppelrechtser" („ambidestri") mache, gelangt hier zum Ausdruck. Tatsächlich legt Michelangelos *David* mit seiner linken Hand lässig seine Schleuder über die Schulter, während seine rechte einen Stein hält. Ein Rechtshänder aber würde die Schleuder in der rechten Hand halten und die Wurfgeschosse in der linken. *David* ist hier also ganz im Sinne Savonarolas dargestellt.

Mit der Anverwandlung des *David* an einen antiken Heros sowie mit seiner Kombination von männlich-erwachsener Stärke und körperlicher Idealschönheit korrespondieren weitere Elemente der Skulptur. Michelangelos *David* präsentiert im Gegensatz zu anderen Florentiner Darstellungen nicht das Haupt des besiegten Goliath zu seinen Füßen und hält auch nicht dessen Schwert, mit dem er ihm den Kopf abgeschlagen hatte. Michelangelo stellt also nicht den Moment unmittelbar nach dem Sieg über den Riesen dar, sondern den Augenblick davor. Das suggerieren der konzentrierte Blick, der Stein in der rechten und die lässige Haltung der linken Hand mit der entspannten, ohne ein Wurfgeschoss versehenen Schleuder. *David* tritt dem Betrachter also als konzentrierter und überlegen-überlegender Kämpfer entgegen. Die Konzentration findet in der Physiognomie des *David* ihren Niederschlag und sogar eine Steigerung. Über dem weit schweifenden Blick des Giganten ziehen sich seine Brauen bedrohlich zusammen, so dass sein Gesicht Ähnlichkeit mit der Physiognomie eines Löwen bekommt. Ähnlich wie im Fall von Andrea del Verrocchios Reiterdenkmal des *Colleoni* in Venedig sollte die „leonine", also die löwenhafte Physiognomie auch beim *David* vorbildliche Kampfkraft und Tapferkeit symbolisieren.

Michelangelos Zeitgenossen haben die dem *David* innewohnende politische Dimension sehr wohl erkannt. Wie der Florentiner Chronist Luca Landucci in seinem Tagebuch berichtet, wurde der Gigant während des Transports von der Dombauhütte mit Steinen beworfen, so dass zu seinem Schutz Wachen aufziehen mussten. Die jugendlichen Steinewerfer entstammten durchweg pro-mediceischen Familien, denen die Aufstellung einer republikanisch konnotierten Figur vor dem Sitz der Stadtregierung gehörig gegen den Strich gegangen sein dürfte. Man wird deren Aggressionen daher nicht ohne weiteres als Akt eines unbedachten Vandalismus abtun können. Ebenso politisch verstand später Vasari den *David*, wenn er ihn als ein Symbol republikanischer Herrschaft und als einen gerechten Helden bezeichnet, der sein Volk verteidige.

Wie sehr der biblische David und damit auch die Skulptur Michelangelos zum Gegenstand weitreichender Deutungen werden konnten, zeigen einige Gedanken Niccolò Machiavellis. Als Kanzler der Florentiner Republik (reg. 1498–1512) hatte Machiavelli zu Beginn des 16. Jahrhunderts die Aufstellung einer Volksmiliz propa-

Figurenstudie zur *Cascina-Schlacht* (?) und zur *Brügger Madonna*, 1504/05
Schwarze Kreide und Feder über Metallstift, 315 x 278 mm
London, British Museum, 1859-6-25-564r

giert. Diese Miliz sollte die Stadt bei militärischen Auseinandersetzungen unabhängig von den käuflichen Söldnerheeren machen. Es hatte sich in den Jahren zuvor immer wieder gezeigt, dass gedungene Söldner und Söldnerführer in erster Linie ihre eigenen Interessen vertraten und politisch unzuverlässig waren. Zur Identifikationsfigur für diese Idee einer von fremden Waffen unabhängigen Wehrkraft des Florentiner Gemeinwesens erklärte Machiavelli den David, denn er sei ein Kämpfer, der auf fremde Rüstung und fremde Waffen verzichtet habe.

Allerdings wäre es verfehlt, die Skulptur auf eine politische Aussage zu reduzieren, denn zugleich zeugt sie von Michelangelos künstlerischem Selbstverständnis in jenen Tagen. Tatsächlich stellte der Auftrag für den *David* eine ganz besondere künstlerische Herausforderung dar. Die Bildhauer des 15. Jahrhunderts hatten den gigantischen Marmorblock bereits ein Stück weit bearbeitet und damit praktisch verdorben. Abgesehen von den misslungenen Vorarbeiten seiner Künstlerkollegen sah sich Michelangelo mit den problematischen Dimensionen des Blockes aus der Dombauhütte konfrontiert. Wie die Seitenansicht der vollendeten Figur noch heute erkennen lässt, war das ursprüngliche Werkstück für eine Skulptur von über 5 m Höhe sehr flach. Nicht zuletzt aufgrund dieser ungünstigen Proportionierung des Blockes hatten die Bildhauer des 15. Jahrhunderts es nicht vermocht, daraus eine zufriedenstellende Figur zu schaffen. Wie Michelangelo auf diese besondere Herausforderung antwortete, lässt nicht nur die Figur selbst erkennen, sondern auch eine zeitgleich entstandene Zeichnung des Künstlers (S. 46). Sie zeigt neben einem Entwurf für einen heute verschollenen Bronze-*David* Michelangelos (s. u.) und einer Skizze für den rechten Arm des Florentiner *David* eine zunächst kryptisch anmutende Beischrift – es handelt sich um die erste unmittelbare Selbstdeutung, die ein Künstler der Neuzeit zu seinem Werk abgibt:

„Davicte cholla Fromba
e io collarcho
Michelagniolo
(…)."

„David mit der Schleuder
und ich mit dem Bogen
Michelangelo
(…)."

Mit „Bogen" meint Michelangelo hier den Bohrer des Bildhauers, ein Werkzeug, bei dem der Bohrstift von der Sehne eines Bogens umschlungen wird und von dessen Horizontalbewegungen seine Drehungen erhält. Durch die Beischrift deutet Michelangelo an, dass er mit Hilfe des Bohrers die harte, widerständige Materie des gigantischen Marmorblocks ebenso besiegt habe wie David mit seiner Schleuder den körperlich überlegenen Goliath. Der Künstler reflektiert also über das Verhältnis zwischen seinem Sujet und den handwerklichen Schwierigkeiten, denen er bei seiner künstlerischen Arbeit begegnet war.

Ebenso wie im Fall der *Kentaurenschlacht* und der römischen *Pietà* (s. Kap. I und II) ging es Michelangelo also nicht allein um das Sujet, das er als Auftragskünstler darzustellen hatte, sondern auch um die Reflexion über seine persönliche Kunstausübung. Doch die Schwerpunkte sind nun anders gesetzt. Die *Kentaurenschlacht* mit dem indirekten Verweis auf ein Kryptoporträt des Phidias war eine gelehrte Referenz an die Antike und die *Pietà* mit ihrer Inschrift eine Anspielung auf die Parallele zwischen göttlichem und künstlerischem Sendungsbewusstsein. Mit dem Bezug auf den „arco" als Werkzeug des Bildhauers stellt Michelangelo hier nun den manuellen Aspekt seines Schaffens in den Vordergrund. Allerdings thematisiert er nicht die gröbere, eher mit dem Meißel assoziierte Seite seines handwerklichen Tuns, sondern die subtilere Arbeit mit dem feinen Bohrer.

Zwischen seiner Rückkehr nach Florenz im März 1501 und dem Beginn seines zweiten Rom-Aufenthalts im März 1505 zog Michelangelo eine wahre Flut von Aufträgen an sich. Neben den bereits erwähnten Figuren für den Piccolomini-Altar (Juni 1501) und dem *David* (August 1501) verpflichtete er sich im August 1502 gegenüber der Florentiner Stadtregierung, für Pierre de Rohan, einen Gefolgsmann des französischen Königs Karl VIII., einen etwas über 1 m hohen Bronze-*David* anzufertigen, der aber erst im Oktober 1508 gegossen wurde und heute verschollen ist. Im April 1503, also noch während der Arbeiten am Marmor-*David*, schloss er mit der Wollhändlerzunft und der Bauhütte von S. Maria del Fiore einen Vertrag über zwölf überlebensgroße Apostelfiguren für den Florentiner Dom ab. Lediglich den *Heiligen Matthäus* dürfte er im Jahre 1505 oder eher noch 1506 begonnen haben. In diesen Zeitraum fallen zudem drei nicht durch Dokumente belegte kleinere Privataufträge für den *Tondo Taddei*, den *Tondo Pitti* und den *Tondo Doni*. Gut dokumentiert hingegen ist die sogenannte *Brügger Madonna*, die der Künstler wohl im Oktober 1504 vollendete. Ungefähr zur selben Zeit verpflichtete Michelangelo sich, für den Großen Ratssaal des Palazzo della Signoria ein monumentales Wandgemälde mit der *Schlacht von Cascina* zu schaffen, an dem er bis zum März 1505, als Papst Julius II. ihn nach Rom rief, arbeitete.

Im Zeitraum von vier Jahren hatte Michelangelo also Aufträge für 37 Einzelwerke übernommen, darunter 31 Skulpturen oder Reliefs in Marmor, von denen wiederum 13 Dimensionen von über 2 m Höhe erreichten. Hinzu kam der Auftrag für eine kleinere Bronzefigur, obwohl er zuvor noch keine Erfahrungen im Bronzeguss gesammelt hatte. Auch die Aufgabe, die großformatige *Cascina-Schlacht* zu malen, übernahm er, obwohl er bis dahin nichts in einer vergleichbaren Größe geschaffen hatte. Von den genannten Werken stellte Michelangelo lediglich den *David*, die *Madonna* in Brügge, den inzwischen verschollenen Bronze-*David* und den *Tondo Doni* fertig. Die anderen Projekte oder Einzelwerke blieben im Anfangsstadium stecken: Von den zwölf Aposteln begann er lediglich den *Matthäus* (S. 63), von den 15 Figuren des Piccolomini-Altars vollendete er nur vier. Für das Wandbild schuf der Künstler lediglich den Entwurfskarton, und die beiden Marmortondi wurden auch nicht ganz vollständig ausgeführt. Bereits hier zeichnete sich die Neigung Michelangelos ab, mehr Aufträge

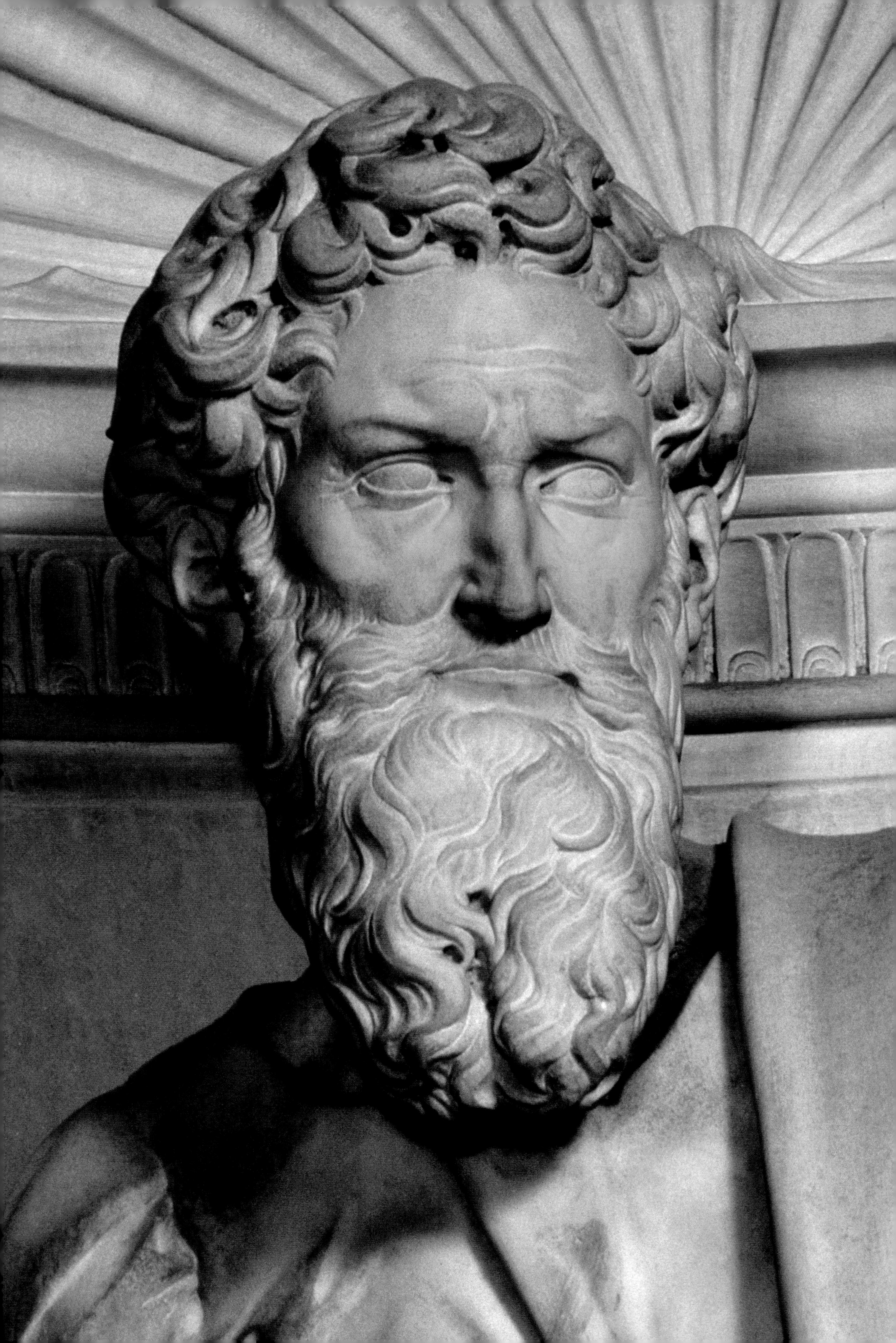

III. DER DURCHBRUCH IN FLORENZ 1501–1504

Angelo scheint mir einer von den Menschen, deren innere Fülle im Gemüt und Geist so groß ist, dass sie sich mitzuteilen nicht leicht Gelegenheit finden; sie müssen sich verschließen, und eben dieses Müssen gibt ihnen eine gewisse Härte, durch welche sie dann oft zum Gewaltsamen und Schroffen sich getrieben finden.
— CARL GUSTAV CARUS

Der heilige Paulus, 1501–1504
Marmor, Höhe 127 cm
Siena, Dom, Piccolomini-Altar

zu übernehmen, als er in einem überschaubaren Zeitraum hätte vollenden können. Verantwortlich hierfür waren wahrscheinlich sein unbändiger künstlerischer Ehrgeiz und die Gier nach Geld.

Angesichts der Auftragsflut verwundert nicht, dass die damals entstandenen Werke von sehr unterschiedlicher Qualität sind. Das gilt beispielsweise für die Marmorfiguren des Piccolomini-Altars, deren Qualität nicht immer an das Niveau der *Pietà* oder der *Brügger Madonna* heranreicht. Interessant ist dieser Auftrag gleichwohl, denn Michelangelo hat sich in der Figur des *Paulus* (S. 49) erstmals selbst porträtiert. So erinnern die eingedrückte Nase und die Locken des Heiligen sowie die Falten von Stirn und Nasenwurzel an die bekannten, wenn auch viel späteren Michelangelo-Bildnisse. Das Selbstporträt in Gestalt des Paulus zeigt die schon in der *Kentaurenschlacht* und in seinem Selbstkommentar zum *David* manifeste Neigung Michelangelos, sich selbst zum Thema seiner Kunst zu machen. Besonders pikant ist das Kryptoporträt zudem unter dem Gesichtspunkt der Auftragsvergabe. Die Skulpturen für den Piccolomini-Altar sollte ursprünglich Pietro Torrigiani ausführen, der dem jungen Michelangelo einige Jahre zuvor die Nase zertrümmert hatte. Dass Michelangelo ausgerechnet in der eingedrückten Physiognomie des *Paulus* die Spuren jener gewaltsamen Auseinandersetzung zum Ausdruck brachte, zeugt zum einen von seinem ausgeprägten Sarkasmus und weist zum anderen auf die Cappella Paolina (S. 9) voraus, wo der Künstler sich gegen Ende seiner Karriere ebenfalls in der Gestalt des Paulus porträtieren sollte.

Die Vertragsbedingungen für die Figuren des Piccolomini-Altars sind sehr komplex, da Michelangelo die Skulpturen offenbar in Florenz auszuführen gedachte, während der Auftraggeber die Arbeiten von Rom aus zu überwachen wünschte. Zu diesem Zweck bestand er darauf, einen weiteren Bildhauer zur Beurteilung der ersten beiden vollendeten Skulpturen heranzuziehen. Außerdem verlangte er die Vorlage detaillierter Entwurfszeichnungen. Sogar die formale Gestaltung eines von Torrigiani bereits begonnenen *Heiligen Franziskus* versuchte der Auftraggeber zu steuern: Michelangelo solle die Skulptur so vollenden, dass sie mit den anderen Figuren des Altars harmoniere. Michelangelo, der bei seinen früheren Werken weitgehende Gestaltungsfreiheit besaß, akzeptierte im Falle des Piccolomini-Altars vergleichsweise restriktive Vertragsbedingungen, was erneut sein unstillbares Verlangen nach immer neuen Aufträgen belegt.

Weit weniger restriktiv waren die Gestaltungsbedingungen hingegen für die *Brügger Madonna* (S. 50). Ihr Auftraggeber, der flandrische Tuchhändler Jean-Alexandre Mouscron, bestellte die Figur für seine Familienkapelle in der Brügger Liebfrauenkirche wohl gegen Ende des Jahres 1503, denn für diesen Zeitpunkt sind erste Zahlungen belegt. Im August 1505 wurde die Madonna für den Transport verpackt und nach Brügge verschifft. Dort ziert sie bis heute die von der Familie Mouscron gestiftete Kapelle. Die erste Nachricht über ihre Aufstellung in Brügge stammt im Übrigen von Albrecht Dürer, der sie im Tagebuch seiner niederländischen Reise im Eintrag vom 21. April 1521 ausdrücklich als Werk Michelangelos erwähnt.

In ihrer kompakten und ebenmäßigen Gestaltung schließt die *Brügger Madonna* unmittelbar an die sechs Jahre zuvor vollendete römische *Pietà* an. Beiden Skulpturen eignet zudem ein hoher Grad antik wirkender Idealisierung. Gleichwohl ist das Sujet hier ein anderes. Maria sitzt auf einem gestuften Felssockel, vor ihr der Jesusknabe, der, umgeben vom reichen Faltenwurf ihres Gewandes, dem Betrachter frontal gegenübersteht und mit seiner rechten Hand die linke Mutter umfasst. Auffällig ist das in seinen Maßen etwas zu lang wirkende Gesicht der Madonna. Hiermit kontrastiert der deutlich breitere und in seinen Proportionen etwas zu groß geratene Kopf des Jesusknaben. Dieser Kontrast findet in der physiognomischen Gestaltung eine Fortsetzung. Die Gesichtszüge der *Brügger Madonna* fallen etwas härter und linearer aus als in der römischen *Pietà*, die Augen sind zu schmalen Schlitzen verengt. Hierdurch unterscheidet sich die Physiognomie der Madonna auch von den weicheren Zügen des Jesuskindes. Eine Begründung für diesen Kontrast mag man in dessen ungewöhn-

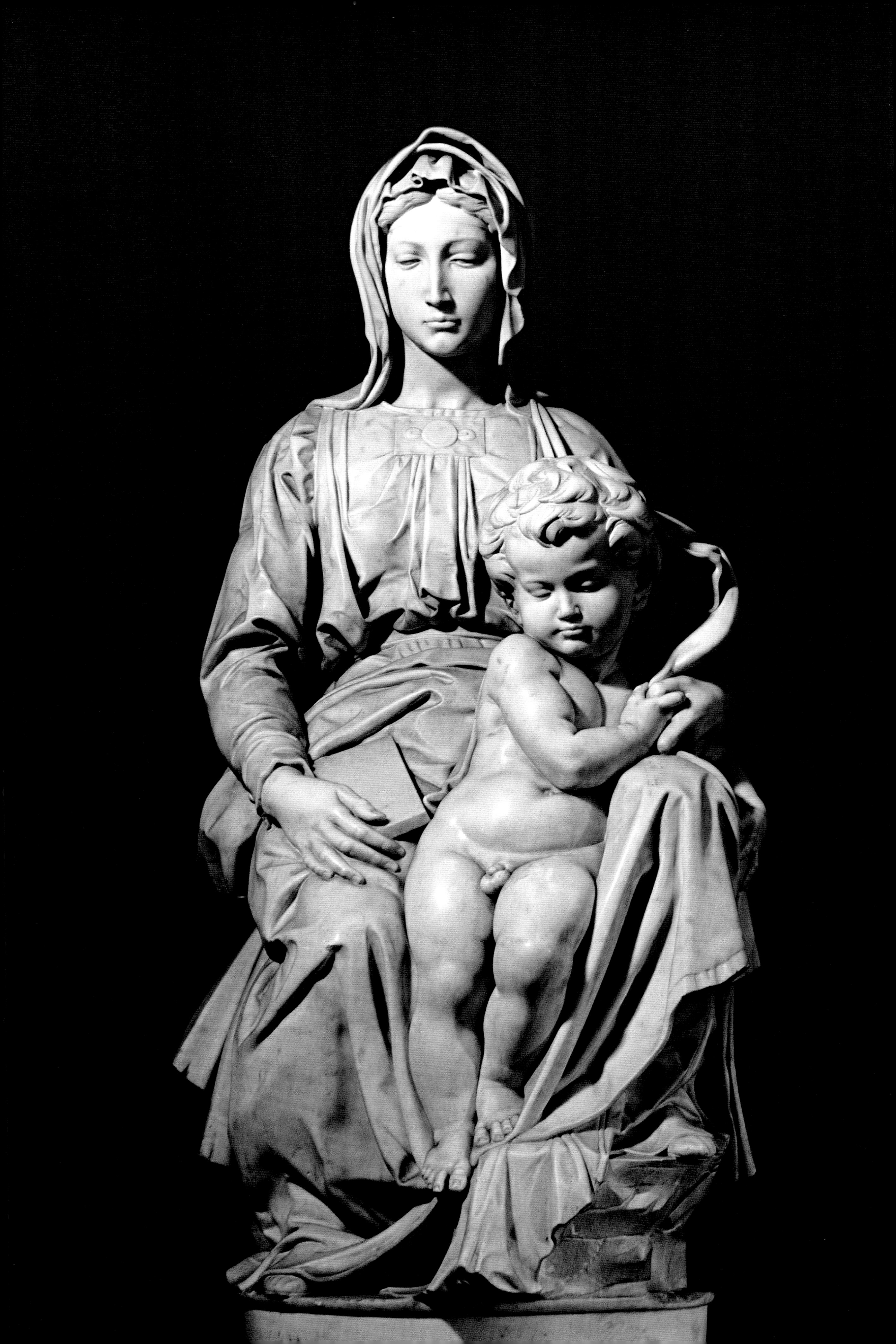

III. DER DURCHBRUCH IN FLORENZ 1501–1504

Kein Bildhauer noch sonst ein noch so ausgezeichneter Künstler glaube, dieses Werk in Zeichnung und Anmut oder durch Aufwand von Mühe in Feinheit, Glätte und kunstreichem Durchbrechen des Marmors, als Michelangelo hier bewies, erreichen zu können, denn man erkennt darin alle Kraft und alles Vermögen der Kunst.

— GIORGIO VASARI

Madonna mit Kind
(***Brügger Madonna***), um 1504/05
Marmor, Höhe mit Sockel 128 cm
Brügge, Onze Lieve Vrouwkerk
(Notre-Dame)

MICHELANGELO

III. DER DURCHBRUCH IN FLORENZ 1501–1504

Die heilige Familie mit Johannesknabe (*Tondo Doni*),
1503/04 oder 1507 (?)
Tempera auf Holz, Durchmesser: 91 cm (vertikal) und 80 cm (horizontal), Durchmesser mit Rahmen: 120 cm
Florenz, Uffizien

Luca Signorelli
Madonna mit Kind, um 1490
Tempera (?) und Öl (?) auf Holz,
170 x 117,5 cm
Florenz, Uffizien

licher Darstellung sehen. Es sitzt nicht, wie sonst üblich, auf dem Schoß der Mutter, sondern steht auf dem Boden. Diese Statuarik des Jesusknaben war in der zeitgenössischen Skulptur ohne Präzedenz und trägt ebenfalls zu einem antikisch anmutenden Gesamtkonzept der Skulptur bei. Damit wird auch die Zuneigung der Mutter zu ihrem Kind weitgehend zurückgedrängt: Ähnlich wie schon in der *Madonna an der Treppe* scheint Maria ihrem Kind kaum Interesse entgegenzubringen.

Das gilt auch für die wenig später entstandenen beiden Marmortondi. So wendet sich die Madonna des *Tondo Taddei* ganz dem Johannesknaben zu, vor dem Jesus wiederum fast panisch zu fliehen scheint. Möglicherweise bezieht sich diese Flucht auch auf einen kaum erkennbaren Vogel in der Hand des Johannes, den man als Passionssymbol deuten kann. In jedem Fall ist das Motiv eines quer durch den Bildraum des Reliefs fliehenden Jesusknaben ebenso ungewöhnlich wie der Umstand, dass Maria weder ihren Sohn noch dessen plötzliche Bewegung beachtet. In zeitgenössischen Madonnenbildern, gerade in denen Leonardos und Raffaels, findet zwischen Mutter und Kind eine deutlich intensivere und gefühlvollere Kommunikation statt. Es drängt sich angesichts dieses Befundes sogar der Verdacht auf, dass die affektiven Leerstellen der *Brügger Madonna* und des *Tondo Taddei* zumindest mittelbar die emotionale Isolation und Bindungsarmut Michelangelos widerspiegeln.

Ungewöhnliche Details weisen auch die anderen beiden Tondi jener Jahre auf. So steht der Jesusknabe des *Tondo Pitti* mit lässig übereinandergeschlagenen Beinen neben der Madonna, deren Blick in die Ferne des Betrachterraumes schweift. Merkwürdig ist auch, dass der Knabe das vor ihm liegende Buch als Stütze für seinen linken Arm verwendet. In älteren Madonnendarstellungen tauchen oft Bücher auf, gelegentlich mit einer lesbaren Schrift, doch sind sie dort nicht zu einem Stützelement umfunktioniert. Michelangelo bringt also genrehafte Elemente in seine Darstellungen, die es so vorher nicht gegeben hat.

Als ungewöhnlich gilt auch der in Temperatechnik gemalte und mit einem üppig verzierten Goldrahmen versehene *Tondo Doni* (S. 52). Das anlässlich der Hochzeit Agnolo Donis mit Maddalena Strozzi im Jahre 1504 entstandene Gemälde zeigt im Vordergrund die Jungfrau Maria, die von ihrem Gatten Joseph den Jesusknaben überreicht bekommt. Rechts hinter einer Mauer sieht man Johannes den Täufer, der dem Geschehen interessiert zuschaut, während fünf Männerakte den Hintergrund bevölkern. Vom Bildtypus handelt es sich um eines der vielen Werke mit Darstellungen der Heiligen Familie, die in jenen Jahren zu wichtigen Ereignissen der Florentiner Familien wie beispielsweise zu Hochzeiten und Geburten bestellt wurden.

Michelangelos *Tondo Doni* unterscheidet sich allerdings in einigen Punkten von den damals üblichen Gemälden dieses Typs. So zeichnet sich das Rundbild zunächst durch den Einsatz einer intensiven Lokalfarbigkeit aus. Auffällig sind zudem die prominente Position und das engagierte Auftreten Josephs, der in Darstellungen der Heiligen Familie oft passiv ist oder ganz abseits steht, manchmal sogar schläft und bestenfalls eine Nebenrolle spielt, gilt er doch nur als Ziehvater Jesu. Im *Tondo Doni* hingegen überragt Joseph nicht nur die Muttergottes bei weitem, sondern er beteiligt sich durch Übergabe des Kindes unübersehbar am Bildgeschehen. Eine solche Darstellung Josephs spiegelt wahrscheinlich seine zunehmende Bedeutung in der Frömmigkeit jener Zeit wider.

Nicht gänzlich ohne Vorbild, aber doch bemerkenswert sind schließlich die fünf jugendlichen Männerakte des Hintergrundes. Vasari sah in ihnen reine Kunstübungen Michelangelos, der hier sein malerisches Können habe zeigen wollen. Diese Deutung ist sicher nicht ganz von der Hand zu weisen, aber wahrscheinlich steckt doch mehr dahinter. Das lehrt ein Blick auf ein rund zwei Jahrzehnte früher entstandenes Marientondo Luca Signorellis (S. 53), den Michelangelo sicher kannte. Auch dort bevölkern mehrere Männerakte den Hintergrund des Bildes. Zwei von ihnen scheinen auf Blasinstrumenten zu spielen, ein stehender Rückenakt rechts daneben stützt sich auf einen Hirtenstab. Das Ganze stellt offenbar eine bukolische Szene des Altertums dar. Eine Ruine rechts hinter der Madonna bestätigt diesen Eindruck. Die als Verweis

auf das antike Heidentum gemeinte Szenerie des Hintergrundes dient also als Kontrast zur Darstellung der Maria und des Jesuskindes, die für die Überwindung der heidnischen Zeit durch das Christentum stehen. Eine vergleichbare christliche Zeitvorstellung ist auch im fingierten Rahmen des Tondos präsent. Oberhalb des Hauptbildfeldes finden sich in monochromer Malerei zwei Propheten und zwischen ihnen Johannes der Täufer dargestellt. Die Propheten stehen für die Zeit des Alten Testaments, während Johannes der Täufer das Bindeglied zum Neuen Testament repräsentiert, dem das Hauptbild mit der Madonna und dem Jesusknaben gewidmet ist.

Der Konstellation des *Tondo Doni* liegt eine vergleichbare Idee zugrunde: Die Vordergrundfiguren des Hauptbildes, Maria und der Jesusknabe, repräsentieren die neutestamentliche Zeit der Gnade, während der Hintergrund mit den Männerakten die durch das Christentum überwundene Epoche des Heidentums thematisiert. Allerdings bleibt diese Deutungsmöglichkeit bei Michelangelo ambivalent. Die Männerakte stehen nicht neben antiken Ruinen und besitzen weder Hirtenstäbe noch Blasinstrumente. Sie können daher auch als Verkörperung eines Ideals männlicher Schönheit verstanden werden oder eben doch als eine rein künstlerische Übung.

Ähnlich verhält es sich auch mit dem Karton für die *Schlacht von Cascina* (S. 54). Es scheint hier in erster Linie um einen Haufen nackter Männer zu gehen, die Michelangelo in den unterschiedlichsten Stellungen und Bewegungen zeichnete (S. 47). Der im Herbst 1504 ergangene Auftrag hatte allerdings auch eine politische Dimension, denn das großformatige Gemälde für den Ratssaal des Palazzo della Signoria gehörte zu einer programmatischen Ausstattung, mit der die Florentiner Republik an die größten militärischen Triumphe in der Geschichte ihrer Stadt erinnern wollte. Kern dieser Ausstattung war zusammen mit der *Cascina-Schlacht* die bei Leonardo da Vinci in Auftrag gegebene *Anghiari-Schlacht* (S. 54). Das von Leonardo im Herbst 1503 begonnene und im Frühjahr 1506 unvollendet zurückgelassene Gemälde schilderte in überlebensgroßen Figuren einen 1440 erfochtenen Sieg der Florentiner und ihrer päpstlichen Alliierten über die Mailänder Truppen nahe dem toskanischen Städtchen Anghiari. Eine der wichtigsten Episoden dieser Schlacht war die Eroberung der gegnerischen Fahne, die Leonardo zum Gegenstand seines Bildes machte. Unmittelbar neben die Komposition Leonardos hätte Michelangelos *Cascina-Schlacht* platziert werden sollen, die Darstellung eines Alarms, der die Florentiner im Juli 1364 vor dem anrückenden Feind warnte und zum siegreichen Ausgang des Scharmützels beitrug.

Die erhaltenen Kopien der *Anghiari-Schlacht* zeigen vier um den Besitz einer Fahne kämpfende Reiter, namentlich auf der linken Bildseite Francesco Piccinino und seinen Vater Niccolò, die beiden Anführer des Mailänder Heeres. Ihnen gegenüber befinden sich Piergiampaolo Orsini und Ludovico Scarampo, zwei Protagonisten der alliierten päpstlichen und Florentiner Truppen, die siegreich aus dem Kampf hervorgingen und mit denen sich der zeitgenössische Betrachter hätte identifizieren können. Die beiden Reiter links weisen zudem zornige und geradezu verzerrte Gesichtszüge auf. Zu diesem Ausdruck tierischer Wut (*furor*) gesellt sich noch die ikonografisch eindeutige Kennzeichnung Francesco Piccininos, dessen Ausrüstung mehrere Attribute des Kriegsgottes Mars aufweist: Der auf seiner Brust abgebildete Widder war sein Symboltier, und die auf seinem Kopf platzierten Ammonshörner sowie das Widderfell auf seinem Oberkörper entstammen ebenfalls traditioneller Mars-Ikonografie. Damit spielt die Darstellung auf den Umstand an, dass Söldnerführer wie Niccolò und Francesco Piccinino als „Kinder des Mars" galten und dank ihrer käuflichen und daher letztlich unberechenbaren Art der Kriegsführung ein denkbar schlechtes Ansehen genossen. Mars stand also für eine irrationale und besonders korrupte Form des Krieges, die dem Florentiner Ideal einer kontrollierten Auseinandersetzung entgegenstand. In Leonardos Wandbild entsprechen die weit weniger von kriegerischem Zorn entstellten, von rechts nahenden Anführer der Florentiner Truppen diesem neuen Ideal der Kriegsführung des taktischen Kalküls: Auf einigen Kopien erscheint auf den Helmen der Florentiner Krieger bisweilen ein geflügelter Drachen als Symbol der Be-

MICHELANGELO

Anonym
Anghiari-Schlacht, Kopie des 16. Jahrhunderts nach Leonardo da Vinci (*Tavola Doria*),
nach 1506
85 x 115 cm, Öl auf Holz
Privatsammlung

Aristotile da Sangallo (?)
Cascina-Schlacht, Kopie nach Michelangelos Karton (1505/06),
vor 1519 (?)
Grisaillemalerei auf Holz,
76,4 x 130,2 cm
Holkham Hall, Collection of the Earl of Leicester, Norfolk

sonnenheit und Klugheit (*prudentia*), auf fast allen anderen die Maske der Minerva, jener Göttin, die in der antiken Literatur als Garantin einer bedächtigen Kriegführung und als Bezwingerin des unüberlegt agierenden Mars galt. Leonardo stellte mit den Protagonisten des Kampfes eine antithetische Grundstruktur dar, in der das Gute (Minerva mit *prudentia*) dem Bösen (Mars mit dem *furor*) gegenüberstand.

Die formal auf den Zusammenprall der feindlichen Krieger konzentrierte Dynamik von Leonardos Wandbild ist der Komposition Michelangelos, die sich in einer Kopie des 16. Jahrhunderts erhalten hat, völlig fremd. Der jüngere Künstler bevorzugte das wie ein Figurenfries wirkende Arrangement vorwiegend nackter Leiber, deren unterschiedliche Aktionen dem uneingeweihten Betrachter zunächst Rätsel aufgeben. Doch auch Michelangelo stellt ein konkretes und in den Quellen ausführlich beschriebenes Ereignis aus der Kriegsgeschichte dar: Die Florentiner Soldaten und Heerführer erfrischten sich am 28. Juli 1364 unweit des Ortes Cascina angesichts der großen Hitze in den Fluten des Arno, als die feindlichen Pisaner Truppen unversehens auftauchten. Glücklicherweise hatte sich Manno Donati, ein Florentiner Befehlshaber, nicht am allgemeinen Badebetrieb beteiligt und Alarm geschlagen. Dieser Moment ist dargestellt: Einige der badenden Soldaten entsteigen dem Wasser, andere sind bereits im Trockenen und beginnen mit gebotener Eile die Kleidung und Waffen anzulegen. Mehrere Figuren fallen aufgrund ihrer Detailgestaltung besonders auf, so beispielsweise ein Mann in der Mitte des Bildes, der sich ein Tuch um den Kopf schlingt. Es dürfte sich hierbei um den Condottiere Galeotto Malatesta handeln, den die Stadt Florenz als professionellen Heerführer angeheuert hatte. Zur Zeit des dargestellten Alarms lag er mit einem Fieber danieder, musste geweckt werden und gab auch bald das Kommando an ein Kollektiv Florentiner Männer ab. Der Sinn dieser Darstellung wird vor allem klar, wenn man sich noch einmal an die Bildaussage von Leonardos *Anghiari-Schlacht* erinnert. Denn dort wurde in der martialischen Gestalt Francesco Piccininos die Unzuverlässigkeit gedungener Condottieri thematisiert. Michelangelo setzte diese Warnung etwas weniger dramatisch in Szene als Leonardo. Der Schwerpunkt seiner Darstellung liegt weniger auf der Thematisierung des kriegerischen *furor* als vielmehr auf der Tugend der Wachsamkeit und damit auf der Besonnenheit. Diese Besonnenheit gelangt vor allem in der Alarm schlagenden Figur rechts oben zum Ausdruck, die wahrscheinlich Manno Donati darstellt und die auf ihrer Kopfbedeckung einen geflügelten Drachen trägt. Donati hatte trotz der großen Hitze einen kühlen Kopf bewahrt, sich weder ins Wasser noch zur Ruhe begeben und war somit in der Lage, seine Kampfgefährten vor dem anrückenden Feind zu warnen.

Bezeichnenderweise wurde die Wachsamkeit dieser Figur durch ein Symboltier, den Drachen, hervorgehoben, der bereits in der benachbarten *Anghiari-Schlacht* im Sinne der *prudentia* auftauchte. Es war also auch in Michelangelos Bild die Besonnenheit (in diesem Fall als Umsicht und Wachsamkeit), die sich – hier als Alarm schreiendes Tier – hilfreich einschaltete. Darüber hinaus ließ Michelangelo in seiner Darstellung sogar eine gewisse Form von Bildwitz einfließen, denn der Drache hat das Maul weit aufgerissen, *al'arme* (zu den Waffen) schreiend wie sein Träger Manno Donati. Es kann kein Zweifel daran bestehen, dass Donatis Drache der Wachsamkeit in unmittelbarer Verwandtschaft mit dem gleichen Tier auf dem Helm Orsinis in Leonardos *Anghiari-Schlacht* steht.

Hinsichtlich dieser Verwandtschaft könnte man sogar noch einen Schritt weitergehen. Leonardo hatte den Drachen im künstlerisch vergleichsweise anspruchslosen Profil dargestellt und seine Phantasie und Gestaltungskraft auf die Physiognomien der

III. DER DURCHBRUCH IN FLORENZ 1501–1504

Mit 30 Jahren war Michelangelo allgemein als der größte Meister seiner Zeit anerkannt, und man stellte ihn auf eine Stufe mit Leonardo. Die Stadt Florenz ehrte ihn dadurch, dass sie ihm und Leonardo den Auftrag erteilte, eine Episode aus der Florentiner Geschichte an die Wand des großen Saales im Rathaus von Florenz zu malen. Es war ein dramatischer Augenblick in der Geschichte der Kunst, als diese beiden Geistesriesen um den Siegespreis rangen und ganz Florenz aufgeregt den Fortschritt ihrer Skizzen und Vorbereitungen verfolgte.

— ERNST GOMBRICH

Studien zu einem Kampfgetümmel mit Reiter (zur *Cascina-Schlacht*), 1504
Feder, 179 x 251 mm
Oxford, Ashmolean Museum,
P. 294r

beiden Piccinini, der mit „Mars" assoziierten Feldherren, konzentriert. Michelangelo hingegen bemühte sich nicht allein um eine intensive Expressivität der einzelnen Gesichter, sondern er verlieh sogar dem Symboltier eine bedeutungsschwangere Mimik, ganz so, als ob er die meisterhafte Darstellung des menschlichen Gesichtsausdrucks in Leonardos *Anghiari-Schlacht* durch eine ebenfalls meisterhafte Darstellung tierisch entfesselter Physiognomie habe ergänzen und übertrumpfen wollen.

In der dramatischen Darstellung des kriegerischen Geschehens hätte der Kontrast zwischen den Entwürfen der beiden Künstler nicht größer sein können. Leonardo thematisierte den konzentrierten Zusammenprall gegensätzlicher Kräfte und kennzeichnete die Kriegsparteien mit erkennbaren Attributen. Michelangelo hingegen legte weniger Wert auf eine eindeutige Kennzeichnung des Bildpersonals und widmete sich umso intensiver der expressiven Gestaltung des männlichen Aktes. Dessen Ausdrucksmöglichkeiten hatte er bereits 1492 in seiner *Kentaurenschlacht* sowie erneut in seinem vor kurzem fertiggestellten Marmor-*David* erprobt. Leonardo scheint diese „Muskelrhetorik" seines noch jungen, aber schon früh erfolgreichen Konkurrenten beeindruckt zu haben: Die einzige von ihm erhaltene Zeichnung eines unmittelbar zeitgenössischen Kunstwerks entstand nach Michelangelos *David*. Wohl unter dem Eindruck der aufsehenerregenden Skulptur und der expressiven Figuren der *Cascina-Schlacht* begann Leonardo fast gleichzeitig oder nur wenig später ein intensives Studium muskulöser Männerakte. Diese erneute Begeisterung für den männlichen Akt muss einigermaßen überraschen, denn Leonardo hatte in den Jahren 1500 bis 1506 die Darstellung übertrieben muskulöser Männerkörper scharf verurteilt. So tadelt er jene „großen Zeichner", die „ihre hölzernen Aktfiguren ohne Anmut machen, so dass sie eher einem Sack voller Nüsse ähneln als menschlichen Gestalten". Das Interesse Leonardos an expressiven Männerakten hing mit dem Aufstieg des jungen Michelangelo und dessen innovativer Auffassung des Akts zusammen: Nicht mehr der gradlinige Figurenstil des 15. Jahrhunderts war gefragt, sondern ein heroischer Stil, den Michelangelo mit seiner Darstellung kräftiger Männerkörper zum neuen Ideal erhob. Im Konkurrenzkampf der beiden Künstler-Giganten scheint der jüngere Künstler, Michelangelo, den älteren, Leonardo, stärker beeindruckt zu haben als umgekehrt. Wie der Reichtum muskulöser Aktfiguren in der Sixtinischen Kapelle wenige Jahre später zeigen sollte, war der lineare Stilmodus des Quattrocento nicht mehr aktuell. Ein neues, von Michelangelo geschaffenes Körperideal begann sich durchzusetzen.

IV.
Zwischen Rom und Florenz
1505–1508

Frank Zöllner

... man kann sich leicht denken, wie begeistert Michelangelo gewesen sein muss, für einen Mann [Papst Julius II.] arbeiten zu können, der die Mittel und den Willen hatte, die kühnsten Entwürfe zu verwirklichen. Mit der Erlaubnis des Papstes reiste er sofort zu den berühmten Marmorbrüchen von Carrara, um dort die Blöcke für ein riesiges Mausoleum auszusuchen. Der Anblick all dieser Marmorfelsen überwältigte den jungen Bildhauer. Sie schienen nur auf seinen Meißel zu warten, um sich in Statuen zu verwandeln, wie sie die Welt noch nie gesehen hatte. Er blieb mehr als sechs Monate in den Brüchen, wählte aus, verwarf und kaufte, während sich die Gestalten in seiner Phantasie drängten. Er wollte diese Figuren aus dem Marmor erlösen, in dem sie schlummerten ...

— ERNST GOMBRICH

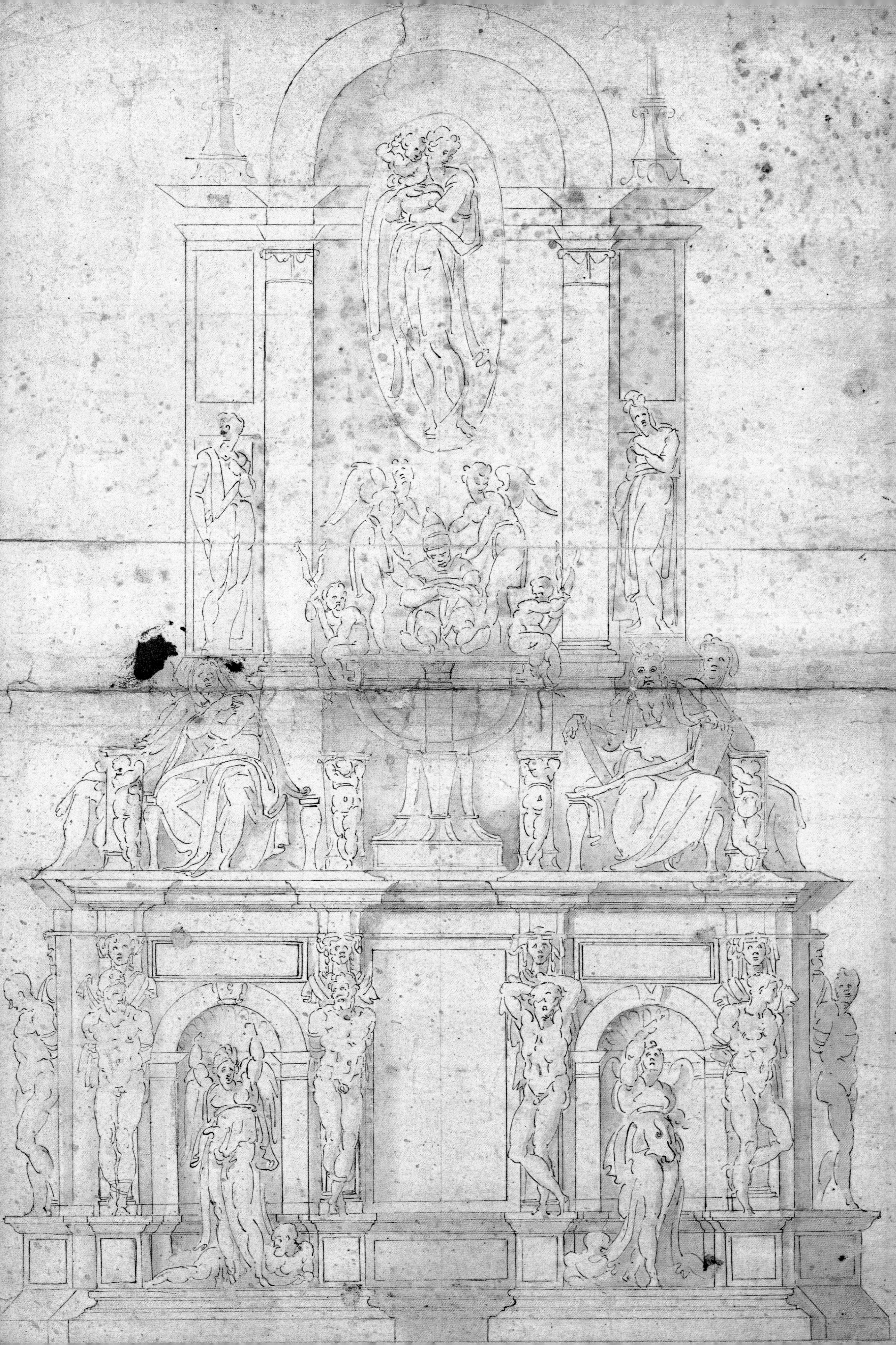

MICHELANGELO

Seite 57:
Giacomo Rocchetti
Kopie der Modellzeichnung Michelangelos für das Grabmal Julius' II. (Projektstadium 1513?)
Feder und Lavierung, 340 x 525 mm
Berlin, Staatliche Museen, Kupferstichkabinett

Entwurf für das Grabmal Papst Julius' II., 1505/13 (?)
Feder über schwarzem Lapis und Lavierung, 525 x 340 mm
Berlin, Staatliche Museen, Kupferstichkabinett, 15 305r

Mit dem Auftrag für das Grab Julius' II., der den Künstler im Februar 1505 an den päpstlichen Hof nach Rom ruft, beginnt für die Karriere Michelangelos eine neue Phase. Bis zu seinem Lebensende wird er den größeren Teil seiner Schaffenskraft den bedeutendsten künstlerischen Aufgaben seiner Epoche widmen. Diese Großprojekte, bei denen Michelangelo oft als Bildhauer und Architekt zugleich und zudem noch in großem Stil als Maler wirkt, binden ihn für Jahre, manchmal sogar Jahrzehnte an einige wenige Auftraggeber wie die Päpste oder deren Interessenvertreter. Das gilt besonders für das Juliusgrab, die zwei Freskenkampagnen in der Cappella Sistina, die Projekte für S. Lorenzo in Florenz (Fassade, Medici-Kapelle, Biblioteca Laurenziana; s. Kap. VI und VII) sowie für die komplette Umgestaltung des Kapitolsplatzes und die Leitung des Neubaus von St. Peter in Rom (s. Kap. IX). Die beiden zuletzt genannten Aufgaben als Architekt verdeutlichen ganz besonders die Dimensionen der Engagements Michelangelos, denn für beide Projekte war von Beginn an klar, dass ihre Vollendung den Zeithorizont eines Individuums übersteigen würde. Daneben muten andere bedeutende Werke wie der *Cristo sopra Minerva* oder die Fresken in der Cappella Paolina vergleichsweise bescheiden an.

Die ausschlaggebende Person für Michelangelos Orientierung nach Rom war Giuliano della Rovere (geb. 1443), Kardinal von S. Pietro in Vincoli, der 1503 als Julius II. zum Papst gewählt wurde. Bis zu seinem Tod im Jahre 1513 initiierte der bekannteste Renaissancepapst einige der prominentesten Projekte der neueren Kunstgeschichte: den Neubau von St. Peter ab April 1506, die Ausmalung der Sixtinischen Kapelle durch Michelangelo in den Jahren 1508–1512 sowie die Ausmalung der Papstgemächer im Vatikanischen Palast, die sogenannten Stanzen, durch Raffael (1483–1520) und seine Werkstatt seit Ende 1508. Julius II. setzte damit in Rom ein Erneuerungswerk fort, das sein Onkel, Papst Sixtus IV., mit diversen urbanistischen Projekten sowie mit dem Bau der Cappella Sistina und dem Auftrag für deren Freskierung durch die bedeutendsten Maler Italiens im 15. Jahrhundert begonnen hatte.

Nicht zuletzt aufgrund einiger spektakulärer Konflikte, von denen die Biografen genussvoll berichten, ist das persönliche Verhältnis zwischen Papst Julius II. und Michelangelo Gegenstand zahlreicher, bis heute lebendiger Legenden. Die beiden Männer verband offenbar eine beeindruckende und zugleich irritierende Charaktereigenschaft. Sie wird schon in den zeitgenössischen Quellen mit dem Begriff *terribilità* – zu Deutsch etwa Gewaltigkeit – umschrieben. Damit war eine Kombination von Jähzorn, scharfem Urteil, Starrsinn und unbeugsamer Willenskraft gemeint, die zu eben jenen „gewaltigen" Konflikten führte. Das Zusammentreffen von Julius II. und Michelangelo definiert hierbei ein völlig neues Verhältnis zwischen Künstler und Auftraggeber. Man möchte fast davon sprechen, dass sich die beiden auf Augenhöhe treffen, obwohl das angesichts der Rangungleichheit und der im 16. Jahrhundert noch gültigen gesellschaftlichen Hierarchien vielleicht etwas übertrieben erscheint.

Für den Beginn des gigantischen Projekts, ein monumentales Freigrab für Julius II. zu errichten, fehlen größtenteils direkte und verlässliche Dokumentationen. Wir wissen aus verschiedenen, oft späteren Quellen, dass Michelangelo im Februar 1505 eigens für dieses Projekt nach Rom gerufen wird, wahrscheinlich auf Vermittlung seines langjährigen Freundes Giuliano da Sangallo (1445–1516). Die erste Idee eines Freigrabes von 1505 wurde in den Jahren 1513, 1516, 1526, 1532 und 1542 durch immer neue Abmachungen auf diejenige eines wesentlich kleineren Wandgrabes reduziert. Als Resultat einer sehr komplexen und mit Konflikten beladenen Reduktion des ersten Projekts entstand 1542–1545 unter Verwendung bereits fertiggestellter Teile der früheren Planungsphasen die endgültige Fassung des Grabmals für S. Pietro in Vincoli.

Den Ursprung der Pläne für das Juliusgrab beschreibt Giorgio Vasari in der Vita Giuliano da Sangallos. Zunächst dachte man an eine Kapelle, eine Art Mausoleum, das neben dem Bau von Alt-St.-Peter errichtet werden sollte. Alternativ war eine Aufstellung des Freigrabes im sogenannten Rossellino-Chor vorgesehen, einem bereits unter Papst Nikolaus V. (reg. 1447–1455) begonnenen Erweiterungsbau der Tribuna von Alt-St.-Peter (s. Kap. IX). In jedem Fall stand, wie Vasari in seinem Bericht suggeriert, am Beginn des völligen Neubaus von St. Peter die prätentiöse und in ihrer Größenordnung unerhörte Idee, in einer Kirche, die über der letzten Ruhestätte eines Apostelfürsten gebaut worden war, das monumentale Grabmal eines Papstes zu errichten. Im Laufe des Jahres 1505 gingen die Vorbereitungen für das Juliusgrab zunächst zügig voran. Kontrakte für das Brechen und die Verschiffung der notwendigen Marmorblöcke nach Rom vom November und Dezember 1505 geben eine erste Ahnung von den riesigen Dimensionen des Grabmals und belegen den Eifer Michelangelos bei der Auswahl und Beschaffung des Materials. Über die ursprünglich geplante Gestalt des Monuments schweigen sich die erhaltenen Kontrakte und einige wenige Briefe aus der ersten Planungsphase allerdings aus. Hierfür sind wir auf die späteren Berichte Condivis und Vasaris sowie auf mehrere Zeichnungen angewiesen, deren Datierung und Zuschreibung an Michelangelo oder seinen Umkreis allerdings strittig ist (s. u.).

Strittig ist auch die Zuverlässigkeit der Biografen Michelangelos. Zudem vermitteln die Angaben Vasaris und Condivis nur einen ungefähren Eindruck von der ursprünglich intendierten Anlage. So unterscheidet Condivi in seiner Beschreibung nicht exakt zwischen den einzelnen Entwurfsstadien, obwohl er sich dabei ausdrücklich auf das erste Projekt eines freistehenden Grabmals von 1505 bezieht und dessen Maße mit stattlichen 18 mal 12 Ellen angibt (etwa 10,50 x 7,00 m). Condivi spricht von über 40 Skulpturen und einer Reihe von Bronzereliefs, die Begebenheiten aus dem Leben Julius' II. darstellen sollten. Konkret waren für das Untergeschoss des

August Schmarsow
Pause nach Michelangelos Modellzeichnung für das Grabmal Julius' II. Schmalseite (Projektstadium 1505/13?)

Rekonstruktion des Juliusgrabes, Schmal- und Breitseite (Projektstadium 1505; nach Bredekamp/Klodt, 2004)

Grabmals mit Statuen besetzte Nischen vorgesehen sowie zwischen diesen jeweils Hermenpilaster (*termini*) mit gefesselten *Gefangenen*. Von diesen Gefangenen, für die sich in der Literatur auch die Bezeichnung *Sklaven* eingebürgert hat, schuf Michelangelo 1513–1516 zunächst zwei und später, um 1520–1530, vier weitere. Keine dieser teilweise unvollendeten Skulpturen fand in der endgültigen Version des Juliusgrabes in S. Pietro in Vincoli Aufstellung.

Für das erste Geschoss des Monuments nennt Condivi vier große Sitzfiguren, darunter den *Moses*. Darüber sollten ein lachender und ein weinender Engel platziert werden, die zusammen einen Sarkophag tragen. Die *Gefangenen* an den Hermenpilastern bezeichnet Condivi als Personifikationen der freien Künste, unter ihnen auch (entgegen ihrer kanonischen Definition) Malerei, Skulptur und Baukunst mit entsprechenden Attributen. Auch eine Deutung steuert der Biograf bei: Der weinende Engel im oberen Register des Grabmals trauere über den Tod des Papstes, der zweite Engel freue sich über den Aufstieg seiner Seele in den Himmel. Zudem gibt Condivi an, dass im Inneren des Grabmals der Papst in einem Marmorsarkophag beigesetzt werden sollte.

Vasari ergänzt Condivis Ausführungen zum Grabmal in der Ausgabe seiner Viten von 1568 um wichtige Details. So versteht er die *Gefangenen* als Personifikationen der vom Papst unterworfenen Provinzen und der verschiedenen Künste. Als Sitzfiguren des Obergeschosses identifiziert er neben dem schon bei Condivi genannten *Moses* den heiligen Paulus sowie Personifikationen des „tätigen und des beschauenden Lebens", der *Vita activa* und der *Vita passiva*. Die darüber befindlichen beiden Figuren beschreibt er folgendermaßen: „Davon war die eine der Himmel, der lächelnd eine Bahre auf der Schulter trug, die andere Cybele, die Göttin der Erde, die zu klagen schien, dass sie in der Welt bleiben müsse, aller Trefflichkeit beraubt durch den Tod eines solchen Mannes, während der Himmel Freude darüber kund gab, dass seine Seele zur ewigen Herrlichkeit eingegangen war."

Auskunft über das bei Condivi und Vasari beschriebene erste Projekt für das Juliusgrab geben auch einige Zeichnungen. Sie beziehen sich allerdings in ihrer Gesamtgestalt eher auf das Projekt von 1513, doch in einigen Details spiegeln sie die ikonografische Ausrichtung der älteren Planung wider. Hierzu gehört ein stark beschädigtes, im Kupferstichkabinett zu Berlin verwahrtes und vermutlich von Michelangelo selbst gezeichnetes Blatt (S. 58), dessen heute kaum noch erkennbare Konturen der Leipziger Kunsthistoriker August Schmarsow 1884 mit Hilfe einer Pause lesbar machte (S. 59). Hilfreich sind auch eine ebenfalls in Berlin befindliche ähnliche Zeichnung, die inzwischen Giacomo Rocchetti zugeschrieben wird (S. 57) und ein weiteres Blatt aus den Uffizien in Florenz, das nur das Untergeschoss des Grabmals zeigt.

Eine in New York verwahrte und sowohl in ihrer Zuschreibung als auch in ihrer Datierung strittige Zeichnung (S. 60) ähnelt vom Aufbau her den bereits genannten Entwürfen, weist aber ein deutlich abweichendes ikonografisches Programm auf. So fehlen die Hermenpilaster im unteren Register, die in den anderen Zeichnungen und bei den Biografen eine wichtige Rolle spielen. Im Unterschied zu den Entwurfsvarianten in Berlin und Florenz nehmen die Nischen im Untergeschoss Personifikationen von Tugenden auf, während zwei Reliefs den Raum zwischen den beiden Nischen füllen; eines davon zeigt die Mannalese. Mit den Sitzfiguren im Obergeschoss könnten auf der linken Seite eine Sibylle und auf der rechten Moses gemeint sein. In der Mitte leitet der Sarkophag mit der Liegefigur des Papstes, zwei Engeln und zwei Putti zum dritten Geschoss über, wo die Madonna mit Kind von zwei stehenden Figuren flankiert wird. Es handelt sich offenbar um Jünglinge mit Weihwasser- und Weihrauchgefäßen. Die Sitzmöbel im zweiten Register sind mit überdimensionierten Eicheln verziert. Zudem steht im Mittelpunkt der Mannalese eine Eiche. Hiermit wird überdeutlich auf das Wappen der Della-Rovere-Familie verwiesen (s. Kap. V). Unter allen Zeichnungen, die in den letzten Jahren Michelangelo zugeschrieben wurden, ist diese sicherlich die interessanteste und zugleich die problematischste. Man kann sich bei näherem Hinsehen des Eindrucks nicht erwehren, dass hier ein begabter Künstler versucht hat, so viel von der Kunst Michelangelos zu imitieren, wie er verstehen konnte.

So wirkt der Moses im zweiten Geschoss von seiner Komposition her wie ein Wiedergänger der Propheten der Sixtinischen Decke, und die Sibylle scheint wie aus verschiedenen michelangelesken Motiven zusammengesetzt (Sibyllen und Propheten der Sixtina, Medici-Kapelle, Cappella Paolina). Die mit liturgischem Gerät hantierenden Jünglinge im obersten Geschoss hingegen fallen völlig aus dem Rahmen, denn inhaltlich und formal vergleichbare Figuren sucht man im Œuvre Michelangelos vergeblich. Das gilt besonders für den Jüngling auf der linken Seite, dessen offener Kontur für Michelangelo nicht denkbar ist. Zudem gibt es keinerlei Harmonie zwischen diesen Figuren und dem architektonischen Rahmen des Entwurfs, auch das sehr ungewöhnlich für Michelangelo. Man fragt sich unwillkürlich, ob hier nicht ein sehr viel später entstandenes Elaborat vorliegt.

Einen deutlich homogeneren und damit schlüssigeren Eindruck machen die anderen Entwürfe. So sind auf den beiden Berliner Blättern die von den Biografen erwähnten Hermenpilaster mit den *Gefangenen* zu erkennen. Deren unmittelbare Verbundenheit mit den Pilastern unterstreicht nicht nur ihr Gefangensein, sondern auch das für Michelangelo typische enge Zusammenspiel skulpturaler und architektonischer Elemente. Letzteres gilt auch für die bekleideten weiblichen Figuren in den Nischen, die über nackten männlichen Gestalten stehen und somit als Siegesengel zu deuten sind. Ein spätes Echo dieser Victorien finden wir in dem etwa 20 Jahre später für das Juliusgrab geschaffenen *Sieger*, mit dem Michelangelo die ursprünglich vorgesehene bekleidete weibliche Gestalt einer Victoria durch einen männlichen Akt ersetzte.

Im oberen Register der Berliner Entwürfe ist auf der rechten Seite der *Moses* zu erkennen, der bereits auf die später ausgeführte Skulptur vorausweist. Bei der Sitzfigur auf der anderen Seite handelt es sich entweder um die *Vita activa* oder um die *Vita passiva*. Der allein bei Vasari als Pendant zum *Moses* genannte Paulus ist auf den erhaltenen Entwürfen also nicht sichtbar. Die Kombination der Figuren im oberen Register gibt Rätsel auf, denn innerhalb der Tradition von Papstgrabmälern war bis dahin nichts dergleichen zusammengestellt worden. Gleichwohl darf man Moses und Paulus in ihrer Funktion als Gesetzgeber und als Verbreiter des Glaubens und somit als Identifikationsfiguren für den Papst selbst verstehen. Die auf der gleichen Ebene skizzierten Figuren der *Vita activa* und der *Vita passiva* verweisen auf die beiden grundsätzlichen Richtungen menschlichen Handelns und Strebens, auf die im Leben wirksame Aktion sowie auf deren Kontemplation im geistigen Akt der Reflexion. Beide verbinden sich idealerweise zu einem in Taten und Worten erfolgreichen irdischen Leben, das wiederum Voraussetzung für das Weiterleben der eigenen *fama* nach dem Tode ist. Über den vier Sitzfiguren erhebt sich schließlich die von Engeln gestützte und auf einem Sarkophag sitzende Figur des Papstes. Insoweit dürften die Zeichnungen ungefähr den Plänen des Monuments von 1505 entsprechen. Doch an die Stelle der Personifikationen von Himmel und Erde tritt in den Entwürfen ab 1513 die über dem Sarkophag schwebende *Madonna mit Kind* und damit eine Sakralisierung, die im Monument von 1505 weit weniger ausgeprägt ist (vgl. Kap. VII).

Einen wichtigen Punkt hat bereits Vasari mit seiner Deutung der *Gefangenen* als Personifikationen unterworfener Provinzen angesprochen: Das ursprünglich geplante monumentale Freigrab schließt an die Triumphalikonografie an, wie sie beispielsweise durch erhaltene Münzen aus der römischen Kaiserzeit bekannt war. Letztlich ist hierbei unerheblich, ob mit den *Gefangenen* konkret auf die Unterwerfung bestimmter Gegner angespielt wurde; der an antiker Triumphalikonografie orientierte Gestus war das Entscheidende. Dieser Gestus wiederum gelangte auch in dem Typus des mehrgeschossigen und mit Skulpturen geschmückten Monuments zum Ausdruck, für den es ebenfalls Vorläufer in der Antike gab.

Die von Condivi und Vasari beschriebene Anbringung von Personifikationen der Künste in den ersten Projektphasen des Grabmals findet direkte Vorbilder in den beiden Papstgrabmälern, die Antonio del Pollaiuolo 1493 für Sixtus IV. (S. 61) und 1498 für Innozenz VIII. in Alt-St.-Peter geschaffen hatte. Bereits das aus Bronze gefertigte Monument für Sixtus IV. – ebenfalls ein Freigrab, allerdings mit wesentlich beschei-

— 59 —

Lodovico Pogliaghi
Ideale Rekonstruktion des Juliusgrabes
(Projektstadium 1505), um 1900
Verbleib unbekannt

nach Michelangelo
Entwurf/Variante für das Grabmal Papst Julius' II.
(Projektstadium 1513)
Feder und Lavierung, 509 x 318 mm
New York, Metropolitan Museum of Art, Rogers Fund, 62 931r

deneren Dimensionen – wurde von Darstellungen der Künste und der drei theologischen Tugenden gerahmt. Ein ähnliches, wenn auch weniger umfangreiches Programm zeichnet das Grabmal Innocenz' VIII. aus. Aber Michelangelos Planung hat, abgesehen von einigen programmatischen Parallelen, ganz andere Schwerpunkte. Dazu gehören in erster Linie die genannten Anleihen bei der antiken Triumphalikonografie in Gestalt der Victorien, *Gefangenen* und Hermenpilaster. Hierbei entfernte sich Michelangelo in den weiteren Planungsphasen von der Kennzeichnung der Skulpturen durch entsprechende Attribute (s. Kap. VII). So kennzeichnete er noch in einer frühen Skizze einen *Gefangenen* mit Rüstung und Helm, um so dessen Verwandtschaft mit der Triumphalikonografie zu unterstreichen. Diese Attribute entfallen in den ausgeführten Skulpturen. Zudem entkleidete er sie vollständig, womit er von den antiken Vorbildern signifikant abwich, denn Gefangene wie Daker und Barbaren waren in den damals bekannten Beispielen des Altertums bekleidet. Wie sehr Michelangelo nackten Figuren den Vorzug gab, zeigen auch andere Elemente: Die in den Modellzeichnungen noch als bekleidete Frauengestalten charakterisierten Victorien verwandelt er im später ausgeführten *Sieger* in einen männlichen Akt, und auch die wenigen erhaltenen Skizzen zu den *Gefangenen* bezeugen diesen Prozess der Entkleidung (S. 61). Dort ist zu sehen, wie die männlichen Gestalten mit ihren Fesseln oder mit der Herme ringen, an die sie gebunden sind. Undenkbar, die Dynamik dieses Ringens in einer bekleideten Figur darzustellen. Doch spiegelt die Auseinandersetzung mit ausschließlich nackten *Gefangenen* nicht nur Michelangelos schon in der *Cascina*-Schlacht erkennbare Vorliebe für den männlichen Akt wider, sondern auch eine Verwandlung des antiken Motivs ins Allgemeine, ins ikonografisch Unspezifische; die damit einhergehende Deutungsoffenheit wäre bei einer direkten Übernahme antiker Triumphalikonografie kaum möglich gewesen. Erst durch die Entkleidung des antiken Typs gelangt Michelangelo zur reinen Ausdruckskraft des nackten Körpers, die den Skulpturen eine semantische Offenheit einschreibt. Sie hatte es schon Condivi und Vasari ermöglicht, die Figuren des Juliusgrabs abweichend voneinander zu deuten.

Die Hermenpilaster geben dem Untergeschoss des Monuments eine formale und zugleich eine inhaltliche Struktur. Ähnliche, aus der Antike bekannte *termini* konnten als Grenzsteine zwischen Diesseits und Jenseits verstanden werden. Damit leiten die Hermenpilaster von der eher profan ausgerichteten Ikonografie im Untergeschoss zum sakralen Bereich im Obergeschoss über. Gleichzeitig passen die *termini* naturgemäß gut zur Ausstattung eines Grabmonuments, das den Übergang vom Leben zum Tod und die Hoffnung auf Aufnahme in den Himmel zum Ausdruck bringen soll. Diesen Gedanken nimmt im ersten Grabmalsentwurf die von den Biografen beschriebene Allegorie des Himmels auf. Im zweiten Entwurf fehlen Himmel und Erde, dafür schwebt über dem Ganzen die Madonna mit Kind in einem Oval, das wohl als Andeutung einer Glorie zu verstehen ist. Dieses Arrangement erinnert stark an Darstellungen der zum Himmel fahrenden Maria, was auch dadurch unterstrichen wird, dass die Gloria das abschließende Gesims durchstößt. Hiermit wird – ähnlich wie in der Medici-Kapelle – die vertikale Ausrichtung des oberen Registers betont, auch dies eine Anspielung auf die Idee der Himmelfahrt, in der die Hoffnung auf Erlösung und Wiederauferstehung zum Ausdruck gelangt. In der Grabmalsfassung von 1505, so weit wir sie aus den Beschreibungen kennen, war dieser eher traditionelle Verweis auf eine Himmelfahrtsikonografie offenbar noch nicht vorgesehen. Bereits zwischen 1505 und 1513 ist also eine Tendenz erkennbar, einige profane Elemente des Ursprungsentwurfs durch eindeutiger sakral konnotierte Skulpturen zu ersetzen. Diese Tendenz sollte im ausgeführten Entwurf von 1545 ihren Höhepunkt erreichen (s. Kap. X).

Die hochtrabenden Pläne für ein monumentales, in seiner Ikonografie neuartiges und seinem künstlerischen Anspruch ambitioniertes Papstgrabmal stehen in einem merkwürdigen Kontrast zu den dramatischen Problemen, die sich schon bald aus dem gigantischen Projekt ergaben. Denn nach dem Eintreffen der ersten Marmorlieferungen in Rom im Januar 1506 eskalieren die Ereignisse, die *terribilità* von Künstler und Auftraggeber treffen unerbittlich aufeinander. Bezeichnenderweise sind es die Monumentalität des ersten Grabmals und die nicht eben bescheidene Wahl für seinen Aufstellungsort, die dem Unternehmen zum Verhängnis werden. Das überambitionierte erste Grabmalsprojekt sprengt die Dimensionen von Alt-St.-Peter, ein größerer Neubau erweist sich, auch aus anderen Gründen, als notwendig, und dieses gigantische Projekt absorbiert die Aufmerksamkeit und die finanziellen Ressourcen des Papstes fast vollständig. Die Ausführung des Juliusgrabes muss verschoben werden.

Der Konflikt zwischen den beiden Gewaltigen ist durch Briefe gut belegt und zeigt, auf welchem Niveau Michelangelo dem Papst entgegentritt. Denn tatsächlich flieht der Künstler am 17. April 1506 – einen Tag vor der Grundsteinlegung von St. Peter – aus Rom nach Florenz, dessen Hoheitsgebiet er erreicht, bevor die ihm nachgesandten päpstlichen Kuriere ihn einholen können. In einem Brief an Giuliano da Sangallo vom 2. Mai 1506 erklärt Michelangelo seine Flucht aus der Ewigen Stadt. Verbunden mit dieser Erklärung ist der Vorschlag, den Marmor für das Juliusgrab nach Florenz zu schicken, um dort das Grabmal zu schaffen: „Was meine Abreise anbelangt, so hörte ich wirklich am Sonnabend vor Ostern (11. April) den Papst sagen,

IV. ZWISCHEN ROM UND FLORENZ 1505–1508

Antonio del Pollaiuolo
Grabmal Papst Sixtus IV., 1493
Bronze
Rom, St. Peter

Studie für die Assistenzfigur der libyschen Sibylle, Skizze eines Gebälks (für das Grabmal Papst Julius' II.?) und Studien für die *Sklaven* **des Grabmals Papst Julius' II.**, um 1512
Rötel und Feder, 286 x 194 mm
Oxford, Ashmolean Museum,
P. 297r

als er sich bei Tafel mit einem Juwelier und mit seinem Zeremonienmeister (Paris de Grassis) unterhielt, er wolle nicht einen Pfennig mehr ausgeben, weder für kleine noch für große Steine, worüber ich sehr erstaunt war. Gleichwohl erbat ich mir vor meinem Abgange einen Teil von dem, was mir zukam, um die Arbeit (am Juliusgrab) fortzusetzen. Seine Heiligkeit antwortete mir, ich möchte am Montag wiederkommen (13. April). Und ich kam am Montag und am Dienstag und am Mittwoch und am Donnerstag, wie Sie's erfahren haben. Zuletzt am Freitagmorgen (17. April) wurde ich hinausgeschickt, das heißt, hinausgeworfen; und der das tat, sagte, er kenne mich wohl, aber er hätte den Auftrag dazu. (…) Genug, er ließ mich daran denken, dass, bliebe ich noch länger in Rom, nicht das Grabmal des Papstes, sondern mein eigenes zuerst an die Reihe kommen würde. Und das veranlasste meine plötzliche Abreise. (…) Nun schreibt Ihr mir im Auftrage des Papstes, und also werdet Ihr auch diese meine Antwort dem Papste vorlesen: Seine Heiligkeit möge wissen, dass ich mehr denn jemals bereit bin, das Werk zu Ende zu führen; und wenn Sie unter allen Umständen das Grabmal haben wolle, dürfte es Ihr nichts ausmachen, wo ich es arbeite, wenn es nur im Zeitraum von 5 Jahren, wie verabredet, in St. Peter, da, wo es Ihr gefalle, aufgemauert und etwas Schönes sei, wie ich versprochen habe; denn ich bin gewiss, wird es errichtet, so hat es in der ganzen Welt nicht seinesgleichen."

Der gerade 31-jährige Künstler stellte also keinem Geringeren als dem Papst seine Bedingungen für die Fortführung des Projekts. Dieses übersteigerte Selbstbewusstsein des Künstlers, für das es in der neueren Kunstgeschichte keine Parallele gibt, bringt auch Condivi, das Sprachrohr Michelangelos, zum Ausdruck, der Folgendes über dessen Flucht aus Rom berichtet: „Bald darauf langten fünf Kuriere an von Julius, die den Auftrag hatten, ihn zurückzubringen, wo immer sie ihn fänden. Aber da sie ihn an einem Orte erreicht hatten, wo sie ihm keine Gewalt antun konnten und Michelangelo ihnen drohte, er werde sie totschlagen lassen, wenn sie das Geringste versuchten, so verlegten sie sich aufs Bitten und, da dies nichts half, verlangten sie von ihm, dass er wenigstens den Brief des Papstes beantwortete, den sie ihm vorgezeigt hatten." Zudem zitiert Condivi aus dem genannten Brief des Papstes sowie aus dem Antwortschreiben Michelangelos. „Der Brief des Papstes lautete so: ‚Dass, sowie er das Gegenwärtige gesehen habe, er sofort nach Rom zurückkommen sollte bei Vermeidung seiner Ungnade.' Worauf Michelangelo in Kürze antwortete: ‚Dass er niemals zurückkommen werde und dass er es nicht verdiene, für seine guten treuen Dienste einen solchen Umschlag zu erleben, dass er von seinem Angesicht gejagt werde, wie ein schlechter Kerl; und dieweil seine Heiligkeit nichts mehr hören wolle vom Grabmal, so sei er außer Pflicht und wolle sich zu nichts anderem verpflichten.'"

Das klingt natürlich etwas schärfer als der Brief von 1506, doch tatsächlich belegt ein Breve des Papstes vom 8. Juli 1506, dass der Künstler einen für seine Zeit erstaunlich guten Stand bei seinem hochgestellten Auftraggeber hatte. In dem an den Florentiner Gonfaloniere Piero Soderini gerichteten Schreiben heißt es: „Der Bildhauer Michelangelo, der von uns ohne Grund und unbedachtsam weggegangen ist, fürchtet, wie wir hören, zu uns zurückzukehren. Wir zürnen ihm nicht. Wir kennen die Gemüter dieser Art Menschen. Damit er indes allen Verdacht ablege, so ermahnen wir Ew. Ergebenheit, sie möge ihm in unserem Namen versprechen, dass er, wenn er zu uns zurückkehrt, unverletzt und ungefährdet sein soll und dass wir ihn wieder in derselben apostolischen Gnade halten wollen, in der er vor seinem Weggehen gehalten worden ist."

Die Großmut des Papstes ist umso erstaunlicher, als Michelangelos Darstellung der Ereignisse des Jahres 1506 nicht ganz der Wahrheit entspricht. Bereits in dem Brief an Giuliano da Sangallo ist von Geld die Rede, das offenbar nicht mehr fließen sollte. Diesen Gedanken präzisiert Michelangelo in zwei Briefentwürfen an seinen Freund Giovan Francesco Fattucci von 1523/24: „Dann, als ich bei dem genannten Papst Julius in Rom war und er mir sein Grabmal aufgetragen hatte, auf das allein für tausend Dukaten Marmorblöcke gingen, ließ er mir dieses Geld auszahlen und schickte mich wegen der Blöcke nach Carrara, wo ich acht Monate blieb, um sie grob zuhauen zu lassen. Und ich brachte sie fast alle auf den Platz von St. Peter, und nur

ein Teil blieb in Ripa (Hafen in Rom) zurück. Nachdem ich die Fracht für diese Marmorblöcke bezahlt hatte und weil das Geld, das ich für das besagte Werk erhalten hatte, nicht ausreichte, stattete ich das Haus, das ich am Petersplatz hatte, mit Betten und Hausrat aus meinen Mitteln aus, eben in der Hoffnung auf das Grabmal, und ich ließ aus Florenz Gehilfen zur Arbeit kommen, von denen einige noch leben und die ich aus eigener Tasche im Voraus entlohnte. In dieser Zeit änderte Papst Julius seine Absicht und wollte das Grabmal nicht mehr machen. Und als ich, der ich davon nichts wusste, zu ihm ging und um Geld bat, wurde ich aus dem Hause gejagt. Aufgrund dieser Schmach verließ ich Rom auf der Stelle, und das, was ich im Hause hatte, ging zugrunde, und die genannten Marmorblöcke, die ich herbeigeschafft hatte, verblieben bis zur Wahl von Papst Leo auf dem Petersplatz. In jeder Hinsicht ging die Sache schief. Unter anderem, was ich beweisen kann, wurden mir in Ripa von Agostino Chigi zwei Blöcke weggeschleppt, beide je viereinhalb Ellen hoch, die mich mehr als fünfzig Golddukaten gekostet hatten. Und sie könnten erstattet werden, denn es gab Zeugen dafür. Aber um wieder auf die Blöcke zurückzukommen: Von der Zeit an, wo ich um ihretwillen fortging und in Carrara blieb, bis zu jenem Augenblick, wo ich aus

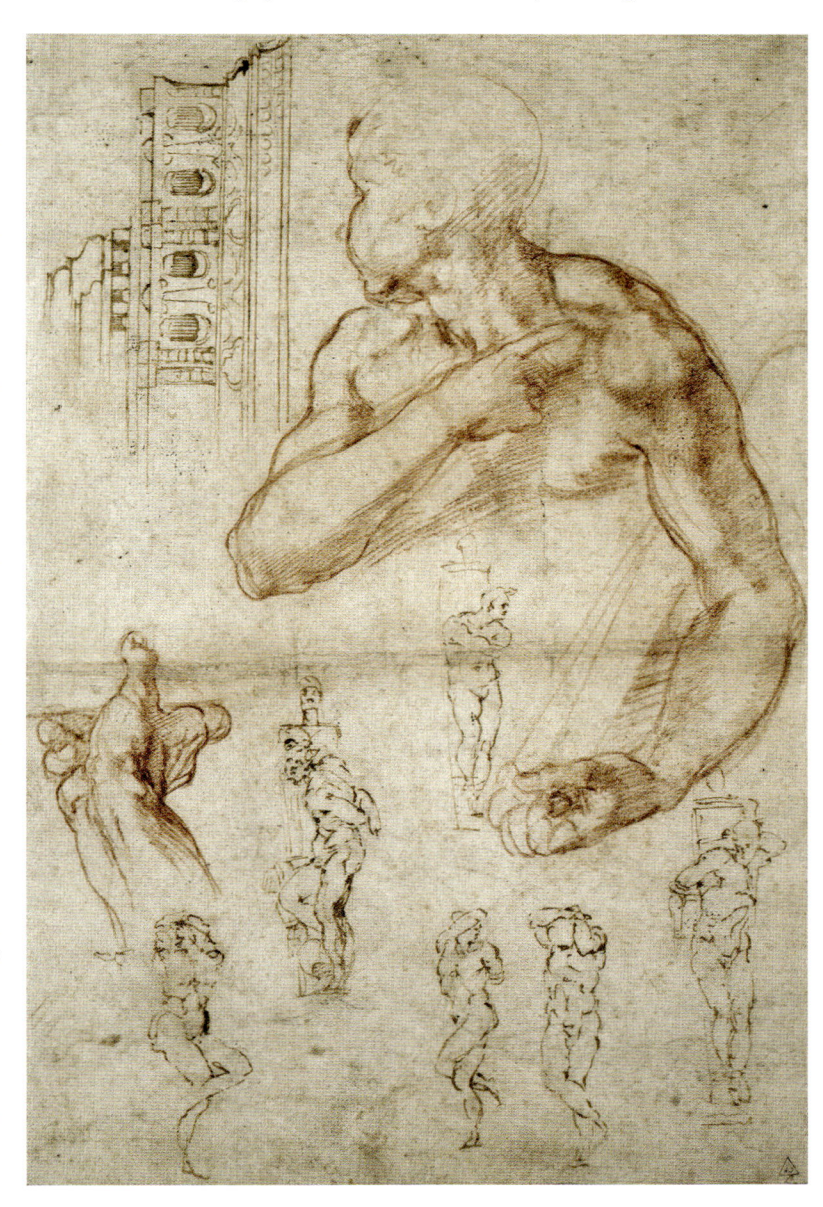

— 61 —

Laokoon,
1. Jahrhundert v. Chr. (?)
Marmor, Höhe 242 cm
Rom, Vatikanische Museen,
Cortile des Belvedere

Zwei Studien für die Figur eines Mannes mit aufgestelltem Bein und angewinkeltem Arm (Seitenansicht eines Apostels?) und Skizze für eine Reiterkampfszene (zur *Cascina-Schlacht*?),
1503/04
Feder und dunkelgelbe Tinte,
186 x 183 mm
London, British Museum,
1895-9-15-496r (ehemals zusammenhängend mit Paris, Musée du Louvre, 12 691r)

Der heilige Matthäus, 1506
Marmor, Höhe 216 cm
Florenz, Galleria dell'Accademia

dem Palast gejagt wurde, verging mehr als ein Jahr. In dieser Zeit erhielt ich überhaupt nichts, sondern steckte nur viele Dutzend Dukaten hinein." Hier sagt Michelangelo wie so oft, wenn es ums Geld geht, nicht die Wahrheit. Tatsächlich hatte er bis zu seiner Flucht aus Rom erhebliche Zahlungen vom Papst erhalten, dabei aber nicht nur große Summen für Marmor ausgegeben, sondern auch Geld für eigene Immobilienkäufe abgezweigt. Getrieben von der Gier nach immer mehr Geld, mit dem er den Status seiner Familie mehren wollte, brachte er sich mit immer neuen Forderungen in eine Situation, die zwangsläufig im Konflikt mit dem Papst enden musste.

Michelangelos kompromisslose Haltung gegenüber Julius II. war nicht allein das Resultat von Stolz und Starrsinn, denn zumindest ökonomisch betrachtet stand er blendend da: Er hatte bereits große Summen für das Juliusgrab erhalten, und in Florenz warteten mehrere lukrative Großaufträge auf ihn, darunter die für den Florentiner Dom zu schaffenden zwölf Apostel. Eine dieser Figuren, den *Matthäus* (S. 63), bearbeitet der Künstler in den folgenden Monaten, doch stellt er den grob behauenen Block, aus dem die Figur sich herauszuwinden scheint, schließlich nicht fertig. Wie schon in den Marmortondi zeichnet sich auch hier ab, dass eine unvollendete und damit in ihren Spezifika wenig entwickelte Figur den Rang eines vollendeten Kunstwerks beanspruchen kann. Michelangelo stattet den *Matthäus* nur mit einem eher generischen Attribut in Gestalt eines Buches aus. Es scheint hier aber weniger um eine identifizierbare heilige Person zu gehen als vielmehr um das Motiv der gequälten Bewegung, was auch ein Vergleich mit einer vorbereitenden Skizze verdeutlicht (S. 62). Im Unterschied zu den undynamischen älteren Darstellungen von Aposteln oder Evangelisten gestaltet Michelangelo seinen *Matthäus* zudem als eine dramatisch bewegte Figur, die mit etwas zu kämpfen scheint, entweder mit der harten Materie des Marmors oder mit den widrigen Umständen. Man gewinnt den Eindruck, dass es bei diesem *Matthäus* nicht um einen Apostel geht, sondern um eben jenen körperlichen Kampf, den Michelangelo für die *Gefangenen* des Juliusgrabes vorgesehen hatte, aber nach seiner Flucht aus Rom zunächst nicht verwirklichen konnte.

Wahrscheinlich ist zudem, dass das im *Matthäus* dargestellte Motiv des Ringens und der Qual von der zu jener Zeit berühmtesten antiken Skulptur angeregt war, dem am 14. Januar 1506 in Rom nahe der Kirche S. Maria Maggiore ausgegrabenen *Laokoon* (S. 62). Wie wir aus einem Brief Francesco da Sangallos vom 28. Februar 1567 wissen, eilte im Januar 1506 sein Vater, Giuliano da Sangallo, zusammen mit Michelangelo zum Fundort, wo sie sofort die herausragende Bedeutung der Entdeckung erkannten. Dem Rat Michelangelos und Giuliano da Sangallos folgend, erwarb Papst Julius II. am 23. März 1506 die bereits bei Plinius erwähnte Skulptur, um sie im Juli desselben Jahres im eben erst angelegten Statuenhof des Belvedere im Vatikan aufzustellen.

Auch wenn der Auftrag für die zwölf Apostel den Künstler für mehrere Jahre gut beschäftigt hätte, der Bruch mit Julius II. war auf Dauer nicht tragbar. Nicht zuletzt aufgrund der Vermittlung hochrangiger Würdenträger der Kurie und der Florentiner Regierung geht Michelangelo schließlich Ende November 1506 nach Bologna, um sich mit dem Papst zu versöhnen. Die Hoffnung, die Arbeiten am Juliusgrab gleich wieder aufnehmen zu können, zerschlägt sich jedoch sofort. Julius II. beauftragt den Künstler stattdessen, ihm in Bologna eine überlebensgroße, aus Bronze gefertigte Ehrenstatue zu schaffen, eine Aufgabe, die Michelangelo nur widerwillig übernimmt. Die Skulptur, mit der Julius II. seinen Triumph über die abtrünnige Kirchenprovinz zum Ausdruck brachte, vollendet Michelangelo bis Ende Februar 1508. Nur drei Jahre später, nach der Rückeroberung Bolognas durch die Bologneser Herrscherfamilie der Bentivoglio, wird diese Skulptur allerdings schon wieder zerstört. Die Bologneser schicken die Bronze zu Alfonso d' Este nach Ferrara, der daraus eine Kanone gießen lässt. Wenn man dem Bericht Vasaris in diesem Punkt trauen darf, erhält das Geschütz zum Spott des Papstes den Namen „Julia".

Michelangelos Aufenthalt in Bologna ist durch zahlreiche Briefe an seine Familie gut dokumentiert. Wir lesen dort u. a. vom Aufschwung der Künste in Bologna, vom Besuch des Papstes in der Werkstatt des Künstlers und von den Vorbereitungen für den Guss der monumentalen Bronzestatue (Februar bis Juli 1507). Gleichzeitig findet sich auch in der Korrespondenz aus dieser Zeit das übliche Lamentieren Michelangelos über die Begleitumstände seiner Tätigkeit in Bologna: Die Lebensqualität dort lasse zu wünschen übrig, der Wein sei schlecht und teuer, die Hitze unerträglich (August 1507). Unter die Klagen mischt sich schließlich ein gewisser Stolz darüber, die ungewohnte Aufgabe eines monumentalen Bronzegusses gemeistert zu haben. So schreibt er am 10. November 1507 an seinen Bruder Buonarroto: „Wisse, ich wünsche noch viel mehr als Ihr, schnell nach Florenz zu kommen, denn hier befinde ich mich in der größten Unbequemlichkeit und unter den äußersten Anstrengungen und achte auf nichts anderes als Tag und Nacht zu arbeiten; und ich habe so viel Mühe erduldet und erdulde sie noch, dass, wenn ich sie noch zum zweiten Male ausstehen sollte, nach meinem Dafürhalten mir das Leben nicht ausreichen würde, denn es ist ein sehr großes Werk gewesen; und wenn es ein anderer unter den Händen gehabt hätte, er würde dabei schlecht gefahren sein. Aber ich glaube, die Gebete von irgendjemand haben mir geholfen und mich gesund gehalten: Denn gegen die Meinung von ganz Bologna habe ich die Statue dennoch ausgeführt. Nachdem sie gegossen war und schon vorher, gab es niemand, der daran glaubte, dass ich sie je zum Gusse bringen würde. Genug, ich habe sie zum guten Abschluss gebracht." Doch der Stolz über die vollbrachte Leistung schlägt gleich wieder in rebellische Gedanken um. Als ob der Zwist mit dem Papst zwei Jahre zuvor nicht gereicht hätte, droht er erneut mit einer eigenmächtig beschlossenen Abreise. So schreibt er Mitte Februar 1508 an seinen Bruder in Florenz: „Buonarroto. Schon vor 14 Tagen hoffte ich bei Euch zu sein, denn ich war der Meinung, unmittelbar nach Beendigung meiner Statue würden sie sie aufstellen. Nun nasführen mich diese hier und tun nichts, und ich habe vom Papste Befehl, nicht von hier abzureisen, bevor sie nicht aufgestellt ist, so dass ich mich in einer schönen Verwirrung zu befinden scheine. Ich werde es noch diese ganze Woche mit ansehen, und treffen sie dann keine andere Anordnung, werde ich unfehlbar ankommen, ohne den Befehl weiter zu beachten."

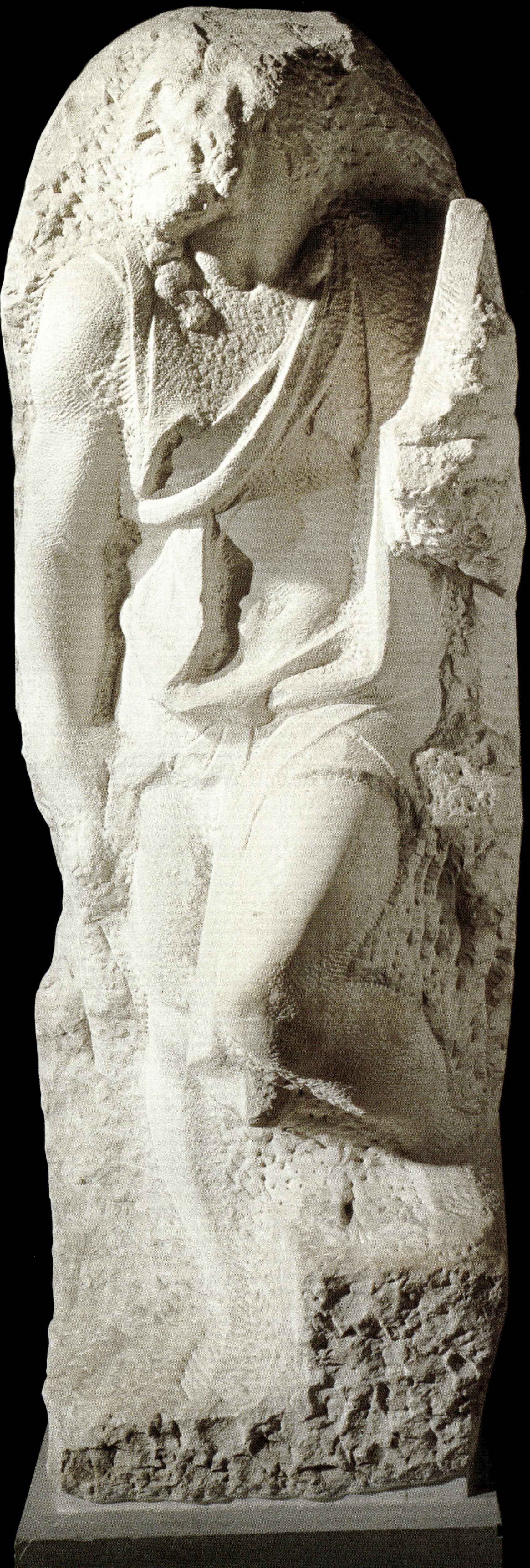

V.
Die Sixtinische Decke
1508–1512

Frank Zöllner

In seiner Farbgebung hat er die Wucht und Tiefe der Zeichnung verstärkt, indem er teilweise die Qualität der Farben beiseite ließ und sich nur auf Launen und Bizarrerien stützte. Weshalb er die Bildnisse allgemein so schön und ausdrucksvoll und übereinstimmend mit seiner Absicht schuf, dass jeder, der sie sieht, so gescheit er auch sei, zugibt, dass man in der Zeichnung und in der Farbe mehr nicht tun könne.

— GIAN PAOLO LOMAZZO

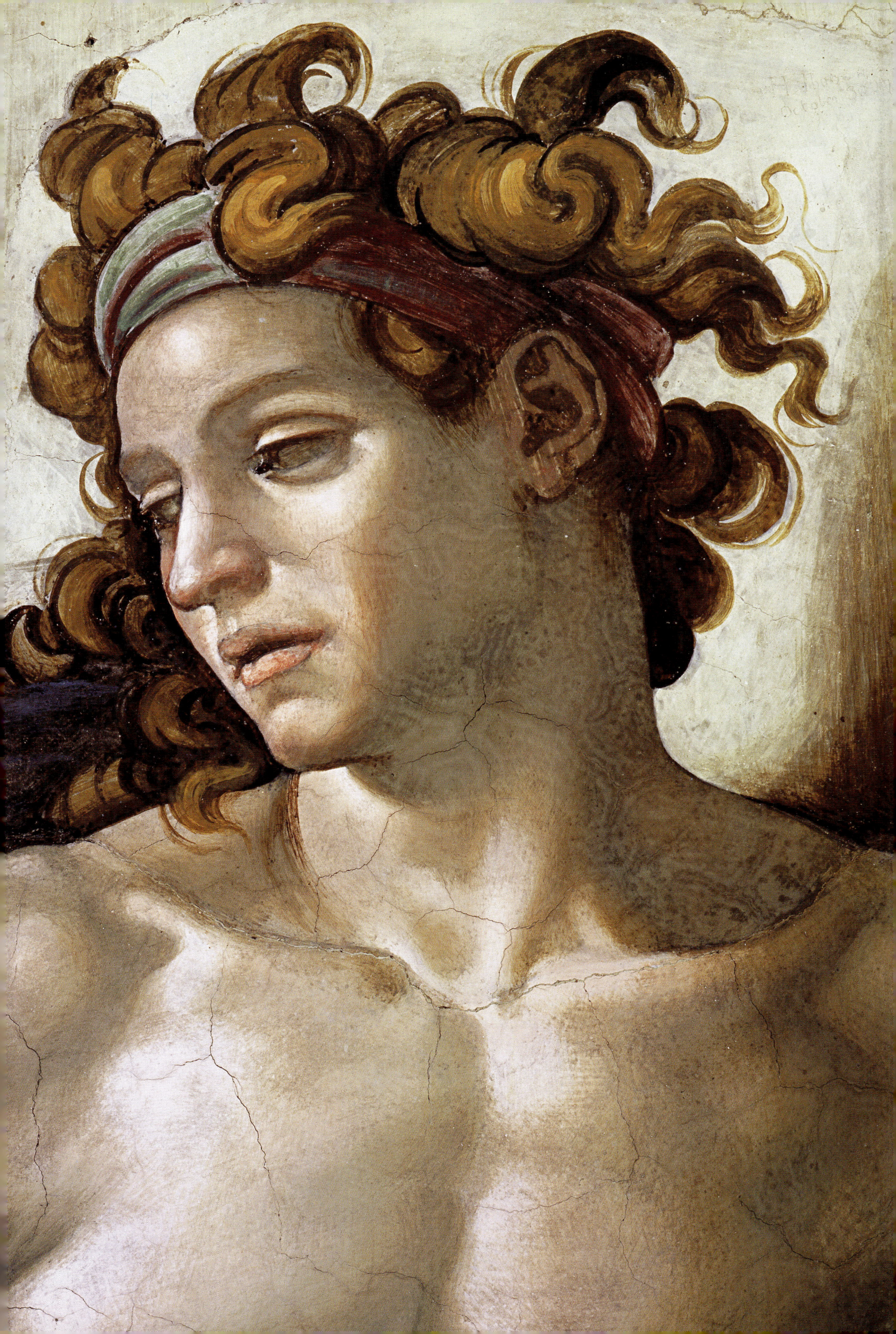

ERITHRAEA
TAE · LATORIS
PROMVLGATIO · LEGIS · SCRIPTE · PER · MOISEN

ESAIAS

CONTVRBATIO·IES

PROMVLGATIO·EVANGELICAE·LEGIS·PER·CHRISTVM

Seite 65:
Ignudo oberhalb der delphischen Sibylle (Detail), 1509 (Abb. S. 85)

Seite 66/67:
Sixtinische Kapelle, Innenansicht nach Westen
Rom, Vatikan

Kompositionsskizze für Sixtinische Decke sowie Hand- und Armstudien, um 1508
Feder über Metallstift und Lapis, 275 x 386 mm
London, British Museum, 1859-6-25-567r

Am 15. Februar 1508, kurz nach der Niederschrift des Briefes, in dem Michelangelo ankündigt, sich notfalls den Befehlen des Papstes widersetzen zu wollen (s. Kap. IV), geht der Künstler zurück in seine Heimatstadt. Dort fühlt er sich offenbar frei von den römischen Verpflichtungen, denn er mietet am 18. März 1508 in Florenz ein Haus an. Wahrscheinlich wollte er sich endlich mit den zwölf Aposteln für den Florentiner Dom befassen. Doch schon kurz darauf muss der Papst beschlossen haben, den Künstler erneut nach Rom zu berufen, aber nun nicht mehr zur Weiterarbeit am Juliusgrab, sondern für einen ebenso monumentalen Auftrag, die Freskierung der Decke in der Sixtinischen Kapelle (S. 66/67, 74, 75–78).

Die Decke hatte aufgrund von statischen Problemen im Jahr 1504 Risse gezeigt, daher dachte man angesichts der fälligen Renovierung zunächst an eine Ausmalung des Gewölbes mit einem Sternenhimmel, wofür der bereits für Julius II. tätige Künstler Piermatteo d'Amelia (um 1450–1503/1508) einen Entwurf fertigte. Im Mai 1506 kommt dann die Idee auf, Michelangelo mit der Sache zu beauftragen. Wegen der Streitigkeiten über das Juliusgrab, der Flucht des Künstlers aus Rom und seiner zwischenzeitlichen Tätigkeit für den Papst in Bologna scheint man diese Idee aber wieder vergessen zu haben. Erst nach der Vollendung der bronzenen Sitzstatue Julius' II. in Bologna erinnert der Papst sich wieder an das Freskierungsprojekt.

In einem Brief an seinen Vater vom 27. Januar 1509 vermittelt Michelangelo den Eindruck, dass er diesen Auftrag im Grunde eher widerwillig übernommen habe. Einen ähnlichen Tenor hat auch ein Briefentwurf vom Dezember 1523. In dem an seinen Vertrauten Fattucci gerichteten Schreiben schildert der Künstler, wie Papst Julius II. ihn im Jahre 1505 von gut bezahlten Florentiner Aufträgen abgeworben habe, damit er in Rom das Juliusgrab und in Bologna eine bronzene Papststatue anfertige. Dann sei auch noch die Sixtinische Decke dazwischengekommen: „Nachdem die Figur an der Fassade von S. Petronio aufgestellt und ich nach Rom zurückgekehrt war, wollte Papst Julius noch nicht, dass ich am Grabmal arbeitete; und er beauftragte mich damit, das Gewölbe der Kapelle von Sixtus auszumalen, und wir schlossen einen Vertrag über dreitausend Dukaten ab. Der erste Entwurf zu dem genannten Werk waren die zwölf Apostel in den Lünetten (d. h. den Gewölbefeldern zwischen den Stichkappen) und im Übrigen eine bestimmte Aufteilung mit ornamentgefüllten Feldern in der sonst üblichen Art. Nachdem ich das Werk angefangen hatte, schien es mir ein ärmliches Ding zu werden, und ich sagte zum Papst, dass eine ärmliche Sache dabei herauskäme, wenn man nur die Apostel malen würde. Er fragte mich, warum: ich sagte ihm: ‚Weil auch sie arm waren.' Daraufhin gab er mir einen neuen Auftrag, ich könnte so arbeiten, wie ich wolle, er würde mich schon zufriedenstellen, und ich sollte bis zu den unteren Historien malen."

Die Cappella Sistina, benannt nach ihrem Gründer Papst Sixtus IV., dem Onkel Julius' II., ist die Kapelle des Vatikanischen Palastes; hier wurden die Papstmessen zelebriert und während des Konklaves die Kardinäle untergebracht, hier versammelten sich zu wichtigen Anlässen die höchsten kirchlichen Würdenträger. Wenn Michelangelo einen gewissen Widerwillen gegen den Auftrag äußerte, dann wurde er eher seinem notorischen Hang zum Lamentieren als der Bedeutung dieses Sakralraums gerecht. Zudem versammelte die Sixtinische Kapelle die prominentesten Beispiele der italienischen Malerei des 15. Jahrhunderts. Die Wände der 40,93 m langen und 13,41 m breiten Kapelle waren mit ursprünglich insgesamt 16 querformatigen Bildfeldern freskiert, von denen heute nur noch 12 erhalten sind. Darüber hinaus schufen die Künstler des 15. Jahrhunderts 32 Ganzfigurenporträts frühchristlicher Päpste in der Fensterzone der Kapelle, zahlreiche gemalte Architekturelemente sowie fiktive Wandbehänge im Bereich unterhalb der eigentlichen Bilderzählung. Die Struktur der Freskierung des 15. Jahrhunderts folgt der Idee der *concordatio veteris et novi testamenti*. D. h. Ereignissen aus dem Alten Testament auf der Südwand mit den Geschichten Mose stehen typologisch korrespondierende Szenen aus dem Neuen Testament auf der Nordwand mit Begebenheiten aus dem Leben Christi gegenüber. Dabei geht es einesteils um die Einsetzung und Verbreitung der göttlichen Heilsbotschaft an Judentum (Moses) und Christentum (Christus) und anderenteils um den Primat des römischen Papsttums, denn durch die Freskierung der Bildnisse frühchristlicher Päpste rückt der aktuelle Papst in eine Traditionslinie mit seinen eigenen Amtsvorgängern sowie mit den Führergestalten Moses und Christus. Wie wir sehen werden, setzt Michelangelos Deckenfresko die in den Bildern des 15. Jahrhunderts thematisierte Genealogie von Moses über Christus und die frühchristlichen Päpste zum aktuellen Papst fort.

Den Auftrag für die Freskierung der Sixtinischen Decke notiert Michelangelo mit einer lapidaren Notiz in seinem Hausbuch (*Ricordi*): „Ich vermerke, dass ich, der Bildhauer Michelangelo, heute, am 10. Mai 1508, von seiner Heiligkeit, unserem Herrn Papst Julius II., 500 Kammerdukaten empfangen habe, die mir der Kämmerer Herr Carlino und Herr Carlo degli Albizzi als Anzahlung für die Ausmalung der Decke in der Kapelle von Papst Sixtus ausgezahlt haben. Dementsprechend beginne ich heute mit der Arbeit unter jenen Bedingungen und Abmachungen, die sich aus einer von meiner Hand unterzeichneten Niederschrift Seiner Ehrwürden des Monsignore (Francesco Alidosi) von Pavia ergeben."

Aufgrund dieser Notiz Michelangelos sind wir nicht nur über die Existenz eines heute verlorenen Vertrages informiert, sondern auch über die erste Abschlagszahlung und den Mittler Kardinal Francesco Alidosi (1467–1511), der an Stelle des Papstes die vertragliche Abmachung mit dem Künstler aufgesetzt hatte und im Übrigen als einer der Gönner und Fürsprecher Michelangelos bekannt ist. Die in der Notiz genannte Abschlagszahlung von 500 Dukaten machte aller Wahrscheinlichkeit nach ein Sechstel der insgesamt fälligen Summe von etwas mehr als 3000 Dukaten aus, die in weiteren Raten bis Oktober 1512 gezahlt wurden – das jedenfalls bezeugen weitere Briefe und die Bewegungen auf Michelangelos Bankkonto.

Von der ersten Rate hatte der Künstler alle Auslagen zu begleichen, so beispielsweise die Kosten für Farben und für die Entlohnung seiner Gehilfen, die Michelangelo zunächst aus Florenz anfordert. Das belegt einer seiner *Ricordi* vom Sommer 1508. Doch schon bald schickt er die nach Rom gerufenen Künstler wieder zurück in ihre Heimatstadt. Der gewaltigen Herausforderung, auf rund 500 Quadratmetern 175 Bildeinheiten mit etwa 350 Einzelfiguren zu freskieren, stellt er sich weitgehend allein. Lediglich für die Vorbereitung des Malgrundes und der Farben bedient er sich weniger Gehilfen. Bereits die Biografen Michelangelos haben diesen erstaunlichen Umstand bemerkt, die neuere Forschung konnte ihn bestätigen.

Das erste, wohl im Frühjahr 1508 entwickelte Projekt Michelangelos für die Freskierung der Sixtinischen Decke kennen wir aus drei Zeichnungen (S. 68, 69) und aus dem bereits genannten Briefentwurf von 1523. Der noch bescheidene und nicht zur

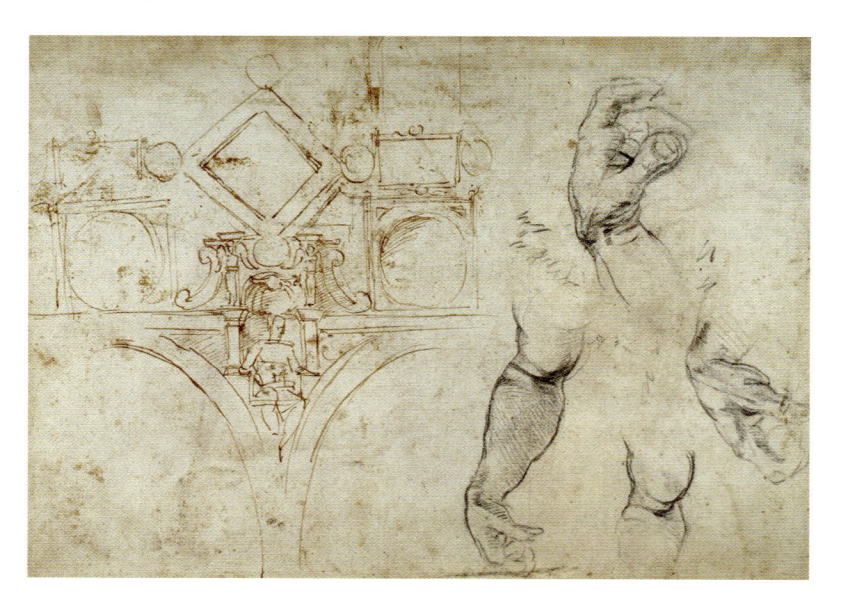

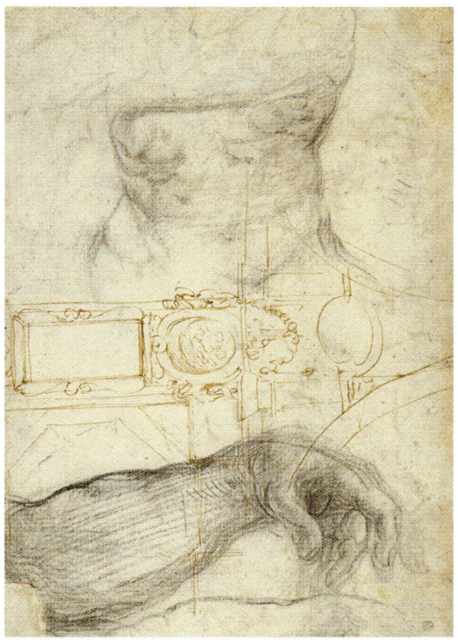

V. DIE SIXTINISCHE DECKE 1508–1512

Kompositionsskizze für die Sixtinische Decke sowie eine Hand- und Torsostudie, um 1508
Feder und schwarze Kreide,
360 x 250 mm
Detroit, Institute of Arts, 27.2r

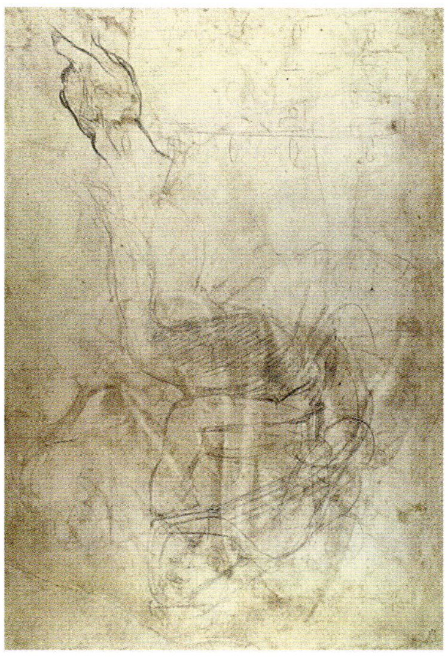

Kompositionsskizze für die Sixtinische Decke, Skizze für eine sitzende weibliche Figur (erythräische Sibylle?) und eine Handstudie, um 1508/09
Graubraune und schwarze Kreide,
384 x 260 mm
London, British Museum,
1887-5-2-118v

Ausführung gelangte Entwurf stand formal in der Tradition damals favorisierter Dekorationssysteme und sah die Darstellung der zwölf Apostel in den Gewölbeflächen zwischen den Stichkappen vor. Diese Ausmalung hätte in schlichter Weise die Fresken des 15. Jahrhunderts mit den Geschichten Mose und Christi ergänzt.

Fortgesetzt wurden die älteren Geschichten ursprünglich durch Bilder auf der Altarwand, die heute nicht mehr erhalten sind, weil sie Michelangelos Fresko des *Jüngsten Gerichts* (vgl. Kap. VIII) weichen mussten: im unteren Bereich ein von Perugino (um 1448–1523) geschaffenes Altarbild mit der *Himmelfahrt Mariens* sowie darüber die *Auffindung des Moses* und die *Geburt Christi*. In den fingierten Nischen oberhalb dieser Fresken waren wahrscheinlich Christus, die Apostelfürsten Petrus und Paulus sowie die frühchristlichen Päpste Linus und Cletis dargestellt (die Lünetten darüber zeigten Patriarchen des Alten Testaments; s. u.). Auch sie fielen dem *Jüngsten Gericht* Michelangelos zum Opfer. Die von Julius II. im Frühjahr 1508 für die Bemalung der Decke vorgesehenen zwölf Apostel hätten also an das ältere, heute nur lückenhaft erhaltene Bildprogramm angeschlossen, da die Apostel als Nachfolger Christi und zugleich als Vorgänger des Papstes galten.

In dem erwähnten Brief von Dezember 1523 behauptet Michelangelo, er selbst habe dem Papst eine Programmänderung vorgeschlagen und daraufhin völlige Gestaltungsfreiheit bekommen. Dass dem damals erst 33-jährigen Künstler freie Hand in der Palastkapelle des Papstes gelassen wurde, klingt sehr gewagt, doch im Kern mag die Behauptung Michelangelos zutreffen, denn das Programm basiert im Wesentlichen auf der Heiligen Schrift. Dabei griff der Künstler auf den Text und die Holzschnitte einer damals weit verbreiteten italienischen Bibelübersetzung zurück. Konzeptuelle Hilfestellungen für Michelangelo von Seiten eines gelehrten Ideengebers muss man also für das Bildprogramm der Sixtinischen Decke nicht zwingend vermuten.

Formal knüpfte Michelangelo mit seinem Entwurf an die durch Stichkappen über den Fenstern bestimmte Unterteilung der unteren Gewölbezone an. Ausgehend von dieser Struktur, entwarf er eine Scheinarchitektur, deren fingierte Gurtbögen und umlaufendes Gesims die neun querrechteckigen Bildfelder des Gewölbespiegels rahmen. Auf diese Bildfelder verteilen sich Episoden aus der Schöpfungsgeschichte bis hin zur *Trunkenheit Noahs*, wobei fünf von ihnen jeweils links und rechts von einem Medaillon mit Geschichten der Makkabäer flankiert werden. Ebenfalls alttestamentliche Themen weisen die vier Gewölbezwickel an den Ecken des Raumes auf, die in erster Linie die Errettung des jüdischen Volkes von verschiedenen Bedrohungen zum Gegenstand haben.

Zwischen den Stichkappen der beiden Langseiten und den Eckzwickeln der Schmalseiten sind sieben Propheten und fünf Sibyllen abgebildet, in den acht Stichkappen selbst und auf den zwölf Wandflächen der Lünetten die Vorfahren Christi, und zwar in derselben Reihenfolge, in der sie zu Beginn des Matthäus-Evangeliums aufgelistet sind. Neben das biblisch bestimmte Bildpersonal treten schließlich weitere Figuren, deren inhaltliche Bedeutung weniger eindeutig ist. So bietet die gemalte Architektur des Strukturrahmens Platz für sitzende Aktfiguren, die sog. *Ignudi* auf den Kämpferaufsätzen der fingierten Gurtbögen und für ebenfalls nackte Putti auf den darunter befindlichen Postamenten.

Die Episoden aus der Schöpfungsgeschichte verteilen sich folgendermaßen über die einzelnen Bildfelder des Gewölbespiegels: Im ersten dieser Felder scheidet Gott Licht und Finsternis, im zweiten erschafft er die Sonne, den Mond und die Pflanzen. Es folgen die Scheidung von Himmel und Wasser sowie, in zwei voneinander getrennten Feldern, die Erschaffung Adams und Evas. Danach finden sich zusammen in einem Bild zwei Begebenheiten, nämlich der Sündenfall und die Vertreibung aus dem Paradies, während das Opfer Noahs, die Sintflut und Noahs Trunkenheit auf drei voneinander getrennte Szenen verteilt sind. Textquelle für die Darstellungen ist die Heilige Schrift, doch weder die Auswahl der Episoden aus dem Alten Testament, der Genesis, noch deren Reihenfolge folgt genau der biblischen Vorlage. Zudem entspricht die Einteilung der Bildfelder nicht exakt den Tagen der Schöpfungsgeschichte: Die Erschaffung der Pflanzen (dritter Schöpfungstag) und die Erschaffung von Sonne und Mond (vierter Tag) tauchen zusammen in einer Szene auf, während die Erschaffung Adams und Evas (sechster Tag) auf zwei Bilder verteilt wird. Die größte Abweichung vom Bericht der Bibel zeigt das Opfer Noahs, das von seiner Position her eigentlich nach der Sintflut hätte dargestellt werden müssen und nicht davor. Ein Grund für diese auffällige Umstellung ist wahrscheinlich die Gesamtanordnung der Szenen in einem Arrangement von drei Trilogien. Die erste Trilogie thematisiert den ersten Teil der Schöpfungsgeschichte, in der der sündige Mensch noch nicht vorkommt. Die beiden anderen Trilogien zeigen das erste Menschenpaar, Adam und Eva, sowie das weitere Schicksal der Menschheit nach dem Sündenfall, die durch Noah, den ersten Patriarchen des Alten Testaments, repräsentiert wird.

Aus praktischen Erwägungen und Rücksicht auf die liturgischen Abläufe in der Sixtinischen Kapelle begann Michelangelo seine Arbeit mit den drei Bildfeldern, die eigentlich am Ende der biblischen Chronologie stehen: *Die Trunkenheit Noahs*, *Die Sintflut* und *Noahs Opfer*. Diese drei Bildfelder gestaltete er noch etwas kleinformatiger als die folgenden Szenen. Wahrscheinlich bemerkte der Künstler bald den zu kleinen Maßstab der ersten Figuren und legte daher die folgenden sechs Szenen bewusst großzügiger an. Dieser Kontrast wird besonders bei einem Vergleich zwischen der vielfigurigen, 1508/09 gemalten *Sintflut* und den ersten Szenen der Schöpfungsgeschichte deutlich, die Michelangelo erst in den folgenden beiden Jahren vollendete. Aber auch *Die Trunkenheit Noahs* und *Noahs Opfer*, unmittelbar nach der *Sintflut* entstanden, haben bereits größere Figuren. Diese Steigerung figürlicher Monumentalität kommt auch in den zahlreichen, zumeist männlichen Akten zum Ausdruck. Das gilt sowohl für die Akte innerhalb der einzelnen Bildfelder als auch für die berühmten *Ignudi*, die in unterschiedlichsten Stellungen auf den Postamenten des architektonischen Rahmenwerks sitzen. So sind beispielsweise die *Ignudi* neben der *Scheidung von Licht und Finsternis* deutlich größer als die neben der *Trunkenheit Noahs*.

Mit der variationsreichen Bewegtheit der *Ignudi* und ihrer ins Monumentale gesteigerten Nacktheit kehrt Michelangelo zu seinem Hauptthema zurück, dem männlichen Akt. Gleichwohl sind die nackten Körper nicht nur formal gemeinte Kunststücke, mit denen, wie schon Vasari bemerkte, der Künstler sein Können unter Beweis stellte. Vielmehr konstituieren diese ebenso wie die anderen Aktfiguren ein Leitmotiv, das die komplexe Struktur des Deckenfreskos zusammenhält. Sie sind zudem Mittlerfiguren sowohl formaler als auch inhaltlicher Art, denn sie nehmen jenen Platz ein, für den in einem ersten Entwurf für die Sixtinische Decke noch Engel vorgesehen

MICHELANGELO

Sixtinische Decke, Jonas (Detail),
1511
Fresko, 400 x 380 cm

Judith und Holofernes, 1509
Fresko, 570 x 970 cm

David und Goliath, 1509
Fresko, 570 x 970 cm

waren (S. 68). Als Mittler zwischen dem Himmlischen und Irdischen wirken auch die oft nackten Genien, die immer paarweise die sieben Propheten und fünf Sibyllen begleiten.

Ein verwandtes Konzept der Vermittlung eignet auch den Propheten und Sibyllen selbst, die den Raum zwischen den Stichkappen und den Einzelszenen des Gewölbespiegels füllen. Allein schon ihre Größe ist bemerkenswert, übertrifft sie doch die Dimensionen der anderen Einzelfiguren des Deckenfreskos. Propheten sagten bereits in alttestamentlicher Zeit die Ankunft eines Erlösers voraus, und die geheimnisvollen Äußerungen der antiken Sibyllen galten als heidnisches Pendant zu den Weissagungen der israelitischen Tradition, die nach christlichem Verständnis in der Geburt Jesu ihre Erfüllung fanden. Propheten und Sibyllen vermitteln also den Willen Gottes. Mit dieser Kombination brachte Michelangelo zudem die für die Hochrenaissance charakteristische *interpretatio christiana* der antiken Überlieferungen und Mysterien zur Anschauung.

Mit der *Trunkenheit Noahs* endet die alttestamentliche Bilderzählung des Gewölbespiegels, doch schon Vasari bemerkte, dass die „Geschichte" in den Lünetten über den Fenstern und in den Stichkappen des Gewölbes eine Fortsetzung finde, da hier in Einzelbildern die Vorfahren Christi dargestellt seien. Dieses Ahnenregister begann ursprünglich in den Lünettenbildern der Altarwand, wo – bis zu ihrer Zerstörung durch die Anbringung des *Jüngsten Gerichts* (s. o.) – die Noah nachfolgenden Patriarchen des Alten Testaments (Abraham, Isaak, Jakob) zu sehen waren. Der weitaus größte Teil des Geschlechtsregisters Christi ist allerdings erhalten und endet mit der Darstellung Josephs – des Ziehvaters Christi – auf der südöstlichen Lünette der Eingangswand. Die in den Lünetten und Stichkappen dargestellten Vorfahren des Erlösers verbinden somit Michelangelos alttestamentliche Episoden der Gewölbefresken mit den früher von anderen Künstlern gestalteten neutestamentlichen Geschichten auf den Seitenwänden der Kapelle. Erst die vollständige Darstellung dieses Ahnenregisters Christi vereint die unterschiedlichen Bildergruppen der Sixtinischen Kapelle zu einem Gesamtprogramm.

Aus der Bilderzählung des Deckenfreskos ausgegliedert sind die vier Eckzwickel mit Geschichten des Volkes Israel, die zusammen mit der Darstellung des *Jonas* über der Altarwand zu den eindrucksvollsten Beispielen künstlerischer Virtuosität zählen. Allein das ungewöhnliche Format der Zwickel und deren konkave Wandflächen stellten höchste Anforderungen an das Talent des Malers. So ragt im Fresko mit *Judith und Holofernes* (S. 70) eine Wand schräg in den Bildraum hinein. Ihre Richtung läuft damit entgegen der konkaven Krümmung des Zwickels, und sie trennt Judith und ihre Magd von jenem Innenraum, in dem der enthauptete Holofernes nackt auf seinem Bett liegt. Sowohl die Trennwand als auch der merkwürdig lebhaft wirkende Leichnam des Holofernes sind dabei in perspektivischer Verkürzung dargestellt, und dieses Darstellungsmittel taucht in gesteigerter Form im Fresko mit *David und Goliath* (S. 70) erneut auf. Hier ist der zu Boden gefallene Körper des Riesen Goliath stark verkürzt wiedergegeben, während der über ihm zum tödlichen Hieb mit dem Schwert ausholende David wie eine Studie extremer körperlicher Bewegung anmutet.

Auch die etwas später entstandenen Zwickelbilder auf der gegenüberliegenden Seite der Sixtinischen Decke sind durch bewegte Leiber und perspektivische Verkürzungen charakterisiert. In der *Ehernen Schlange* (S. 71) stehen die verkrümmten Körper und Gliedmaßen der von den giftigen Schlangen Befallenen einer vergleichsweise unbewegt und ebenmäßig dargestellten Personengruppe gegenüber, die durch den Anblick der im Hintergrund sichtbaren Schlange errettet wird. In der *Bestrafung Hamans* (S. 71) wiederum definiert Michelangelo die Komposition einesteils durch eine verkürzt dargestellte Wand, die zwei Szenen des Bildraumes voneinander trennt. Andernteils trägt auch die perspektivisch stark verkürzte Figur des gekreuzigten Haman in der Mitte der Szene zu einer Steigerung des Raumeindrucks bei. Michelangelo treibt hier also das Kunstmittel der kühnen perspektivischen Verkürzung auf die Spitze, und der Grund dafür ergibt sich aus der Genese des Auftrags für die Sixtinische Decke. Wie Piero Rosselli in einem Brief vom 10. Mai 1506 berichtet, hatte Bramante dem Papst gegenüber daran gezweifelt, dass Michelangelo in der Lage sei, Figuren in großer Höhe und in Verkürzung zu freskieren. In den Eckzwickeln tritt Michelangelo den Gegenbeweis an. Das gilt auch für die monumentale Figur des *Jonas* (S. 70) über der Altarwand. Vasari (1568) sah in ihr einen Höhepunkt der Virtuosität Michelangelos, da der Jonas sich besonders durch eine komplizierte Verkürzung auszeichne: „Wer aber ist nicht vor Staunen erschüttert, wenn er die Schrecklichkeit des Jonas sieht, der letzten Figur in der Kapelle. Durch

V. DIE SIXTINISCHE DECKE 1508–1512

Sixtinische Decke, Ignudo mit vergoldeten Eicheln (Detail), 1509
Fresko, 190 x 197,5 cm

Die eherne Schlange, 1511
Fresko, 585 x 985 cm

Bestrafung Hamans, 1511
Fresko, 585 x 985 cm

die Macht der Kunst scheint hier die Wölbung, die sich natürlicherweise der Krümmung des Mauerwerks folgend nach vorne neigt, eben zu verlaufen, da jene Gestalt des Jonas sich rückwärts biegt und sie so zurückschiebt. Von der Kunst der Zeichnung sowie durch Licht und Schatten getäuscht, glaubt man, dass die Wölbung sich wirklich nach hinten neige. Ein wahrhaft glückliches Zeitalter ist das unsere, oh glückselige Künstler, dass es euch vergönnt ist, in unseren Tagen aus so klarem Quell die Helligkeit für das trübe Licht eurer Augen zu schöpfen, und dass ihr durch einen so bewunderungswürdigen und einzigartigen Künstler alle Hindernisse auf eurem Weg beseitigt seht. Wahrhaft, der Ruhm seiner Mühen macht auch euch bekannt und geschätzt, denn er hat jene Binde von den Augen eures mit Dunkelheit erfüllten Geistes genommen und euch das Wahre vom Falschen zu unterscheiden gelehrt, das euren Verstand verfinsterte! Danket daher dem Himmel dafür und versucht Michelangelo in allen Dingen nachzuahmen."

Die durch die Vorfahren Christi zu einem umfangreichen und komplexen Bildprogramm verbundenen Fresken verdeutlichen nicht nur verschiedene Aspekte der Heilsgeschichte, sondern ebenso eine genealogische Kontinuität, die von der Schöpfung über die „Zeit unter dem Gesetz" bis in die Epoche Julius' II. reicht und – rückwärts „gelesen" – folgendermaßen lautet: Der Papst ist Amtsnachfolger der in den Nischen dargestellten frühchristlichen Päpste; diese sind Nachfolger Petri, dessen Autorität auf Christus selbst zurückgeht. Christus wiederum entstammt der Ahnenreihe, die mit den ursprünglich auf den Lünetten der Altarwand dargestellten Patriarchen endete, mit der Geschichte Noahs im Gewölbespiegel ihre Fortsetzung findet und schließlich bis zur Schöpfung selbst reicht. Mit diesem Motiv einer weit zurückreichenden Kontinuität des Papsttums korrespondiert unmittelbar ein persönlicher Anspruch des Auftraggebers, den man ebenfalls als genealogisch motiviert bezeichnen könnte: Julius II. war der Neffe des Erbauers der Sixtinischen Kapelle, Sixtus IV. Er setzte mit dem Auftrag für die Freskierung des Gewölbes das Werk seines Onkels fort und verwies damit insofern auf die Kontinuität seiner eigenen Familie, als er deren Symbole – Eichbaum und Eichel (von *rovere*, ital. Eiche) – mindestens ebenso häufig anbringen ließ wie sein Onkel knapp eine Generation früher. Tatsächlich zieren Hunderte von kleinen Eicheln als häufigstes Schmuckelement die Ornamentleisten der Stichkappen und Eckzwickel. Dieselbe Symbolik kommt in den Girlanden zum Ausdruck, die von einigen der großen Aktfiguren im Gewölbespiegel gehalten werden. Sie zeigen riesige Büschel von Eichenlaub und üppige Bündel teilweise vergoldeter Eicheln (S. 71). Deutlicher kann eine ikonografische Anspielung kaum sein, denn Eiche und Eicheln erinnern unübersehbar an die in der Kapelle und auf ihren Außenwänden angebrachten Wappenkartuschen mit den Eichenbäumchen der beiden Della-Rovere-Päpste. Doch mit dem Anbringen von Eichenlaub und Eicheln allein ist es nicht getan: Durch deren teilweise Vergoldung wird der Betrachter unmittelbar an die Panegyrik auf Julius II. erinnert, die in seinem Pontifikat eine Wiederkehr des Goldenen Zeitalters sieht. Bereits Vasari hat auf diesen unmittelbar einleuchtenden Sinn der Darstellung hingewiesen.

Mit der Symbolik von Eichbaum und Eichel doppelt Julius II. praktisch das genealogisch bestimmte Generalthema der Sixtinischen Kapelle: Die Fresken verdeutlichen nicht allein die Kontinuität, die von der Schöpfungsgeschichte bis zu den ersten Märtyrerpäpsten reicht, sondern auch die Kontinuität eines mit den Taten der Della-Rovere-Familie verbundenen Papsttums. Die Familiengeschichte wird somit Teil der Papst- und Heilsgeschichte, und das genealogisch bestimmte Gesamtprogramm gipfelt in einem Goldenen Zeitalter unter Julius II. Letztlich korrespondiert die Freskenausstattung der Sixtinischen Kapelle hierdurch mit einer Besonderheit päpstlicher Familienpolitik: Der Papst konnte in seiner Funktion als oberster Priester zumindest offiziell keine leiblichen Kinder haben, sein Amt also nicht direkt „vererben", doch um diese Einschränkung zu umgehen, protegierten die Päpste häufig Mitglieder der eigenen Familie für bedeutende Ämter in den höheren Positionen der klerikalen Hierarchie. Da der Papst und andere Würdenträger vorzugsweise ihre eigenen Neffen mit kirchlichen Ämtern und deren Privilegien zu versorgen suchten, hat sich für diese Interessenspolitik des römischen Klerus der Begriff des „Nepotismus" (von *nipote*, ital. Neffe) eingebürgert, was im Deutschen in etwa der „Vetternwirtschaft" entspricht. Im Grunde bestand ein guter Teil päpstlicher Innenpolitik vor allem darin, einer möglichst großen Zahl von Blutsverwandten einen üppig dotierten Posten, beispielsweise den eines Kardinals, zu verschaffen. Das höchste Ziel des Nepotismus war dann erreicht, wenn der vom Papst zum Kardinal erhobene eigene Neffe später zum Papst gewählt wurde. Den bis zu Beginn des 16. Jahrhunderts erfolgreichsten Nepotismus hatten die della

Rovere betrieben, denn Julius II. folgte seinem Onkel Sixtus IV. schon 19 Jahre nach dessen Tod auf dem päpstlichen Stuhl. Im weitesten Sinne spiegelt also das Bildprogramm der Sixtinischen Kapelle die erfolgreiche Familienpolitik der della Rovere wider, die es geschafft hatte, in rascher Folge zwei Päpste zu stellen. Wenig später gelang dasselbe Kunststück, aber in noch kürzerer Zeit, auch den Medici, die mit Leo X. (reg. 1513–1521) und Klemens VII. (reg. 1523–1534) zwei weitere wichtige Renaissancepäpste hervorbrachten. Unter dem Patronat dieser beiden Päpste sollte der rasante Aufstieg Michelangelos zum führenden Künstler Europas weitergehen (s. Kap. VII).

Auch anlässlich der Freskierung der Sixtinischen Decke reflektiert Michelangelo über sich selbst und seine Arbeit als Künstler. So skizziert er sich auf einem Blatt der Casa Buonarroti bei der Arbeit am Fresko (S. 73). In dem nebenstehenden Sonett beschreibt Michelangelo im Stil einer Burleske seine körperlichen Qualen bei der Ausmalung der Sixtinischen Decke. Zudem beklagt er, wie schon in einem Brief an seinen Vater vom 27. Januar 1509, dass er eigentlich gar kein Maler sei und in der Sixtinischen Kapelle nichts zu suchen habe. Das Sonett, einem bislang nicht identifizierten Giovanni da Pistoia gewidmet, lautet in der Übersetzung folgendermaßen:

„Bei dieser Mühsal wuchs ein Kropf mir, dick,
wie er vom Wasser in der Lombardei
den Katzen wächst, dort, oder wo es sei;
den Bauch sieht kleben unterm Kinn mein Blick.

Der Bart starrt himmelwärts, und das Genick
fühl ich am Buckel und die Brust wie bei
Harpy'n. Mein Pinsel tropft, die Kleckserei
macht mir aus dem Gesicht ein Mosaik.

Die Nieren traten in den Bauch, das Becken
drück ich heraus, das Gleichgewicht zu finden,
und blindlings hat mein Fuß den Schritt erwogen.

Vorn dehnt die Haut sich immer mehr vom Strecken,
und vom Mich-Biegen wird sie runzlig hinten;
ich krümme mich so wie ein Syrerbogen.

Und fälschlich und verlogen
wird auch mein Urteil, das jetzt fällt mein Geist;
mit krummem Blasrohr zielt man schlecht zumeist.

Doch du, Giovanni, weißt
mir zu verteid'gen Werk und Ehre recht;
ich bin kein Maler, und mein Platz ist schlecht."

Mit seiner metaphernreichen Umschreibung der körperlichen Qualen spielt Michelangelo in der zweiten Quartine seines Sonetts auf die Harpyen aus Vergils *Aeneis* und damit auf die Leiden ihres Protagonisten an. Die Harpyen, bösartige Vögel mit Mädchenköpfen, waren über die Speisen des Aeneas und seiner Gefährten hergefallen und hatten sie zum Hohn auch noch mit ihren Exkrementen bombardiert (Vergil, *Aeneis*, 3.193–269). Michelangelo setzt nun den Vogelkot aus der *Aeneis* mit den Farbklecksen in Beziehung, die ihm während der Arbeit am Deckenfresko auf das Gesicht tropfen; er schlüpft damit in die Rolle des antiken Helden Aeneas, der unter dem Kot der Harpyen ebenso zu leiden hatte wie der Maler unter seinem Auftrag in der Sixtinischen Kapelle. Doch das Gedicht thematisiert nicht nur das Leiden, sondern ebenso den heroischen Kampf des Künstlers gegen deren Verursacher: Die Harpyen wurden gelegentlich mit den stymphalischen Vögeln gleichgesetzt, einer besonders aggressiven Spezies, die der listenreiche Herkules besiegte, indem er sie zuerst durch Rasseln aufscheuchte, um sie dann mit Pfeil und Bogen abzuschießen. Auf diesen Kampf des Tugendhelden Herkules und auf dessen Waffe spielt Michelangelo in seinem Sonett ebenfalls an, wenn er vom „arco soriano" (dem Syrerbogen) spricht. Der unter unsäglicher Anstrengung wie ein Bogen gespannte eigene Körper des Künstlers erscheint hier als „Waffe" gegen das Böse: Selbst das reale körperliche Martyrium des Malers wird zum Medium des künstlerischen Seins.

Doch Künstlersein ist nicht nur von außen aufgezwungenes Martyrium, Künstler zu sein bedeutet auch, ebenso genussvoll wie ironisch gebrochen in die Rolle des Opfers zu schlüpfen. Diese Aussage trifft Michelangelo in seinem ersten physiognomisch wiedererkennbaren Rollenporträt im abgeschlagenen Haupt des Holofernes im nordöstlichen Gewölbezwickel der Sixtinischen Decke. Wie sehr das Pathos von Opferrolle, Opferbereitschaft und Leiden die Psyche Michelangelos bestimmte, zeigen auch einige Briefe aus jener Zeit. So schreibt er am 27. Januar 1509 an seinen Vater in Florenz: „Ich bin noch immer in tiefe Bedenken (,fantasia') verstrickt, denn seit nunmehr einem Jahr habe ich vom diesem Papst nicht einen Groschen bekommen, und ich fordere auch nichts, denn meine Arbeit (in der Sixtina) geht nicht voran, und ich glaube daher auch nichts zu verdienen; und darin liegt die Schwierigkeit der Arbeit, und ferner, dass sie nicht mein Metier ist, und somit verliere ich meine Zeit ohne Erfolg." Erstaunlich ist hier, mit welcher Selbstverständlichkeit Michelangelo Ursachen seines Leidens benennt, die gar nicht oder nur bedingt den Tatsachen entsprechen. Denn tatsächlich war die Bezahlung nicht so schlecht, dass man darüber intensiv klagen müsste, und außerdem mutet es doch übertrieben an, wenn Michelangelo die Freskomalerei als ein ihm fremdes Metier bezeichnet, während er gleichzeitig darin die allergrößte Meisterschaft zeigt und die Hilfe anderer Künstler ablehnt.

Doch das Leiden geht weiter und steigert sich zum Sarkasmus. Zwischen Februar und März 1509, ebenfalls in einem Brief an seinen Vater, bemerkt er: „Aus Eurem letzten Briefe erfahre ich, dass man dort sagt, ich sei gestorben. Das hat wenig auf sich, denn ich lebe ja noch. Drum lasst sie schwätzen und redet zu niemandem über mich, denn es gibt schlechte Menschen. Ich bemühe mich zu arbeiten, so viel ich kann. Seit 13 Monaten habe ich vom Papst kein Geld erhalten (…). Ich lebe hier unzufrieden, nicht allzu sehr gesund und unter großer Mühsal, ohne Hausdiener und ohne Geld; doch habe ich gute Zuversicht, dass Gott mir helfen wird." An der Welt leidend und allein mit sich selbst und Gott, so sieht sich Michelangelo in jenen Monaten während der Arbeit in der Sixtinischen Kapelle und auch später immer wieder. Diese Isolation von anderen Menschen schildert er auch in einem Brief vom 17. November 1509 an seinen Bruder Buonarroto in Florenz: „Ich bin genötigt, mich mehr als die anderen zu lieben und kann nicht einmal mir mit den notwendigen Dingen dienen. Ich lebe hier in großer Sorge und unter größten körperlichen Anstrengungen und habe keinen einzigen Freund, will auch keinen, und habe nicht so viel Zeit, um das Notwendige essen zu können; drum soll man mir nicht noch mehr Not machen, ich könnte doch nicht eine Unze mehr davon ertragen."

In einem Brief an seinen Bruder Giovansimone in Florenz von Ende Juni 1509 kommt Michelangelo schließlich auch darauf zu sprechen, warum er sich die immer wieder beschriebenen Mühen und Qualen aufgebürdet hat: „Seit zwölf Jahren bin ich, kümmerlich lebend, durch ganz Italien gewandert, habe jede Schmach erduldet, jedes Ungemach erlitten, meinen Körper mit jeder Anstrengung gepeinigt, das eigene Leben unzähligen Gefahren ausgesetzt, einzig und allein, um meiner Familie zu helfen; und nun, wo ich begonnen habe, sie ein wenig in die Höhe zu bringen, wolltest Du der einzige sein, der das, was ich in so vielen Jahren und unter so großen Mühen aufgebaut habe, (in einer Stunde) wieder verwirrt und einreißt? Beim Leichnam Christi, das wird nicht eintreten! Denn ich bin der Mann, mit Zehntausenden Deinesgleichen im Falle der Not fertig zu werden."

Hier spricht neben dem unbändigen Willen eines starken, leidensfähigen Charakters auch die Stimme eines Mannes, der schon früh die Verantwortung für seine ganze

V. DIE SIXTINISCHE DECKE 1508–1512

**Sonett, Selbstporträt
Michelangelos beim Malen der
Sixtinischen Decke**, 1511/12 (?)
Feder, 283 x 200 mm
Florenz, Archivio Buonarroti,
XIII, 111r

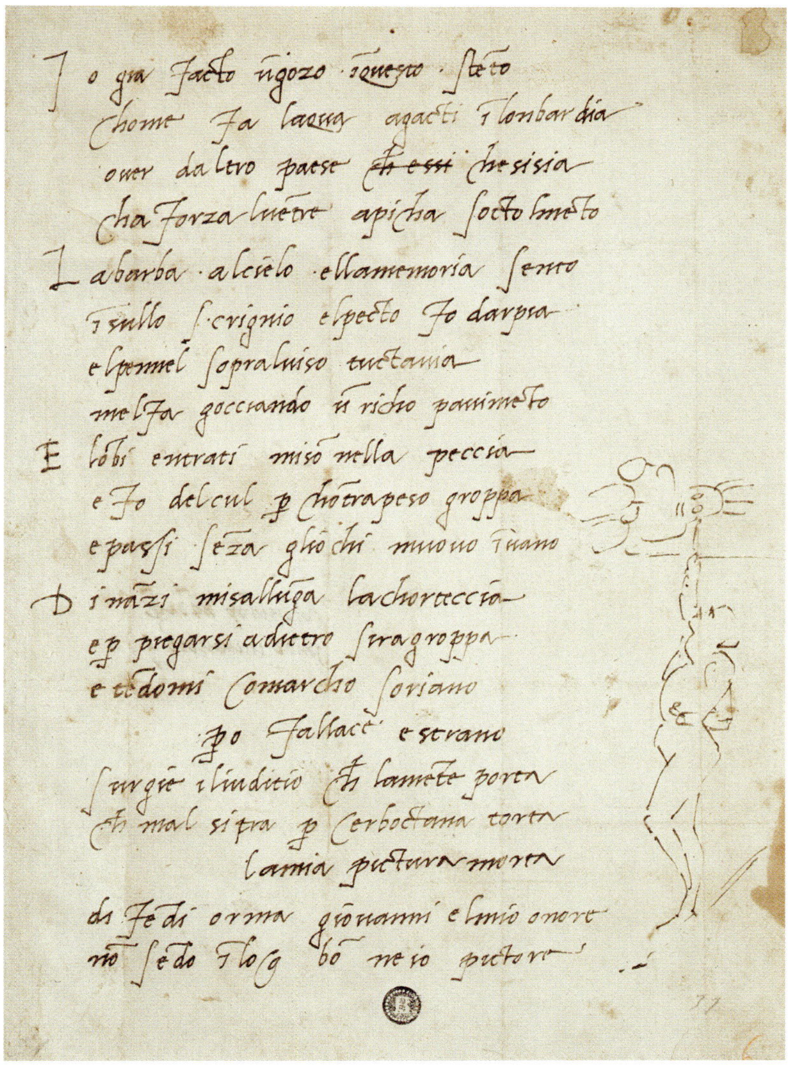

tober 1512, in dem der Künstler die Vollendung der Arbeit lapidar kommentiert: „Ich habe die Ausmalung der Kapelle beendet, und der Papst ist sehr zufrieden. Meine anderen Angelegenheiten gelingen mir nicht nach meinen Wünschen. Dafür gebe ich den Zeitumständen die Schuld, die unserer Kunst sehr entgegenwirken. Diese Allerheiligen werde ich nicht nach Hause kommen, weil es mir am Notwendigen zur Durchführung meiner Absichten fehlt, auch ist die Zeit noch nicht danach. Achtet darauf, so gut wie möglich zu leben, und stürzt euch nicht in andere Sachen. Nichts weiter. Euer Michelangelo, Bildhauer in Rom."

Michelangelo hat eben einen der bedeutendsten künstlerischen Aufträge vollendet, die zu vergeben waren, klagt aber über die Zeitumstände, die der Kunstausübung entgegenwirkten! Eigentlich hätte Michelangelo weit weniger Grund zu klagen gehabt als noch einige Monate früher, denn nach Vollendung des Freskos war an die Wiederaufnahme des Juliusgrabprojekts zu denken, das durch seine Flucht aus Rom 1506, durch seine Arbeit in Bologna und die Freskierung der Sixtinischen Decke sowie schließlich auch angesichts des Neubaus von St. Peter nicht über das Anfangsstadium hinausgelangt war. Zwar hatte der Künstler Marmorblöcke für das Grabmal in Carrara brechen und zum Teil bereits nach Rom transportieren lassen. Doch die politischen Ereignisse der folgenden Jahre sollten zusammen mit immer neuen bedeutenden Aufträgen so viel Unrast in sein Leben bringen, dass an eine baldige Vollendung des ambitionierten Ursprungsplans für das Juliusgrab nicht zu denken war.

Zu diesen Ereignissen gehörte die Rückkehr der Medici nach Florenz im Herbst 1512. Damit war in der Stadt die republikanische Herrschaft beendet, für die auch Michelangelo gearbeitet hatte und mit der er offen sympathisierte. Gleichzeitig aber gelangte mit den Medici eben jene Familie an die Macht zurück, bei der Michelangelo in seinen ersten Jahren als Künstler aufgewachsen war und deren Mitglieder er aus seiner Jugend persönlich kannte. Das politische Ende eines wichtigen Auftraggeberkreises war im Falle Michelangelos also unmittelbar mit dem Aufstieg eines anderen verbunden. Hinzu kam der Tod Julius' II. im Februar 1513 und ihm folgend die Wahl Giovanni de' Medicis zum Papst. Als Leo X. knüpfte er an die großen Kunstprojekte seines Vorgängers an und setzte eigene in Bewegung. Das waren im Grunde schlechte Nachrichten für das Juliusgrab, denn Leo X. hatte naturgemäß wenig Interesse daran, dass Michelangelo seine Zeit mit der Verherrlichung seines Vorgängers auf dem Stuhl Petri vertat. Andererseits profitierte der Künstler in ungeahntem Ausmaß vom Triumph der Medici, denn hieraus resultierten für die nächsten Jahre bedeutende Aufträge dieser Familie, die in der Summe sogar das Juliusgrab in den Schatten stellten. So wurde Michelangelo engagiert, die Fassade von S. Lorenzo in Florenz zu errichten und mit einem umfangreichen Skulpturenprogramm auszustatten. Es folgten Aufträge für die Biblioteca Laurenziana und die Medici-Kapelle, also die Neue Sakristei von S. Lorenzo (s. Kap. VI). Daher musste das Konzept für das Juliusgrab in neuen Abmachungen von 1513, 1516, 1525/26, 1532 und 1542 immer weiter reduziert werden. Ausgehend von den Projekten in S. Lorenzo trat Michelangelo in den folgenden Jahren immer stärker als Architekt in Erscheinung, was seine Aktivitäten als Bildhauer zwischenzeitlich in den Hintergrund drängte und schließlich den Weg zur größten und letzten Aufgabe seines Lebens eröffnete, mit seinen Plänen und Ansichten dereinst die Vollendung von St. Peter in Rom zu gewährleisten. Bereits kurz nach Vollendung der Sixtinischen Decke und der Wiederaufnahme der Arbeiten am Juliusgrab war Michelangelo also der gefragteste Künstler Italiens, er war nun für alles zuständig, Skulptur, Malerei und Architektur.

Familie übernommen hatte und jeden Widerstand gegen seine Pläne zu brechen bereit war. Auch das Motiv für Michelangelos gequältes Engagement wird hier deutlich, denn die Qualen übernimmt er einzig und allein, um die Familie voranzubringen. Und dies ist in der Tat das Leitmotiv seines Lebens. Die Buonarroti waren ein weit verzweigter Clan des gehobenen Florentiner Bürgertums, dessen politischer und ökonomischer Rang gegen Ende des Quattrocento nicht seinem ehrwürdigen Alter entsprach (s. Kap. I). Michelangelo sah es daher als seine Aufgabe an, durch Leistungen in den ihm eigenen Metiers Großes zu leisten und „großes" Geld zu verdienen, da er damit den Status seiner Familie heben konnte. Aus diesem Grund investiert er schon frühzeitig enorme Summen, ja selbst Teile der Bezahlung für das noch nicht vollendete Juliusgrab in Immobilien, während er selbst meistens wie ein Bettler lebte. Denn Grundbesitz verschaffte damals mehr Ansehen als ein riesiges Barvermögen. Hinter Michelangelos gewaltiger Schaffenskraft, hinter seiner Leidensfähigkeit, ja sogar hinter seiner Suche nach Leiden steckte ein als schmerzlich, aber als heilbar empfundenes Defizit seiner eigenen Familie, deren Status er mit den Früchten seiner Arbeit möglichst rasch und nachhaltig zu heben suchte.

Als Michelangelo im Oktober 1512 nach unendlichen Mühen und unter zahlreichen Leidensbekundungen die Sixtinische Decke beendet, sieht er keineswegs gutgelaunt und gelassen in die Zukunft. Das belegt ein Brief an seinen Vater vom 3. Ok-

PERSICHA

DANIEL

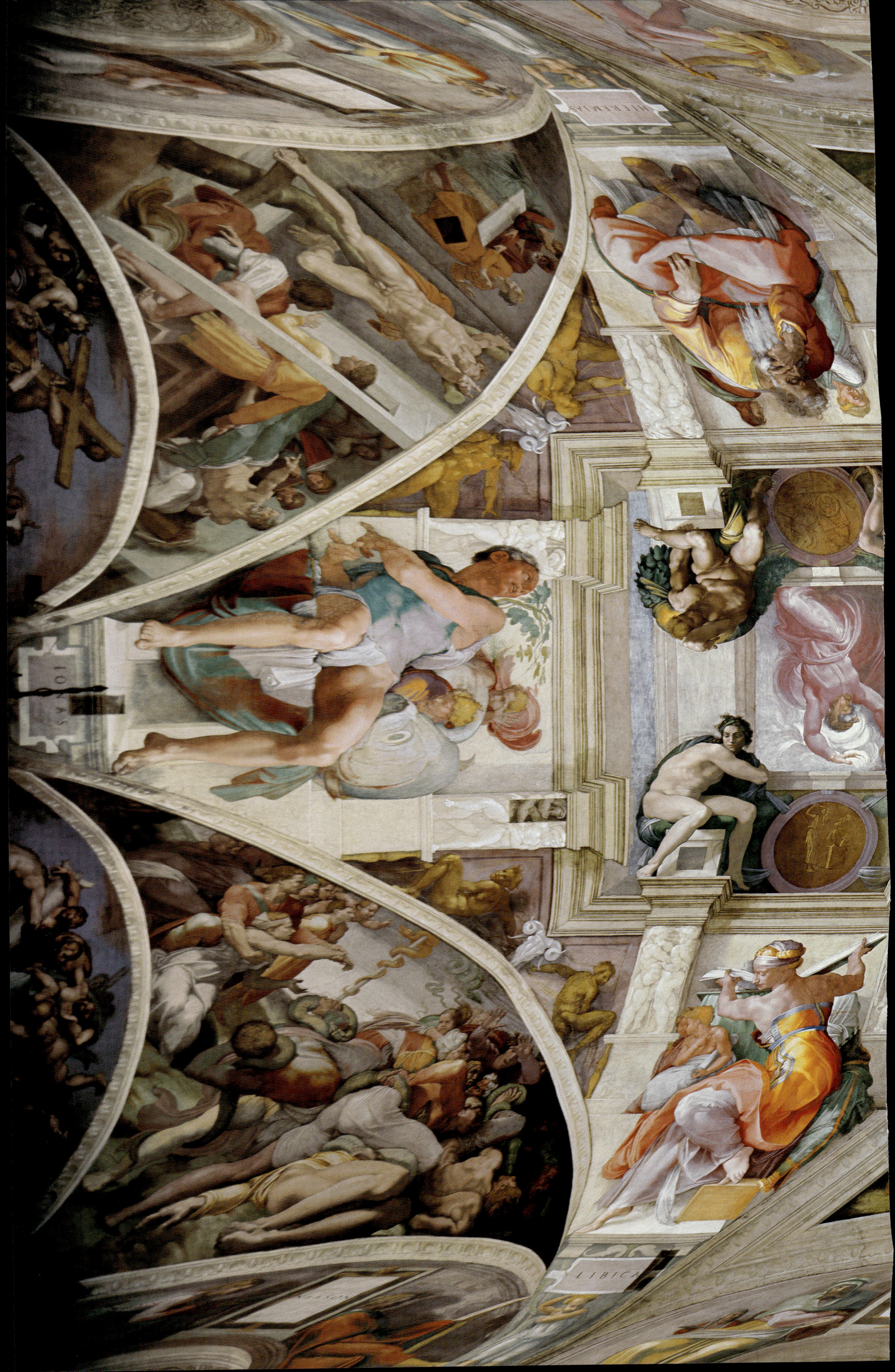
HIEREMIAS
IONAS
LIBICA

MICHELANGELO

**Sixtinische Kapelle,
Innenansicht nach Osten**
Rom, Vatikan

Seite 79:
**Schematische Darstellung
der Sixtinischen Decke**

Seite 75–78:
Die Sixtinische Decke, 1508–1512
Fresko, 40,5 x 13,2 m
Rom, Vatikan, Sixtinische Kapelle

*… ohne die Sixtinische Kapelle gesehen zu haben,
kann man sich keinen anschauenden Begriff machen,
was ein Mensch vermag.*

— JOHANN WOLFGANG VON GOETHE

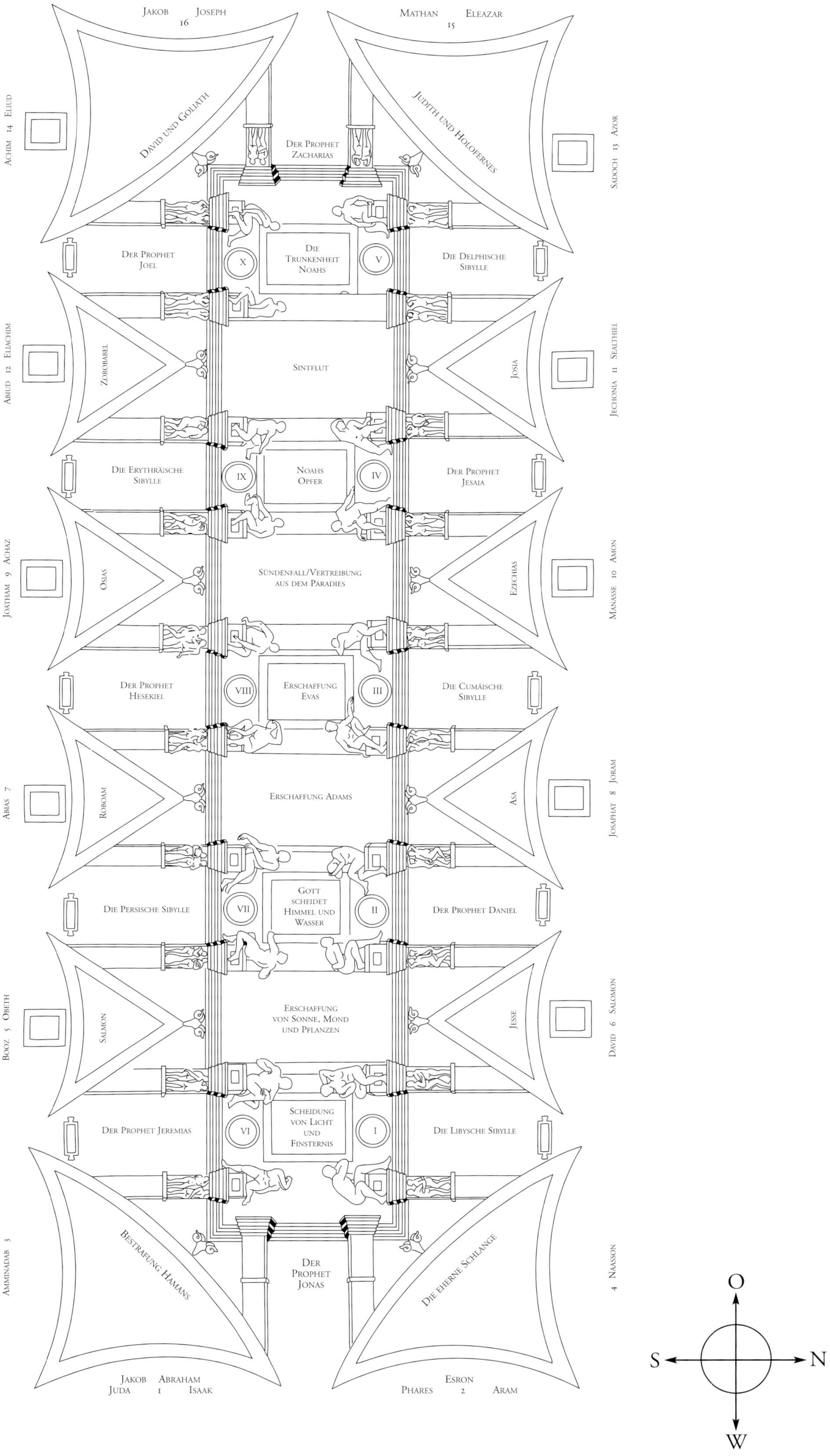

Schema of the Sistine Chapel Ceiling

North side (top to bottom):
- Mathan · Eleazar 15
- Judith und Holofernes
- Der Prophet Zacharias
- Die Delphische Sibylle — V — Die Trunkenheit Noahs — X
- Josia — Sintflut
- Der Prophet Jesaia — IV — Noahs Opfer — IX — Die Erythräische Sibylle
- Ezechias — Sündenfall/Vertreibung aus dem Paradies
- Die Cumäische Sibylle — III — Erschaffung Evas — VIII — Der Prophet Hesekiel
- Asa — Erschaffung Adams
- Der Prophet Daniel — II — Gott scheidet Himmel und Wasser — VII — Die Persische Sibylle
- Jesse — Erschaffung von Sonne, Mond und Pflanzen
- Die Libysche Sibylle — I — Scheidung von Licht und Finsternis — VI — Der Prophet Jeremias
- Die Eherne Schlange
- Der Prophet Jonas
- Bestrafung Hamans

Right (North) ancestors:
- Sadoch 13 Azor
- Jechonia 11 Sealthiel
- Manasse 10 Amon
- Josaphat 8 Joram
- David 6 Salomon
- 4 Naasson
- Esron · Phares 2 Aram

Left (South) ancestors:
- Jakob · Joseph 16
- Achim 14 Eliud
- Abiud 12 Eliachim
- Joatham 9 Achaz
- Abias 7
- Booz 5 Obeth
- Amminadab 3
- Jakob · Abraham · Juda 1 Isaak

Tondi / lunette scenes (outer):
- David und Goliath
- Judith und Holofernes
- Bestrafung Hamans
- Die Eherne Schlange

Compass: O (top) — N (right) — W (bottom) — S (left)

— 79 —

DELPHICA

ZACHERIAS

ERITHRAEA

ESAIAS

Geschichte Noahs *und* Medaillons mit den Geschichten der Makkabäer

Die Trunkenheit Noahs

Die neun Szenen aus dem Schöpfungsbericht und der Geschichte Noahs schuf Michelangelo entgegen ihrer eigentlichen Chronologie, d. h. er widmete sich zuerst den Noah-Episoden im östlichen Teil der Kapelle, um sich dann in westlicher Richtung vorzuarbeiten. Daher beginnen bis heute die meisten Analysen der Fresken des Gewölbespiegels mit der *Trunkenheit Noahs*, obwohl diese Szene am Ende der Chronologie steht. Für Tolnays neoplatonische Deutung ist dieser Beginn sogar zwingend, weil mit den Geschichten Noahs auf der einen Seite und dem Schöpfungsakt Gottes auf der anderen Anfangs- und Endpunkt der *deificatio* und des Aufstiegs vom körperlichen zum spirituellen Sein markiert seien.

Das Bildfeld mit der *Trunkenheit Noahs* folgt recht genau dem Text der Bibel und zeigt neben Noah selbst dessen drei Söhne: in der Mitte Japheth, der die Blöße seines Vaters bedeckt, daneben Ham, der ihn verspottet, und dahinter Shem, der den Spötter zurückzuhalten sucht. Im Hintergrund ist wiederum Noah selbst zu erkennen. Er bearbeitet mit einem Spaten die Erde, was als Hinweis auf den in der Bibel erwähnten Weinbau Noahs zu verstehen ist.

Noah aber, der Ackermann, pflanzte als erster einen Weinberg. Und da er von dem Wein trank, ward er trunken und lag im Zelt aufgedeckt. Als nun Ham, Kanaans Vater, seines Vaters Blöße sah, sagte er's seinen beiden Brüdern draußen. Da nahmen Sem und Japheth ein Kleid und legten es auf ihrer beider Schultern und gingen rückwärts hinzu und deckten ihres Vaters Blöße zu; und ihr Angesicht war abgewandt, damit sie ihres Vaters Blöße nicht sähen. Als nun Noah erwachte von seinem Rausch und erfuhr, was ihm sein jüngster Sohn angetan hatte, sprach er: Verflucht sei Kanaan und sei seinen Brüdern ein Knecht aller Knechte! Und sprach weiter: Gelobt sei der Herr, der Gott Sems, und Kanaan sei sein Knecht! Gott breite Japheth aus und lasse ihn wohnen in den Zelten Sems, und Kanaan sei sein Knecht! (Gen 9.20–27)

Geschichten der Makkabäer

Sturz des Antiochus

Antiochus war ein Gegner des jüdischen Volkes und wurde von Gott mit Unterleibskrämpfen bestraft. Er fiel deshalb während des Kriegszuges von seinem Streitwagen.

Doch das Gericht vom Himmel her schwebte schon über ihm. Denn in seiner Überheblichkeit hatte er gesagt: Sobald ich nach Jerusalem komme, mache ich aus der Stadt einen Totenacker für die Juden. Darum bestrafte ihn der Herr, der alles sieht, der Gott Israels, mit einem inneren Leiden, das niemand heilen konnte. Denn sobald er das gesagt hatte, kam ihn ein solches Reißen im Leib an und ein so großes Grimmen in den Därmen, dass man ihm nicht helfen konnte. So geschah ihm eben recht, weil er andere Leute mit so vielen und bisher unerhörten Martern geplagt hatte. Dennoch ließ er von seinem wilden Trotz nicht ab, sondern wurde noch überheblicher und schnaubte Feuer und Flammen gegen die Juden und befahl, noch schneller zu fahren. Da stürzte er von dem dahinsausenden Wagen und tat einen so unglücklichen Fall, dass ihm alle Glieder seines Leibes verrenkt wurden. (2. Makk 9.4–7)

Der Selbstmord des Razis

Die fünf kleineren der neun Bildfelder des Gewölbespiegels werden von insgesamt zehn fingierten Medaillons gerahmt, deren gewalttätige Geschichten aus dem Alten Testament stammen.

Razi genoss in Jerusalem hohes Ansehen und wurde wegen seiner Güte und aufrechten Gesinnung Vater der Juden genannt.

Es wurde aber Nikanor angezeigt, dass ein Ältester von Jerusalem mit Namen Razi ein Mann sei, der seine Mitbürger liebte, in hohem Ansehen stand und wegen seiner aufrechten Gesinnung ein Vater der Juden genannt wurde ... Als nun Nikanor zeigen wollte, wie bitter feind er den Juden war, sandte er über fünfhundert Kriegsleute, die Razi gefangen nehmen sollten. Denn er meinte, wenn er ihn gefangen hätte, würde er den Juden dadurch großen Schaden zufügen. Als sie aber den Turm, in dem er wohnte, erobern und das Hoftor stürmen wollten, ließen sie Feuer bringen und das Tor anzünden. Da merkte er, dass er gefangen war, und wollte sich selbst erstechen. Denn er wollte lieber ehrenhaft sterben als den Gottlosen in die Hände fallen und von ihnen erniedrigt und verhöhnt werden. (2. Makk 14.39–42)

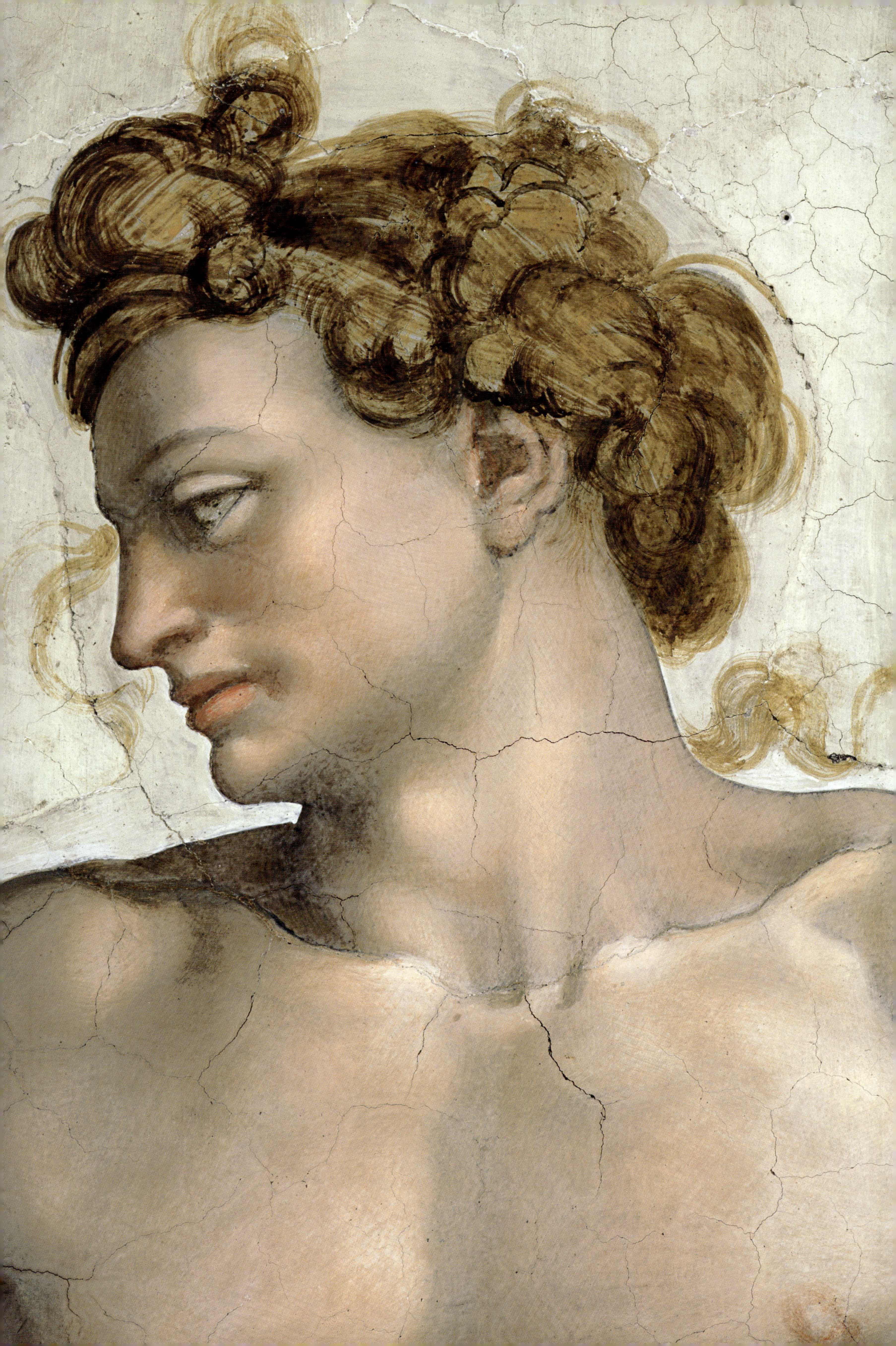

IOEL

DELPHICA

ESAIAS

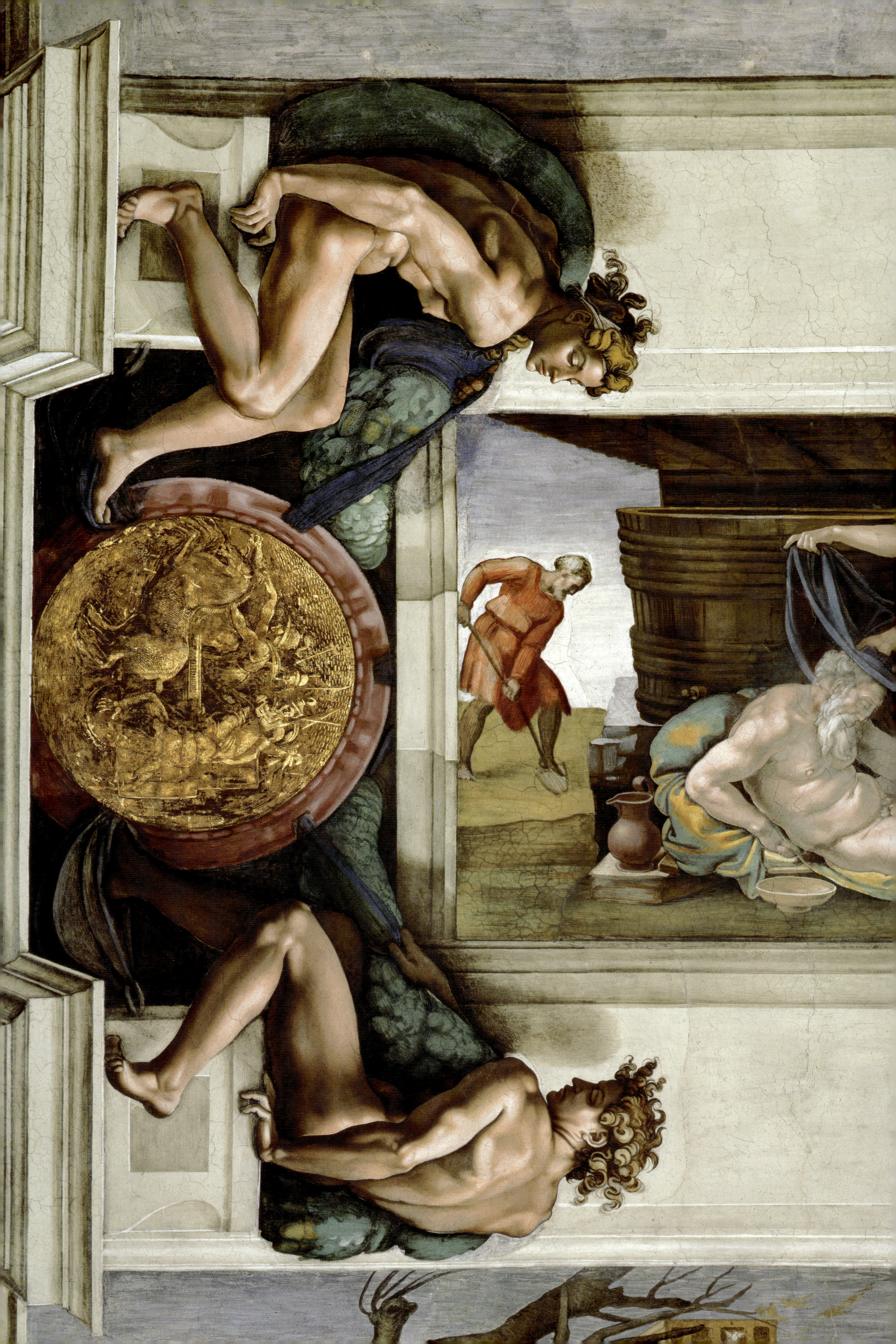

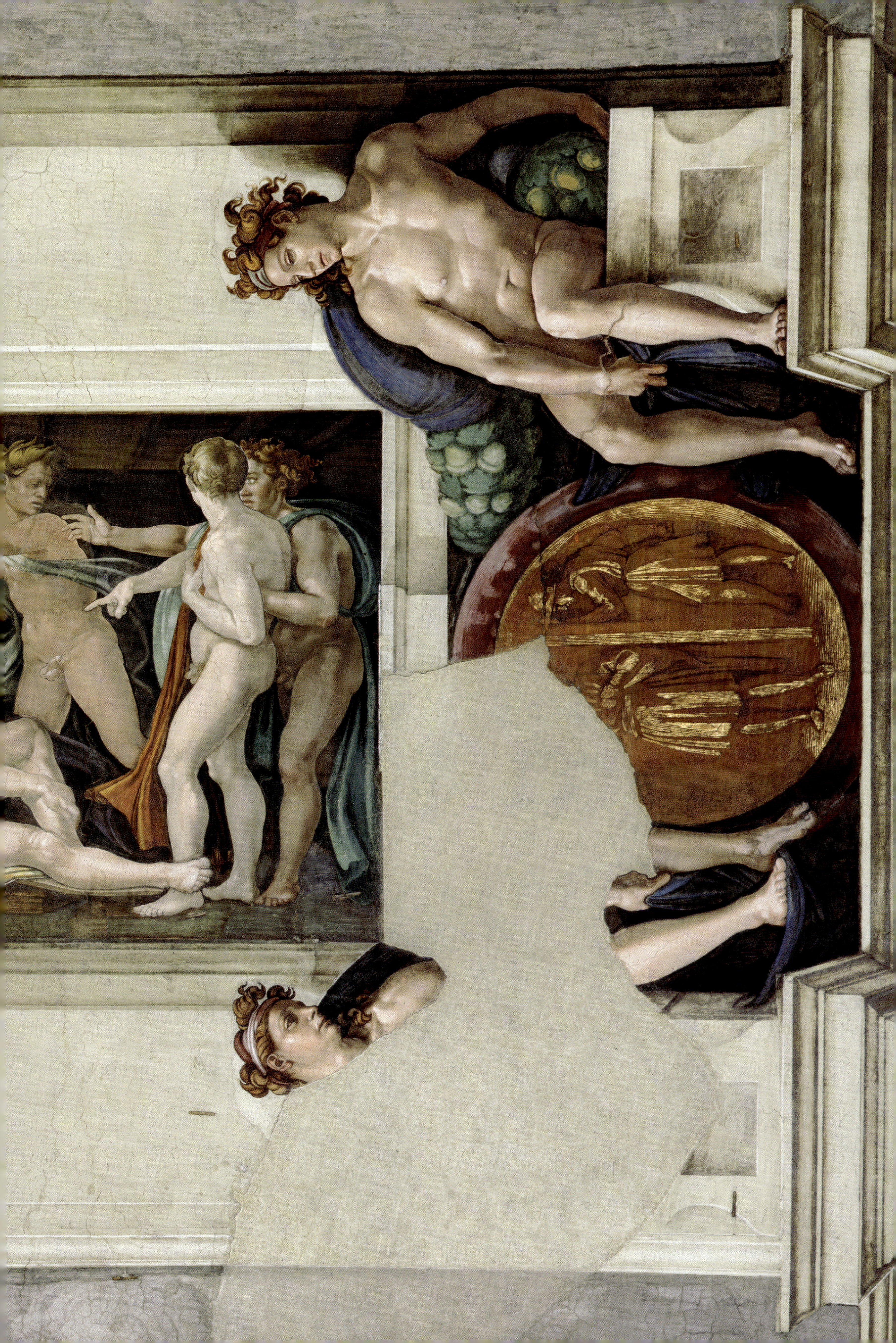

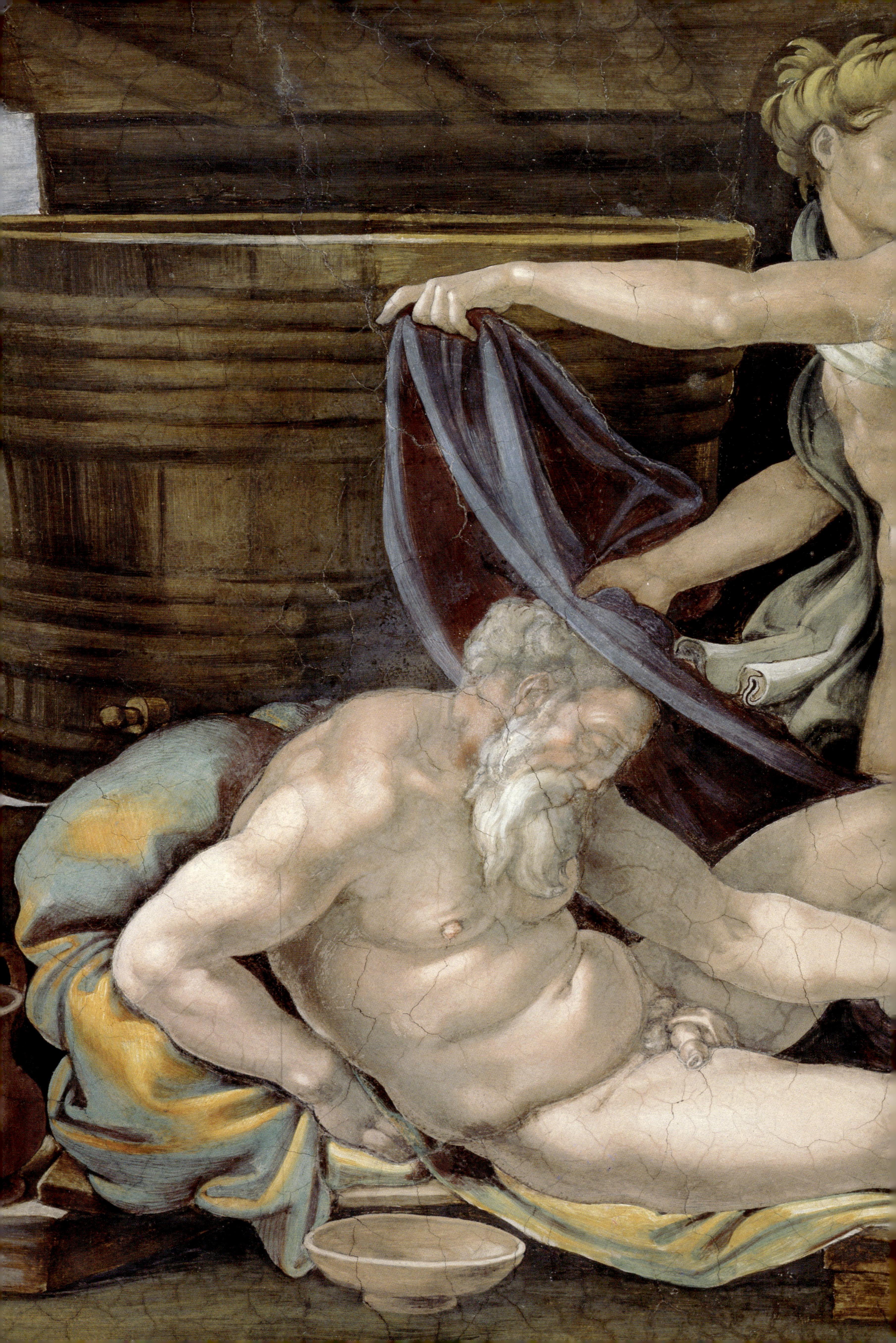

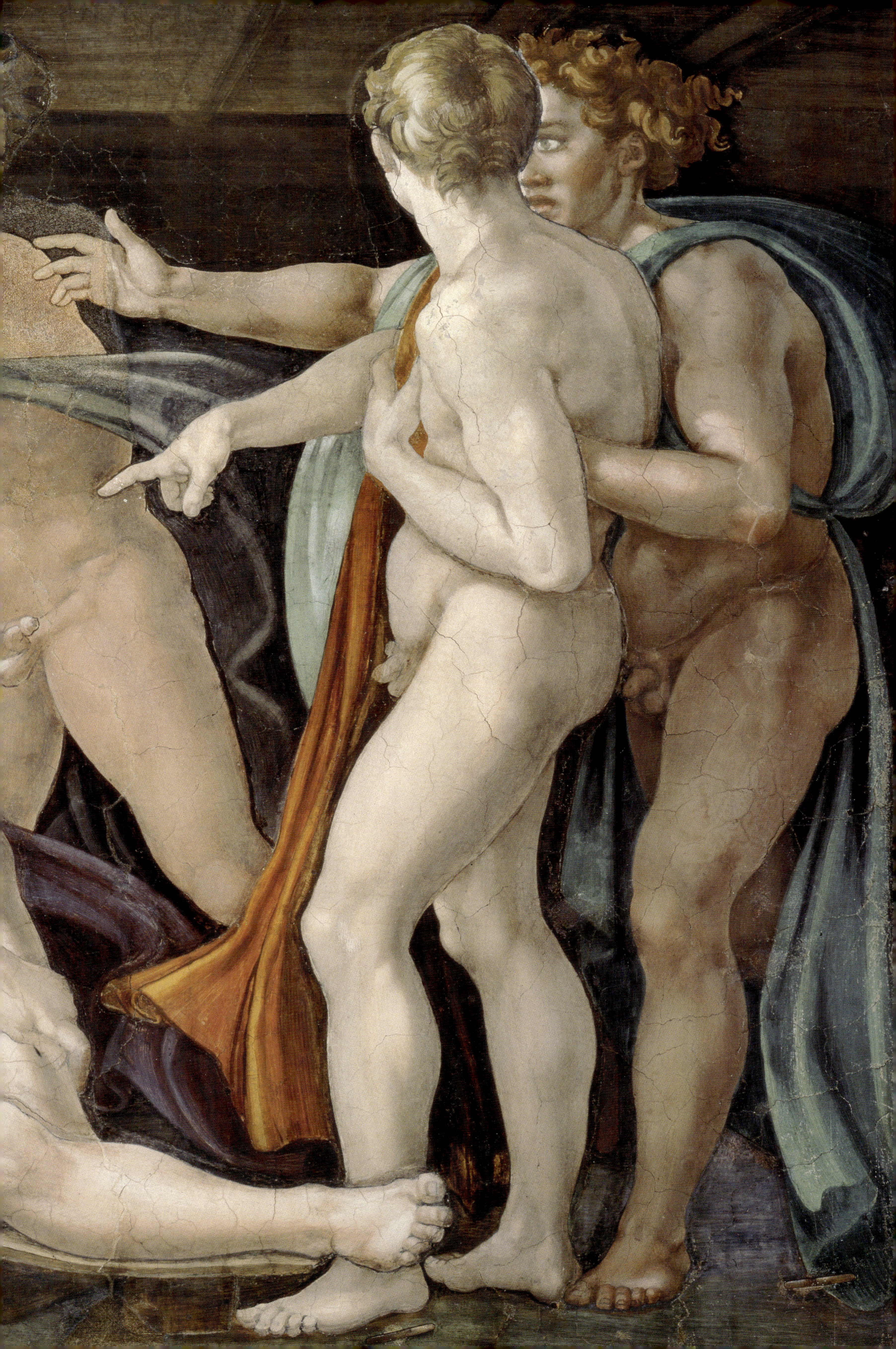

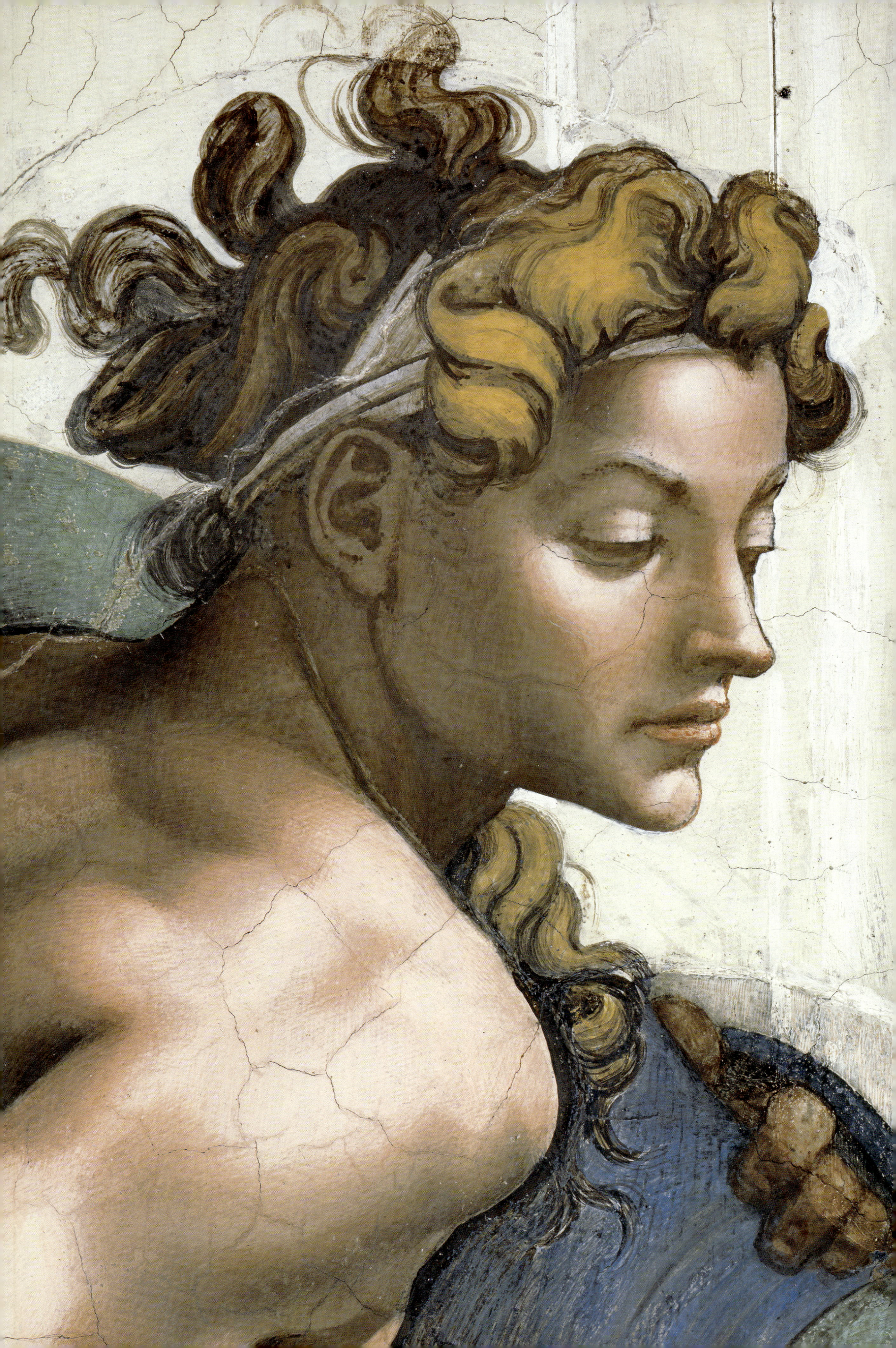

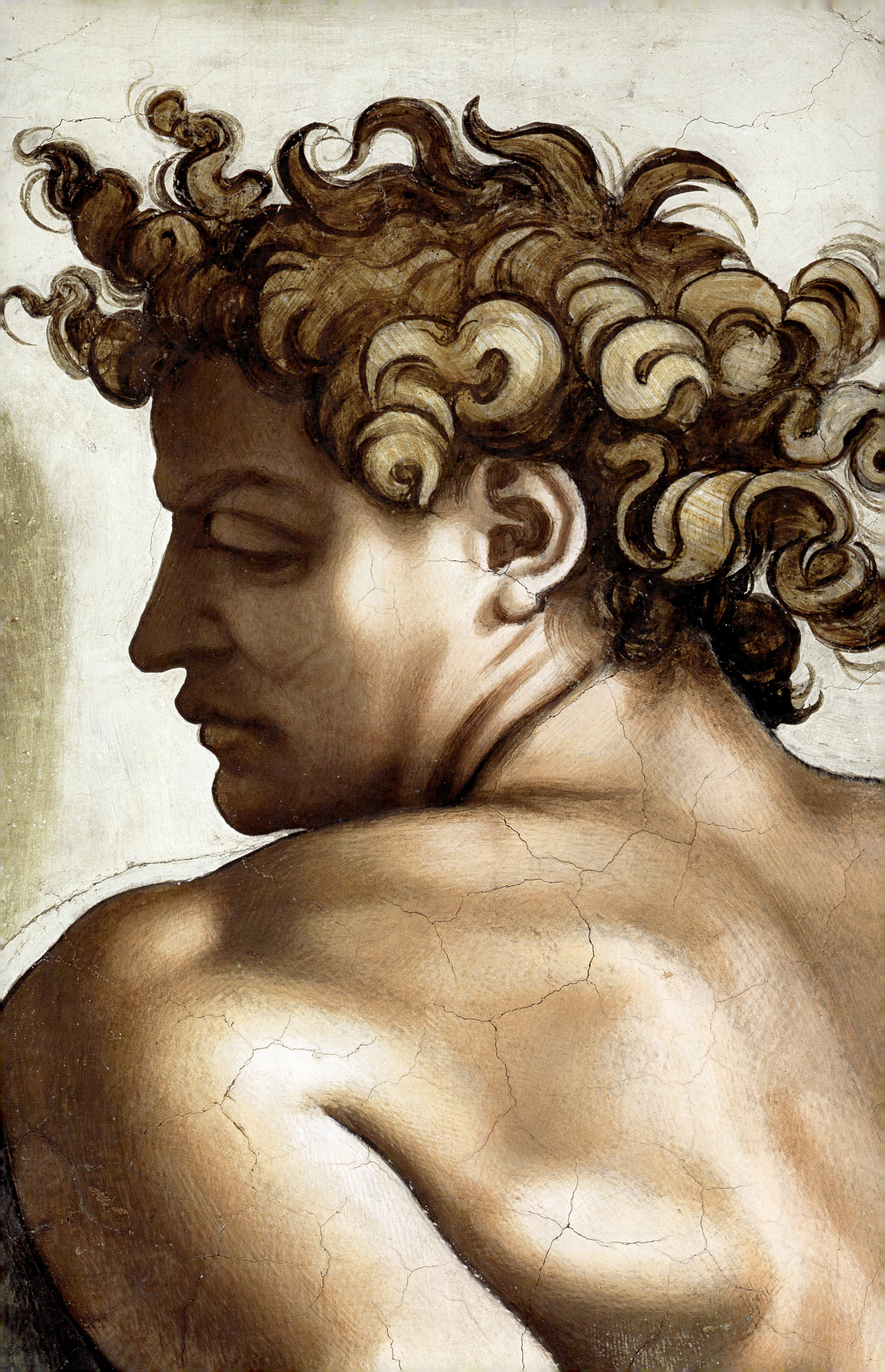

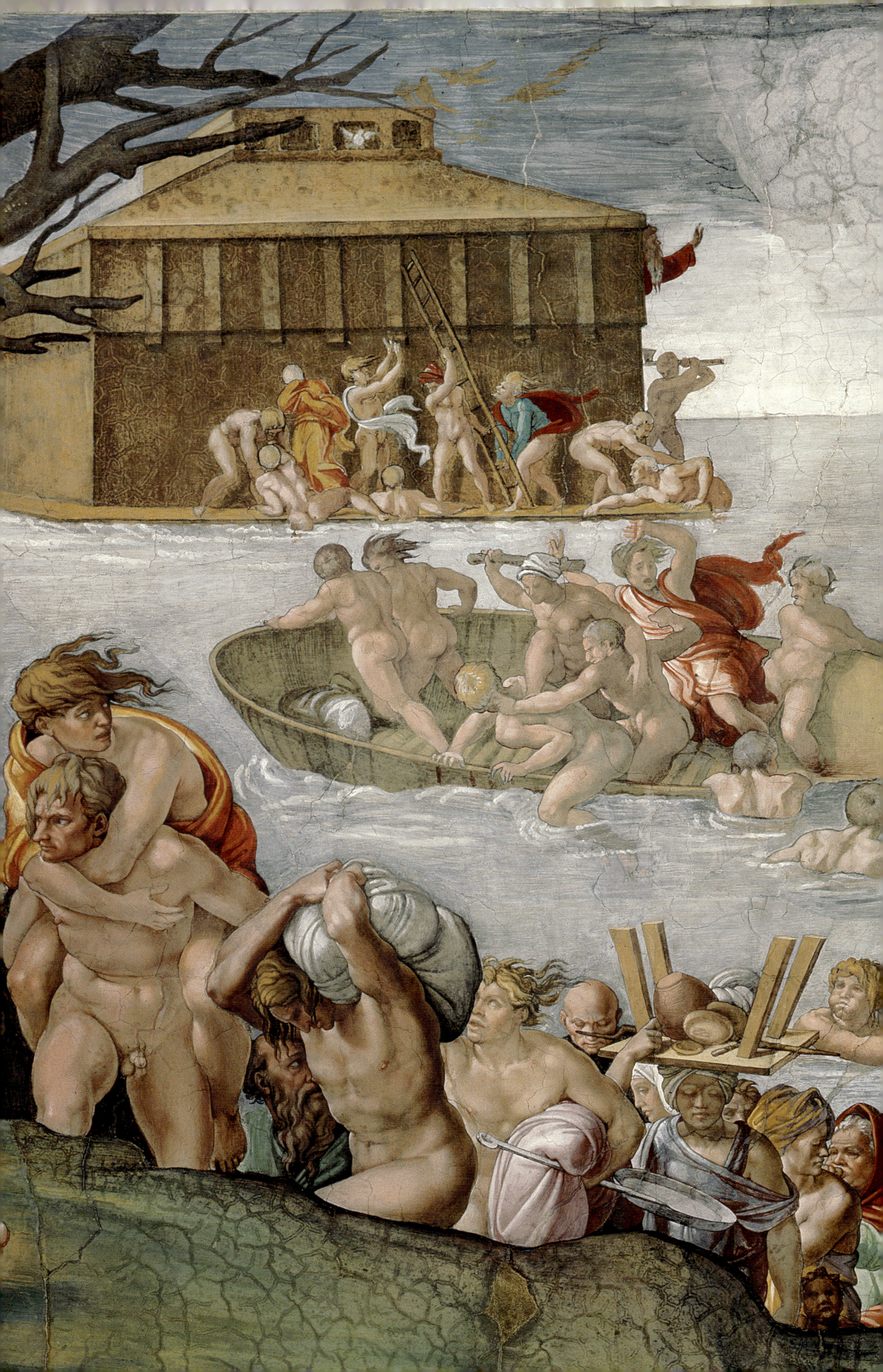

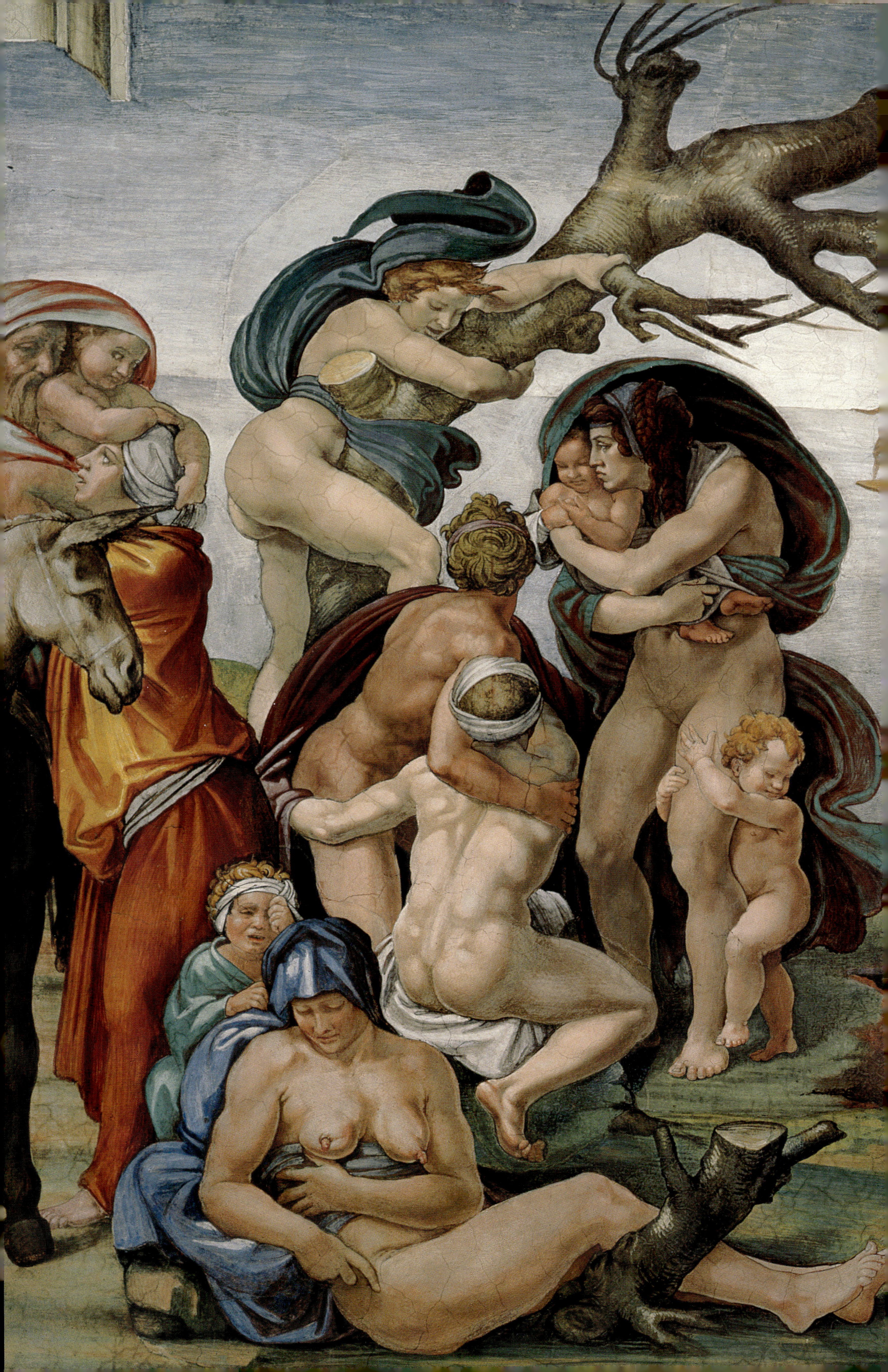

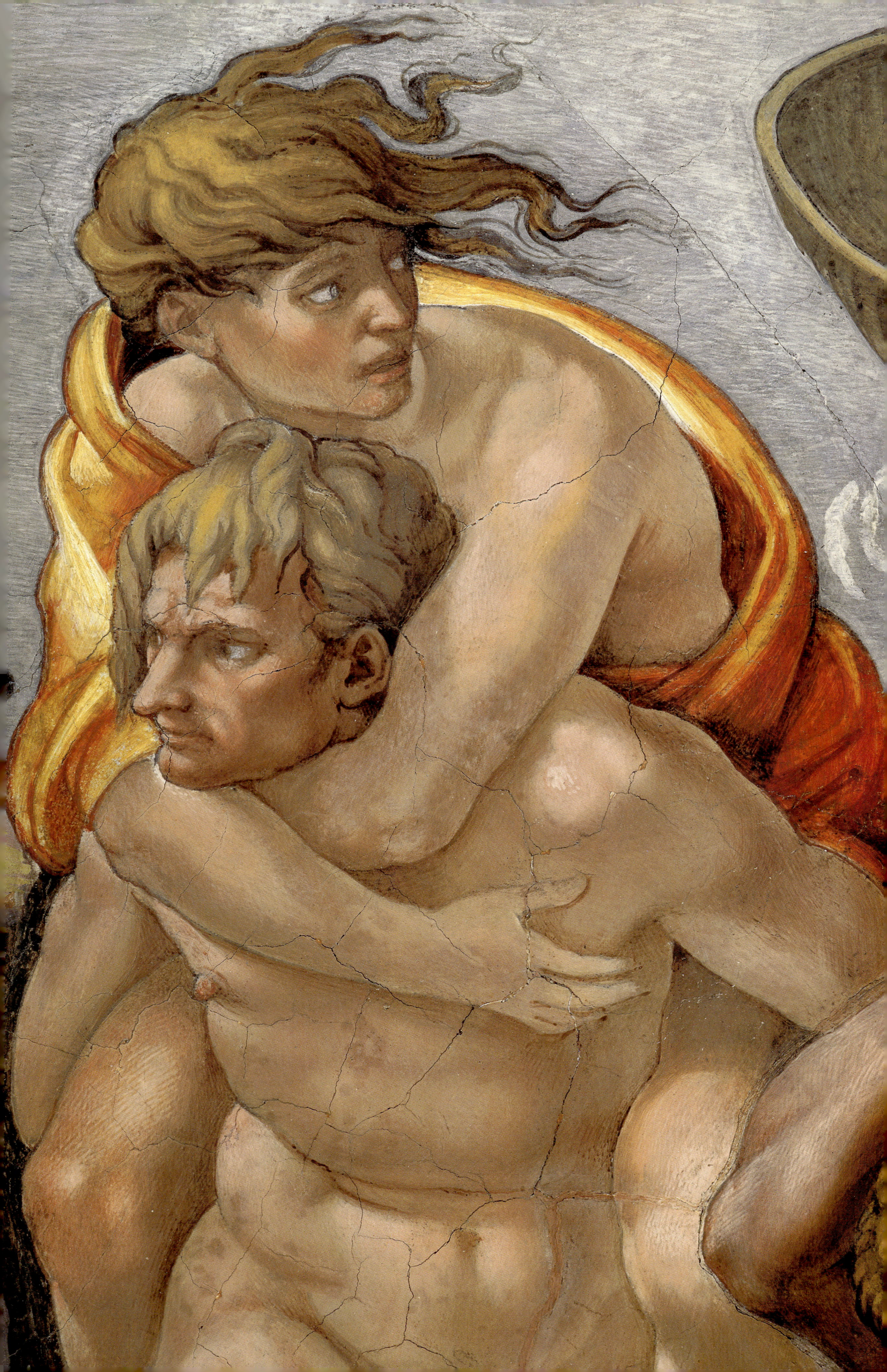

Geschichte Noahs

Sintflut

In der Darstellung der *Sintflut* folgte Michelangelo wiederum dem Text der Bibel: Das Wasser hat die im Hintergrund erkennbare Arche über die Erde emporgehoben und bedeckt fast schon die Berge links und rechts, auf die sich verzweifelte Menschen zurückziehen. Selbst die in der Genesis erwähnte Taube, deren Ausbleiben Noah und seiner Familie das Ende der Flut ankündigen wird, ist auf dem Dach der Arche zu erkennen.

Und die Sintflut war vierzig Tage auf Erden, und die Wasser wuchsen und hoben die Arche auf und trugen sie empor über die Erde. Und die Wasser nahmen überhand und wuchsen sehr auf Erden, und die Arche fuhr auf den Wassern … Nach vierzig Tagen tat Noah an der Arche das Fenster auf, das er gemacht hatte, und ließ einen Raben ausfliegen; der flog immer hin und her, bis die Wasser vertrockneten auf Erden. Danach ließ er eine Taube ausfliegen, um zu erfahren, ob die Wasser sich verlaufen hätten auf Erden. Da aber die Taube nichts fand, wo ihr Fuß ruhen konnte, kam sie wieder zu ihm in die Arche; denn noch war Wasser auf dem ganzen Erdboden. Da tat er die Hand heraus und nahm sie zu sich in die Arche. Da harrte er noch weitere sieben Tage und ließ abermals eine Taube fliegen aus der Arche. Die kam zu ihm um die Abendzeit, und siehe, ein Ölblatt hatte sie abgebrochen und trug's in ihrem Schnabel. Da merkte Noah, dass die Wasser sich verlaufen hätten auf Erden. Aber er harrte noch weitere sieben Tage und ließ eine Taube ausfliegen; die kam nicht wieder zu ihm. (Gen 7.17–18, 8.6–12)

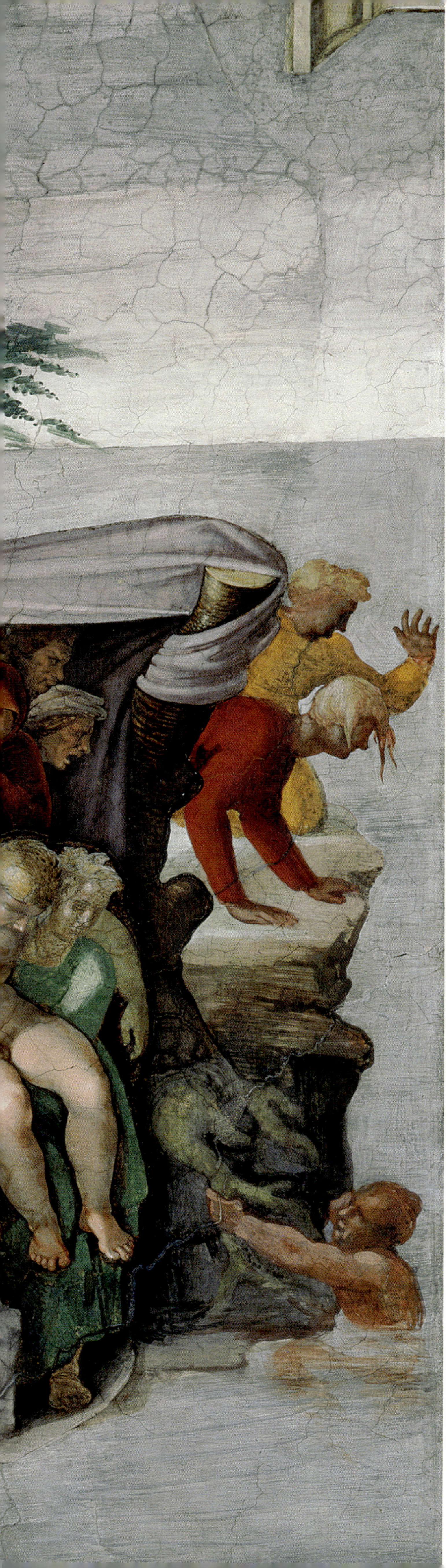

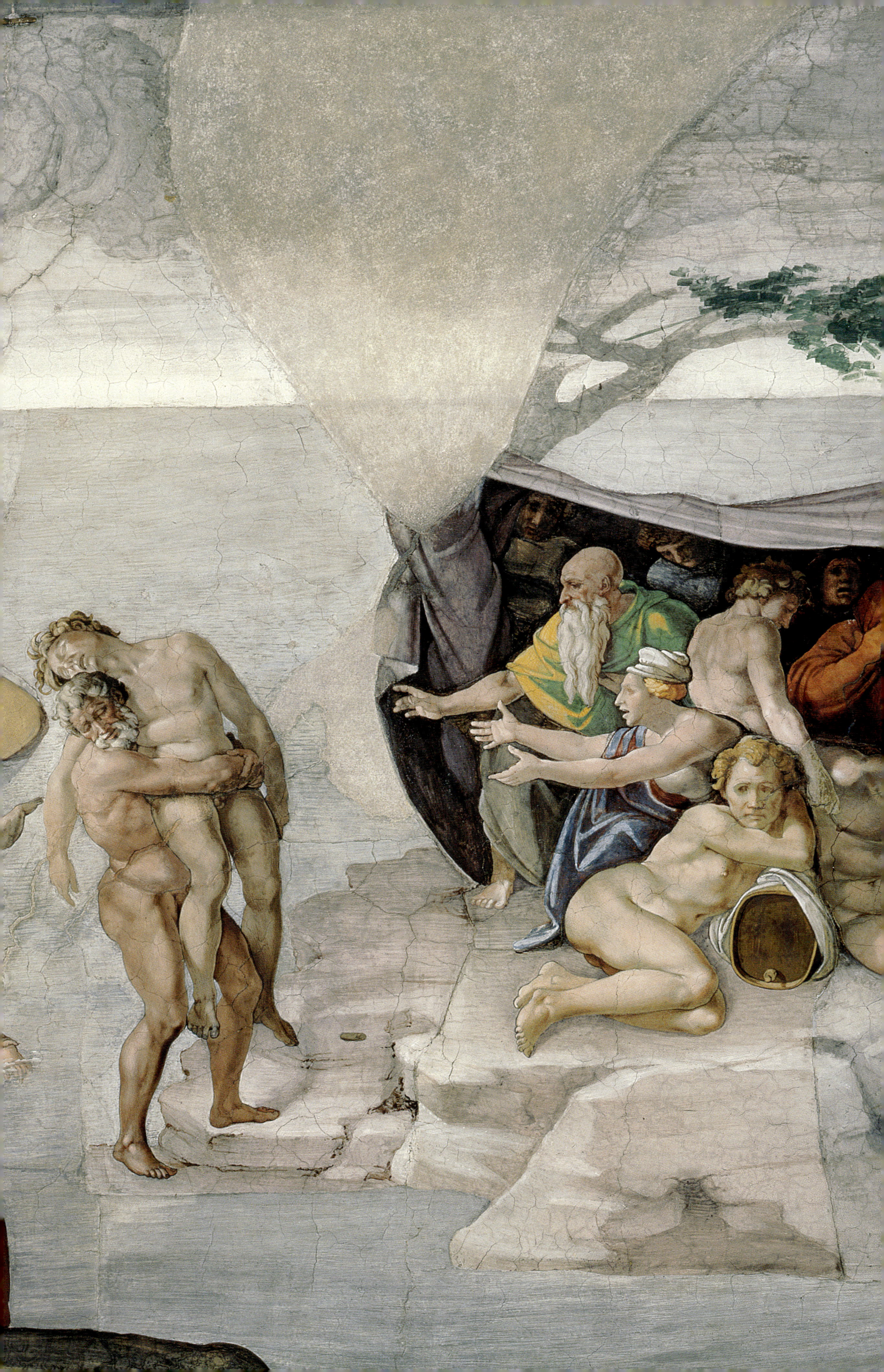

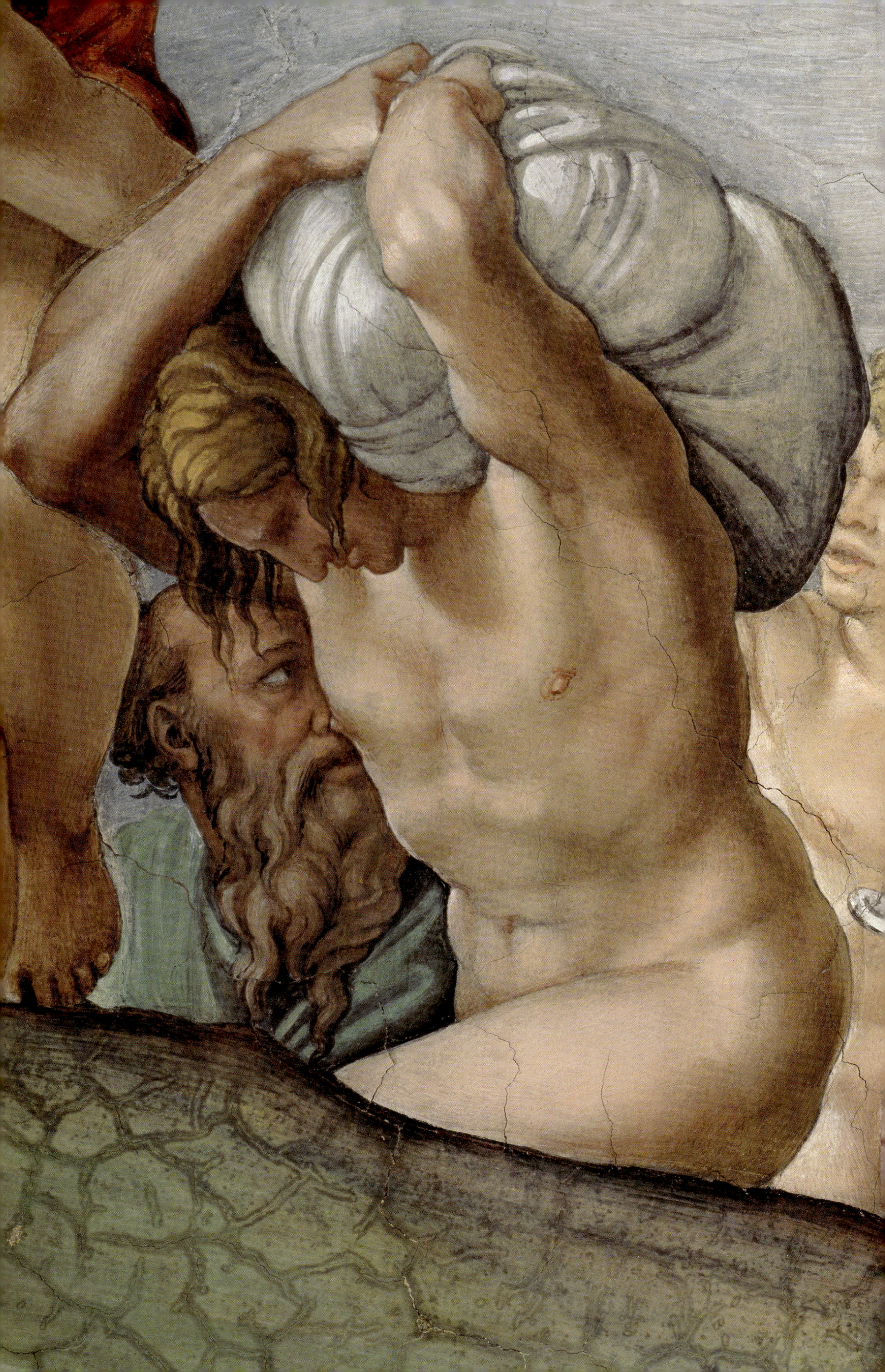

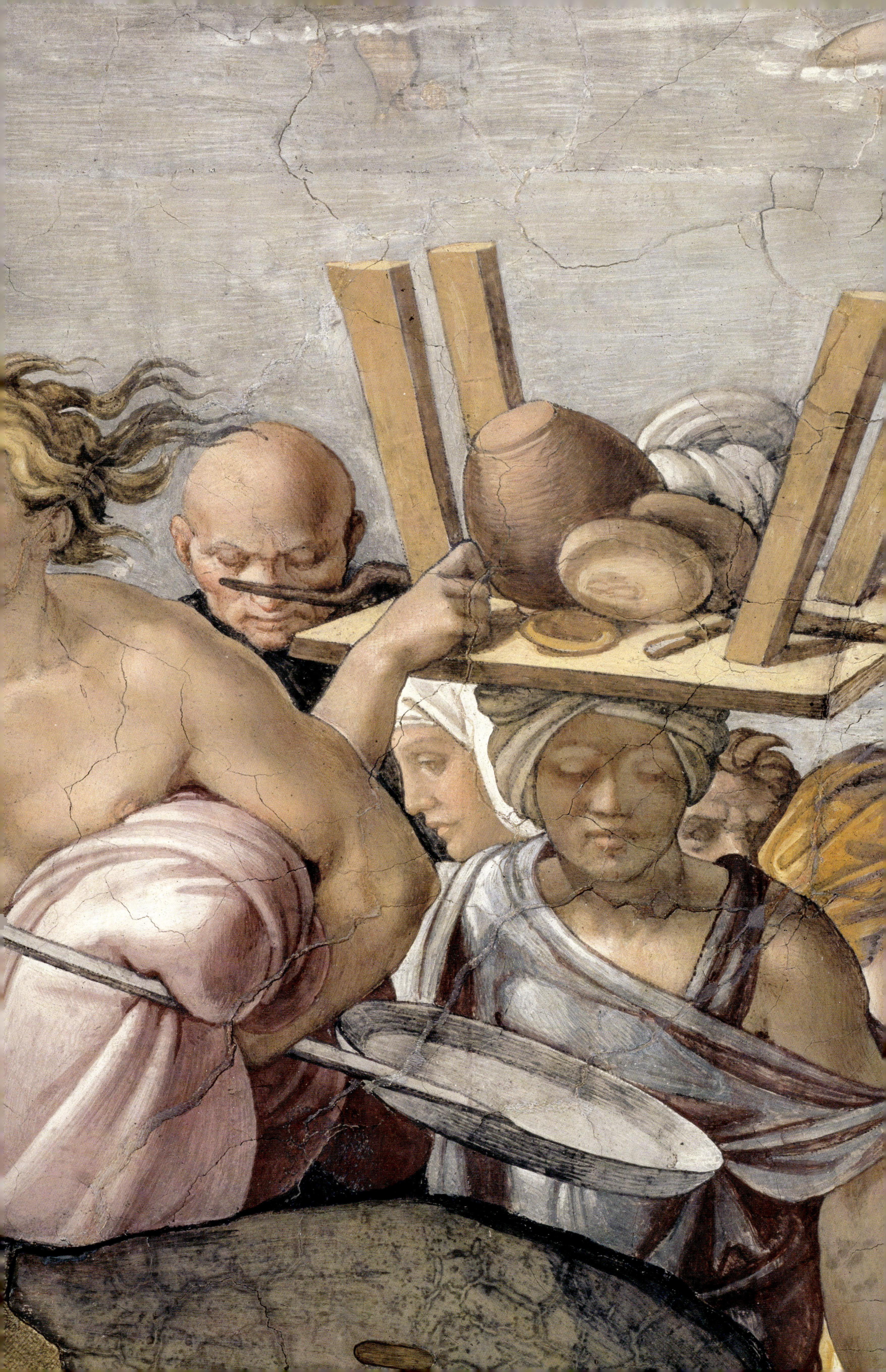

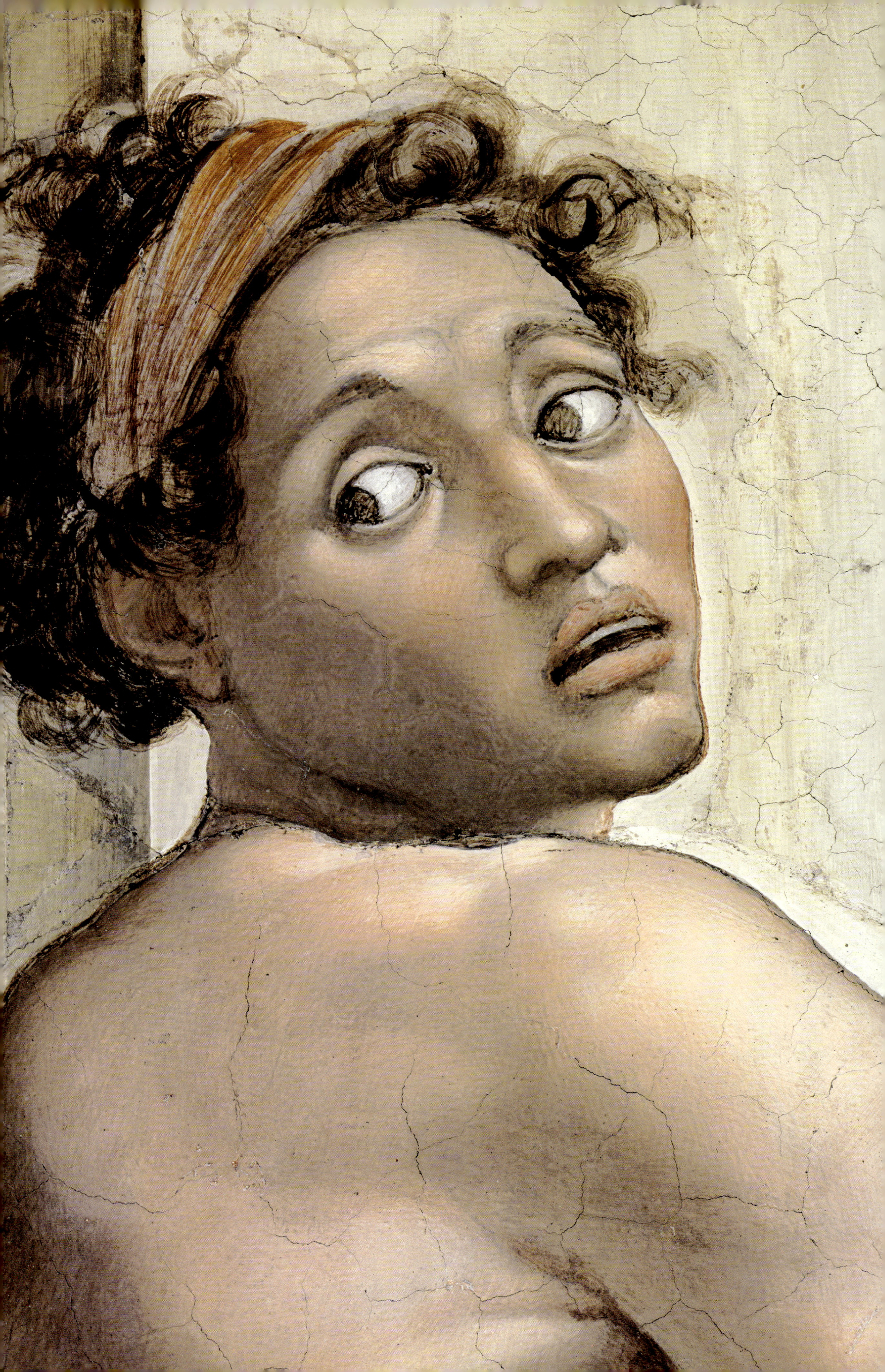

Geschichte Noahs *und* Medaillons mit den Geschichten der Makkabäer

Noahs Opfer

In *Noahs Opfer* schmückte Michelangelo den recht prosaischen Bericht der Genesis aus; hierbei griff er für die Details der Opferhandlung möglicherweise auf das 3. Buch Mose zurück, das im ersten Kapitel Vorschriften zu Brandopfern gibt.

Noah aber baute dem Herrn einen Altar und nahm von allem reinen Vieh und von allen reinen Vögeln und opferte Brandopfer auf dem Altar. Und der Herr roch den lieblichen Geruch und sprach in seinem Herzen: Ich will hinfort nicht mehr die Erde verfluchen um der Menschen willen; denn das Dichten und Trachten des menschlichen Herzens ist böse von Jugend auf. Und ich will hinfort nicht mehr schlagen alles, was da lebt, wie ich getan habe. Solange die Erde steht, soll nicht aufhören Saat und Ernte, Frost und Hitze, Sommer und Winter, Tag und Nacht. (Gen 8.20–22)

Geschichten der Makkabäer

Matthatias zerstört den Altar in Modin

In diesem Medaillon stellt Michelangelo eine Episode aus der Geschichte des jüdischen Priesters Matthatias dar, der sich in der Stadt Modin vehement gegen die Idolatrie gewandt und dabei einen Altar der Götzenanbeter zerstört hatte.

Als er das gesagt hatte, trat ein Jude hin vor aller Augen, um den Götzen zu opfern auf dem Altar in Modeïn, wie der König befohlen hatte. Das sah Mattatias, und es ging ihm durchs Herz, und er entbrannte voll Eifer für das Gesetz, und er lief hinzu und tötete am Altar den Juden und auch den Mann, den der König Antiochus gesandt hatte, um zum Opfern zu zwingen, und warf den Altar um. (1. Makk 2.23–25)

Die Bestrafung Heliodors

Dargestellt ist die Bestrafung Heliodors, nachdem er versucht hatte, den Schatz des Tempels in Jerusalem zu rauben.

Denn es erschien ihnen ein Pferd, das mit prächtigem Geschirr geschmückt war, darauf saß ein furchterregender Reiter; das rannte mit aller Macht auf Heliodor zu und drang mit den Vorderfüßen auf ihn ein. Und der Reiter zeigte sich in einer goldenen Rüstung. Auch erschienen dem Heliodor zwei junge Männer, die stark und schön waren und prächtig gekleidet; die traten auf beiden Seiten neben ihn hin und geißelten ihn unablässig mit vielen Schlägen, so dass er im Nu zu Boden fiel und in Ohnmacht sank. (2. Makk 3, 25–27)

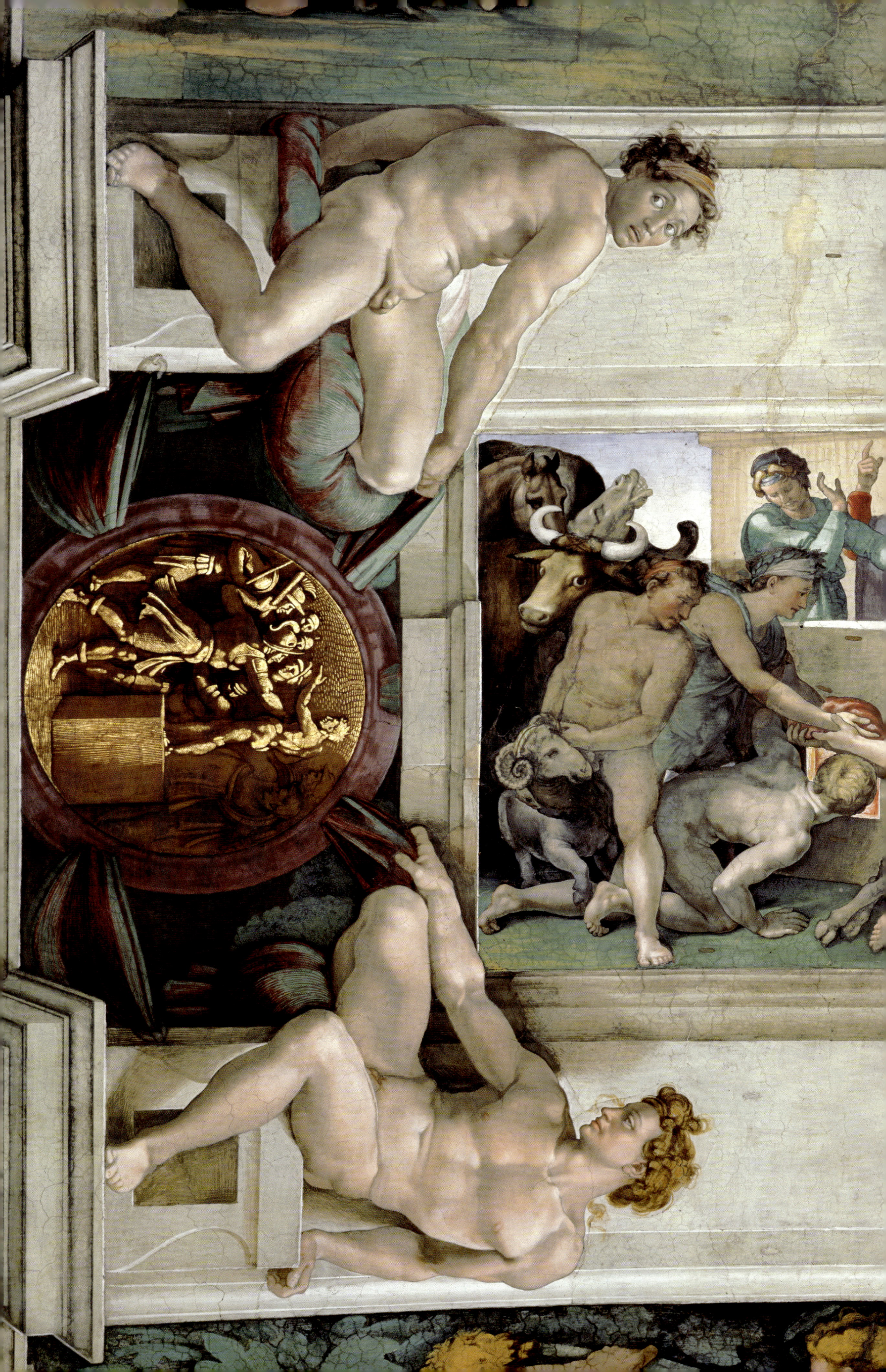

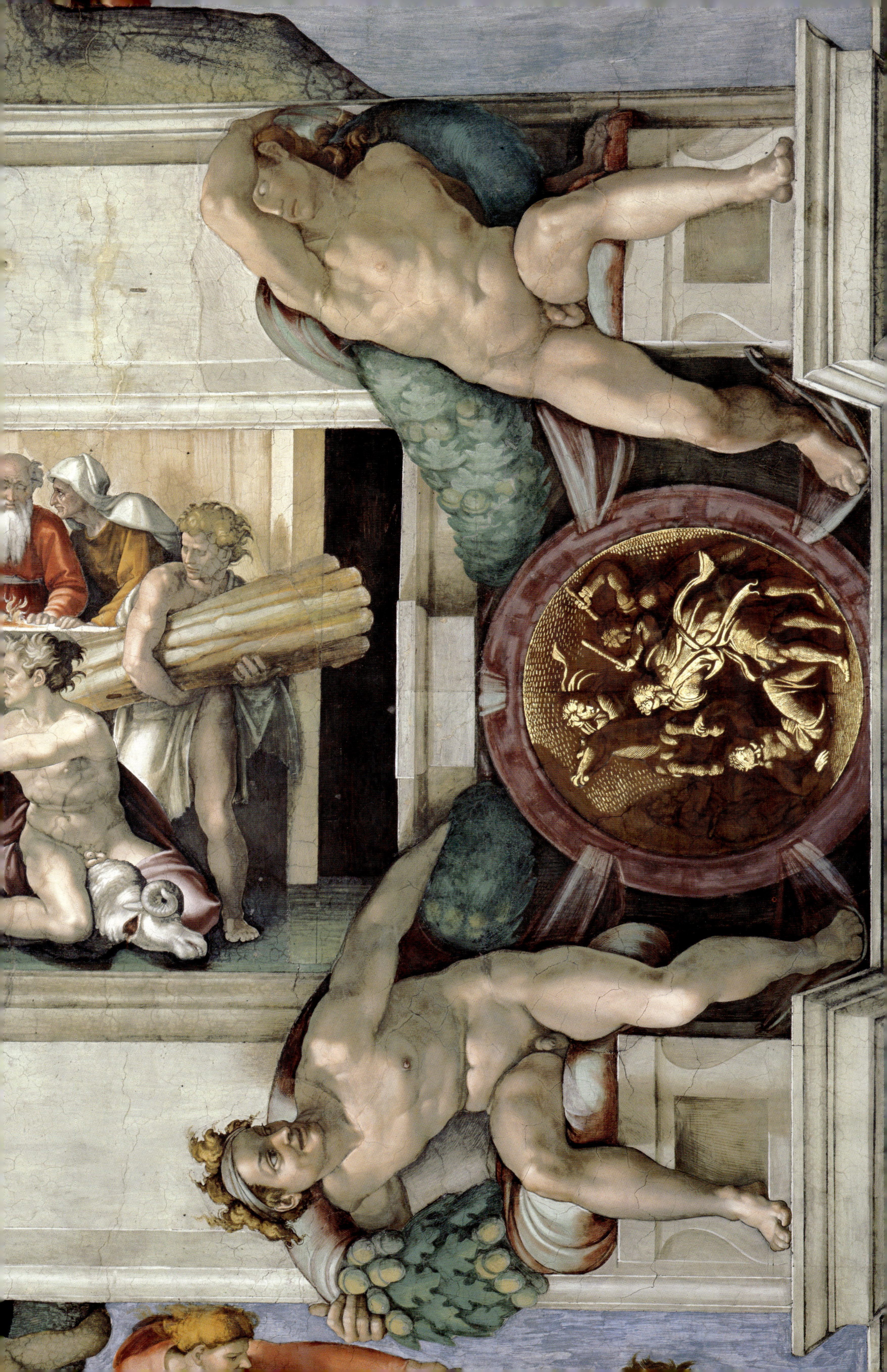

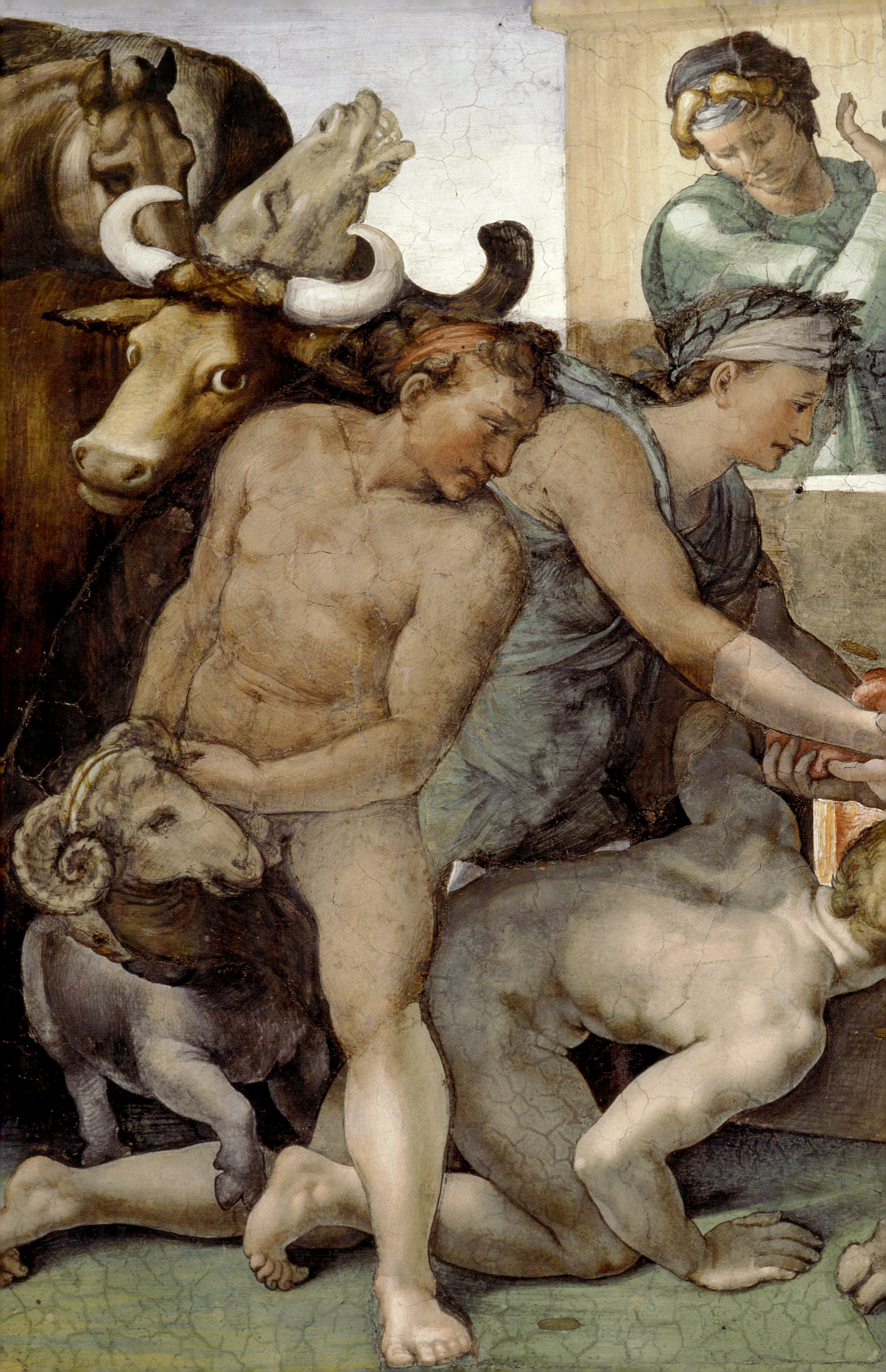

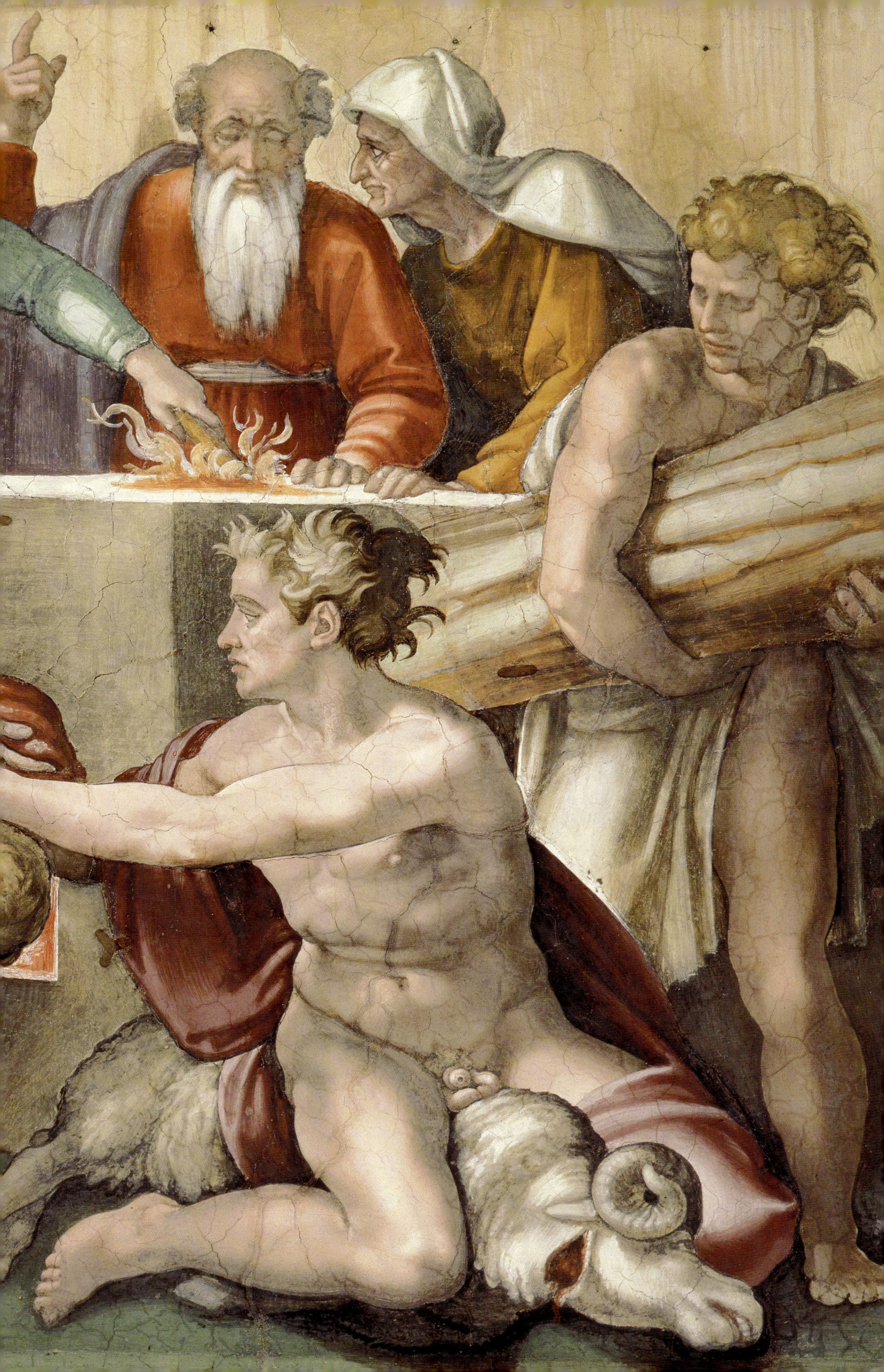

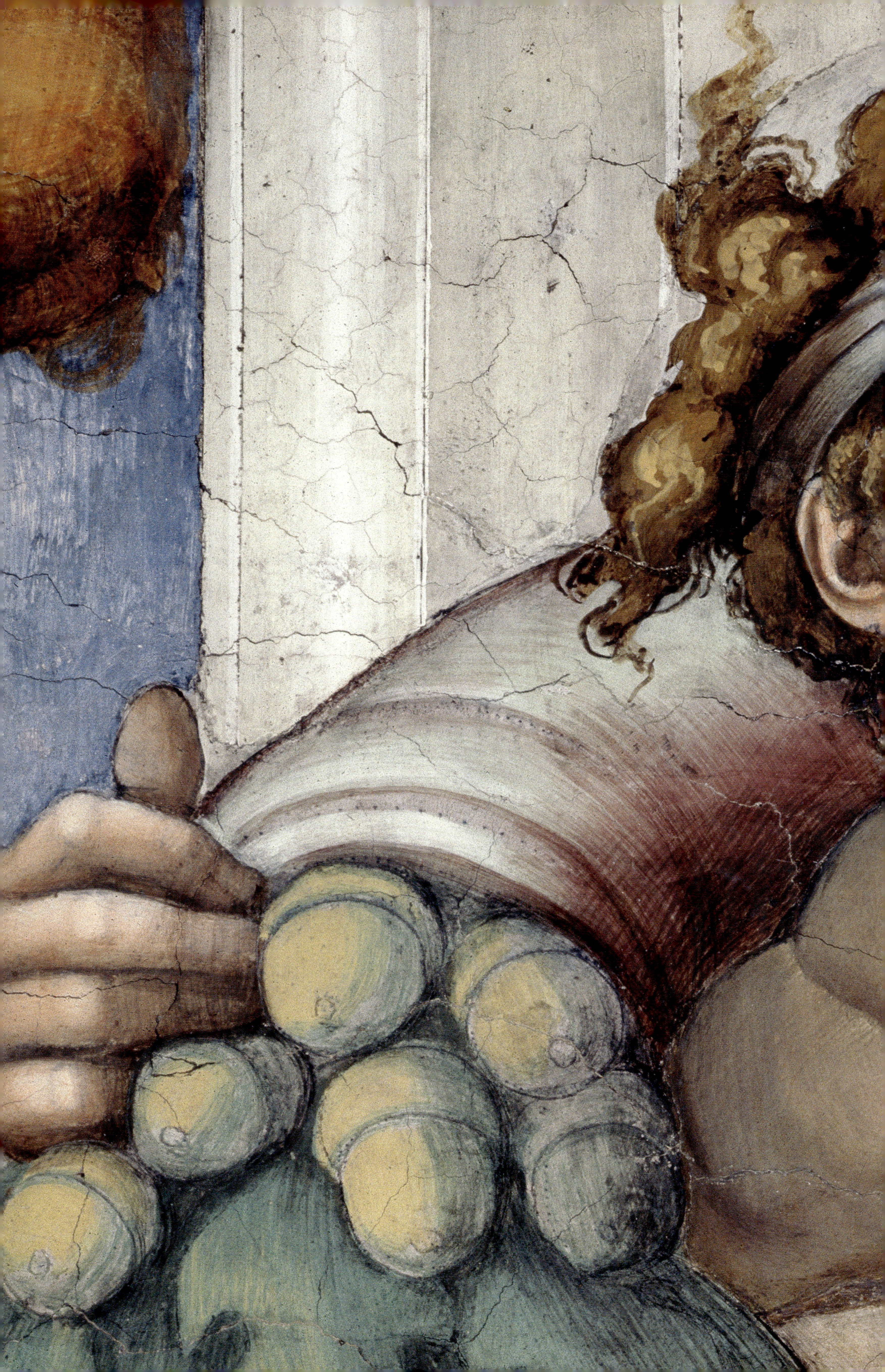

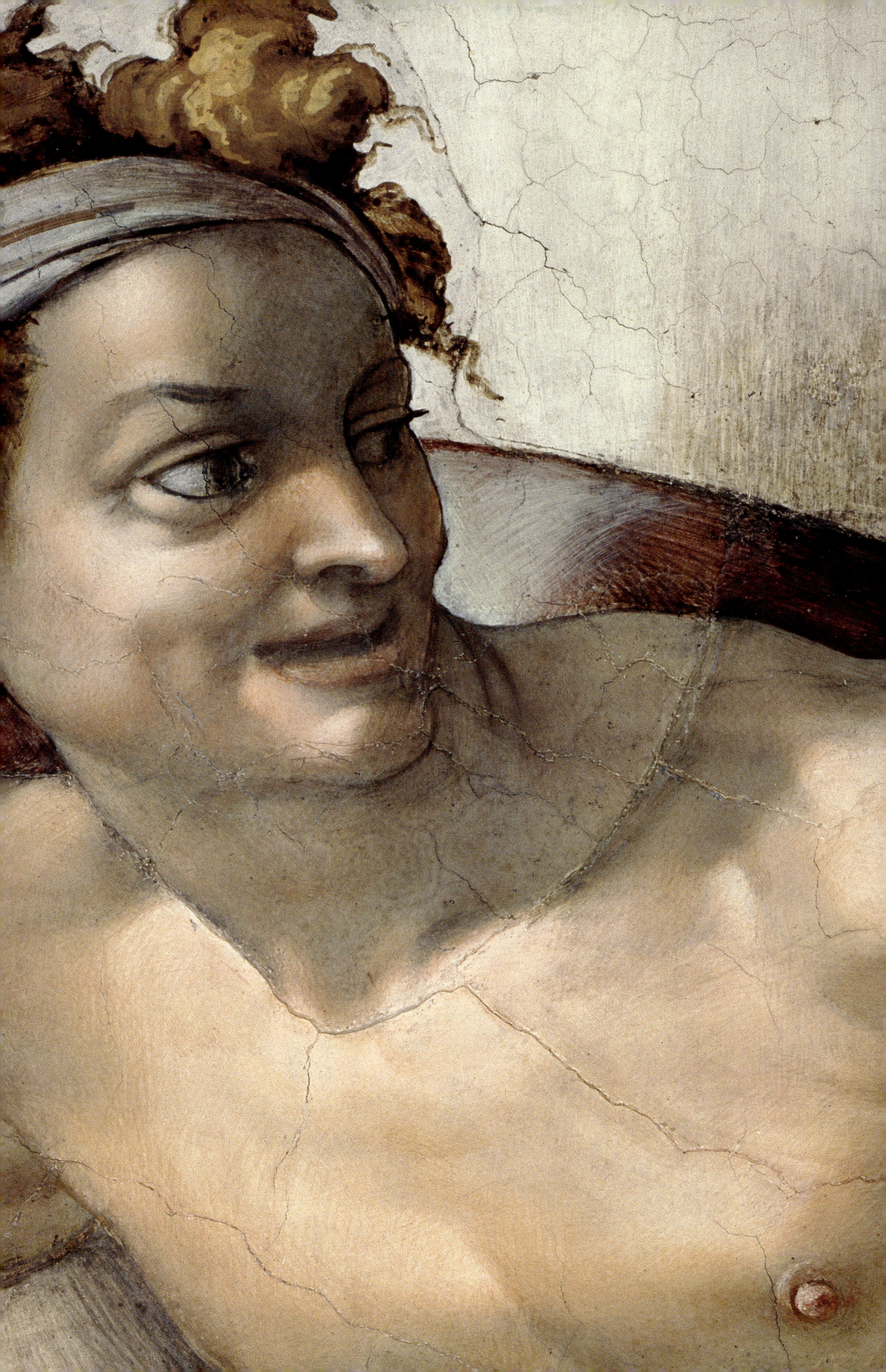

Erschaffung und Fall des Menschen

Sündenfall und Vertreibung aus dem Paradies

Nach Noahs Opfer schuf Michelangelo das vierte Bildfeld mit dem *Sündenfall* und der *Vertreibung aus dem Paradies*. Dieses Fresko weist einen größeren Figurenmaßstab auf als die vorhergehenden und entspricht nur bedingt den Vorgaben der Heiligen Schrift. Auf der linken Bildseite empfangen Adam und Eva die verbotene Frucht vom Baum der Erkenntnis, auf der rechten werden sie vom Erzengel Michael aus dem Paradies vertrieben. Im Gegensatz zu den meisten Künstlern des Quattrocento fasste Michelangelo Sündenfall und Vertreibung in einer Szene zusammen. Die Schlange versieht er nicht nur mit einem menschlichen Kopf, sondern auch mit einem anthropomorphen Körper.

Die figürliche Disposition des Sündenfalls ist auch von einem antiken Sarkophagrelief inspiriert, das Herkules im Garten der Hesperiden zeigt. Aus diesem antiken Vorbild erklärt sich der ungewöhnliche Umstand, dass nicht allein Eva, sondern auch Adam nach dem Baum der Erkenntnis greift.

Aber die Schlange war listiger als alle Tiere auf dem Felde, die Gott der Herr gemacht hatte, und sprach zu dem Weibe: Ja, sollte Gott gesagt haben: ihr sollt nicht essen von allen Bäumen im Garten? Da sprach das Weib zu der Schlange: Wir essen von den Früchten der Bäume im Garten; aber von den Früchten des Baumes mitten im Garten hat Gott gesagt: Esset nicht davon, rühret sie auch nicht an, dass ihr nicht sterbet! Da sprach die Schlange zum Weibe: Ihr werdet keineswegs des Todes sterben, sondern Gott weiß: an dem Tage, da ihr davon esst, werden eure Augen aufgetan, und ihr werdet sein wie Gott und wissen, was gut und böse ist. Und das Weib sah, dass von dem Baum gut zu essen wäre und dass er eine Lust für die Augen wäre und verlockend, weil er klug machte. Und sie nahm von der Frucht und aß und gab ihrem Mann, der bei ihr war, auch davon, und er aß … Da sprach Gott der Herr zu der Schlange: Weil du das getan hast, seist du verflucht, verstoßen aus allem Vieh und allen Tieren auf dem Felde. Auf deinem Bauche sollst du kriechen und Erde fressen dein Leben lang. Und ich will Feindschaft setzen zwischen dir und dem Weibe und zwischen deinem Nachkommen und ihrem Nachkommen; der soll dir den Kopf zertreten, und du wirst ihn in die Ferse stechen. Und zum Weibe sprach er: Ich will dir viel Mühsal schaffen, wenn du schwanger wirst; unter Mühen sollst du Kinder gebären. Und dein Verlangen soll nach deinem Manne sein, aber er soll dein Herr sein. Und zum Manne sprach er: Weil du gehorcht hast der Stimme deines Weibes und gegessen von dem Baum, von dem ich dir gebot und sprach: Du sollst nicht davon essen –, verflucht sei der Acker um deinetwillen! Mit Mühsal sollst du dich von ihm nähren dein Leben lang … Da wies ihn Gott der Herr aus dem Garten Eden, dass er die Erde bebaute, von der er genommen war. Und er trieb den Menschen hinaus und ließ lagern vor dem Garten Eden die Cherubim mit dem flammenden, blitzenden Schwert, zu bewachen den Weg zu dem Baum des Lebens.
(Gen 3.1–6, 14–17, 23–24)

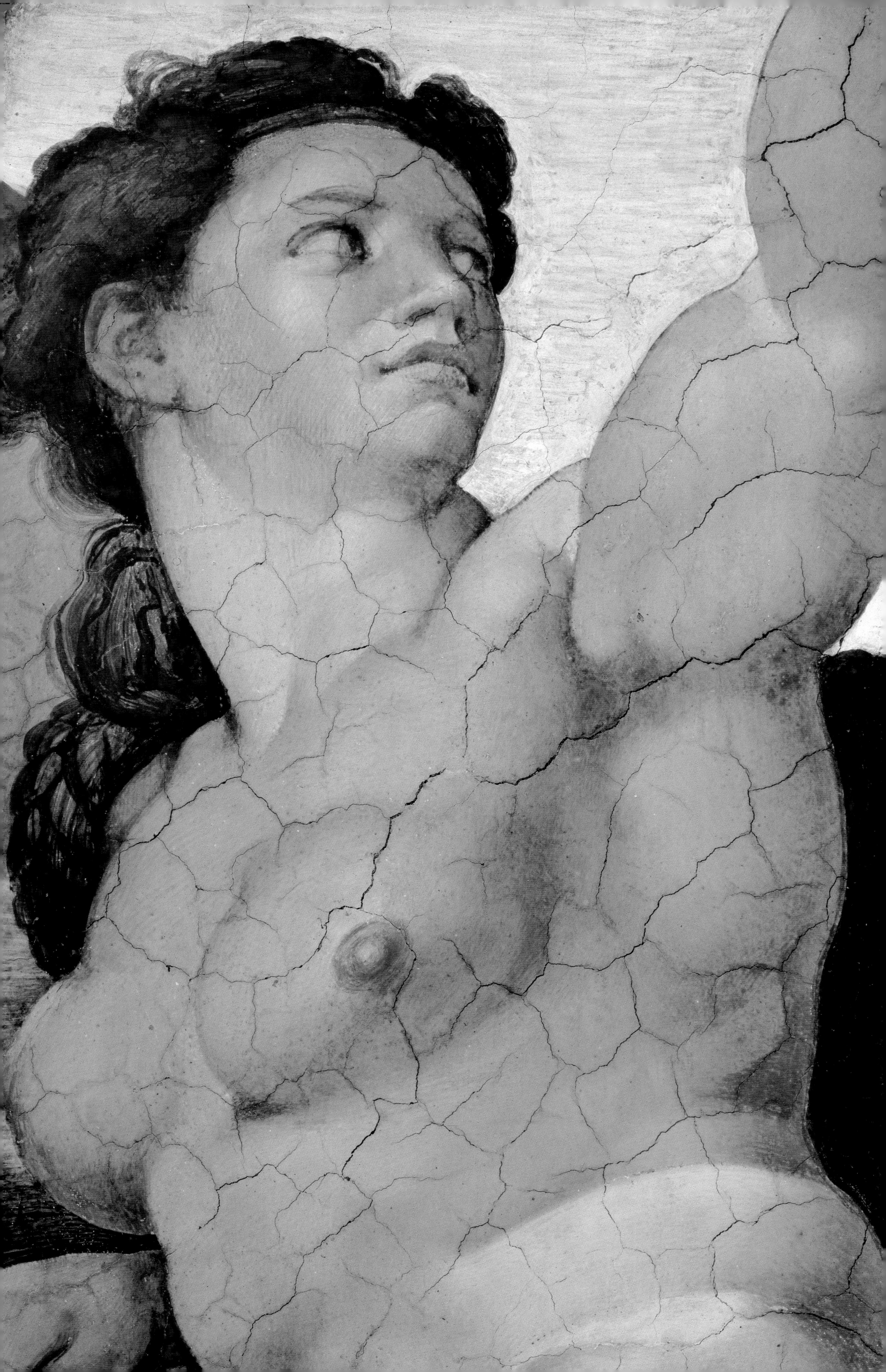

EZECHIEL

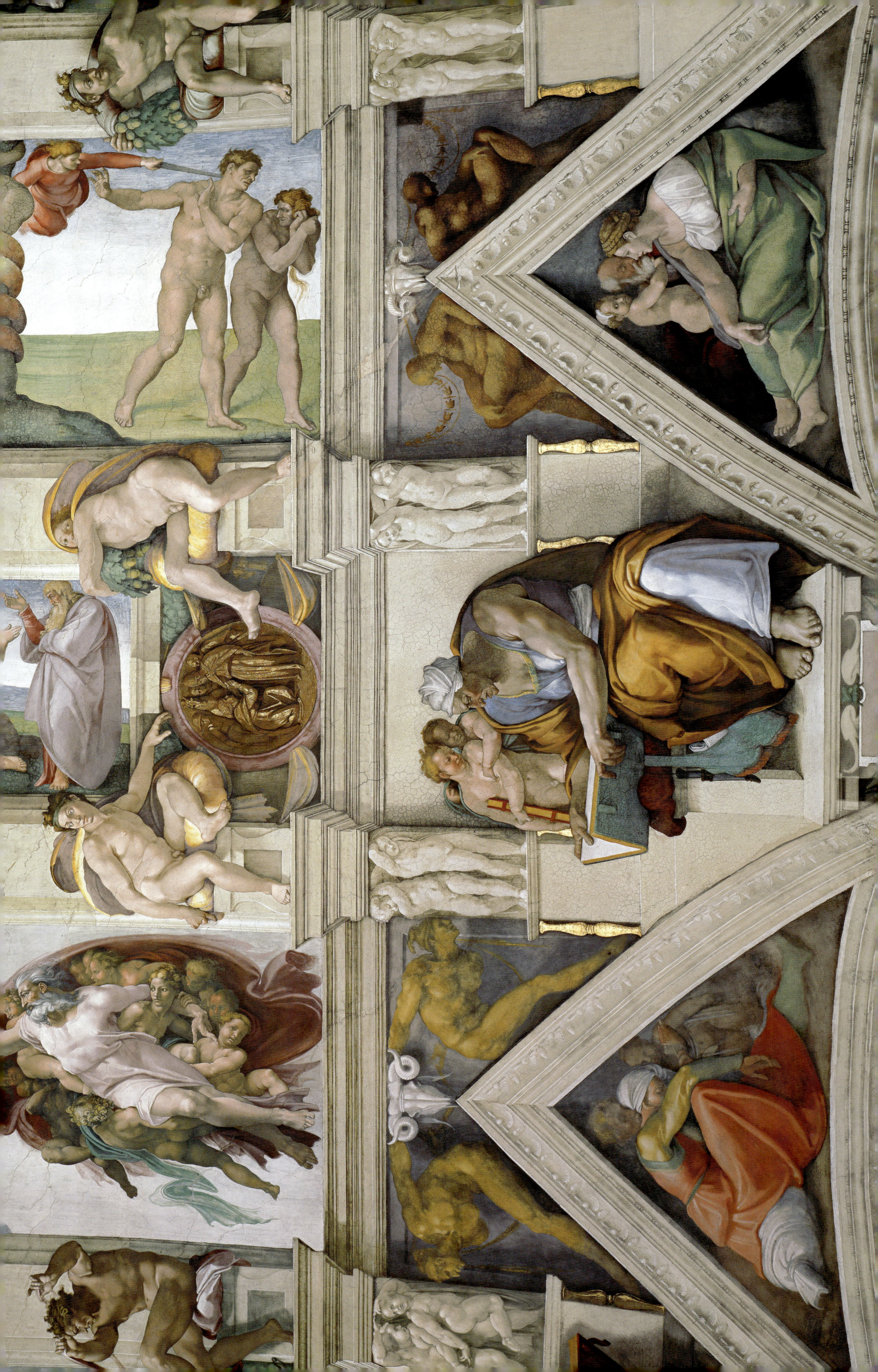

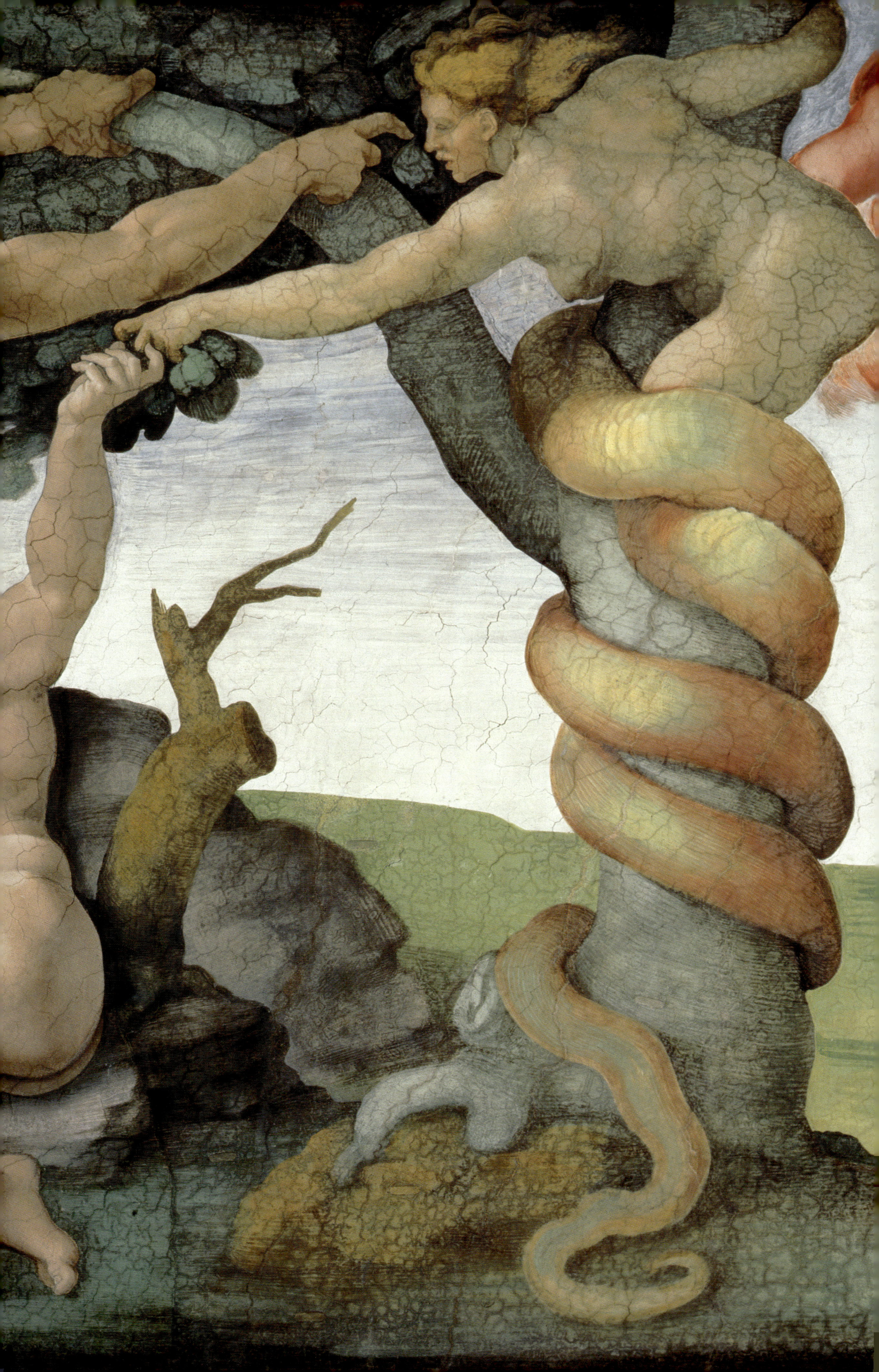

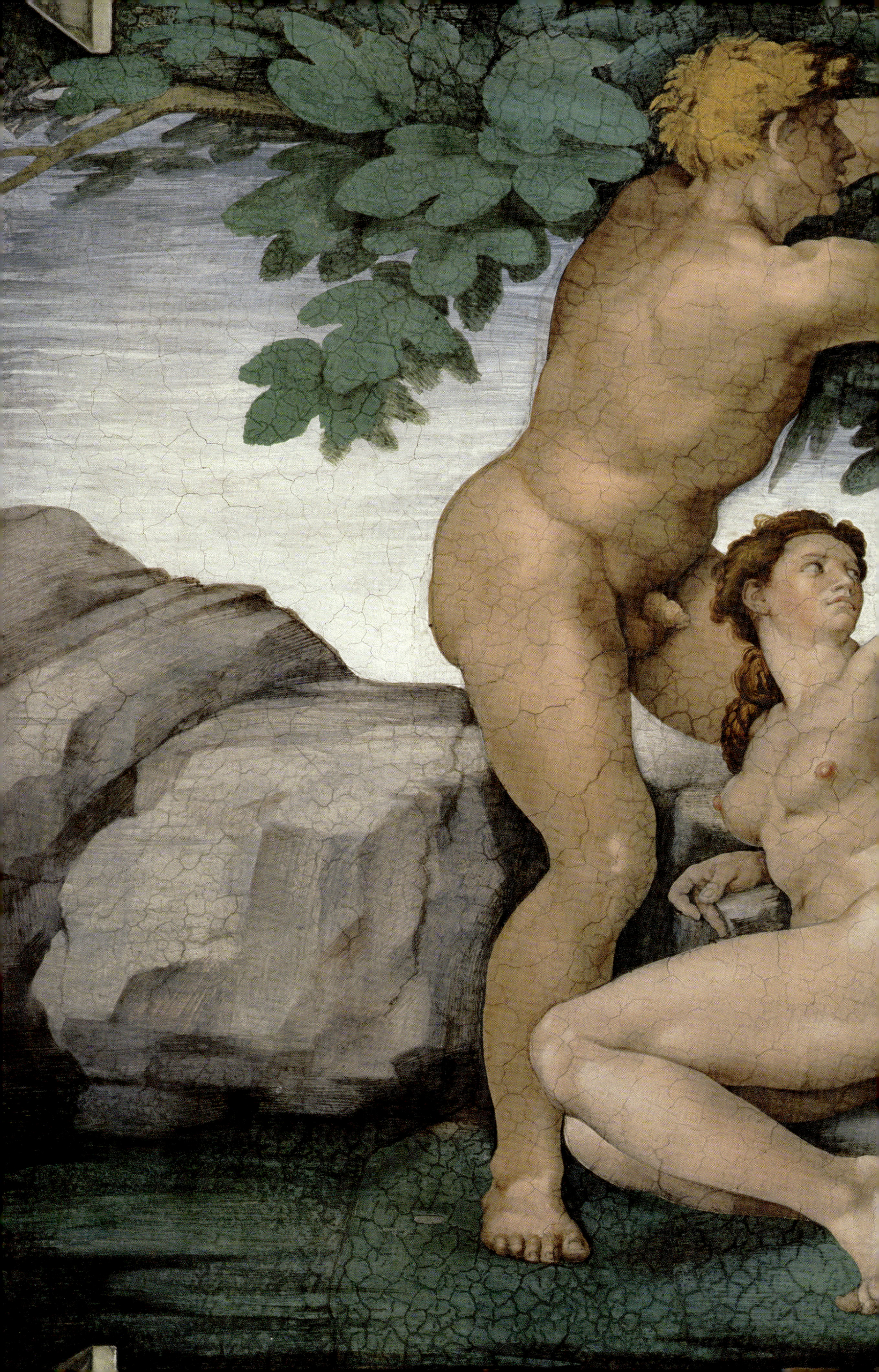

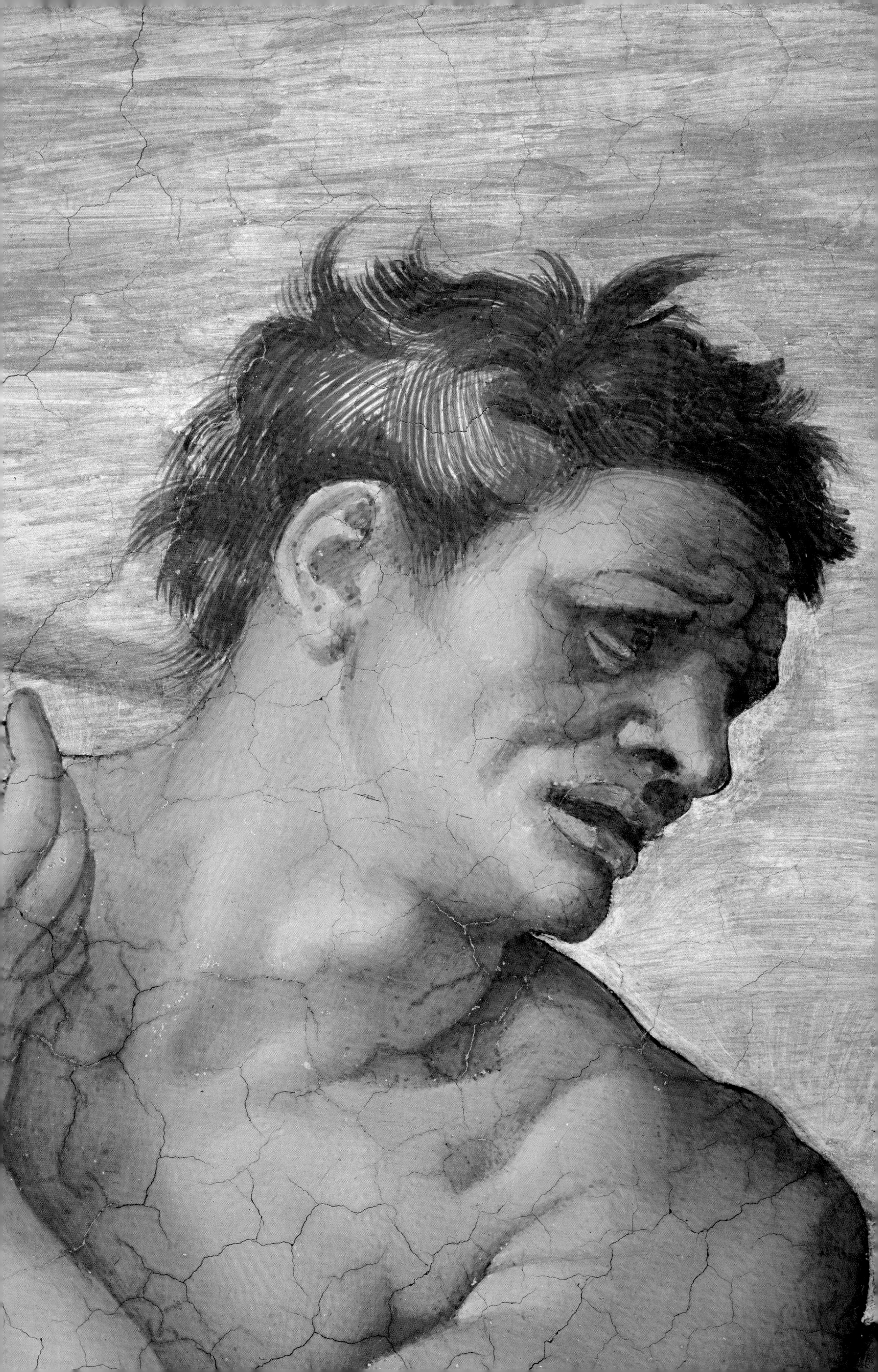

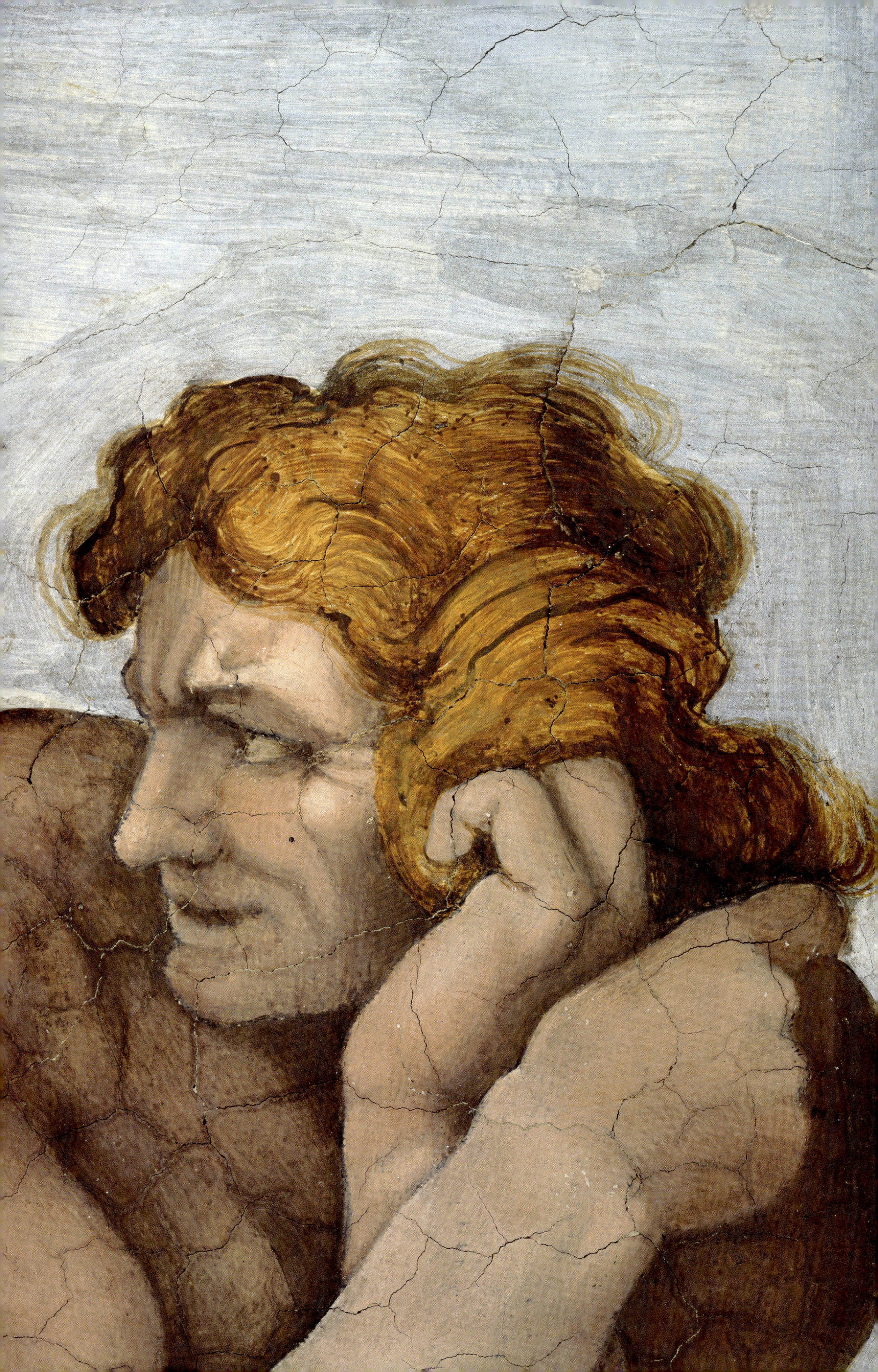

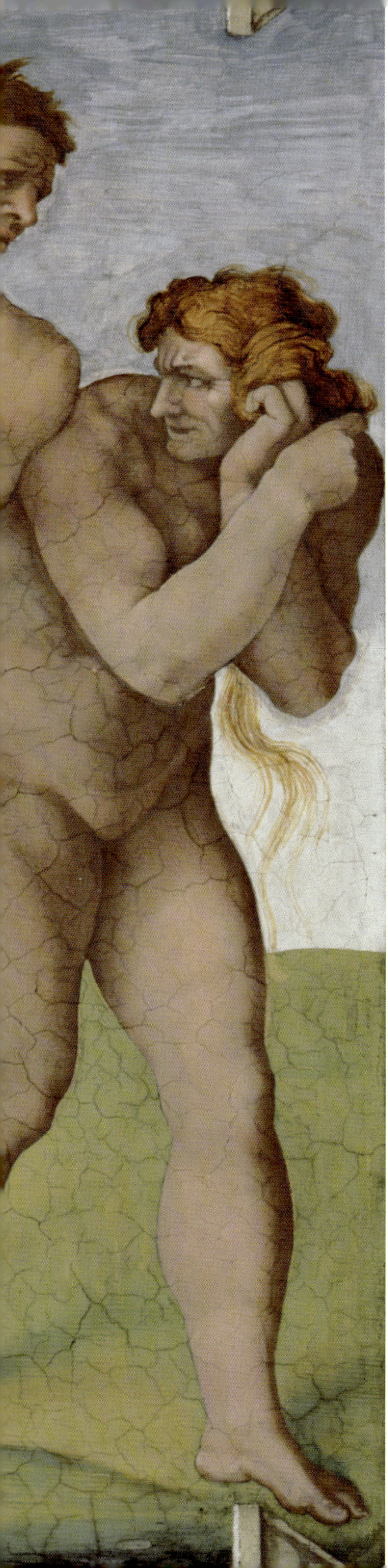

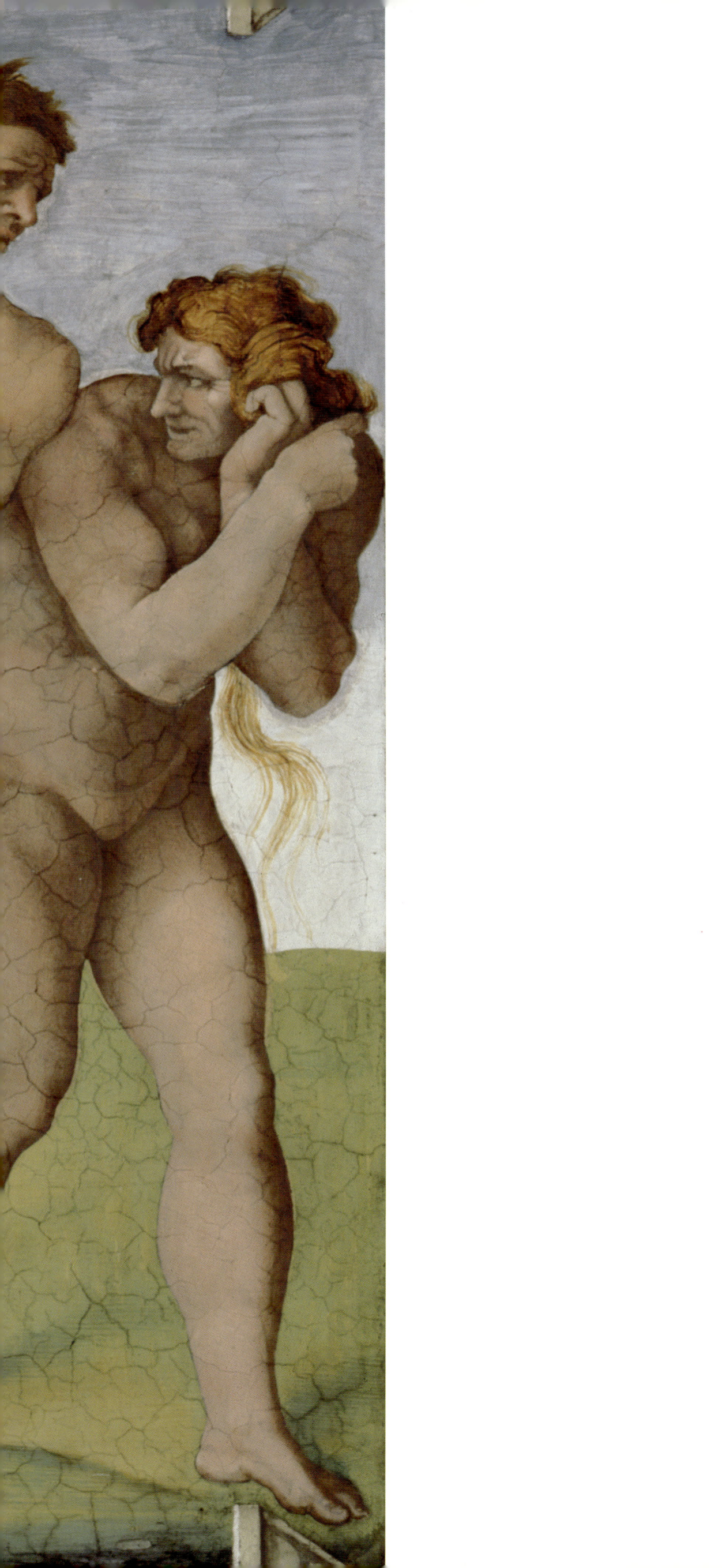

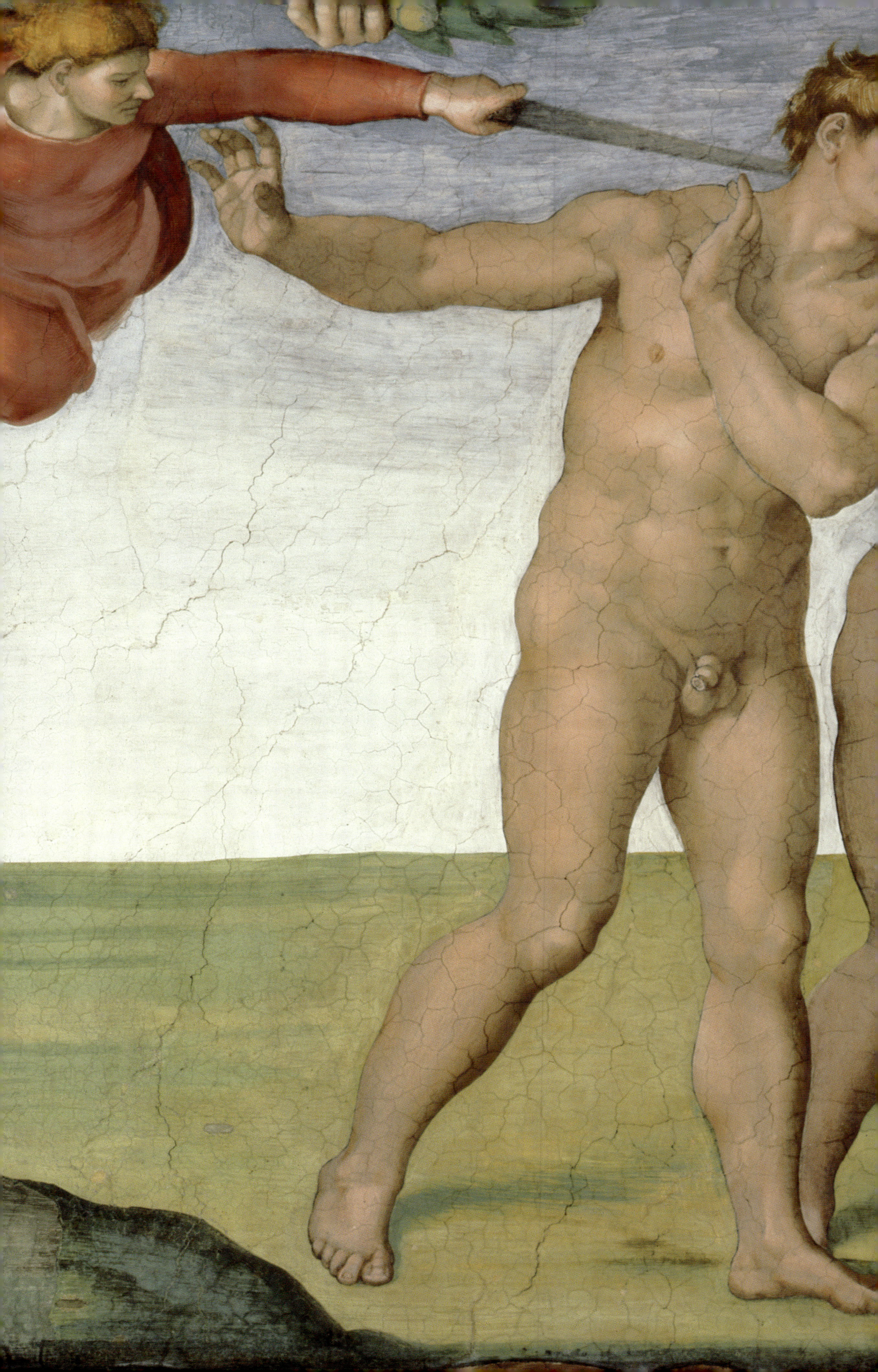

Erschaffung und Fall des Menschen *und* Medaillons mit den Geschichten der Makkabäer

Erschaffung Evas

Das an den Sündenfall und die Vertreibung aus dem Paradies anschließende Bildfeld zeigt die Erschaffung Evas aus der Rippe des schlafenden Adam. Michelangelo folgt auch hier dem knappen Bericht der Heiligen Schrift. Die *Erschaffung Evas* ist im wahrsten Sinne des Wortes eine zentrale Szene der Sixtinischen Decke. Sie bildet genau die Mitte der biblischen Geschichten im Gewölbespiegel und dürfte aufgrund ihrer Auslegungsmöglichkeiten als Typus Mariae zu deuten sein, deren Himmelfahrt die Sixtinische Kapelle geweiht ist. Zudem galt die Erschaffung Evas aus der Rippe Adams als Metapher für die Geburt der Kirche aus der Seitenwunde Christi.

Und Gott der Herr sprach: Es ist nicht gut, dass der Mensch allein sei; ich will ihm eine Gehilfin machen, die um ihn sei. Und Gott der Herr machte aus Erde alle die Tiere auf dem Felde und alle die Vögel unter dem Himmel und brachte sie zu dem Menschen, dass er sähe, wie er sie nennte; denn wie der Mensch jedes Tier nennen würde, so sollte es heißen. Und der Mensch gab einem jeden Vieh und Vogel unter dem Himmel und Tier auf dem Felde seinen Namen; aber für den Menschen ward keine Gehilfin gefunden, die um ihn wäre. Da ließ Gott der Herr einen tiefen Schlaf fallen auf den Menschen, und er schlief ein. Und er nahm eine seiner Rippen und schloss die Stelle mit Fleisch. Und Gott der Herr baute ein Weib aus der Rippe, die er von dem Menschen nahm, und brachte sie zu ihm. Da sprach der Mensch: Das ist doch Bein von meinem Bein und Fleisch von meinem Fleisch; man wird sie Männin nennen, weil sie vom Manne genommen ist. Darum wird ein Mann seinen Vater und seine Mutter verlassen und seinem Weibe anhangen, und sie werden sein ein Fleisch. Und sie waren beide nackt, der Mensch und sein Weib, und schämten sich nicht. (Gen 2.18–25)

Geschichten der Makkabäer

Tod des Nikanor

Diese Darstellung bezieht sich auf die militärischen Auseinandersetzungen zwischen dem jüdischen Volk unter Judas Makkabäus und Nikanor. Erkennbar ist das Gemetzel vor den Toren der Stadt Samaria, das synchron zu der erst danach folgenden Präsentation des abgeschlagenen Kopfes und der abgeschnittenen Hände des besiegten Nikanor dargestellt ist.

So zogen Nikanor und sein Heer heran mit Trompeten und Kriegsgeschrei. Judas aber und seine Leute griffen die Feinde an mit Gebet und Flehen. Und mit den Händen führten sie das Schwert, mit dem Herzen aber schrien sie zu Gott und erschlugen nicht weniger als fünfunddreißigtausend Mann; und sie freuten sich sehr, dass Gott sich so mächtig gezeigt hatte. Als nun die Schlacht beendet war und sie mit Freuden wieder abzogen, sahen sie, wie Nikanor in seinem Harnisch gefallen dalag. (2. Makk 15, 25–28)

Alexander der Große vor dem Hohen Priester

Hier ist dargestellt, wie Alexander der Große vor dem Hohen Priester niederkniet, um sich dessen Autorität zu beugen.

Sobald nämlich Alexander von fern die Menge in ihren weißen Kleidern, die Priester in ihren Byssusgewändern und den Hohepriester mit dem Kleide aus Hyacinth und Gold, dem Kopfbunde und der goldenen Platte, auf welcher der Name Gottes eingraviert war, erblickte, eilte er allein herbei, bewies dem Namen seine Verehrung und begrüßte den Hohepriester zuerst. (Josephus, Jüdische Altertümer, Buch XI, Kapitel VIII, Absatz 5)

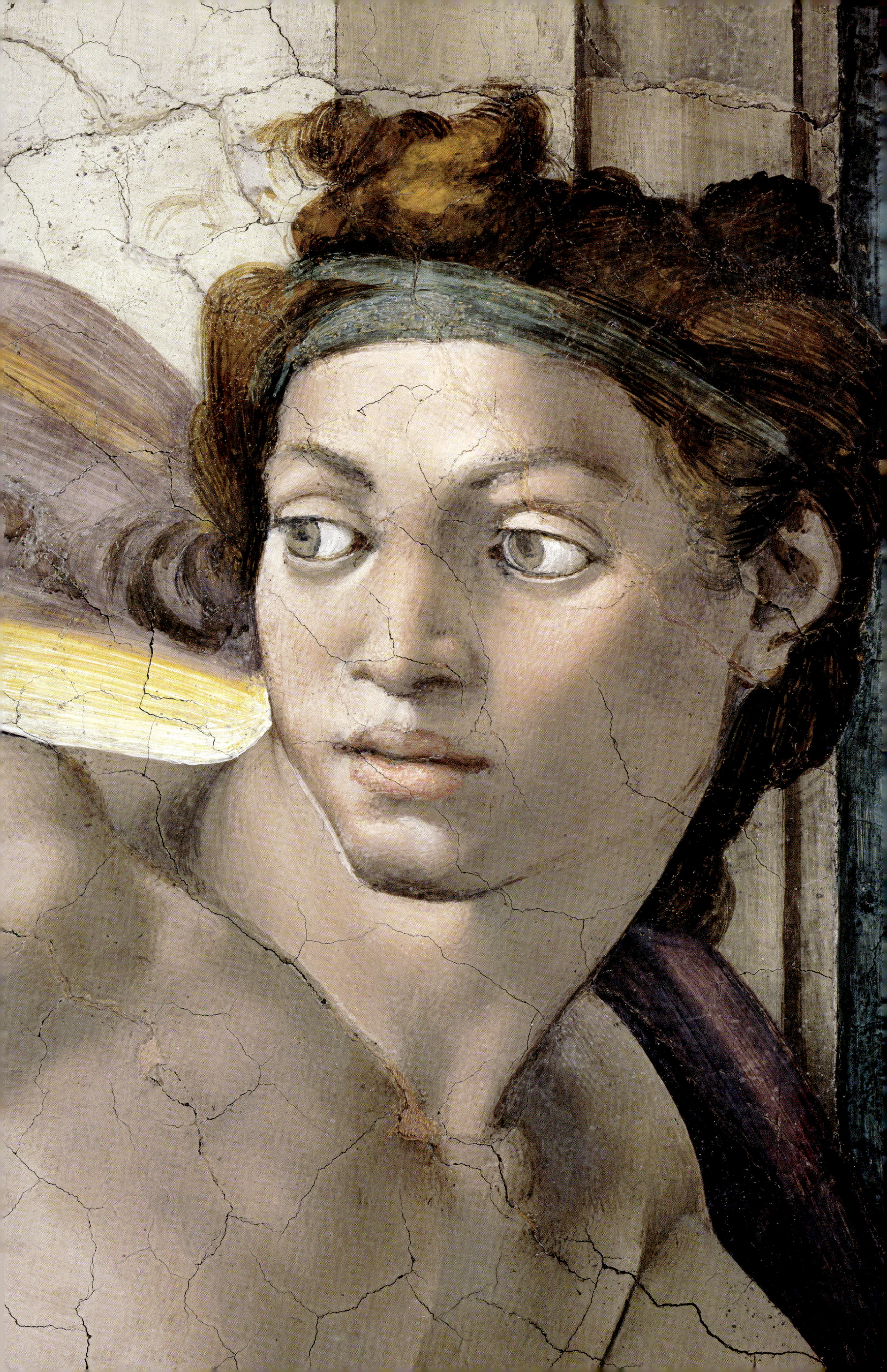

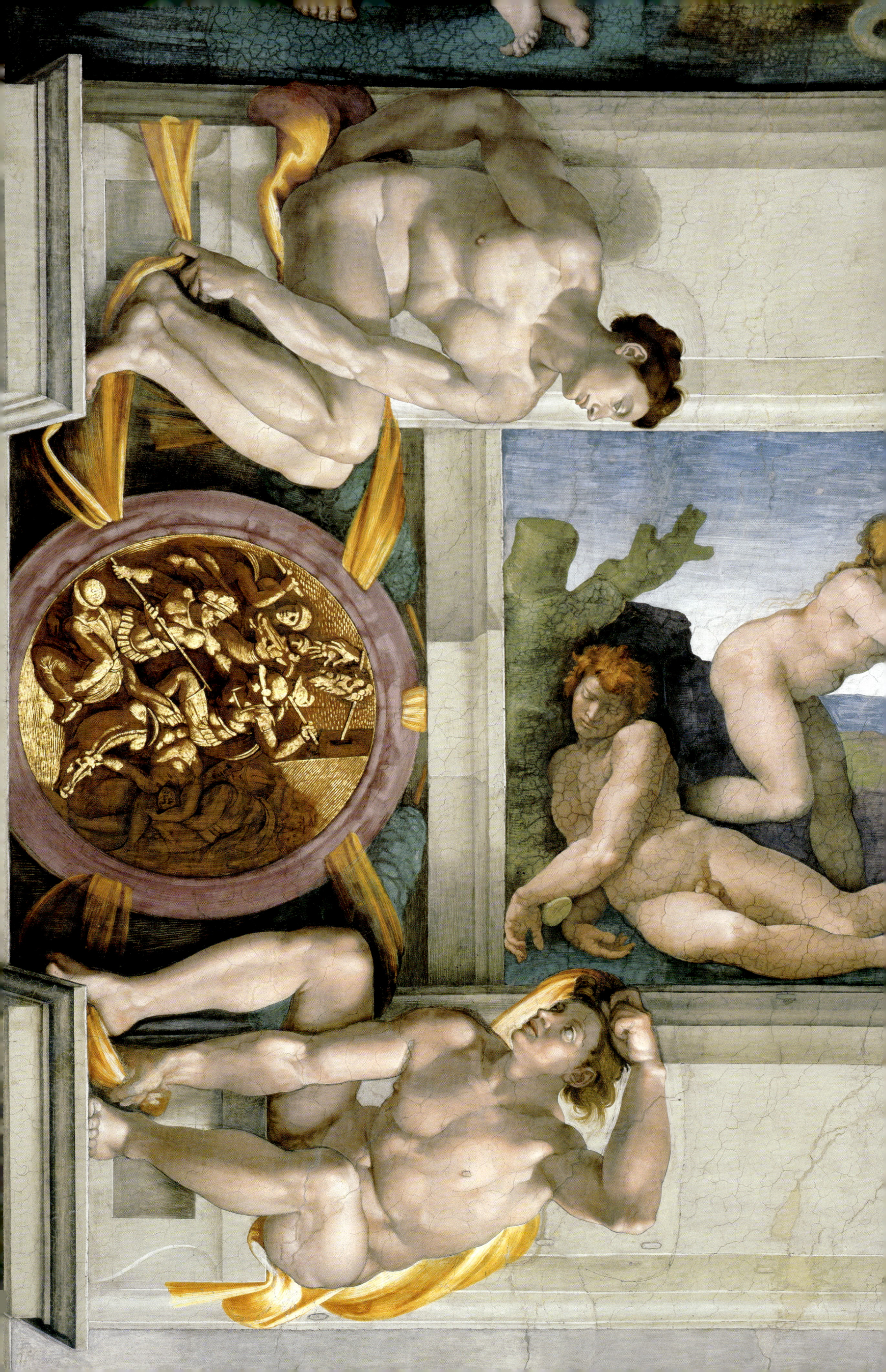

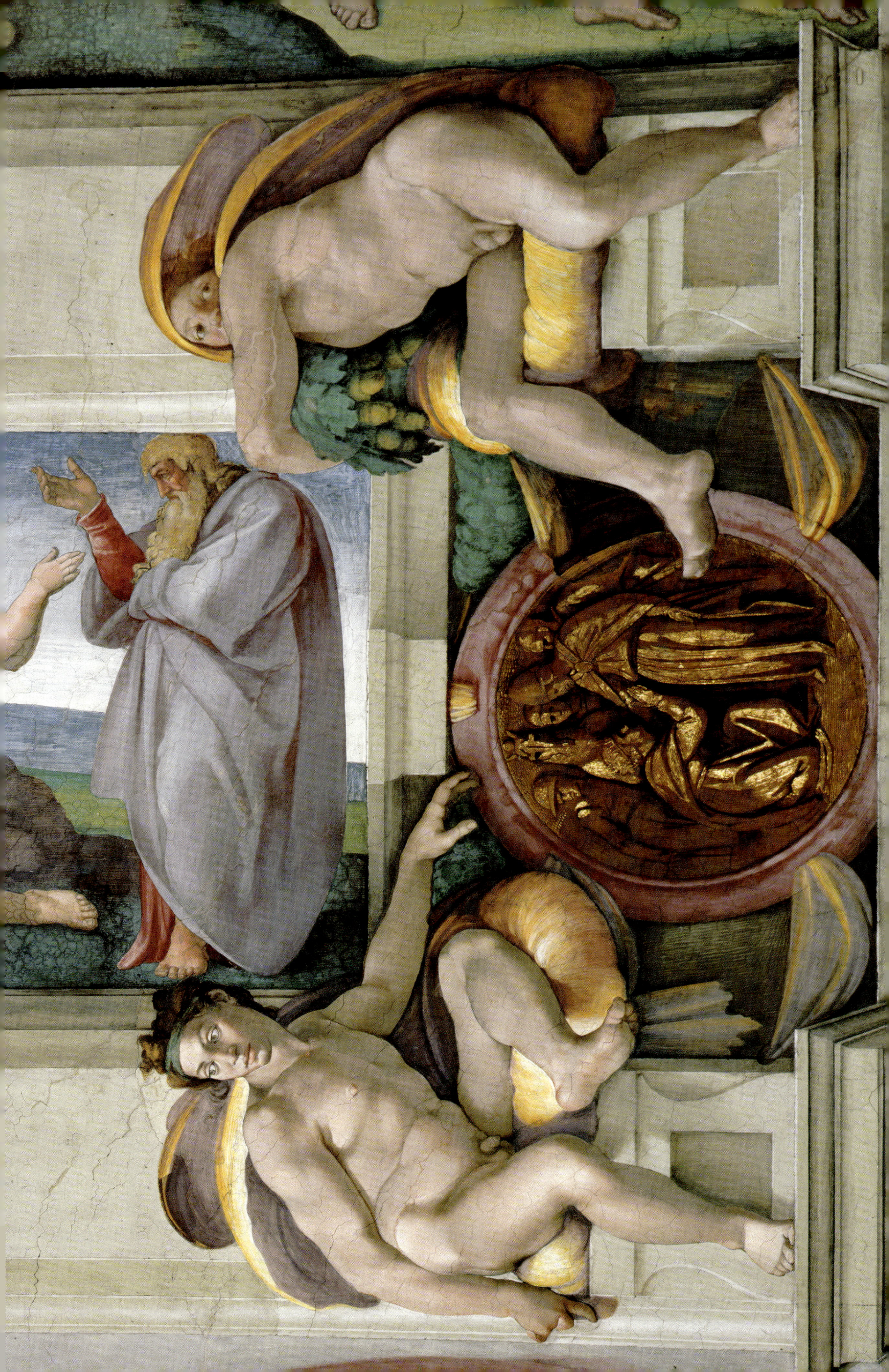

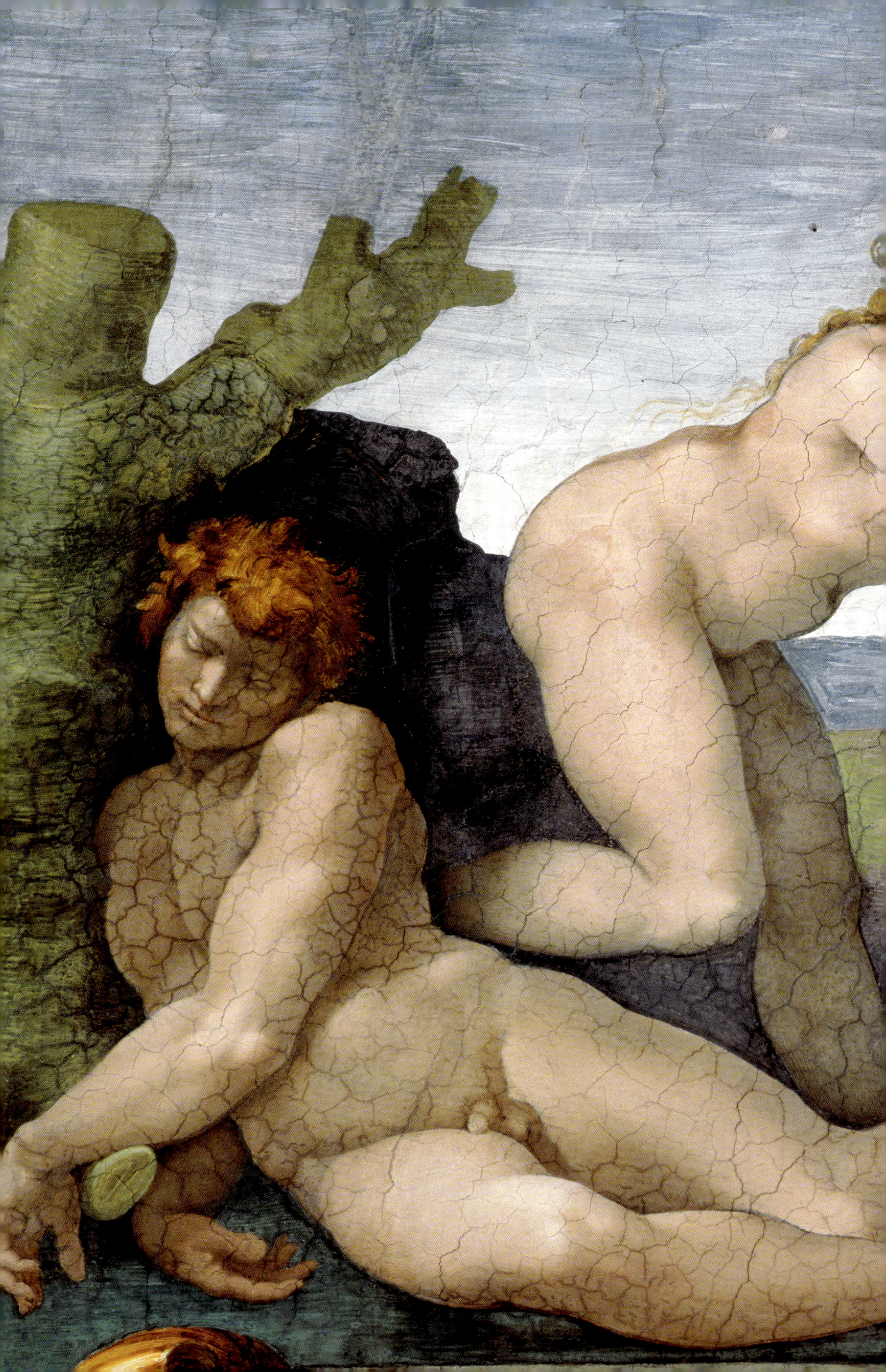

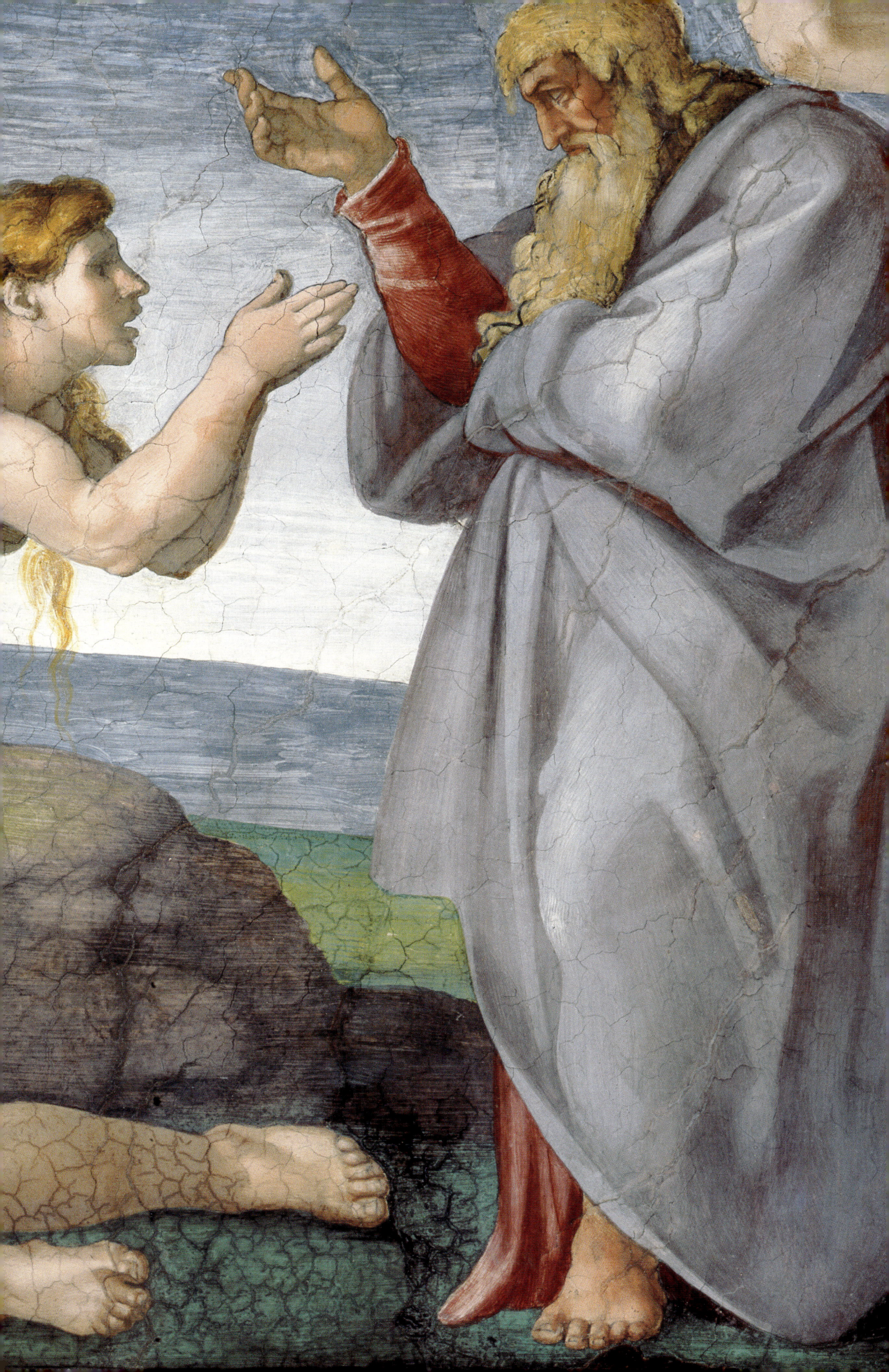

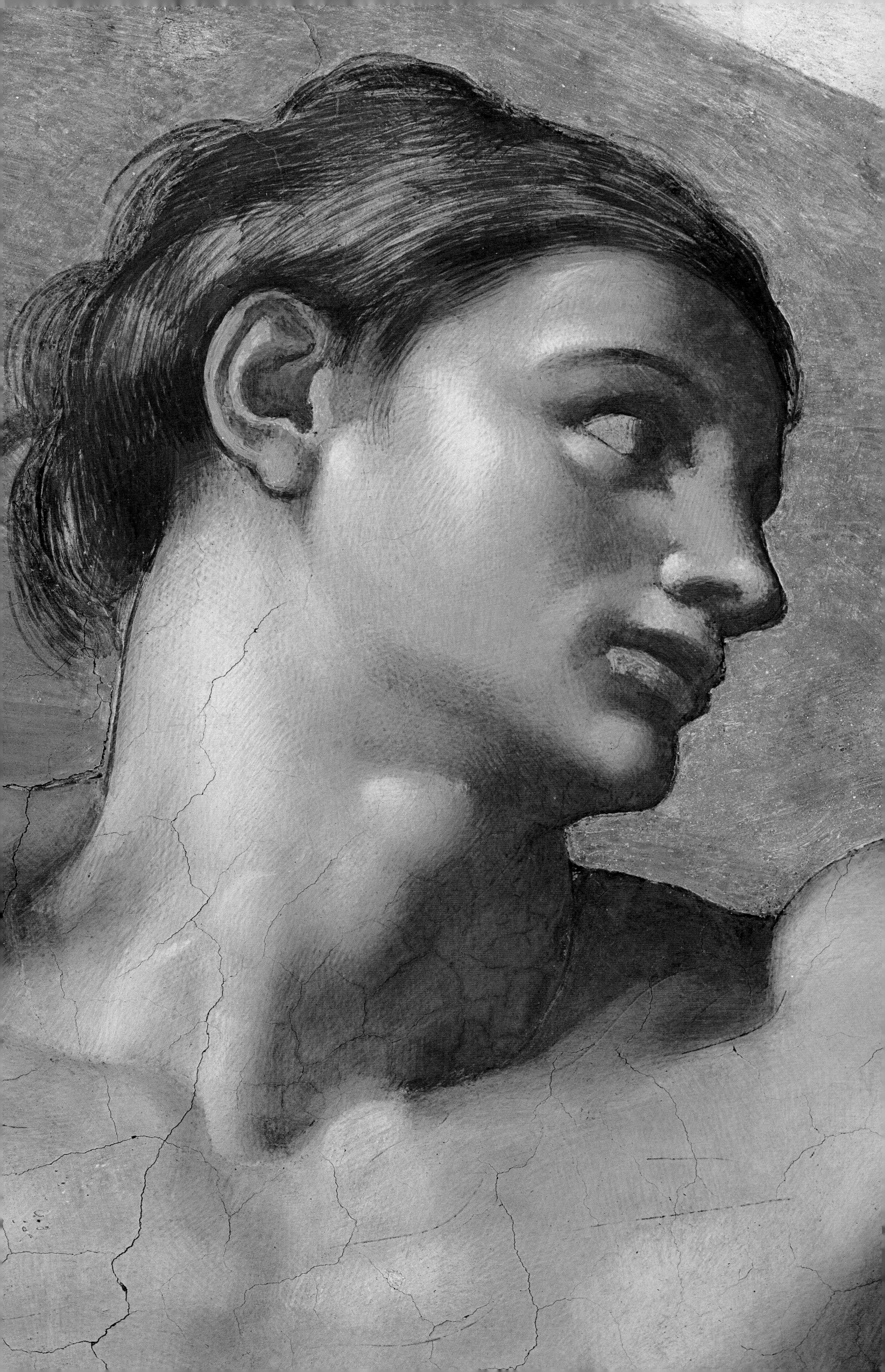

Erschaffung und Fall des Menschen

Erschaffung Adams

Das am häufigsten kommentierte Einzelbild des Gewölbespiegels ist zweifellos die *Erschaffung Adams*. Gründe für die zahlreichen Kommentare ergeben sich einerseits aus der innovativen Bilderfindung Michelangelos und andererseits aus den schwer identifizierbaren Figuren, die unter dem Arm und dem Mantel Gottes hervorschauen. Ungewöhnlich für eine Darstellung der Erschaffung Adams ist auch der in einem Mantel heranschwebende Gottvater. Weder der Bibeltext noch die unmittelbar vorangehende Bildtradition weisen in diese Richtung. Lediglich den in der Heiligen Schrift erwähnten Nebel stellte Michelangelo in Gestalt eines blauen Farbbandes hinter Adam dar. Gottes Finger, den Condivi schlicht als Anweisung für eine korrekte Lebensführung Adams deutet, dürfte die Beseelung des ersten Menschen symbolisieren.

Gott der Herr hatte noch nicht regnen lassen auf Erden, und kein Mensch war da, der das Land bebaute; aber ein Nebel stieg auf von der Erde und feuchtete alles Land. Da machte Gott der Herr den Menschen aus Erde vom Acker und blies ihm den Odem des Lebens in seine Nase. Und so ward der Mensch ein lebendiges Wesen. (Gen 2, 5–7)

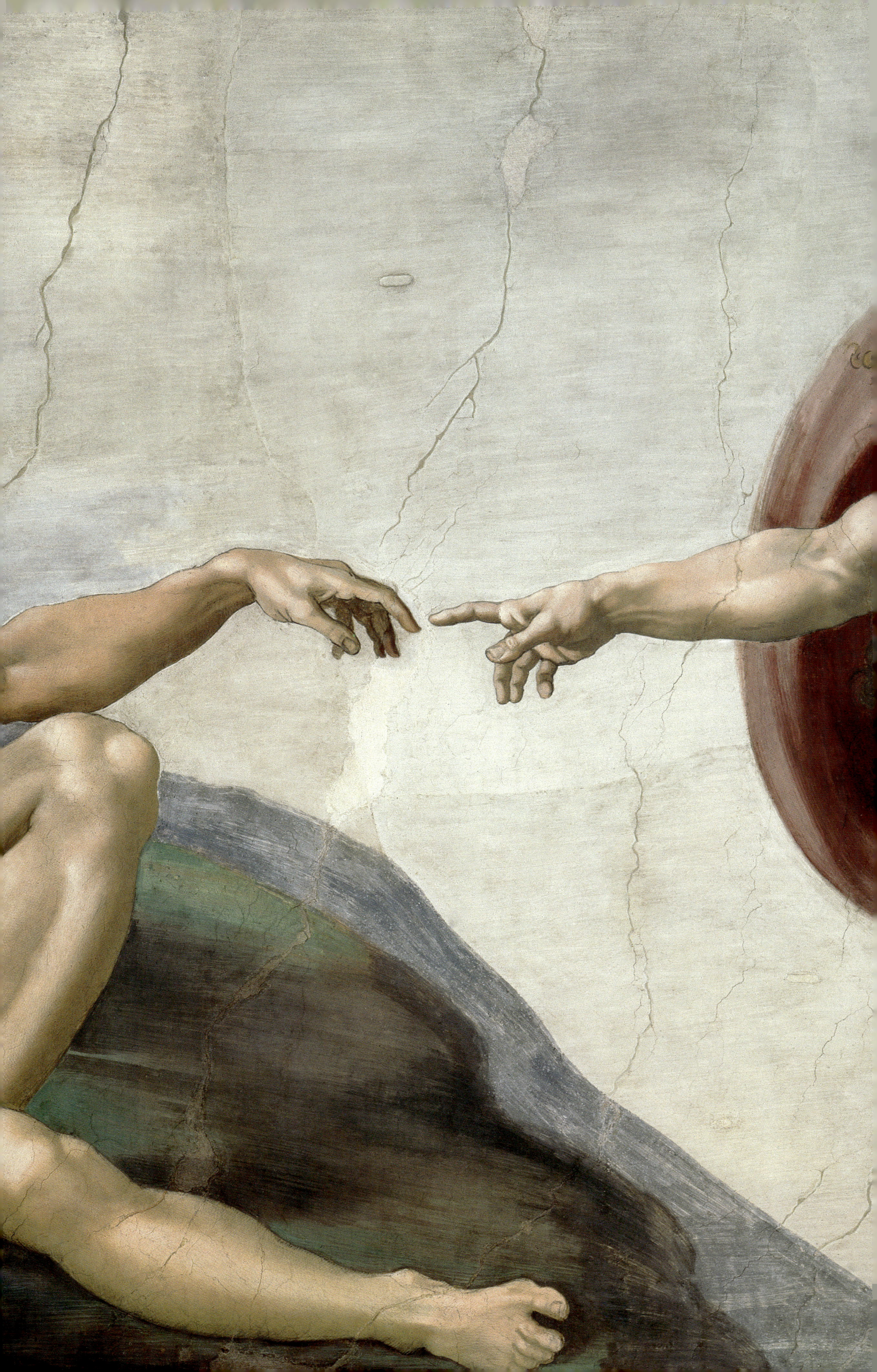

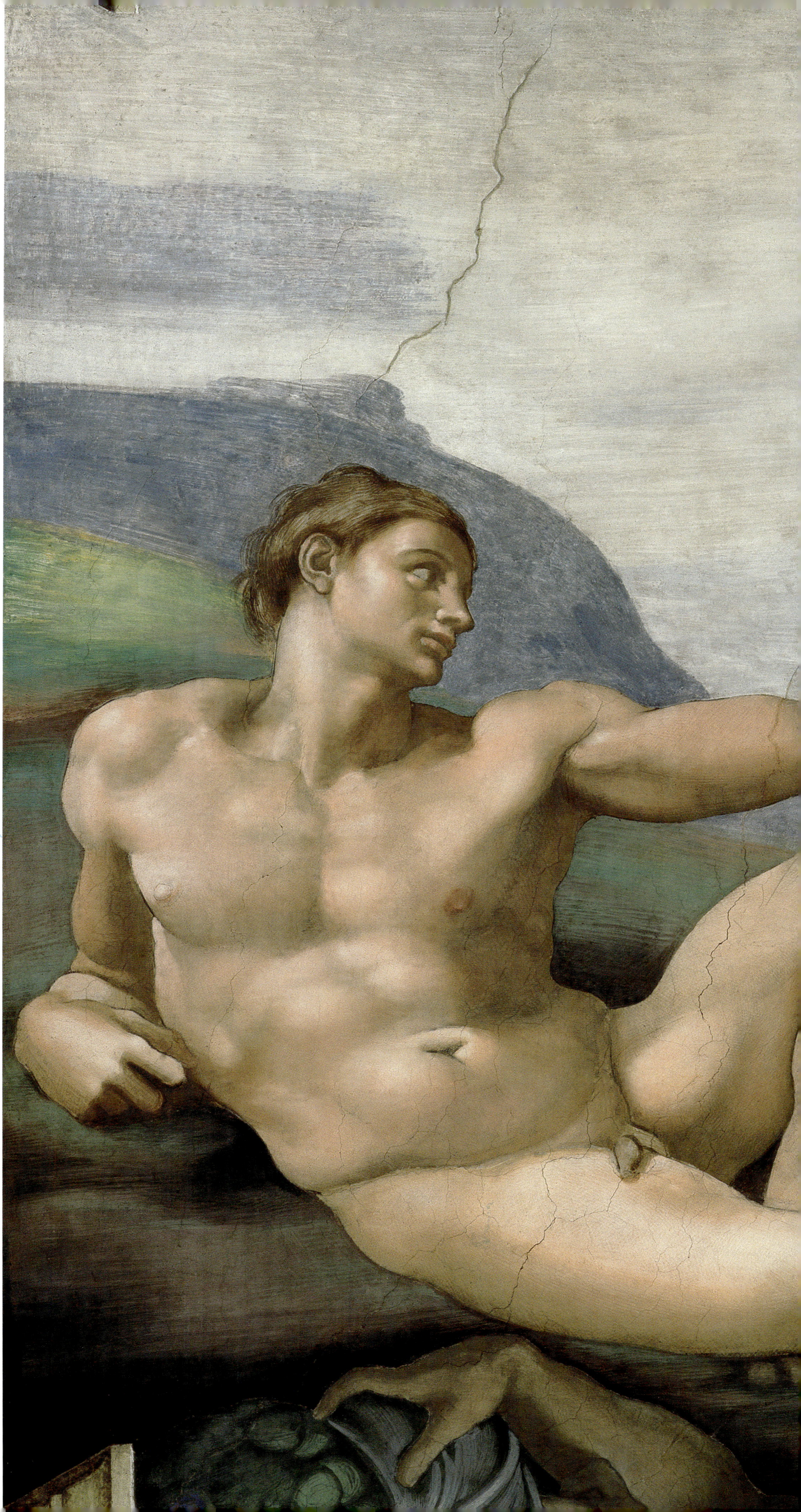

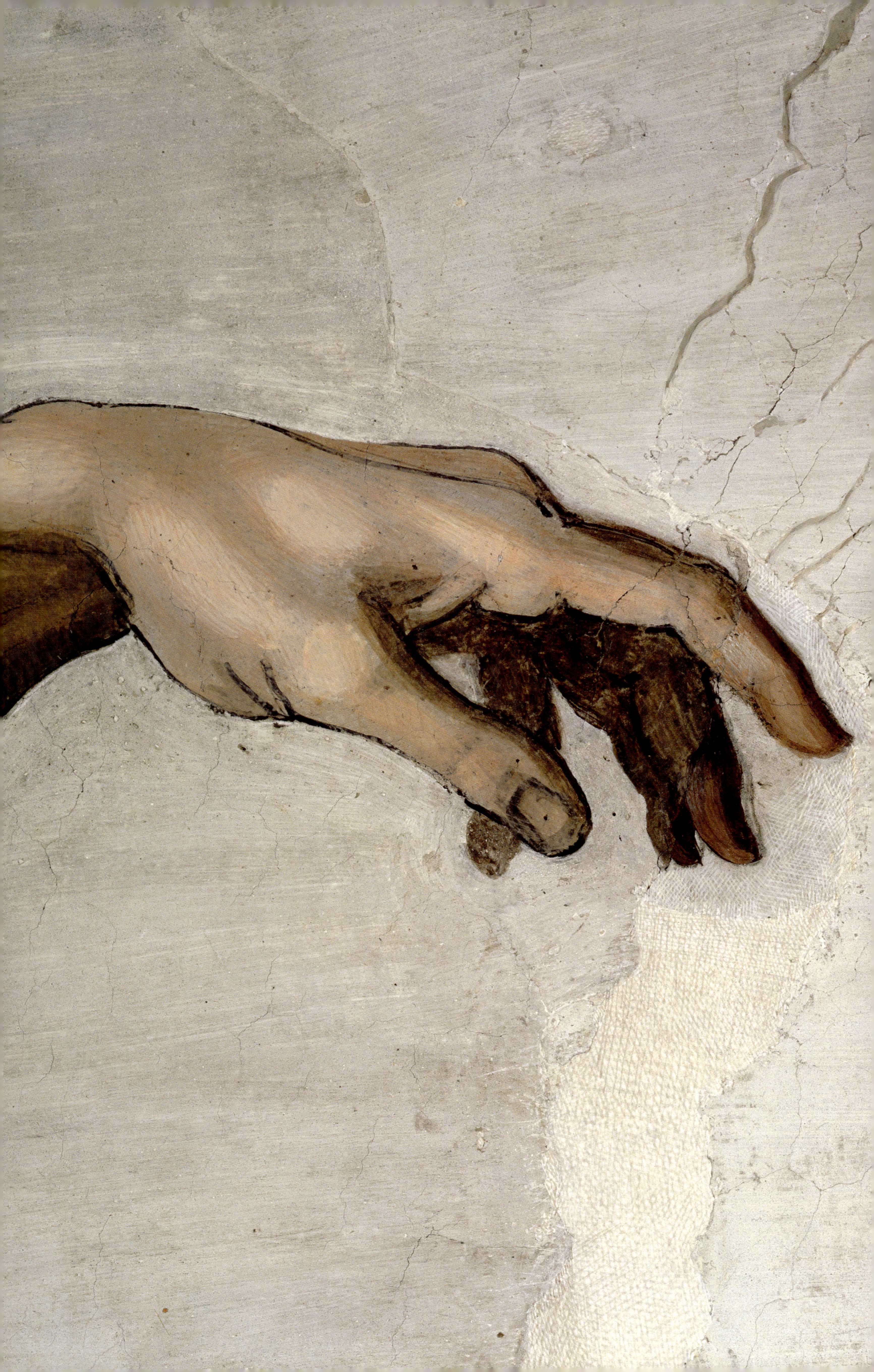

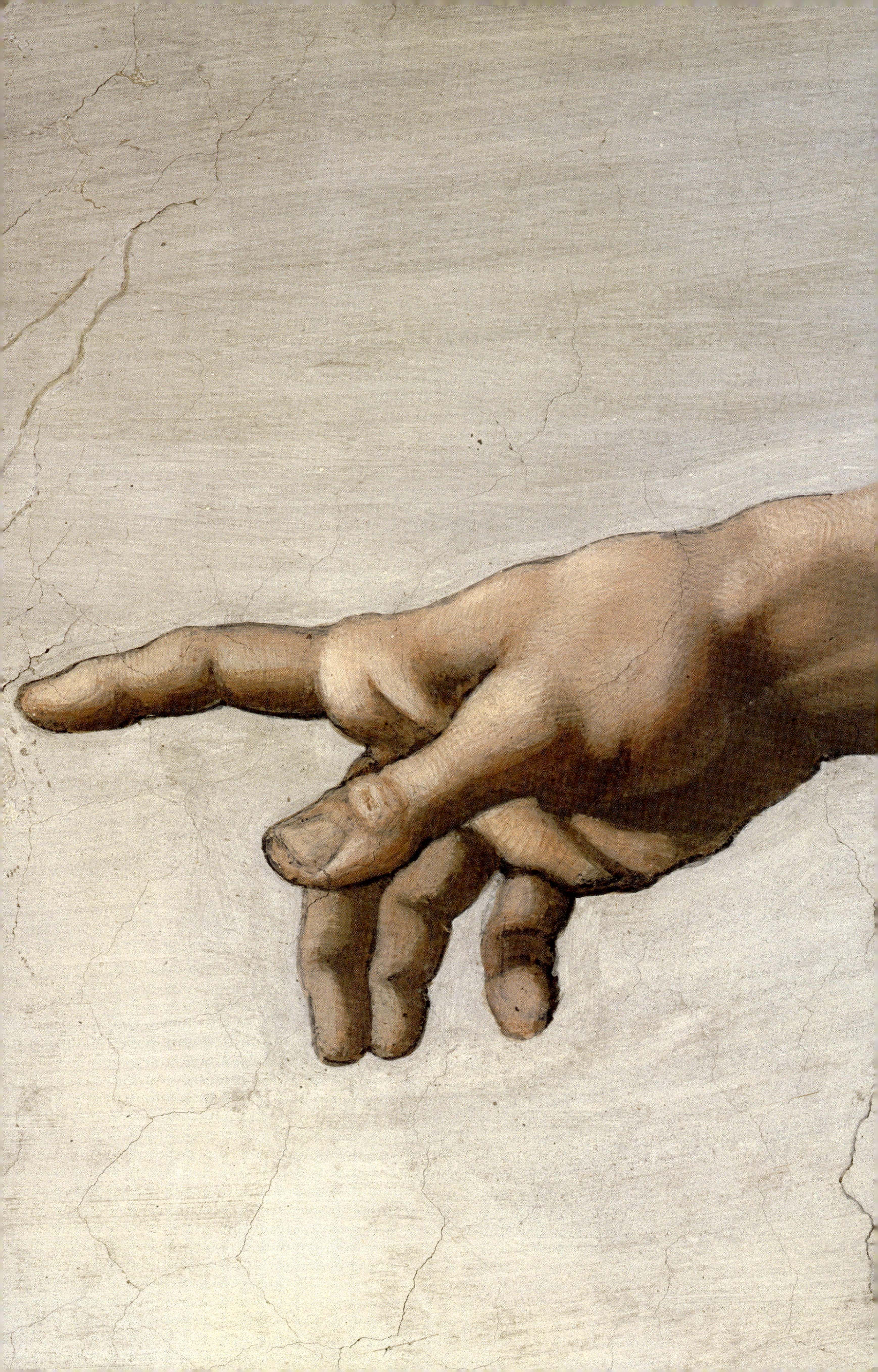

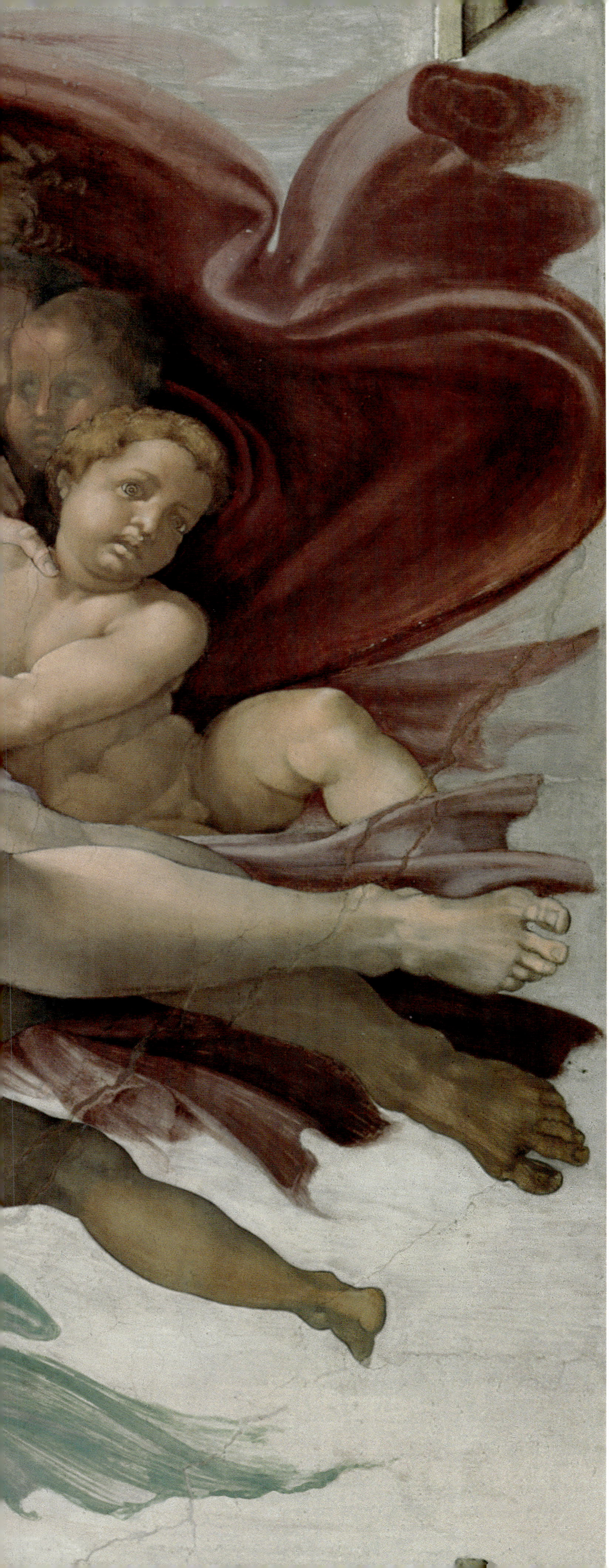

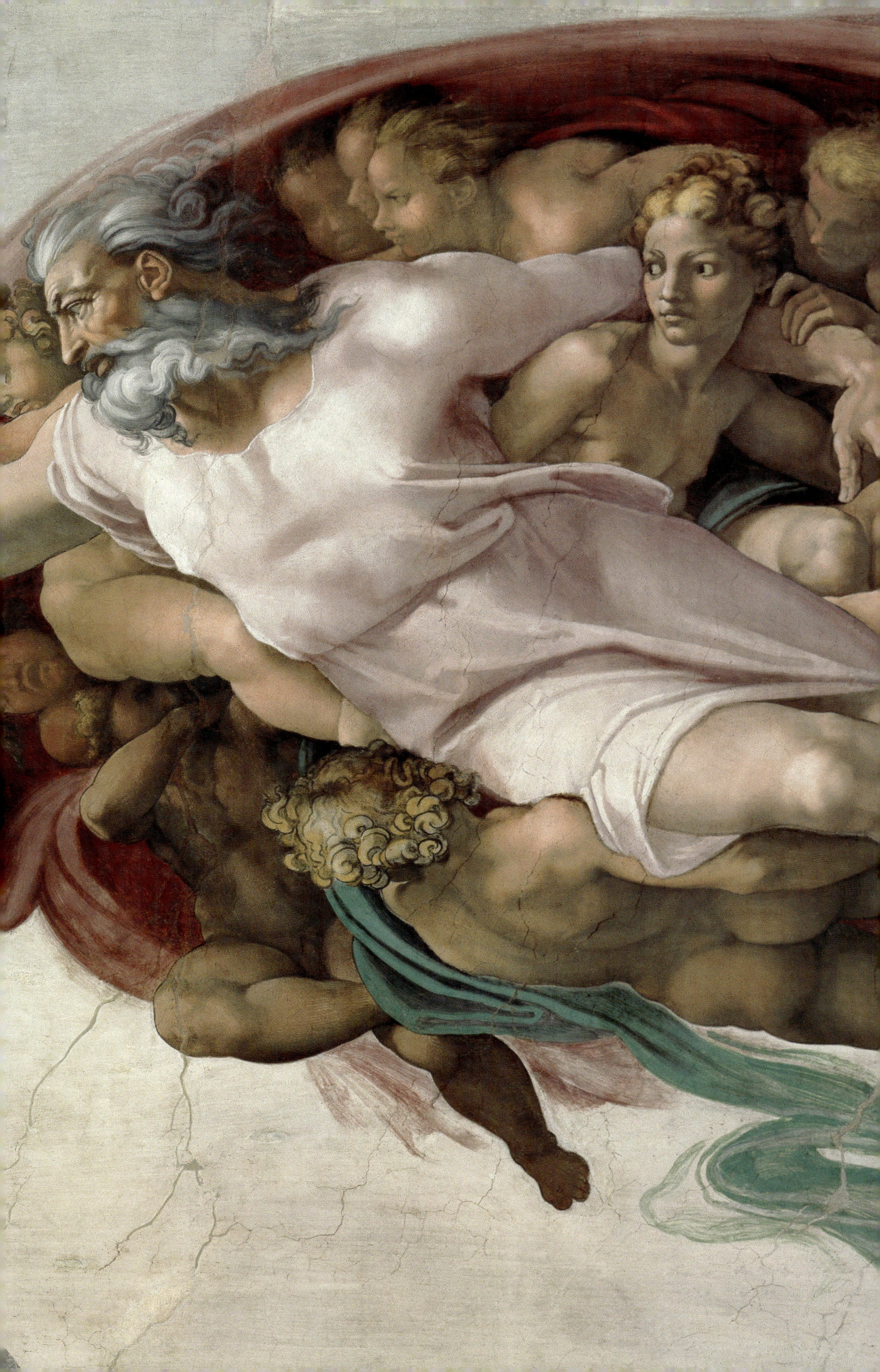

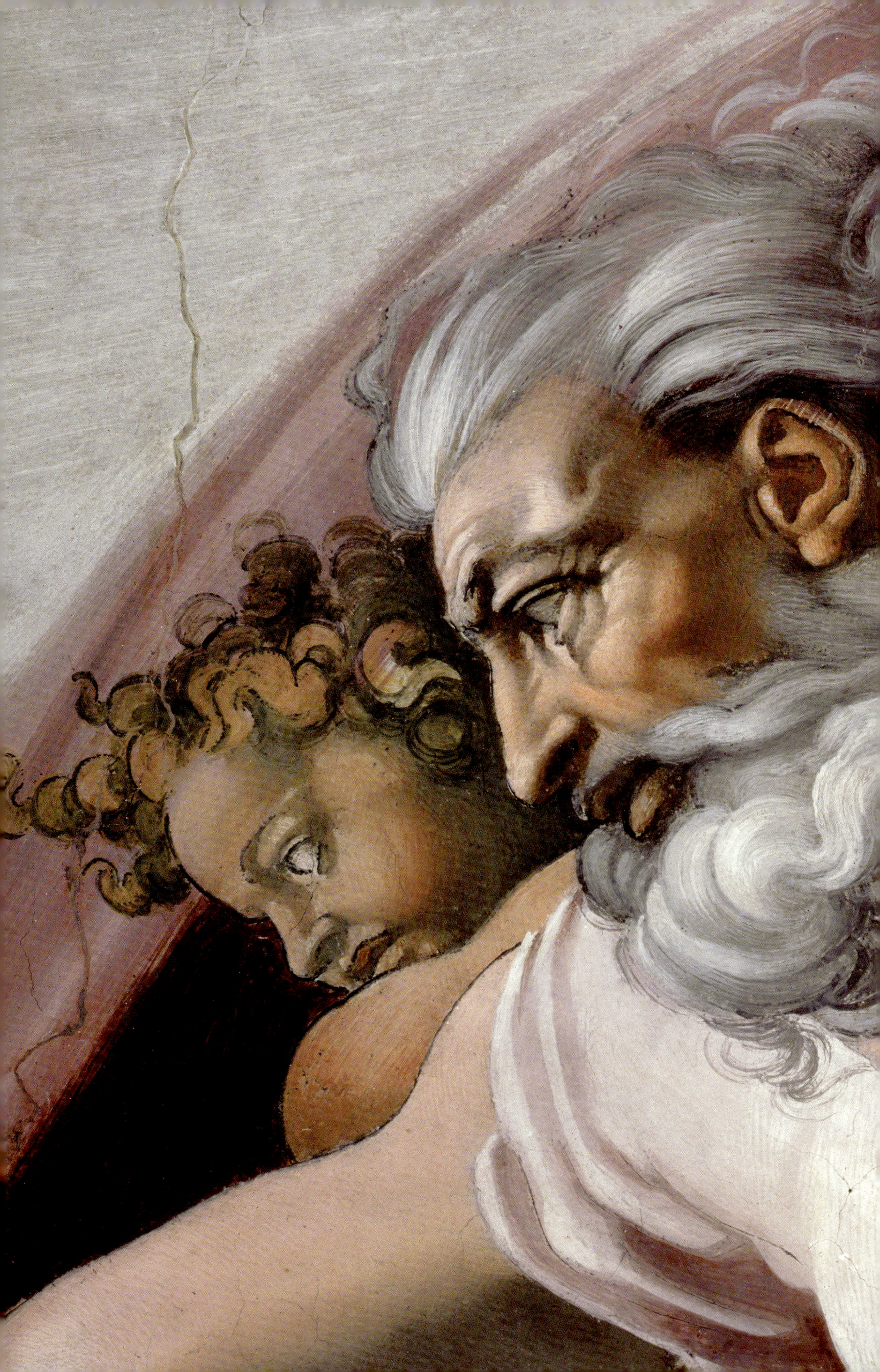

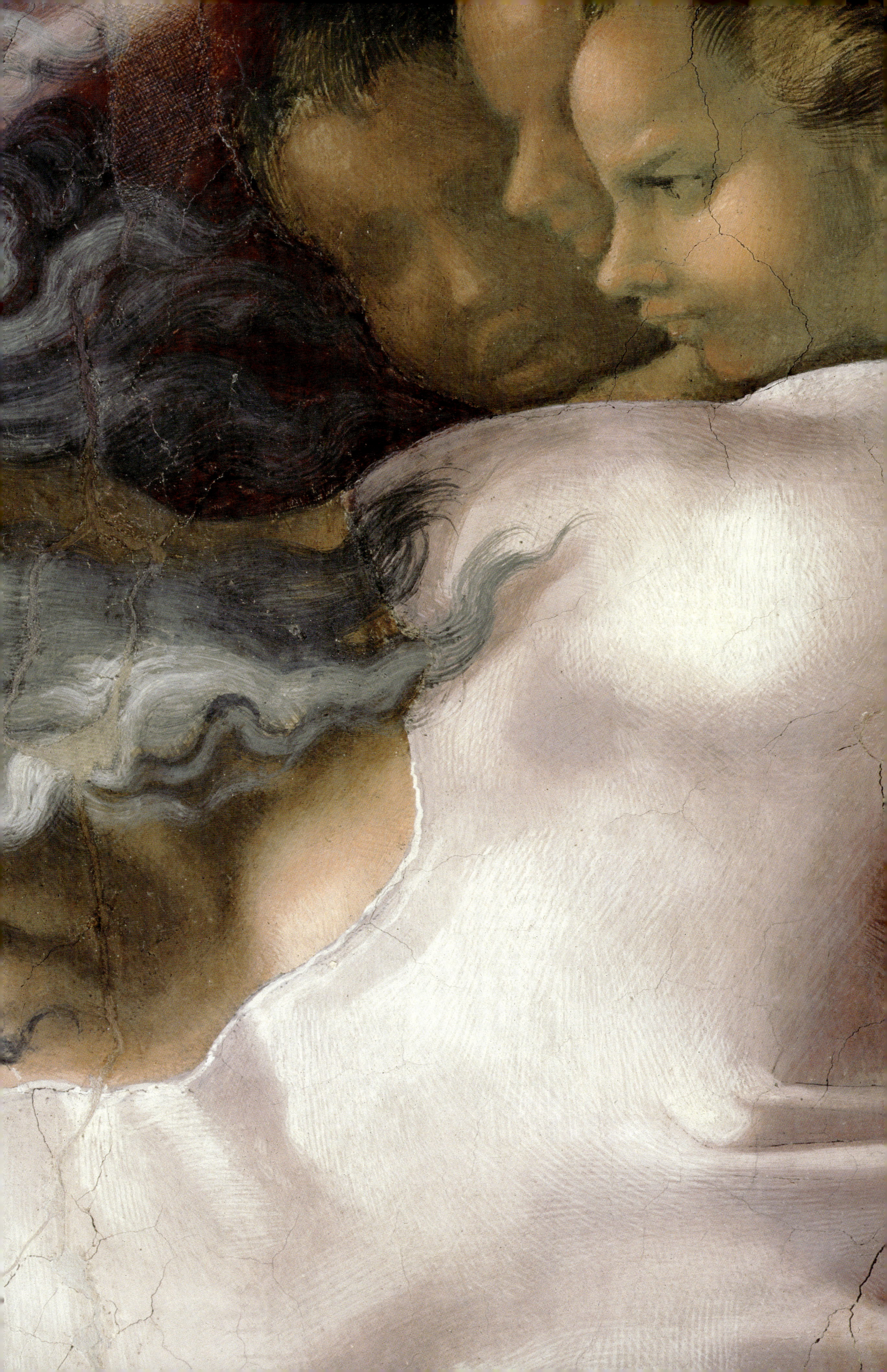

Die Erschaffung der Welt *und* Medaillons mit den Geschichten der Makkabäer

Gott scheidet Himmel und Wasser

Für die Scheidung von Himmel und Wasser lassen sich kaum überzeugende Vorbilder benennen. Gottvater, begleitet von drei Engeln, schwebt über einer grauen Fläche, die man wohl als Wasser verstehen muss. Den blau gefärbten Bereich rechts über ihm darf man als Himmel deuten.

Und Gott sprach: Es werde eine Feste zwischen den Wassern, die da scheide zwischen den Wassern. Da machte Gott die Feste und schied das Wasser unter der Feste von dem Wasser über der Feste. Und es geschah so. Und Gott nannte die Feste Himmel. Da ward aus Abend und Morgen der zweite Tag. Und Gott sprach: Es sammle sich das Wasser unter dem Himmel an besondere Orte, dass man das Trockene sehe. Und es geschah so. Und Gott nannte das Trockene Erde, und die Sammlung der Wasser nannte er Meer. Und Gott sah, dass es gut war. (Gen 1.6–10)

Geschichten der Makkabäer

Der Tod des Absalom

Illustriert wird der Tod des Absalom. Absalom, der Lieblingssohn König Davids, flieht vor seinem Verfolger Joab, bleibt dabei mit den Haaren in einem Baum hängen und wird erstochen.

Und Absalom begegnete den Männern Davids und ritt auf einem Maultier. Und als das Maultier unter eine große Eiche mit dichten Zweigen kam, blieb sein Haupt an der Eiche hängen, und er schwebte zwischen Himmel und Erde; denn sein Maultier lief unter ihm weg. Als das ein Mann sah, tat er's Joab kund und sprach: Siehe, ich sah Absalom an einer Eiche hängen. Und Joab sprach zu dem Mann, der's ihm kundgetan hatte: Wenn du das gesehen hast, warum schlugst du ihn nicht gleich zu Boden? ... Joab sprach: Ich kann nicht so lange bei dir verweilen. Da nahm Joab drei Stäbe in seine Hand und stieß sie Absalom ins Herz, als er noch lebend an der Eiche hing. Und zehn Knappen, Joabs Waffenträger, umringten ihn und schlugen ihn tot. (2. Sam 18.9–11, 14–15)

Heilung Naamans
(nicht ausgeführt)

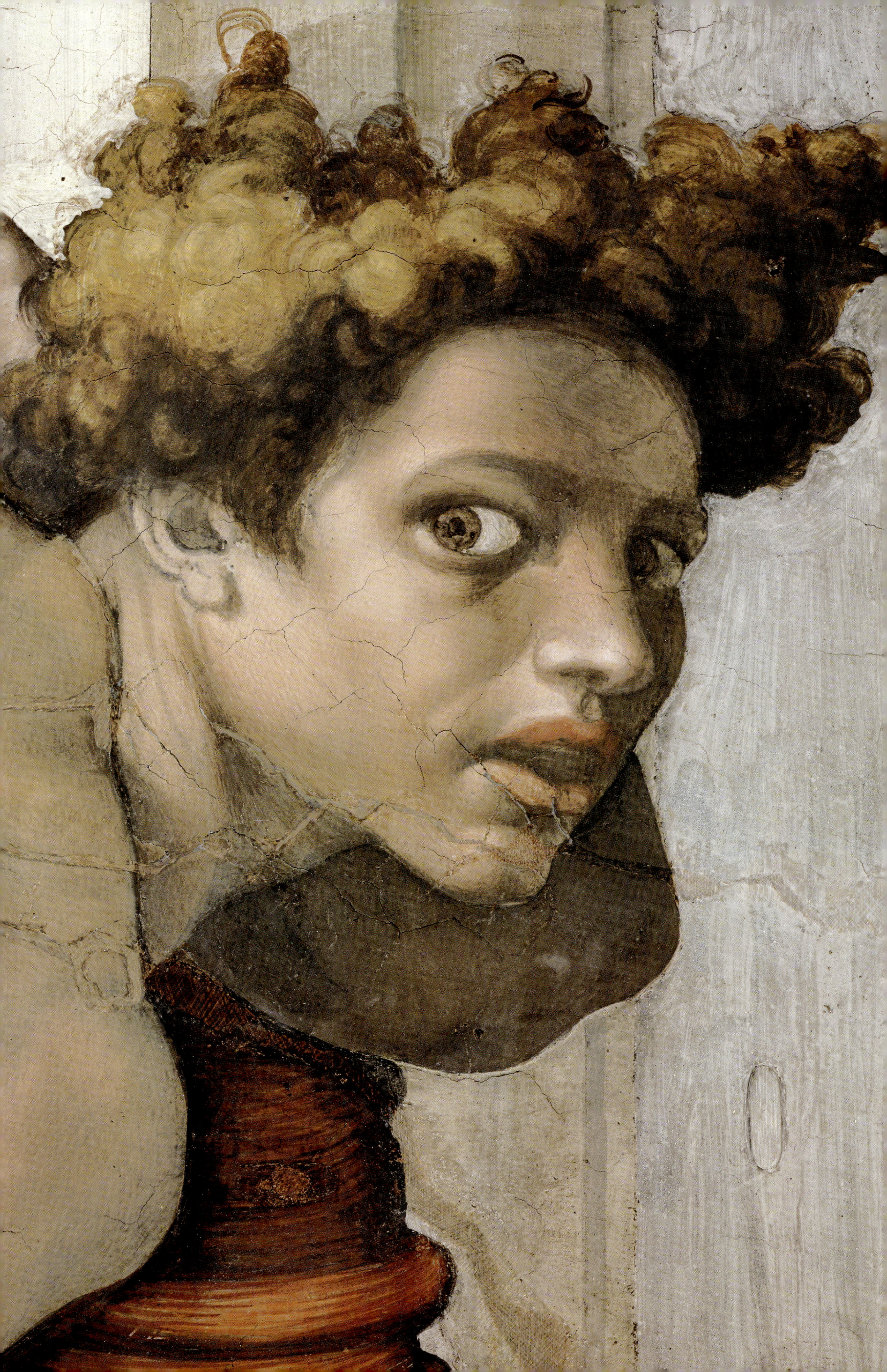

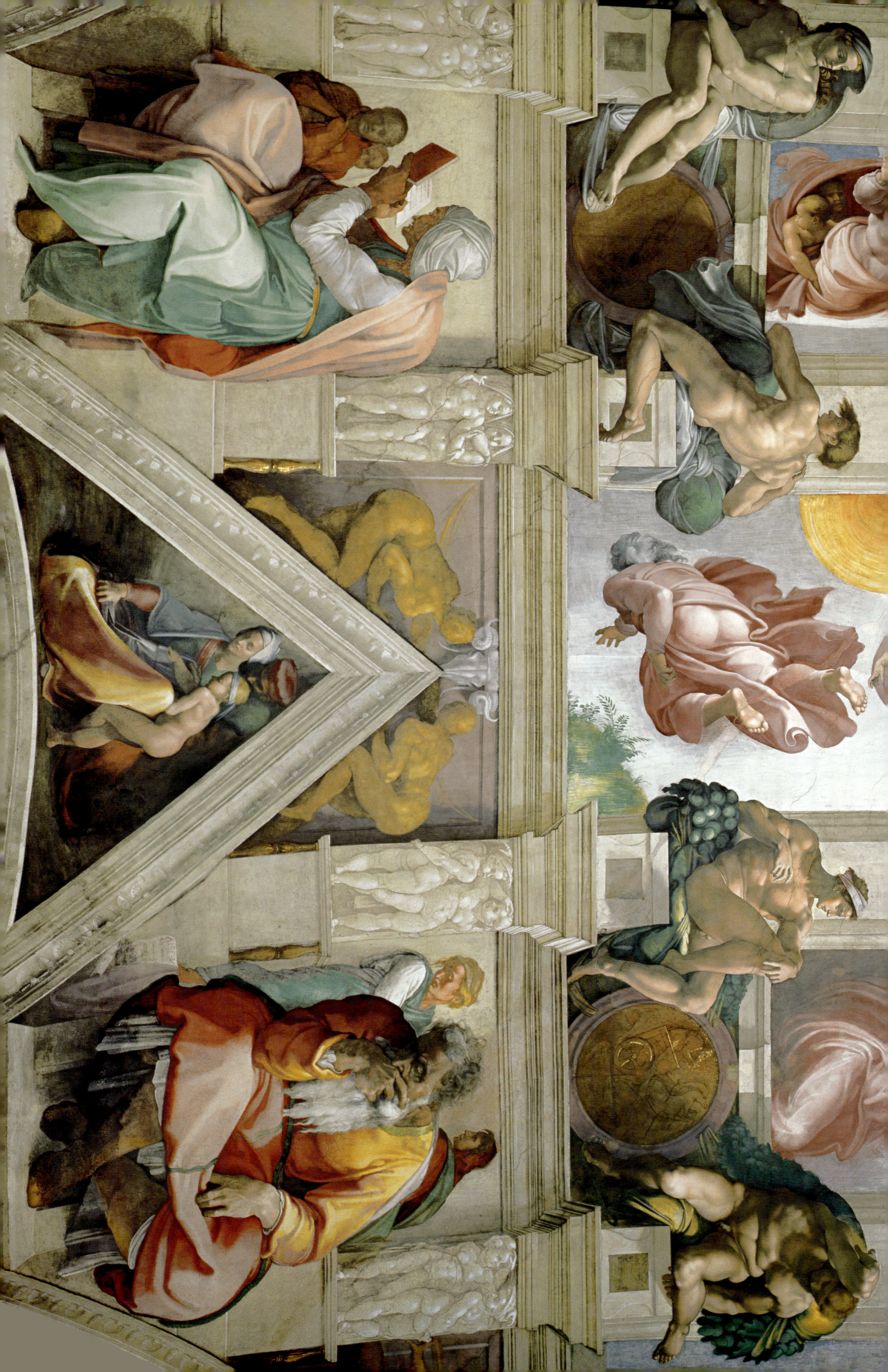

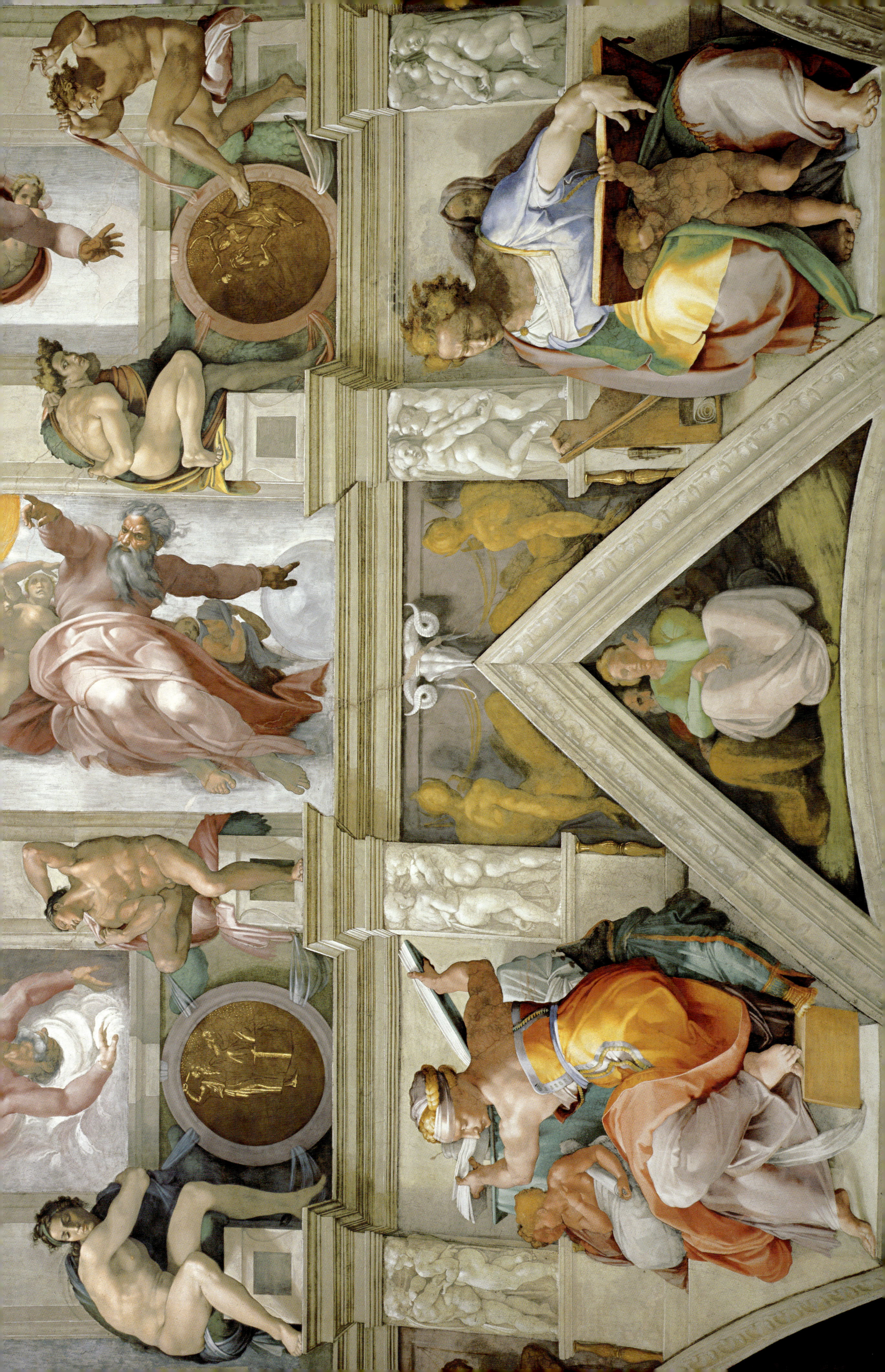

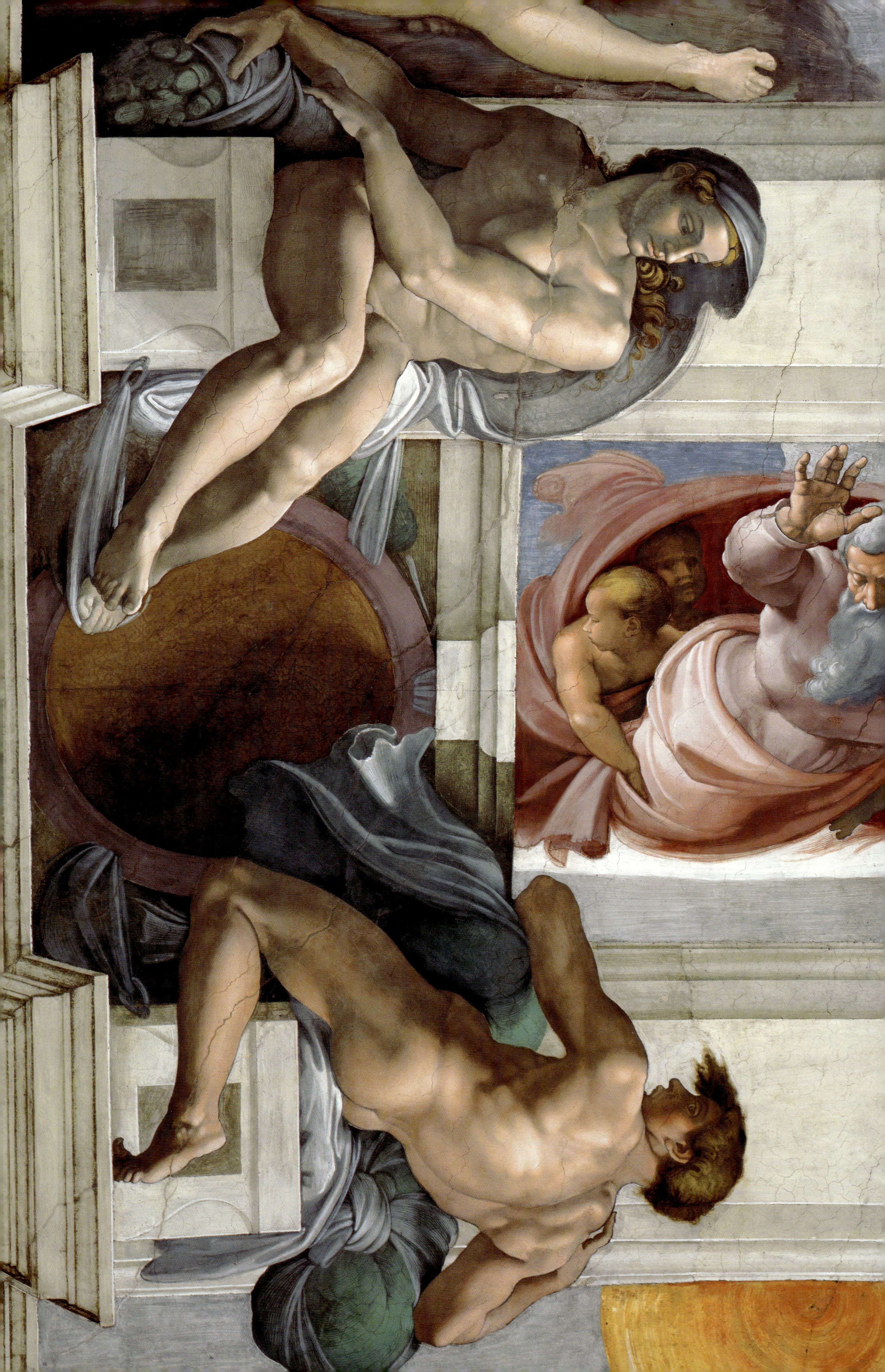

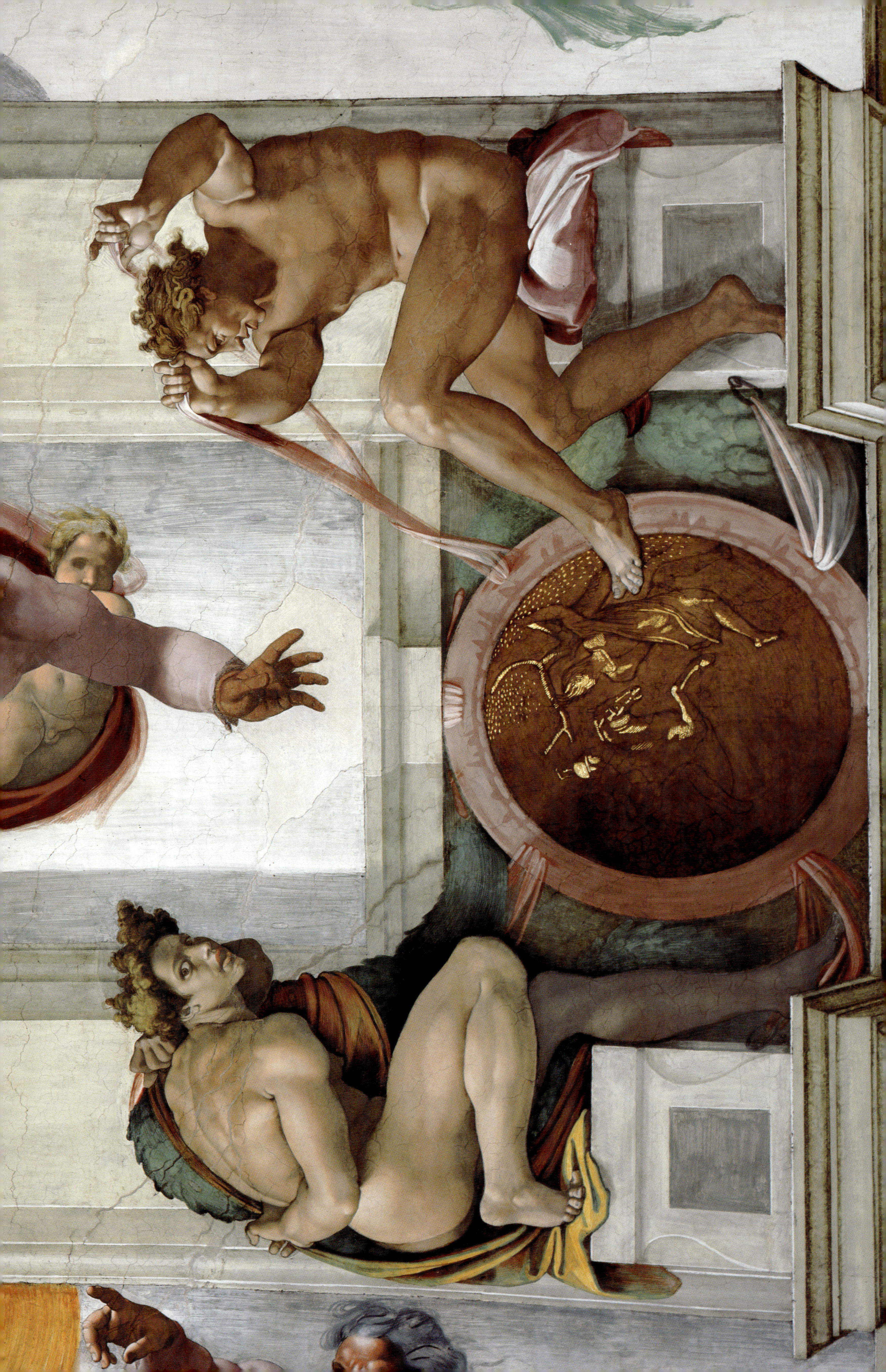

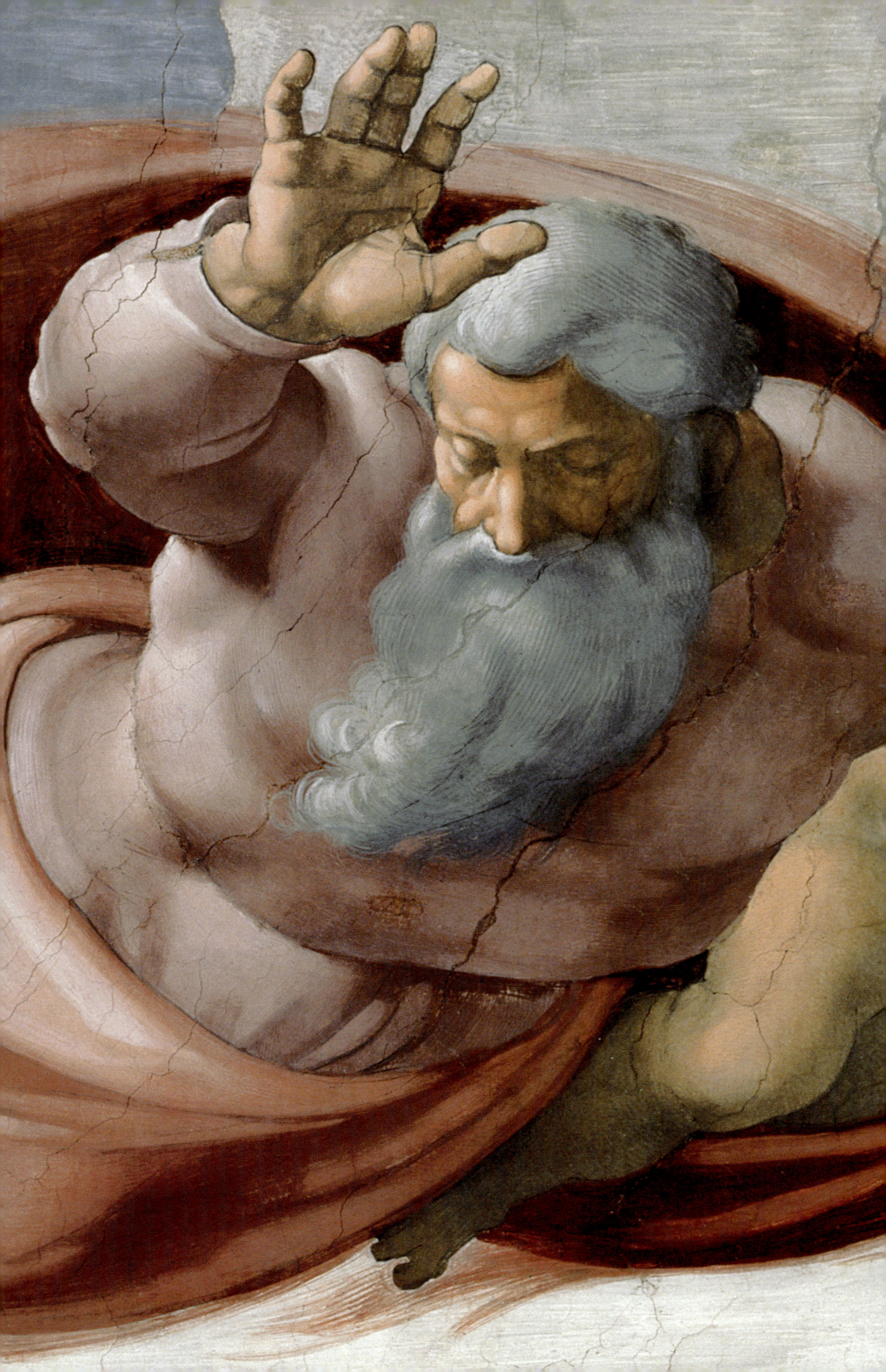

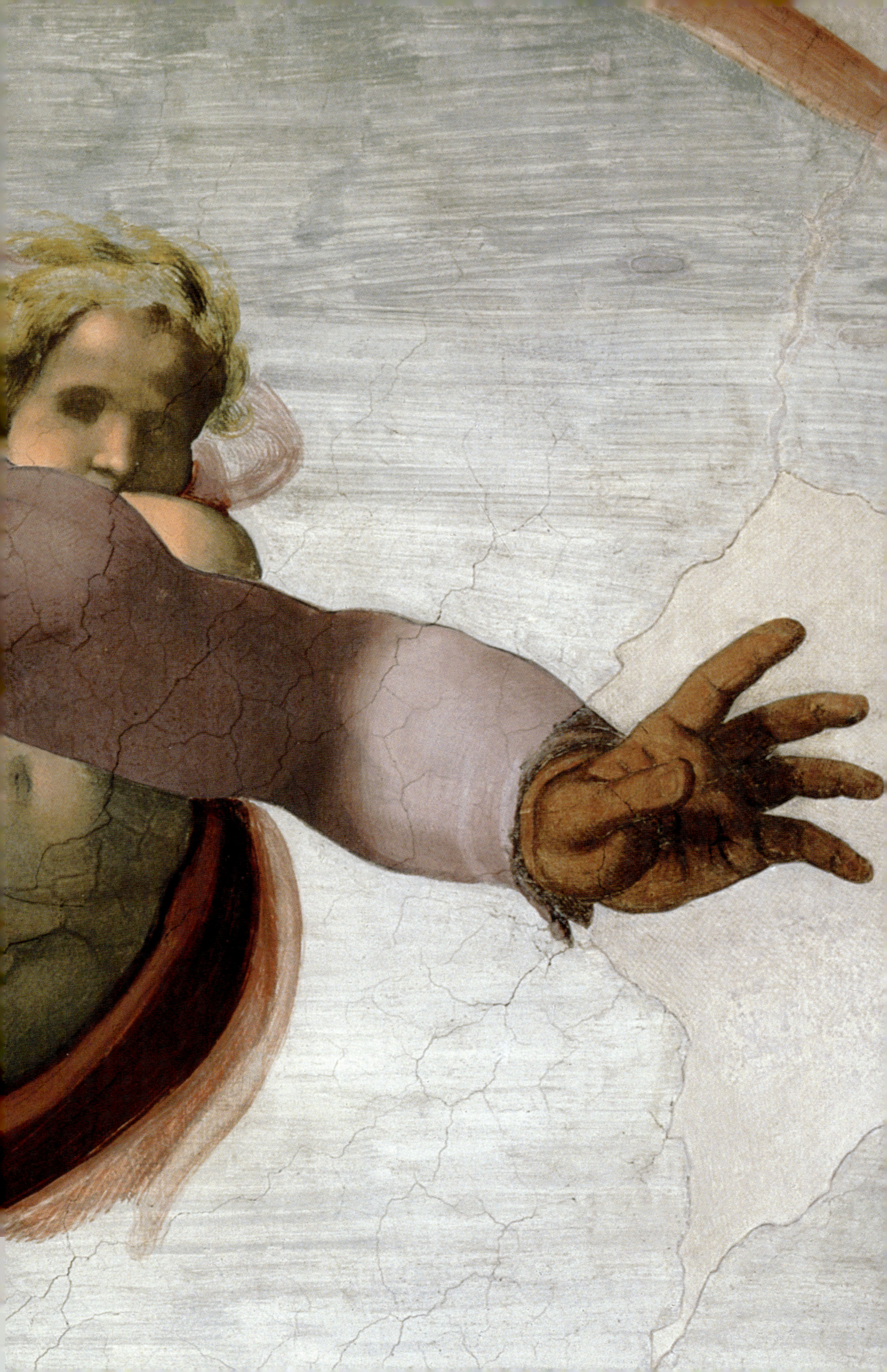

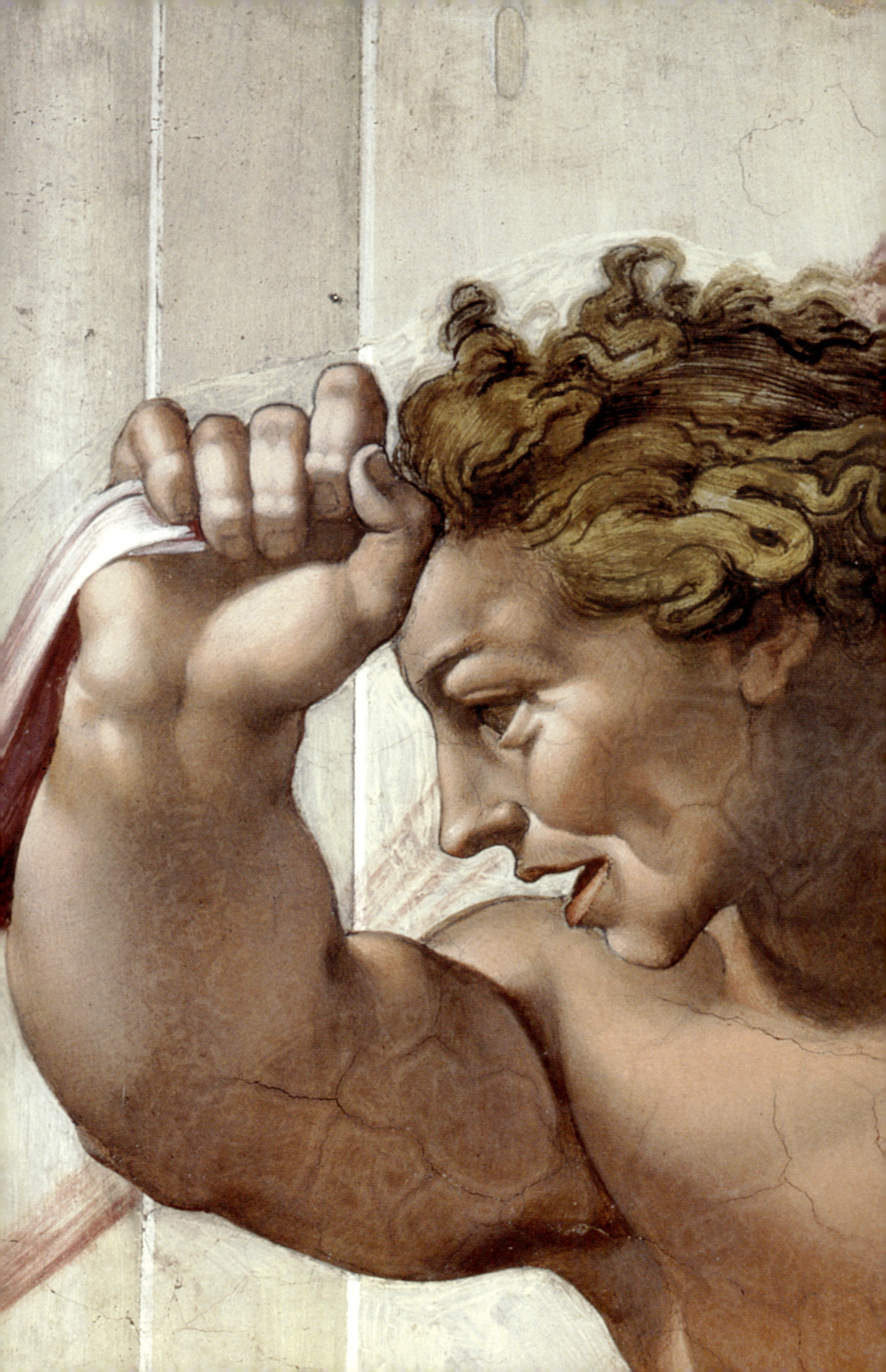

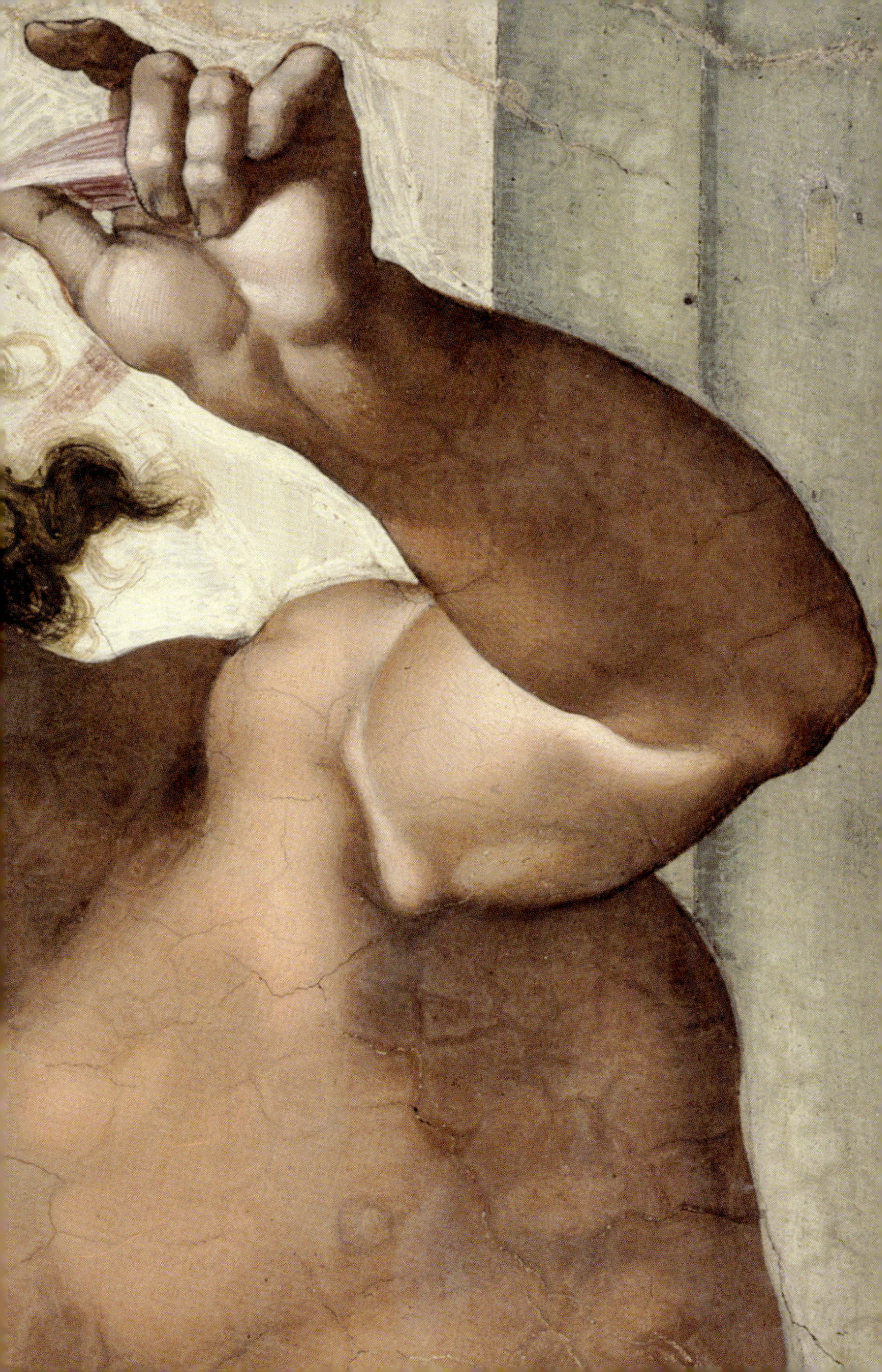

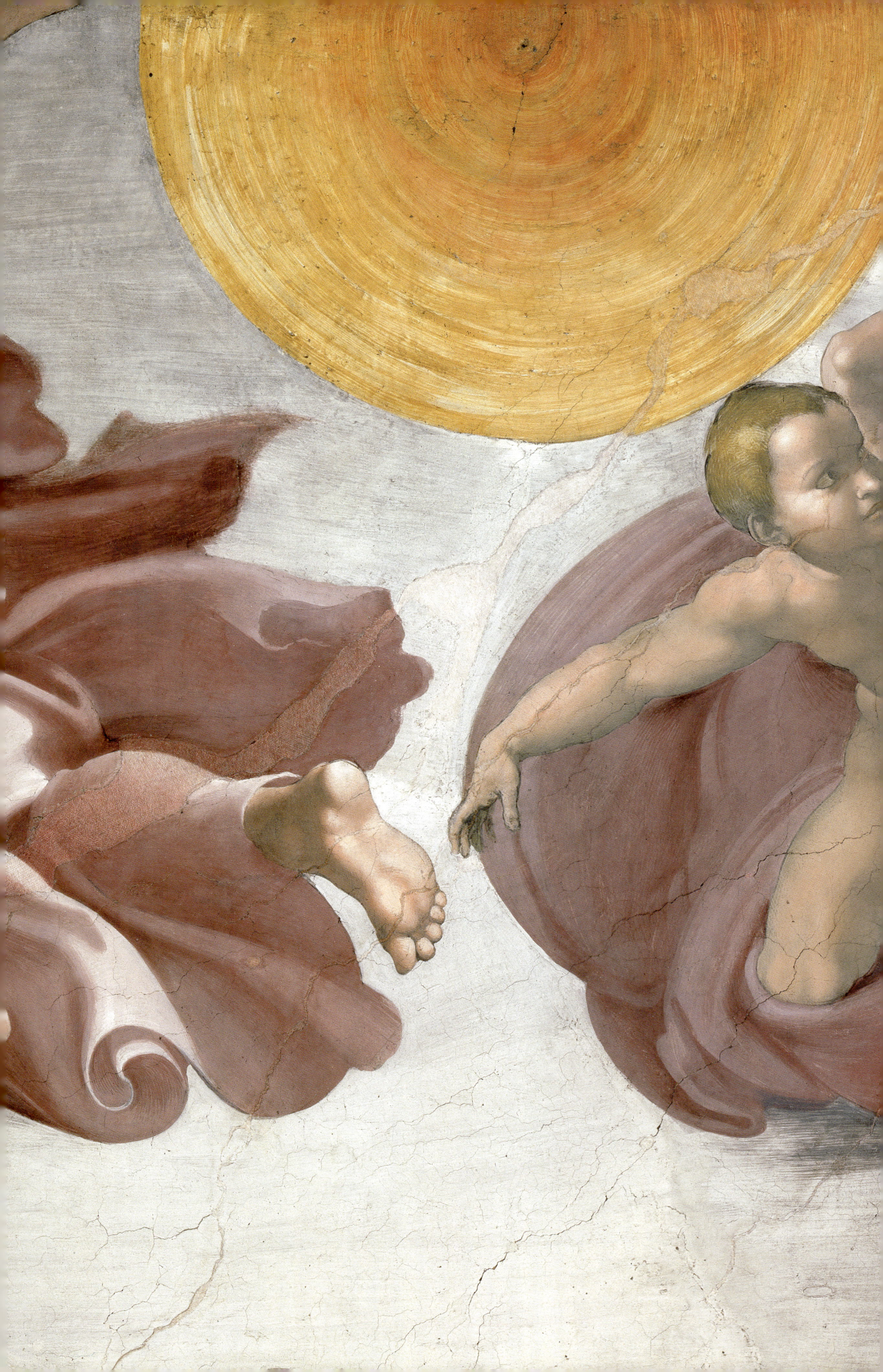

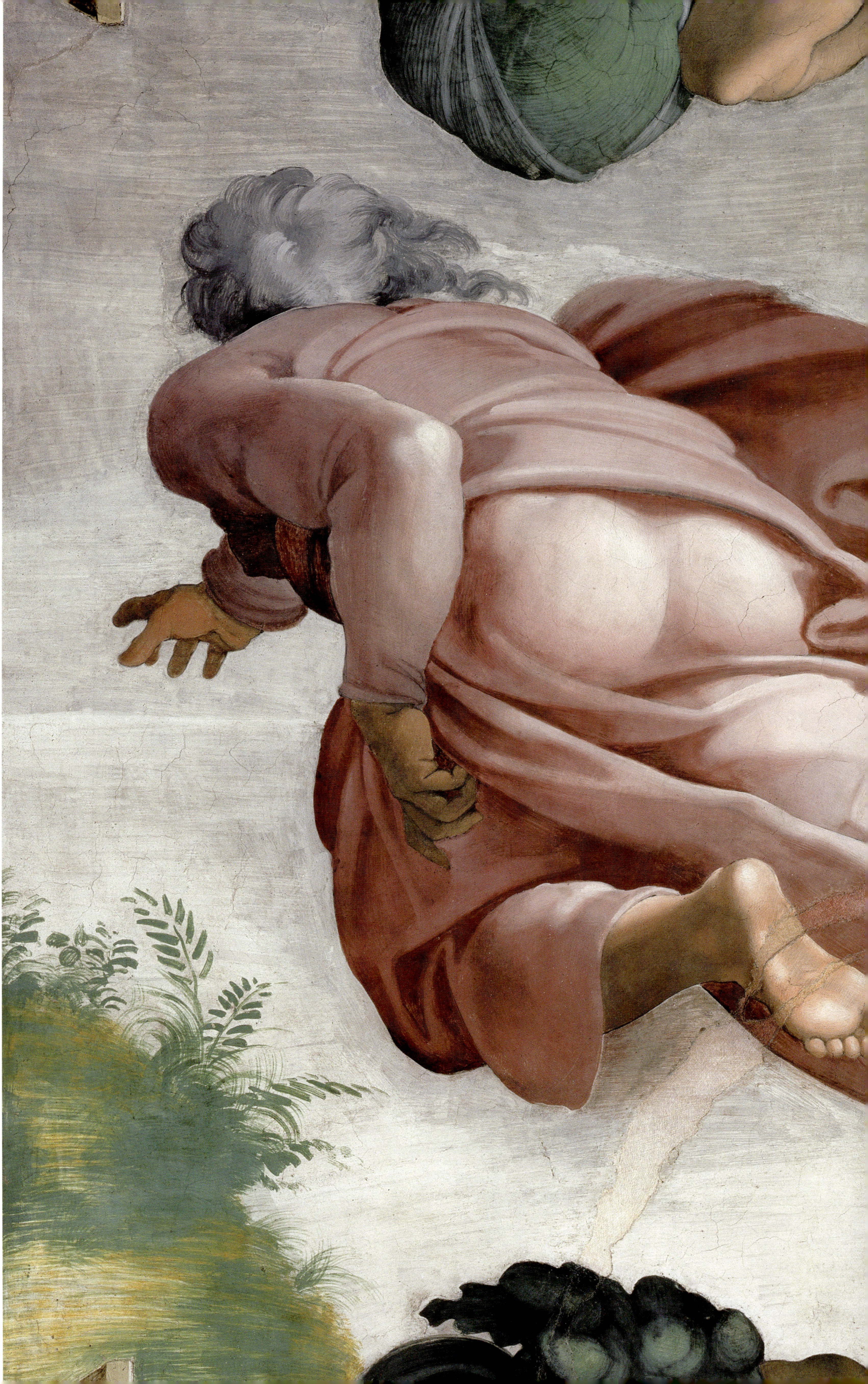

Die Erschaffung der Welt

Erschaffung von Sonne, Mond und Pflanzen

Eher detailreich ist das Bildfeld *Erschaffung von Sonne, Mond und Pflanzen*. Der Schöpfer verweist mit großer Geste auf die von ihm geschaffenen Himmelskörper, links oben auf die Sonne und rechts auf den Mond. Am linken Bildrand taucht unterhalb der zweiten Darstellung Gottes zudem ein wenig Grün auf, mit dem zweifellos die Erschaffung der Pflanzen gemeint ist.

Und Gott sprach: Es lasse die Erde aufgehen Gras und Kraut, das Samen bringe, und fruchtbare Bäume auf Erden, die ein jeder nach seiner Art Früchte tragen, in denen ihr Same ist. Und es geschah so. Und die Erde ließ aufgehen Gras und Kraut, das Samen bringt, ein jedes nach seiner Art, und Bäume, die da Früchte tragen, in denen ihr Same ist, ein jeder nach seiner Art. Und Gott sah, dass es gut war. (Gen 1.11–12)

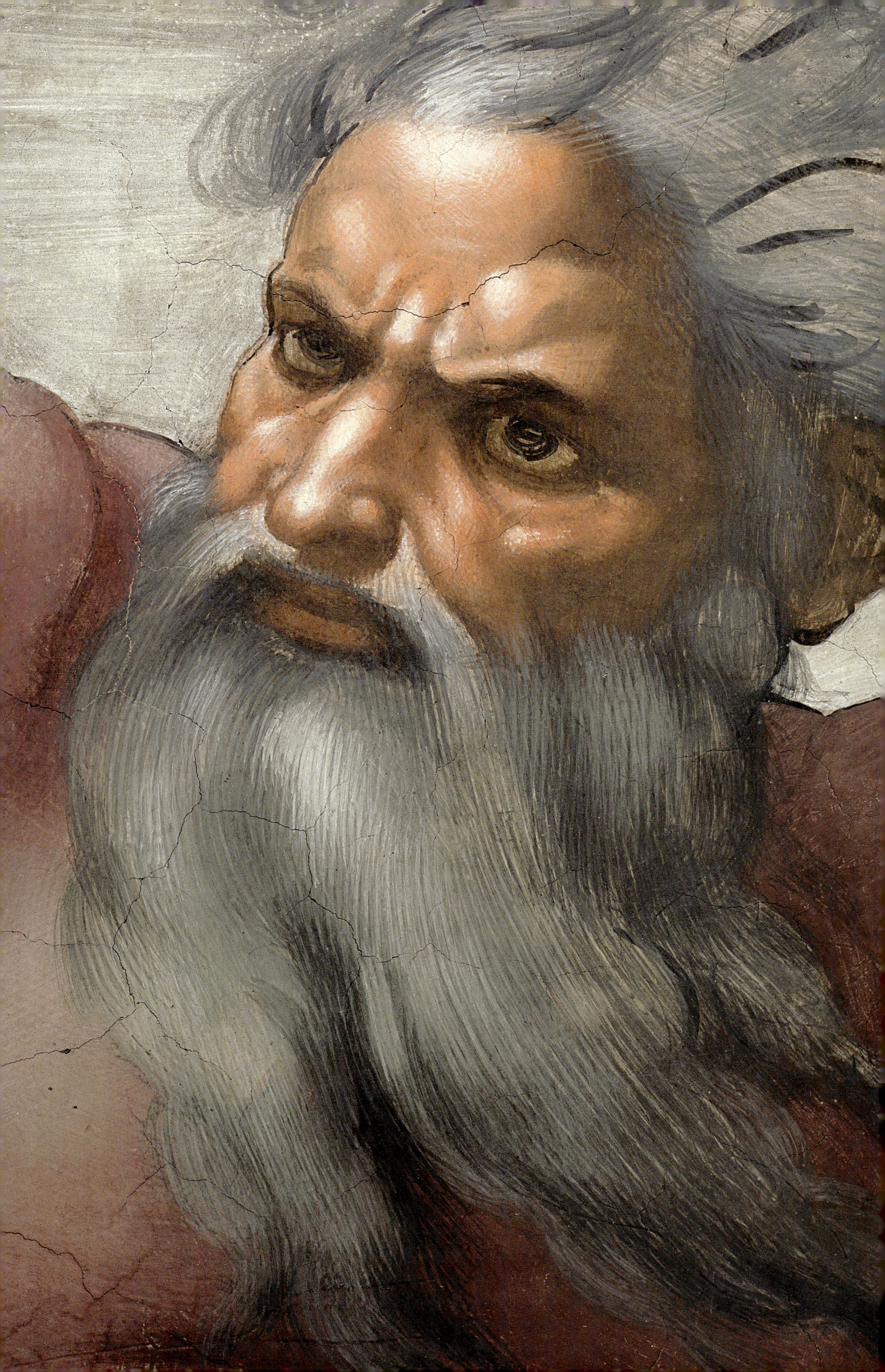

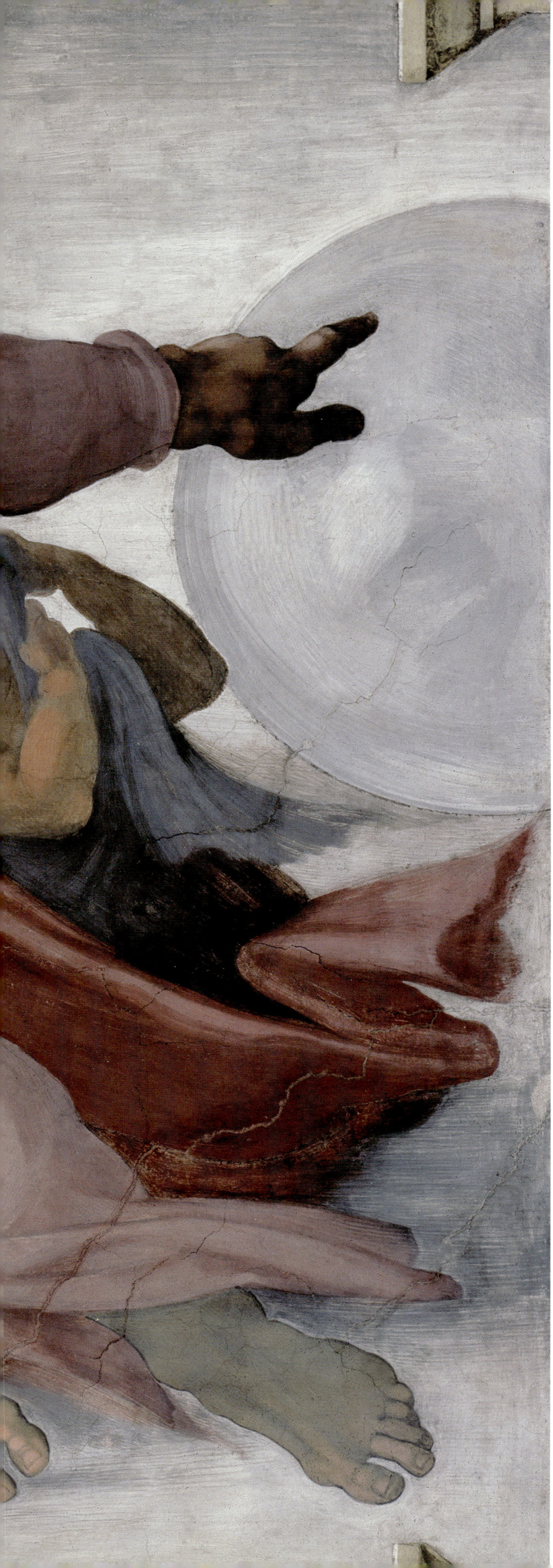

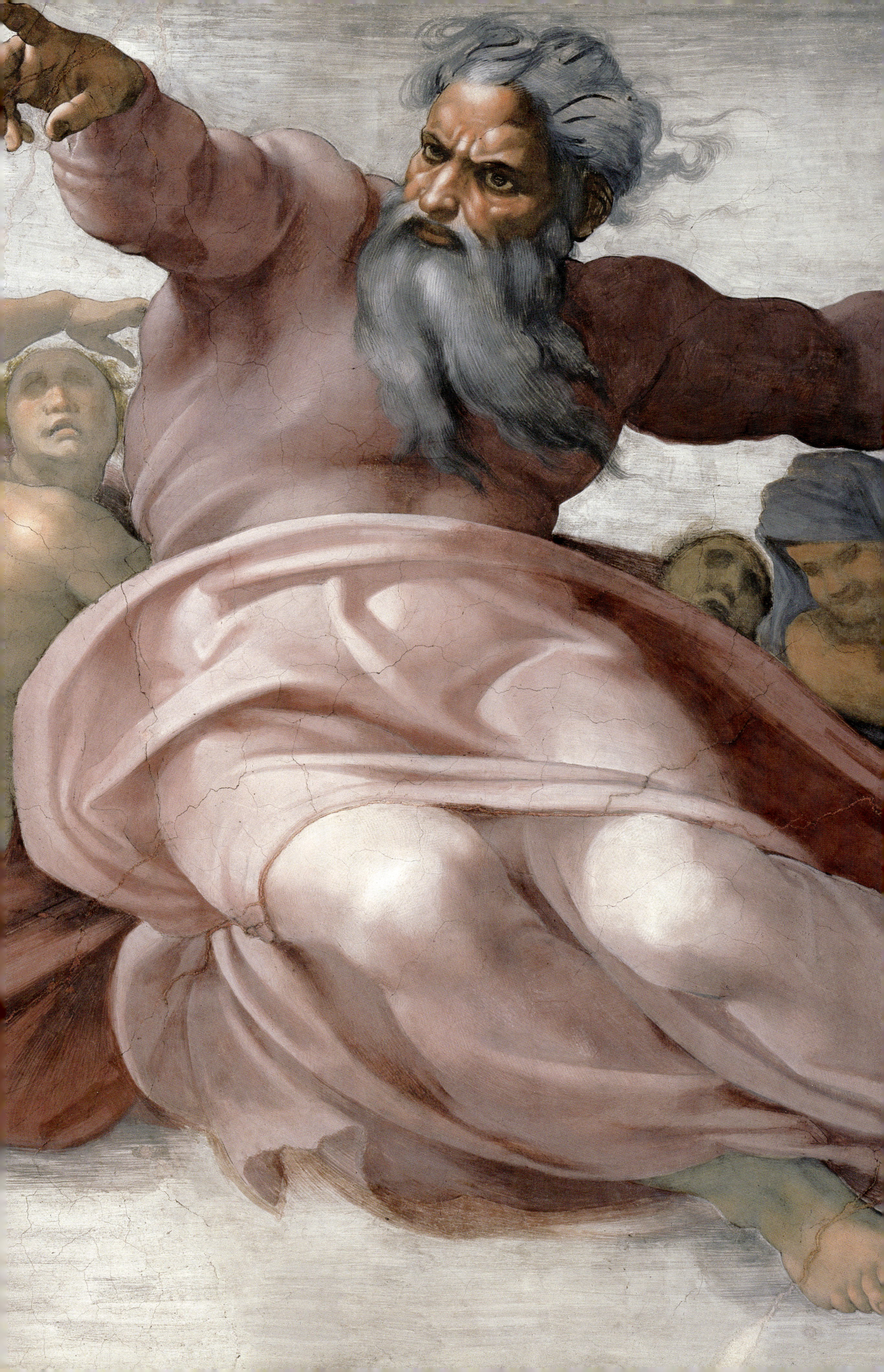

Die Erschaffung der Welt *und* Medaillons mit den Geschichten der Makkabäer

Scheidung von Licht und Finsternis

Von ikonografischer Eindeutigkeit ist die *Scheidung von Licht und Finsternis*. Gott schwebt zwischen einer hellen und einer dunklen Zone, womit das Licht auf der einen und die Finsternis auf der anderen Seite gemeint sind. Eine ähnlich plakative Gegenüberstellung dürfte Michelangelo aus der Malermi-Bibel von 1490 gekannt haben, wo der Schöpfer allerdings nicht fliegt, sondern zwischen einer hellen und einer dunklen Fläche steht.

Am Anfang schuf Gott Himmel und Erde. Und die Erde war wüst und leer, und es war finster auf der Tiefe; und der Geist Gottes schwebte auf dem Wasser. Und Gott sprach: Es werde Licht! Und es ward Licht. Und Gott sah, dass das Licht gut war. Da schied Gott das Licht von der Finsternis und nannte das Licht Tag und die Finsternis Nacht. Da ward aus Abend und Morgen der erste Tag. (Gen 1.1–5)

Geschichten der Makkabäer

Elias auf dem Himmelswagen

Dargestellt ist die Entrückung des Propheten Elias auf dem Himmelswagen.

Und als sie miteinander gingen und redeten, siehe, da kam ein feuriger Wagen mit feurigen Rossen, die schieden die beiden voneinander. Und Elia fuhr im Wetter gen Himmel. Elisa aber sah es und schrie: Mein Vater, mein Vater, du Wagen Israels und sein Gespann! und sah ihn nicht mehr. Da fasste er seine Kleider, zerriss sie in zwei Stücke und hob den Mantel auf, der Elia entfallen war, und kehrte um und trat wieder an das Ufer des Jordans. (2. Kön 2.11–13)

Das Opfer Isaaks

Dargestellt ist, wie Abraham dem Befehl Gottes folgt und soeben die Hand mit dem Messer gegen seinen Sohn Isaak erhoben hat, der auf dem Altarblock kauernd sein Schicksal erwartet.

Und als sie an die Stätte kamen, die ihm Gott gesagt hatte, baute Abraham dort einen Altar und legte das Holz darauf und band seinen Sohn Isaak, legte ihn auf den Altar oben auf das Holz und reckte seine Hand aus und fasste das Messer, dass er seinen Sohn schlachtete. Da rief ihn der Engel des Herrn vom Himmel und sprach: Abraham! Abraham! Er antwortete: Hier bin ich. Er sprach: Lege deine Hand nicht an den Knaben und tu ihm nichts; denn nun weiß ich, dass du Gott fürchtest und hast deines einzigen Sohnes nicht verschont um meinetwillen. (Gen 22.9–12)

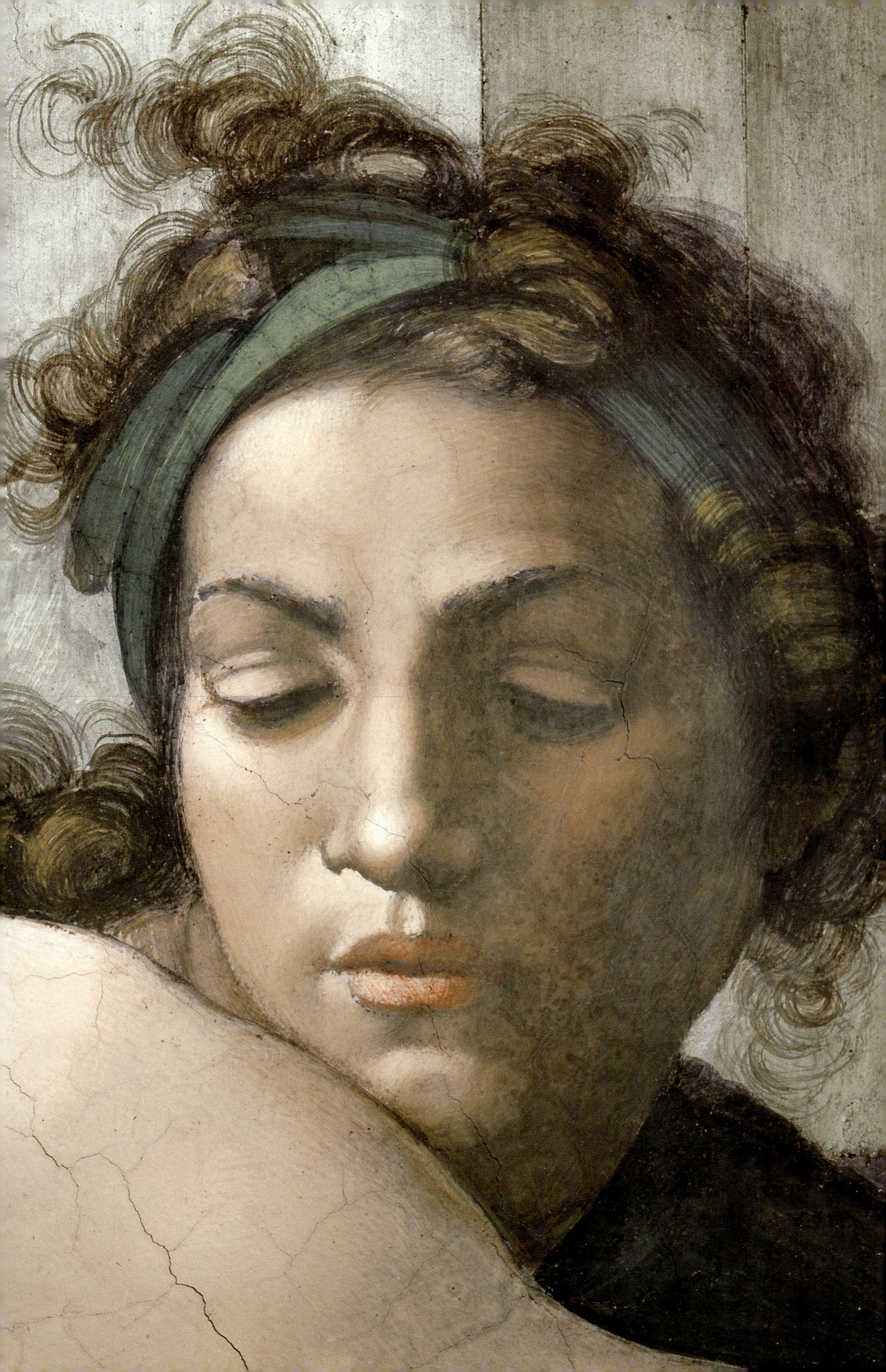

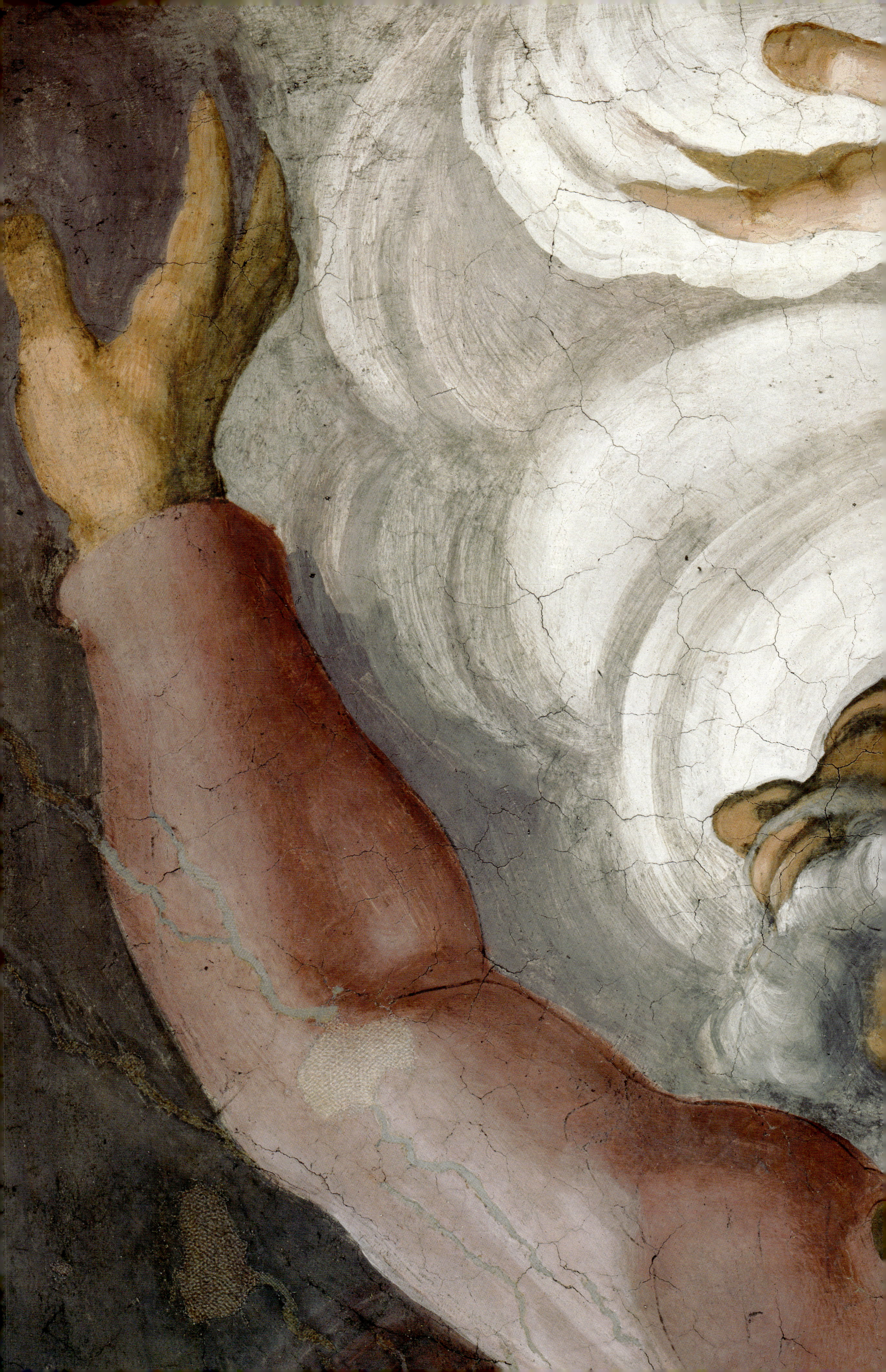

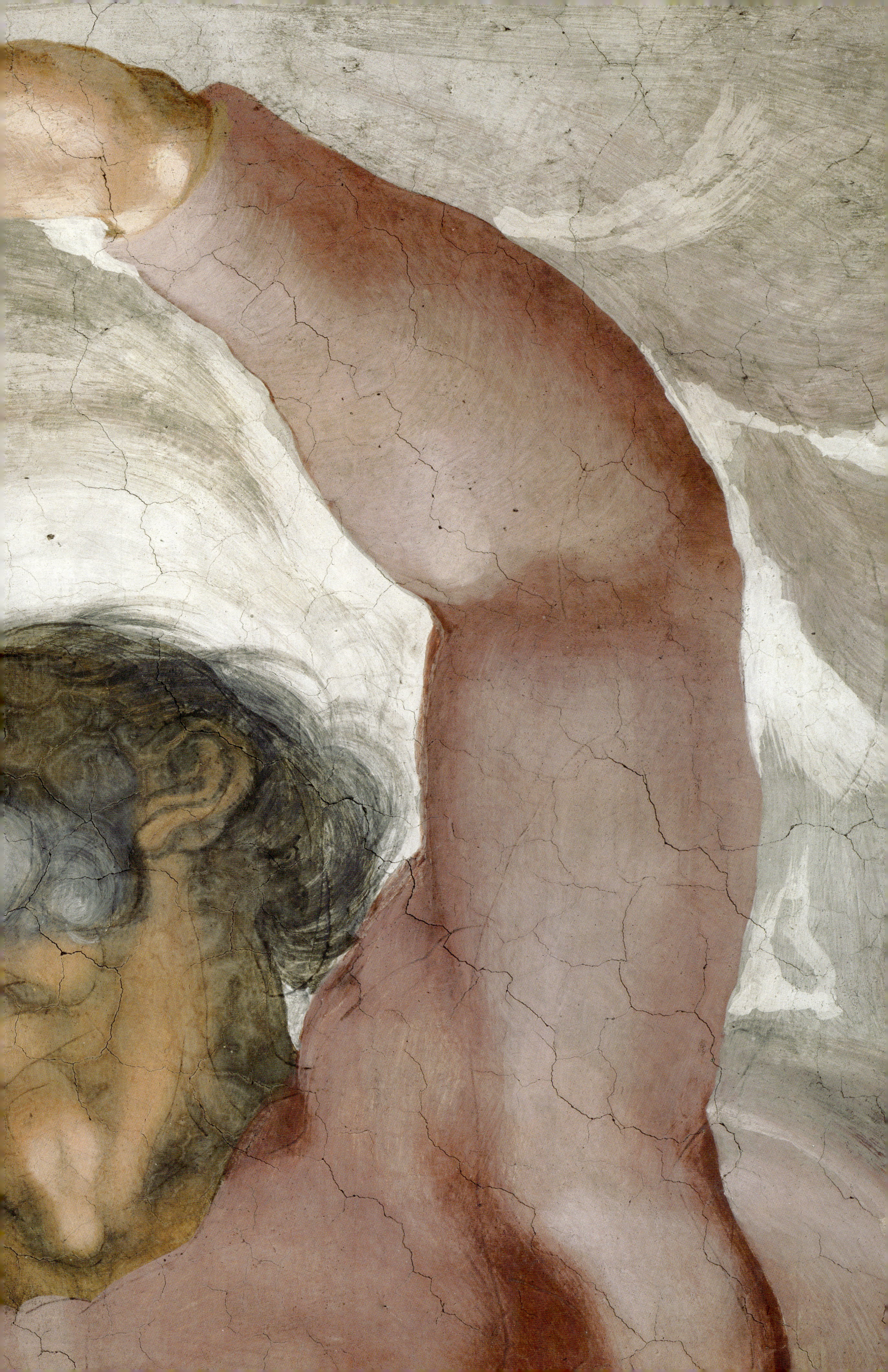

Propheten und Sibyllen

Propheten und Sibyllen

Michelangelo füllte die fingierte Thronarchitektur in den Gewölbefeldern zwischen den Stichkappen bzw. Eckzwickeln mit den überlebensgroßen Sitzfiguren von sieben Propheten und fünf Sibyllen. Die Größe der Propheten und Sibyllen übertrifft das restliche Personal der Sixtinischen Decke oft bei weitem, was ihre besondere Bedeutung eindrucksvoll unterstreicht. Propheten galten als alttestamentliche Seher, die u. a. die Ankunft des Erlösers prophezeit hatten, die Sibyllen als antike Seherinnen, deren Weissagungen in christlicher Auslegung ebenfalls als Vorhersage der Ankunft des Heilands verstanden wurden.

Michelangelos Auswahl der Propheten ergibt sich unschwer aus der Heiligen Schrift, wo neben den Büchern der vier „großen Propheten" Jesaia, Jeremias, Hesekiel und Daniel auch die der zwölf „kleinen Propheten" zu finden sind. Michelangelo beschränkte sich bei seiner Auswahl auf die „großen Propheten", da sie hierarchisch höher standen; die Auswahlkriterien für die drei kleineren Propheten Joel, Zacharias und Jonas bleiben hingegen strittig.

Auch die Auswahl der Sibyllen lässt sich fast vollständig erklären. Durch die *Divinae Institutiones* des Lactantius waren die Namen von zehn antiken Seherinnen überliefert, von denen Michelangelo die in den Editionen des 15. Jahrhunderts zuerst genannten freskierte: delphische, erythräische, cumäische, persische und libysche Sibylle.

Michelangelo gestaltete seine Propheten und Sibyllen deutlich dynamischer als die Künstler des Quattrocento. Zudem stellte er sie dar, wie sie in Büchern blättern, Folianten aufschlagen, Schriftrollen öffnen, schreiben oder lesen. Mit Ausnahme von Jonas besitzen alle Propheten und Sibyllen Bücher oder Schriftrollen. Im Falle des Jeremias verweist ein Schriftstück mit den Buchstaben „ALEF" auf den Anfang der hebräischen Fassung der „Klagelieder" dieses Propheten. Als leicht identifizierbare Attribute verweisen die Bücher generell auf den Umstand, dass die Visionen der Propheten und Sibyllen in Büchern bzw. auf Schriftrollen überliefert sind.

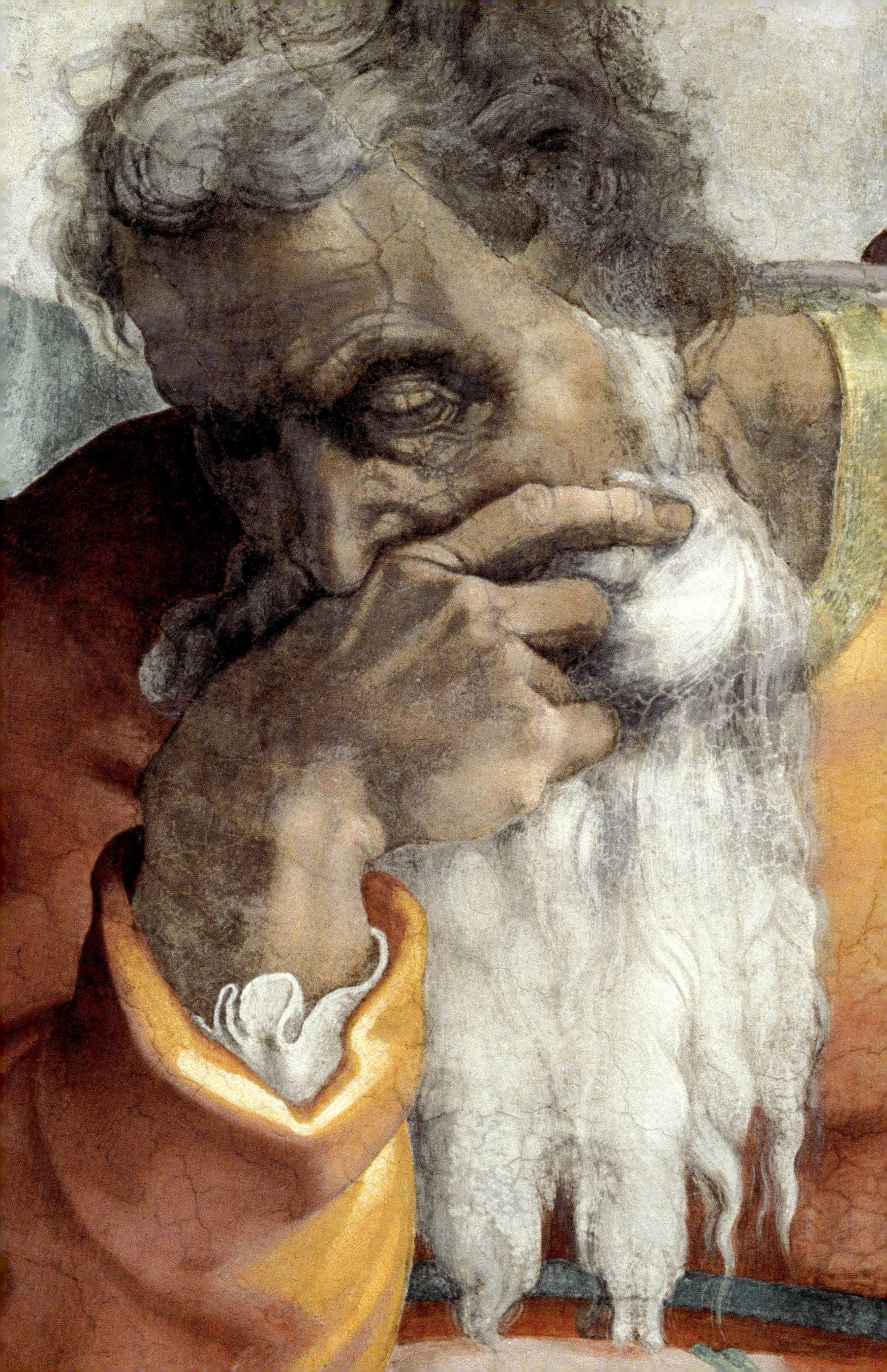

ZACHERIAS

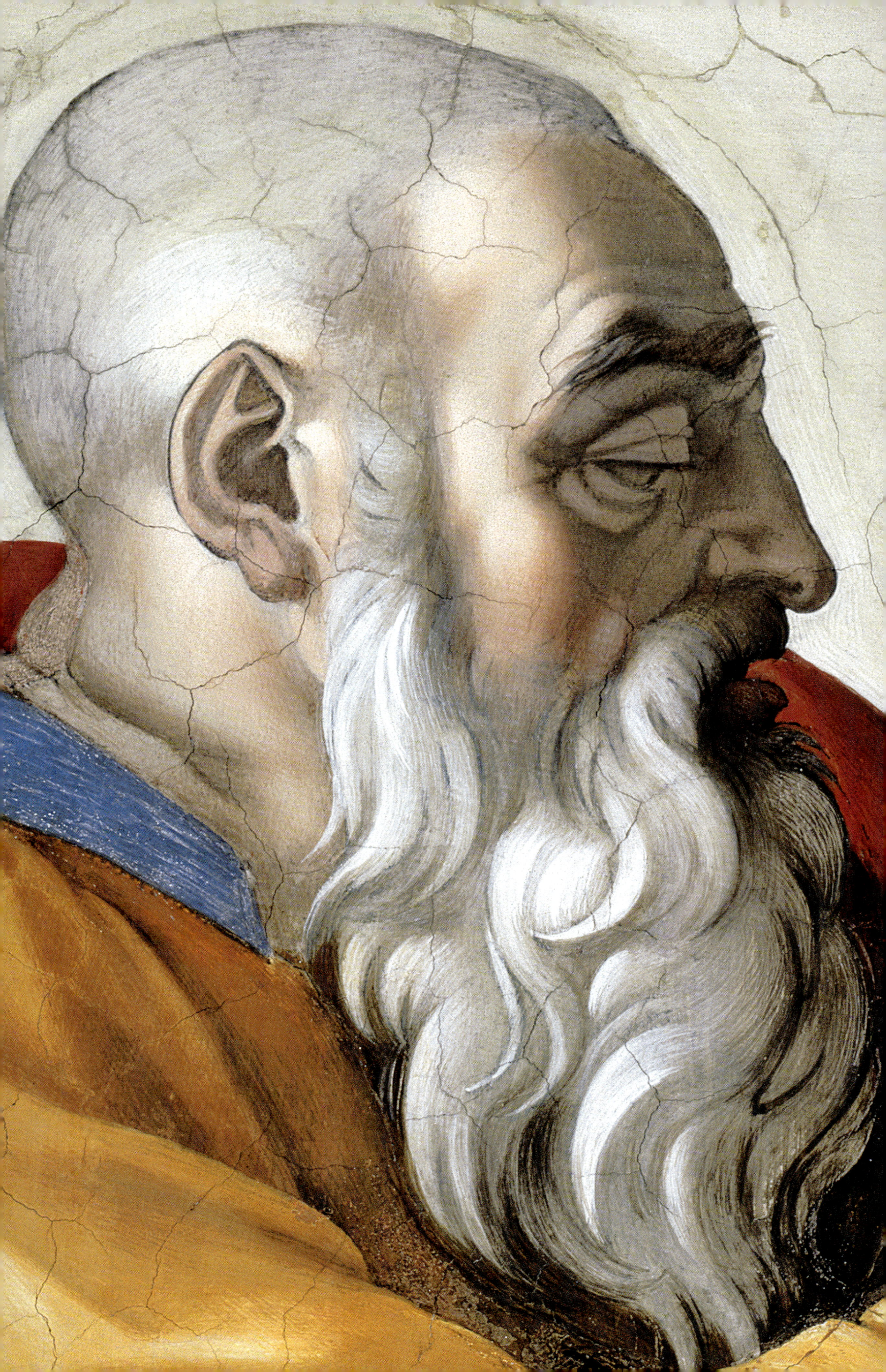

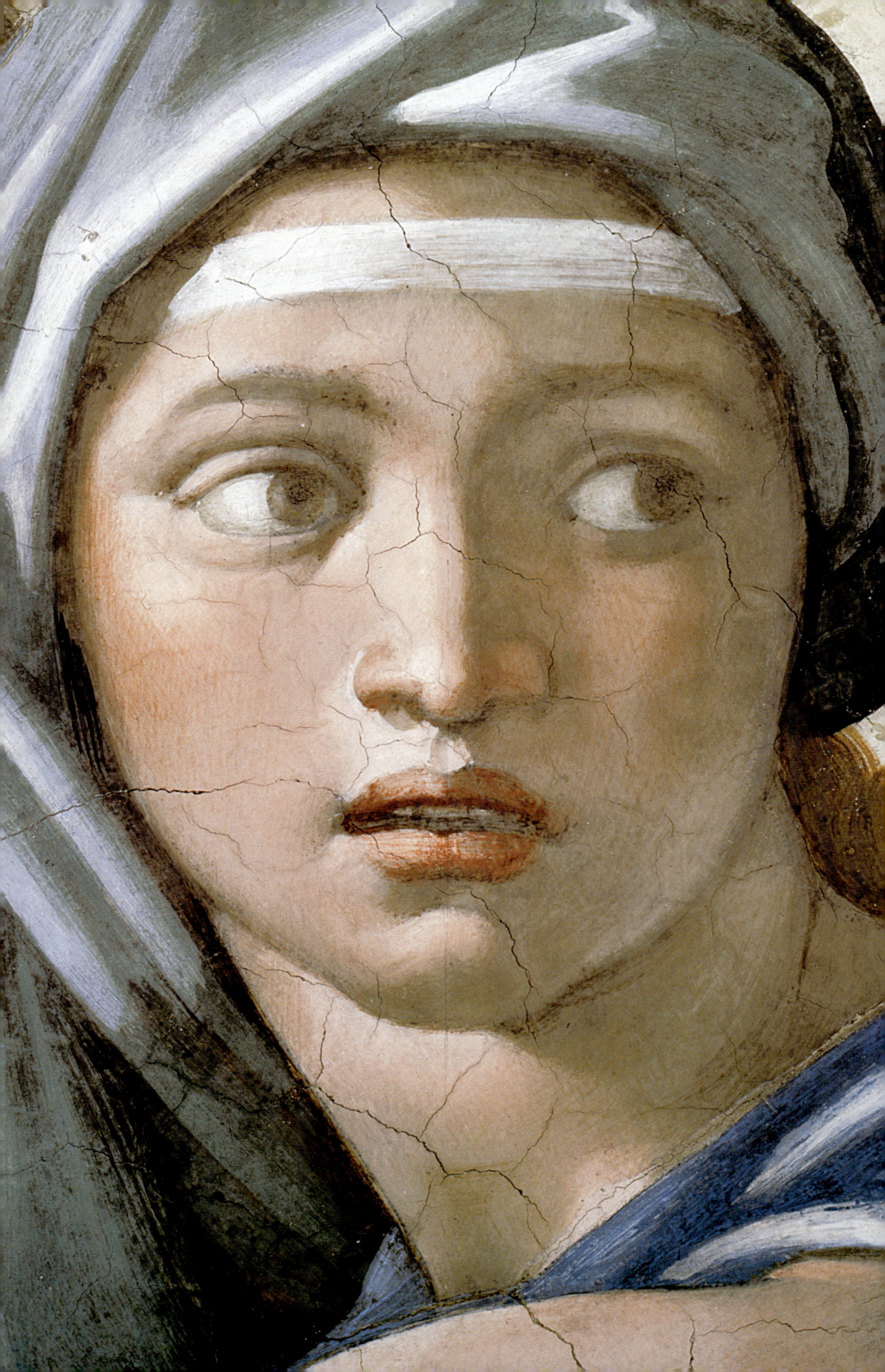

V. DIE SIXTINISCHE DECKE 1508–1512

DELPHICA

IOEL

V. DIE SIXTINISCHE DECKE 1508–1512

ESAIAS

ERITHRAEA

V. DIE SIXTINISCHE DECKE 1508–1512

EZECHIEL

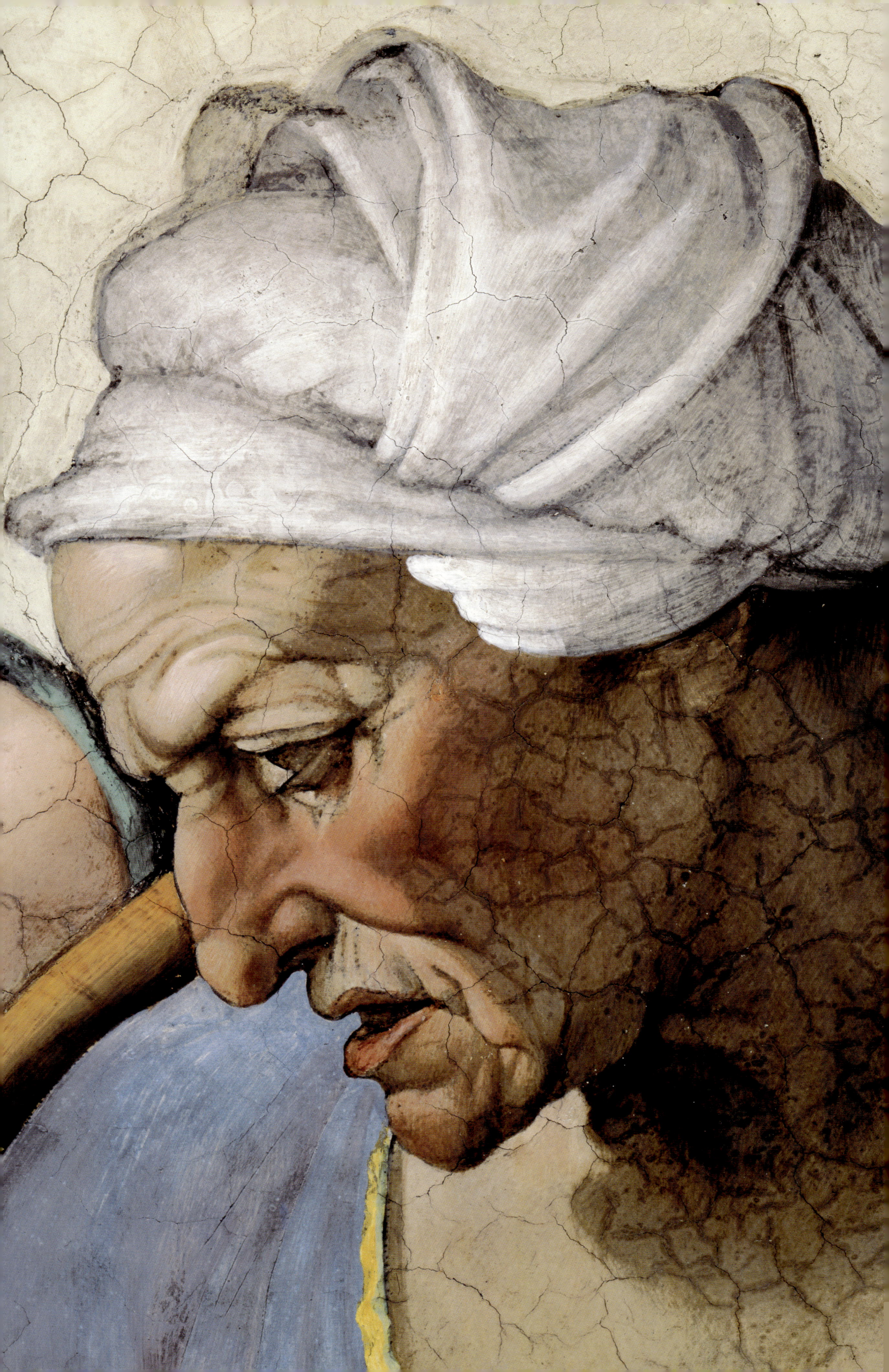

V. DIE SIXTINISCHE DECKE 1508–1512

CVMAEA

DANIEL

V. DIE SIXTINISCHE DECKE 1508–1512

PERSICHA

HIEREMIAS

V. DIE SIXTINISCHE DECKE 1508–1512

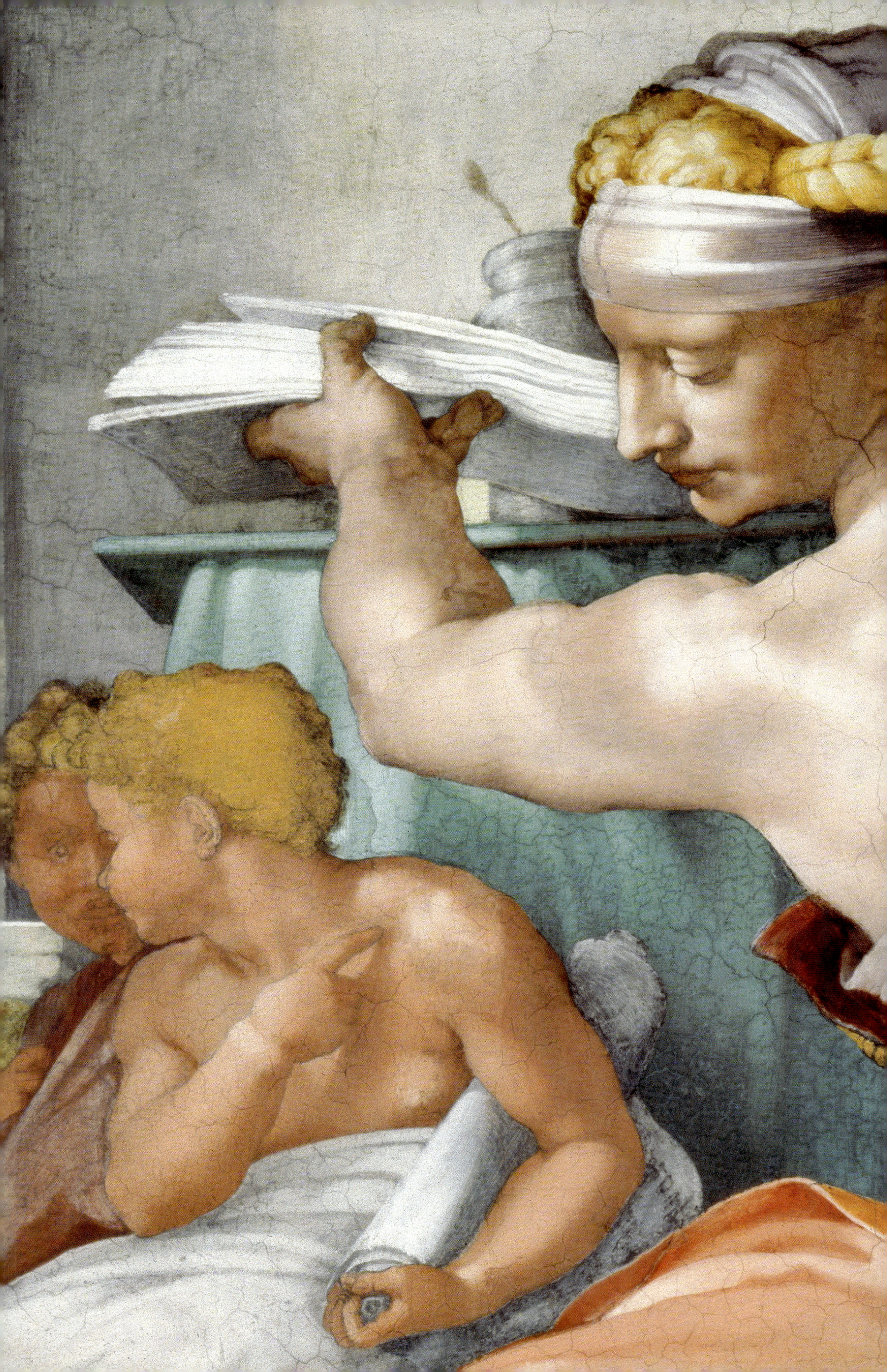

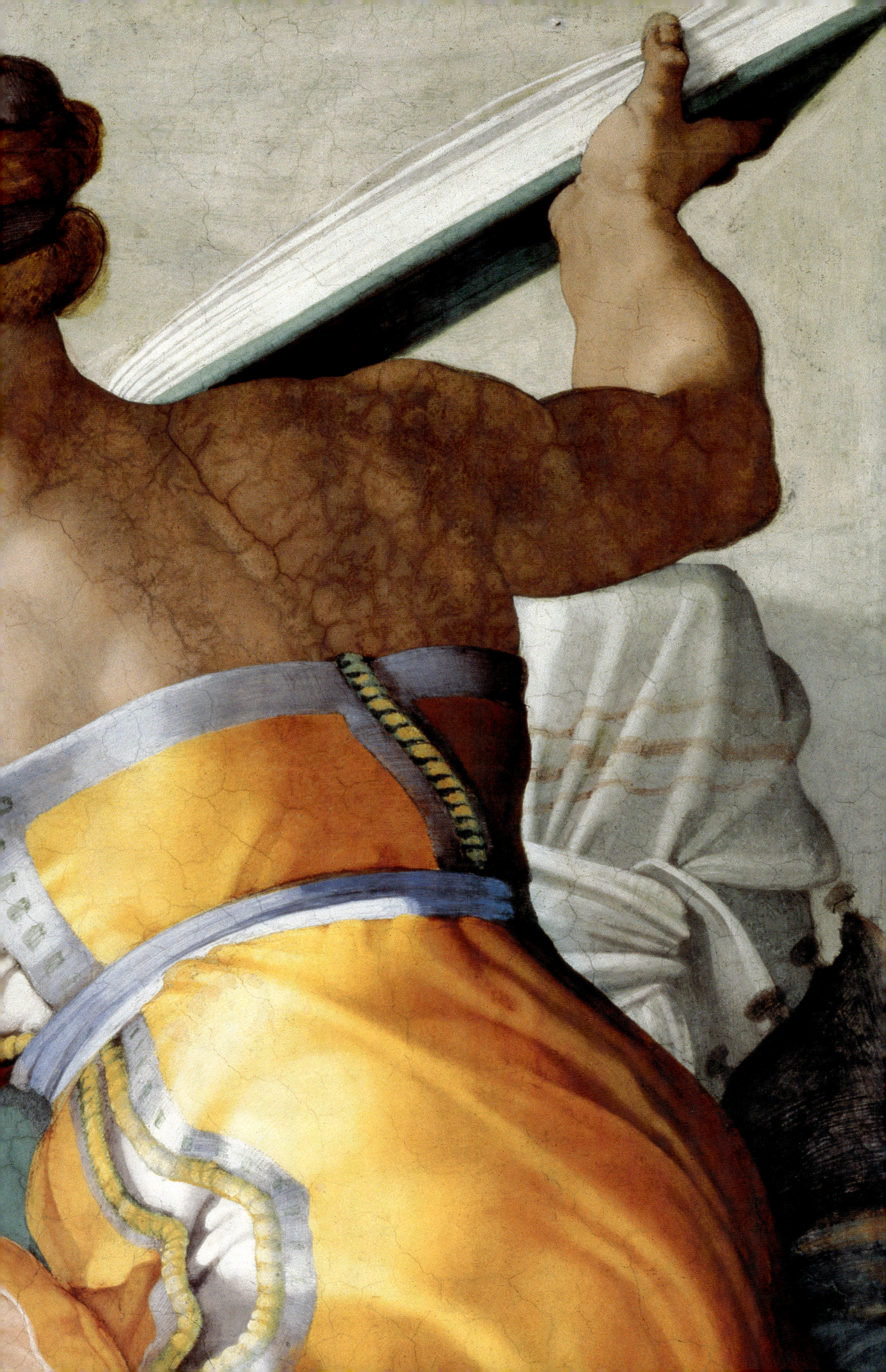

I

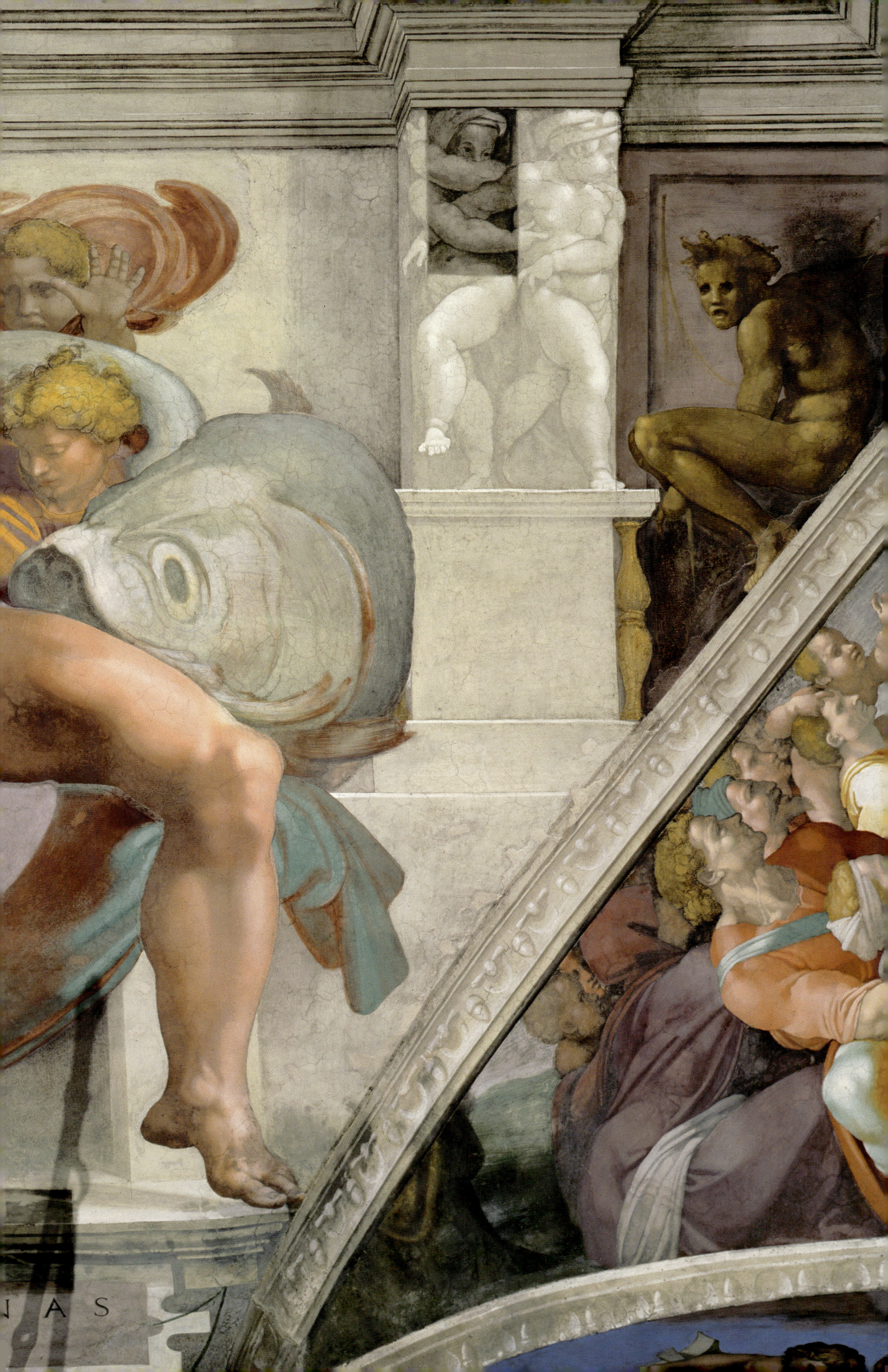
NAS

Eckzwickel mit Geschichten des Volkes Israel

Judith und Holofernes

Michelangelos Darstellung der Geschichte von *Judith und Holofernes* folgt mit einigen Abweichungen dem Bericht der Heiligen Schrift: Nachdem sich die jüdische Witwe Judith in das Zeltlager der gegnerischen Truppen begeben und dort deren Anführer Holofernes enthauptet hat, verlässt sie dessen Behausung, um den Kopf ihres Widersachers ihrer Magd zu übergeben. Abweichend vom biblischen Text hat sie den Kopf des Holofernes nicht in einen Sack gesteckt, sondern er ist in Michelangelos Darstellung auf einem Tablett oder Behältnis platziert, das ihre Magd auf dem Kopf trägt. Der Kopf des Holofernes ist wahrscheinlich ein Selbstbildnis Michelangelos.

Als es dann Nacht geworden war, brachen seine Diener eilig auf. Bagoas schloss von außen das Zelt und trennte so die Diener von seinem Herrn. Sie suchten ihr Nachtlager auf, denn sie waren alle von dem ausgedehnten Mahl ermüdet. Judith allein blieb in dem Zelt zurück, wo Holofernes, vom Wein übermannt, vornüber auf sein Lager gesunken war. Judith hatte ihrer Dienerin befohlen, draußen vor ihrem Schlafgemach stehen zu bleiben und wie alle Tage zu warten, bis sie herauskäme … Judith trat an das Lager des Holofernes und betete still: Herr, du Gott aller Macht, sieh in dieser Stunde gnädig auf das, was meine Hände zur Verherrlichung Jerusalems tun werden. Jetzt ist der Augenblick gekommen, dass du dich deines Erbbesitzes annimmst und dass ich mein Vorhaben ausführe, zum Verderben der Feinde, die sich gegen uns erhoben haben. Dann ging sie zum Bettpfosten am Kopf des Holofernes und nahm von dort sein Schwert herab. Sie ging ganz nahe zu seinem Lager hin, ergriff sein Haar und sagte: Mach mich stark, Herr, du Gott Israels, am heutigen Tag! Und sie schlug zweimal mit ihrer ganzen Kraft auf seinen Nacken und hieb ihm den Kopf ab … Kurz danach ging sie hinaus und übergab den Kopf des Holofernes ihrer Dienerin, die ihn in einen Sack steckte. (Jdt 13.1–10)

David und Goliath

In seiner Darstellung von *David und Goliath* hielt sich der Künstler zunächst an die Bibel, denn dort wird geschildert, dass der Riese nach vorn aufs Gesicht fällt, nachdem ihn David mit seiner Schleuder getroffen hat.

Als sich nun der Philister aufmachte und daherging und sich David nahte, lief David eilends von der Schlachtreihe dem Philister entgegen. Und David tat seine Hand in die Hirtentasche und nahm einen Stein daraus und schleuderte ihn und traf den Philister an die Stirn, dass der Stein in seine Stirn fuhr und er zur Erde fiel auf sein Angesicht. So überwand David den Philister mit Schleuder und Stein und traf und tötete ihn. David aber hatte kein Schwert in seiner Hand. Da lief er hin und trat zu dem Philister und nahm dessen Schwert und zog es aus der Scheide und tötete ihn vollends und hieb ihm den Kopf damit ab. Als aber die Philister sahen, dass ihr Stärkster tot war, flohen sie. (1. Sam 17.48–51)

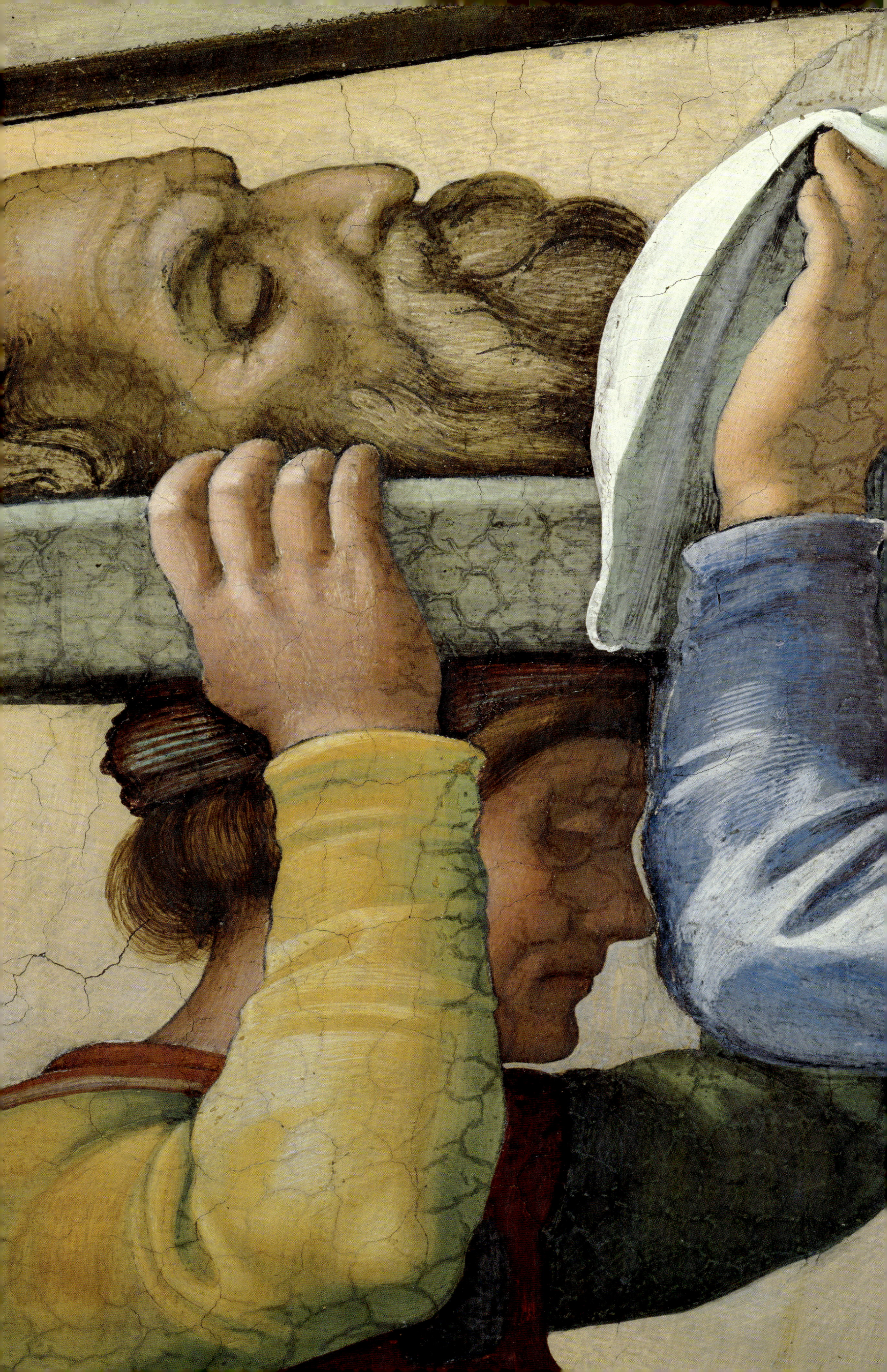

AZOR
SADOCH

ELEAZAR
MATHAN

IACOB
IOSEPH

ACHIM
ELIVD

Eckzwickel mit Geschichten des Volkes Israel

Die eherne Schlange

Zu den komplexesten Bildern der Sixtinischen Decke gehört *Die eherne Schlange*. Es thematisiert die Bestrafung des murrenden Volkes Israel durch von Gott gesandte giftige Schlangen. Erst die Errichtung einer ehernen Schlange durch Moses, deren Anblick vor der tödlichen Bedrohung schützt, wendet die Gefahr ab. Dieser Moment ist dramatisch in Szene gesetzt. Auf der rechten Bildseite werden die murrenden Juden von giftigen Schlangen überwältigt, links erlöst sie die geradezu kontemplativ wirkende Schau des ehernen Bildwerks.

Da sandte der Herr feurige Schlangen unter das Volk; die bissen das Volk, dass viele aus Israel starben. Da kamen sie zu Mose und sprachen: Wir haben gesündigt, dass wir wider den Herrn und wider dich geredet haben. Bitte den Herrn, dass er die Schlangen von uns nehme. Und Mose bat für das Volk. Da sprach der Herr zu Mose: Mache dir eine eherne Schlange und richte sie an einer Stange hoch auf. Wer gebissen ist und sieht sie an, der soll leben. Da machte Mose eine eherne Schlange und richtete sie hoch auf. Und wenn jemanden eine Schlange biss, so sah er die eherne Schlange an und blieb leben. (Num 21.6–9)

Bestrafung Hamans

Das Zwickelfeld mit der *Bestrafung Hamans* umfasst insgesamt drei Szenen. Ganz links ist der persische König Ahasver zusammen mit seiner jungen jüdischen Gemahlin Esther und seinem ersten Minister Haman dargestellt. Esther bezichtigt den in allen drei Szenen an seinem gelben Gewand erkennbaren Haman, das jüdische Volk ausrotten zu wollen. In der Szene ganz rechts lässt sich Xerxes aus der Chronik seiner Regierungszeit vorlesen und schickt nach Esthers Onkel Mordechai, der auf der Türschwelle sitzt und von Haman hereingebeten wird. Nachdem Esther die Umtriebe Hamans und die guten Absichten ihres Onkels offenbart hat, wird der erste Minister des persischen Reiches hingerichtet. Diese Hinrichtung ist im Vordergrund dargestellt, und zwar der Text- und Bildtradition nicht gemäß, die hierfür einen Galgen vorsah, sondern als Kreuzigung, wie sie in Dantes *Göttlicher Komödie* (Purg., 17.25–30) beschrieben wird. Somit lässt sich die Hinrichtung Hamans möglicherweise als Antitypus zur Kreuzigung Christi verstehen.

Und als der König zurückkam aus dem Garten am Palast in den Saal, wo man gegessen hatte, lag Haman vor dem Lager, auf dem Esther ruhte. Da sprach der König: Will er auch der Königin Gewalt antun bei mir im Palast? Als das Wort aus des Königs Munde gekommen war, verhüllten sie Haman das Antlitz. Und Harbona, einer der Kämmerer vor dem König, sprach: Siehe, es steht ein Galgen beim Hause Hamans, fünfzig Ellen hoch, den er für Mordechai aufgerichtet hat, der doch zum Wohl des Königs geredet hat. Der König sprach: Hängt ihn daran auf! So hängte man Haman an den Galgen, den er für Mordechai aufgerichtet hatte. Da legte sich des Königs Zorn. (Est 7.8–10)

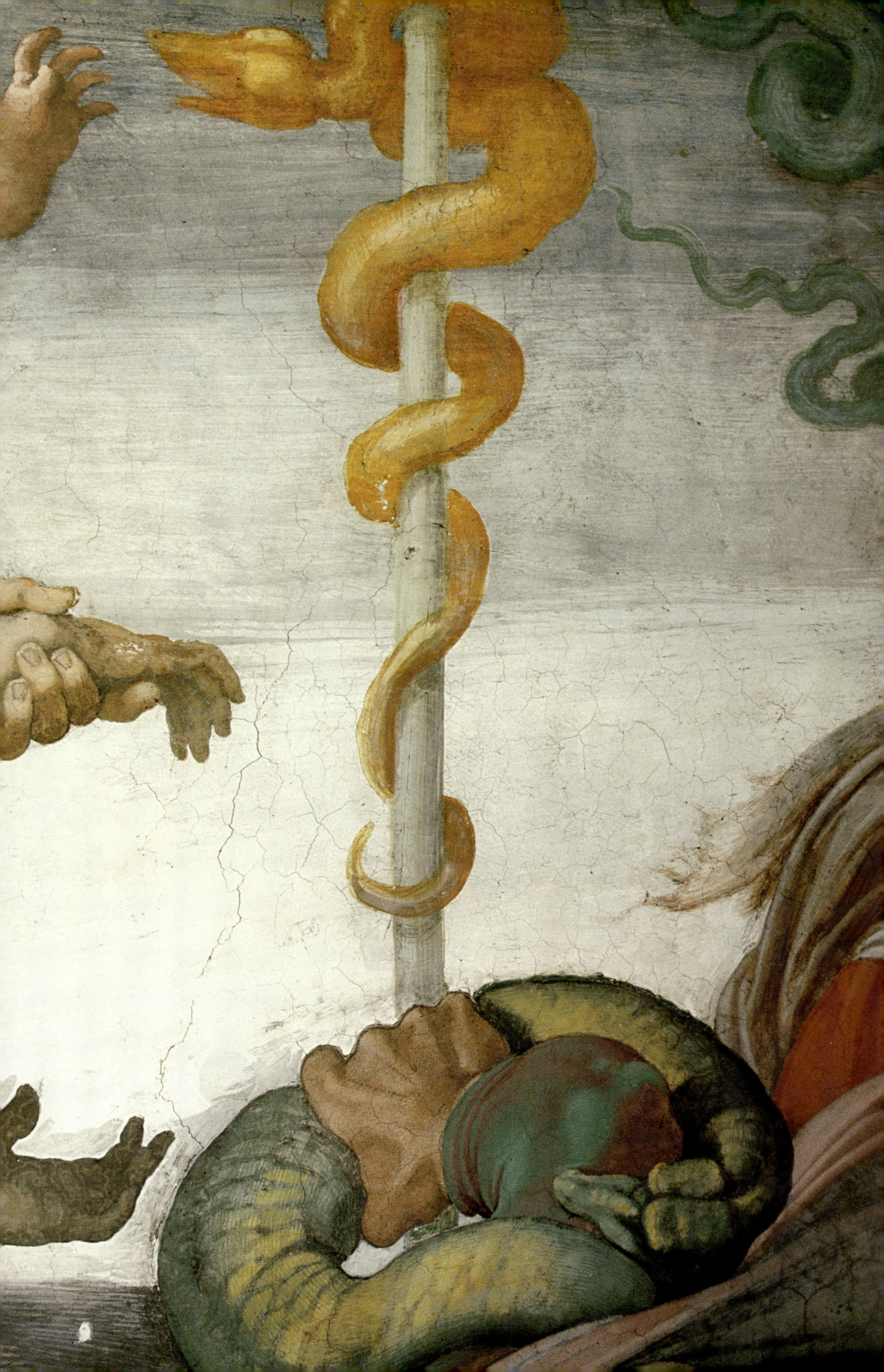

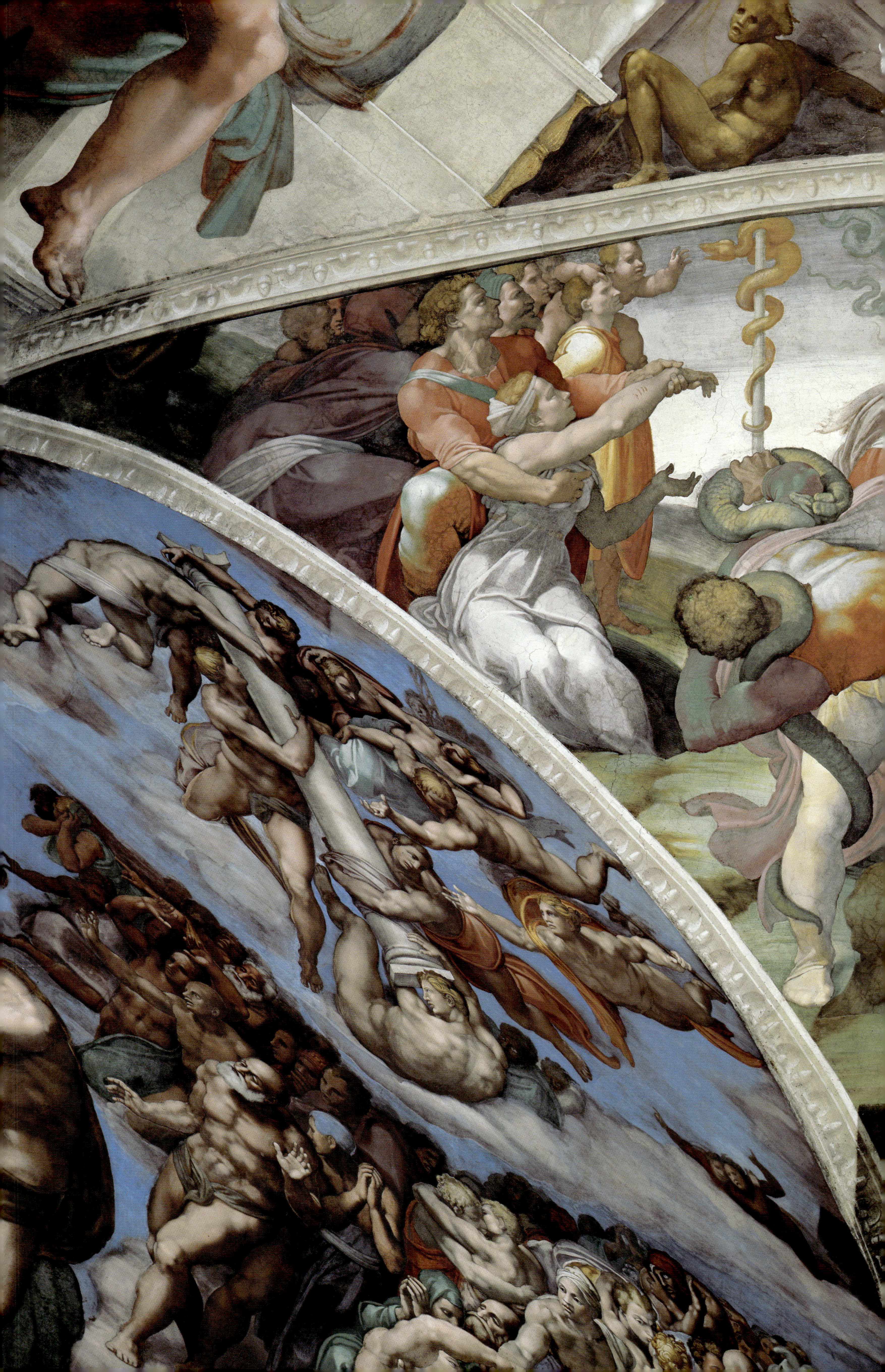

NAASON

AMINADAB

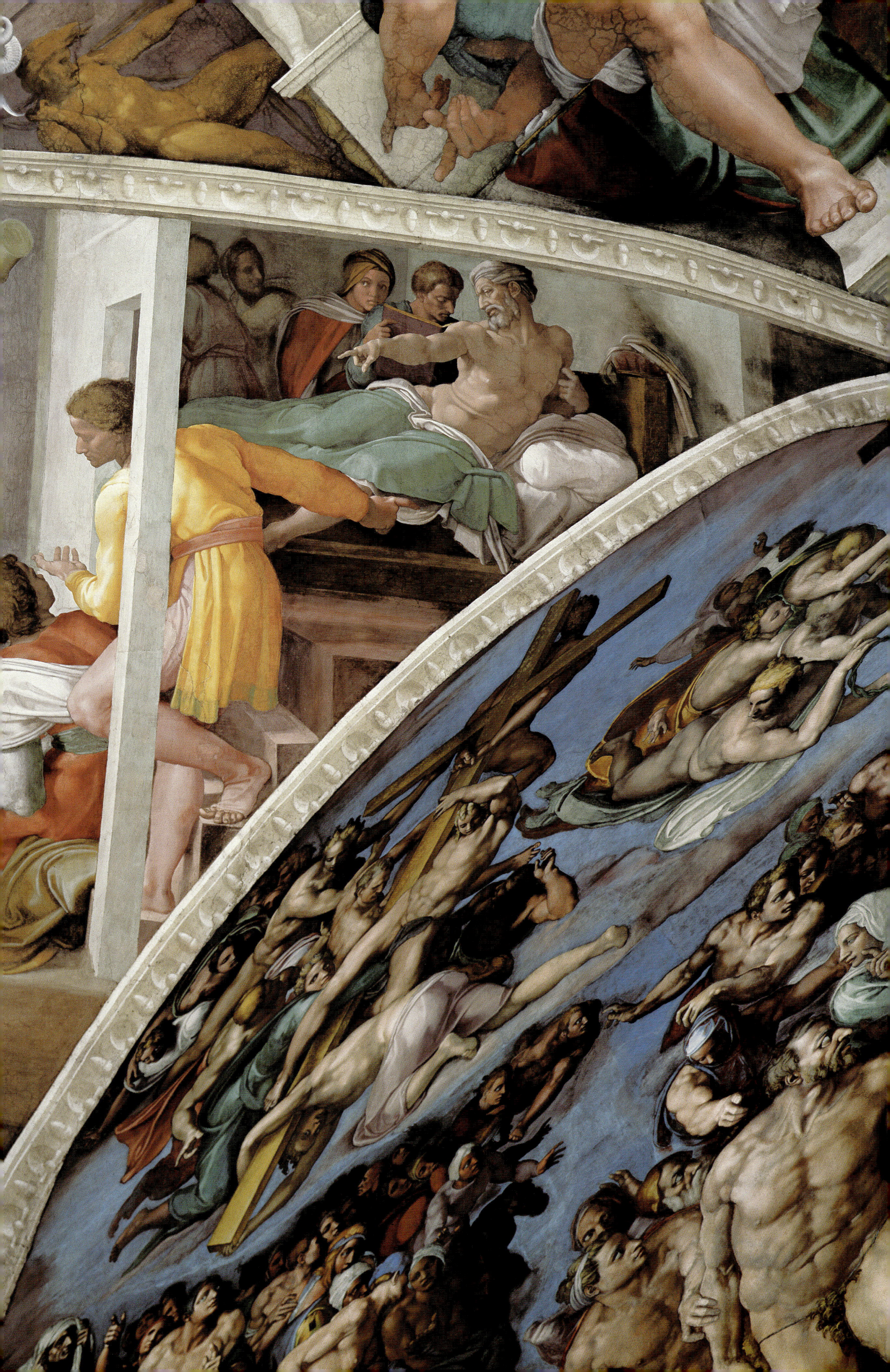

Stichkappen und Lünetten mit den Vorfahren Christi

Die Vorfahren Christi verteilte Michelangelo auf acht Stichkappen und ursprünglich 16 Lünetten. Zwei der Lünetten, die sich auf der Altarwand befanden, fielen dem *Jüngsten Gericht* Michelangelos zum Opfer und sind nur durch zeitgenössische Kopien überliefert. Mit diesen beiden Lünetten begann die Reihe der Vorfahren Christi mit Abraham, Isaak, Jakob und Juda sowie Phares, Esron und Aram. In der ersten Lünette der Südwand wird das Ahnenregister mit Amminadab weitergeführt, um dann mit Naasson auf die Nordwand überzuspringen. Von dort geht es im Zick-Zack zwischen Süd- und Nordwand springend weiter bis zur Eingangswand, wo mit Jakob und Joseph die letzten beiden Vorfahren Christi dargestellt sind. Diese Geschlechterfolge schließt die genealogische Lücke zwischen den – nicht von Michelangelo stammenden – Fresken des 15. Jahrhunderts mit der Vita des Erlösers an den Wänden der Sixtinischen Kapelle einerseits und Michelangelos Episoden des Gewölbespiegels andererseits, die mit der Geschichte Noahs enden.

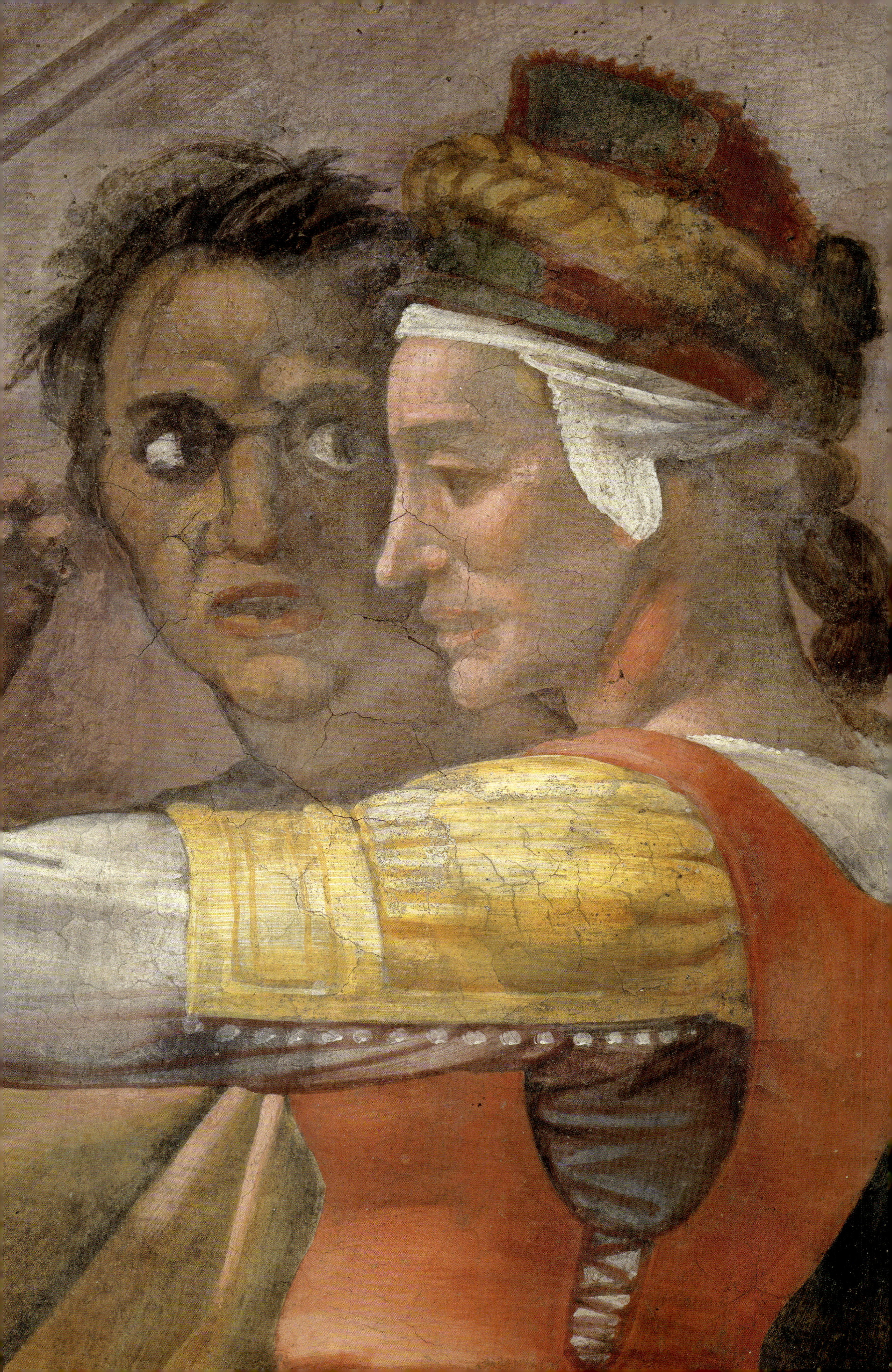

AMINADAB

NAASON

V. DIE SIXTINISCHE DECKE 1508–1512

AZOR
SADOCH

ACHIM
ELIVD

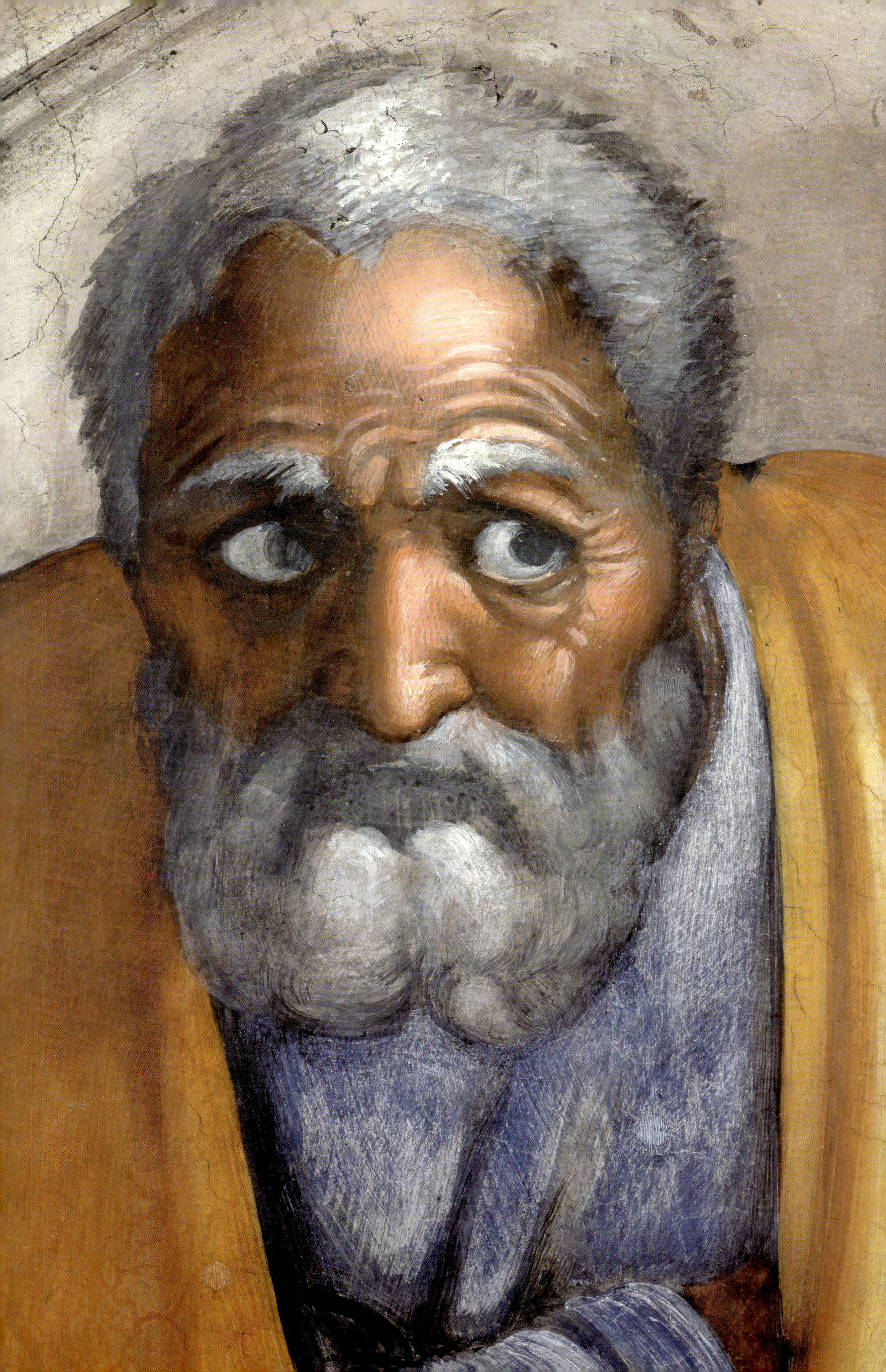

V. DIE SIXTINISCHE DECKE 1508–1512

SALMON
BOOZ
OBETH

V. DIE SIXTINISCHE DECKE 1508–1512

MICHELANGELO

OZIAS
IOATHAM
ACHAZ

V. DIE SIXTINISCHE DECKE 1508–1512

ROBOAM
ABIAS

ASA
IOSAPHAT
IORAM

V. DIE SIXTINISCHE DECKE 1508–1512

MICHELANGELO

EZECHIAS
MANASSES
AMON

V. DIE SIXTINISCHE DECKE 1508–1512

VI.
Der Architekt in Florenz
1513–1534

Christof Thoenes

Aber dann übertraf er sich selbst in der Bibliothek von San Lorenzo, in der schönen Anordnung der Fenster, in der Aufteilung der Decke und in dem wunderbaren Vorraum, durch den man eintritt. Nie sah man eine so vollkommene Anmut im Ganzen wie in den Einzelheiten, den Konsolen, den Tabernakeln und den Gesimsen, noch eine bequemere Treppe. Deren Stufen unterteilte er so einfallsreich und so abweichend von dem, was alle anderen gemacht hatten, dass jedermann darüber erstaunte.

— GIORGIO VASARI, 1568

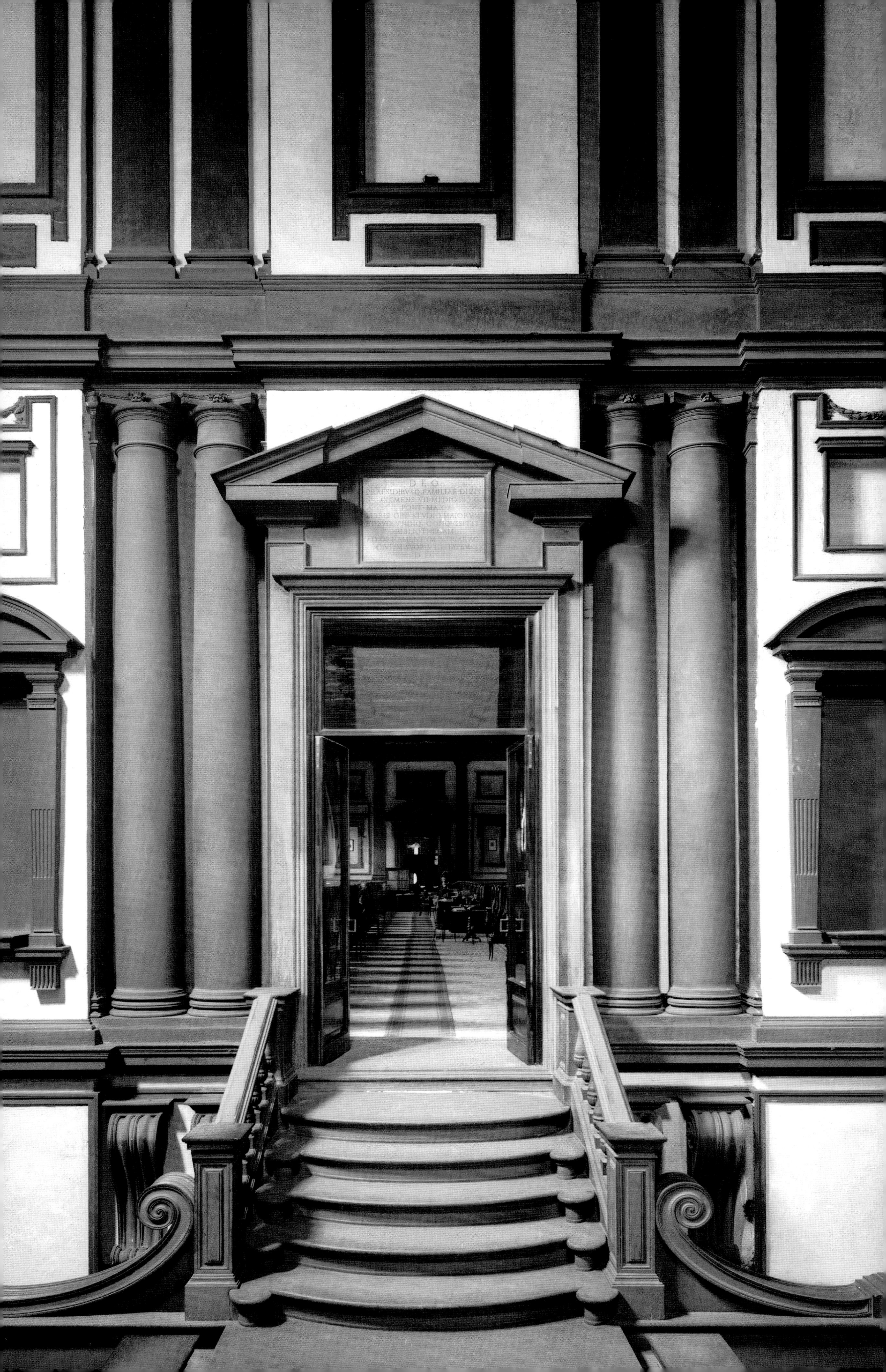

MICHELANGELO

Seite 199:
Florenz, Biblioteca Laurenziana, Ricetto, Treppe und Blick in den Lesesaal, 1523–1533 und 1555–1558

Rom, Engelsburg, Kapelle Leos X., um 1514

Michelangelos Heimatstadt war die Wiege der Renaissance-Architektur, aber sie verlor an Bedeutung im Lauf der Krisen, die gegen Ende des 15. Jahrhunderts die ober- und mittelitalienischen Stadtstaaten und Fürstentümer erschütterten. Noch unangefochten erschien das päpstliche Rom, wo Bramante (1444–1514) eine neue, auf ein vertieftes Studium der antiken Monumente gegründete Phase der architektonischen Moderne einleitete. Künstler der folgenden Generation, von Haus aus in der Mehrzahl Maler und Bildhauer, nahmen Bramantes Impulse auf und reüssierten als Architekten; dank ihrer Erfolge wurde die römische Renaissance zum Weltstil. Auch Michelangelo war nach Rom gegangen und dort als Bildhauer und Maler zu Ruhm gelangt. Aber der Schritt zur Architektur, der seinem jüngeren, von Bramante protegierten Rivalen Raffael so mühelos gelang, blieb ihm vorerst verwehrt, ja er musste erleben, dass seine bildhauerischen Pläne den architektonischen Ambitionen des Papstes geopfert wurden.

Dies mag Michelangelos Verhältnis zur Architektur belastet haben. Es ist sonderbar widersprüchlich. In den ersten Pontifikatsjahren Leos X. erkämpfte er sich mit großer Entschlossenheit seinen Platz als Architekt. Aber noch 1524 erklärt er einem Briefpartner widerwillig seine Bereitschaft, einen Entwurf für die Biblioteca Laurenziana zu liefern, „obgleich das nicht mein Metier ist (benché non sia mia professione)". „Ich bin kein Architekt (non sono architector)", schreibt er noch in den 1540er Jahren auf die Zeichnung eines Architekturdetails. Und Condivi resümiert: „Er wollte den Beruf eines Architekten niemals ausüben (non volse mai fare professione d'architettore)." Noch die Übernahme der Bauleitung von St. Peter habe er abgelehnt, schreibt Vasari, „denn die Architektur war nicht seine Kunst", und Michelangelo selbst erklärte später, er habe diese Aufgabe nur gezwungenermaßen („contra mia voglia e con grandissima forza") übernommen; was ihn nicht hinderte, sich dann mit umso größerem Engagement gerade der technischen Probleme des Bauwerks anzunehmen. Dies erinnert an die Vorgänge zu Beginn der Ausmalung der Sixtina. „In Anbetracht seiner geringen Vertrautheit mit der Technik der Malerei" (Vasari) ließ Michelangelo ein Team erfahrener Freskanten aus Florenz kommen – und schickte sie binnen kurzem wieder nach Hause, um sich fortan mit ein paar Handlangern zu begnügen (s. Kap. V).

Offensichtlich hatte Michelangelo Schwierigkeiten im Umgang mit gleichwertigen oder gleiche Wertschätzung beanspruchenden Künstlern. Dies wird deutlich im Vergleich mit Raffael, dessen Stärke nicht zuletzt in dem lag, was wir soziale Kompetenz nennen; Vasari hat eindrucksvolle Formulierungen dafür gefunden. Zum St.-Peter-Baumeister ernannt, freut Raffael, wie er seinem Onkel schreibt, sich darauf, mit dem alten Fra Giocondo zusammenzuarbeiten; er werde lernen, was dieser für ein „schönes Geheimnis in der Architektur" habe, und es so auch in dieser Kunst zur Vollkommenheit bringen. Als die Probleme der Praxis akut werden, findet er in Antonio da Sangallo d. J. einen ebenso fähigen wie loyalen Profi-Architekten, mit dem er – sachlicher Meinungsverschiedenheiten ungeachtet – anscheinend konfliktfrei kooperiert hat. Eben diese Probleme sind es, die Michelangelo anziehen; mit ihnen selbst fertig zu werden, das Metier, auch wenn es nicht „das seine" ist, zu beherrschen, bleibt sein erklärtes, oft polemisch hervorgekehrtes Ziel. Natürlich hat auch Michelangelo Mitarbeiter gehabt, die Tätigkeit des Architekten ist anders nicht auszuüben. Aber seine Baugeschichten sind fast stets auch Geschichten von Kämpfen, Kompetenzstreitigkeiten, Auseinandersetzungen mit Konkurrenten, Untergebenen, Auftraggebern und deren Agenten. Er glaubt nicht oder will nicht wahrhaben, dass andere etwas besser wissen oder können als er.

Dies führt zu paradoxen Situationen. In einer von Papst Paul III. einberufenen Kommissionssitzung über den Bau der römischen Stadtbefestigungen hält Sangallo seinem Kritiker Michelangelo vor, er sei wohl zuständig für Skulptur und Malerei, nicht aber für Festungsbau. Michelangelo erwidert, von jenen Künsten verstehe er wenig, aber über Festungsarchitektur wisse er besser Bescheid als Sangallo und alle seine Leute. Besser, nicht ebenso gut: Was er beansprucht und der Papst ihm zuzuge-

stehen bereit ist, ist nicht die Position eines *professore* unter anderen – Sangallo war einer –, sondern die des absoluten, über den Einzelkünsten stehenden Genies. Etwa zur gleichen Zeit äußert er in einem Brief an den Neffen Lionardo seinen Ärger über einen Florentiner Geistlichen, der ihn als „Michelangelo scultore" angeschrieben hatte – nicht weil seine anderen künstlerischen Betätigungsfelder unerwähnt bleiben, sondern weil er sich überhaupt nicht als Berufsmensch klassifiziert sehen will. In Rom sei er als Michelangelo Buonarroti bekannt, nicht unter seinem Vornamen wie ein Handwerker, der eine Bottega unterhalte und an den man sich wende, um bestimmte Waren zu beziehen.

Der Wunsch, sich über den städtisch-bürgerlichen Handwerkerstand zu erheben, zieht sich als eine Art Leitmotiv durch fast alle italienischen Künstlerbiografien der Epoche. Als Alternative bot sich die riskantere, aber im Erfolgsfall Glanz und Ehre versprechende Karriere des „Hofkünstlers" an. Aber Michelangelo hatte auch deren Schattenseiten frühzeitig erfahren, und er hat aus seiner Abneigung gegen den Fürstendienst nie einen Hehl gemacht. Sein sozialer Auftritt, für uns fassbar etwa in seiner Briefprosa oder in der Art, sich zu kleiden, signalisiert Nicht-Zugehörigkeit zur höfischen Gesellschaft, Unabhängigkeit von ihren Konventionen und Erfolgskriterien. Seine unternehmerischen Strategien – die immer erneuten Versuche, seinen Auftraggebern als ökonomisch selbständiger Kontrahent gegenüberzutreten – entsprechen der immerwährenden Hoffnung des europäischen Bürgertums, als Vertragspartner der Fürstenmacht sich vor deren Willkür zu schützen. Aber auch sein Insistieren auf der aristokratischen Herkunft der Familie Buonarroti – die durch den Papst sich bestätigen zu lassen er nicht verschmähte: sie wurde durch Klemens VII. in den Pfalzgrafenstand erhoben – gehört hierher. Beides sind Äquivalente jener absolut freien, allein auf persönliche *virtus* gegründeten Künstler-Existenz, die Michelangelo sich konstruiert hat.

Vielleicht hatte Michelangelos allergische Reaktion auf das Wort „scultore" noch einen weiteren Grund: Es rührte an ein Tabu, das er selber nicht aufzulösen vermochte. Denn der auf der Ebene materieller Daseinssicherung gelungenen Emanzipation stand die psychische Prägung durch seine bildhauerischen Anfänge entgegen. Körperliche Arbeit, die dem Broterwerb dient, galt und gilt in der Regel als gesellschaftlich deklassierend. Dennoch blieb das Herausmeißeln der Figur aus dem Marmorblock für Michelangelo Inbegriff aller kreativen, auch die Architektur umfassenden Aktivität, wie auch Lebensmuster: Sich den härtesten Widerständen zu stellen, ja sie zu suchen und sich gegen sie durchzusetzen bildet das Grundmotiv seiner Klagen wie

VI. DER ARCHITEKT IN FLORENZ 1513–1534

Florenz, Kuppeltambour von S. Maria del Fiore mit der *Gabbia dei grilli*
(nach Stegmann und Geymüller)

Kuppel von S. Maria del Fiore mit Blick auf die *Gabbia dei grilli*

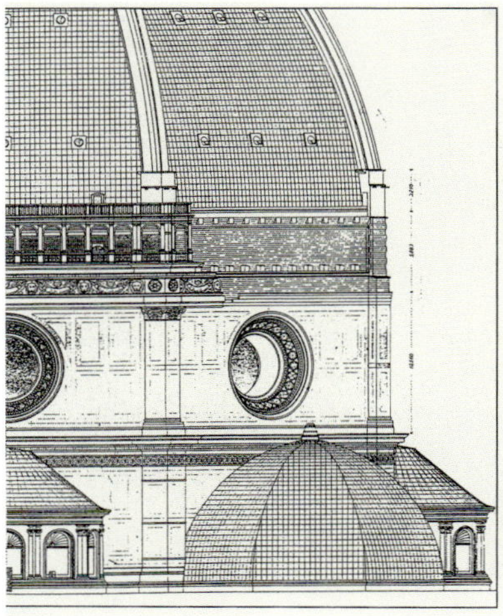

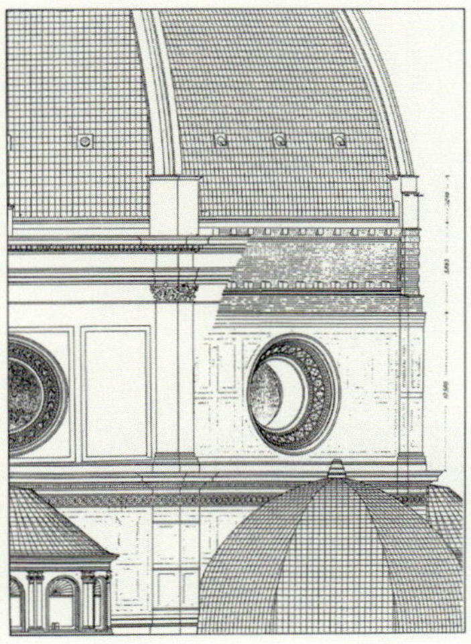

Rekonstruktion von Michelangelos Entwurf der Tambourgestaltung der Kuppel von S. Maria del Fiore
(nach Maurer)

seines Selbstwertgefühls. Dem Biografen Condivi hat Michelangelo seinen quasi widernatürlichen, mit dem prätendierten Sozialstatus unvereinbaren Hang zur Bildhauerei mit dem Hinweis auf eine Amme erklärt, die einer Steinmetzenfamilie entstammte. Es ist schwer zu entscheiden, wieweit die von Condivi getreulich referierte Geschichte ernst, wieweit scherzhaft gemeint war; jedenfalls zeigt sie, dass Michelangelo sich des Zwiespalts bewusst war und unter ihm litt. Als Architekt war er freilich von der Arbeit im Material dispensiert. Aber es scheint nicht, dass er dies angestrebt oder dass es ihn froh gemacht hätte. Ja man ist versucht, das leidenschaftliche Engagement, mit dem er sich der Beschaffung und Zurichtung des Steinmaterials für seinen ersten architektonischen Großauftrag widmete, als eine Art Kompensation für den durch die neue Rolle auferlegten Praxisentzug zu verstehen.

Michelangelos erster Auftritt als Architekt vollzieht sich überraschend. Er hielt sich in Rom auf, als Leo X. 1513 den päpstlichen Stuhl bestieg. Wie es ihm gelang, den Auftrag für die Außenverkleidung der Kapelle des Privatappartements zu erlangen, das der Medici-Papst sich durch Antonio da Sangallo in der Engelsburg einrichten ließ, ist nicht bekannt; vielleicht wurde das Werk nach Format und Material eher als Bildhauerarbeit eingestuft. Auch sind weder die Entstehungszeit noch Michelangelos Autorschaft dokumentiert. Dennoch ist diese von der Kritik nie in Zweifel gezogen worden. Die kleine Fassade (S. 200), heute unglücklich eingezwängt zwischen einer Rundnische mit Büste aus der Zeit Pauls III. und dem seitlich angrenzenden Treppenlauf Urbans VIII. (reg. 1623–1644), fällt zuerst durch ihr Material ins Auge: reiner, heller Marmor, kombiniert – in der Fensteröffnung – mit schlanken Bronzebalustern, wie man sie von der Scheinarchitektur der Sixtina-Decke her kennt (vgl. S. 75–78). Das Kreuzsprossenfenster, dessen Mittelpfosten das Gewölbe des Innenraums trägt, war wohl vorgegeben; Michelangelo rahmt es mit einer Ädikula, flankiert von schmalen, zurückgestaffelten Wandfeldern mit Nischen. Der federgeschmückte Medici-Ring im Giebel und die auf den Papstnamen anspielenden Löwenköpfe über den Nischen erscheinen als einzeln aufgesetzter Zierrat; im Übrigen bilden Pilaster, Halbsäulen und die Volutenkonsolen der Fensterrahmung – quasi eine Signatur Michelangelos – eine homogene, kompakte, in sich verzahnte und wie versiegelt wirkende Struktur, wie weder Sangallo noch ein anderer damals in Rom tätiger Architekt sie hätten ersinnen können.

Das zweite Präludium zu Michelangelos Architekten-Karriere spielt in Florenz. An der Kuppel des Domes S. Maria del Fiore fehlte noch der von Filippo Brunelleschi (1377–1446) geplante Laufgang (*ballatoio*) zwischen Tambour und Kuppelfuß. Unter dem Gonfalonierat von Piero Soderini (1502–1512) wurde ein von Cronaca, Giuliano da Sangallo, Antonio da Sangallo d. Ä. und Baccio d'Agnolo erstelltes Modell akzeptiert und nach langwierigen Diskussionen unter Leitung Baccio d'Agnolos an der südöstlichen Oktogonseite ausgeführt. 1515 enthüllt, fand das Werk wenig Beifall. Vasari schildert, wie vor allem der aus Rom nach Florenz zurückgekehrte Michelangelo dagegen Stimmung machte; seine spöttische Bezeichnung „Grillenkäfig" (gabbia dei grilli) wurde zum geflügelten Wort (S. 201). Das Unternehmen wurde danach nicht fortgesetzt, wohl auch von den Medici, die inzwischen die Stadtherrschaft übernommen hatten, nicht weiter gefördert.

In diesen Jahren entstanden einige Zeichnungen Michelangelos, die sich mit Brunelleschis Kuppel befassen. Ihr Thema ist nicht der durch den Laufgang zu kaschierende Übergang vom Tambour zur Wölbung, sondern die Gestaltung des dort sich abzeichnenden Konflikts; Ausgangspunkt waren offenbar die von Brunelleschi hinterlassenen Konsolsteine (*morse*) am Kuppelfuß, um deren Beseitigung oder Nichtbenutzung durch Baccio Michelangelo laut Vasari viel Aufhebens gemacht hatte. In ihrer Höhe wollte er ein wuchtiges, weit auskragendes Gebälk anbringen, das durch kolossale korinthische Pilasterpaare an den Oktogonkanten gestützt werden sollte. Die kleinteilig inkrustierten Tambourwände sollten ein großzügiger dimensioniertes plastisches Rahmenwerk erhalten. Michelangelos spätere Peterskuppelentwürfe werden unmittelbar an seine Florentiner Kuppelstudien anknüpfen.

Die tiefere Bedeutung der Episode liegt darin, dass sie zwei Grundmuster von Eingriffen Michelangelos in von Vorgängern übernommene Bauprojekte vorwegnimmt. Das Eine betrifft die Proportionierung: Baccios Laufgang war als Bauteil für sich konzipiert, Michelangelos Gebälk bezieht sich auf die Gesamtmasse des Baukörpers, wie später sein Kranzgesims am Palazzo Farnese. Das Zweite ist die bedenkenlose Um-Interpretation des Vorgängerbaus, die als Rückgriff auf dessen wahre – oder vermeintliche – Ur-Idee begründet wird; sie wird in Michelangelos Kritik an Sangallos und Labaccos St.-Peter-Modell, das den Bramante-Bau entstellt habe, wiederkehren. In

MICHELANGELO

Florenz, S. Lorenzo, vorn die unverkleidet gebliebene Fassade, hinten rechts die Neue Sakristei

beiden Fällen gilt Michelangelos Polemik den Produkten von Kommissionsentscheidungen und Kollektivarbeit; ihnen wird das Werk großer, souveräner Individuen wie Brunelleschi oder Bramante entgegengehalten.

Der 1421 von Brunelleschi begonnene Neubau von S. Lorenzo – einer der ältesten Kirchengründungen der Stadt – war im Quattrocento nur langsam vorangekommen. Ein neuer Abschnitt der Baugeschichte begann, nachdem Giovanni de' Medici 1513 als Leo X. den päpstlichen Stuhl bestiegen hatte; er endete 1534 mit dem Tod des zweiten Medici-Papstes, Klemens' VII. In dieser Zeit schuf Michelangelo das Fassadenmodell, die Neue Sakristei/Medici-Kapelle, die Biblioteca Laurenziana und die Reliquientribüne im Inneren der Kirche.

Im November 1515 besuchte Leo X. auf der Durchreise zu einem Treffen mit dem französischen König Franz I. in Bologna seine unruhige, zwischen Republik und Prinzipat hin und her gerissene Vaterstadt Florenz. Sein Einzugsweg wurde mit ephemeren Dekorationen, einem Triumphbogen und Statuen geschmückt, darunter auch eine von Jacopo Sansovino und Andrea del Sarto entworfene hölzerne Domfassade. Dies musste den Gedanken nahelegen, endlich auch die Fassade der Laurentiuskirche in Angriff zu nehmen, die zusammen mit dem benachbarten Familienpalast zum bevorzugten Ort der mediceischen Selbstdarstellung geworden war. Vor dem Gebäude, so wird berichtet, habe man eine Figur des Heiligen aufgestellt, der den Papst anflehte, seine Kirche zu vollenden.

Über die Vorgänge, die zur Formulierung des Auftrags führten, gibt es widersprüchliche Darstellungen aus den Federn Michelangelos, Condivis und Vasaris; von wem die Initiative ausging und was genau propagiert werden sollte, ist nicht zu erkennen. Jedenfalls war es ein Vorhaben, das die namhaftesten Künstler des Landes anzog. Vasari nennt eine Reihe von Architekten der jüngeren Generation aus Florenz und Rom: Baccio d'Agnolo, Antonio da Sangallo, Andrea und Jacopo Sansovino, Raffael; die großen Präsentationszeichnungen von Giuliano da Sangallo – er starb im Oktober 1516 – lagen möglicherweise schon vor, die Aufgabe war ja nicht neu. Von Michelangelo ist zunächst nicht die Rede, und das überrascht nicht, da er ja als Architekt noch kaum in Erscheinung getreten war; auch beim Wettbewerb für S. Giovanni dei Fiorentini in Rom zwei Jahre später wird er nicht aufgefordert. In Florenz aber war bildhauerischer Schmuck vorgesehen, und das bot ihm eine Chance; um sie wahrzunehmen, tat er sich mit Baccio d'Agnolo zusammen. Aber dessen Projekt fand so wenig Anklang wie jener „Grillenkäfig" am Tambour der Domkuppel; Michelangelo selbst tat es schließlich als „Kinderkram" (una cosa da fanciulli) ab. Vielleicht hatte er von Anfang an auf den Gesamtauftrag spekuliert und Baccio nur als Strohmann vorgeschoben.

VI. DER ARCHITEKT IN FLORENZ 1513–1534

Skizze der Fassade von S. Lorenzo (Detail), 1517
Feder, schwarze Kreide und Rötel,
212 x 143 mm
Florenz, Casa Buonarroti, 43Ar

Michelangelo mit Pietro Urbano
Modell der Fassade von S. Lorenzo, 1518
Pappelholz, 216 x 283 x 50 cm;
Maßstab 1:12
Florenz, Casa Buonarroti

Antik-römische Gebälke, Kapitelle und Basen
(Kopie nach dem Codex Corner),
1515/16
Rötel, 288 x 215 mm
London, British Museum,
1859-6-25-560/2r

Wie dem auch sei: Im Dezember 1516 reist Michelangelo aus Carrara, wo er immer noch mit der Marmorbeschaffung für das Juliusgrab befasst ist, nach Rom und erhält vom Papst eine, wie er meint, bindende Zusage für sein Projekt. Sogleich beginnt er sich mit der Fassadenarchitektur zu beschäftigen; eine Federskizze lässt sich auf Mitte Januar 1517 datieren (Elam, 1992b). Baccio d'Agnolo ist nun aus dem Spiel, und auch Jacopo Sansovino, der an der Bildhauerarbeit beteiligt werden sollte, wird, wie wir aus einem bitterbösen Brief Sansovinos erfahren, herausgedrängt. „Ich bin vom Papst beauftragt worden, die Fassade von S. Lorenzo zu machen", schreibt Michelangelo bündig an einen Verwandten. Im Februar 1517 übermittelt Domenico Buoninsegni, Michelangelos Korrespondent an der Kurie, ihm im Namen des Kardinals Giulio de' Medici eine Liste der an der Fassade darzustellenden Personen. Es ist ein rein kirchliches, nicht sonderlich interessantes Programm: Laurentius, Johannes der Täufer, Peter und Paul, die vier Evangelisten, die Heiligen Cosmas und Damian, kenntlich gemacht als Ärzte („medici"); die Kleidung der übrigen wird dem Künstler überlassen, der Kardinal sei kein Schneider. Was Michelangelo vorschwebt, formuliert er in seiner Antwort an Buoninsegni: Seine Fassade soll in ihrer Architektur wie in ihrem Skulpturenschmuck „der Spiegel ganz Italiens" werden. Sie werde durchweg aus Marmor bestehen; er wolle sechs Jahre daran arbeiten, und das Ganze werde 35 000 Dukaten kosten. Dafür fordert er absolutes Vertrauen: Er will den Auftrag im Akkord („in choctimo") übernehmen – also nicht in päpstlichen Diensten, sondern als selbständiger Unternehmer – und über die Gesamtsumme frei verfügen können; auch hat er schon Eigenmittel für die Marmorbeschaffung eingesetzt. Sollten allerdings der Papst und der Kardinal sich nicht bald entscheiden, wolle er die schon empfangene Anzahlung von 1000 Dukaten zurückerstatten und die Angelegenheit als erledigt betrachten. Nachdem aus Rom beruhigender Bescheid eingegangen ist, lässt Michelangelo ein Holzmodell herstellen (S. 203) und nach Rom schicken; aufgrund dessen wird am 19. Januar 1518 ein förmlicher Vertrag aufgesetzt, vom Papst persönlich signiert und vom Künstler gegengezeichnet. Michelangelo erhält alle Vollmachten, die er verlangt hat. Die Bauzeit wird auf acht Jahre (ab 1. Februar 1518) festgesetzt, die Gesamtsumme auf 40 000 Dukaten erhöht, zahlbar in Jahresraten à 5000; die Einrichtung einer Werkstatt in unmittelbarer Nähe der Kirche wird zugesagt.

Dennoch bleibt Michelangelo bis zum Herbst 1519 in seinen Marmorbrüchen, und nichts weist darauf hin, dass seine Vertragspartner ihn nun gedrängt hätten, das Werk zu beginnen. Im Gegenteil: Der Kardinal sagt den Florentiner Dombauleuten Marmor aus den von Michelangelo neu erschlossenen Brüchen zu, was diesen nicht wenig erbittert. Im Februar 1520 fordert er Michelangelo auf, seine bisherigen Auslagen zu spezifi-

zieren; im März wird eine Abschlusszahlung vereinbart. Dann geschieht nichts mehr, und Michelangelo beginnt zu begreifen, dass sein Konzept gescheitert ist. In einem Brief an einen unbekannten Adressaten (vielleicht Buoninsegni) zieht er Bilanz: Ihm bleiben nach all dem 500 Dukaten für drei verlorene Jahre, Vermögensschäden verschiedener Art und die Schande, das versprochene Werk nicht realisiert zu haben. Die Schuld gibt er Kardinal Giulio, der sich zwischen ihn und den Papst gedrängt habe – wobei freilich unklar bleibt, welche Rolle Leo in der ganzen Affäre wirklich gespielt hat.

Wie Michelangelo seinen ersten architektonischen Großauftrag anzugehen gedachte, lässt sich anhand seiner Zeichnungen verfolgen, auch wenn diese wohl unvollständig erhalten und nicht ganz leicht chronologisch zu ordnen sind. Vorgegeben war der Rohbau, wie er heute noch steht (S. 202): Die drei Portalachsen lagen fest, der dreifach abgestufte Kontur spiegelte den Querschnitt des Inneren mit Seitenkapellen, Seitenschiffen und Mittelschiff. Wie man daraus eine harmonisch proportionierte, reich dekorierte Fassade entwickeln konnte, hatte Giuliano da Sangallo gezeigt. Michelangelo geht von dessen Entwürfen aus, experimentiert aber sogleich mit einer interessanteren Geschossfolge. In einer als Präsentationszeichnung angelegten, nicht zu Ende geführten Studie sind Unter- und Zwischengeschoss zusammengezogen, vor dem Mittelcorps stehen Säulen auf hohen Piedestalen, an den Flanken dominieren Tabernakel auf zweizonigen Sockeln. Das damit eingeführte, Giuliano ganz fremde Spannungsmoment wird aber im Folgenden wieder zurückgenommen. Eine energisch vereinfachende Rötelskizze formuliert einen neuen Gedanken: Das Untergeschoss soll nun durchgehend als Sockel behandelt werden. Die entscheidende Wendung bringt die in Feder, Kreide und Rötel angelegte Zeichnung (S. 203): Die flankierenden Tabernakel entfallen, dafür wird das Obergeschoss in voller Breite hochgeführt. Der Kontur des Brunelleschi-Baus verschwindet nunmehr hinter einer Art Wandschirm, der als selbständiger Körper vor der alten Fassade stehen soll; die Gliederung greift um die Flanken herum. In

Florenz, S. Lorenzo,
Neue Sakristei/
Medici-Kapelle, 1519–1534

Nische über einer Tür in der Neuen Sakristei

Blick in die Kuppel der Neuen Sakristei

Dank der Höhe des Raumes, der nur von oben Licht erhält, fühlt man sich wie in einer Krypta, abgeschnitten von der Welt des Tages. Desorientierend wirken ferner die irrationalen Verhältnisse der weißen, von der Pietra serena gerahmten Marmorarchitektur. In Italien stand vordem die architektonische Gliederung einer Kapelle stets im Einklang mit ihrer tatsächlichen Wandstruktur; hier scheinen die realen Wände verschwunden, an ihrer Stelle erscheinen Traumfassaden aus weißem Marmor ...
— CHARLES DE TOLNAY, 1951

der Horizontalteilung gibt es noch einige Unsicherheiten, sie werden im Modell geklärt: Dort liegt die Zäsur eindeutig im Gebälk der unteren Ordnung, das Zwischengeschoss wird der oberen Zone zugeschlagen und verleiht dieser das Übergewicht.

Neben den Gesamtentwürfen gibt es eine größere Anzahl von Zeichnungen technischen oder halbtechnischen Charakters, die fesselnde Einblicke in Michelangelos Arbeitsweise gewähren. Überblickt man die Masse der Blätter – es sind mehr als 30 – so fällt eines auf: Sie befassen sich mit einer Ausnahme allein mit Architektur. Die Präsentationszeichnungen hätten Figuren gehabt, und das Modell hatte sie, aber in Michelangelos Arbeitsmaterial spielen sie keine Rolle. Das muss überraschen, denn gefordert war eine Synthese von Architektur und Skulptur, und von dieser Seite hatte Michelangelo sich dem Auftrag genähert. Auch der Vertrag von 1518, mit dem er die Gesamtleitung übernimmt, handelt hauptsächlich von Figuren: Es sollen 12 überlebensgroße Marmorstatuen, 4 Sitzfiguren in Bronze, 6 weitere Statuen in Halbrelief, 7 große und 14 kleinere erzählende Reliefs ausgeführt werden, dazu Ornamente, Wappen u. a. – ein Marmorgebirge, gigantischer noch als das Juliusgrab; und wiederum beginnt Michelangelo seine Arbeit im Steinbruch. Kein anderer Architekt wäre – und ist je – so vorgegangen. Aber was er dort plant, entwirft und berechnet, sind Architekturteile, nicht Figuren. Es ist, als habe er Architektur als Thema von Bildhauerarbeit entdeckt.

Als Endresultat von Michelangelos Bemühungen ist das große Holzmodell (S. 203) auf uns gekommen. In seiner Substanz wohlerhalten, ist es gleichwohl Fragment: Es fehlen die in Wachs ausgeführten plastischen Dekorationen, Figuren und Reliefs. Denkt man sie sich hinzu – eine Zeichnung von 1687 liefert Anhaltspunkte –, verliert sich einiges von dem quasi puritanischen Ernst, den das Modell heute ausstrahlt. Auch dann aber fällt, im Vergleich mit der luxurierenden Formenvielfalt der Giuliano-Entwürfe, die Ausschließlichkeit auf, mit der Michelangelo sich auf die Elemente der klassischen Architektursprache – Säulen, Pilaster, Gebälke und Giebel – konzentriert.

Sprachen müssen erlernt werden, und Michelangelo hat keine Mühe gescheut, dies zu tun. Dies bezeugt eine um 1516/17 zu datierende Serie gewissenhaft ausgeführter Kopien nach dem Zeichenbuch des Bernardo della Volpaia, eines Florentiner Architekten und Antikenvermessers aus dem Sangallokreis. Es sind Residuen eines „Crash-Kurses", in dem Michelangelo das für Architekten seiner Generation obligate Studium der römischen Ruinen – und der römischen Werke Bramantes – nachholt. Dabei versteht er die antiken „Ordnungen" nicht als Zutat, sondern als die eigentliche Essenz des Bauwerks, identifiziert sich gleichsam mit den ihnen innewohnenden Kräften; der Architekt muss sie in ihrer Funktion erfassen und zeichnerisch beherrschen lernen wie der Bildhauer die menschliche Figur. Folgerichtig mündet Michelangelos Lernprozess in eine tiefreichende Auseinandersetzung mit der Aporie aller

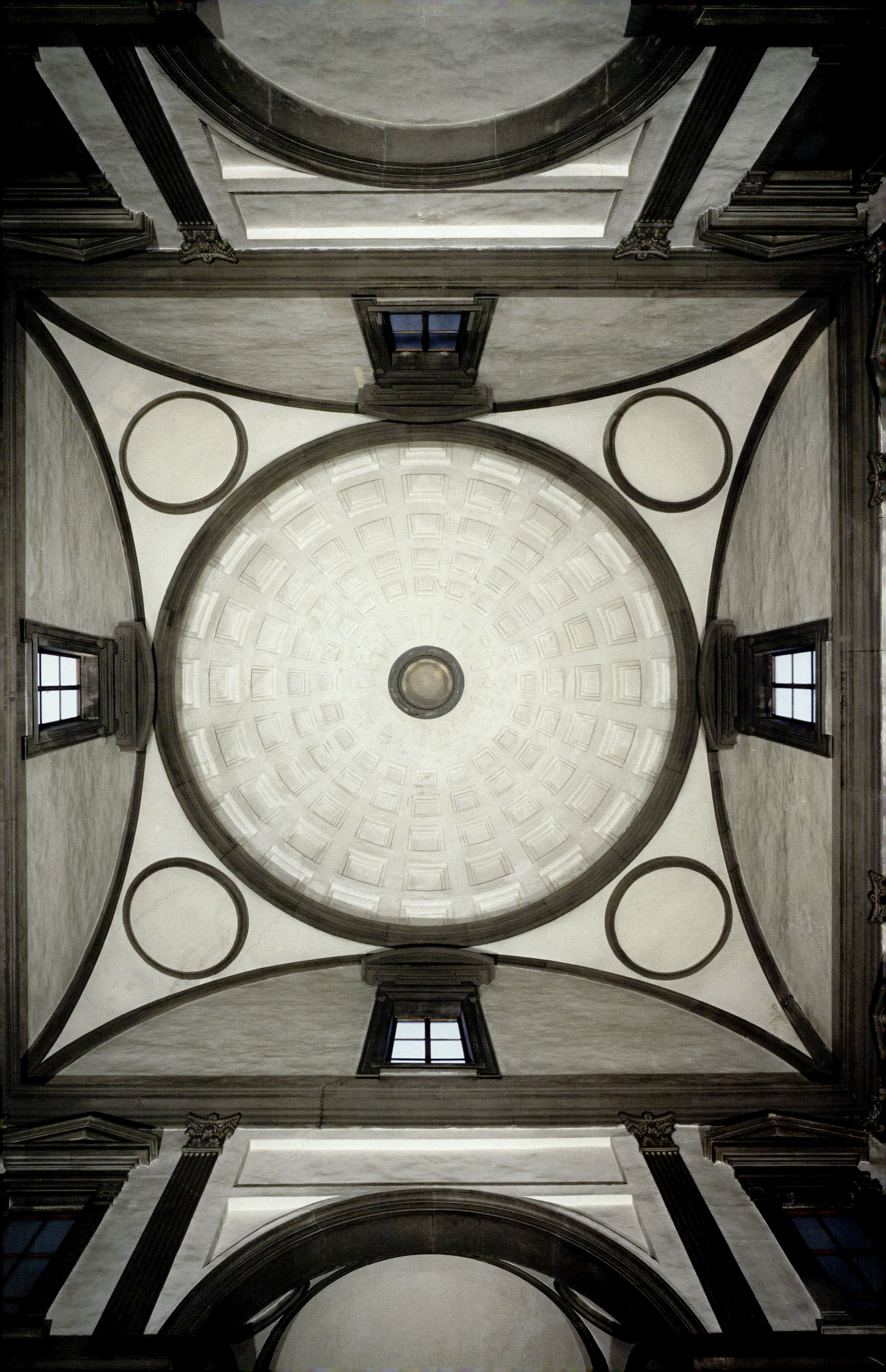

Entwurfsskizze für ein Lesepult der Biblioteca Laurenziana,
1524–1533
Feder und Rötel, 158 x 199 mm
Florenz, Casa Buonarroti, 94A

Lesepult der Biblioteca Laurenziana

Florenz, S. Lorenzo, Biblioteca Laurenziana, Lesesaal, 1523–1533 und 1555–1558

modernen Architektur *all'antica*, dem Verhältnis von Wand und Gliedern; nicht zufällig behandelt die Mehrzahl seiner Studienblätter Gebälke, die fiktiv von – auf die Wand projizierten oder vor sie gestellten – Stützen, faktisch aber von der Mauermasse getragen werden. Dies wird zum Problem in der Eckbildung der Modellfassade, mit der Michelangelo sich auch in zwei seiner Zeichnungen befasst (Maurer, 2004); er löst es vermittels vor die Wand tretender Mauerstreifen, die die Stützenpaare hinterfangen. So erscheint der Rhythmus der Gliederungen nicht mehr, wie in den Konkurrenzentwürfen, als dem Fassadenkörper vorgelegt, sondern wird von diesem selbst produziert; Säulen, Pilaster und Wandgrund sind unterschiedlich artikulierte Teile eines plastisch geformten Ganzen, und das Gebälk macht dessen Bewegung mit. Es war Michelangelos folgenreichste Erfindung auf dem Feld der Architektur; 30 Jahre später, in der Wandgliederung der St.-Peter-Tribunen, wird er sie voll ausspielen (S. 325). Hier fällt sie noch kaum ins Auge; der vorherrschende Eindruck ist der einer Etüde im klassischen Stil. Das in den Geschossproportionen enthaltene Spannungsmoment wird in der Fläche geglättet und ausbalanciert: eine Architektur, die den Atem anhält. Auch die Detailbildung, korinthisch in beiden Geschossen, bleibt streng kanonisch.

Im Sommer oder Herbst 1519, als Michelangelo noch seinem Fassadentraum nachhing, fassten Kardinal Giulio und der Papst den Entschluss, im Komplex von S. Lorenzo ein Familienmausoleum einzurichten. Dieses Projekt betrieb der Kardinal mit großem Nachdruck, und er setzte dies fort, nachdem er 1523 als Klemens VII. seinem Vetter auf dem Papstthron gefolgt war. Gefordert war in erster Linie bildhauerische Kompetenz, und die Wahl Michelangelos stand diesmal wohl außer Zweifel. Als Ort hatte Giulio eine Sakristei vorgesehen, die als Gegenstück zur „alten" Sakristei Brunelleschis an der nördlichen Schmalseite des Querschiffs zu errichten war. Er hielt sich damit im Rahmen der Tradition – Brunelleschis Bau war von Giovanni d'Averardo de' Medici gestiftet worden und enthielt das Grab von Cosimo il Vecchio (1389–1464) – und vermied ein allzu ostentatives öffentliches Auftreten der Familie, deren Machtstellung in der Stadt noch keineswegs unangefochten war. Die Aufgabe des Architekten hätte also in einer möglichst getreuen Reproduktion des Quattrocento-Vorbilds bestanden. Aber nachdem Michelangelo an der Fassade nicht zum Zuge gekommen war, ergoss sich über das neue Projekt ein Sturzbach architektonischer Einfälle, die offenbar auch den Kardinal faszinierten und eine dramatische Note in den nicht mehr restlos aufklärbaren Gang der Planung brachten.

VI. DER ARCHITEKT IN FLORENZ 1513–1534

**Florenz, Biblioteca Laurenziana,
Blick in das Vestibül,** 1523–1533
und 1555–1558

Nie zuvor und kaum je danach sollte so viel Architektur – und Skulptur – auf so wenig Raum zur Entfaltung kommen. Die Realisierung, durch die politischen Ereignisse der folgenden Jahre mehrfach aufgehalten, zog sich hin, das Programm wurde schrittweise reduziert und das Ganze erst nach 1534, als Giulio gestorben und Michelangelo nach Rom übergesiedelt war, mehr oder weniger provisorisch zu Ende gebracht.

Der Außenbau ist schmucklos wie die Kirche im Ganzen, einzig die von acht Freisäulen mit radial vorspringenden Gebälkköpfen umstellte Kuppellaterne verrät seinen Rang. Ins Innere gelangte man ursprünglich vom Querschiff aus durch einen schräg in die Mauer geschnittenen Gang. Es öffnet sich ein Raum von überraschender Höhe (S. 204, 205): Michelangelo hat oberhalb des Hauptgebälks ein Zwischengeschoss eingezogen und damit gegenüber der Alten Sakristei die Proportion um etwa ein Drittel gestreckt. Die Fenster sind in die Lünettenzone hinaufgeschoben, das Tageslicht fällt steil von oben ein. Die *Pietra-serena*-Gliederung des Untergeschosses entspricht derjenigen Brunelleschis, doch hat Michelangelo die Bildung des Details modernen Florentiner Vorbildern (Giuliano da Sangallo, Cronaca) angepasst. Um die ursprünglich geplante Anzahl von Grabmälern unterzubringen, übertrug er die Bogenöffnung der Chorseite in Form von Blendbögen auf die übrigen Wände; so wurden die Pilaster, bei Brunelleschi klar vom Wandgrund geschieden, zu Teilen einer bewegten, vor- und zurücktretenden Mauermasse (S. 204). In einer Serie zeichnerischer Entwürfe für die nicht ausgeführten Grabmäler – in denen, wie bei der Fassadenplanung, die Architektur die Führungsrolle übernimmt – wird dieser Gedanke weitergeführt: Michelangelo operiert mit Nischen und vortretenden Mauerblöcken, Ädikulen und Vollsäulen, die teils vor, teils in der Wand stehen, „nicht als applizierter Dekor, sondern als zum Vorschein kommende Teile eines weitverzweigten Organismus" (Maurer). Entwurfsskizzen, in denen sichtbare und verborgene, imaginäre Strukturen sich überlagern, ineinander verschlingen und wieder auseinandertreten wie die Haupt- und Nebenstimmen eines polyphonen Satzes, lassen ahnen, was aus der Neuen Sakristei unter glücklicheren Umständen hätte werden können.

In den oberen Zonen nimmt die Dichte der Gliederung ab. Das Zwischengeschoss hat einfache Pilaster mit frei gestalteten Kompositkapitellen, die Fensterädikulen in den Eckfeldern folgen wieder Florentiner Mustern. Die Licht spendenden Fenster des Obergeschosses sitzen ohne festen Halt in den weiten, glatten Flächen der Lünettenbögen, ihre Trapezform, die die Suggestion des freien Schwebens verstärkt,

Florenz, Biblioteca Laurenziana, Detail einer Eckvolute und Blick in das Vestibül, 1523–1533 und 1555–1558

folgt dem Vorbild des Vestatempels in Tivoli, das Michelangelo in der übertreibenden Nachzeichnung Bernardos della Volpaia kennengelernt hatte. Die Kuppel hat eine schlichte Kassettierung nach Art des Pantheons; die geplante Stuck- und Freskodekoration Giovannis da Udine blieb unausgeführt oder hatte keinen Bestand.

Scharf abgesetzt von der *Pietra-serena*-Gliederung des Gehäuses ist die Marmorfüllung der Wandfelder. Die Gräber in den seitlichen Bogennischen folgen dem Typus des Wandgrabs, wie er sich in Florenz und Rom im Quattrocento entwickelt hatte, und knüpft an ihre Architektur an deren Dekorationsstil an. Aber sie übersteigert ihn ins Preziöse: Die Proportionen sind unklassisch schmal und hoch, die Pilaster tragen Phantasiekapitelle, alle Architekturglieder sind übersponnen mit Ornament, ziseliert und kostbar, wenn auch keineswegs frei erfunden; für fast alle Motive lassen sich antike Vorbilder namhaft machen (Krieg, 1999/2000). Dies gilt nicht mehr für die zuletzt entworfenen Tür-Nischen-Gruppen der Seitenfelder (S. 204). In der Alten Sakristei hatte Donatello – zum Missfallen Brunelleschis – dort Stuckreliefs über schweren, in den Raum vortretenden Türädikulen angeordnet; Michelangelo stellt leere, aber großformige Nischenädikulen über kleine und unauffällige Türen. Dabei wechselt er noch einmal die Tonart: nach dem kleinteiligen Zierrat der Gräber nun eine Architektur von abstrakter und kahler Größe, aber extrem komplizierter Stereometrie; nach dem Klassizismus der *Pietra-serena*-Pilaster nun eine kompromisslos innovative Formenwelt. Die Botschaft ist: Man kann Ädikulen auch ganz anders machen und trotzdem streng gesetzmäßig komponieren. Architektonische Schönheit braucht Disziplin, aber sie beruht nicht notwendig auf der Repetition präformierter Muster.

Als Werk eines einzigen Künstlers wirkt die Neue Sakristei erstaunlich heterogen, und dies nicht nur durch das Aufeinandertreffen der Gattungen; auch innerhalb der Architektur ist die Spannweite der *maniere* enorm. Schon Ackerman hat dies aus ihrem über Jahre sich hinziehenden Planungsprozess erklärt: Es sind die Jahre, in denen Michelangelo das Gebiet der Architektur betritt und mit jedem Schritt Neuland erobert. Dass dabei so viele Ideen unausgeführt auf der Strecke blieben, mag deren Hervorbringung beschleunigt haben: sie konnten ohne „Reibungsverluste" durch Detailarbeit in neue Projekte eingehen und dort weiterwirken (Maurer, 2004). Im Brennpunkt von Michelangelos Anfängen als Architekt stand die Auseinandersetzung mit der Tradition in all ihren Spielarten, und fast scheint es, als habe er eben diese seine Situation hier thematisiert. In der Tat hat die Pluralität der Stile in der Neuen Sakristei etwas Ostentatives, vergleichbar der Art, wie Michelangelo in der Sixtinischen Decke – oder auch Raffael in den Stanzenfresken – den Prozesscharakter seines Schaffens hervorgekehrt hat. Vasari hat in einer berühmten Stelle seiner Michelangelo-Vita die Detailsprache der Sakristei-Architektur als eine Art Befreiungsschlag gefeiert: Sie habe den zeitgenössischen Architekten den Ausweg aus der Sackgasse von „ragione e regola" gewiesen; ein Weg, auf dem Michelangelo selbst allerdings nicht weitergegangen ist. Im Mittelpunkt späterer, kunsthistorischer Interpretationen steht der Raumeindruck: Es ist der eines irdischen Kerkers („carcer terreno"), dem die Seele entfliehen möchte, suggestiv auch für den, der Michelangelos Sonette nicht kennt und von seinem Verhältnis zum Neoplatonismus nichts weiß. Die Architektur trägt auf zweierlei Art dazu bei: durch die Öffnung nach oben und die dadurch erzeugte Beleuchtungssituation, und durch die Vielzahl blinder, blockierter oder versperrter Öffnungen (Türen, Nischen) im Untergeschoss. Wieweit Michelangelo auf diesen Effekt bewusst hingearbeitet hat, ist schwer zu sagen.

Schon als Kardinal hatte Giulio de' Medici die Absicht geäußert, die von Cosimo il Vecchio und Lorenzo il Magnifico (reg. 1469–1492) zusammengebrachten Schätze an Manuskripten und Büchern in einer Studienbibliothek zugänglich zu machen. Im November 1523 als Klemens VII. zum Papst gewählt, beriet er sich noch im Dezember dieses Jahres mit Michelangelo. Bis April 1524 wurde über einen geeigneten Ort im Bereich von S. Lorenzo diskutiert, dann fiel die Entscheidung für einen Aufbau über dem Westflügel des Klosterkomplexes.

Das reichlich erhaltene Dokumentenmaterial erlaubt es, den Bauvorgang in allen Einzelheiten zu verfolgen. Die Aufgabe war technisch anspruchsvoll: Der Unterbau musste verstärkt, aber die Räumlichkeiten der Mönche sollten nicht beeinträchtigt werden; die zugerichteten Werkstücke, darunter 24 Säulenschäfte von 5 m Länge, mussten auf die Höhe des zweiten Stockwerks gehievt und auf engstem Raum versetzt werden. Michelangelo zog den erfahrenen Baumeister Baccio Bigio (Giovanni di Lepo) hinzu; der Papst billigte das im Hinblick auf die Skulpturen der Neuen Sakristei, die Michelangelos Hauptsorge bleiben sollten, warnte aber davor, Baccio als Sündenbock vorzuschieben, falls etwas schiefgehen sollte. Es ging aber alles gut und anfangs auch ziemlich schnell. Im August 1524 begannen die Arbeiten, im Dezember 1525 war der Lesesaal unter Dach, im April 1527 trotz inzwischen aufgetretener finanzieller Schwierigkeiten auch das Eingangsvestibül, der „Ricetto". Die Unruhen von 1527 führten zur Bauunterbrechung, erst 1530, nach Rückkehr der Medici, kam die Arbeit wieder in Gang. Nachdem 1534 der Papst gestorben war und Michelangelo die Stadt verlassen hatte, sorgte der 1537 zum Herzog erhobene Cosimo I. für den Weiterbau.

DEO
PRAESIDI ET FAMILIAE SVAE
CLEMENS VII PONT MAXIMVS
LIBRIS OPT STVDIO MAIORVM
ET SVO VNDIQ CONQVISITIS
AD ORNAMENTVM VETERISQ AC
CIVIVM INDVSTRIAE VTILITATEM
D D

MICHELANGELO

Studien für Fortifikationen des Prato d'Ognissanti, Florenz, 1528
Feder, Lavierung, Lapis und Rötelspuren, 283 x 396 mm
Florenz, Casa Buonarroti, 20Ar

Studien für Fortifikationen des Prato d'Ognissanti, Florenz, 1528
Rötel, Feder und Lavierung, 410 x 568 mm
Florenz, Casa Buonarroti, 13Ar

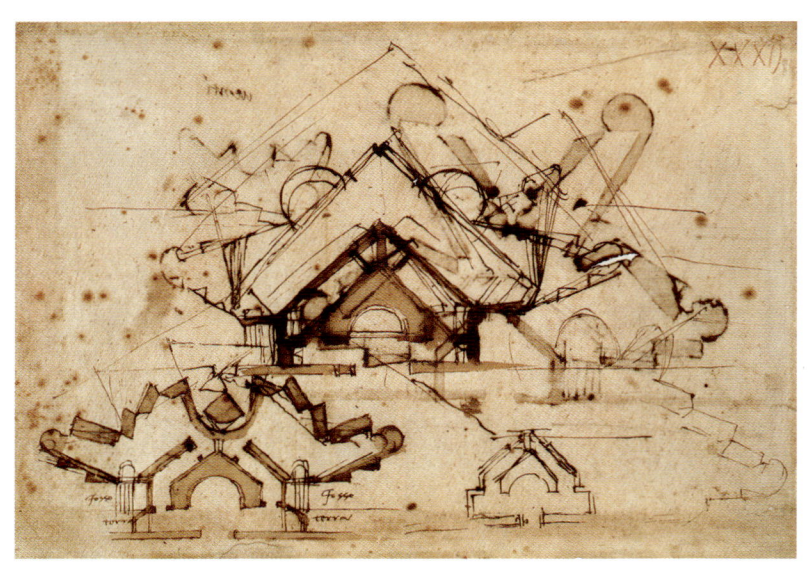

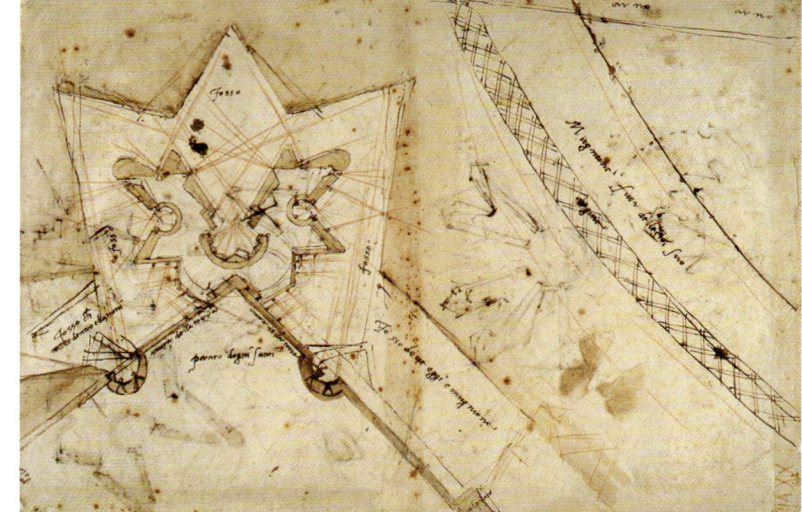

1559 errichtete Ammannati die aus dem Ricetto in den Lesesaal führende Treppe. 1571 wurde die Bibliothek eröffnet, aber im Ricetto lag noch immer Baumaterial herum; der obere Abschluss des Raums wurde erst 1904 fertiggestellt.

Auch die Laurenziana muss also, streng genommen, zu Michelangelos unvollendeten Werken gerechnet werden. Gleichwohl ist sie die reifste seiner Florentiner Architekturen, in der er wenigstens einige Ideen abschließend formulieren und zeigen konnte, was er unter Architektur verstand. Dass es wieder um eine reine Innenwelt ging, scheint bezeichnend für das noch unsichere Verhältnis der Auftraggeberfamilie zur städtischen Öffentlichkeit. Die Zahl der erhaltenen Entwürfe ist hoch; sie reichen von Kompositionsskizzen und Detailstudien (Profile, Basen, Kapitelle) bis zu Werkzeichnungen im Maßstab 1:1 für die Fenster des Lesesaals, die sich auf den Seitenwänden des Altarraums der Neuen Sakristei erhalten haben, und Schablonen für die Steinmetzen. Sorgfältig ausgearbeitete, auf Licht-und-Schatten-Effekte hin lavierte Zeichnungen einzelner Tür- und Fensterrahmungen wurden dem Papst zur Begutachtung übersandt. Auch Briefe gingen in raschem Wechsel zwischen Michelangelo und seinem römischen Vertrauensmann Giovan Francesco Fattucci hin und her; sie zeigen den Medici-Papst, dessen Äußerungen Fattucci wörtlich referiert, als außergewöhnlich interessierten und kundigen, fordernden, animierenden und inspirierenden Partner seines Architekten.

Erstmals wurde Michelangelo bei diesem Auftrag mit dem konfrontiert, was wir als die eigentliche Aufgabe der Architektur betrachten: die „Raumgestaltung". Allerdings war der Rahmen eng gezogen: ein einziger geradlinig begrenzter Gebäuderiegel, zu unterteilen in ein quadratisches Eingangs- und Treppenvestibül, den langgestreckten Lesesaal (in dessen Pulten die Bücher verwahrt wurden) und, nach dem ursprünglichen Plan, eine Kapelle; an deren Stelle trat dann ein Rara-Studienraum über dreieckigem, durch gegebene Baufluchten bedingtem Grundriss, der nicht mehr ausgeführt wurde. Zu gestalten blieb also auch hier im Wesentlichen die Wandrelief. Die Wand selbst musste aus statischen Gründen möglichst leicht, also dünn sein, aber Michelangelo hat alles getan, sie optisch „schwer" erscheinen zu lassen. Den Lesesaal (S. 206) gliederte er durch paratakisch gereihte Fenster und Pilaster, deren Anordnung übrigens nicht durch die Skelettstruktur des Unterbaus determiniert ist (Portoghesi/Zevi, 1964). Es ist ein heller, übersichtlicher, bis in jedes Detail durchgestalteter Raum, der für einen neuen, humanistisch-laizistischen, nicht mehr scholastisch bevormundeten Umgang mit dem in der Bibliothek angesammelten Wissensstoff steht (Argan/Contardi, 1990). Aber der Preis der Freiheit war die Verinnerlichung der Autorität: Die Reglementierung erfolgt nun durch den Architekten, der – im Namen des Hausherrn – dem Benutzer seinen Platz in den nach Michelangelos Design auszuführenden Pulten anweist. „In ihnen zu sitzen, heißt Teil des Bauwerks zu werden." (Wallace).

Der Ricetto ist seiner Funktion nach ein reiner Verkehrsraum, sein Hauptzweck die Überwindung des Höhenunterschiedes zwischen der engen und schmalen Zugangstreppe und dem Lesesaal. Aber die Stimmung ist eher die eines Sakrariums, nicht unähnlich der Neuen Sakristei, vor allem dank der ringsum geschlossenen, streng symmetrisch organisierten Wände, der bedeutenden Höhe und des von oben einfallenden Lichts. Michelangelo hatte ursprünglich verglaste Öffnungen in der Flachdecke vorgesehen, doch entschloss man sich aus praktischen Gründen für einen Lichtgaden mit Seitenfenstern, der erst 1904 seine heutige Form erhielt. Das Gliederwerk der Wände besteht aus dunkler *pietra del fossato*, der edelsten, feinkörnigsten und härtesten Spielart des einheimischen Macigno. Das auffälligste Motiv sind die zwölf Säulenpaare des Hauptgeschosses (S. 207): Sie stehen nicht vor, sondern in der Wand – „in Wandschränken", spottete Jacob Burckhardt – wie Verkörperungen der innerhalb des Mauerwerks wirkenden Kräfte; der Vergleich mit den gefesselten *Sklaven* des Juliusgrabs drängt sich auf. Ihre Nischen sind seitwärts mit Pilastern ausgekleidet, in den Raumecken geben diese sich als in der Wand verborgene Vierkantpfeiler zu erkennen.

Man hat versucht, diese Gliederung aus dem Konstruktionsprinzip der Skelettwand heraus zu verstehen, in der die Säulen die tragenden Vertikalen repräsentierten: als übten sie die Funktion, die sie darstellen, tatsächlich aus (Ackerman, 1961). Indessen zeigt Michelangelo, dass sie eben dies nicht tun: Der Zusammenhang von Konsolen, Säulen und Pilastern ist ostentativ unterbrochen, zerstückelt; das Gesims über ihnen springt ein, nicht aus, die Mauerblöcke zwischen den Säulenpaaren treten hervor. Was in Wahrheit trägt, ist die Wand. So wird die – für Bramante und seine Nachfolger – „natürliche" Tektonik der Säulenordnungen vorgeführt als das, was sie ist: reine Kunstform. Dem entspricht die Detailbildung. Die Säulen lassen sich in keine der überlieferten, quasi naturgegebenen Kategorien (dorisch oder toskanisch) einordnen, allenfalls wären sie als „Vorführung eines abstrakten Prinzips über den Aufbau einer Ordnung" zu deuten (Krieg). Ähnliches gilt für die Rahmenformen und die Tabernakel mit ihren Hermenpilastern. Nichts versteht sich von selbst, und nichts geht „organisch" auseinander hervor; jede Erfindung steht für sich und will als solche gewürdigt werden. Von der in den Lesesaal führenden Tür mit der Inschrifttafel sagte der Papst laut Fattucci, er habe weder in der Antike noch in der Moderne etwas Schöneres gesehen.

Das befremdlichste Stück des Ricetto ist ohne Zweifel die Treppe (S. 199, 207, 209). Sie bildet räumlich wie funktionell dessen Mittelpunkt, und Michelangelo hat

VI. DER ARCHITEKT IN FLORENZ 1513–1534

Studien für Fortifikationen des Prato d'Ognissanti, Florenz, 1528
Feder, Lavierung und Rötelspuren,
217 × 280 mm
Florenz, Casa Buonarroti, 30A

Die Geschichte dieser Zeichnungen ist unglaublich. Sie sind niemals verloren gegangen, nie anderen Meistern zugeschrieben worden, aber sie wurden jahrhundertelang vollständig ignoriert. Wenn es nicht absurd klänge, müsste man annehmen, dass zwischen 1529 und 1927 keines Menschen Auge sie erblickt hat ... Aber wer immer diese Skizzen mit von akademischen Vorurteilen ungetrübtem Blick untersucht, kann nicht verkennen, dass sie den originellsten, spannendsten und revolutionärsten Moment in Michelangelos architektonischem Schaffen darstellen.

— BRUNO ZEVI, 1964

sich eingehend mit ihr beschäftigt. Anfangs gedachte er zwei Läufe entlang der Seitenwände aufsteigen zu lassen und sie auf einem Mittelpodest vor dem Eingang zum Lesesaal zusammenzuführen; am Ende stand die vom Papst favorisierte Idee einer einzigen, in drei parallelen Läufen aufsteigenden Treppe in der Raummitte. Die seitlichen, etwas zurückgesetzten und geländerlosen Läufe waren nach einem Brief Michelangelos für die Dienerschaft gedacht, der mittlere für den Herrn („el Signore"), was auf den anvisierten Benutzerkreis ein interessantes Licht wirft. In der Ausführung rangierte die Treppe mit den Holzdecken und dem Mobiliar des Saals am Ende der Dringlichkeitsliste. 1533 wurde ein Vertrag über diese Teile abgeschlossen, dann geriet der Bau ins Stocken. Michelangelo hatte ein Tonmodell hinterlassen, aber der mit der Ausführung betraute Niccolò Tribolo kam damit nicht zurecht, und Michelangelo war offenbar nicht bereit, mit ihm zu kooperieren. Nur wenig erfolgreicher waren 1555 Vasari und Ammannati. Auf ein langes Schreiben Vasaris antwortete der Achtzigjährige: „Glaubt mir, wenn ich noch wüsste, was ich damals entworfen habe, würde ich mich nicht bitten lassen. Eine bestimmte Treppe schwebt mir vor wie im Traum, aber ich glaube nicht, dass es genau die ist, an die ich damals dachte, denn sie kommt mir eher plump vor"; folgt eine Beschreibung, die Michelangelo selbst für „lächerlich" hält. „Aber Ihr werdet schon eine Lösung finden." 1559 schickte er Ammannati ein wohl ziemlich summarisches Tonmodell und schrieb dazu: „Ich habe nur die Erfindung wiedergeben können." Die Ausführung stellte er sich in Holz vor, aber der Herzog bestand auf Stein. Danach errichtete Ammannati die heutige Treppe.

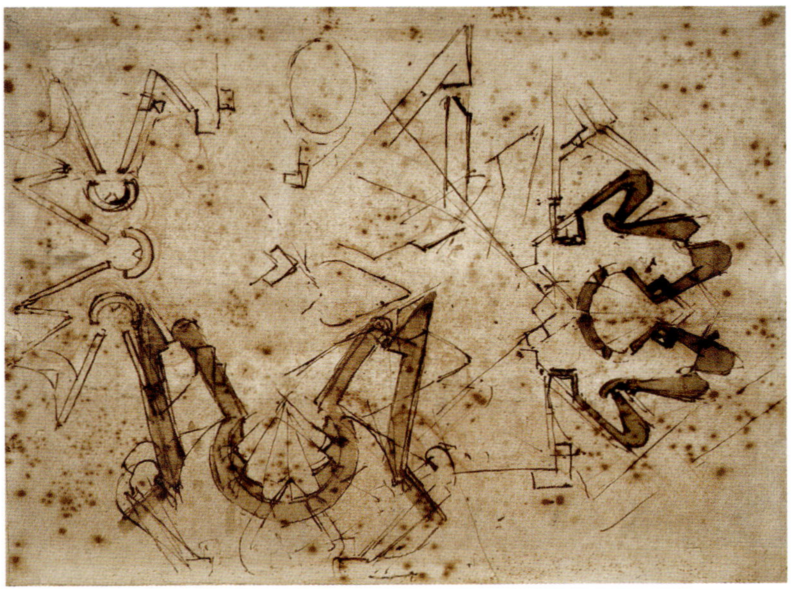

Eine Gruppe von Zeichnungen in der Casa Buonarroti enthält Entwürfe für Befestigungswerke. Sie verbindet sich mit einem der dramatischsten Momente in Michelangelos Leben. Das Jahr 1527 hatte die Vertreibung der Medici aus Florenz gebracht; ein militärischer Gegenschlag war zu erwarten. Aber die alten Stadtmauern waren für den Artilleriekampf längst nicht mehr geeignet, und schon Jahre zuvor hatte Giulio de' Medici ihre Modernisierung ins Auge gefasst. Nun sah sich die Republik vor diese Aufgabe gestellt, und Michelangelo als dem inzwischen angesehensten Architekten der Stadt fiel es zu, sie zu lösen – während der Papst von Rom aus ihn auf die Fortführung der Arbeit an der Neuen Sakristei zu verpflichten suchte. Am 3. Oktober 1528 wurde Michelangelo zu einer Ortsbesichtigung auf dem Hügel von S. Miniato geladen, der als besonders gefährdet galt; im Januar 1529 ernannte man ihn zum Mitglied des neunköpfigen Verteidigungsrats („Nove della Milizia") und Generalbevollmächtigten

für den Festungsbau. In dieser Eigenschaft unternahm er Inspektionsreisen nach Pisa, Livorno, Ferrara und Arezzo und leitete den Bau umfangreicher Befestigungsanlagen bei S. Miniato. Aber nach dem Fall Arezzos am 18. September wurde er vor Verrätern in den Reihen der Republikaner gewarnt und floh nach Venedig in der Absicht, von dort aus nach Frankreich zu gehen. Die Republik erklärte ihn zum Rebellen, aber Florentiner Freunde bewogen ihn zur Rückkehr – unter freiem Geleit – und zur Fortsetzung seiner Arbeit. Im Oktober begann die Belagerung durch die päpstlich-kaiserlichen Truppen, im August 1530 kapitulierte die Stadt. Michelangelo versteckte sich und entging mit knapper Not den Häschern der Medici. Indessen zeigte der Papst schon im November sich glücklich, zu hören, dass Michelangelo wieder zur Arbeit aufgelegt sei, und wies seinen Florentiner Gewährsmann an, ihn zu „streicheln" („che sopra tutto Michelagnolo sia carezzato") und ihm seine gewohnte Monatsprovision von 50 Dukaten auszuzahlen (während die Anführer der republikanischen Partei enthauptet wurden).

Die von Michelangelo geleiteten Arbeiten standen im Zeichen der akuten Bedrohung der Stadt und beschränkten sich daher auf hastig errichtete, mit Werg, Stroh und ungebrannten Ziegeln verstärkte Erdwerke; die Entwürfe der Casa Buonarroti sind aber offensichtlich für die Ausführung in Mauerwerk gedacht und dürften daher vor 1529 entstanden sein. Gleichwohl wirken sie sonderbar spannungsgeladen: Schanzen, Kasematten und Vorwerke formieren sich zu Monstern von abstrakt-zoomorpher Grundgestalt, verstrickt in einen Kampf auf Leben und Tod. Es liegt nahe, daraus auf den bedrängten Seelenzustand ihres Autors zu schließen: Michelangelo war beiden Kriegsparteien verpflichtet, wurde an beiden zeitweise zum Verräter und hatte im Fall der – voraussehbaren – Niederlage der Republik für seine Person das Schlimmste zu fürchten (Bredekamp, 2006b). Allerdings dachte die Zeit, was Verrat betrifft, eher in Kategorien der politischen Zweckmäßigkeit als der Moral, und in diesem Sinne wirkt Michelangelos Umgang mit dem Loyalitätskonflikt durchaus vernünftig, bedacht auf die Rettung und Sicherung des eigenen Lebens (und Lebenswerks). Wenn jene Zeichnungen irrationale Züge aufweisen, so sind sie im Kontext der durch die Feuerwaffen ausgelösten Krise des zeitgenössischen Kriegswesens zu sehen. Die Dialektik von Angriff und Abwehr, Öffnung und Deckung war neu zu durchdenken, eine rationale Theorie erst im Werden, das Bastionen-System, mit dem Michelangelo experimentierte, noch kaum erprobt. Gleichzeitig wandelte sich das Ethos des Krieges: Dieser wurde zum „Kunstwerk", an die Stelle ritterlicher Tugenden trat die „auf bürgerlichem Wege erworbene Geschicklichkeit des Ingenieurs, Stückgießers und Artilleristen" (Jacob Burckhardt). Michelangelo ergriff die Chance, auch hier das Außerordentliche zu leisten, und in der Tat gelangen ihm blitzartige Vorwegnahmen von Erfindungen, die erst in der Festungsbaukunst des 17. Jahrhunderts zum Tragen kommen sollten (Ackerman, 1961). Unmittelbare Wirkungen auf die militärische Praxis der eigenen Zeit hat er nicht ausgeübt; seine Entwürfe blieben bis zur Publikation durch Tolnay (1940) weitgehend unbekannt. Seitdem beeindrucken sie vor allem als Kunstwerke: Sie bezeugen eher die Faszination des Künstlers durch die moderne Kriegstechnik und ihre Vernichtungsgewalt als praktische Erfahrung im Umgang mit ihr.

VII.
Der Bildhauer
1513–1534

Frank Zöllner

(Ich) habe immer versucht, dem verächtlich-zürnenden Blick des Heros standzuhalten, und manchmal habe ich mich dann behutsam aus dem Halbdunkel des Innenraumes geschlichen, als gehörte ich selbst zu dem Gesindel, auf das sein Auge gerichtet ist, das keine Überzeugung festhalten kann, das nicht warten und nicht vertrauen will und jubelt, wenn es die Illusion des Götzenbildes wieder bekommen hat.
— SIGMUND FREUD

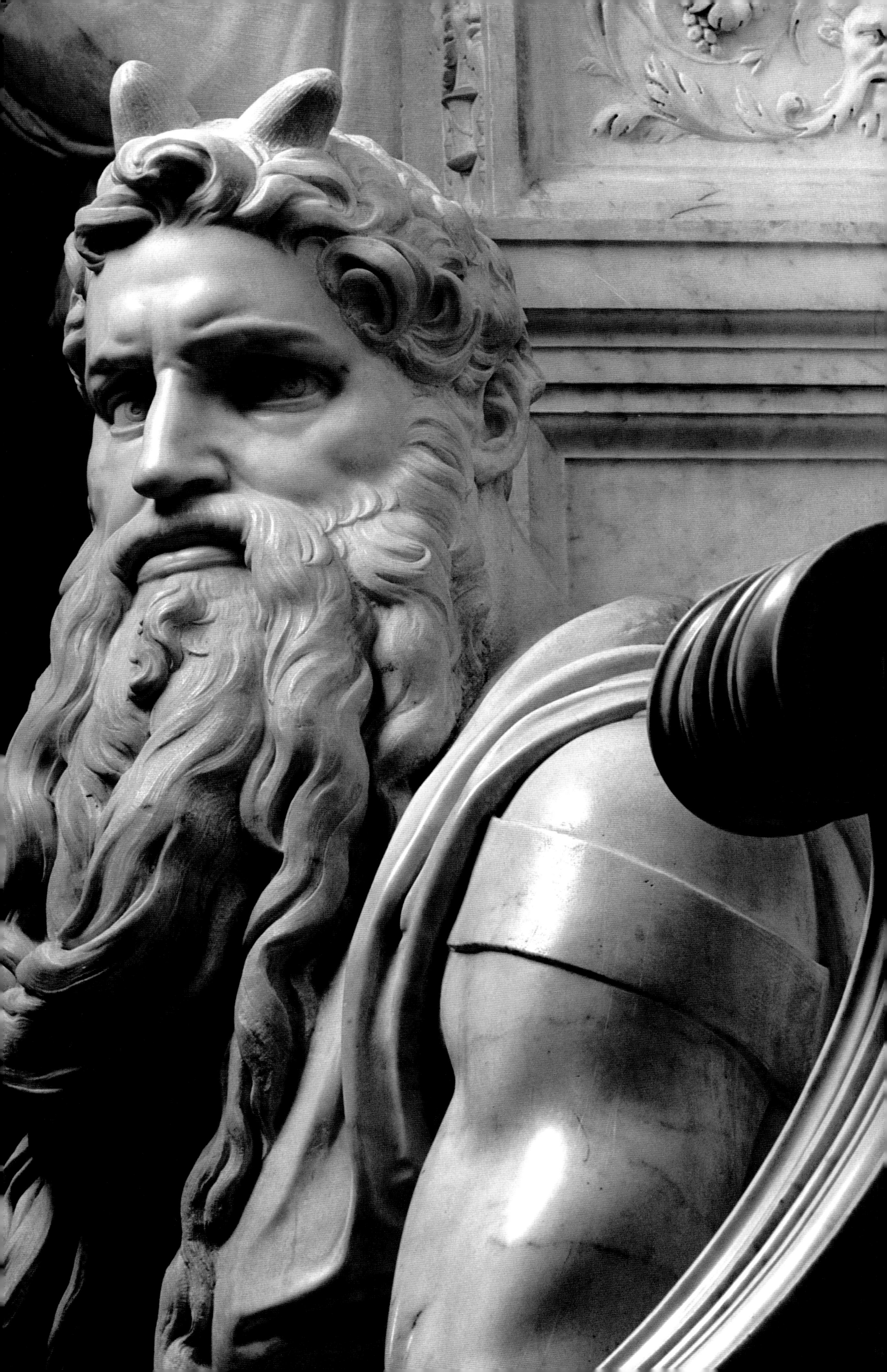

MICHELANGELO

Seite 213:
Moses (Detail), um 1513–1516
und 1542 (Abb. S. 219)

Affe, Detail des **Sterbenden Sklaven**, um 1513–1516
(Abb. S. 215)

Das Auftragsvolumen der Fassade von S. Lorenzo mit einer Größenordnung von 40 000 Golddukaten und die Tatsache, dass Michelangelo in diesem Projekt nicht als Bediensteter Papst Leos X., sondern als eigenständiger Unternehmer auftrat (s. Kap. VI), verdeutlichen seinen zu jener Zeit beispiellosen Aufstieg zum führenden Künstler Italiens. Mehr noch als das Juliusgrab forderte das 1516 in Angriff genommene Fassadenprojekt von S. Lorenzo sowohl die bildhauerischen als auch die architektonischen Kompetenzen Michelangelos heraus. Doch eigentlich hätte er gut daran getan, sich zunächst ausschließlich mit dem Juliusgrab zu befassen. Aber die politischen Ereignisse sowie deren Auswirkungen auf die Auftragslage in der zweiten Dekade des 16. Jahrhunderts verstärkten die fatale Tendenz Michelangelos, sich zu vielen Dingen gleichzeitig zuzuwenden. An eine Kontinuität der Arbeit war ebenso wenig zu denken wie an eine Kontinuität der politischen Regime. Im Herbst 1512, noch während der letzten Pinselstriche in der Sixtinischen Kapelle, fiel das republikanische Florenz erneut den Medici in die Hände. Wenig später, durch den Tod Julius' II. im Februar 1513, verlor der Künstler seinen bis dahin wichtigsten Auftraggeber und damit auch die Hoffnung auf ein rasches Ende der „Tragödie des Grabmals" (Condivi). Um das Projekt zu retten, schließen die Testamentsvollstrecker des verstorbenen Papstes, Leonardo Grosso della Rovere und Lorenzo Pucci, am 6. Mai 1513 einen neuen, sehr detaillierten Vertrag mit dem Künstler. Die Zeit für die Fertigstellung des Grabmals wird nun auf sieben Jahre festgesetzt und die unerhörte Summe von 16 500 Dukaten für Material und Arbeitskosten vereinbart. Den Briefen aus dieser Zeit ist außerdem zu entnehmen, dass Michelangelo die Arbeiten intensiv vorantrieb und dabei wie üblich über seine große Belastung klagte: „Ich bin in einer Weise angestrengt, dass ich nicht einmal Zeit zum Essen habe", schreibt er am 30. Juli 1513 an seinen Bruder Buonarroto in Florenz.

Dem geplanten Aussehen des zweiten Grabmalsprojekts kommen die bereits genannten Modellzeichnungen aus den Uffizien in Florenz und dem Kupferstichkabinett in Berlin recht nahe (s. o., Kap. IV/S. 58). Das Figurenprogramm des Freigrabprojekts von 1505 wird auf ein Wandgrab übertragen, offenbar ohne die von den Biografen für das erste Projekt genannte Zahl von über 40 Skulpturen signifikant zu verringern. Eine deutliche Reduktion des Programms folgt mit dem Vertrag vom 8. Juli 1516. Das Wandgrab ragt weniger tief in den Raum hinein, und auch die Zahl der Skulpturen fällt deutlich geringer aus. Allerdings wird nun erstmals eine Madonna mit Kind als krönender Abschluss der Anlage ausdrücklich erwähnt.

In der Zeit zwischen den Verträgen von 1513 und 1516 entstehen zwei der schon 1505 vorgesehenen *Gefangenen*, die auch als *Der rebellische Sklave* (S. 215) und *Der sterbende Sklave* (S. 215) bezeichnet werden. Im selben Zeitraum vollendet Michelangelo zumindest zum größten Teil den *Moses,* der im Gegensatz zu den beiden *Gefangenen* in der letzten Planungsvariante von 1542/45 Aufnahme findet. Die beiden *Gefangenen* bringen in perfekter bildhauerischer Form jenen Kampf mit der harten Materie des Marmors zum Ausdruck, den Michelangelo bereits in seinem Kommentar zur Arbeit am Marmor-*David* thematisiert hatte (s. Kap. III). Von ihrer ursprünglichen Intention her handelt es sich um allegorische Figuren, die besiegte und gedemütigte Gestalten darstellen sollten. Aber sowohl ihre Form als auch ihre Herauslösung aus dem ursprünglichen Funktionszusammenhang geben den Deutungsmöglichkeiten eine allgemeinere Richtung. Das belegt u. a. die bereits genannte „Entkleidung" der *Gefangenen*, die nun entgegen der antiken Tradition fast völlig nackt auftreten (s. Kap. IV). Auch das in den ersten Skizzen und Modellzeichnungen erkennbare Motiv der Fesselung an die Hermenpilaster tritt bei den ausgeführten Figuren zurück. Die Fesseln selbst sind kaum noch zu erkennen. Ähnlich sieht es mit den Helmen und Brustpanzern aus. Von diesen Attributen sind in den ausgeführten Skulpturen nur noch Reminiszenzen geblieben. Dazu gehört ein grob behauener Marmorblock unter dem rechten Fuß des *Rebellischen Gefangenen*. Im Fall des *Sterbenden Gefangenen* erinnert an die erste Planung ein nur abbozzierter, aber gut erkennbarer Affe, der die Skulptur von hinten zu stützen scheint. Den Affen assoziierte die Kunsttheorie des 16. Jahrhunderts mit dem Prinzip der Naturnachahmung: *Ars simia naturae* – Kunst als Affe der Natur. So wie der Affe alles „nach-äfft", schafft auch die Kunst alles nach dem Vorbild der Natur. Der Affe hinter dem *Gefangenen* wäre demnach eine Veranschaulichung des mimetischen Prinzips und damit der bildenden Kunst überhaupt. Doch entspricht eine solche Deutung nicht so recht den Kunstanschauungen Michelangelos, der sich im Gegensatz zu den Künstlern des Quattrocento von der Mimesis als dem dominierenden Prinzip entfernte (s. Kap. I). Der Affe dürfte eher im Zusammenhang der ursprünglichen Ikonografie des Grabmals zu sehen sein, etwa als Zeichen für den erbarmungswürdigen Zustand einer gefangenen Kreatur (nicht auszuschließen ist übrigens die Möglichkeit, dass der zu Sarkasmus neigende Michelangelo sich mit dem Affen einen Scherz erlaubte).

Die Verdrängung der einmal vorgesehenen Attribute erzeugt in jedem Fall eine semantische Öffnung, so dass sich die Skulpturen fast vollständig von der ursprünglichen Triumphalikonografie emanzipieren. Losgelöst von ihrem Kontext sind die *Gefangenen* nicht mehr triumphale Gesten eines überambitionierten Papstes, sondern der Ausdruck individueller Schaffenskraft, die sich von den Vorgaben der Auftragskunst zu befreien vermag. Hierbei spielt auch die kraftvolle und zugleich weich modelliert wirkende Körperlichkeit der Skulpturen eine Rolle. Deren Nacktheit strahlt keine antike Idealität mehr aus, sondern eine realistisch anmutende Fleischlichkeit, die wiederum durch die steinerne Härte des Materials konterkariert wird. Der harte, gleichwohl wie weiches

VII. DER BILDHAUER 1513–1534

Der sterbende Sklave
(Der sterbende Gefangene),
um 1513–1516
Marmor, Höhe 229 cm
Paris, Musée du Louvre

Der rebellische Sklave
(Der rebellische Gefangene),
um 1513–1516
Marmor, Höhe 215 cm
Paris, Musée du Louvre

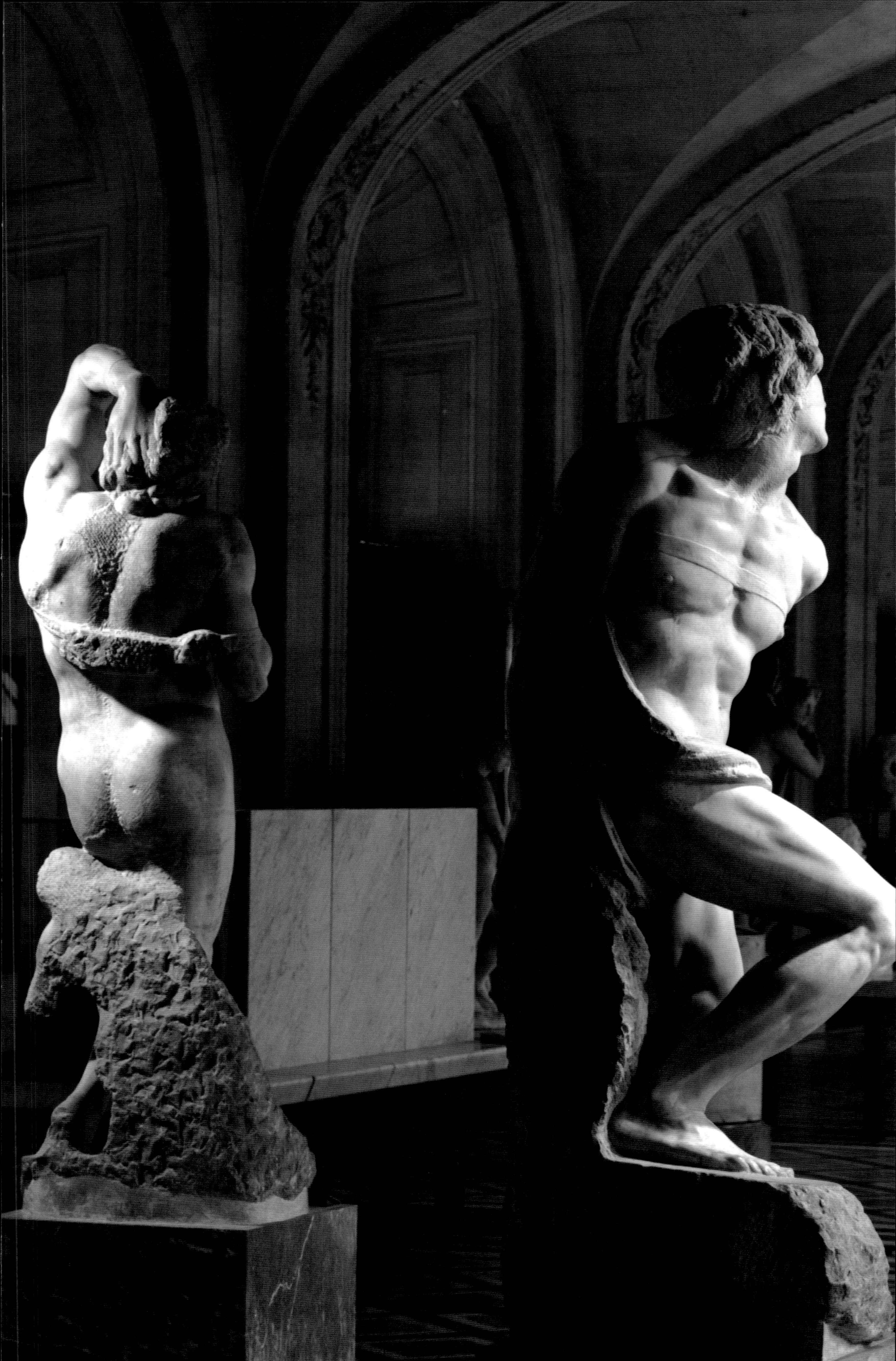

VII. DER BILDHAUER 1513–1534

Eines der Geheimnisse seiner Kunst, das seit eh und je bewundert wurde, besteht darin, dass die Umrisse seiner Gestalten immer klar, einfach und ruhig bleiben, so sehr sich die Figuren auch in heftigen Bewegungen drehen und wenden. Vielleicht kommt es daher, dass Michelangelo von allem Anfang an seine Figuren so zu konzipieren versuchte, als lägen sie schon in dem Marmorblock, an dem er arbeitete, verborgen, und er hätte als Bildhauer nur die Aufgabe, den überflüssigen Stein zu entfernen, der sie bedeckte.

— ERNST GOMBRICH

MICHELANGELO

Die Antike hat wohl Heroen von ähnlichem Kraftübermaß und Sturm des Temperaments, aber als Symbole körperlicher Großtaten, oder des Aufruhrs gegen die oberen Götter und ihr Regiment. Hier ist es der Überbringer ewiger Ordnungen an die Völker, der Bevollmächtigte des Höchsten selbst, der in Erfüllung dieser Mission wilde Aufwallung und zerstörende Gewalttat in sich und anderen erweckt und entfesselt.
— CARL JUSTI

Moses, um 1513–1516 und 1542 (?)
Marmor, Höhe 235 cm
Rom, S. Pietro in Vincoli

Wachs wirkende und hell schimmernde Marmor vermittelt dabei eine unwirkliche Körperlichkeit, die an Michelangelos ambivalentes Verhältnis zum Fleischlichen erinnert. Einerseits sah er die Erfüllung fleischlichen Begehrens als kräftezehrende Ablenkung (s. Kap. I), andererseits war er der Erotik des nackten männlichen Körpers Zeit seines Lebens zugetan. Diese Neigung zeigt sich selbst in den Figuren für ein Papstgrabmal.

Während die *Gefangenen* in ihrem Gefesseltsein eher Ausdruck einer passiven Physis sind, verkörpert der gleichzeitig entstandene *Moses* (S. 219), einen unbändigen Willen zur Tat. Als Gegenpol zu den *Gefangenen* strahlen die unruhiger gearbeiteten Partien der Skulptur wie Bart, Gewand, Haartracht und Physiognomie eminente Aktivität aus. Die mächtigen Oberarme des *Moses*, der Griff seiner rechten Hand in den üppigen Bart, die Wendung des Kopfes und die zusammengezogene Stirn sind unübersehbare Zeichen von Entschlossenheit. Gemeint ist mit dem *Moses* also zweifellos eine Gestalt, die zusammen mit einer ursprünglich als Pendant geplanten Sitzfigur des Paulus eben jene Eigenschaften tatkräftiger Führerschaft verkörpert hätte, die auch Julius II. für sich beanspruchte. Den Kontrast zwischen einem aktiven und triumphierenden Prinzip in Gestalt des *Moses* einerseits und der eher passiven Hingabe der *Gefangenen* andererseits greifen im Übrigen auch die Allegorien der *Vita activa* (*Lea*) und der *Vita contemplativa* (*Rahel*) auf, die bereits für die frühen Grabmalprojekte vorgesehen waren, aber erst in der letzten Fassung von 1542/45 zur Ausführung gelangten (s. Kap. X).

Nicht nur die politischen Ereignisse verzögerten Michelangelos Arbeiten an den Skulpturen des Juliusgrabes, dafür sorgten auch Aufträge, die der Künstler nicht hätte übernehmen müssen. Neben der Fassade von S. Lorenzo (s. Kap. VI) ist hier der *Auferstandene Christus* zu nennen. Im Juni 1514 erhielt Michelangelo von Metello Vari, Bernardo Cencio und Mario Scappucci den Auftrag für diese etwa lebensgroße Skulptur (S. 223). Für deren Fertigstellung sieht der Vertrag, der im Übrigen ausdrücklich von einer nackten Figur spricht, einen vergleichsweise großzügig bemessenen Zeitraum von vier Jahren vor. Den Auftraggebern war offenbar bewusst, dass sie es mit einem vielbeschäftigten Mann zu tun hatten.

Die Arbeit an der 1514 begonnenen Figur erfuhr 1516 eine Unterbrechung, als in ihrem Gesicht eine schwarze Ader zutage trat und Michelangelo zudem zurück nach Florenz ging. Ein neuer Marmorblock musste beschafft werden, den Michelangelo aber aufgrund von Transportproblemen erst in den Jahren 1519 bis 1520 bearbeitete. 1521 wurde die fertige zweite Fassung der Statue aus Michelangelos Florentiner Werkstatt nach Rom geschafft und Weihnachten desselben Jahres links neben dem Eingang zur Chorkapelle in S. Maria sopra Minerva in einem eigens geschaffenen Tabernakel aufgestellt. Am Ende war es allerdings zu weiteren Problemen gekommen. Pietro Urbano, sonst ein tüchtiger und zuverlässiger Assistent Michelangelos, hatte die Figur im Auftrag seines Meisters noch an einigen Stellen überarbeitet, dabei aber nicht das nötige Geschick bewiesen. Hiervon berichtet Sebastiano del Piombo (um 1485–1547) aus Rom in einem Brief an Michelangelo in Florenz vom 6. September 1521. Er beschreibt den von Urbano verursachten Schaden, den schließlich Federigo Frizzi wieder reparierte, folgendermaßen: „Ich glaube, Ihr seid es leid, neue Geschichten von Eurem Pietro Urbano zu hören (…), doch die Liebe zu Euch zwingt mich, Euch einen Teil seines schönen Betragens mitzuteilen. (…) Er (Pietro Urbano) hat alles, woran er sich zu schaffen machte, verhunzt. Vor allem hat er den rechten Fuß verkürzt, was man deutlich an den verstümmelten Zehen sieht. Zudem hat er noch die Finger der Hände verkürzt, vor allem die rechte, die das Kreuz umfasst. Von ihnen sagt Frizzi, sie sähen aus wie von einem Brezelbäcker gemacht. Sie sehen so kümmerlich aus, als ob sie nicht aus Marmor, sondern aus Teig gefertigt wären (…). Außerdem bin ich mir sicher, dass es noch ein schlimmes Ende mit ihm (Pietro Urbano) nimmt, denn ich habe gehört, dass er spielt und keine Hure auslassen will, und in Rom läuft er als Nymphe in Samtschuhen umher und haut anscheinend so manches Geld auf den Kopf."

Sebastianos Schilderung ist sicher etwas übertrieben, sowohl im Hinblick auf den sexuellen Freistil Urbanos als auch hinsichtlich seiner Beschädigung des *Auferstandenen Christus*. Aber der Ton Sebastianos vermittelt einen guten Eindruck von dem Spott und Sarkasmus, der nicht nur die Briefe Michelangelos, sondern gelegentlich auch die seiner Briefpartner charakterisiert. In jedem Fall waren die drei Auftraggeber und unter ihnen besonders Metello Vari, der den Künstler jahrelang zur Vollendung der Skulptur gedrängt hatte, zufrieden.

Michelangelo schuf den *Auferstandenen Christus* als Figur für den Grabaltar der 1512 verstorbenen Marta Porcari im Hauptschiff von S. Maria sopra Minerva. Schließlich wurde jedoch die prominentere Platzierung neben dem Hauptchor beschlossen. Hierfür waren möglicherweise politische Motive ausschlaggebend, denkbar ist auch, dass die außerordentliche ästhetische Qualität der Skulptur zur Änderung ihres Aufstellungsortes führte. Diese ästhetische Qualität erkannte auch Sebastiano del Piombo, der in einem Brief vom 6. September 1521 zum *Cristo sopra Minerva* bemerkt: „Die Knie dieser Statue sind mehr wert als ganz Rom."

Michelangelos Skulptur hat im Laufe der Jahrhunderte mehrere Veränderungen erfahren. So bedeckte man spätestens ab 1588 die Blöße des Erlösers mit einer bronzenen Draperie; trotzdem schlug ein Mönch im 17. Jahrhundert das Geschlechtsteil Christi ab. Zudem wurde der rechte Fuß mit einem metallenen Schuh versehen, um ihn vor den zahlreichen Küssen römischer Verehrerinnen zu schützen. In der Ewigen Stadt spielte Michelangelos *Christus* zusammen mit anderen Skulpturen eine bedeutende Rolle für die traditionell abergläubischen Römer. Während etwa die jungen Männer sich vom Berühren der Hoden des Pferdes der Marc-Aurel-Statue auf dem Kapitol eine Steigerung ihrer Zeugungskraft versprachen, glaubten die jungen Frau-

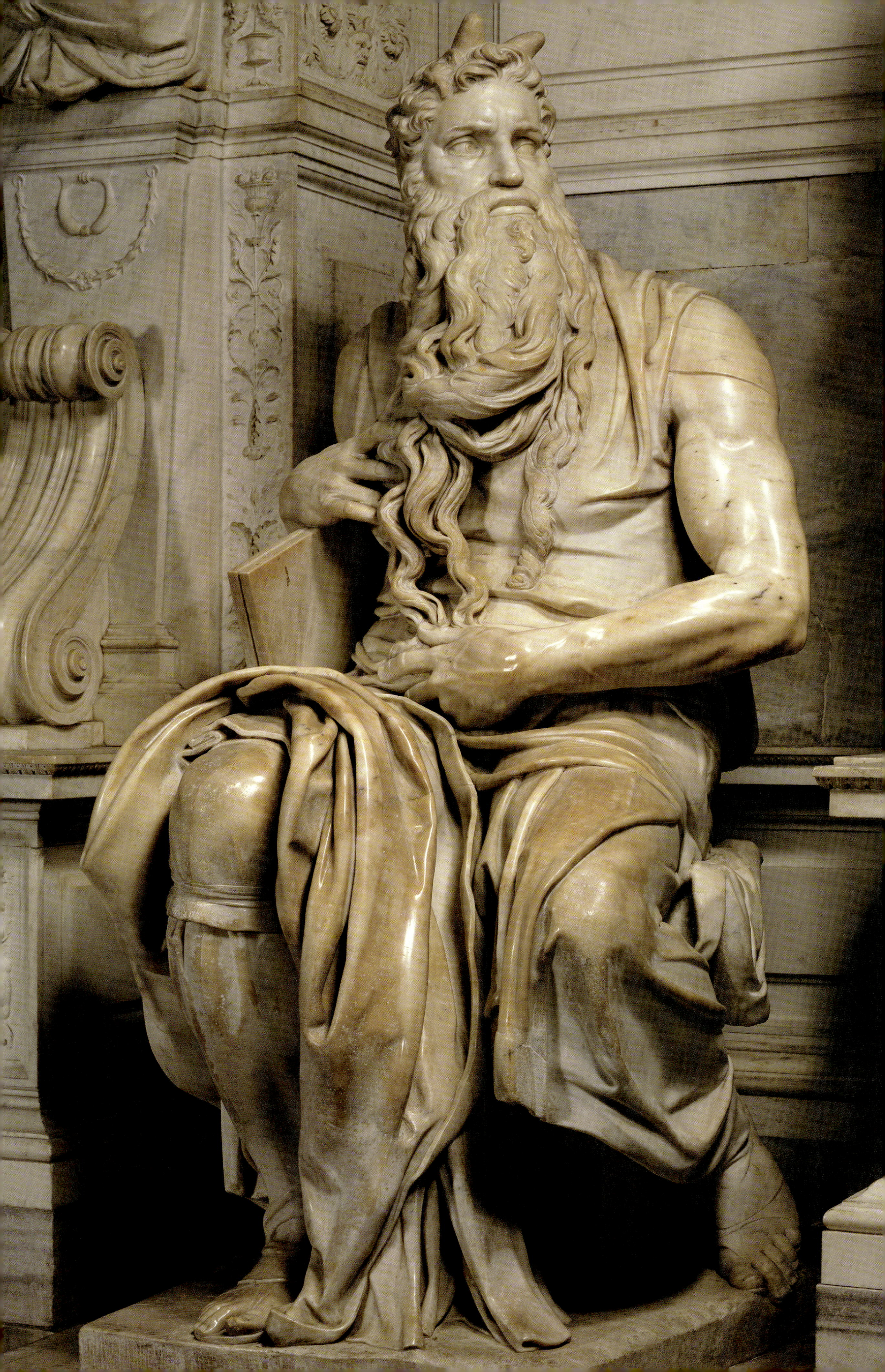

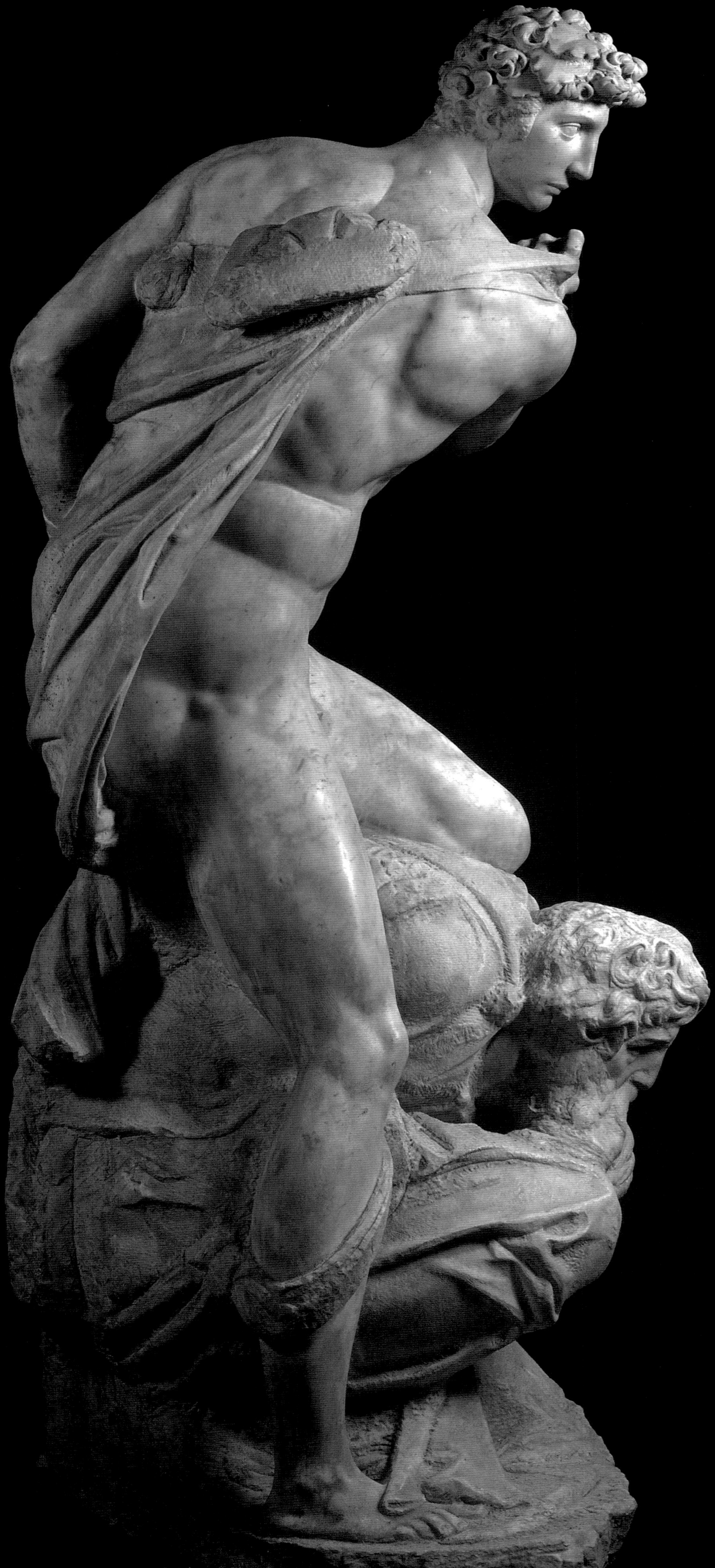

VII. DER BILDHAUER 1513–1534

Gegenüber den Körpern Michelangelos kommt einem gar nicht der Gedanke, dass sie sich auch anders bewegen könnten; und umgekehrt: der seelische Vorgang, sozusagen der Satz, den die Bewegung aussagt, kann kein andres Subjekt haben als eben diesen Körper.
— GEORG SIMMEL

Der Sieg (Der Sieger),
um 1520–1525 oder 1532–1534 (?)
Marmor, Höhe 261 cm
Florenz, Palazzo Vecchio

MICHELANGELO

Die Figur des Christus von Michelangelo in der Minerva umschließt mit seinen Armen Kreuz und Leidenswerkzeuge; er ist erhaben konzipiert und machtvoll zusammengefügt – aber weder seine Gestalt noch sein Ausdruck sind die Christi.

— JOHANN HEINRICH FÜSSLI

Der auferstandene Christus (Il Cristo sopra Minerva),
1519–1521
Marmor, Höhe 205 cm
(ohne Kreuz)
Rom, S. Maria sopra Minerva

en, dass ihnen ein Kuss auf den rechten Fuß des *Christus* bei der Partnersuche helfen würde. Später dann suchten die schwangeren Frauen Jacopo Sansovinos *Madonna del Parto* in S. Agostino auf, um für eine komplikationslose Niederkunft zu beten. Skulptur gehörte also im 16. Jahrhundert in Rom in einem Maße zur Alltagskultur, wie man es sich heute kaum mehr vorstellen kann.

Ähnlich wie schon im Fall der römischen *Pietà* wich Michelangelo auch hier von den Konventionen der üblichen Grabskulpturen ab. Denn einerseits stellte er seinen *Christus* mit den Passionswerkzeugen Strick, Schwamm und Rohr dar, was an die Tradition des mittelalterlichen Schmerzensmannes erinnert. Andererseits umfasst Christus mit beiden Händen ein vergleichsweise kräftiges Kreuz, das man nicht allein als Werkzeug der Passion, sondern ebenso als Triumphkreuz deuten muss. Dargestellt ist also ein triumphierender und damit auferstandener Christus; als solcher wird er im Übrigen auch in der nachträglichen Empfangsbestätigung Metello Varis vom Juni 1532 bezeichnet.

Sowohl der Typus des Schmerzensmannes als auch der des triumphierenden Christus entsprechen dem ursprünglich vorgesehenen Grablegekontext der Skulptur. Denn Schmerz und Leid Christi sind Voraussetzung für die Hoffnung auf Wiederauferstehung. Nicht zuletzt, um diesen Aspekt zu unterstreichen, stattete Michelangelo die Figur mit Attributen aus, die in ihrer Zahl und Eindeutigkeit für sein Œuvre ungewöhnlich sind. Gleichwohl eignet dem *Auferstandenen Christus* eine für Michelangelo typische semantische Ambivalenz, da auch hier durch eine Monumentalisierung des männlichen Aktes – zumal die Wundmale Christi fehlen – die Körperlichkeit zu antiker Idealität gesteigert ist. Diese für eine sakrale Plastik überraschend anmutende Ästhetisierung findet in der bereits erwähnten abergläubischen Verehrung der Skulptur durch die jungen Römerinnen ihren Niederschlag. Hierbei mag auch eine Rolle gespielt haben, dass der *Auferstandene Christus* gar nicht erst an seinen ersten Bestimmungsort, sondern gleich an einen sehr viel prominenteren Platz in S. Maria sopra Minerva gelangte – ein solcher Standortwechsel einer Skulptur ist bezeichnend für Michelangelo.

Metello Vari war unter den Auftraggebern Michelangelos einer der geduldigsten. Er ärgerte sich bisweilen über den langsamen Fortschritt an seinem *Christus*, ließ sich aber durch Verzögerungen nicht entmutigen. Vielleicht hat Michelangelo diesen vergleichsweise kleinen, nur mit 200 Golddukaten dotierten Auftrag trotz der geschilderten Probleme mit dem Marmor verhältnismäßig rasch erledigt, weil sein Berufsethos bei weniger prominenten Auftraggebern eher zum Tragen kam als bei geltungssüchtigen Klerikern und Fürsten. Bezeichnend hierfür ist ein Brief des Künstlers an Lionardo Sellajo in Rom von Ende Dezember 1518: „Ich werde ferner von Herrn Metello Vari in Betreff seiner Statue (den Christus für S. Maria sopra Minerva in Rom) gedrängt, welche auch dort in Pisa ist und auf einer der ersten Barken mitkommen wird. Ich habe ihm niemals geantwortet und will auch an Euch nicht mehr schreiben, bis ich mit der Arbeit begonnen habe; denn ich sterbe vor Schmerz und komme mir wider Willen wie ein Schwindler vor."

Doch noch bevor Michelangelo im Dezember 1519 mit den Arbeiten an der zweiten Fassung des *Auferstandenen Christus* beginnen konnte, bahnte sich im Sommer desselben Jahres ein weiteres Großprojekt an, das vom Auftragsvolumen her alles bislang Dagewesene übertreffen sollte: die Medici-Kapelle (Neue Sakristei) und die Biblioteca Laurenziana in Florenz. Von den Anfängen dieser beiden Projekte berichtet einige Jahre später Giovan Battista Figiovanni, der Priester von S. Lorenzo: Kardinal Giulio de' Medici, der spätere Papst Klemens VII., habe den Künstler in jenen Tagen angesprochen und die Absicht bekundet, zusätzlich zu den Ausgaben für die Fassade der Kirche von S. Lorenzo 50 000 Dukaten für deren Bibliothek und Sakristei aufzuwenden. Insbesondere gehe es ihm um die Errichtung einer neuen Kapelle für die Bestattung seiner Vorfahren und Verwandten.

Seit ihrem Neubau durch Filippo Brunelleschi war die Kirche von S. Lorenzo zusammen mit ihrer am südlichen Querarm angrenzenden Alten Sakristei die bevorzugte Grabstätte der Medici. Dort ruhten der Stammvater der Medici, Giovanni di Bicci

(gest. 1428) und seine Frau Piccarda Bueri, in der Krypta von S. Lorenzo Cosimo il Vecchio de' Medici (gest. 1464). Dessen Söhne Piero de' Medici (gest. 1469) und Giovanni de' Medici (gest. 1463) wiederum wurden in der Alten Sakristei bestattet. Ihre letzte Ruhe fanden dort auch Giuliano de' Medici (gest. 1478) und sein Bruder Lorenzo de' Medici, il Magnifico (gest. 1492), die im Jahre 1559 auf Veranlassung Cosimo I. de' Medicis in die Neue Sakristei umgebettet wurden.

Vor allem die Arbeiten für die Familienkapelle der Medici in S. Lorenzo sollten Michelangelo mit wenigen Unterbrechungen bis zu seinem endgültigen Umzug nach Rom 1534 beschäftigen. Diese 14 Jahre waren seine mit Abstand produktivste Phase als Bildhauer. Zwischen 1520 und 1534 schuf er insgesamt 13 in fast allen Fällen überlebensgroße Marmorfiguren sowie mehrere Wachs- und Tonmodelle, von denen nur die wenigsten erhalten sind. Zu den großen Marmorskulpturen zählen die Madonna, die beiden Sitzstatuen der Medici-Herzöge sowie die vier Allegorien der Tageszeiten für die Neue Sakristei, der *Sieger* und die vier sogenannten *Boboli-Sklaven* für das Juliusgrab sowie der *Apoll* für Baccio Valori.

Die Gründe für Michelangelos Produktivität während dieser 14 Jahre liegen in seiner außerordentlich privilegierten Position als Künstler. Mit Leo X. (geb. 1475) und Kardinal Giulio de' Medici (geb. 1478), ab 1523 als Klemens VII. auf dem päpstlichen Stuhl, gaben eben jene Personen in Rom und Florenz den Ton an, die Michelangelo seit seiner Jugend und seiner ersten Ausbildung zum Bildhauer im mediceischen Garten von S. Marco in Florenz kannte. Von ihren Geburtsdaten her gehörten sie zudem exakt derselben Generation an wie Michelangelo. Das alles trug dazu bei, dass selbst

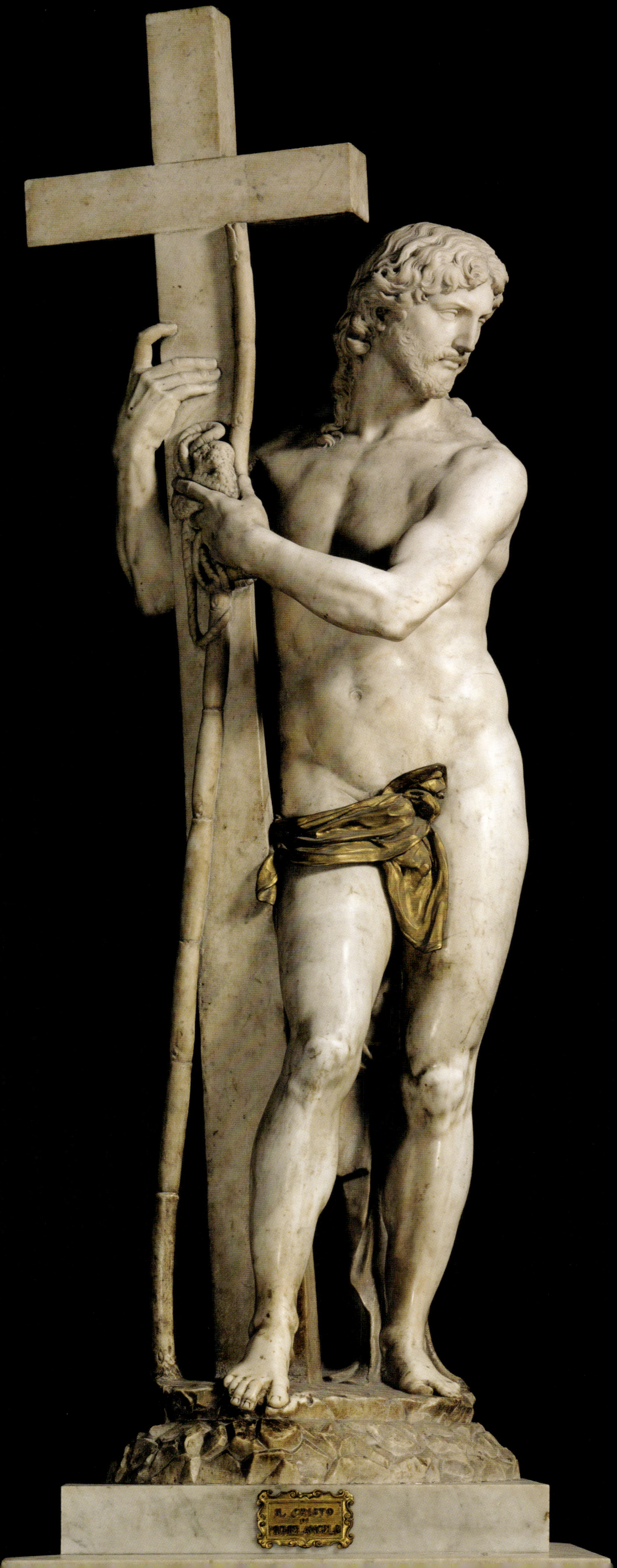

Silvio Cosini (nach Michelangelo)
Trophäen mit einem Wurm und einem beschnittenen Ast, ca. 1521–1532
Florenz, S. Lorenzo, Zugang zur Neuen Sakristei

S. Lorenzo, Neue Sakristei, Blick auf den Altar und das Grabmal Lorenzo de' Medicis

gravierende Krisen wie das Scheitern des Fassadenprojekts für S. Lorenzo und das engagierte Eintreten Michelangelos für die anti-mediceisch orientierte Republik von Florenz 1527–1530 nicht zu einem endgültigen Bruch zwischen dem Künstler und seinen hochrangigen Auftraggebern führten.

Auslöser für die Pläne, als Pendant zur Alten Sakristei eine weitere Grabstätte der Medici in S. Lorenzo zu errichten, war der vorzeitige Tod von zwei Hoffnungsträgern der Familie. Im Jahre 1516 verstarb Giuliano de' Medici, der Sohn Lorenzo il Magnificos und Bruder Leos X., den der französische König 1514 zum Herzog von Nemours ernannt hatte. Nur drei Jahre nach Giuliano verblich auch Lorenzo de' Medici, designierter Herzog von Urbino, Sohn Piero de' Medicis und Neffe Leos X. Mit dem Tod der beiden Medici-Herzöge war die Hoffnung auf einen Fortbestand der älteren, auf Cosimo il Vecchio zurückgehenden Linie der Familie in direkter männlicher und legitimer (!) Nachfolge radikal infrage gestellt, denn die beiden verbliebenen männlichen Mitglieder dieser Linie, Papst Leo X. und Kardinal Giulio de' Medici, durften als Kleriker zumindest offiziell keine Nachkommen zeugen, und Alessandro de' Medici war ein Bastard.

Die Grabkapelle der Medici in der Neuen Sakristei von S. Lorenzo markierte also den vorläufigen Höhepunkt einer Dynastie, die auf einen beispiellosen, hundert Jahre währenden Aufstieg zurückblicken konnte. Dieser Aufstieg gelangte in den beiden Herzogtiteln Giulianos und Lorenzos zum Ausdruck, vor allem aber in den päpstlichen Würden, die sich Giovanni de' Medici als Leo X. und Giulio de' Medici als Klemens VII. zu verschaffen wussten. Nicht zuletzt aus diesem Grund äußerte letzterer zwischenzeitlich den Wunsch, sich selbst und Leo X. in der Neuen Sakristei bestatten zu lassen.

Formales Vorbild für die Medici-Kapelle und deren Ausstattung war die Alte Sakristei. Dieser Bau sicherte mit seiner konventionellen Ikonografie die *memoria* und das Seelenheil der verstorbenen Familienmitglieder. Im Zentrum der Anlage, unter dem Sakristeitisch, ist Giovanni di Bicci als Spitzenahn der Medici bestattet, die Sakristei selbst ist Johannes dem Evangelisten geweiht, was in den Episoden aus dem Leben dieses Heiligen in den Stuckreliefs der Pendentif-Zone zum Ausdruck gelangt. Den ikonografischen Bezug zu Giovanni di Bicci und seiner Familie ergänzen Cosmas und Damian als Schutzheilige der Medici, die in einem Stuckrelief über einer Innentür der Sakristei dargestellt sind.

Der Bau der Neuen Sakristei beginnt im November 1519 mit dem Abriss von zwei nördlich an S. Lorenzo angrenzenden Häusern. Im folgenden Jahr stellen Michelangelo und sein Auftraggeber Giulio de' Medici Überlegungen darüber an, ob ein Freigrab in der Mitte des Raumes oder aber Wandgräber die bessere Variante darstellten. Man entscheidet sich aufgrund liturgischer Erwägungen bald dafür, die Gräber an drei Wänden zu platzieren (S. 225). Somit nimmt die Südwand gegenüber dem Altar das Doppelgrab der sogenannten *Magnifici*, der zu jenem Zeitpunkt noch in der

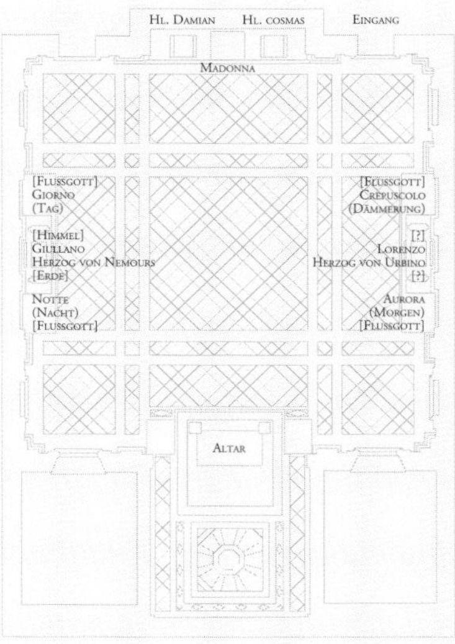

VII. DER BILDHAUER 1513–1534

S. Lorenzo, Neue Sakristei, Blick vom Altar in die Kapelle

Schematischer Grundriss der Neuen Sakristei (nicht ausgeführte Skulpturen in eckigen Klammern)

Alten Sakristei bestatteten Lorenzo und Giuliano de' Medici, auf. Die Ost- und Westwand hingegen bergen jeweils in einem Einzelgrab die jüngst verstorbenen Medici, die sogenannten *Capitani* oder Herzöge *(Duchi):* auf der östlichen Seite (vom Eingang gesehen rechts) Giuliano, den Herzog von Nemours, und ihm gegenüber Lorenzo, den Herzog von Urbino. Für die Grabmäler war ein komplexes Skulpturenprogramm vorgesehen, das durch mehrere Zeichnungen aus dem Umkreis Michelangelos bekannt ist. Die Aufstellung der ausgeführten Figuren spiegelt das ursprüngliche Programm nur unvollständig wider.

Deutlich in einer älteren Tradition steht das Doppelgrab der *Magnifici* (S. 225, an der Rückwand). Das weitgehend unvollendete Arrangement besteht aus einer noch von Michelangelo selbst geschaffenen *Madonna mit Kind* und den Schutzheiligen der Medici, *Cosmas* und *Damian*. Den *Heiligen Damian* fertigte bis 1534 Raffaello da Montelupo nach einem Modell Michelangelos, den *Heiligen Cosmas* schuf zwischen 1533 und 1537 Giovanni Angiolo da Montorsoli weitgehend eigenständig. Die weiteren Skulpturen stammen von Michelangelo selbst: auf der Ostwand die Sitzfigur des Giuliano de' Medici (S. 226) sowie darunter die Allegorien der Nacht *(Notte;* S. 228, 229) und des Tages *(Giorno)* sowie auf der Westwand Lorenzo de' Medici (S. 227) mit den Allegorien des Abends *(Crepuscolo;* S. 234) und des Morgens *(Aurora;* S. 235). Von den vier Allegorien ist lediglich die *Nacht* durch Attribute eindeutig gekennzeichnet, nämlich durch eine Eule unter ihrem linken Knie (S. 228) sowie durch ein Diadem mit Sternen und einer Mondsichel. Zudem platzierte Michelangelo unter ihrer linken Schulter eine Maske.

Die Muttergottes über den Gräbern der *Magnifici* ist als Vermittlerin göttlicher Gnade zu verstehen, wobei sie in ihrer Funktion von den Schutzheiligen *Cosmas* und *Damian* unterstützt wird. Das Gesamtarrangement – *Maria mit Kind* zwischen den Heiligen – entspricht dem Altarbildtypus der Sacra Conversazione, den Michelangelo hier in Gestalt einer Skulpturengruppe modifizierte. Diese Adaption eines traditionellen, im 15. Jahrhundert in Florenz besonders von den Medici gepflegten Bildtyps wird in dem provisorischen Arrangement deutlicher als in den Entwürfen Michelangelos (S. 236). Dort tritt eine durchdachte architektonische Gliederung der Kapellenwand völlig gleichberechtigt neben die in ihr geborgenen Skulpturen.

Auch die Grabmäler der Herzöge sind unvollendet geblieben, doch in beiden Fällen ist das komplexe architektonische Gliederungssystem fertiggestellt. Bereits die erhaltenen Entwurfszeichnungen machen deutlich, wie sehr Michelangelo darum bemüht war, Architektur und Skulptur zu einer Einheit zu verschmelzen. So findet die Dreidimensionalität von Skulptur Berücksichtigung in der Formensprache des architektonischen Rahmens. Daher gibt Michelangelo in den ausgeführten Monumenten dem Wandaufriss mit Hilfe von Vor- und Rücksprüngen, Verkröpfungen, Konsolen und Bauornamenten mehr Tiefe. Einem ähnlichen Effekt

— 225 —

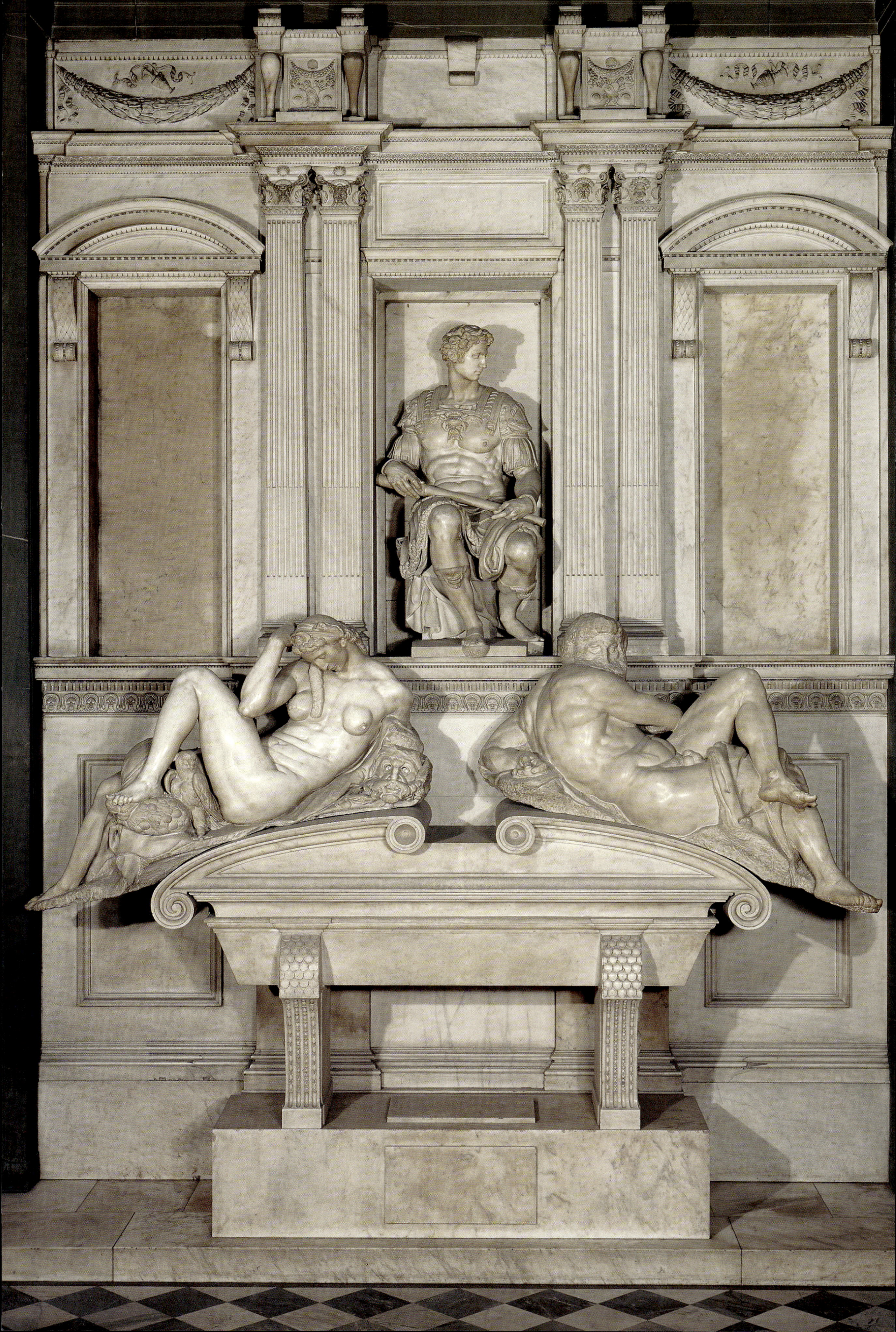

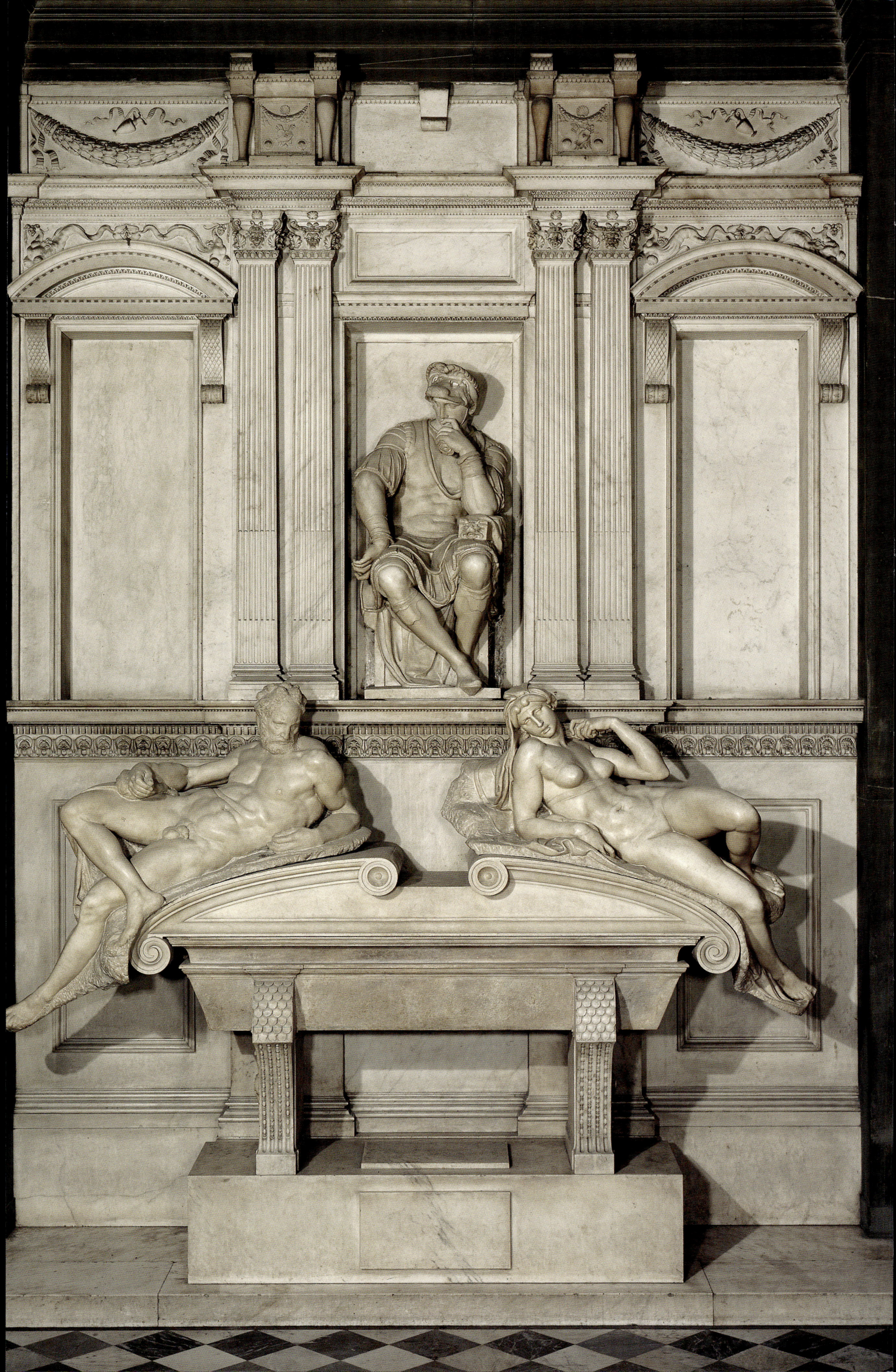

MICHELANGELO

Seite 226:
Das Grabmal des Giuliano de' Medici mit den Allegorien der Nacht (*Notte*) und des Tages (*Giorno*), 1525–1534
Florenz, S. Lorenzo, Neue Sakristei

Seite 227:
Das Grabmal des Lorenzo de' Medici mit den Allegorien des Abends (*Crepuscolo*) und des Morgens (*Aurora*), 1525–1531
Florenz, S. Lorenzo, Neue Sakristei

Die Nacht (*Notte*), Details, 1525–1531

tiefenräumlicher Dynamisierung dienen auch die Kontraste zwischen vertikalen und horizontalen Elementen sowie die Licht-Schatten-Wirkung der genannten Architekturdetails.

Die Anordnung der Skulpturen der beiden Herzogsgrabmäler geht noch auf Michelangelo selbst zurück. Doch während die Sitzfiguren der Herzöge Giuliano und Lorenzo 1534, kurz vor der endgültigen Abreise des Künstlers nach Rom, aufgestellt wurden, platzierte man die vier Allegorien erst 1546 auf den konvex gewölbten Sarkophagen. Das Arrangement ist gleichwohl unvollständig. Vor allem Originalskizzen Michelangelos (S. 236) und Modellzeichnungen (S. 236) nach verlorenen Entwürfen sowie verstreute Schriftquellen geben darüber Auskunft, dass weitere Skulpturen für die Wandgräber vorgesehen waren. Unter den Sarkophagen sollten jeweils zwei Flussgötter ruhen, in den beiden Nischen neben den Figuren der Herzöge weitere Allegorien – möglicherweise von Himmel und Erde – stehen sowie oberhalb des Hauptgesimses Trophäen, Hermen und kauernde Knaben mit gesenkten Häuptern. Im Unterschied zu den ausgeführten Skulpturen war ursprünglich eine einfachere Identifizierbarkeit der Allegorien vorgesehen; so ist auf einer in Paris verwahrten anonymen Modellzeichnung die Liegefigur des *Tages* (links) mit vier Lichtstrahlen des Sonnengottes Sol über ihrem Haupt eindeutig gekennzeichnet, während die Allegorie der *Nacht* als ihr Attribut möglicherweise die Mondsichel der Luna trägt. Unschwer zu erkennen sind auch die Trauergesten der kauernden Knaben und der beiden Figuren in den seitlichen Nischen (S. 236 oben links).

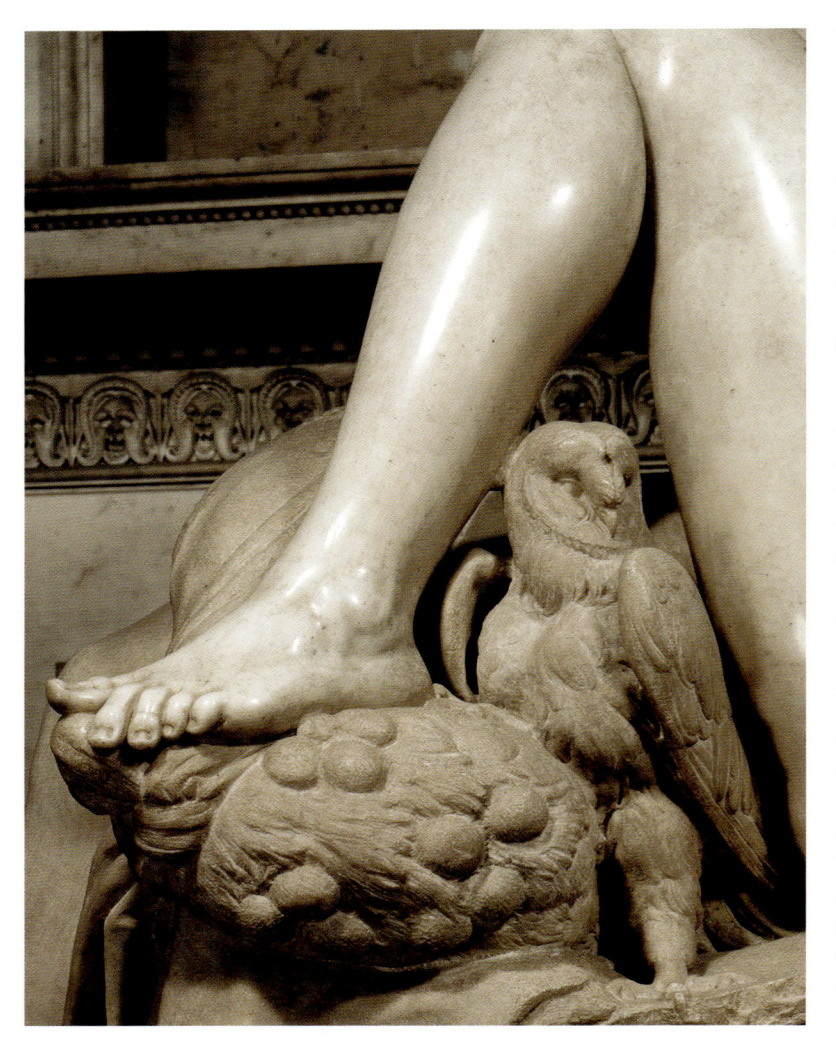

Auf Eindeutigkeit zielen zudem die für die Herzogsgräber vorgesehenen Trophäen, die Silvio Cosini im Auftrag Michelangelos anfertigte und die sich heute im Zugang zur Neuen Sakristei befinden (S. 224). Sie erinnern an die antike Sepulchralkunst, in der sie den Triumph über den Tod bedeuten konnten. Die Symbolik der Trophäen geht hier aber wohl noch weiter, denn aus ihren Brustpanzern ragt in einem Fall ein Ast mit abgeschnittenen Trieben heraus, im anderen Fall ein Wurm. Ähnlich wie beim Juliusgrab (s. Kap. IV) war also auch in der Neuen Sakristei mit den Trophäen ein Bezug zur römischen Triumphalikonografie geplant. Hierbei erinnert der Wurm, der statt eines Körpers aus dem Brustharnisch einer Trophäe herausschaut, an die Vergänglichkeit alles Irdischen, denn die von Würmern zerfressene Leiche war aus der Ikonografie der Totentänze bekannt. Demgegenüber verweist der beschnittene Ast der zweiten Trophäe auf die zu jener Zeit beliebte Regenerationsikonografie. So galt der abgeschnittene Trieb eines Baumes als Voraussetzung dafür, dass neues Leben aus der Schnittfläche sprießen konnte. In einem ursprünglichen Konzept der Grabkapelle hätte somit die eine Trophäe auf das Vergängliche angespielt und die andere auf ein Weiterleben, hier das Weiterleben nicht des Individuums, sondern des Familienverbandes.

Die Herzöge selbst sind in antikisierenden Prunkrüstungen dargestellt, was auf ihren militärischen Rang als Generalkapitäne der Kirche und ihren Status als Ehrenbürger Roms verweist. Zur Militärikonografie gehört auch der Kommandostab in der rechten Hand Giulianos. Diese martialische Kennzeichnung der beiden Herzöge steht in einem gewissen Widerspruch zu ihren eher dürftigen militärischen Verdiensten. Aber Michelangelo kam es ohnehin mehr auf eine allgemeine Sinngebung und Idealdarstellung an. Diese Vermutung legt eine entsprechende Bemerkung des Künstlers nahe, die in einem Brief Niccolò Martellis vom 28. Juli 1544 überliefert ist: Den Sitzfiguren in der Neuen Sakristei fehle die Porträtähnlichkeit mit Giuliano und Lorenzo de' Medici, weil in tausend Jahren ohnehin niemand mehr wisse, wie die beiden ausgesehen hätten.

Wie sehr es bei den Skulpturen und ihrem Arrangement um eine Idealvorstellung ging, lehrt ein Blick auf weitere antike Vorbilder. Hierzu zählen einesteils Einzelfiguren wie ein heute verlorenes Relief mit einer Leda, dessen figürliche Disposition Michelangelo in der *Nacht* wieder aufnahm. Generell weisen die Allegorien auch eine formale Verwandtschaft mit den in Rom zahlreich erhaltenen Darstellungen von Flussgöttern und Quellnymphen auf. Die Prunkrüstungen der beiden Herzöge sowie die überkreuzten Unterschenkel Lorenzos waren aus der römischen Kaiserikonografie bekannt, Teile des Bauornaments der Kapelle (u. a. Girlanden, Delphine, Muscheln, Widderköpfe) aus dem antiken Totenkult. Andernteils steht auch die plastische Darstellung von Allegorien der Tageszeiten in einer antiken Tradition, die in diesem Zusammenhang sogar Flussgötter einschließt. Zu den bekanntesten Beispielen für Allegorien der Zeit zählen zwei Rundreliefs auf den Schmalseiten des Konstantinsbogens. Dort fährt in einer Darstellung der Sonnengott Sol auf seiner Quadriga einer Personifikation des Morgensterns entgegen und auf der anderen Seite Luna einer Personifikation des Abendsterns. Unter beiden Allegorien der Zeit sind Flussgötter platziert.

Eine weitere konzeptuelle Inspirationsquelle für die allegorische Darstellung des Laufes der Zeit darf man in dem Deckelrelief eines Sarkophages aus S. Lorenzo fuori le Mura in Rom sehen. Wiederum links steigt Sol über einem Flussgott, wohl Oceanus, auf, während auf der anderen Seite Luna wieder hinabsteigt. Zwei in der Mitte dargestellte Dioskuren symbolisieren möglicherweise Morgen- und Abendstern. Das Relief schmückt einen Sarkophagdeckel, gehört also einem sepulchralen Kontext an. Als weiteres Motiv für die ursprünglich geplante Aufnahme von Flussgöttern in das Figurenarrangement der Neuen Sakristei sei deren etwa zeitgleiche Verwendung in der Sala di Costantino im Vatikan genannt. In der von Leo X. und Klemens VII. bestimmten Ikonografie dieses Saales symbolisieren die Flussgötter sowohl den Ursprung der Medici in der Arno-Stadt Florenz (*Fluentia*) als auch deren zweimalige Besetzung des Stuhles Petri in der Tiber-Stadt Rom 1513–1521 (Leo X.) und 1523–1534 (Klemens VII.). Tatsächlich deutete Gandolfo Porrini, ein Zeitgenosse Michelangelos,

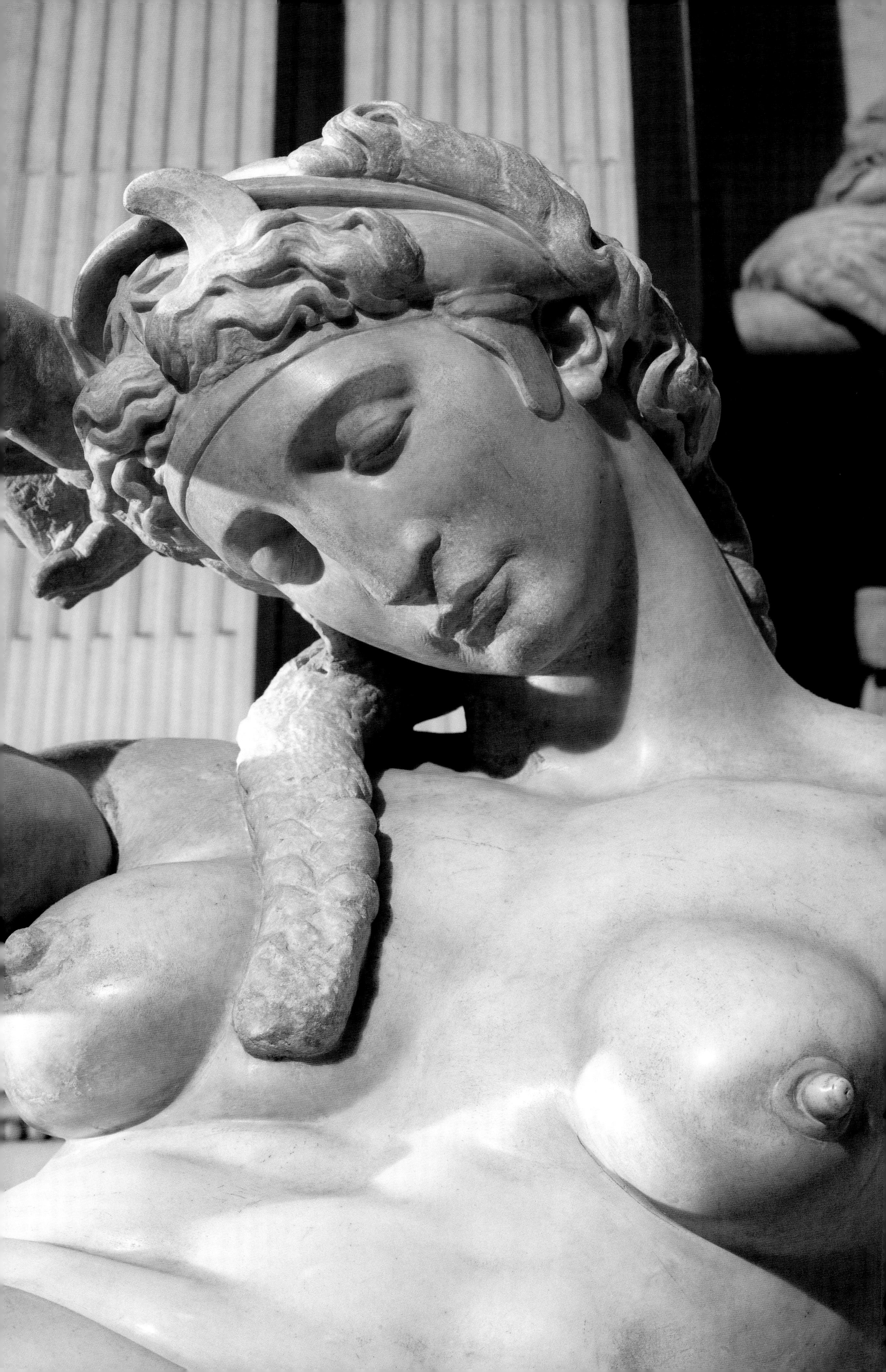

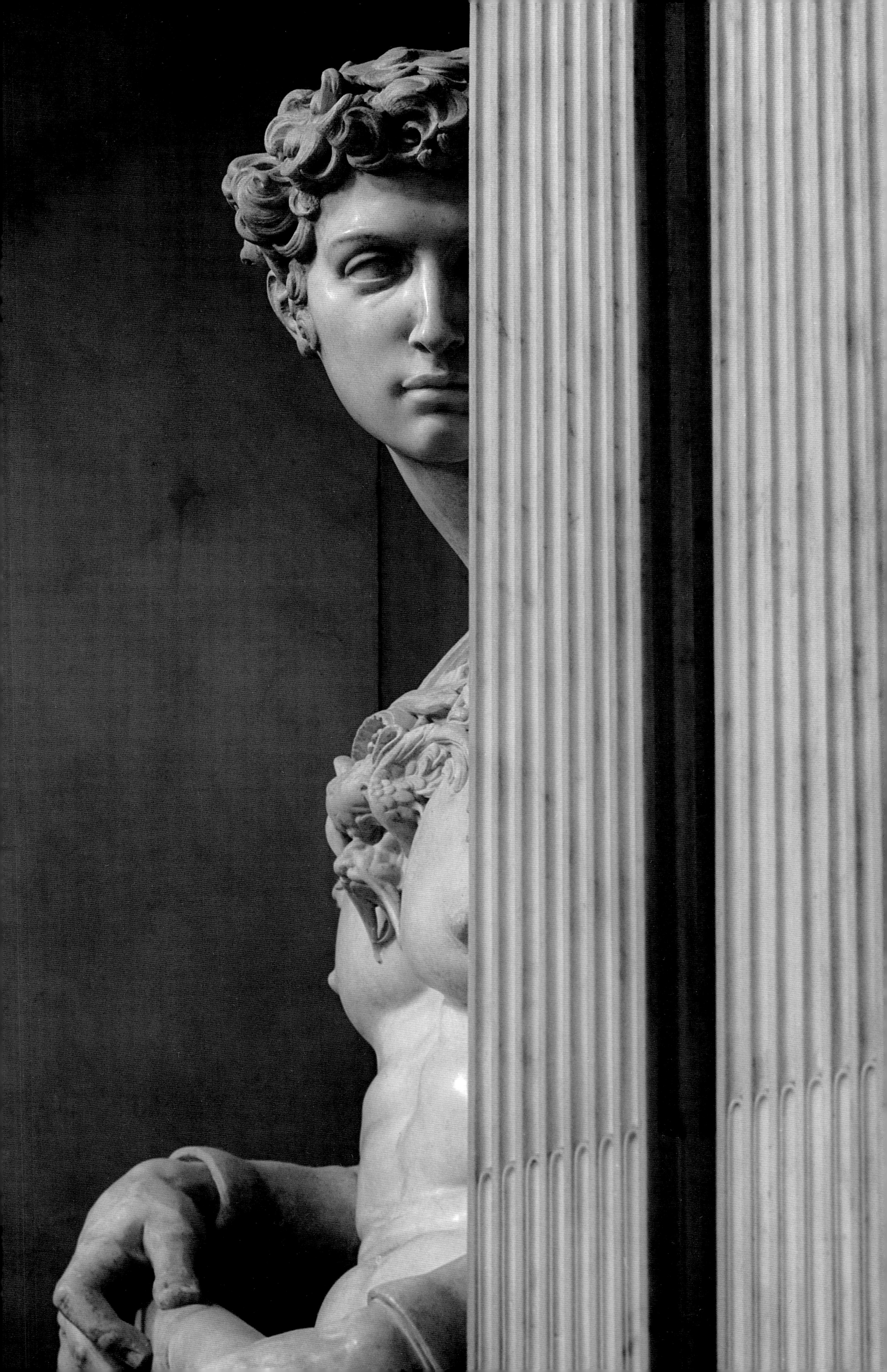

VII. DER BILDHAUER 1513–1534

Giuliano de' Medici (Details),
um 1526–1534

*Dass in ihm keine hässlichen Gedanken auftauchten,
kann man auch daraus erkennen, dass er nicht allein die
menschliche Schönheit geliebt hat, sondern überhaupt
... jegliches Ding, das in seiner Art schön und ausgezeichnet
war, was er dann mit wunderbarer Erregung bewunderte,
wobei er das Schöne der Natur gleichermaßen auswählte...*

— ASCANIO CONDIVI

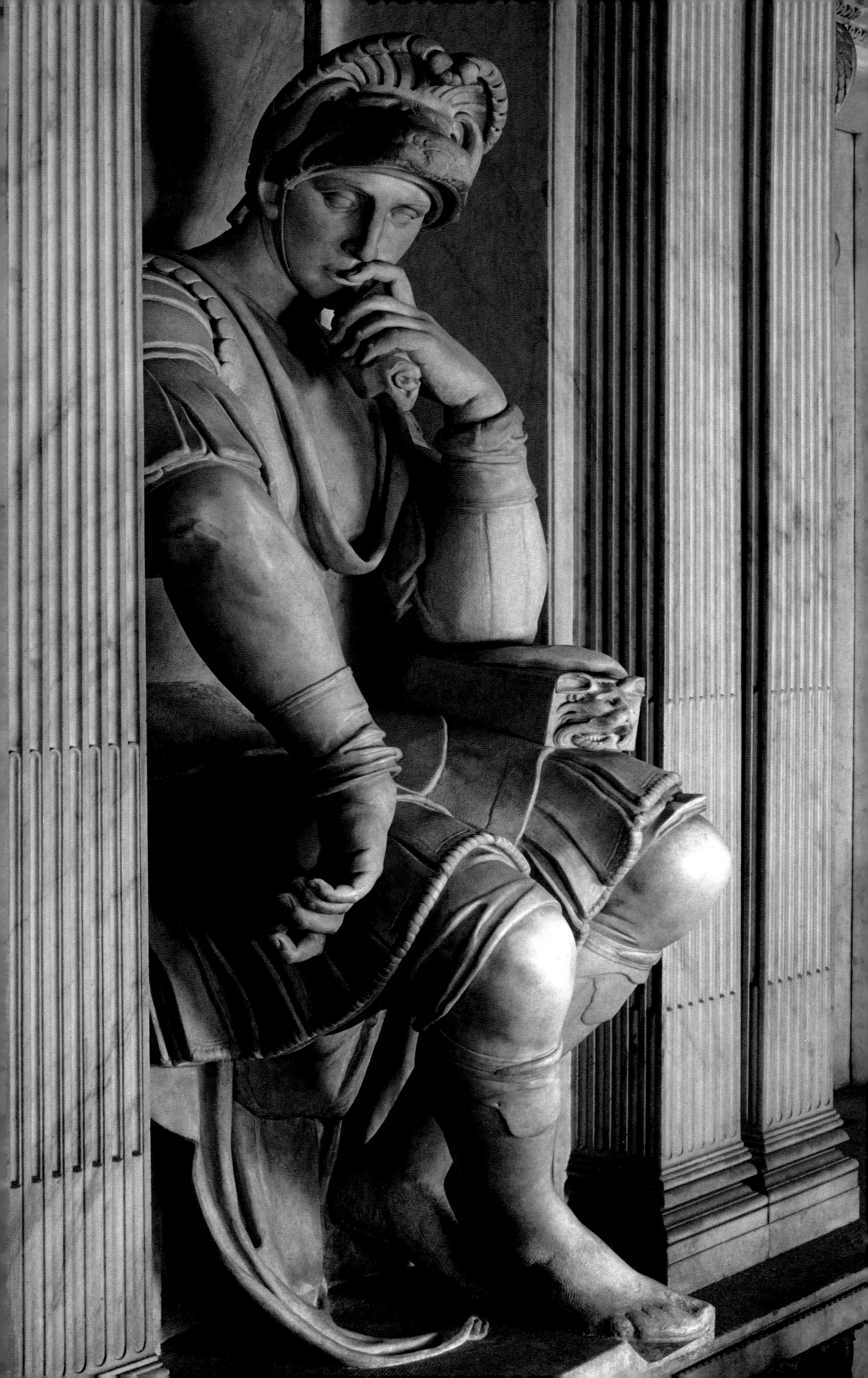

Lorenzo de' Medici (Details), um 1525

die in der Medici-Kapelle vorgesehenen Flussgötter als Arno und Tiber und damit als symbolische Verweise auf die Herrschaftsansprüche der Medici auf die mit diesen Flussnamen verbundenen Städte.

Ohne die Aufstellung politisch deutbarer Flussgötter vereinfacht sich die Ikonografie der Kapelle. Über dem Lauf der Zeit, thematisiert durch die Allegorien von *Morgen* und *Abend*, *Tag* und *Nacht*, thronen in ihrer erhöhten Position nun die idealisierten Abbilder der verstorbenen Medici-Herzöge. Wie in der fürstlichen Apotheose des Barock viele Jahrzehnte später sind sie der irdischen Zeit enthoben. Mit dieser von der Antike inspirierten profanen Apotheose korrespondiert auf unterschiedlichen Ebenen der für eine christliche Grabkapelle unvermeidliche Gedanke der Wiederauferstehung, die ja die mit einem Grabmonument geehrten Personen über die irdische Zeit erhebt. Denn zum einen ist die Kapelle der Auferstehung Christi geweiht, und zum anderen entspricht die außerordentliche Vertikalität der Medici-Kapelle dieser Wiederauferstehungsidee (s. Kap. VI). Zudem thematisiert auch der ornamentale Schmuck der beiden Kandelaber auf dem Altar die Verschmelzung paganer und christlicher Apotheose. So zeigen diese Altarleuchter einen Pelikan und den Vogel Phönix als Symbole des Blutopfers Christi und der Wiederauferstehung. (*Physiologus*, Nr. 4 und 7). Der Pelikan, der seine Jungen mit eigenem Blute nährt und daher als Symbol der Caritas gilt, stellt schließlich eine Verbindung zur Madonna lactans auf der anderen Seite der Kapelle her, denn auch sie konnte als Ausdruck christlicher Liebe verstanden werden.

Zur Neuen Sakristei haben sich mehrere Schriftquellen mit zeitgenössischen Beschreibungen und Deutungen erhalten, darunter kurze Bemerkungen Michelangelos zu seinen Skulpturen. Ähnlich wie in den Zeilen zum *David* und zur Freskierung der Sixtinischen Decke haben wir auch hier eine für jene Zeit ungewöhnliche Selbstauskunft des Künstlers zu seinem Werk vorliegen. So finden sich auf einer im British Museum verwahrten Skizze (S. 236) zum Doppelgrab der *Magnifici* folgende Worte:

„La fama tiene gli epitaffi a giacere;
non va né inanzi né indietro,
perché son morti, e el loro operare è fermo."

Eine mögliche Übersetzung lautet:

„Der Ruhm macht hier die Grabfiguren liegen;
Er geht nicht vorwärts, nicht zurück,
Denn sie sind tot, ihr Wirken ist erstarrt."

Strittig ist vor allem das Verständnis der ersten Zeile, die sich möglicherweise auf eine vorgesehene Inschrifttafel bezieht – oder auf die Gräber selbst. In den letzten beiden Zeilen bringt Michelangelo jedenfalls den Gedanken zum Ausdruck, dass die hier bestatteten *Magnifici* mit ihrem irdischen Wirken abgeschlossen haben.

Ein weiteres Textfragment, das sich auf einer Zeichnung in der Casa Buonarroti findet, gilt dem Grabmal des Herzogs Giuliano de' Medici und seinen Allegorien:

„El Dì e la Notte parlano, e dicono:
Noi abbiàno col nostro veloce corso condotto alla morte
el duca Giuliano;
è ben giusto che e' ne facci vendetta come fa.
E la vendetta è questa:
Che avendo noi morto lui,
lui così morto ha tolto la luce a noi
e cogli occhi chiusi ha serrato e nostri,
che non risplendon più sopra la terra.
Che arrebbe di noi dunche fatto, mentre vivea?"

„Es sprechen Tag und Nacht und sagen:
In unsrem raschen Laufe führten wir zum Tode
Den Herzog Giuliano;
Gerecht ist's wohl, dass er sich räche, wie er's tut.
Und dies ist seine Rache:
Da wir ihn tot nun haben,
Hat, also tot, das Licht er uns genommen
Und mit geschlossnen Augen unsere geschlossen,
Die nicht mehr über dieser Erde strahlen.
Was hätt' er wohl aus uns gemacht, blieb er am Leben!"

Hier verweilen Michelangelos Zeilen nicht bei der Unausweichlichkeit des Todes, sondern sie leiten zu einer Schmeichelei für die Auftraggeber über: Der durch die beiden Allegorien versinnbildlichte Lauf der Zeit habe zwar dem Herzog Giuliano das Leben genommen, doch falle dieser Verlust letztlich auf *Tag* und *Nacht* zurück, denen nun ebenfalls die Augen geschlossen würden.

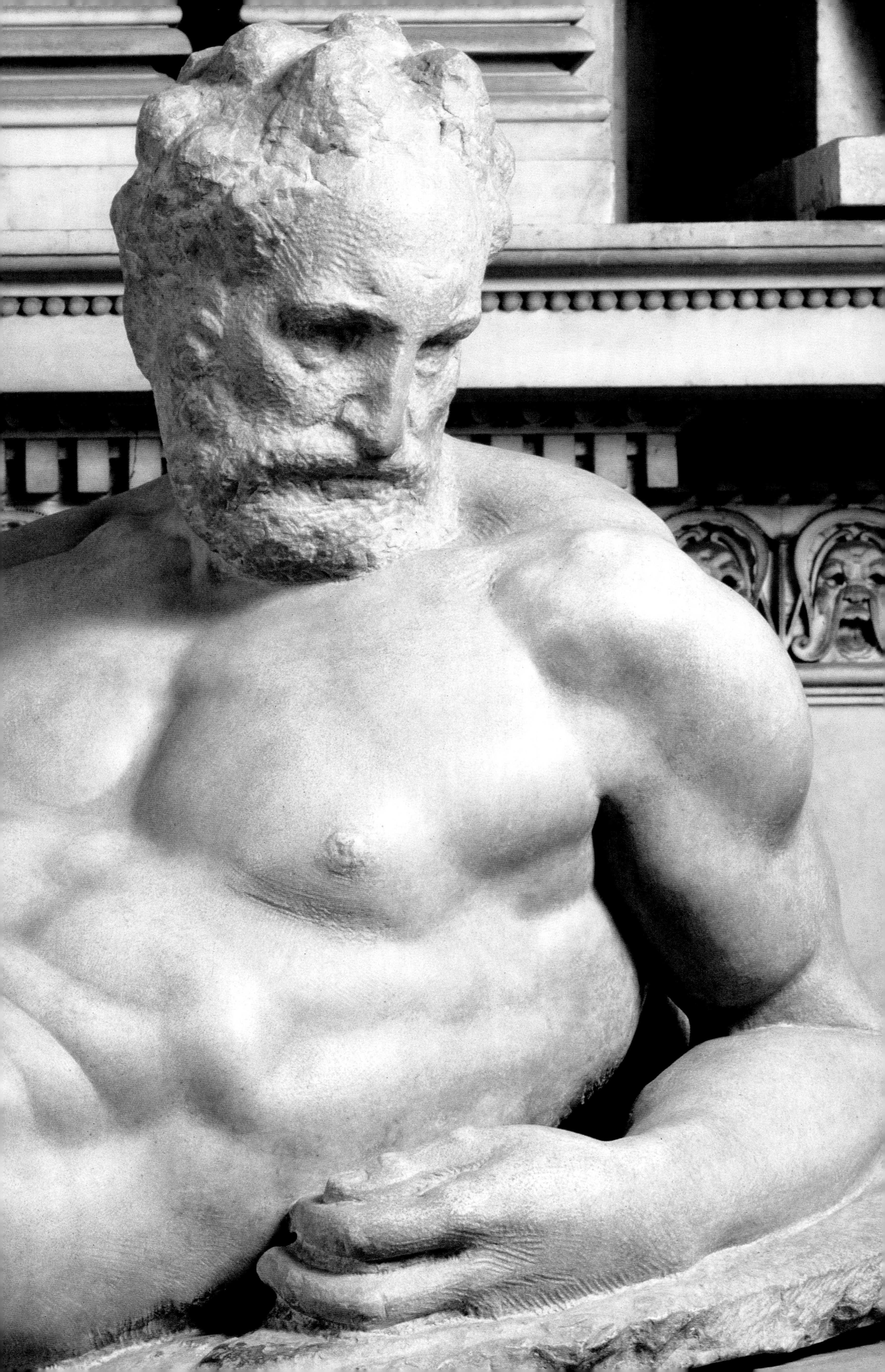

VII. DER BILDHAUER 1513–1534

Die Frauen Michelangelos sind das Weib schlechthin. Eva aus der Seite Adams hervorkommend; Eva unter dem Baum der Erkenntnis liegend, in der Sixtinischen Kapelle; die Gestalten der Nacht und der Morgendämmerung auf den Grabmälern der Medicer sind reine Gattungsformen, wenig durch Charakter unterschieden, ausdrucksvoll eher durch Gebärden als durch Gefühlsbetonung in den Gesichtszügen.
— JOHANN HEINRICH FÜSSLI

Der Abend (*Crepuscolo*), Detail, 1524–1531

Der Morgen (*Aurora*), Detail, 1524–1527

Anonym
Kopie nach Michelangelos Modellzeichnung des Giuliano-Grabmals, nach 1521
Schwarze Kreide, laviert, 321 x 205 mm
Paris, Musée du Louvre, Nr. 838

Anonym
Kopie der Modellzeichnung des *Magnifici*-Grabmals, nach 1521
Feder über schwarzer Kreide, laviert, 380 x 240 mm
Paris, Musée du Louvre, Nr. 837

Studie zum Grabmal der Herzöge, um 1520/21
Schwarze Kreide, 297 x 210 mm
London, British Museum, 1859-5-14-823r

Studie zum Doppelgrabmal der *Magnifici*, Schrift, um 1520/21
Feder, 209 x 162 mm
London, British Museum, 1859-6-25-543r

Ähnliche panegyrische Schmeicheleien äußert Benedetto Varchi in seinen *Due lezzione* von 1549. Über die vier Allegorien der Medici-Kapelle schreibt der Theoretiker und Freund Michelangelos: „Wer würde je hinreichend nicht nur loben, sondern ebenso erstaunen über den Geist und das Urteil dieses Mannes, der, als er die Grabmäler für den Herzog von Nemours und den Herzog Lorenzo de' Medici machen sollte, seinen erhabenen Sinn in vier Marmorblöcken zum Ausdruck brachte wie Dante in seinen Versen. Denn da er (meine ich) ausdrücken wollte, dass als Grabmal eines der beiden nicht nur eine Hemisphäre, sondern die ganze Welt angemessen wäre, gab er dem einen Nacht und Tag sowie dem andern die Morgenröte und die Dämmerung, damit sie (die Herzöge) in die Mitte nehmen und bedecken, wie sie es mit der Erde tun. (…)"

Varchi sieht die Grabmäler der Herzöge also in einen kosmischen Zusammenhang eingebunden. Nicht nur eine Hemisphäre, die halbe Welt also, sondern die ganze, durch die vier Tageszeiten versinnbildlichte Welt sei als Grab der Herzöge angemessen.

Auch Condivi deutet die Allegorien von Tag und Nacht als die alles verschlingende Zeit. Um diese Bedeutung verständlicher zu machen, habe Michelangelo der *Nacht* ein Käuzchen als Attribut beigegeben und den *Tag* mit einer Maus kennzeichnen wollen, „weil dieses Tierchen unaufhörlich nagt und zehrt, gleich wie auch die Zeit alles verzehrt". Michelangelo ist allerdings auch hier sich selbst treu geblieben, indem er die Ausstattung seiner Skulpturen mit eindeutigen oder vermeintlich eindeutigen Attributen auf ein Minimum beschränkte: Die Maus hat er niemals ausgeführt.

Vasari schließlich wiederholt mit anderen Worten die von Varchi in die Debatte geworfene kosmische Dimension der Begräbnisstätte und ihres Figurenschmuckes, doch eine weitere Sinnschicht versucht er dann aus der ästhetischen Form der Einzelfiguren abzuleiten: „Was aber sage ich von der ‚Aurora', einer unbekleideten, weiblichen Gestalt, geschaffen, um höchste Trauer in der Seele zu erwecken und den Ausdruck (stile) in der Bildhauerkunst zu revolutionieren (smarrire). In ihrer Stellung erkennt man das wie müde und schlaftrunkene Erheben aus den Federn, denn erwachend findet ‚Aurora' die Augen des großen Herzogs verschlossen. Daher quält sie sich in Bitternis, bekümmert in unendlicher Schönheit im Zeichen eines großen Schmerzes. Was endlich könnte ich von der ‚Nacht' sagen, einer nicht nur seltenen, sondern einzigartigen Statue? Wer hat jemals in irgendeinem Zeitalter antike oder moderne Statuen von solcher Art gesehen? Wer erkennt in der ‚Nacht' nicht zugleich die Ruhe einer Schlafenden und den Schmerz und die Melancholie dessen, der ein hohes und verehrtes Gut verliert? Man glaubt sogar, dies sei jene ‚Nacht', die alle diejenigen in den Schatten stellte, die versuchten, Michelangelo in der Bildhauerei und Zeichenkunst wenn nicht zu übertreffen, so doch zu erreichen."

Vasaris Beobachtungen sind in vielerlei Hinsicht treffender, als man angesichts seiner bombastischen Sprache zunächst erwarten würde. So erkennt er die bis dahin völlig neuartige psychologische Charakterisierung der Allegorien der Tageszeiten und deren mehrfache Kodierung: Einesteils vermitteln sie dem Betrachter auch ohne Hilfe

Rekonstruktion der Neuen Sakristei/Medici-Kapelle: Ostwand mit dem Grab Giulianos, Westwand mit dem Grab Lorenzos, Südwand mit den rekonsturierten Gräbern der *Magnifici* (nach Popp), 1922

von Symbolen die unterschiedlichen Zustände von Schlafen und Wachen, von Einschlafen und Aufwachen. Andernteils verweisen sie in ihrer Gestaltung sowohl auf das Moment individueller Trauer um die Herzöge als auch auf die bereits von Varchi angesprochene kosmische Dimension der Kapelle. Zudem sieht Vasari natürlich auch hier, wie schon in seiner Deutung der Sixtinischen Decke, die Kunst Michelangelos als unübertroffenes künstlerisches Paradigma seiner Zeit.

Gegen Ende seiner Beschreibung berichtet Vasari von gelehrten Zeitgenossen und ihren Gedichten auf die Figuren der Medici-Kapelle. So zitiert er die erste Quartine eines heute Giovanni di Carlo Strozzi zugeschriebenen Sonetts:

„Die Nacht, die du hier siehst, im Gleichgewicht
Des schönen Schlafs, bildete im Stein
Ein Engel. Schlaf heißt ihr Lebendigsein.
Wenn du's nicht glaubst, so weck sie auf: sie spricht."

Hierauf habe Michelangelo im Namen der *Nacht* folgendermaßen geantwortet:

„Schlaf ist mir lieb, doch über alles preise
Ich Stein zu sein. Währt Schande und Zerstören,
Nenn ich es Glück: nicht sehen und nicht hören.
Drum wage nicht zu wecken. Ach! Sprich leise."

Vasari und besonders Strozzi bemühen hier die bis zur Mitte des Jahrhunderts schon arg strapazierten Topoi der Kunstliteratur, etwa den von der sprechenden Skulptur. Man kann sich gut vorstellen, dass Michelangelo das alles nicht mehr hören wollte. Wenn Giovanni di Carlo Strozzi ihn mit einem Engel verglich, dann war auch das nicht mehr originell, denn als solchen hatte der Künstler sich selbst auf der Inschrift seiner römischen *Pietà* Jahrzehnte früher bezeichnet. Michelangelos Antwort, entstanden 1545, ist daher sarkastisch: Er könne die Schmeicheleien nicht mehr hören, es sei besser, die Statue schlafen und schweigen zu lassen.

Zu den wenigen Attributen in der Medici-Kapelle gehört die Maske der *Nacht*, die als Symbol des Traumes und seiner Trugbilder gedeutet werden kann oder als ein Bezug Michelangelos auf sich selbst bzw. auf seine Anfänge als Bildhauer im Hause der Medici. Tatsächlich berichten ja die Biografen, dass der Künstler durch die Nachahmung einer antiken Faunsmaske seine außerordentliche Befähigung als Bildhauer erstmals unter Beweis gestellt habe und dass diese Befähigung durch keinen Geringeren als Lorenzo il Magnifico entdeckt worden sei. Wahrscheinlich spielt die Maske der *Nacht*, die auch in einigen Varianten zum Bauschmuck der Kapelle gehört, auf dieses Ereignis an.

Die Medici-Kapelle ist ein der Auferstehung Christi geweihter Sakralraum und zugleich ein Monument ambitionierter dynastischer Selbstdarstellung der Medici – wie auch eine Kultstätte der Kunst. Bereits im 16. Jahrhundert wurde kaum noch die *laus perennis* registriert, jene „ewige Anbetung", die dort für das Seelenheil der Medici gehalten wurde. Nicht nur Vasari, sondern auch andere Betrachter hatten erkannt, dass mit den Liegefiguren von *Morgen, Abend, Tag* und *Nacht* eine neue, psychologisch tiefsinnige Form der Allegorisierung entstanden war. Hieraus leitet sich im Hegel'schen Sinne ein Kunstwert ab, der schließlich ihren Kultwert überstrahlen sollte. Aufgrund dieses Kunstwerts sehen wir in der Medici-Kapelle eher den Künstler als die Ansprüche der Auftraggeber, und diese Sicht hat eine gewisse Berechtigung, denn Michelangelo tilgte alle aktuellen Bezüge, er verzichtete auf die übliche Darstellung von Tugenden und Taten und hob die Ausstattung der Kapelle mit ihren Allegorien auf eine allgemeine Ebene.

Eine übertriebene Selbstdarstellung seiner Auftraggeber wäre womöglich nicht nach dem Geschmack Michelangelos gewesen. Wie kritisch er ambitionierte Projekte hochstehender Klienten sehen konnte, zeigt sein Brief vom Dezember 1525 an Giovan Francesco Fattucci in Rom, in dem er die Pläne der Medici zur Errichtung einer 40 Ellen (ca. 23 m!) hohen Kolossalstatue nahe S. Lorenzo folgendermaßen verhöhnt:

„(…) aber auf der anderen Seite, wo der Barbierladen sich befindet, da würde er (der Koloss) meines Erachtens weit besser passen; denn er hat den Platz vor sich und würde die Straße nicht so eingengen. Und weil es vielleicht wegen des Mietausfalls nicht gestattet werden würde, den Laden zu entfernen, so habe ich mir gedacht, man könnte jene Kolossalfigur vielleicht so hoch sitzend darstellen, dass, wenn man sie innen hohl machte (…), der Barbierladen unten hineinpasste; dann würde man auch die Miete nicht verlieren. Und weil doch jener Laden, wie schon jetzt, einen Abzug für den Rauch haben müsste, so scheint es mir angebracht, dass man dieser Statue ein Füllhorn in die Hand gebe, natürlich innen hohl, das ihm als Schornstein dienen wird. Ferner, da ich auch den Schädel und die anderen Teile einer solchen Figur hohl lasse, so glaube ich, könnte man auch daraus einen gewissen Nutzen ziehen: Nämlich hier auf dem Platz besitze ich einen dicken Freund, einen Höker; und der hat mir insgeheim gesagt, er würde da drinnen einen famosen Taubenstall einrichten. Ferner ist mir noch ein anderer, weitaus besserer Einfall gekommen; aber dann müsste man die Figur noch viel größer machen, und das könnte man auch, denn man macht sie aus einzelnen Stücken wie einen Turm. Und zwar folgendermaßen: Ihr Kopf diente S. Lorenzo als Glockenturm, den die Kirche dringend benötigt; und wenn dann drinnen die Glocken läuten und der Ton zum Munde herauskommt, hört es sich so an, als schreie der Koloss: ‚Gnade, Gnade', namentlich an Festtagen, wenn man häufiger und mit den größten Glocken läutet."

Der Sarkasmus sollte dem Künstler bald vergehen, denn in den folgenden Jahren überschlagen sich wieder einmal die Ereignisse. Anfang Mai 1527 plündern die kaiserlichen Truppen Karls V. Rom, und am Ende desselben Monats wird Florenz nach erneuter Vertreibung der Medici für drei Jahre Republik. Michelangelo stürzt sich eifrig in die Planungen für die Befestigung der Stadt und bekleidet in diesem Zusammenhang sogar hohe öffentliche Ämter (s. Kap. VI). Als Guelfe stellt er nun seine Fähigkeiten ganz in den Dienst einer politischen Sache und seiner eigenen Überzeugungen, er ist nicht mehr jener Großverdiener, der seinen mächtigen Auftraggebern immer größere Summen aus den Taschen zu ziehen versteht. Doch weder die Florentiner Republik noch Michelangelos Engagement für deren Fortbestand sind von Dauer. Schon Ende September 1529 flieht der Künstler für zwei Monate aus Florenz, einesteils aus Sorge um gefährliche innenpolitische Konflikte, andernteils in Vorahnung der drohenden Einnahme seiner Heimatstadt durch die Anhänger der Medici, die dann im August 1530 erfolgt. Vor den brutalen politischen Säuberungen muss auch Michelangelo sich zunächst verstecken. Figiovanni behauptet sogar, Baccio (Bartolomeo) Valori, der neue Statthalter von Florenz, habe ihn umbringen lassen wollen. Doch schon bald folgen Signale, dass man dem Künstler sein republikanisches Engagement während der zurückliegenden drei Jahre verzeiht. Allerdings sieht sich Michelangelo gezwungen, so berichtet jedenfalls Vasari, für Baccio Valori die Skulptur eines *Apoll* anzufertigen und damit gnädig zu stimmen. Zudem arbeitet er mit erneutem Eifer an den Figuren für die Medici-Kapelle, denen er sich während des republikanischen Intermezzos nur sporadisch widmen konnte. Bis zu seinem Umzug nach Rom vollendet er die meisten Figuren immerhin so weit, dass eine baldige Aufstellung denkbar scheint. Aber der neue Eifer für die Medici-Kapelle hat seinen Preis. Wie Giovan Battista Mini, ein Vertrauter des Künstlers, in einem Brief an Baccio Valori vom 29. September 1531 berichtet, arbeitet Michelangelo bis zur vollständigen Erschöpfung, die Freunde fürchten um sein Leben. Michelangelo solle aus Rücksicht auf seine Gesundheit auf keinen Fall im Winter an den Skulpturen für die Kapelle arbeiten und am besten von den Verpflichtungen für das Juliusgrab befreit werden. Zu diesem Zeitpunkt ist bereits allen Beteiligten, auch dem Papst, klar, dass der Künstler Außerordentliches geschaffen hatte: Besonders die Allegorien seien eine „cosa di grande maraviglia", etwas Besseres könne man sich nicht vorstellen.

VIII.
Geschenk-Zeichnungen und *Jüngstes Gericht*
1534–1541

Frank Zöllner

Woher die durchgehende Lebenstraurigkeit eines vom Himmel mit überwältigender Bildkraft begnadeten Schöpfers? Ich denke, es ist eine ungeheure und drückende, dabei beständig nach dem Reinen, Geistigen, Göttlichen ringende, sich selbst immer als transzendente Sehnsucht deutende Sinnlichkeit, die den Aufschluss gibt. „Von niedrigsten", sagt er, „in höchste Sphären leitet – Mich oft mein Wunsch, der mich im Traume lenkt". Dieser Wunsch ist Liebe, eine nicht enden wollende, das ganze Leben durchziehende Verliebtheit in das Bild, das Lebendig-Schöne, den Menschenreiz.

— THOMAS MANN

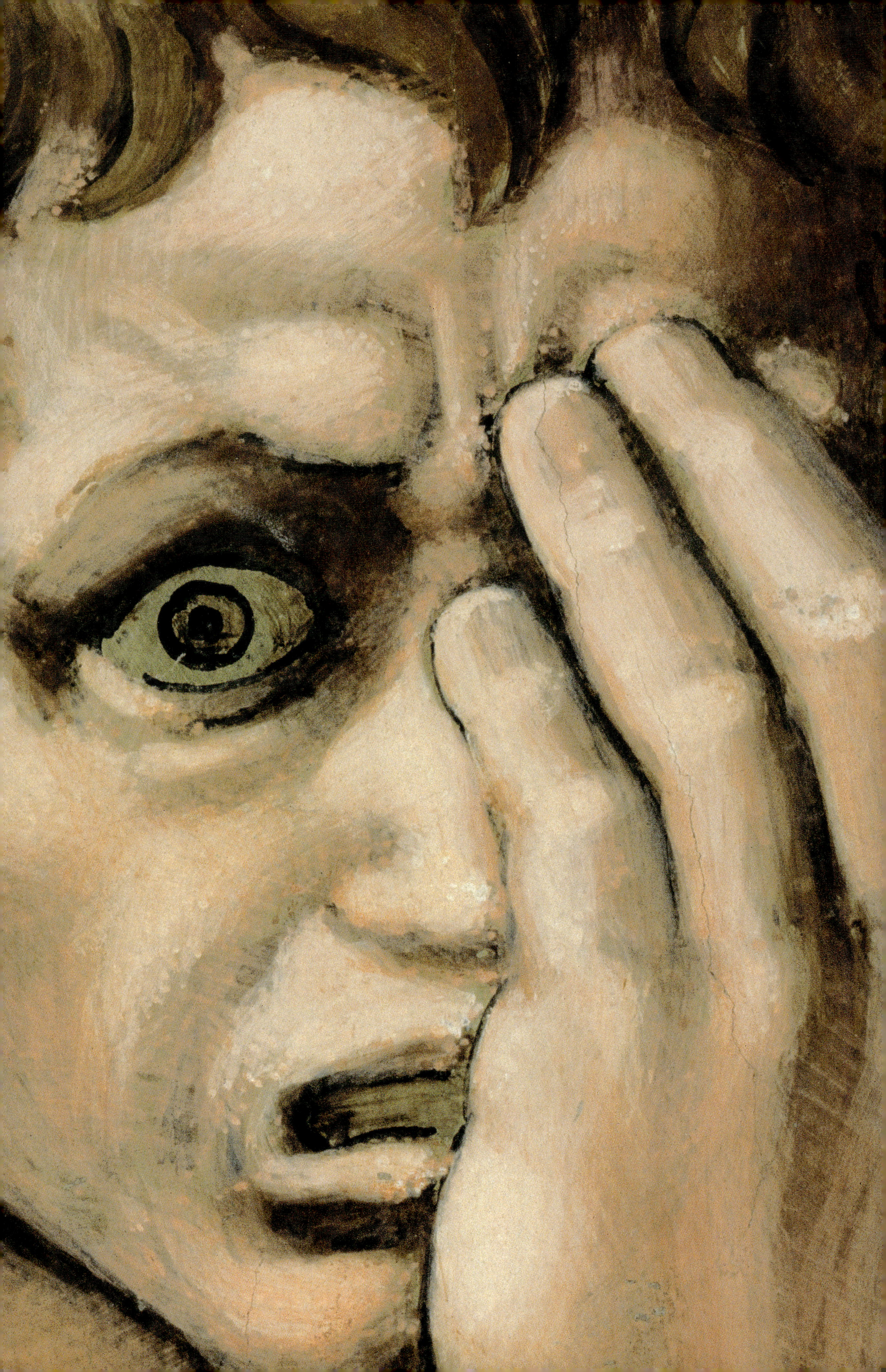

Seite 239:
Verdammter aus dem Jüngsten Gericht (Detail), 1536–1541
(Abb. S. 272)

Bestrafung des Tityos, 1532
Schwarze Kreide, 190 x 330 mm
Windsor Castle, Royal Library,
RL12771r

Michelangelo (Kopie?)
Raub des Ganymed, 1532 (?)
Schwarze Kreide, 361 x 275 mm
Cambridge (Mass.),
Harvard University Museums,
Fogg Art Museum, 1955/750

Auch die 30er Jahre beginnen für Michelangelo turbulent und dramatisch. Im März 1531 stirbt 88-jährig sein Vater und damit seine wichtigste Bezugsperson in Florenz. Zudem drängen die Erben Julius' II. den Künstler erneut, seine Verpflichtungen einzuhalten. Mehrere Reisen nach Rom und die Intervention Papst Klemens' VII. erweisen sich als notwendig, um einen Kompromiss zu finden. Michelangelo wird nun im Vertrag vom 29. April 1532 darauf verpflichtet, ein neues Modell für das Juliusgrab vorzulegen und dafür innerhalb von drei Jahren sechs Skulpturen eigenhändig zu schaffen. Die Bedingungen für Michelangelo haben sich also nochmals verbessert, und ab August 1532 hält er sich häufiger in der Ewigen Stadt auf. Dort lernt er im Herbst 1532 Tommaso de' Cavalieri kennen, einen römischen Adligen, dessen Schönheit den inzwischen 57-Jährigen in den Bann zieht. Am 23. September 1534 schließlich verlässt Michelangelo seine Heimatstadt für immer, um sich in Rom anzusiedeln.

Nicht nur der Tod seines Vaters und die Liebe zu Tommaso de' Cavalieri, sondern auch andere Gründe sprachen für den Umzug in die Ewige Stadt. Hierzu zählen das repressive Regime in Florenz sowie der Aufschwung der Künste in Rom, wo nach dem Sacco di Roma, der Plünderung der Stadt durch die Truppen Karls V. im Jahr 1527, gewaltige Aufgaben zu bewältigen waren. In der erstarkenden Hauptstadt der westlichen Christenheit traf Michelangelo zudem auf ein anregenderes intellektuelles Klima als in Florenz. Bezeichnend für diesen Unterschied zwischen Metropole und Provinz war das Zusammentreffen mit Vittoria Colonna, der Markgräfin von Pescara. Für sie hatte der Künstler bereits 1531 den Entwurf eines *Noli me tangere* angefertigt, 1536 lernte er die damals 46-jährige Witwe persönlich kennen. Wie der Austausch von Briefen und Gedichten zwischen Michelangelo und Vittoria Colonna belegt, war die jüngere Markgräfin besonders wichtig für die weitere intellektuelle Entwicklung des Künstlers. So brachte sie ihm die katholische Reformbewegung Italiens nahe, die für Michelangelos Religiosität in seinen späten Jahren prägend werden sollte. Der freundschaftliche Umgang mit Personen eines höheren Standes wie Vittoria Colonna und Tommaso de' Cavalieri hatte zudem einen beachtlichen sozialen Stellenwert, denn der zum bedeutendsten Künstler Italiens aufgestiegene Michelangelo war damit nun auch in seinem Privatleben, außerhalb seines Umgangs mit hochrangigen Auftraggebern, in einer höheren Gesellschaftsschicht angelangt.

Noch vor dem endgültigen Umzug nach Rom tritt Michelangelo in einen intensiven Austausch von Briefen mit Tommaso de' Cavalieri. Vom Kontakt zwischen den beiden Männern zeugen neben der nicht vollständig erhaltenen Korrespondenz auch etliche Gedichte und einige „Geschenkzeichnungen" Michelangelos, die fast alle zu Beginn der 30er Jahre entstanden sind. In einem Brief an den Künstler vom 5. September 1533 berichtet Cavalieri, wie drei zweifellos für ihn bestimmte Blätter – *Bestrafung des Tityos*, *Raub des Ganymed* und *Sturz des Phaeton* – aufgenommen worden seien: Auch dem Papst und dem Kardinal Ippolito de' Medici habe der *Phaeton* sehr gefallen, und jeder in Rom wolle diese und andere Zeichnungen Michelangelos sehen. Der Kardinal würde zudem die beiden Motive des *Tityos* und des *Ganymed* gerne als Gemme schneiden lassen.

Michelangelos Geschenkzeichnungen und seine Liebesgedichte für Tommaso de' Cavalieri sind das Zeugnis einer ganz erstaunlichen, nach heutigen Maßstäben schwer zu beurteilenden Beziehung. Jedenfalls muss der Eindruck, den der junge Edelmann auf den alternden Michelangelo machte, ganz außerordentlich gewesen sein. Selbst wenn die entsprechenden Briefe und Gedichte den poetischen Konventionen entsprechend stilisiert sind und daher etwas übertrieben anmuten, belegen sie doch eine Ver-

VIII. GESCHENKZEICHNUNGEN UND JÜNGSTES GERICHT 1534–1541

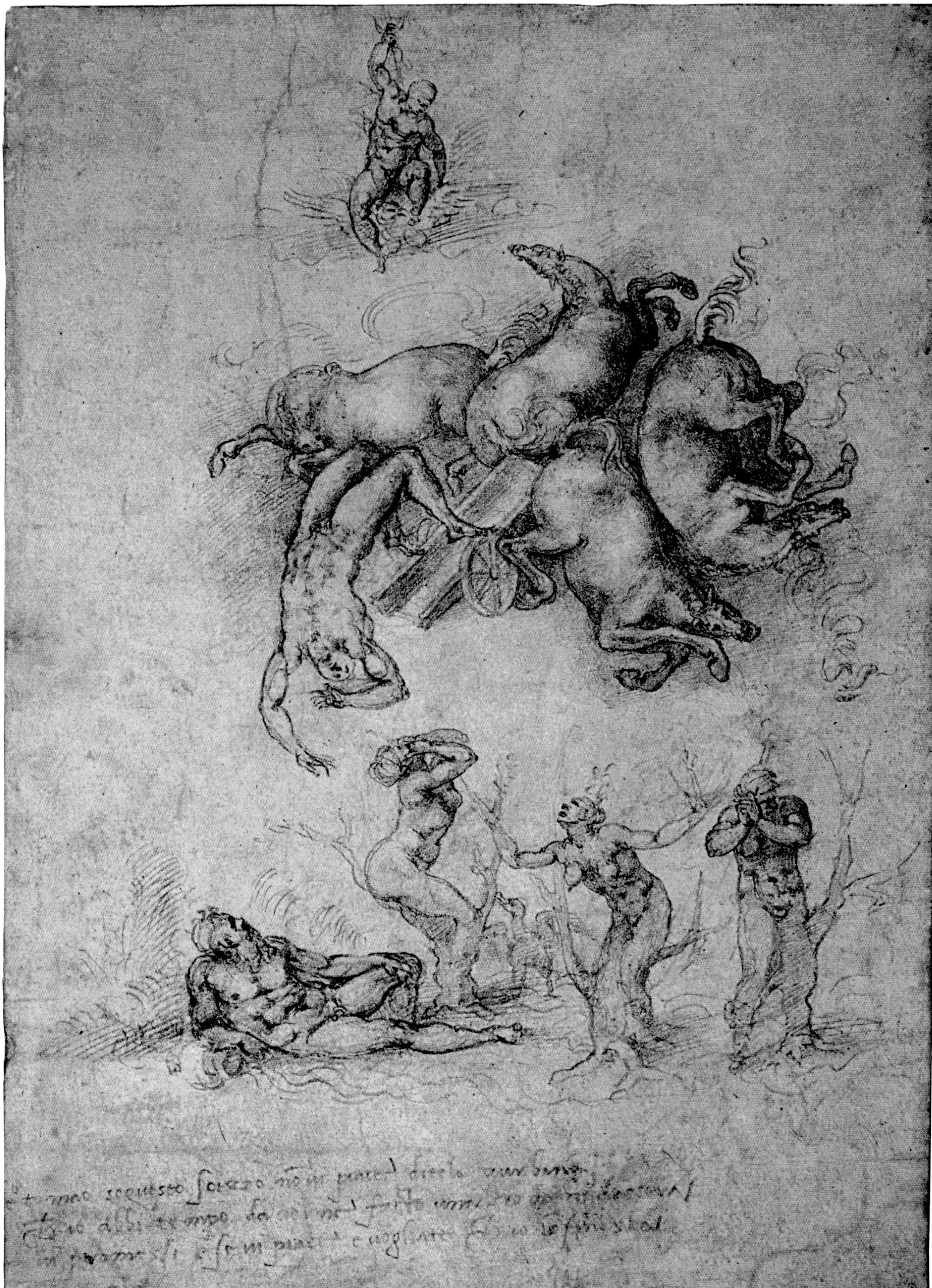

VIII. GESCHENKZEICHNUNGEN UND JÜNGSTES GERICHT 1534–1541

Sturz des Phaeton, 1533
Schwarze Kreide, 313 x 217 mm
London, British Museum,
1895-9-15-517r

Sturz des Phaeton, 1533
Schwarze Kreide, 413 x 234 mm
Windsor Castle, Royal Library,
RL12 766r

Briefe gesehen und geglaubt hätte, dass Euere Herrlichkeit gern einige meiner Arbeiten annähme; und darüber habe ich das größte Erstaunen und eine nicht geringere Freude empfunden. Und wenn es wahr ist, dass Ihr so im Herzen fühlt, wie Ihr es mir äußerlich schreibt, nämlich meine Arbeiten zu achten, und wenn ich wirklich die eine oder die andere, wie ich wünsche, zu Eurem Vergnügen ausführe, so werde ich sie darin weit mehr vom Zufall als von ihrer (wirklichen) Qualität begünstigt erachten. Um Euch nicht lästig zu fallen, will ich nichts weiter schreiben. Viele Dinge, die für die Antwort passen, bleiben in der Feder zurück (…)."

Michelangelo, der selbst in jungen Jahren gegenüber hochgestellten Auftraggebern kaum je unterwürfig auftrat, ergeht sich hier in gleich zwei Demutsgesten: gegenüber Tommaso als seinem Geliebten und gegenüber Tommaso als einer sozial höher stehenden Person. Auch dies entspricht den poetischen Konventionen, doch gleichzeitig ist die bedingungslose, beinahe kindisch wirkende Überhöhung bezeichnend für Michelangelos seelische Verfassung, der hier offenbar das erste Mal in seinem Leben zu voller Liebe entbrannt war. Die Intensität seiner Gefühle übertreffe sogar alle Schönheit, die er, Michelangelo, ersinnen und schaffen könne:

„Mein höchstes Denken schafft sich nicht Gestalten,
Nicht Schatten, nackte oder fleischbehangen,
Die gegen deine Schönheit mein Verlangen,
Das mich mit Glut erfüllt, gewappnet halten.

Du kannst mit mir ganz nach Belieben schalten,
Vor Amor ist mir all mein Wert vergangen,
Und will ich mindern meines Herzens Bangen,
Bringt's mir den Tod mit doppelten Gewalten.

Drum kann mir auch die schnellste Flucht nicht taugen,
Dass ich der Schönheit, die mir Feind, entfliehe;
Der Schnelle holt den Lahmen immer ein.

Doch Amors Hände trocknen meine Augen
Und er verspricht mir Lohn für meine Mühe;
Was so viel kostet, kann nur kostbar sein."

Ungewöhnlich ist hierbei nicht die Liebe selbst, sondern der Umstand, dass Michelangelo seine Leidenschaft für einen sehr viel jüngeren Mann in ambivalenten Zeichnungen thematisierte. Der Künstler hatte solche Zeichnungen bereits in geringer Zahl vor seiner Bekanntschaft mit Cavalieri angefertigt, doch ab 1532 nimmt ihr intimer Charakter zu. Sie werden ebenso wie viele seiner Gedichte zum unmittelbaren Ausdruck seiner Persönlichkeit. Tatsächlich identifizierte sich der Künstler in den Geschenkzeichnungen weitgehend mit dem dargestellten Personal, um dabei vornehmlich intimste Anliegen zur Sprache zu bringen. Dabei weist die Mehrzahl der Blätter für Tommaso de' Cavalieri mehr oder weniger deutlich erotische Konnotationen auf, so beispielsweise *Die Bestrafung des Tityos* und *Der Raub des Ganymed*, in denen Michelangelo die mit seinem homoerotischen Begehren verbundenen Qualen sowie die Bestrafung für dieses sündige Verlangen zum Ausdruck bringt.

In der *Bestrafung des Tityos* (S. 240) geht es generell um das Motiv der bestraften Fleischeslust: Der Titan Tityos hatte versucht, sich an der Göttin Leto, der Mutter von Apoll und Artemis, sexuell zu vergehen. Zur Strafe für seine wollüstigen und gewalttätigen Absichten wurde er getötet, dann in der Unterwelt mit Ketten an einen Felsen gefesselt und schließlich auf ewig dazu verdammt, täglich von einem Geier die Leber – nach traditioneller Vorstellung der Sitz der Leidenschaft – aus dem Leib gerissen zu bekommen. Vergil beschreibt diese Szene in der *Aeneis* (6.595–600) mit folgenden Worten:

ehrung für den Jüngling, wie sie Michelangelo bis dahin nicht gekannt hatte. In einem Schreiben von Ende Dezember 1532 nennt er den ungefähr 17-Jährigen (ein genaues Geburtsdatum ist nicht bekannt) euphorisch „die Leuchte unseres Jahrhunderts und ohnegleichen in der Welt". Als Beispiel für die Intensität dieser Verehrung sei ein Brief des Künstlers vom 28. Juli 1533 aus Florenz an Cavalieri in Rom zitiert: „Ja, ich kann eher die Speise vergessen, von der ich lebe und die allein ohne Erfolg den Körper ernährt, als Euren Namen, der Körper und Seele speist (…)." In einem Schreiben vom 1. Januar 1533 an Cavalieri geht der Künstler auch auf die Geschenkzeichnungen ein, die er dem jungen Mann von Florenz aus nach Rom geschickt hatte: „(…) ich erachte mich vielmehr für nicht geboren oder für totgeboren und möchte mich in der Ungnade von Himmel und Erde befindlich bezeichnen, wenn ich nicht aus Eurem

— 243 —

„Tityos auch, den Pflegling der Mutter des Weltalls,
Sah ich; neun Hufe des Bodens bedeckt sein mächtiger Körper,
Und der entsetzliche Geier zerhackt mit gebognem Schnabel
Ihm die unsterbliche Leber, sein Fleisch, das zur ewigen Strafe
Immer ihm wächst, und wühlt in dem Fraß und wohnt in des Busens
Hohem Gewölbe, vergönnt nicht Ruhe dem nachwachsenden Fleische."

Michelangelo hat den grausamen Akt der ewigen Bestrafung der Wollust in seiner Zeichnung entscheidend modifiziert: Aus dem Geier ist der edelste aller Raubvögel, ein Adler, geworden, offenbar ein Äquivalent zu demselben Vogel im *Raub des Ganymed* (s. u.). Statt eiserner Ketten entschied sich Michelangelo bei seinem *Tityos* für leichte Fesseln, die an den Fußgelenken ganz oder teilweise gelöst sind. Auch wühlt der Vogel nicht, wie Vergil schreibt, mit seinem Schnabel in den Eingeweiden des jungen Mannes. Da zudem die weichen Schattierungen des Körpers eine gewisse sinnliche Qualität suggerieren und Tityos sich kaum zu wehren scheint, darf man in dieser Zeichnung nicht nur eine Thematisierung der Bestrafung von Wollust, sondern ebenso eine mehr oder weniger deutliche Darstellung passiver sexueller Hingabe sehen.

Ähnliches gilt auch für den *Raub des Ganymed,* der sich in mehreren strittig zugeschriebenen Zeichnungen (z. B. S. 241) erhalten hat. Die Darstellung – der Göttervater Zeus in Gestalt des Adlers raubt den jungen Ganymed – ist schon vom Sujet her ambivalent. Thematisiert wird auf der einen Seite ein spirituelles, besonders in der Philosophie des Neoplatonismus beliebtes Motiv, nämlich der Aufstieg der Seele Ganymeds und damit auch der Seele Tommaso de' Cavalieris und Michelangelos zu Höherem. Ein vermutlich erst später, 1546, entstandenes Sonett des Künstlers für Tommaso de' Cavalieri mag diesen Gedanken des Aufstiegs zweier Seelen illustrieren:

„Ich sehe sanftes Licht mit deinen Blicken,
Mit meinen eignen Augen bin ich blind,
Mit dir im gleichen Schritte wandelnd, sind
Leicht mir die Leisten, die mich sonst erdrücken.

Von deinen Schwingen mit emporgetragen
Kalt in der Sonne, warm in Wintertagen.
Wie du es willst: kühn oder zitternd leb ich,
Flieg ich mit dir hinauf zum Himmel ewig;

In Deinem Willen ruht allein der meine,
Dein Herz, wo die Gedanken mir entstehn,
Dein Geist, in dem der Worte Quell sich findet.

So kommt's, dass ich dem Monde gleich erscheine,
Den wir so weit am Himmel nur ersehn,
Als ihn der Sonne Feuerstrahl entzündet."

Auf der anderen Seite geht es natürlich auch um das sexuelle Begehren eines älteren Mannes gegenüber einem jüngeren. Im Sonett wird dieses Begehren mit den Schlüsselworten „veggio" (ich sehe), „volo" (Flug, ich fliege), „vostro" (euer) sowie „voler" (Wollen) und „voglia" (Lust, Begierde) als gemeinsamer Flug thematisiert, der in der letzten Terzine in einer kühnen Metapher des Lichts gipfelt und damit zu jenem Akt des Sehens zurückführt, das ohne Licht nicht möglich ist (s. italienischen Text S. 363). Was hier kaum merklich angedeutet ist, kommt in der Zeichnung fast unverhohlen zum Ausdruck. Zudem entsprach der Altersunterschied zwischen Zeus und Ganymed auch der Konstellation zwischen Michelangelo und seinem Geliebten. Schließlich darf man auch die offenkundigen homosexuellen Anspielungen der Zeichnung nicht übersehen. Ganymed wehrt sich kaum, sein rechter Arm ruht kraftlos in der mächtigen Schwinge des Adlers: ein Motiv passiver sexueller Hingabe also auch hier. Die Position des Adlers im Rücken Ganymeds erinnert fast überdeutlich an gängige homosexuelle Praktiken des Analverkehrs.

Der Raub des Ganymed als Aufstieg der Seelen zu Gott oder als homoerotische Anspielung – die Ambivalenz des Sujets und dessen Darstellung lassen grundsätzlich beide Deutungsvarianten zu. Diese Ambivalenz kennzeichnet auch den *Sturz des Phaeton*, eine moralisierende Fabel, die u. a. in Ovids *Metamorphosen* (2.304–404) überliefert ist. Phaeton, Sohn des Apoll, hat sich von seinem Vater den Sonnenwagen ausgeliehen, alle guten Ratschläge missachtet, seine Kräfte als Wagenlenker überschätzt, aufgrund seines rasanten Fahrstils das Gefährt zum Absturz gebracht und dadurch einen Weltenbrand entfacht. Zeus schleudert schließlich einen Blitz auf den Sonnenwagen, der daraufhin zusammen mit seinem hochmütigen Lenker in den Fluss Eridanus stürzt. An diesem Fluss, heute unter dem Namen Po bekannt, werden die klagenden Schwestern des Phaeton, die Heliaden, zur Strafe für ihre Trauer um den toten Bruder in Pappeln verwandelt und Kyknos, ein Freund des Phaeton, in einen Schwan. Deutet man das Sujet entsprechend der Tradition moralisch, dann ist hier die Liebe Michelangelos gemeint, da sie einem jüngeren, sozial höher stehenden Mann galt, woraus sich der Vorwurf des Hochmuts ableitet. *Der Sturz des Phaeton* wäre demnach ein stilisierter Demutsgestus gegenüber dem höhergestellten Geliebten, wie er auch in den Sonetten für Cavalieri vorkommt.

Insgesamt sind vier *Phaeton*-Zeichnungen Michelangelos erhalten, die als mehr oder weniger eigenhändig gelten. Das Kompositionsschema ist in allen Blättern sehr ähnlich: Oben erkennt man den Adler und den blitzschleudernden Zeus, in der Mitte den kopfüber zur Erde stürzenden Phaeton und die zu einem wilden Knäuel geballten Pferdeleiber des Sonnenwagens, unten den als Flussgott dargestellten Eridanus mit den Heliaden sowie, in nur einer der Zeichnungen, den in einen Schwan verwandelten Kyknos.

Die moralische Ambivalenz der Zeichnung zeigt sich vor allem im oberen, zunächst weniger spektakulär anmutenden Teil der beiden Blätter in London und Windsor Castle (S. 242, 243). Denn dort „reitet" ein deutlich zu jugendlich dargestellter Göttervater auf einem sich fast ängstlich wegduckenden Adler, der im Übrigen in der Schilderung Ovids nicht erwähnt wird. Man mag nicht so recht daran glauben, dass dieser Adler nur eine Metamorphose, ein Alter Ego oder ein Attribut des Göttervaters ist. Vielmehr könnte man auch hier – ebenso wie schon in der *Bestrafung des Tityos* und im *Raub des Ganymed* – ambivalente Identifikationsfiguren für Michelangelo und Tommaso sehen.

Über diese pikanten Deutungsoptionen schweigen sich die Quellen naturgemäß aus, doch ein Dialog über die wünschenswerte Detailgestalt der Zeichnungen zwischen den beiden Männern hat nachweislich stattgefunden. Das heute im British Museum verwahrte Blatt (S. 242) weist nämlich am unteren Rand eine Beischrift auf, in der Michelangelo den Adressaten der Zeichnung fragt, ob sie ihm zusage: „Herr Tommaso, falls Euch diese Skizze nicht gefällt, dann sagt es Urbino, damit ich die Zeit finde, um für Euch bis morgen Abend eine andere zu machen, wie ich es Euch versprochen habe. Und wenn sie Euch gefällt und Ihr wollt, dass ich sie vollende, schickt sie mir zurück." Gut vorstellbar, dass Michelangelo die Darstellung von Zeus und Adler im Londoner Blatt nach Rücksprache mit Tommaso de' Cavalieri in dem wahrscheinlich später entstandenen Blatt in Windsor Castle (S. 243) vergrößerte, um so eine erotische Anspielung deutlicher zu machen.

Der Sturz des Phaeton vereint bemerkenswert viele Motive aus der antiken und zeitgenössischen Kunst: Phaeton selbst erinnert an ein berühmtes Sarkophagrelief aus der römischen Kirche S. Maria in Aracoeli und die Personifizierung des Eridanus an die Flussgötter für die Neue Sakristei sowie an deren antike Vorbilder. Die Heliade rechts wiederholt seitenverkehrt die Eva aus der *Vertreibung aus dem Paradies* in der Sixtinischen Kapelle, und die Figur und Position des Zeus, die stürzenden Leiber

Luca Signorelli
Auferstehung des Fleisches (Detail), 1501/02
Fresko
Orvieto, Dom, Cappella di S. Brizio

Bonamico Buffalmacco
Jüngstes Gericht (Detail, zerstört), 1330–1345
Lithografie von Carlo Lasinio in: *Pitture a fresco del Campo Santo di Pisa*, Florenz 1812

Bertoldo di Giovanni
Porträtmedaille des Filippo de' Medici, Revers, um 1468/69
Bronze, 5,6 cm Durchmesser
New York, Metropolitan Museum of Art

sowie die Gesamtkomposition nehmen bereits die ersten Entwürfe Michelangelos für *Das Jüngste Gericht* vorweg. Dasselbe gilt auch für die sowohl im *Phaetonssturz* als auch im *Jüngsten Gericht* stark herausgearbeitete Plastizität einzelner Figuren. Zudem fällt eine inhaltliche Parallele zwischen der Zeichnung und dem Weltgericht auf: In beiden Fällen richtet ein Gott, in beiden Fällen stürzen die Gerichteten in einem wilden Knäuel von Leibern zur Erde.

Die Genese des *Jüngsten Gerichts* (S. 248) reicht bis in den Sommer des Jahres 1533 zurück. So berichtet Sebastiano del Piombo seinem Freund und Kollegen Michelangelo in einem Brief vom 17. Juli 1533 über einen spektakulären Auftrag Klemens' VII., mit dem wahrscheinlich das Fresko für die Altarwand der Sixtinischen Kapelle gemeint ist. Doch dann geschieht einige Zeit nichts. Erst mit Michelangelos Umzug nach Rom im September 1534 kommt Bewegung in die Sache, zunächst aber anders, als der Künstler sich das vorgestellt hatte. Auftraggeber für *Das Jüngste Gericht* war zunächst Klemens VII., auf dessen Wunsch hin Michelangelo am 23. September 1534 in Rom eintrifft. Doch schon zwei Tage später verstirbt der Papst, was das Projekt jedoch nicht in Frage stellt, denn der Nachfolger Klemens' VII., Paul III. aus dem Hause Farnese, bestätigt den Auftrag. Nach technischen Vorbereitungen, die im Falle der Altarwand auch die Zerstörung der bereits vorhandenen Fresken Peruginos und Michelangelos (s. Kap. V) einschlossen, begann der Künstler im Frühjahr 1536 mit der eigentlichen Freskierung. Am 31. Oktober 1541 fand die feierliche Enthüllung des monumentalen Gemäldes statt. Der zu diesem Zeitpunkt immerhin schon 66-jährige Künstler hatte am *Jüngsten Gericht* also etwas länger gearbeitet als an der Sixtinischen Decke, deren Freskierung schwieriger und umfangreicher war.

Die genauen Gründe für die Entscheidung, den Bildschmuck der Altarwand zugunsten einer Neufreskierung zu zerstören, waren vielfältiger Natur. Möglicherweise ließen mehrere Schäden in der Sixtinischen Kapelle die Idee zu einer teilweisen Erneuerung ihrer Gemälde aufkommen: Im Jahr 1522 brach der Türsturz der Westwand ein, 1525 zog ein Feuer die Fresken auf der Altarwand in Mitleidenschaft, und 1527 verursachte der Sacco di Roma weitere Schäden. So gingen durch die Plünderungen der Truppen Karls V. die von Raffael entworfenen Tapisserien verloren, die an hohen Feiertagen in der Kapelle aufgehängt wurden.

Daneben spielten auch die persönlichen Wünsche der Päpste eine nicht unwesentliche Rolle. Klemens VII. hatte die Arbeiten Michelangelos in der Neuen Sakristei in Florenz mit großem Vergnügen verfolgt und wollte der Nachwelt unbedingt ein von ihm initiiertes Werk des Künstlers in Rom hinterlassen. Das Gleiche gilt für die Motivationen Pauls III. Zunächst schien es so, dass Michelangelo durch den Tod Klemens' VII. endlich seine Verpflichtungen gegenüber den della Rovere erfüllen und das Juliusgrab vollenden könnte. Doch Paul III. wollte davon nichts wissen. Wie Condivi versichert, soll der am 29. April 1532 gewählte Papst angesichts des Vertrages mit den della Rovere vom 29. April 1532 sehr wütend geworden sein; er habe schon immer Michelangelo als Künstler beschäftigen wollen: „Dreißig Jahre sind es schon, dass ich diesen Wunsch habe, und jetzt, wo ich Papst bin, soll ich ihn mir nicht gönnen? Wo ist der Vertrag? Ich will ihn zerreißen."

Schaut man auf die zahlreichen prominenten Aufträge, die der auch als Humanist und Kunstförderer bekannte Paul III. im Verlauf seines Pontifikats an Michelangelo vergeben sollte, dann erscheinen der Wunsch des Papstes und sein Wutanfall sogar recht glaubwürdig. Tatsächlich beauftragte er den Künstler mit der Bauleitung von St. Peter, der größten und wichtigsten Kirche der westlichen Christenheit (s. Kap. IX). Zudem ließ er ihn die Cappella Paolina freskieren sowie seinen Familienpalast, den Palazzo Farnese, vollenden, das römische Kapitol völlig neu gestalten und die Befestigung des vatikanischen Borgo erneuern. Wie ernst dem Papst die Kunst Michelangelos war und wie sehr er ihn nach Kräften zu fördern versuchte, zeigen auch die zahlreichen Privilegien, die er dem Künstler zukommen ließ: Im September 1535 nahm er ihn in den Kreis seiner Familie auf und ernannte ihn zum obersten Architekten, Bildhauer und Maler des Vatikans mit weitreichenden Vollmachten und einem üppigen Salär. Im November 1536 befreite Paul III. den Künstler in einem Motuproprio sogar vollumfänglich von den Abmachungen mit den della Rovere. Zudem stellt das Dokument fest, dass Michelangelo seine aktuellen Tätigkeiten gegen seinen eigenen Willen und auf ausdrücklichen Wunsch Pauls III. ausübe, er seine Verpflichtungen gegenüber den Erben Julius' II. also gar nicht erfüllen könne. Diese Bestimmungen kommen tatsächlich einem Zerreißen des Vertrags für das Juliusgrab gleich.

Michelangelos Gestaltung des *Jüngsten Gerichts* ist traditionell und innovativ zugleich. Christus erhebt sich zwischen den Aposteln und Märtyrern, um über die Verdammten und Seligen zu richten. Über ihm in den beiden Lünetten sind Engel mit den Passionswerkzeugen dargestellt, neben ihm Maria, Johannes der Täufer, die Apostel und Märtyrer sowie in der Zone darunter die zum Himmel aufsteigenden Seligen und die zur Hölle fahrenden Verdammten. Im unteren Drittel erkennt der Betrachter eine Gruppe von Engeln, die mit ihren Posaunen zum Jüngsten Gericht blasen bzw. den Seligen das Buch des Lebens und den Verdammten das Buch des Todes vorhalten. Den unteren Abschluss des Freskos bilden in der Mitte die Vorhölle und am rechten Rand der glühende Schlund der Hölle selbst. Dazwischen ist der Fährmann Charon dargestellt, der mit seinem Nachen die Verdammten an den Ort ihrer Qualen übersetzt. Den aus der antiken Mythologie bekannten Charon schildert Dante, einer der Lieblingsautoren Michelangelos, in seiner *Göttlichen Komödie* (Inf. 3.109–111) folgendermaßen:

„Charon, der Dämon mit der Augen Brand
Versammelt sie, ein Zeichen gebend allen;
Schlägt mit dem Ruder, wer nicht kommt gerannt."

Michelangelos Darstellung setzt die Zeilen Dantes fast wörtlich um, denn tatsächlich holt der Fährmann mit seiner Ruderstange zum Schlag gegen die vor der Hölle zurückweichenden Sünder aus. Fast ebenso textgetreu ist die linke Seite mit den Seligen gestaltet, wo die Auferstehung des Fleisches den Zeilen des Propheten Hesekiel entspricht (Hes 37.2–14). Bereits Condivi, das inoffizielle Sprachrohr Michelangelos, hat auf diese Quelle hingewiesen. Die Zeilen Dantes und die Vision Hesekiels hatte im Übrigen bereits Luca Signorelli in den von Michelangelo bewunderten Fresken in der Cappella di S. Brizio im Dom von Orvieto (S. 244) herangezogen. Bei Signorelli findet sich zudem schon das große künstlerische Interesse an dramatisch bewegten Aktfiguren.

Weitere Parallelen zu älteren Darstellungen des *Jüngsten Gerichts* sind schnell genannt: Die Engel mit Passionswerkzeugen im oberen Teil des Gemäldes sowie die Platzierung von Christus und Maria direkt nebeneinander fanden sich bereits auf dem verlorenen Fresko Bonamico Buffalmaccos im Campo Santo zu Pisa, wo die beiden Figuren aber nicht so eng aneinandergerückt sind (S. 244). Für die dynamische Anordnung auf- und abstürzender Aktfiguren und die Anordnung der Passionswerkzeuge orientierte sich Michelangelo an Bertoldo di Giovannis Porträtmedaille des Filippo de' Medici (S. 245). Der Vergleich mit älteren Darstellungen zeigt aber auch die enorme Innovationsleistung Michelangelos. Die in den früheren Darstellungen streng hierarchisch und in unterschiedlichen Gruppen geordneten Reihen der Apostel und Märtyrer löste er vollkommen auf, deren Ausstattung mit Attributen reduzierte er auf ein Minimum. Zweifelsfrei identifizierbar sind von den Heiligen nur Christus, Maria, Petrus, Paulus, Johannes der Täufer, Andreas, Laurentius, Bartholomäus, Katharina, Simon, Blasius und Sebastian sowie mit weniger großer Sicherheit Simon von Kyrene und Dismas. Problemlos kann man zudem Charon auf seiner Barke und den Höllenwächter Minos ganz unten rechts erkennen. Auffällig ist also, dass Michelangelo im Gegensatz zur Bildtradition keine vollständige Darstellung einzelner Gruppen von Heiligen anstrebte. Von den zwölf Aposteln fehlt der größere Teil, Propheten, Patriarchen, Kirchenväter oder andere Gruppen sind gar nicht vertreten (oder nicht erkennbar) und Engel nicht als solche gekennzeichnet.

MICHELANGELO

Anonym
Kopie nach Michelangelos Modellzeichnung zum *Jüngsten Gericht*, Mitte 16. Jahrhundert
Feder über schwarzer Kreide und Metallstift, 565 x 420 mm
London, Courtauld Institute of Art Gallery

Ambrogio Brambilla und Jacopo Vivo
Michelangelos *Jüngstes Gericht* und Szenen der Sixtinischen Decke mit Beischriften, um 1570
Kupferstich, 109 x 170 cm
Vatikanstadt, Biblioteca Apostolica Vaticana

Keine Ordnung, keine Vollständigkeit also, lediglich einige Akzente der Darstellung lassen sich konstatieren: Mit den Heiligen Laurentius, Bartholomäus, Katharina, Simon, Blasius und Sebastian ist die Gruppe der Märtyrer zahlreicher vertreten als die der Apostel, wobei Laurentius und Bartholomäus direkt zu Füßen Christi eine besonders prominente Position einnehmen. Prominent und in ungewöhnlich großer Zahl dargestellt sind auch die Kreuze: als riesiges Passionssymbol Christi in einer Lünette sowie als die jeweiligen Attribute von Andreas, Simon von Kyrene und dem guten Schächer Dismas. Man mag hierin einen Hinweis auf die gesteigerte Passionsfrömmigkeit jener Zeit sehen, die sich wenig später in einer Geschenkzeichnung Michelangelos für Vittoria Colonna bemerkbar macht (S. 251). Auffallend ist auch die Dynamisierung der gesamten Darstellung durch die aufsteigenden Körper der Seligen auf der einen und die fallenden Leiber der Verdammten auf der anderen Seite. Hieraus resultiert eine fast kreisförmig anmutende Bewegung der Gesamtkomposition, die an die Stelle der Hierarchisierung durch Heiligengruppen tritt und bereits in Michelangelos Vorzeichnungen angelegt ist (S. 247). Studiert man diese Zeichnungen und die nach seinen Entwürfen erhaltenen Kopien (S. 249), dann gewinnt man den Eindruck, dass es dem Künstler in erster Linie darum ging, eine möglichst große Zahl von Aktdarstellungen mit unterschiedlichsten Stellungen und dramatischen Bewegungen in seinem Fresko unterzubringen.

Gegenstand des Freskos ist natürlich die Wiederkehr Christi und dessen Urteil über Verdammnis und Erlösung, doch das eigentliche Thema Michelangelos sind die Bewegtheit nackter Körper und deren Bewältigung durch die Malerei. Dieses Thema gelangt am deutlichsten auf der rechten Seite in den stürzenden Leibern der Verdammten und ihrem Kampf mit den Teufeln zum Ausdruck, macht aber auch vor der Darstellung Christi nicht halt. Auch hier steht Michelangelo zur Tradition monumentaler Darstellungen des Jüngsten Gerichts in einem denkbar krassen Gegensatz. Ein bartloser, muskulöser und überlebensgroßer, sich erhebender, machtvoll gestikulierender und bis auf ein Lendentuch vollständig nackter Christus war bis dahin mehr als ungewöhnlich. Lediglich Bertoldo di Giovanni in seiner bereits genannten Medaille, einer eher privaten und sehr kleinformatigen Kunstgattung also, hatte bereits Ähnliches gewagt. Ein solches Wagnis konnte wohl nur Michelangelo, der unbestritten größte Künstler jener Tage, eingehen, und das auch nur deshalb, weil die bartlose Aktfigur direkt an eine antike Idealität des Nackten anschloss, wie sie die berühmteste Figur des Altertums verkörperte, der *Apoll von Belvedere*. Wie eine sarkastische Fußnote zu diesem Ideal des Nackten und dieser Schau des Fleisches wirkt im Übrigen die rechts unten sichtbare Aktfigur des Höllenwächters Minos, dem eine Schlange ins Geschlechtsteil beißt (S. 311). Schenken wir der entsprechenden Anekdote Vasaris Glauben, dann ist hier der päpstliche Zeremonienmeister Biagio Martinelli da Cesena dargestellt, der als einer der Ersten Michelangelos unschickliche Darstellung des *Jüngsten Gerichts* kritisiert hatte: Für einen heiligen Ort sei es unangebracht, dass so viele Figuren „auf das unanständigste ihre Blöße zeigten".

Die Deutungen zu Michelangelos *Jüngstem Gericht* sind Legion. Zu den heute vielleicht kurios wirkenden Exegesen gehört eine umständliche Erläuterung des Priesters und Bildhauers Jacopo Vivo, die 1590 durch einen riesigen Kupferstich Ambrogio Brambillas (S. 246) verbreitet wurde. Nicht weniger umständlich sind oft auch die Forschungspositionen, von denen hier nur die Extreme genannt seien. So hat man in dem Fresko eine Reaktion auf die Plünderung Roms sehen wollen, den Ausdruck häretischer bzw. reformatorischer Ansichten oder aber Positionen der Gegenreformation. In der Tat liegt ein Schwerpunkt des Freskos auf der Darstellung der Märtyrer und ihrer Attribute, was den Positionen der Gegenreformation nahesteht, zugleich aber auch mit einer für Michelangelo typischen Leidenshaltung korrespondiert. Als leidenden Außenseiter und damit in einer dem Märtyrer vergleichbaren Rolle hatte er sich bis dahin bereits mehrfach gesehen (s. Kap. V). Aber wahrscheinlich liegt die eigentliche Bedeutung des *Jüngsten Gerichts* eher darin, dass es nicht irgendein Künstler gemalt hat, sondern dass es Michelangelo war, der hier seine Virtuosität zur Schau stellte.

Wie sehr der Kunstcharakter dieses Freskos seine funktionalen Aspekte vergessen macht, ergibt sich unschwer aus seiner Genese und aus den ersten Reaktionen auf seine Gestaltung. Die Biografen stellen den Auftrag des *Jüngsten Gerichts* ohnehin als einen reinen Akt päpstlicher Kunstliebhaberei dar: So schreibt Condivi, der kunstverständige Papst habe Michelangelo die Gelegenheit geben wollen, sein ganzes Können unter Beweis zu stellen. Ähnlich äußert sich auch Vasari, der das Fresko als Beispiel für die „Gewaltigkeit" („terribilità") der Kunst Michelangelos sieht und außerdem noch über dessen Motivationen spekuliert: „(…) die Absicht dieses einzigartigen Mannes war keine andere, als in der Malerei die vollkommene und richtigste Proportionierung des menschlichen Körpers in den verschiedensten Stellungen einzuführen, und nicht nur das, sondern zugleich auch die Leidenschaften und den Frieden der Seele." Es sei ihm darauf angekommen, in der Aktdarstellung dem „großen Stil" („gran maniera") den Weg zu öffnen. Bei seinem Hauptthema, der Darstellung des menschlichen Körpers, habe er sich zudem mit reizvollen Kleinigkeiten, wie sie für andere Künstler typisch seien, gar nicht erst befasst.

— 246 —

Kompositionsskizze für
Das Jüngste Gericht, 1533/34
Schwarze Kreide, 420 × 297 mm
Florenz, Casa Buonarroti, 65 Fr

Ganz offensichtlich befasst hat sich Michelangelo auch im *Jüngsten Gericht* mit der Darstellung seiner eigenen Person, mit einem anderen seiner Lieblingsthemen also. Unverkennbar sind die Züge des Künstlers in jener Haut zu erkennen, die der heilige Bartholomäus dem Betrachter beinahe ostentativ entgegenhält (S. 258). Zu diesem Hautgesicht existieren mehr Deutungen als zu allen anderen Selbstdarstellungen Michelangelos. Kaum überraschend wäre, wenn der Künstler auch hier sein persönliches Leiden thematisieren wollte, denn Leidensgesten gehörten bekanntlich zu seinen Markenzeichen. Auch einen gewissen für den Künstler typischen Sarkasmus mag man hier vermuten, hängt doch die Haut bedenklich nahe über der Zone der Verdammten, denen sich das Gesicht Michelangelos zuzuwenden scheint. Möglicherweise wollte er aber auch den Gedanken zum Ausdruck bringen, dass erst mit dem Verlust der äußerlichen körperlichen Hülle die Erlösung des Menschen von seinen irdischen Qualen erfolgen könne. Die neuere Forschung bezieht die abgezogene Haut in der Hand des Bartholomäus zudem auf einen Passus aus Dantes *Göttlicher Komödie* (Par. I.19–24), denn dort wird ein vergleichbarer Fall, die Schindung des Marsyas, als Zeichen göttlicher Inspiration für die Künstler gedeutet.

Das Jüngste Gericht und besonders die zahlreichen Aktdarstellungen erregten großes Aufsehen, nicht nur bei Biagio Martinelli da Cesena. Die vielleicht intelligenteste, zugleich aber auch bösartigste Kritik am *Jüngsten Gericht* stammt von dem venezianischen Literaten Pietro Aretino. Er hatte schon ab 1537 wiederholt nach dem Fresko gefragt und sich von Michelangelo einige Zeichnungen als Geschenke erbeten. Nachdem dieser Wunsch nicht zufriedenstellend erfüllt wurde, initiierte der Dichterfürst eine der heimtückischsten Hasskampagnen der neueren Kunstgeschichte. Im November 1545 gipfelte die Polemik des Dichterfürsten in einer Kaskade von Vorwürfen, die sich nicht nur auf unzüchtige Details im *Jüngsten Gericht* beziehen, sondern auch auf die eben beigelegte „Tragödie" des Juliusgrabes (s. Kap. X). Aretino ging sogar so weit, auf homosexuelle Neigungen Michelangelos anzuspielen und gleich zu Beginn des Briefes das künstlerische Abhängigkeitsverhältnis zwischen Michelangelo und Raffael umzukehren: „Nachdem ich den vollständigen Entwurf Eures ganzen Jüngsten Gerichts wiedergesehen habe, bin ich nun imstande, darin hinsichtlich der Schönheit der Erfindung die berühmte Anmut Raffaels zu erkennen. Als getaufter Christ jedoch schäme ich mich angesichts der dem menschlichen Geist unwürdigen Gestaltungsfreiheit, welche ihr dabei gebraucht habt, jene Ideen zum Ausdruck zu bringen, zu denen schlussendlich jeder Sinn unseres wahrhaftigsten Glaubens strebt."

In diesem Ton geht es noch eine Weile weiter, bis Aretino dem Maler vorwirft, er habe seine Kunst über den christlichen Glauben gestellt und dabei die heiligen Gestalten in unzüchtigen Stellungen und mit einem überflüssigen Gezerre an ihren Geschlechtsteilen abgebildet. Schließlich beteuert er, seine Kritik entspringe keineswegs der Enttäuschung über nicht erhaltene Geschenke, um dann aber doch auf den günstigen Einfluss eben solcher Geschenke zu sprechen zu kommen, da sie ihn, Michelangelo, vor bösartigen Gerüchten bezüglich seiner Neigung zu hübschen jungen Männern hätten schützen können. Dann folgt der Vorwurf in Bezug auf das Juliusgrab und die von Michelangelo veruntreuten Gelder: „Aber wenn der Schatz, den Julius II. Euch hinterlassen hat, damit seine sterblichen Überreste in dem von Euch skulptierten Monument ruhen, nicht ausreiche, um Euch die eingegangenen Verpflichtungen einhalten zu lassen, was kann man von Euch noch erhoffen? Nicht Eure Undankbarkeit, nicht Euer Geiz, großer Maler, sondern die Gnade und das Verdienst des obersten Hirten haben es so weit kommen lassen, denn Gott selbst wollte es so, dass der ewige Ruhm Julius' II. in einem einfachen Grab und für sich selbst weiterlebe und nicht vermittelt durch das hochmütige Grabmonument nach Maßgabe Eurer Kunst. In dieser Sache muss Euer Versagen gegenüber Euren Verpflichtungen als Diebstahl verstanden werden."

Zum Schluss rundet Aretino seinen Angriff noch durch ein Argument aus der ikonoklastischen Tradition ab: Julius II. bleibe der Nachwelt ohnehin eher durch seine Verdienste als durch ein monumentales Kunstwerk im Gedächtnis. Mit dem dann folgenden Hinweis auf Papst Gregor den Großen als Zerstörer paganer Idole nimmt Aretino schließlich die Kunstkritik der Gegenreformation vorweg: „(…) unsere Seelen bedürfen mehr der Gefühle der Andacht als der Lebhaftigkeit eines künstlerischen Entwurfs. Möge Gott den Papst Paul (III.) erleuchten, wie er Papst Gregor (den Großen) seligen Andenkens inspiriert hat, der Rom eher seiner hochmütigen heidnischen Bildwerke berauben sehen wollte, als dass sie den bescheidenen Bildern der Heiligen ihre Güte genommen hätten (…)."

Was Aretino mit seinen massiven Vorwürfen hinsichtlich des Juliusgrabmals und mit seiner scharfen Kritik am *Jüngsten Gericht* versuchte, war nichts weniger als die rhetorische Vernichtung von Künstler und Kunstwerk, ein Diffamierungsversuch, der tatsächlich die empfindlichsten Seiten Michelangelos traf: homosexuelle Neigungen und Gier nach Geld. Da Kopien der Briefe Aretinos in Italien zirkulierten und man immer mit deren Publikation rechnen musste, hatte Michelangelo alle Veranlassung, erneut ein Aufkochen der 1545 abgeschlossenen „Tragödie" des Grabmals zu fürchten. Im Zusammenhang mit solchen Ängsten ist wahrscheinlich in Michelangelo die Idee herangereift, die wichtigsten Ereignisse seines Lebens durch die Biografie aus der Feder Ascanio Condivis richtigstellen zu lassen.

Die Kritik anderer Zeitgenossen war weniger durch gekränkte Eitelkeit als vielmehr durch relativ sachliche Erwägungen geprägt. So berichtet am 19. November 1541

MICHELANGELO

VIII. GESCHENKZEICHNUNGEN UND JÜNGSTES GERICHT 1534–1541

*Prüde Sittenrichterei hat hier nichts zu suchen, denn wenn
Michelangelo nichts unterlässt, um jedes Laster und seine Strafe
möglichst anschaulich zu machen, geschieht es mit einem Stil,
der jeden Gedanken an das Unanständige ausschließt:
mit dem ernstesten Stil, den je die Kunst vollbracht hat.*

— EUGÈNE DELACROIX

Das Jüngste Gericht, 1536–1541
Fresko, 17 x 15,5 m
Rom, Vatikan, Sixtinische Kapelle

**Das Jüngste Gericht,
Schema der Übermalungen**

Marcello Venusti
Das Jüngste Gericht (Kopie nach
Michelangelo), 1548/49
Öl auf Holz, 180,9 x 145,4 cm
Neapel, Museo Capo di Monte,
Inv. Nr. 139

Niccolò (Nino) Sernini, der mantuanische Gesandte in Rom, in einem Brief an Kardinal Ercole Gonzaga begeistert von dem knapp drei Wochen zuvor enthüllten Fresko: „Ich sehe niemanden, der fähig wäre, mit der gleichen Schnelligkeit zu wiederholen, was Michelangelo in seinem neuen Gemälde gegeben hat, denn es ist groß und schwierig und umfasst über fünfhundert Figuren von solcher Art, dass es für die Maler meiner Ansicht nach ein Problem wäre, auch nur eine nachzuzeichnen. Obwohl das Werk eine Schönheit besitzt, die Ew. Hochwürden sich vorstellen können, fehlt es nicht an Kritiken; die ehrwürdigen Theatiner erklären als Erste, dass die nackten Gestalten, die ihre Scham sehen lassen, nicht an einen solchen Ort gehören, auch wenn (der Künstler) große Rücksicht genommen hat, so dass unter so vielen nur etwa zehn unschicklich sind. Andere bedauern, dass er Christus bartlos und zu jung darstellt und ohne die gehörige Majestät. Kurzum, es mangelt nicht an Kritik. Aber der hochwürdige Cornaro, der es eingehend geprüft hat, äußert sich günstig; er hat hinzugefügt, dass er bereit ist, Michelangelo jeden Preis zu zahlen, wenn dieser ihm ein Bild mit einer dieser Gestalten malen will. Er hat Recht, denn meiner Meinung nach gibt es hier nichts, was man irgendwo sonst sehen könnte. Derselbe Kardinal hat einen Kopisten bestellt, und selbst ohne einen Augenblick zu verlieren, wird dieser nicht weniger als vier Monate benötigen. Ich lasse es mir angelegen sein, wenigstens eine Skizze zu erwerben, damit Ew. erlauchte Herrlichkeit den Abschnitt sehen kann, den er kopiert hat. Was Euch nicht restlos befriedigen wird; Messer Giulio (Giulio Romano) hätte sich der Aufgabe ehrenvoller entledigt. Es ist, wie Ihr sehen werdet,

ein recht anderes Werk, als man glaubt, denn man sieht, dass er darauf bedacht war, seltsame Gestalten in mannigfaltigen Haltungen zu schaffen. Ich werde Euch die Zeichnungen nicht sofort schicken können, aber ich will mich wenigstens bemühen, den betreffenden Abschnitt zu beschreiben, damit Ihr einen gewissen Genuss daran habt."

Serninis Schreiben belegt eindrucksvoll, wie differenziert einige Zeitgenossen Michelangelos zu urteilen verstanden und in welchem Umfang sie bereit waren, selbst eklatante Verstöße gegen das Dekorum zu dulden, solange die Qualität des Kunstwerks stimmte. Wie viel dieser Kunstwert eines Werkes gelten konnte, zeigen sogar die empörten Stellungnahmen der Kritiker. So bemängelt beispielsweise Don Miniato Pitti aus Montoliveto in einem Schreiben an Giorgio Vasari vom 1. Mai 1545 sowohl die unschicklichen Aktfiguren als auch die unrichtige Darstellung des heiligen Bartholomäus, doch zugleich muss er zur Kenntnis nehmen, dass man ihn aufgrund seiner Kritik für einen Kretin hält: „Mein lieber Herr Giorgio, seid gegrüßt. Ich habe mehrere Tage nicht geschrieben, weil ich keine Zeit hatte, da ich mich um die Mönche kümmern musste. Ich hätte vieles zu sagen: dass es mir gut geht und dass ich das Gleiche von Euch zu hören hoffe; dass ich Euren Brief erhalten habe, der besagt, dass ich in Neapel als Tölpel gelte, weil ich in Rom das Gewölbe (die Decke der Sixtinischen Kapelle) der Wand (dem *Jüngsten Gericht*) vorziehe. Denn sie enthält tausend Ketzereien und vor allem diese Haut des hl. Bartholomäus ohne seinen Bart; der Geschundene trägt den Bart, was beweist, dass die Haut nicht die seine ist."

— 249 —

Dass sogar die schärfsten Kritiker Michelangelos bereit waren, seine künstlerische Leistung anzuerkennen, zeigt auch das Urteil des Dominikaners Ambrogio Poli (genannt Caterino), der in seinen Kommentaren zu den Paulusbriefen von 1551 schreibt: „Es gibt einen bemerkenswerten Maler und Bildhauer unserer Zeit: Er heißt Michelangelo und versteht es großartig, die Nacktheit des menschlichen Körpers und dessen Schamteile darzustellen. Ich rühme seine Kunst in diesem Werk (dem *Jüngsten Gericht*), aber das Werk selbst verabscheue ich aufs Heftigste und prangere es an. Denn es ist unanständig, diese Körper in ihrer Nacktheit auf den Altären und in den Gotteshäusern zu sehen. Dieser Fehler kommt zu zahlreichen anderen schweren Missbräuchen hinzu, die dazu angetan sind, die Kirche, die Braut Christi, zu besudeln. Meinem eigenen Gewissen zuliebe versuche ich dies klarzustellen, indem ich sage, dass Michelangelo, dieser hervorragende Maler, in der Darstellung dieser hässlichen und obszönen Nacktheiten (die zu verbergen die Natur selbst verlangt) jener Vollkommenheit entbehrt, die dem Apostel eignet, wenn er mit dem lebendigen Pinsel des Geistes die schmählichen Nacktheiten der Ketzer anprangert." Etwas differenzierter und in seinen Beobachtungen treffender äußert sich der Maler und Kunsttheoretiker Gian Paolo Lomazzo in seinem *Il Libro di Sogni* von 1563 über Michelangelo: „Es heißt, er habe auf dieser Wand einen Käfig machen wollen, in dem eine Gesellschaft von Flegeln und Komödianten hochklettert; man unterstreicht, dass diese männlichen Glieder und Hoden unanständig sind, die man nicht nur bei den Teufeln und Geistern, sondern auch bei den Heiligen so deutlich sieht; und dass er sie beinahe Christus zur Schau stellen und die hl. Katharina ihre Natur zeigen ließe, deren Haltung wie die vieler anderer Weiber den Betrachtern eher wollüstige Gedanken einflößt als scheue, wie man sie an einem so furchtbaren Tag wie diesem erwarten würde. Es wird auch gesagt, dass die dort oben getauschten Küsse (S. 262) unschicklich sind und nur für Hochzeiten und Bordelle passen. Und noch viel anderes wird gesagt, während man vergisst oder nicht weiß, dass dieses Werk die wahre Pracht ganz Italiens ist, auch für die Maler, die aus den entlegensten Ländern des Nordens kämen, um es zu sehen und zu zeichnen. Erst vor wenigen Monaten oder Jahren wollte Paul IV., der Theatiner, es vernichten lassen; er sagte, diese anmaßenden Bilder nackter Glieder und diese Gebärden von Komödianten passten nicht nach Sankt Peter."

Als „wahre Pracht ganz Italiens" erhielt *Das Jüngste Gericht* praktisch einen Bestandsschutz, der für die Werke anderer Künstler undenkbar gewesen wäre. Zwar befasste sich das Trienter Konzil im November 1563 in seiner letzten Sitzung eigens mit dem Fresko Michelangelos und dessen Verstößen gegen das Dekorum. Als Konsequenz wurden die Fresken jedoch nicht, wie von einigen Kritikern gefordert, heruntergeschlagen, sondern 1564/65 an den anstößigsten Stellen übermalt (S. 249). Für die Ausführung dieser Übermalungen ist u. a. Daniele da Volterra verantwortlich, was ihm den Spitznamen „Hosenmaler" („braghettone") einbrachte. Für Michelangelo selbst hatte die ganze Angelegenheit zunächst noch keine Konsequenzen, denn die heftigen Reaktionen auf *Das Jüngste Gericht* hielten Paul III. ganz und gar nicht davon ab, schon bald nach Abschluss jenes Freskos in der Sixtinischen Kapelle die Ausmalung der Cappella Paolina bei dem inzwischen 66-jährigen Michelangelo in Auftrag zu geben (s. Kap. X).

Die kritische Auseinandersetzung mit dem *Jüngsten Gericht* war bis dahin die mit Abstand öffentlichste, schärfste und gefährlichste Debatte um die Spielräume der bildenden Kunst. Maler, Kleriker, Theoretiker, Literaten und Diplomaten meldeten sich zu Wort und befanden kontrovers darüber, was ein Künstler dürfe und was nicht und wie er mit religiösen Sujets umzugehen habe. Michelangelo hatte mit dem *Jüngsten Gericht* die Grenzen seines Metiers ausgelotet und die Spielräume im Zeitalter der Glaubenskämpfe genutzt, ohne dass er deswegen ein Häretiker gewesen wäre.

Die ungewöhnliche Darstellung ändert nichts daran, dass Michelangelo zu jener Zeit ein gläubiger Christ war und das auch in seinen Werken zu vermitteln versuchte. Dabei scheint sich in den 1530er Jahren die Intensität des religiösen Ausdrucks in seinen Werken generell zu verstärken. Hierfür sind mehrere Gründe namhaft zu machen. Zum einen erlebte Italien einen allgemeinen Aufschwung der Spiritualität, die der Künstler aufgrund seiner Freundschaft mit Vittoria Colonna und anderen Repräsentanten der katholischen Reformbewegung unmittelbar erfuhr. Zum anderen stand auch Michelangelo mit fortgeschrittenem Alter die Unausweichlichkeit des Todes immer deutlicher vor Augen (s. Kap. X). In diesem Kontext sind die Geschenkzeichnungen für Vittoria Colonna zu sehen. Durch die Angaben Condivis und Vasaris sowie aus der Korrespondenz zwischen Michelangelo und Vittoria Colonna wissen wir von drei solchen Zeichnungen, die zwischen 1538 und 1541 entstanden sind. Während eine *Kreuzigung* (S. 251) und eine *Pietà* (S. 250) sich in strittig zugeschriebenen Blättern Michelangelos erhalten haben, kennen wir die Geschenkzeichnung *Christus und die Samariterin* nur durch Kopien von fremder Hand.

Eine Intensivierung der Frömmigkeit Michelangelos lässt sich am deutlichsten an der für Vittoria Colonna geschaffenen *Pietà* ablesen. Der von zwei Engeln gehaltene tote Körper Christi ist zwischen den Beinen der wehklagenden Maria zu Boden gesunken. Die Schwere seines Opfers scheint sich allein schon in dem schweren Dahinsinken des Leibes anzudeuten. Doch um die Bedeutung dieses Opfers noch zu unter-

VIII. GESCHENKZEICHNUNGEN UND JÜNGSTES GERICHT 1534–1541

Kopie
Pietà mit zwei Christus stützenden Assistenzfiguren (*Pietà für Vittoria Colonna*)
Schwarze Kreide, 295 x 193 mm
Boston, Isabella Stewart Gardner Museum

Michelangelo (Kopie?)
Kreuzigung mit zwei Engeln (*Kreuzigung für Vittoria Colonna*), um 1538–1541 (?)
Schwarze Kreide, 371 x 270 mm
London, British Museum, 1895-9-15-504r

streichen, ist auf dem Kreuzstamm die Dantes *Göttlicher Komödie* (Par. 29.92) entnommene Zeile „Non visi pensa, quanto sangue costa" („Niemand denkt daran, wie viel Blut es kostet") angebracht. Damit ist gemeint, dass man die Bedeutung des Blutopfers Christi gar nicht hoch genug einschätzen könne. Vergleicht man schließlich diese Kombination von Bild und Inschrift mit der römischen *Pietà* und ihrer Signatur (S. 32), dann wird der konzeptuelle Abstand zwischen den beiden Werken deutlich. Die römische Skulptur war mehr einem antiken Ideal und dem Stolz des aufstrebenden jungen Künstlers verpflichtet (s. Kap. II), die Zeichnung für Vittoria Colonna der religiösen Einkehr des alternden Michelangelo.

Eine weitere Geschenkzeichnung, eine in schwarzer Kreide ausgeführte, von zwei kleinen Engeln flankierte *Kreuzigung*, ist vielleicht noch ungewöhnlicher. Zum einen setzt die Zeichnung mit einem religiösen Sujet jenen weich modellierten Stil fort, der sich bereits in den erotisch konnotierten Blättern für Tommaso de' Cavalieri ankündigt. Ungewöhnlich ist auch die Darstellung eines noch lebenden Christus, erkennbar an seinen müden, zum Himmel erhobenen Augen. Diese Besonderheit der Gestaltung Michelangelos hat Condivi eigens hervorgehoben: „Er machte aus Liebe zu ihr (Vittoria Colonna) auch eine Zeichnung mit einem Jesus Christus am Kreuz, nicht mit dem Aussehen eines Toten, wie es gewöhnlich geschieht, sondern in lebendiger Haltung, das Gesicht zum Vater erhoben. Und es scheint, dass er sagt, ‚Eli, Eli!' Man sieht daselbst diesen Körper nicht wie einen verlassenen Leichnam hinsinken, sondern lebendig und unter grausamen Schmerzen erschaudernd und sich krümmend." Condivis Bemerkungen spielen auf die Worte „Eli, Eli, lama asabtani" („Mein Gott, mein Gott, warum hast du mich verlassen?", Mt 27.46; Mk 15.34) aus den Evangelien an und damit auf einen gekreuzigten Heiland, der im Moment der höchsten Verzweiflung seinen Vater anruft. Thema der Zeichnung ist also nicht allein das Kreuzesopfer des Gottsohnes Jesus Christus, sondern ebenso die Menschlichkeit in seiner Verzweiflung. In der neueren Forschung wird diese ungewöhnliche Darstellung eines verzweifelten und damit menschlichen Erlösers mit den theologischen Positionen der katholischen Reformbewegung in Verbindung gebracht, zu deren Repräsentanten auch Vittoria Colonna gehörte. Allerdings bedarf es zur Erklärung der religiösen Inbrunst dieser Zeichnung keiner katholischen Reformtheologie.

Allein schon die Wucht der körperlichen Präsenz Christi legt die Vermutung nahe, dass es auch in dieser Geschenkzeichnung nicht nur um die Darstellung einer intensiv empfundenen Gläubigkeit geht, die Michelangelo hier gegenüber der verehrten Frau aus einer höheren gesellschaftlichen Schicht zum Ausdruck bringt. Ebenso wie im *Jüngsten Gericht* tritt neben den religiösen Gegenstand der *Kreuzigung* erneut das Thema des heroisierten männlichen Akts. Um dies zu belegen, genügt ein Blick auf die Bildtradition des „menschlichen" Christus am Kreuz, der in seiner Verzweiflung zum Vater aufblickt und seine Verlassenheit beklagt. Tatsächlich weisen die vor allem aus dem Mittelalter erhaltenen Beispiele dieses Kreuzigungstyps einen Christus mit geschundenem und ausgemergeltem Leib auf. Michelangelo hingegen bleibt auch hier sich selbst treu und präsentiert dem Betrachter einen weitgehend unversehrten Körper mit mächtigem Brustkorb und einer athletisch wirkenden Muskulatur. Auch diese Zeichnung ist also ein Dokument für seine menschlichen und künstlerischen Vorlieben.

Dass es in dieser Zeichnung nicht allein um das mit ihrem Sujet verbundene religiöse Gefühl geht, sondern auch um einen Kunstwert und die über diesen Wert mögliche Reflexion, belegt ein undatierter Brief (um 1538–1541) Vittoria Colonnas an Michelangelo: „Einziger Meister Michelangelo und mein ganz besonderer Freund. Ich habe Euer Schreiben erhalten und das Kruzifix gesehen, welches gewiss in meiner Erinnerung alles, was ich an derartigen Bildern (picture) sonst gesehen habe, gekreuzigt hat. Ein besseres, lebendigeres und vollendeteres Bild kann man nicht erblicken, und wahrlich, niemals könnte ich mir erklären, wie zart und wunderbar es gemacht ist."

Vittoria Colonna überträgt hier also in einem Wortspiel das Motiv der Kreuzigung auf die Kunst: Andere Bilder müssten sich angesichts der künstlerischen Qualität von Michelangelos Zeichnung wie gekreuzigt, d. h. wie bestraft, wie degradiert fühlen. Wie sehr die Zeichnungen mit religiösen Sujets Anlass zu treffenden Reflexionen über Kunst und Künstler werden konnten, zeigt auch ein weiterer, wohl ebenfalls auf die *Kreuzigung* bezogener und nicht datierter Brief Vittoria Colonnas (um 1538–1541) an Michelangelo. Sie spricht zunächst davon, dass es für einen Gläubigen möglich sei, selbst vollkommene Kunstwerke durch Güte („bontà") noch zu verbessern. So habe Michelangelo in seiner Zeichnung mit Hilfe übernatürlicher göttlicher Gnade ein absolut perfektes Werk geschaffen. Schließlich geht Vittoria Colonna auf den trauernden kleinen Engel zur Rechten Christi ein: „Und ich sage Euch, ich freue mich sehr, dass der Engel zur Rechten (des Gekreuzigten) viel schöner ist. Denn der hl. Michael wird Euch, Michael Angelo, zur Rechten des Herrn am Jüngsten Tage setzen."

Auch Vittoria Colonna war also nicht entgangen, dass es in den meisten Werken Michelangelos immer auch um ihn selbst ging. Gleichzeitig zeigt der Brief den religiösen Hintergrund dieser Reflexionen. Denn erst die göttliche Gnade hat die „Wunder" („miraculi") dieser perfekten Zeichnung möglich gemacht und somit auch die Intervention des Engels, der dem Künstler einen Platz zur Rechten Christi sichern sollte. Diesen Platz versuchte Michelangelo sich wenig später auch durch die Übernahme großer architektonischer Projekte in Rom zu sichern. So betont der Künstler, dass er die Bauleitung von St. Peter nicht für irdischen Lohn übernommen habe, sondern allein „per l'amor de Dio" (s. Kap. IX).

— 251 —

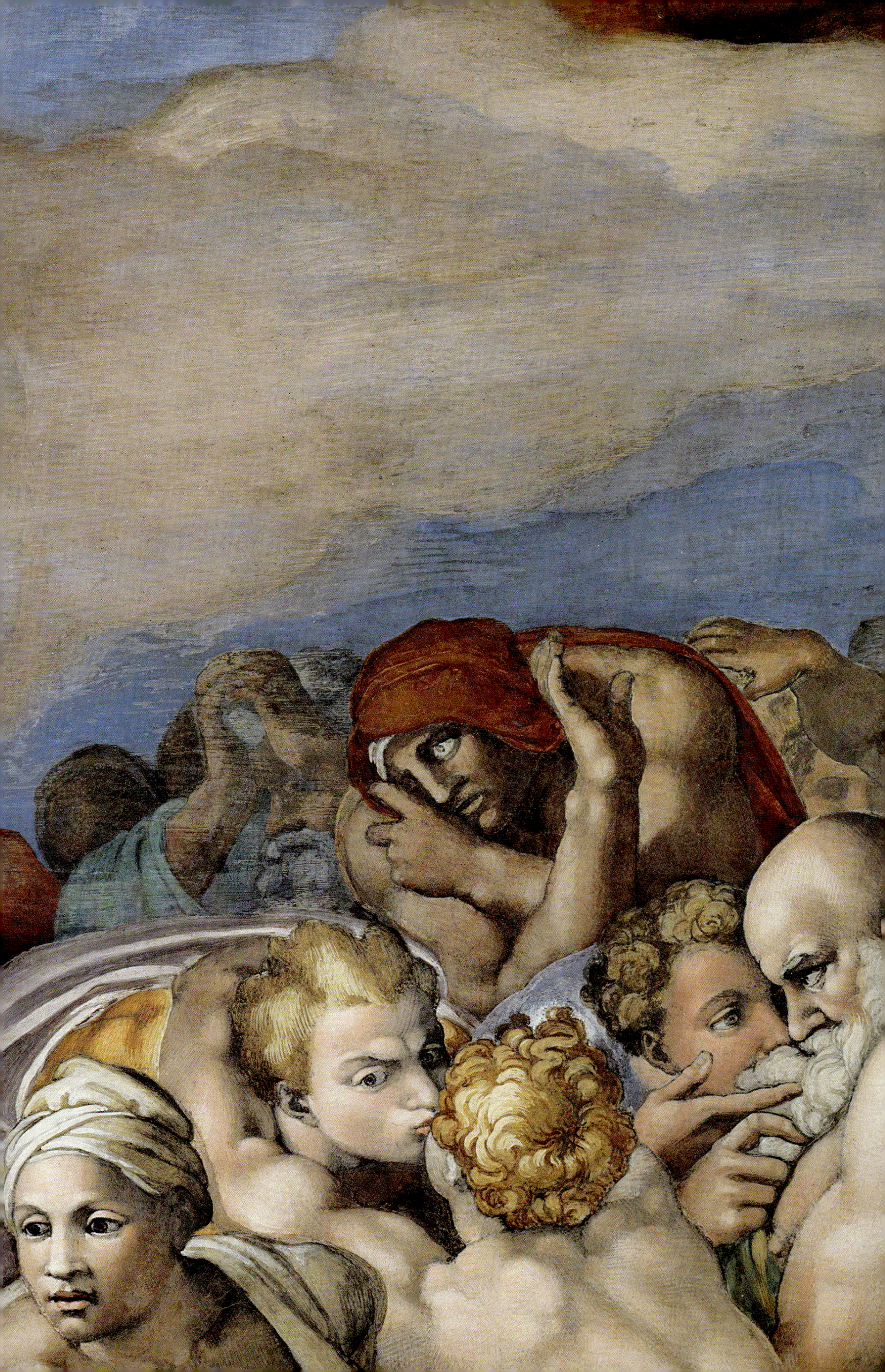

Die Leidenswerkzeuge Christi

Im Gegensatz zu früheren Darstellungen des *Jüngsten Gerichts* ordnete Michelangelo sein Bildpersonal nicht in hierarchisierten, wohlgeordneten Reihen von Aposteln, Heiligen und Engelschören an. Stattdessen schuf er eine stark dynamisierte Darstellung auf- und absteigender Leiber, in deren Zentrum der Weltenrichter den Sturz der Verdammten und den Aufstieg der Auferstandenen zu orchestrieren scheint.

In den beiden Lünetten über der Zone mit den Heiligen errichten Engel das Kreuz und die Geißelsäule Christi, die nicht nur als Passionswerkzeuge, sondern auch als Symbole des Erlösers gelten (Mt 24.30). Weitere Werkzeuge aus der Passion Christi wie die Dornenkrone (linke Lünette) und ein Stock mit einem Schwamm sowie eine Leiter (rechte Lünette) sind nicht ganz so deutlich zu erkennen.

Die beste und ausführlichste zeitgenössische Beschreibung des *Jüngsten Gerichts* stammt von Giorgio Vasari, der das Fresko als den Höhepunkt der Geschichte der Malerei überhaupt ansah. Hierbei habe Michelangelo sogar noch seine gigantische Leistung bei der Freskierung der Sixtinischen Decke in den Schatten gestellt und seine künstlerische Virtuosität kongenial mit der Darstellung der Leidenswerkzeuge Christi verknüpft: „Und er hat sich selbst übertroffen, und zwar sehr weit, indem er sich die Schrecknisse jener Tage versinnlichte und dabei zu größerer Pein jener, die nicht gut gelebt haben, die ganze Lebensgeschichte Jesu ins Gedächtnis rief, indem er das Kreuz, die Säule, die Lanze, die Nägel und die Dornenkrone einigen in der Höhe schwebenden unbekleideten Gestalten in die Hände gab, wobei er mannigfaltige und schwierige Bewegungen mit viel Leichtigkeit darstellte."

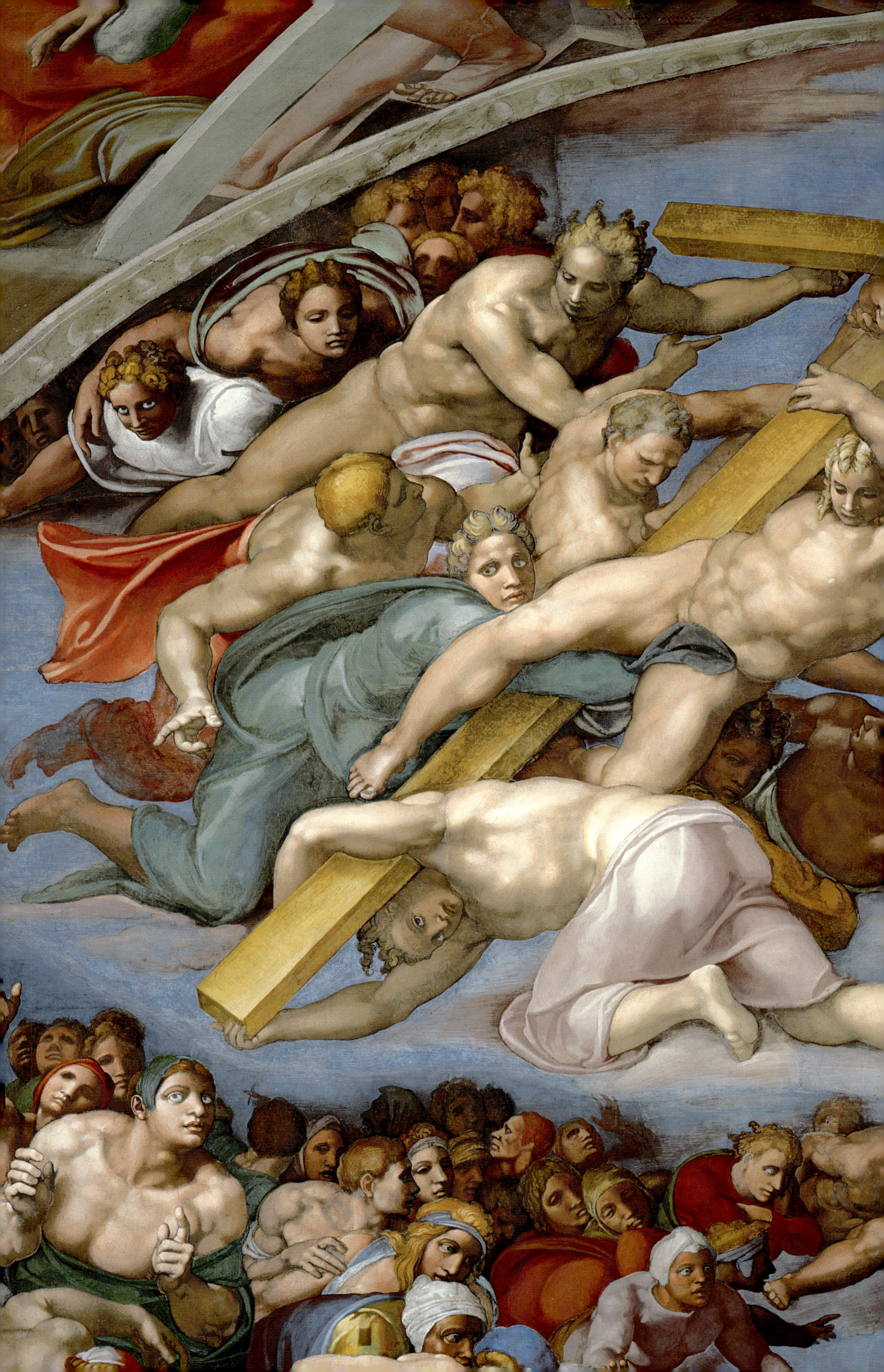

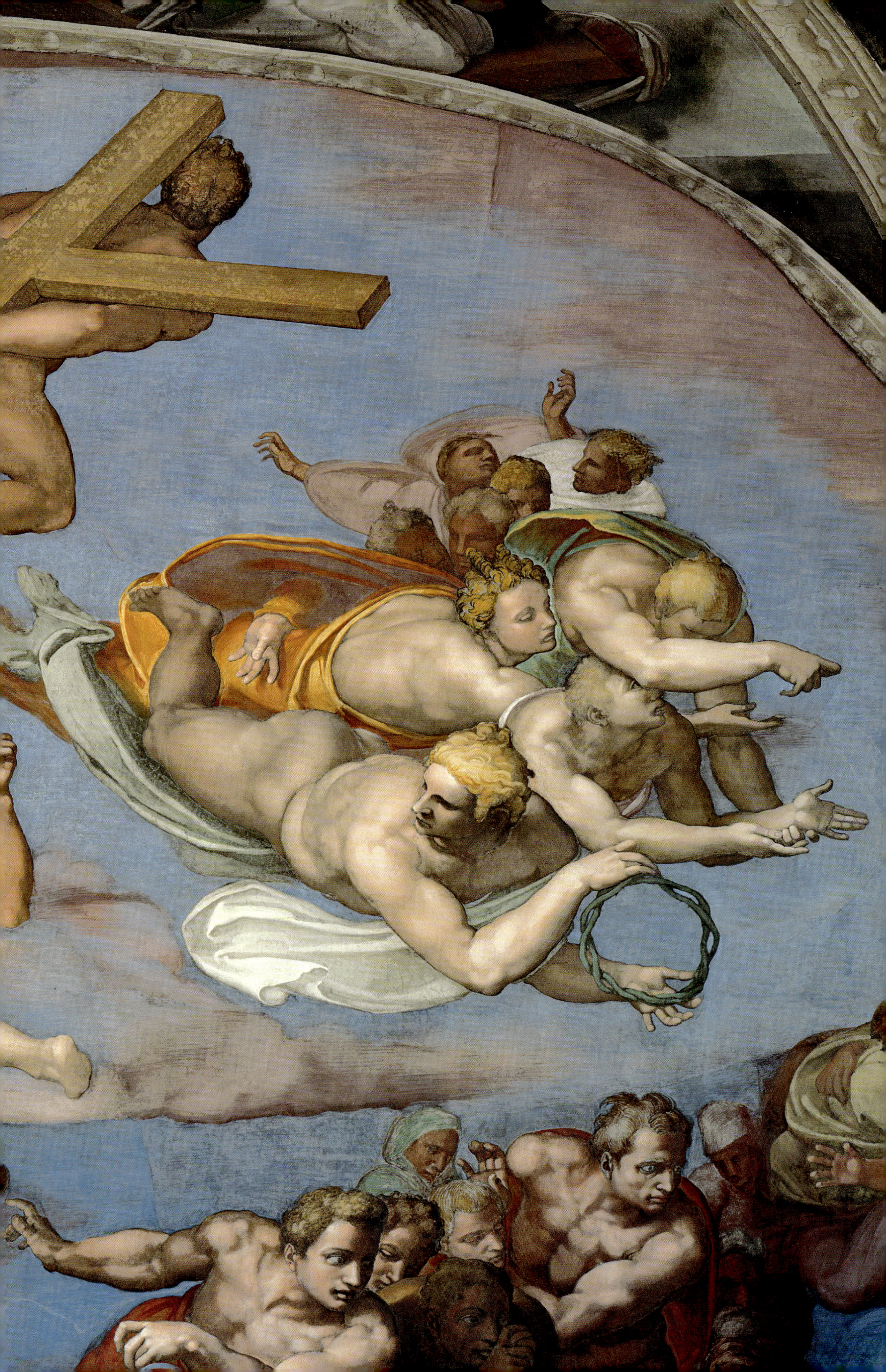

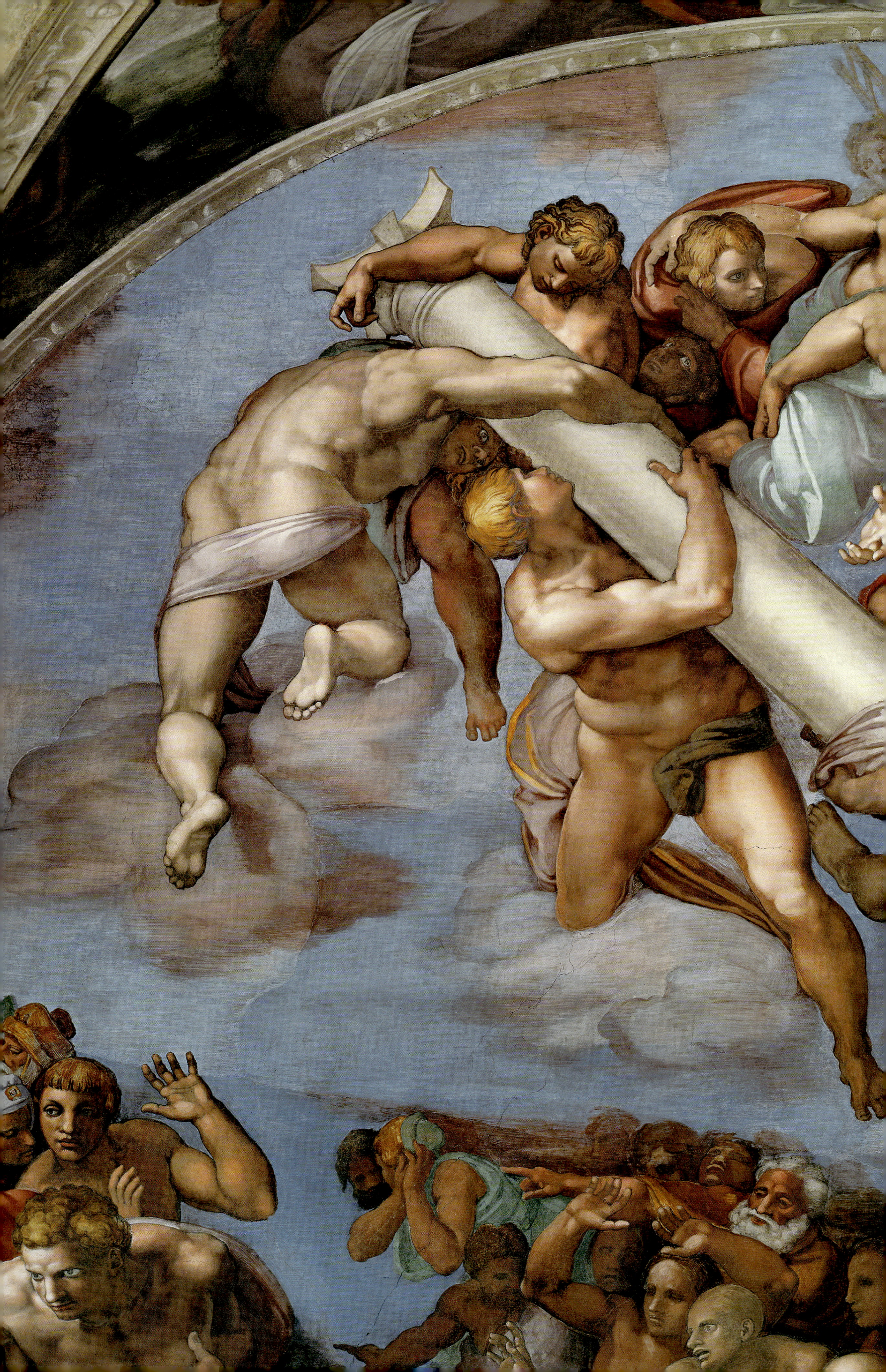

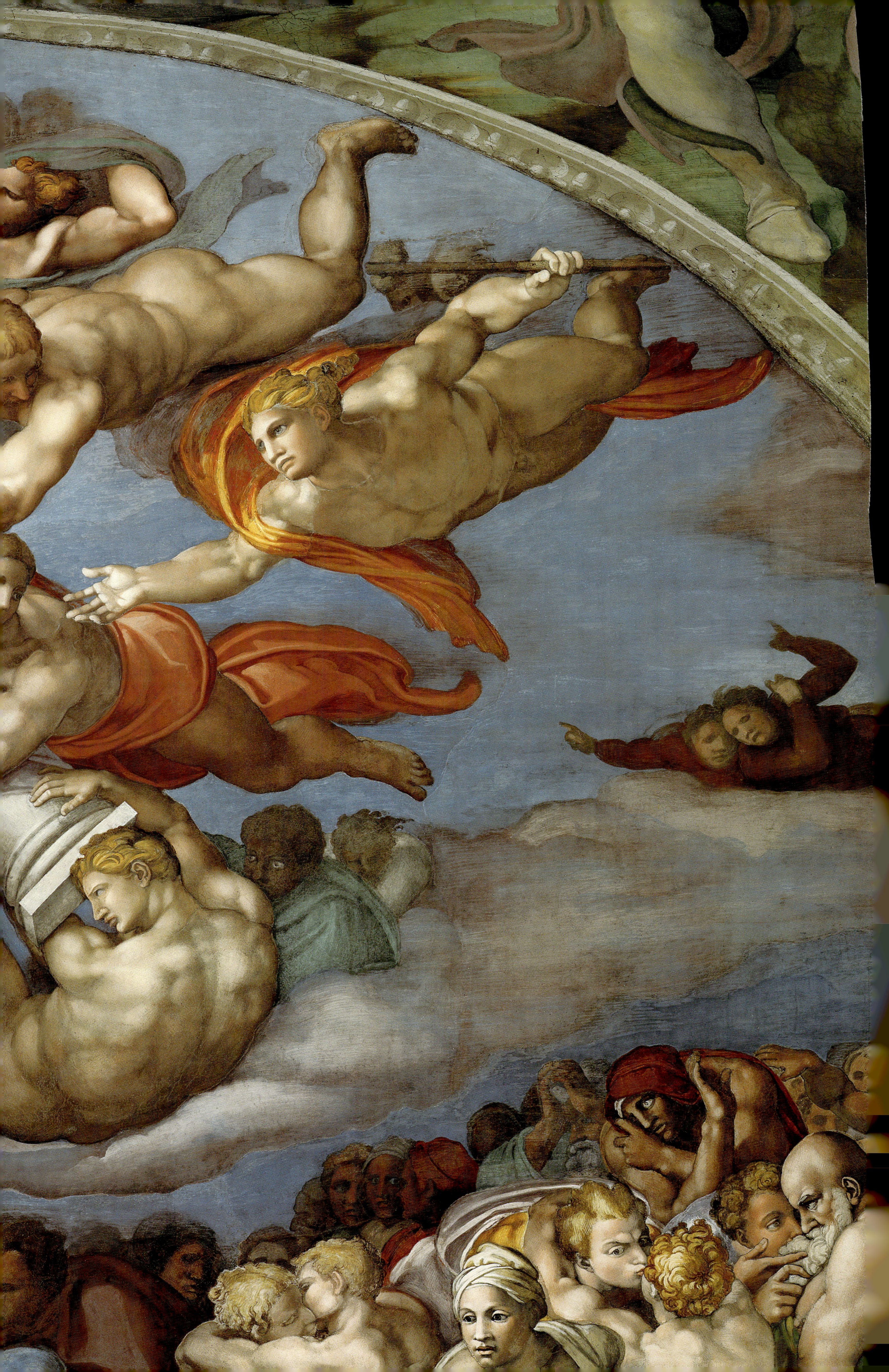

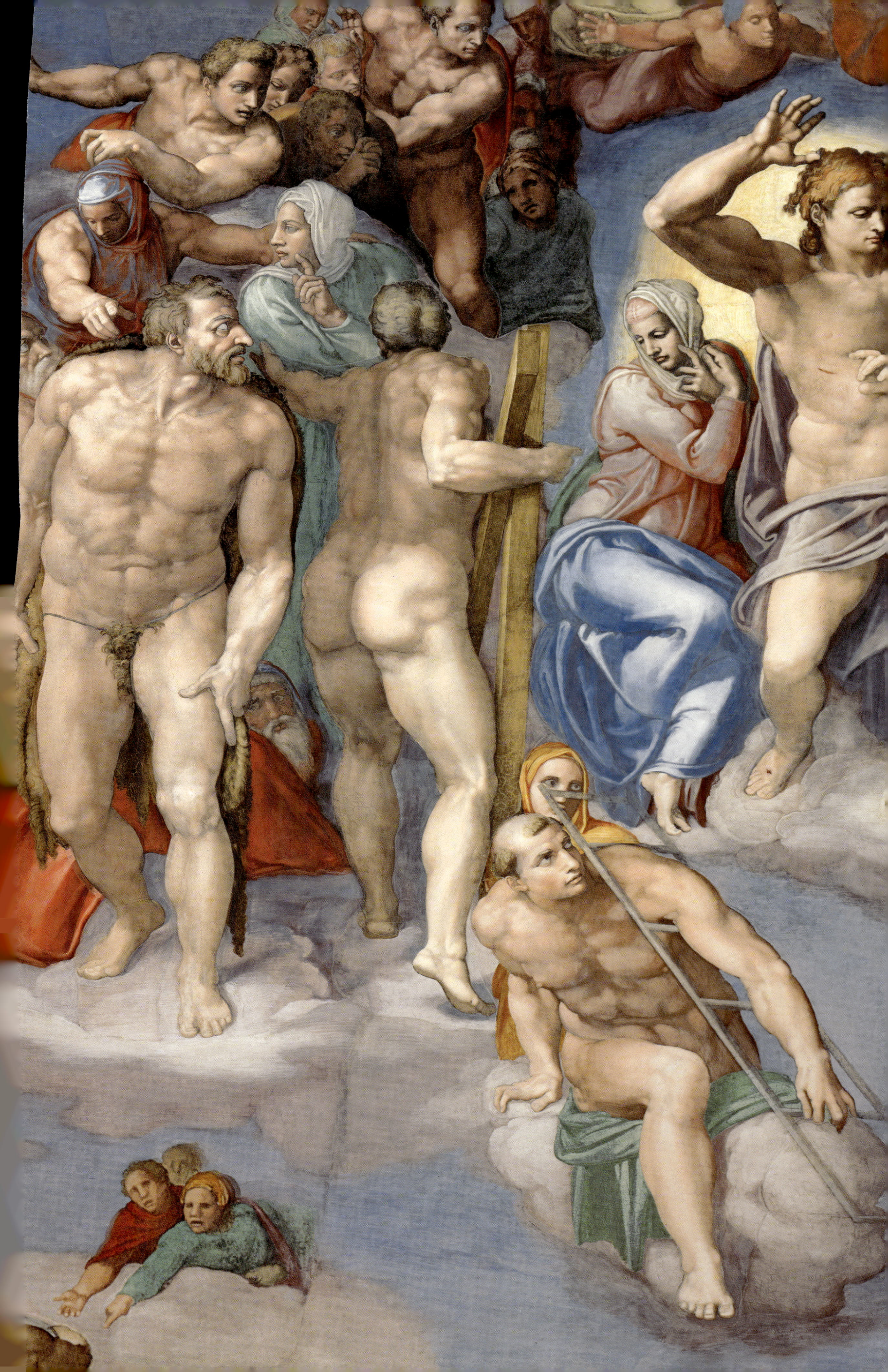

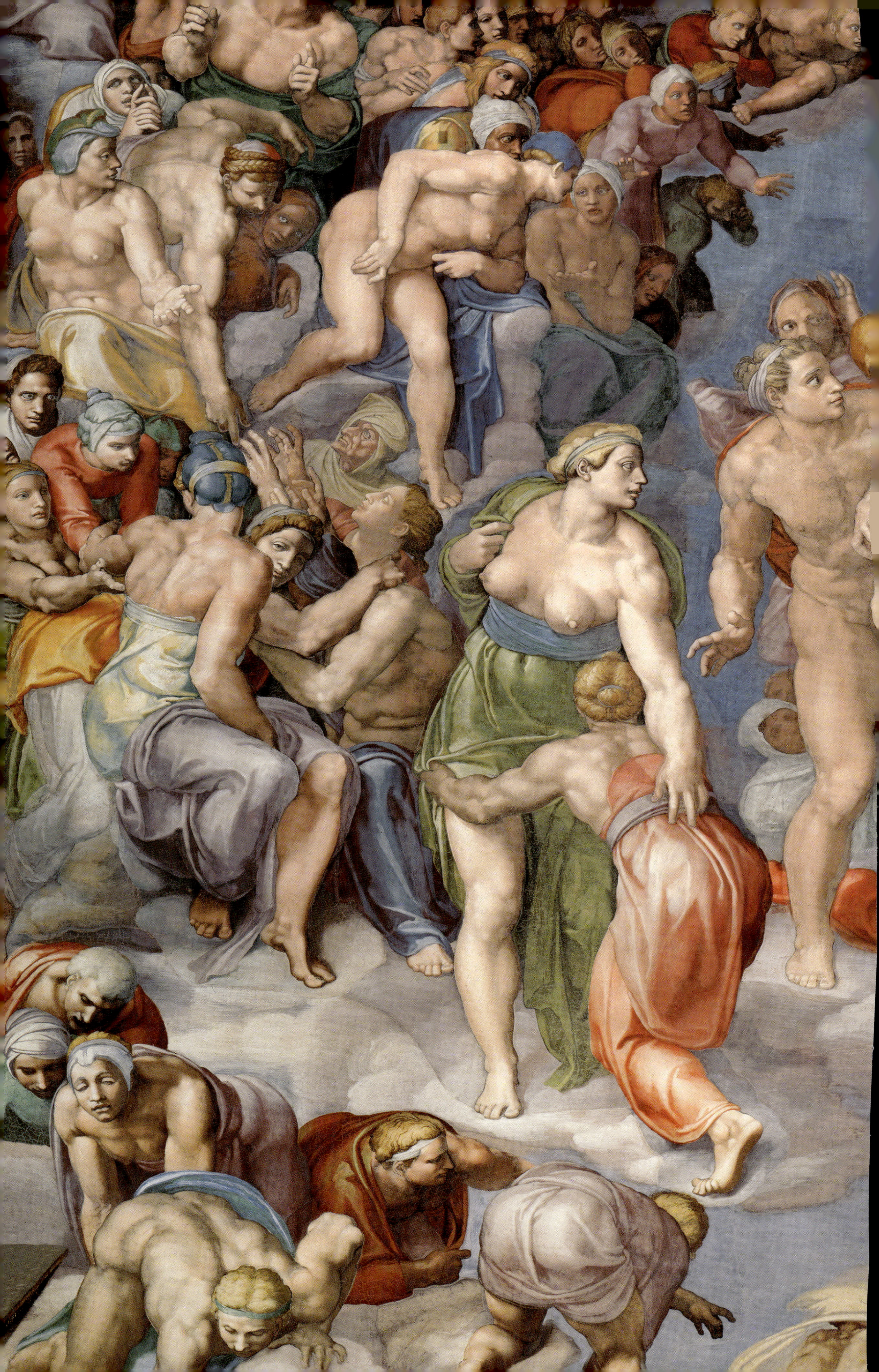

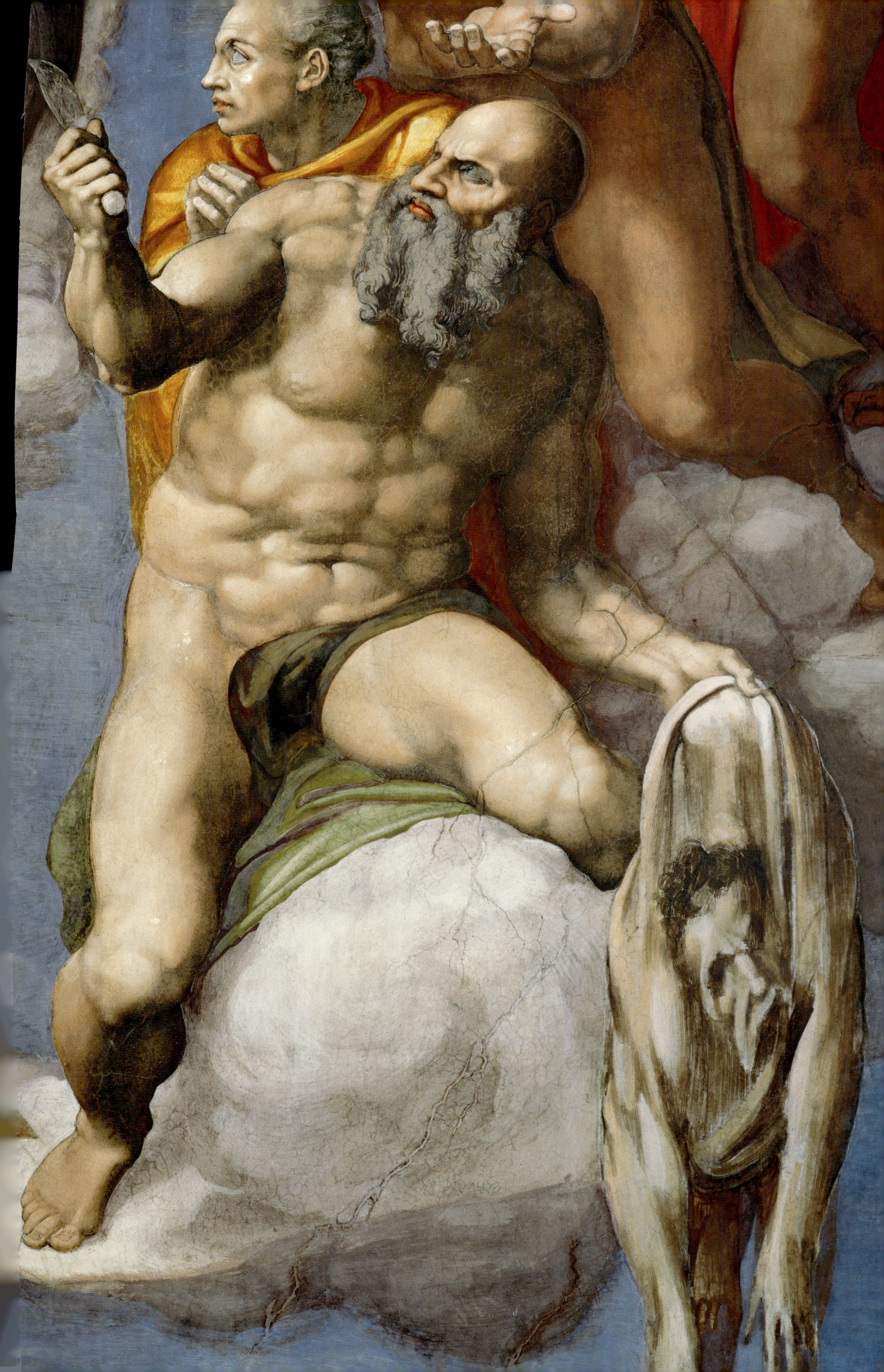

Christus als Weltenrichter mit Maria und Heiligen

Michelangelos *Jüngstes Gericht* weicht in seiner dynamischen Strukturierung des Bildpersonals von der Tradition ab. Die Darstellung wird dominiert von Christus als Weltenrichter, der fast genau in der Mitte des oberen Drittels zusammen mit der Jungfrau Maria dargestellt ist. Er bildet das Zentrum der himmlischen Zone mit zahlreichen Heiligen und Märtyrern. Da Michelangelo auf eine schematische Hierarchisierung des Bildpersonals und für die meisten Figuren auf Attribute verzichtete, gelingt nur in Einzelfällen eine glaubhafte Identifizierung. Abgesehen von Christus und Maria sind vor allem die zu seinen Füßen sitzenden Märtyrer Laurentius und Bartholomäus zweifelsfrei kenntlich gemacht, denn der eine weist den Rost seines Martyriums vor, der andere seine eigene Haut sowie ein Messer. Petrus, rechts neben Christus, hält mit zwei Schlüsseln ebenfalls eindeutige Attribute in seinen Händen. Hinter ihm steht als zweiter Apostelfürst Paulus, identifizierbar aufgrund seiner Nähe zu Petrus und seines roten Mantels. Links neben Christus sind die gewaltige Aktfigur Johannes des Täufers durch ihr Fellgewand und der heilige Andreas durch sein Kreuz kenntlich gemacht. Ebenfalls eindeutige Attribute haben die Märtyrer der rechten Bildseite: die heilige Katharina ein Rad, der heilige Simon eine Säge, der heilige Blasius zwei Wollkämme und der heilige Sebastian mehrere Pfeile. Ein großer männlicher Akt am rechten Bildrand gilt als der heilige Simon von Kyrene, der das Kreuz Christi auf dem Weg nach Golgatha trug (Mt 27.31–32), die kleinere Gestalt zwischen den Heiligen Blasius und Simon als Dismas, der gute Schächer aus der Kreuzigung Christi.

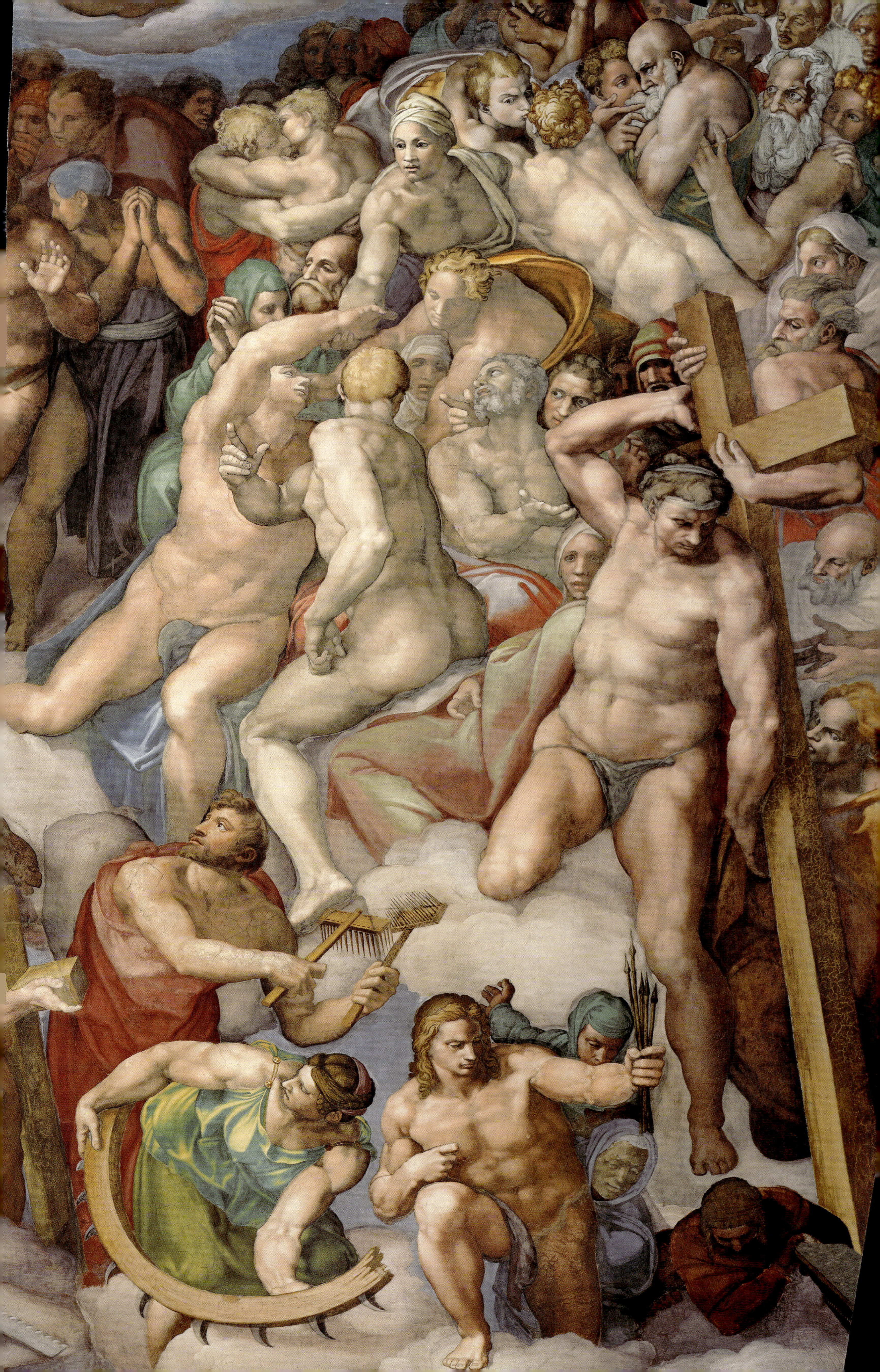

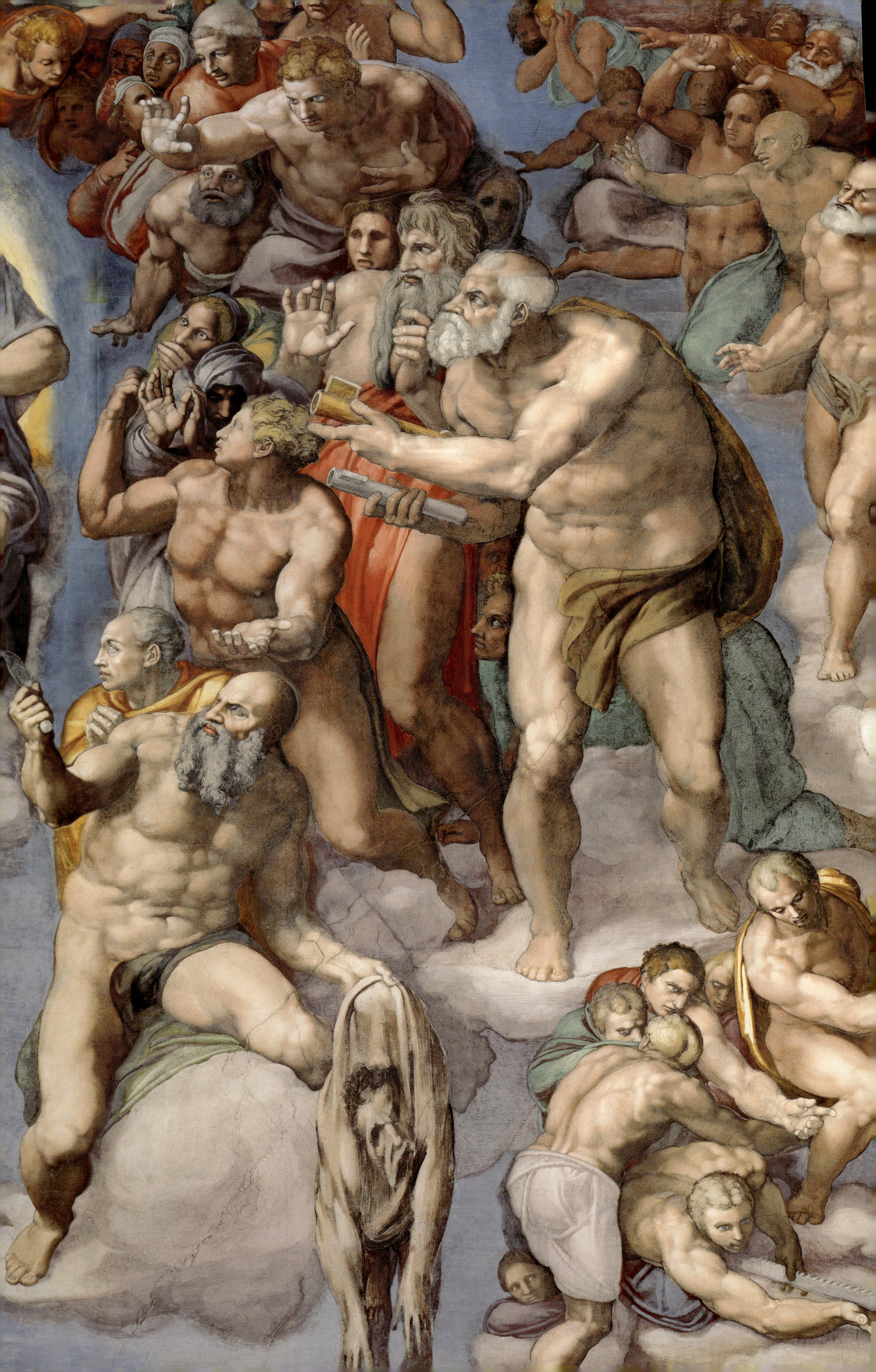

MICHELANGELO

Wenn Sie es versäumen, den Vatikan und insbesondere die Capella Sistina häufig zu besuchen, entgeht ihnen jener eigenartige Vorzug, den Rom mehr als alle anderen Städte der Welt gewähren kann. An anderen Orten werden Sie Abdrücke aus der Antike und Hauptwerke der großen Maler finden, doch nur dort können Sie sich eine Vorstellung von der Würde der Kunst bilden, denn nur dort können Sie die Werke von Michelangelo und Raffael sehen. Wenn Sie an Ihnen zunächst keinen Gefallen finden, was wahrscheinlich der Fall sein wird, da sie keine jener Qualitäten haben, die beim ersten Anblick für sie einnehmen, lassen Sie nicht davon ab, sie anzusehen, bis Sie eine Art Inspiration über sich kommen fühlen und Sie spüren, dass jeder andere Maler im Vergleich dazu geistlos sei und nur wegen belangloser Fertigkeiten Bewunderung verdiene.

— JOSHUA REYNOLDS

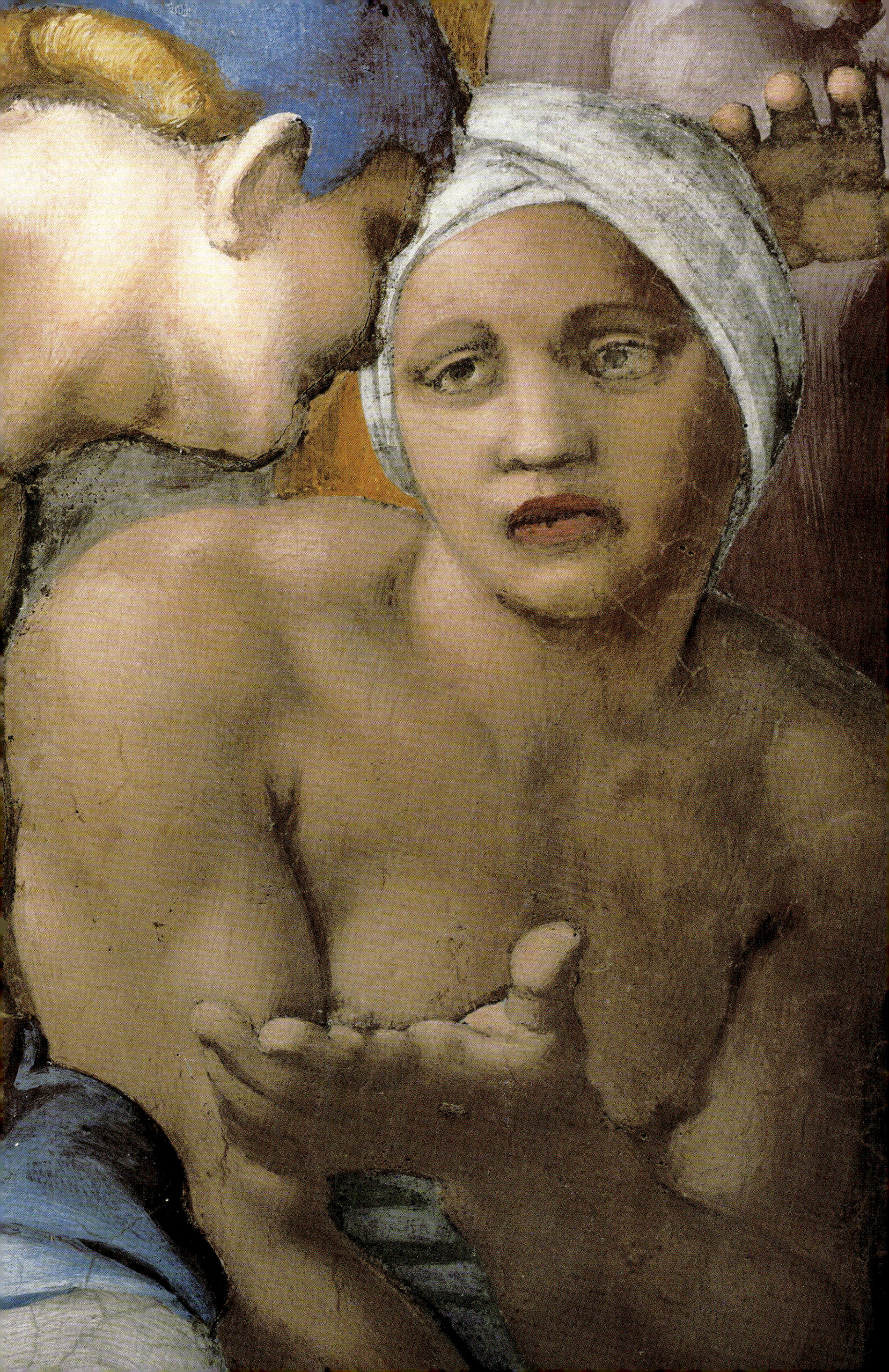

MICHELANGELO

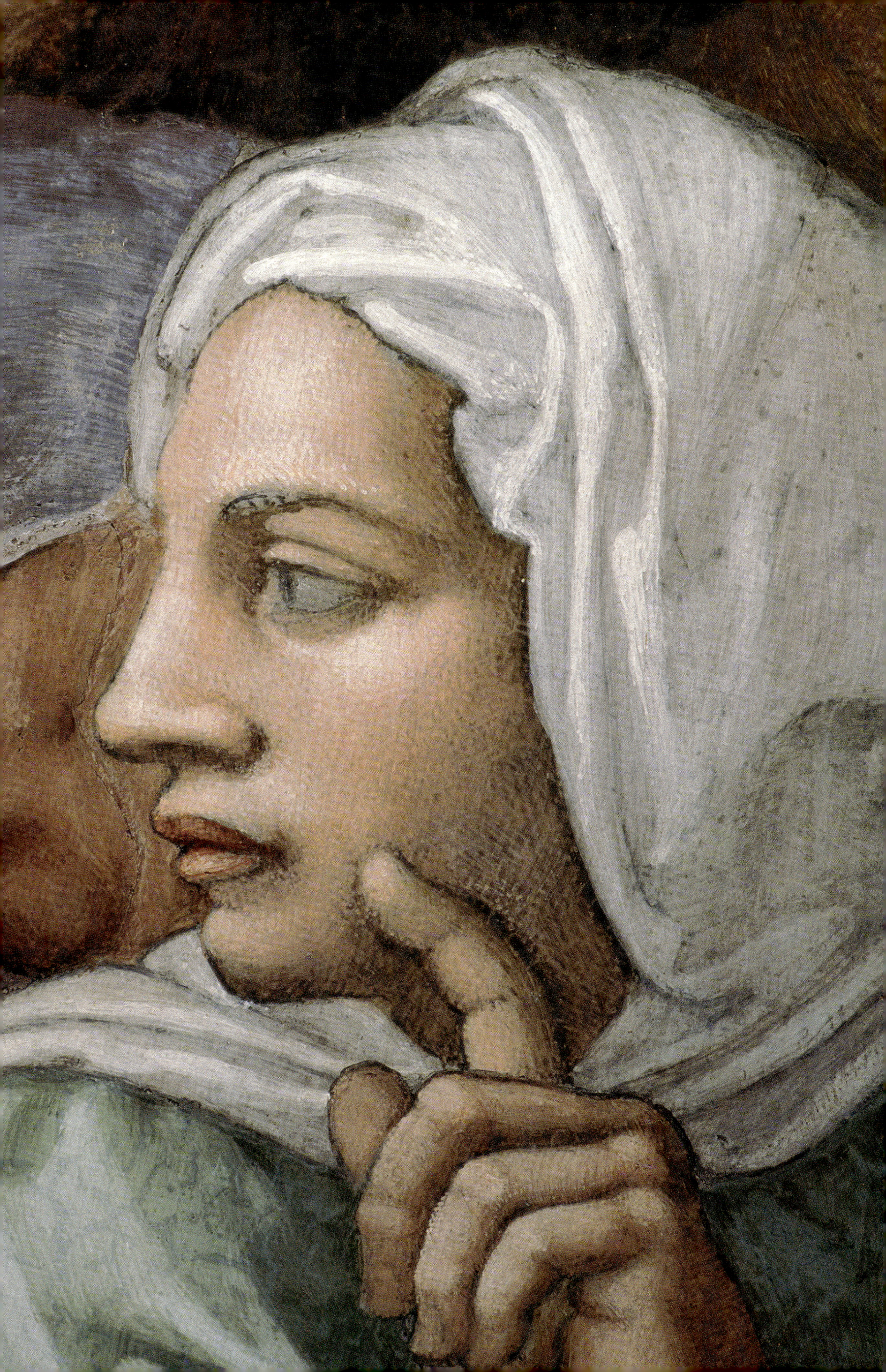

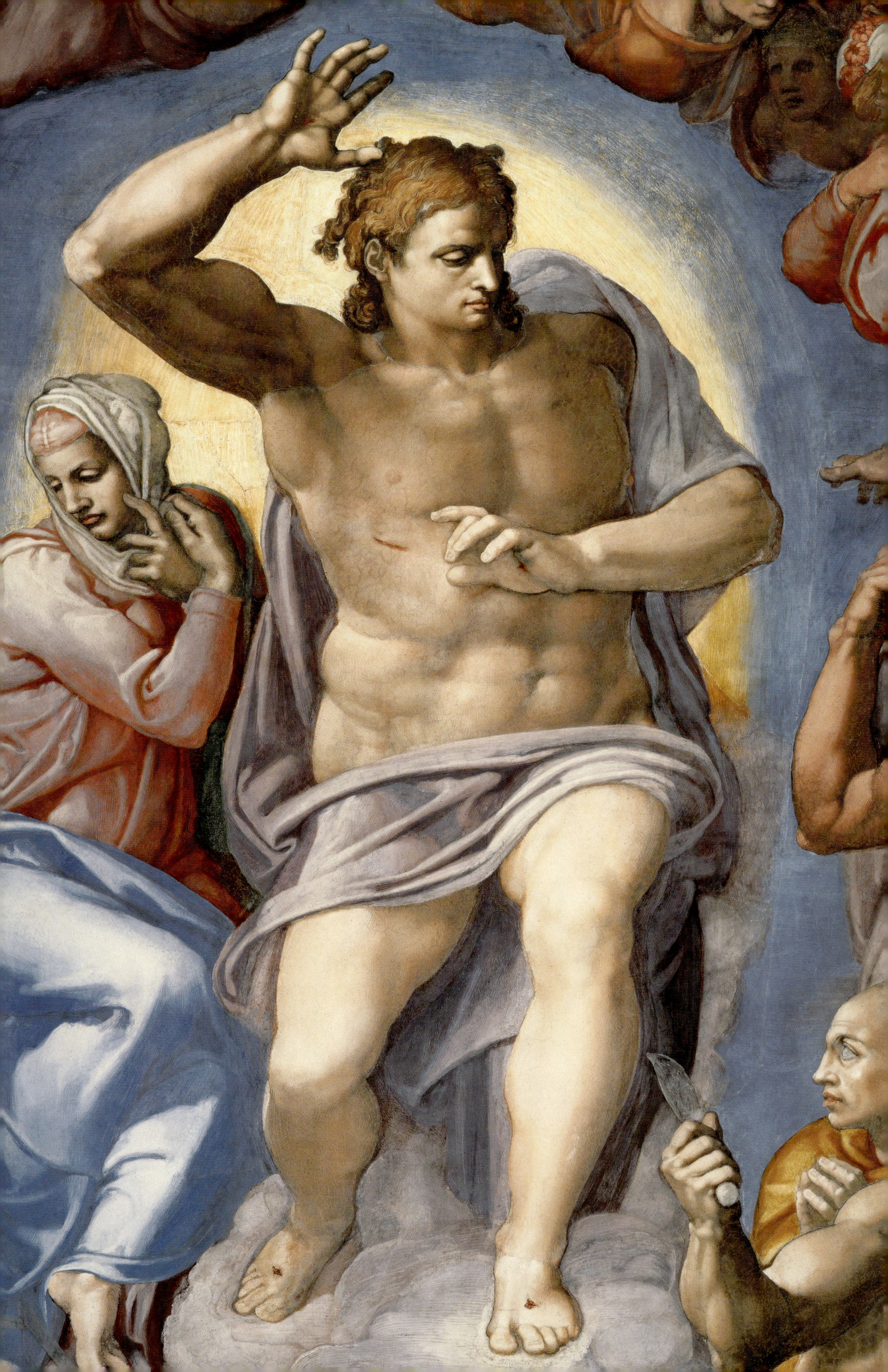

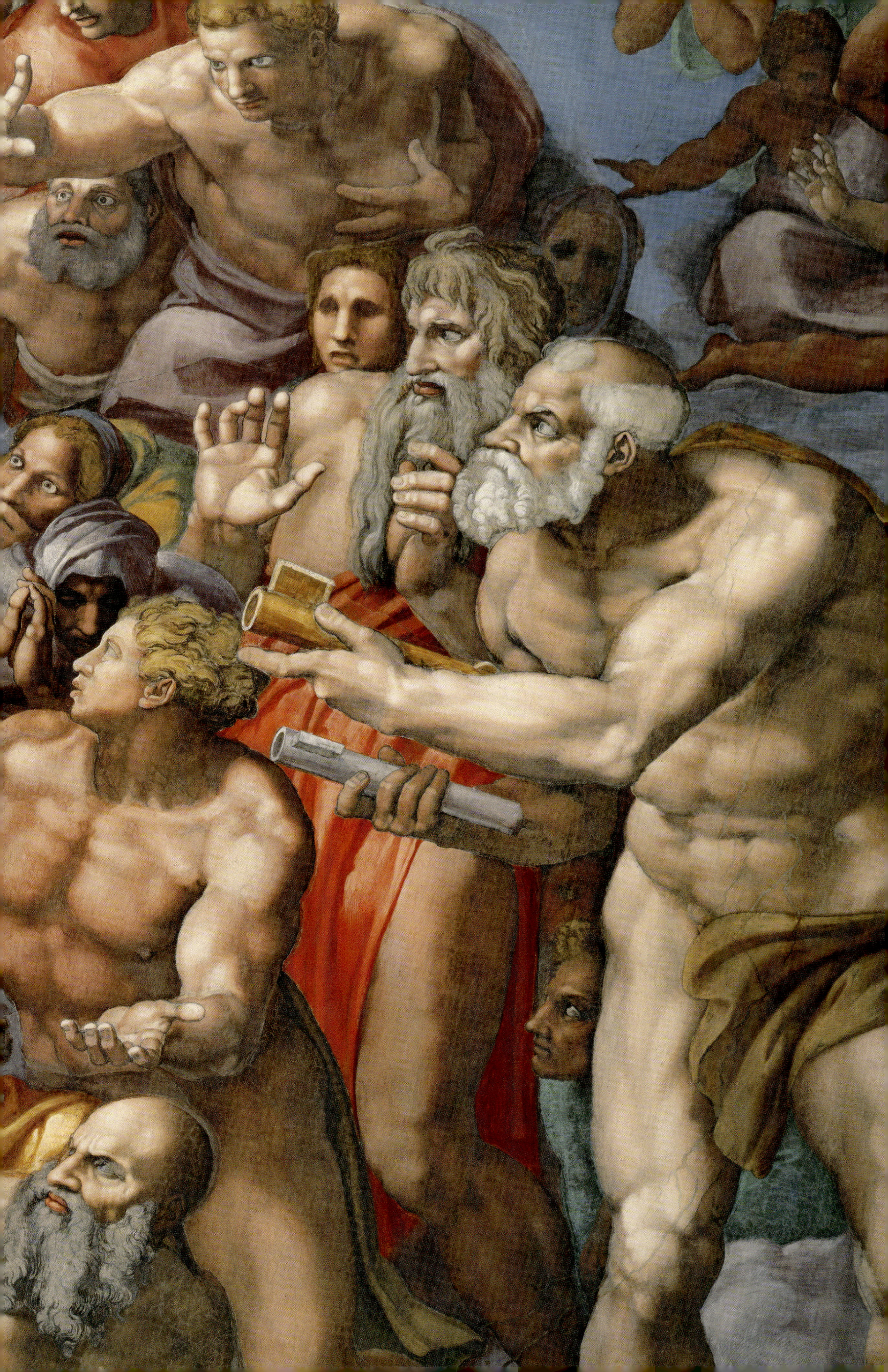

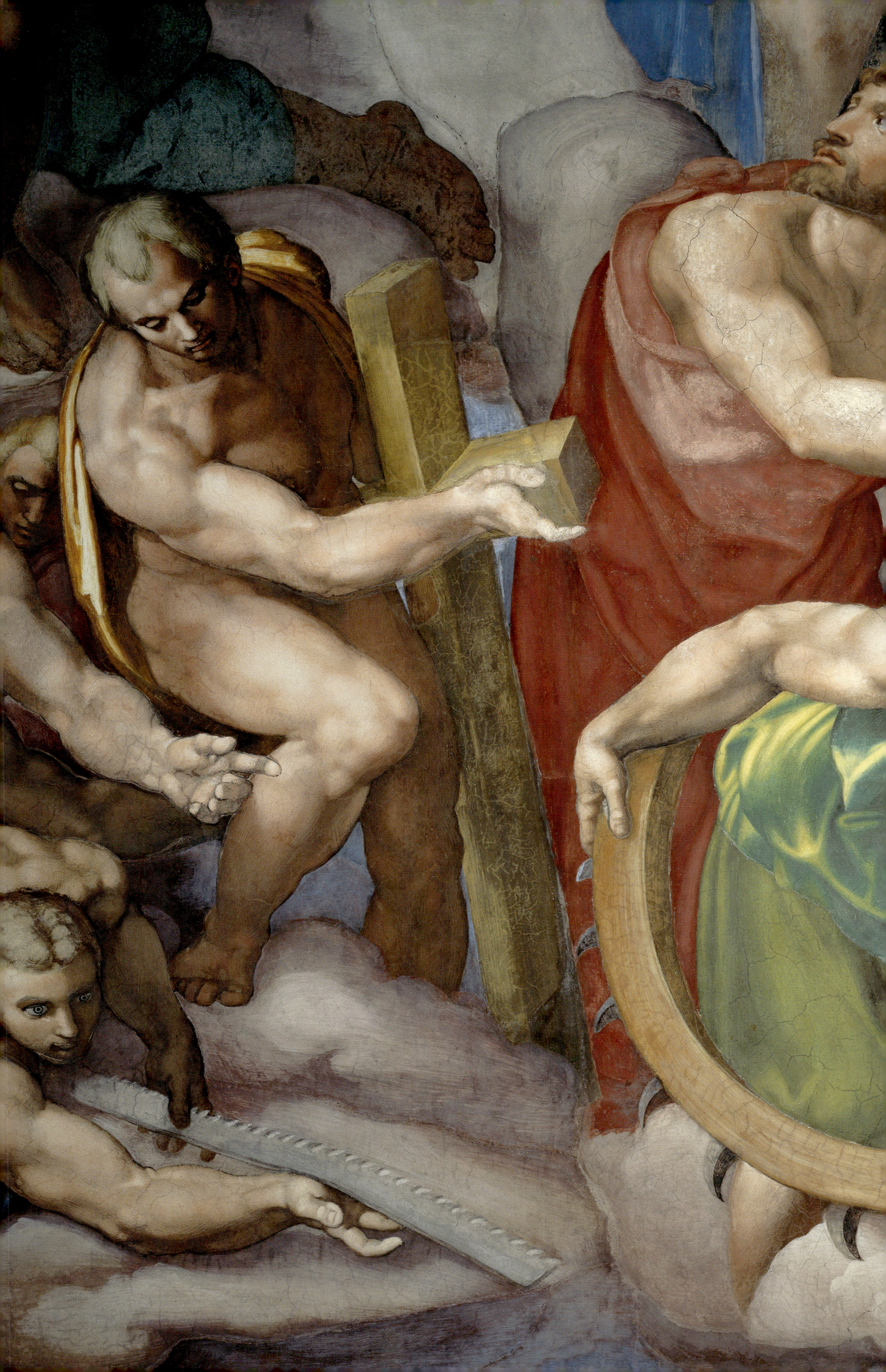

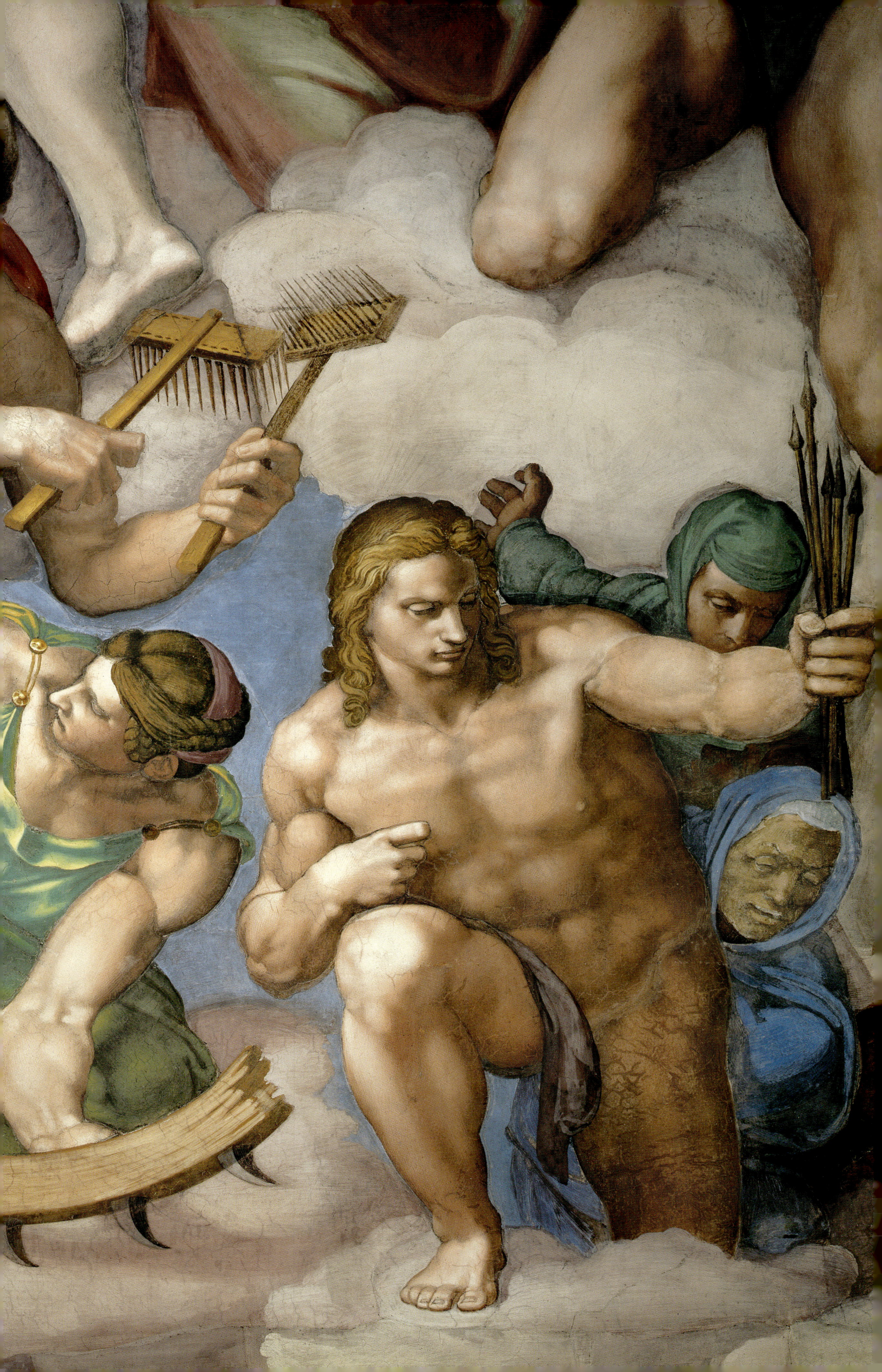

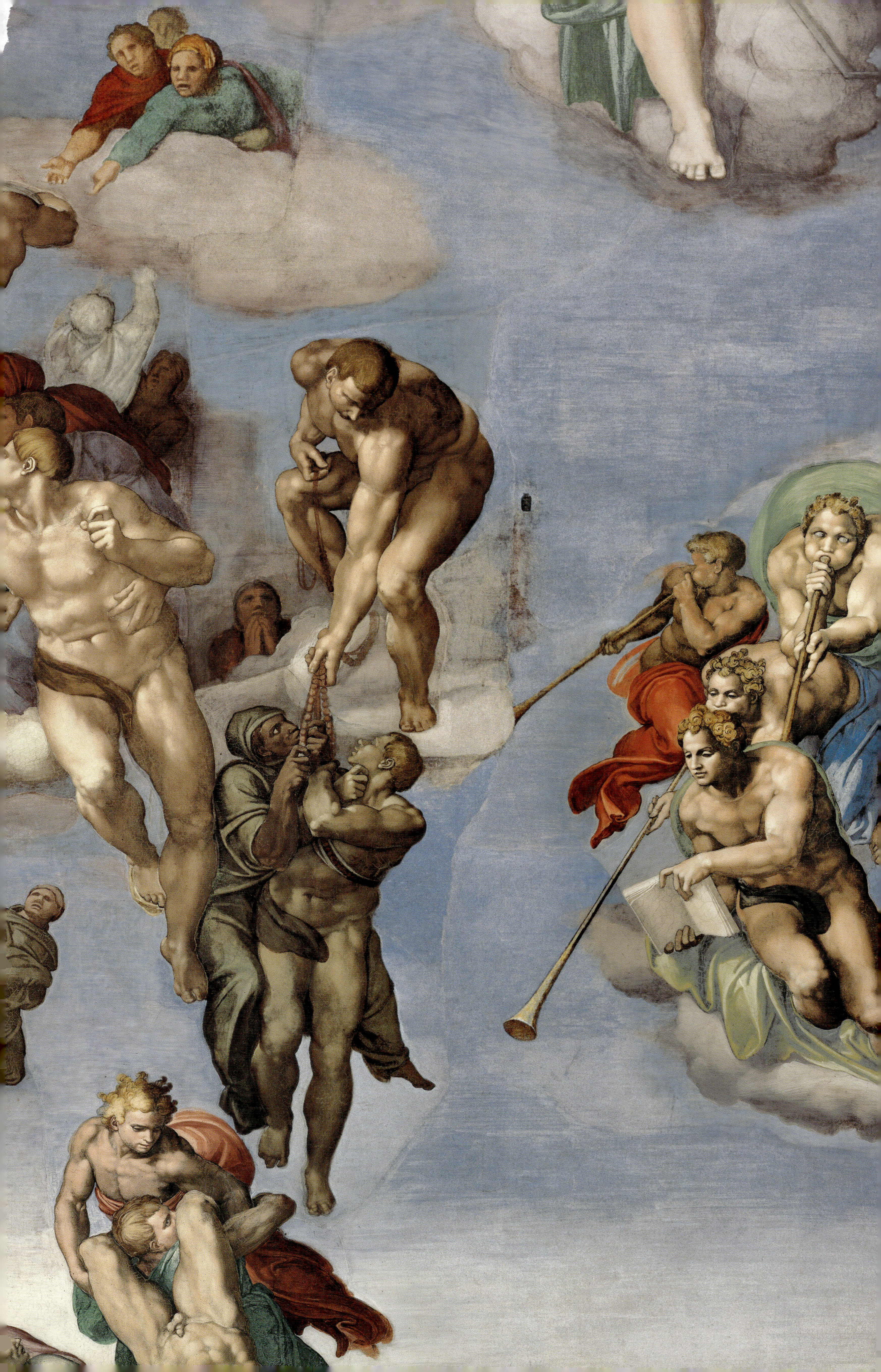

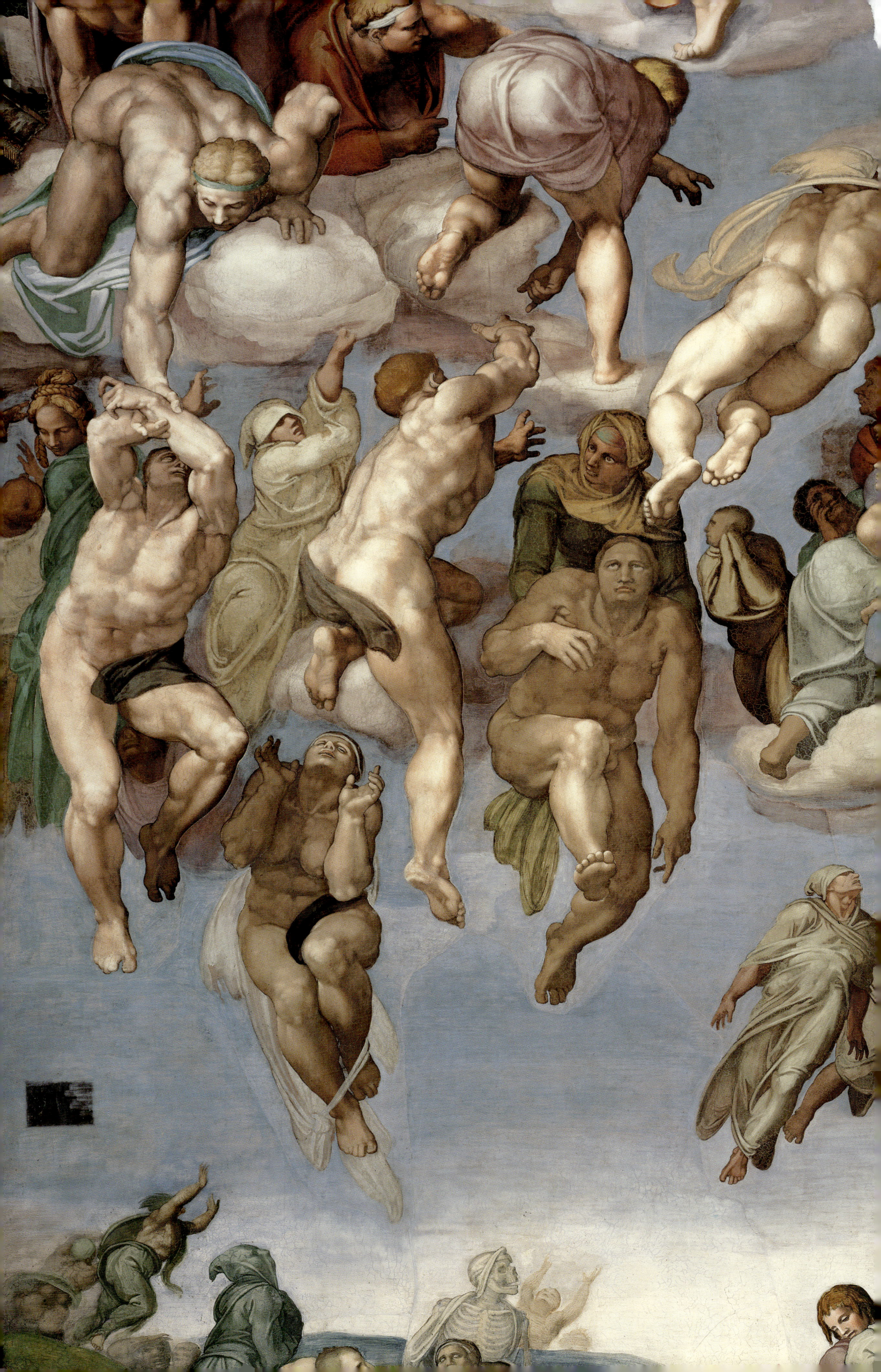

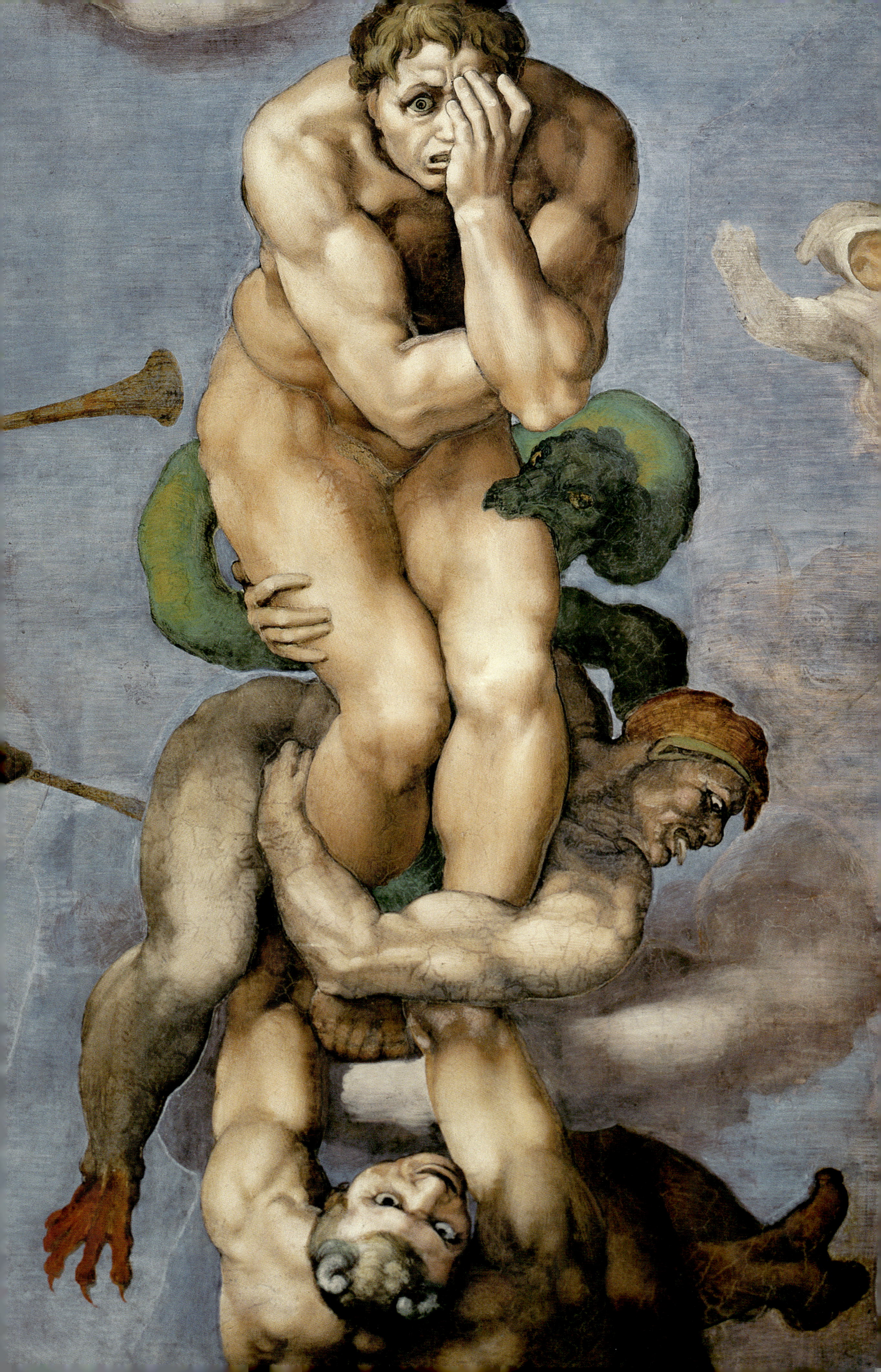

Engel des Jüngsten Gerichts, Selige und Verdammte

Die gesamte untere Hälfte des Freskos gliedert sich in drei Bereiche. Auf der linken Seite – und damit vom Bild aus gesehen zur Rechten Christi – streben die Auferstandenen dem Himmel zu, einige werden aus der unten mittig platzierten Vorhölle gezogen. Den Auferstandenen gegenüber, auf der rechten Seite, stürzen die Verdammten der Hölle entgegen. Den Bereich in der Mitte nimmt eine Gruppe von Engeln ein, die mit ihren Posaunen zum Jüngsten Gericht blasen und den Auferstandenen das kleinere Buch des Lebens sowie den Verdammten das deutlich größere Buch der Toten vorhalten.

Die wichtigste Inspirationsquelle Michelangelos war die Heilige Schrift, und so lesen wir in der Offenbarung des Johannes:

Und ich sah die sieben Engel, die vor Gott stehen, und ihnen wurden sieben Posaunen gegeben ... Und die sieben Engel mit den sieben Posaunen hatten sich gerüstet zu blasen ... ich sah die Toten, groß und klein, stehen vor dem Thron, und Bücher wurden aufgetan. Und ein andres Buch wurde aufgetan, welches ist das Buch des Lebens. Und die Toten wurden gerichtet nach dem, was in den Büchern geschrieben steht, nach ihren Werken. Und das Meer gab die Toten heraus, die darin waren, und der Tod und sein Reich gaben die Toten heraus, die darin waren; und sie wurden gerichtet, ein jeder nach seinen Werken. Und der Tod und sein Reich wurden geworfen in den feurigen Pfuhl. Das ist der zweite Tod: der feurige Pfuhl. Und wenn jemand nicht gefunden wurde geschrieben in dem Buch des Lebens, der wurde geworfen in den feurigen Pfuhl. (Offb 8.2; 8.6; 20.12–15)

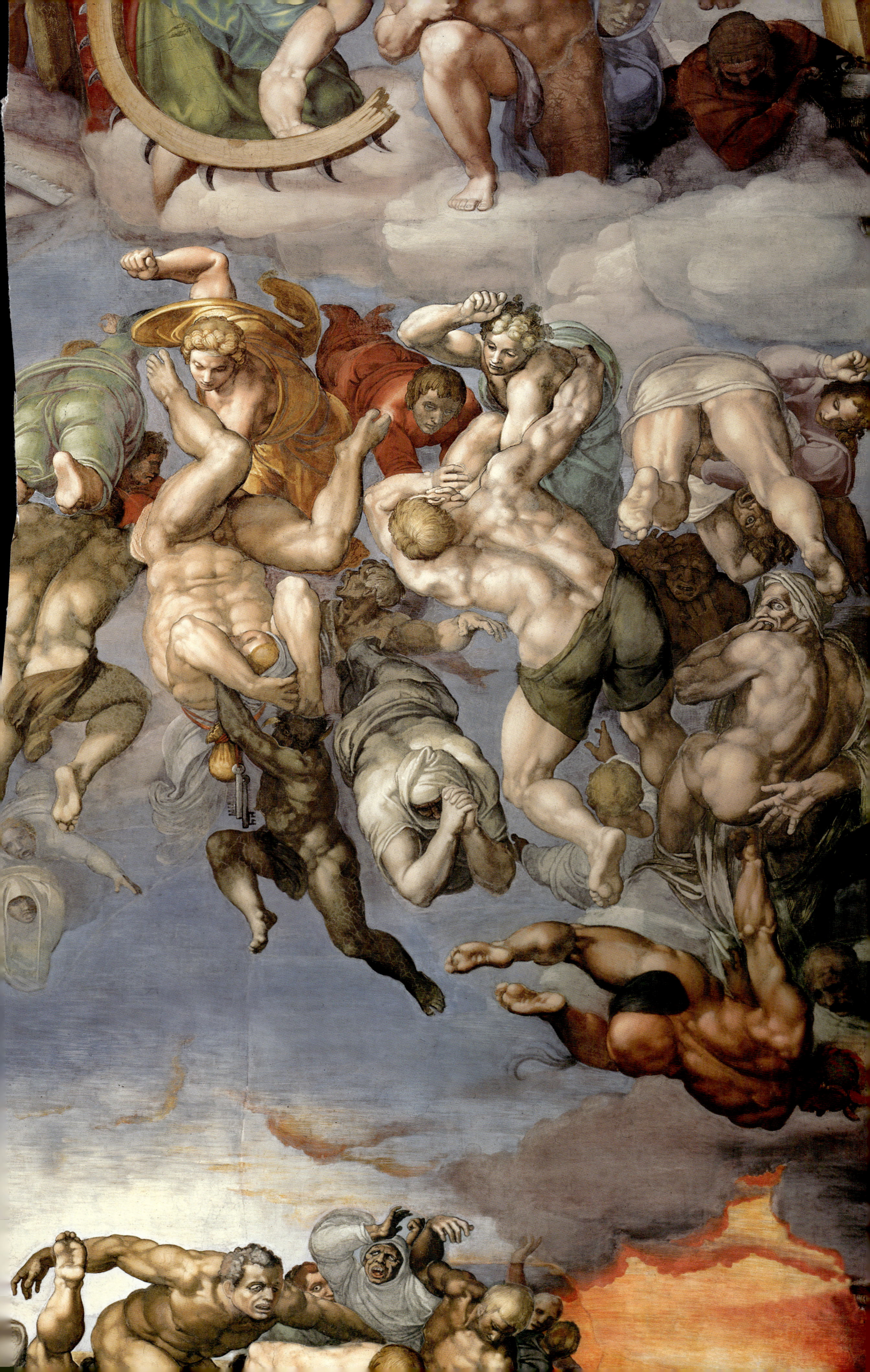

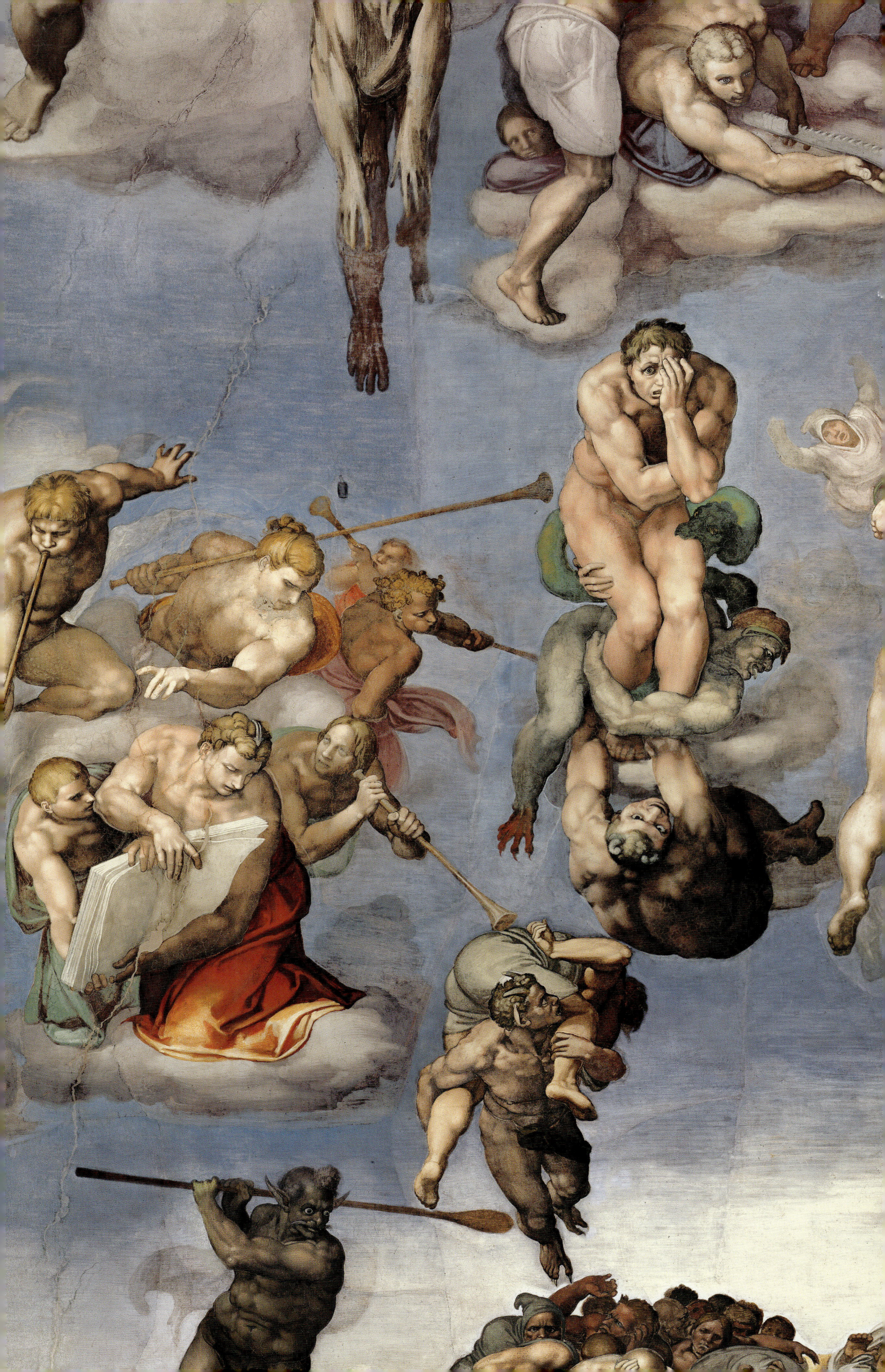

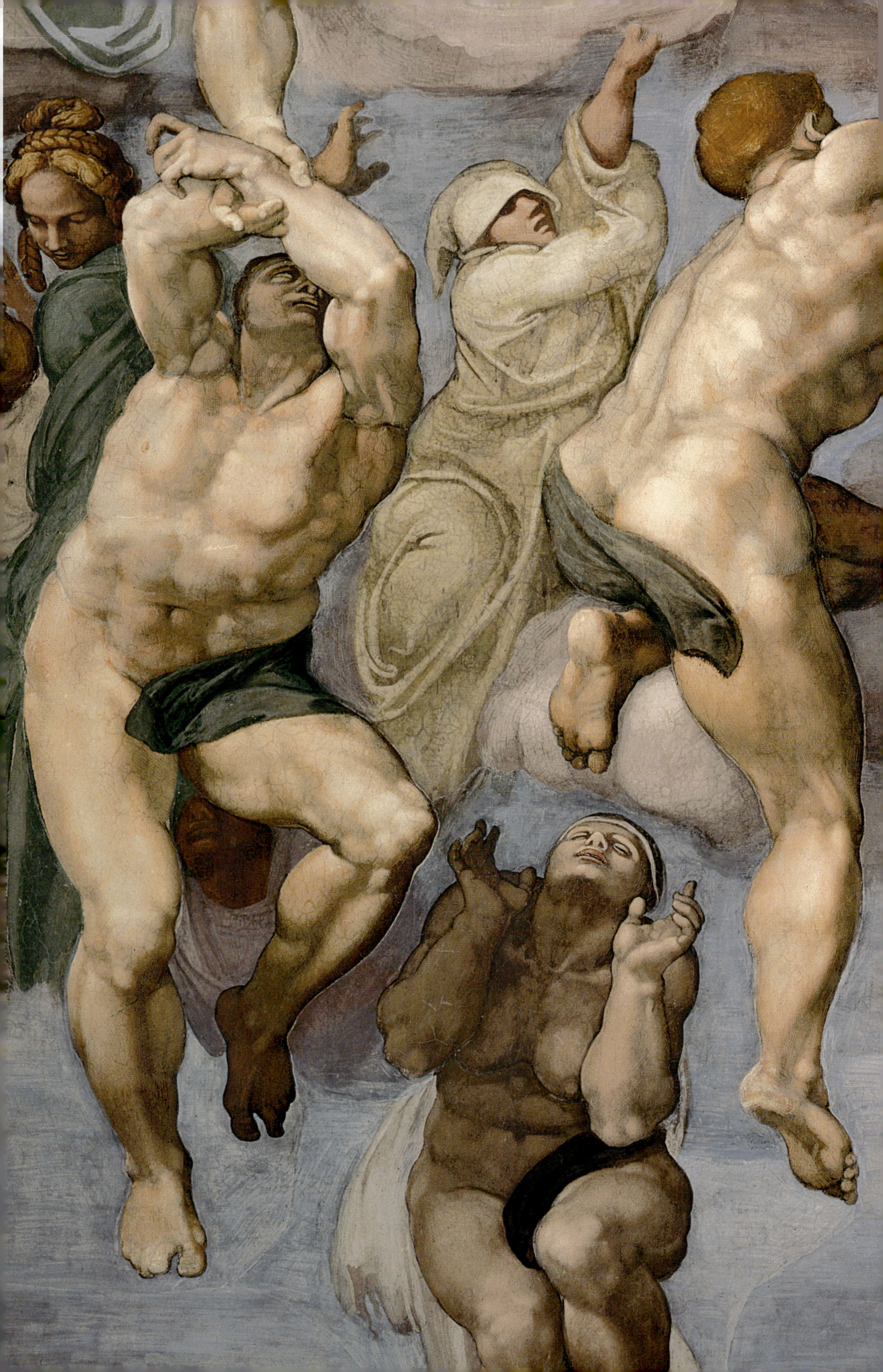

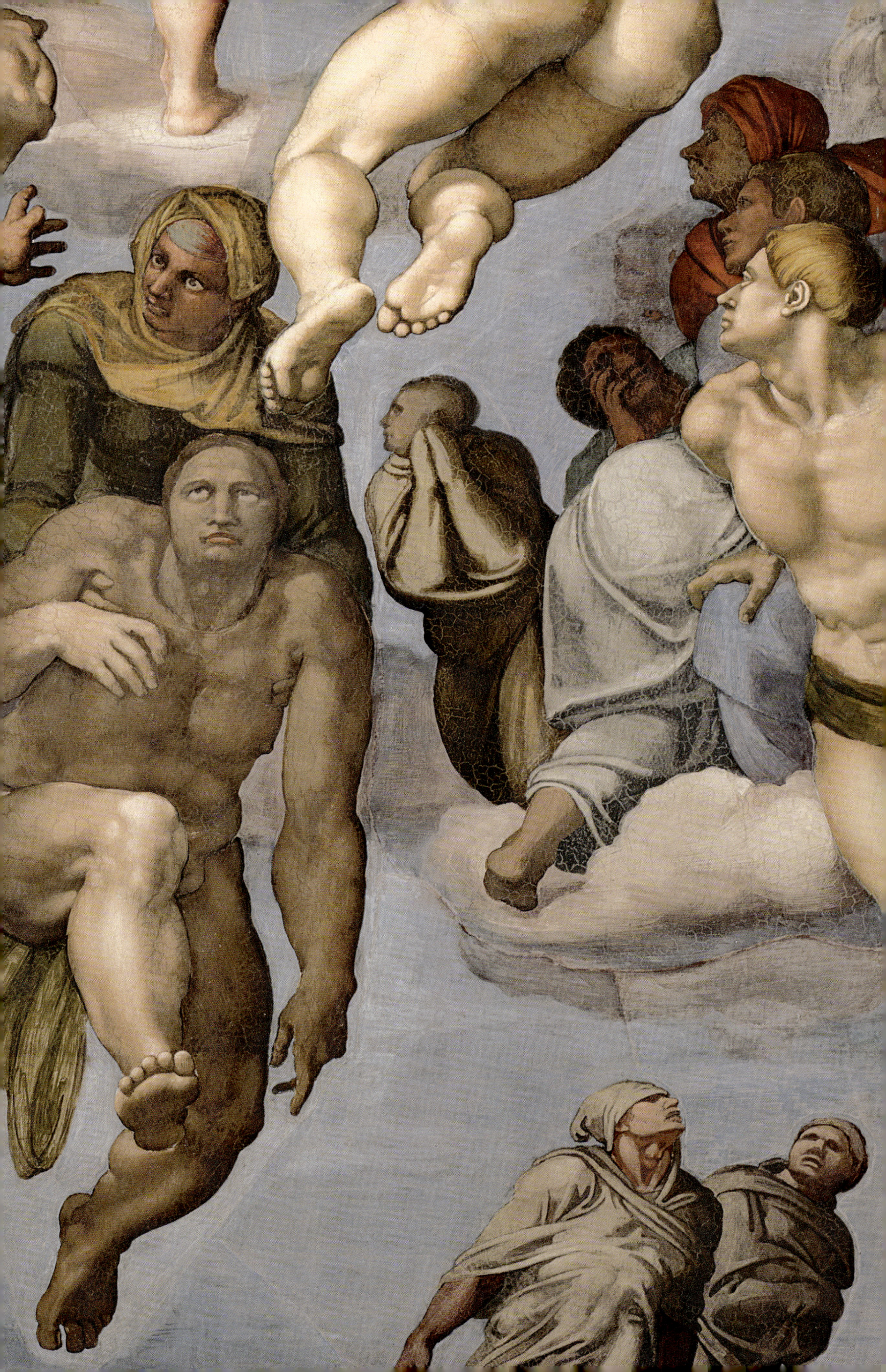

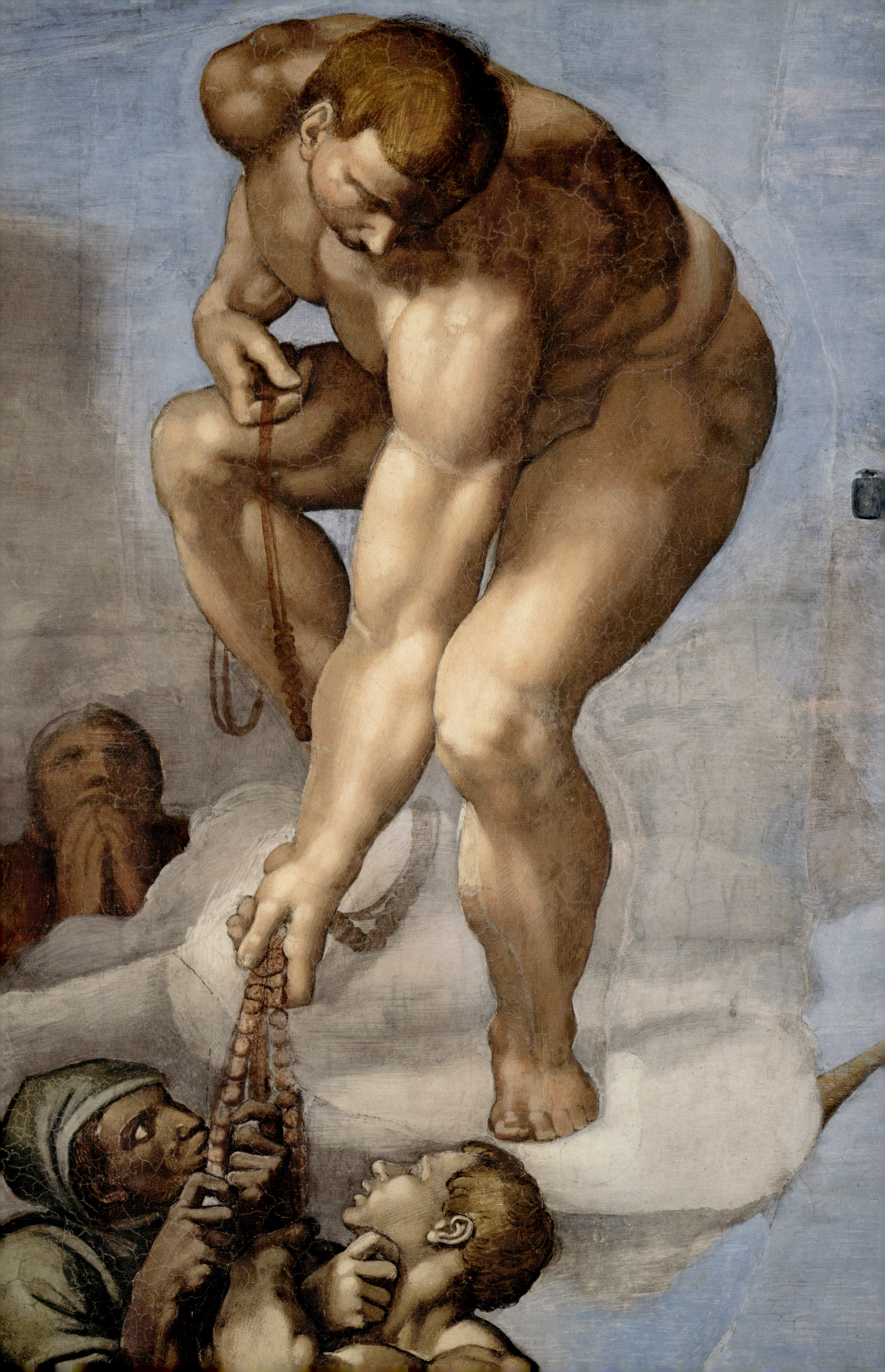

Zwei Auferstandene werden von einem Seligen (?) kraftvoll nach oben gezogen. Dabei dient ein Rosenkranz als rettendes Seil. Die Vielfalt und Bewegtheit sowie der dramatische Ausdruck der Figuren des *Jüngsten Gerichts* sind unübertroffen, dazu zählen vor allem die zahlreichen Aktfiguren. In ihnen sah Vasari den Garanten dafür, dass Michelangelo mit seinem Fresko alle anderen Künstler, die bis dahin in der Sixtinischen Kapelle gearbeitet hatten, bei weitem übertraf: „Und man erkennt den Jammer der Verdammten und die Freude der Seligen. Als daher dies Weltgericht aufgedeckt war, erschien Michelangelo nicht nur als Sieger über die vorzüglichsten Künstler, die früher an demselben Ort gearbeitet hatten, sondern man sah auch, dass er sich in Beziehung auf die Decke, die er zu so großem Ruhme ausgeführt, selber übertreffen wollte."

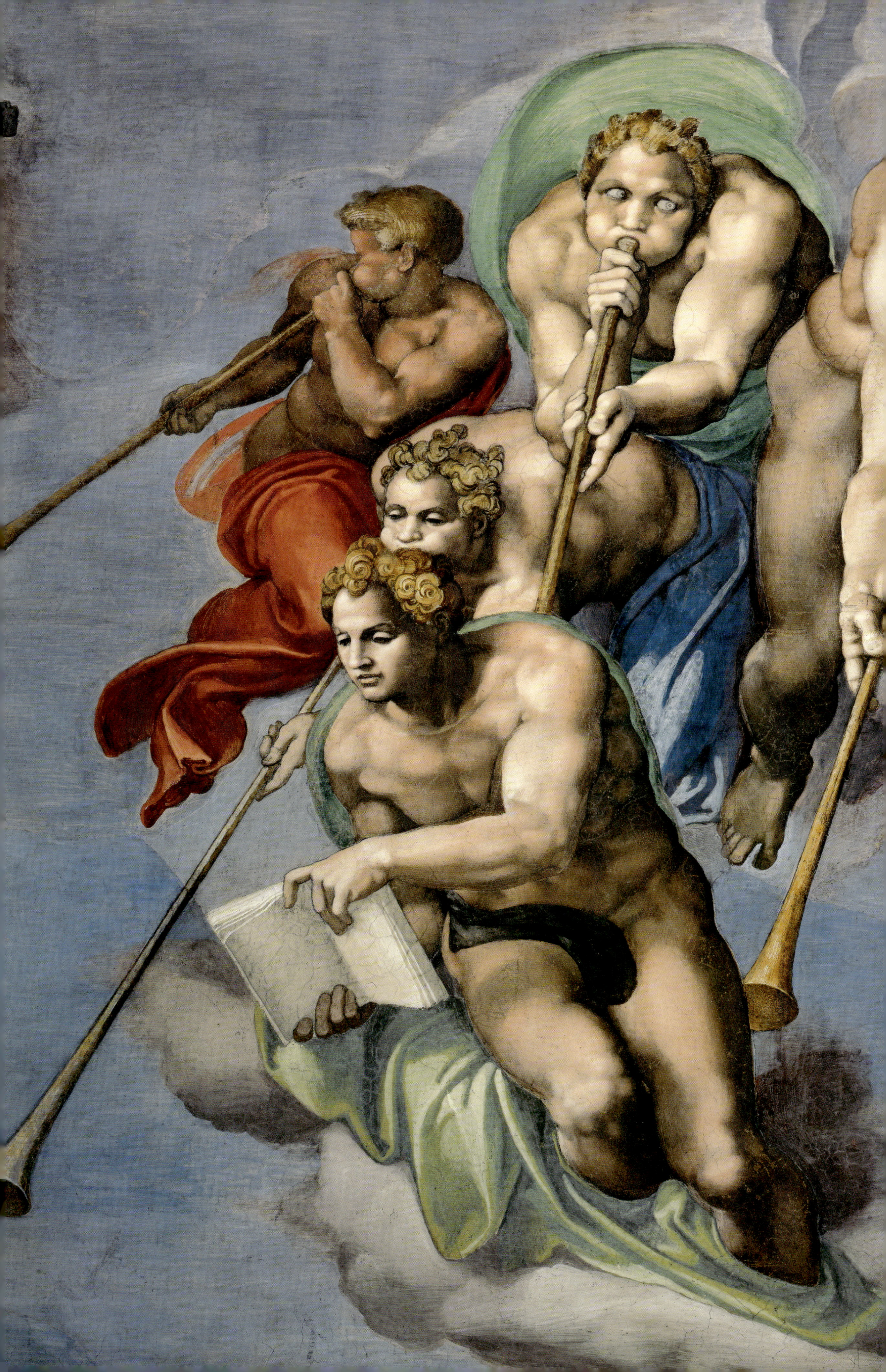

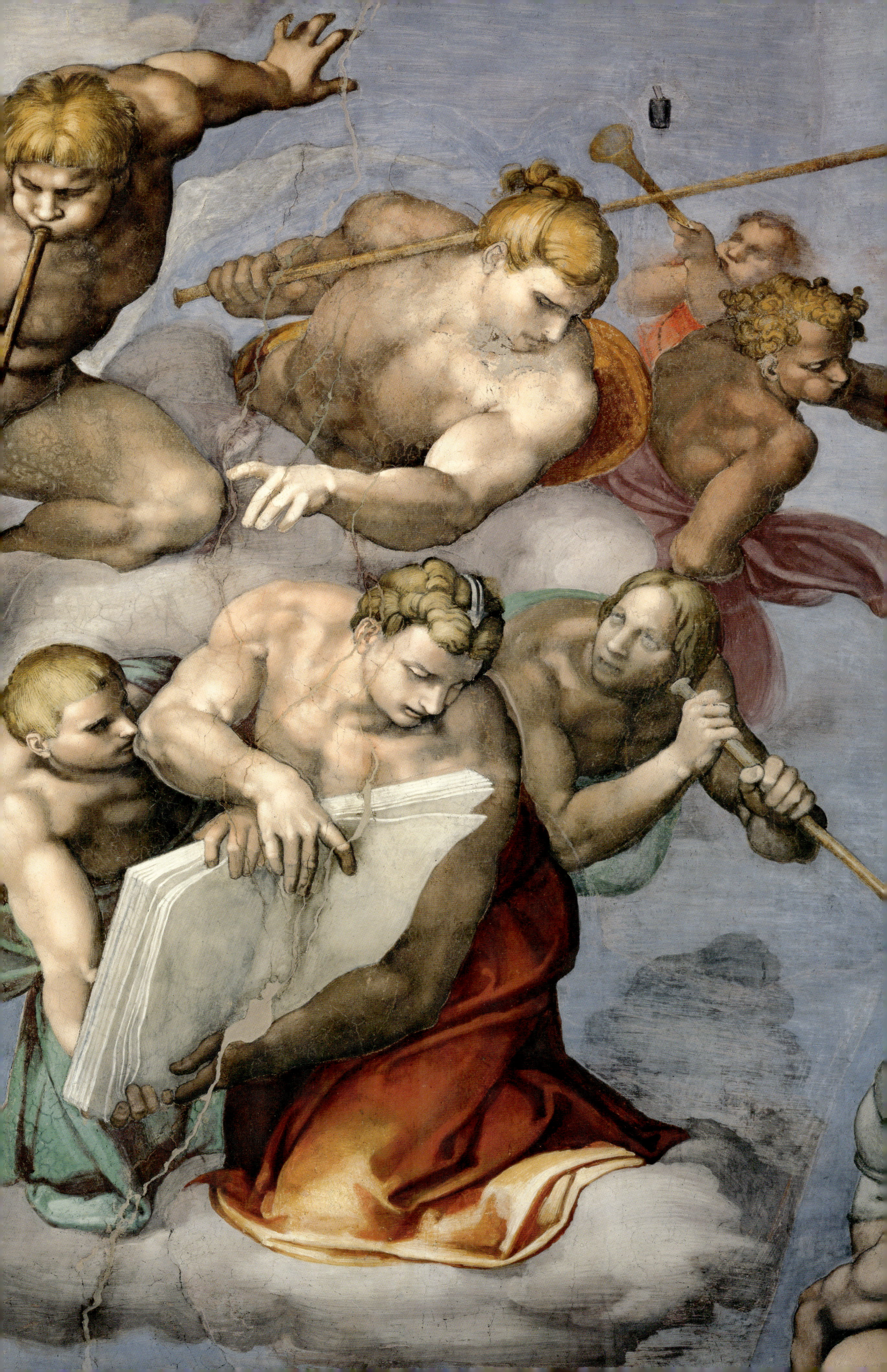

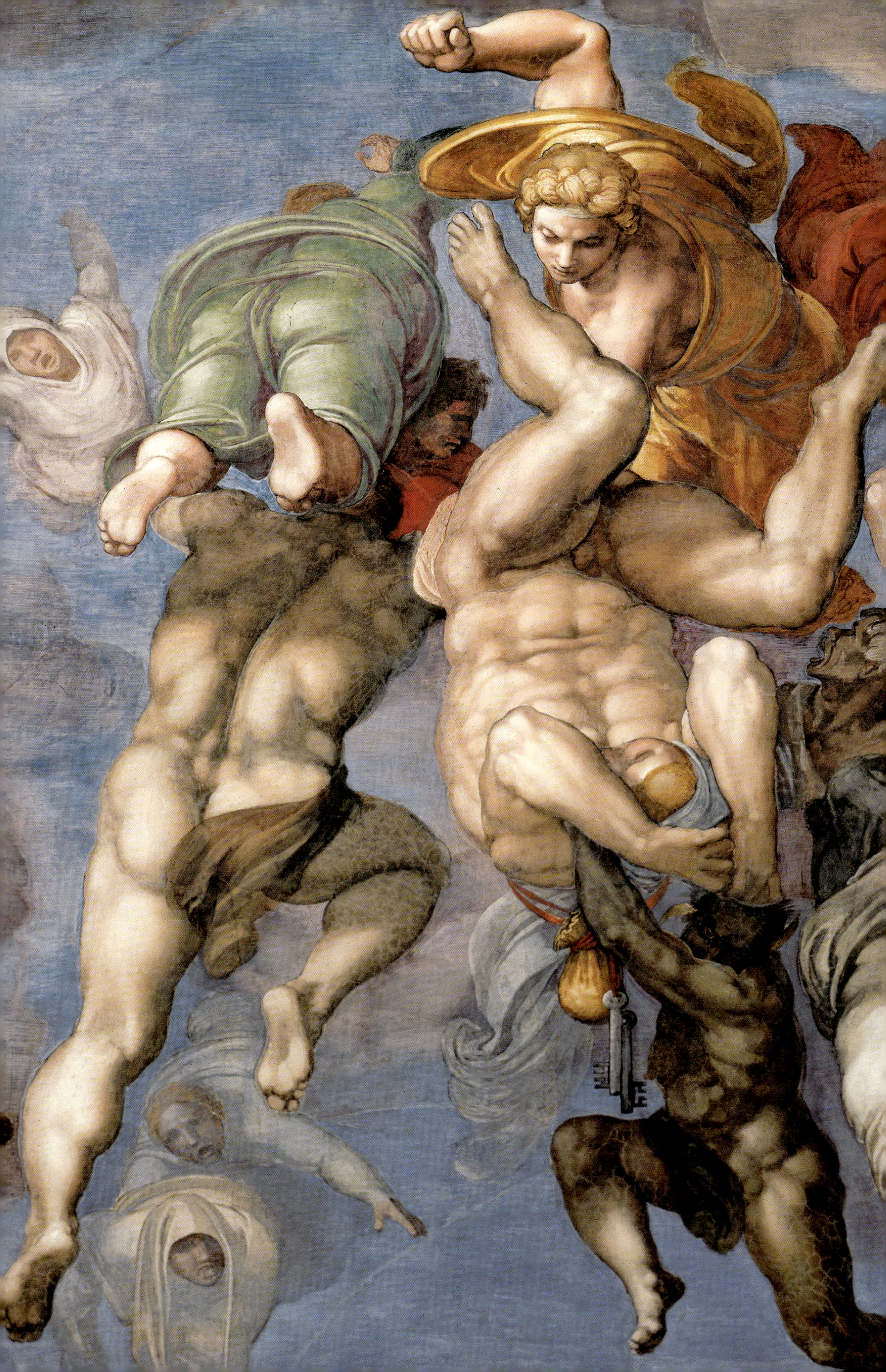

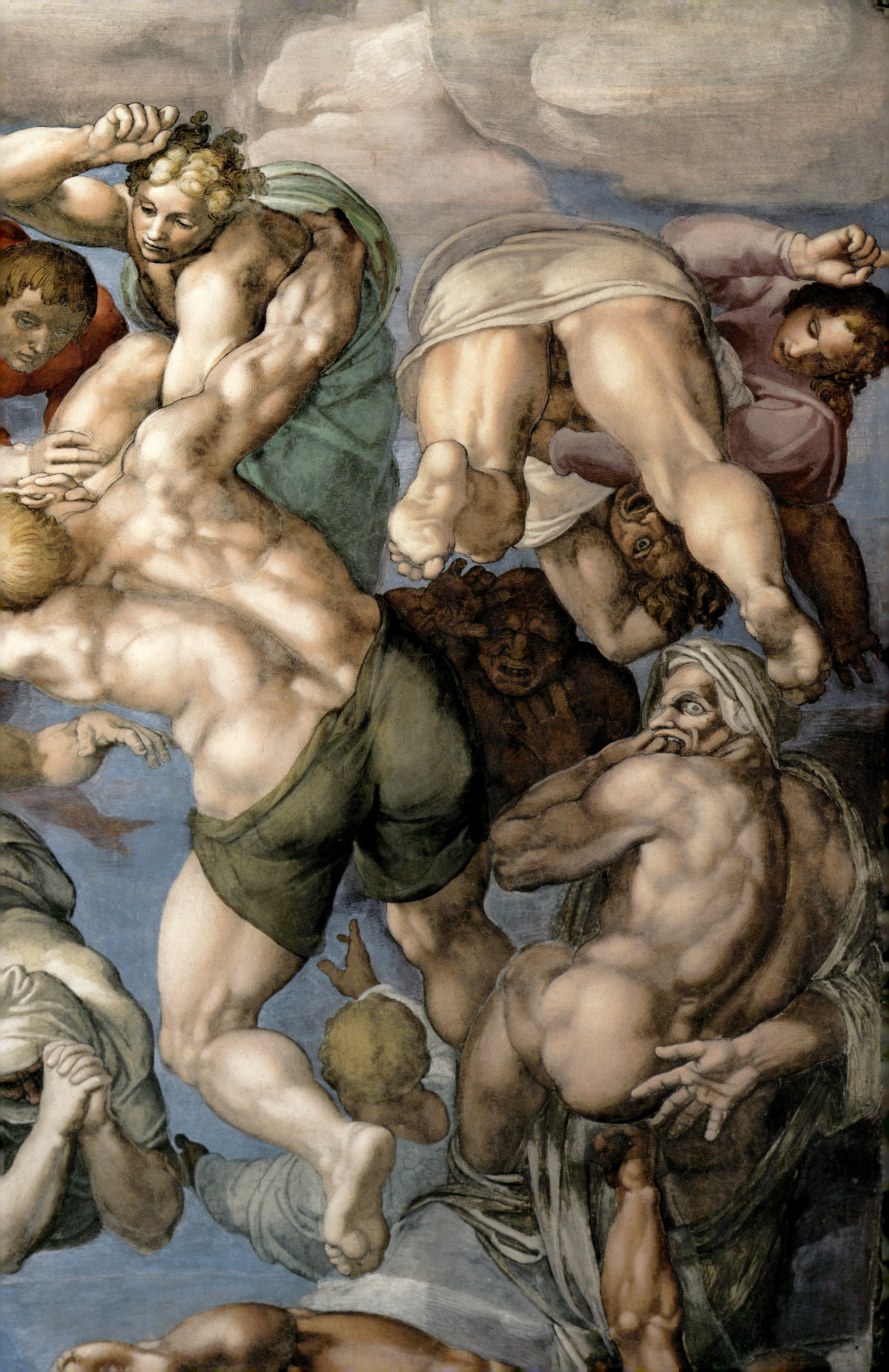

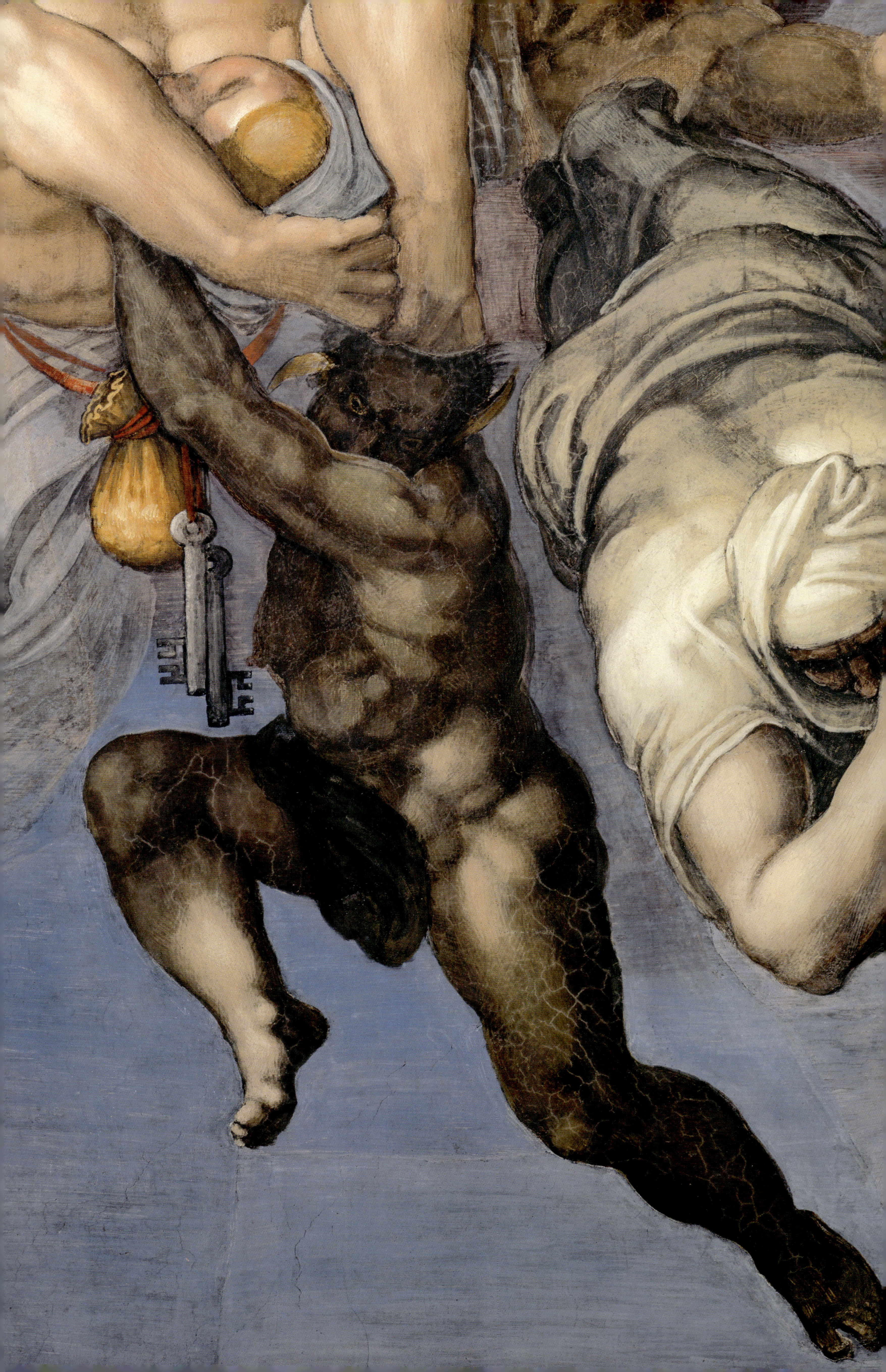

VIII. GESCHENKZEICHNUNGEN UND JÜNGSTES GERICHT 1534–1541

Gerade in den Verdammten, die von bizarr gestalteten Teufeln in die Tiefe gezogen werden, konnte Michelangelo seine Erfindungsgabe und seine Virtuosität anschaulich zum Ausdruck bringen. Vasari beobachtet hierbei ganz zutreffend, dass Michelangelo sich bei seiner Gestaltung der Aktfiguren von der Manier anderer Künstler entfernt hatte: „Die Absicht dieses seltenen Meisters war keine andere, als mit dem Pinsel die vollkommene und richtige Gestaltung des menschlichen Körpers in den verschiedensten Bewegungen darzustellen, und nicht nur dieses, sondern zugleich auch die Wirkung der Leidenschaften und den Frieden der Seele, wobei es ihm darauf ankam, nur in den Dingen zu befriedigen, worin er allen Meistern überlegen war: in Darlegung einer großen Manier im Nackten und in den größten Schwierigkeiten der Zeichnung. Und so hat er die Bahn gebrochen für die Fertigkeit in der Kunst in ihrer Hauptaufgabe, nämlich dem menschlichen Körper. Und unverrückt dies Ziel vor Augen, bekümmerte er sich nicht um den Reiz des Kolorits, um Gedanken und neue Einfälle in gewissen Kleinigkeiten und Annehmlichkeiten, die andere Meister (vielleicht mit einigem Recht) nicht ganz vernachlässigt haben."

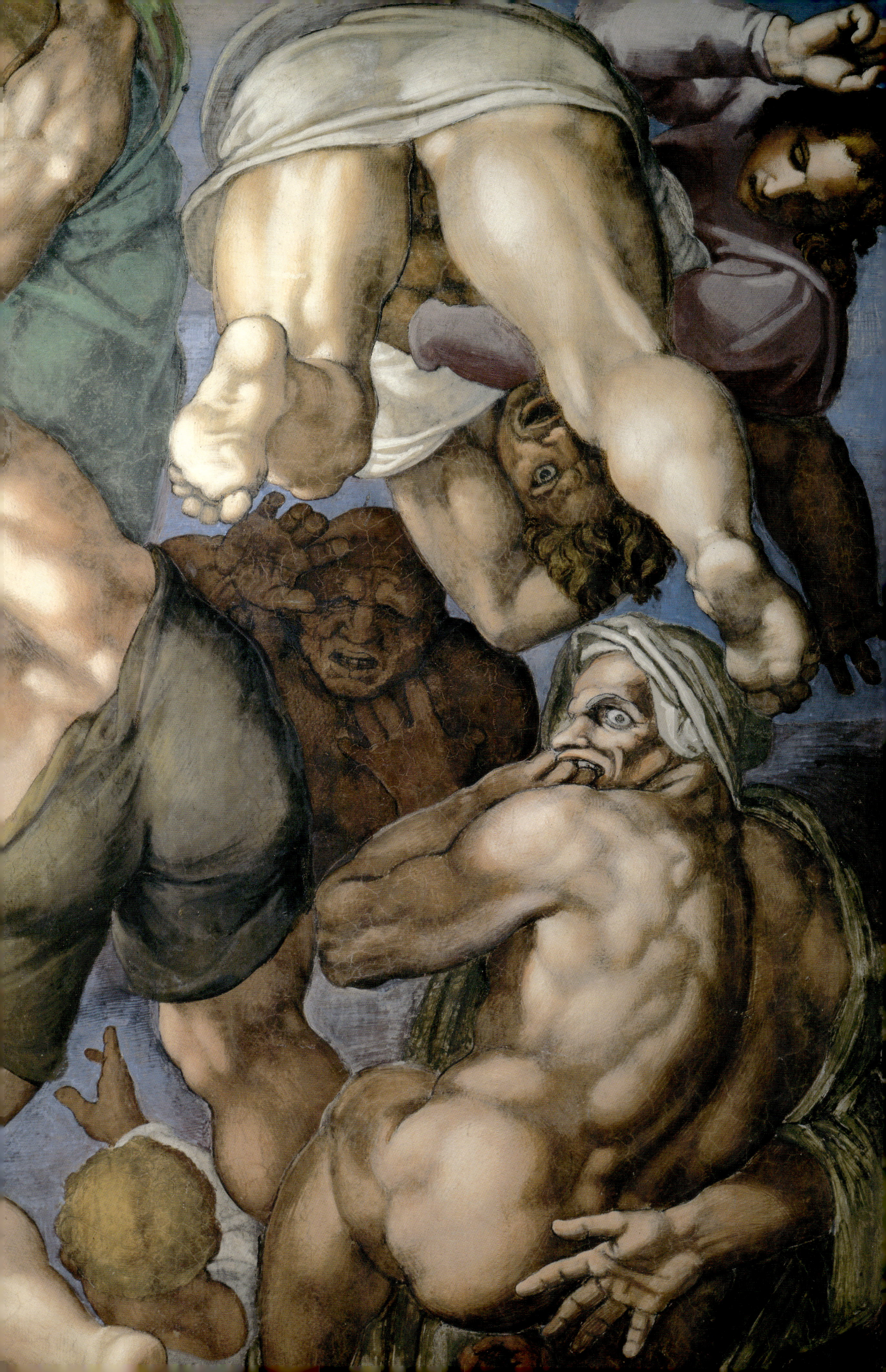

VIII. GESCHENKZEICHNUNGEN UND JÜNGSTES GERICHT 1534–1541

In seiner Begeisterung für die Virtuosität und Vielfalt der Figuren verliert Vasari bei seiner emphatischen Beschreibung des *Jüngsten Gerichts* gelegentlich die Orientierung. So lobt er einesteils die kühnen Verkürzungen in den Darstellungen der Verdammten, um dann unvermittelt zu den Auferstehenden zu wechseln: „Dabei sieht man, in ganz richtiger Gedankenverbindung, an einer Seite die sieben Todsünden in Gestalt von Teufeln, die kämpfend die dem Himmel zufliegenden Seelen zur Hölle hinabreißen; ihre Stellungen sind schön, die Verkürzungen bewunderungswürdig. Michelangelo unterließ nicht, der Welt anschaulich zu machen, wie die Toten bei ihrer Auferstehung von der Erde Fleisch und Bein wieder empfangen, und, von anderen Lebenden unterstützt, in den Himmel schweben, während einige schon selige Geister ihnen dabei Hilfe leisten."

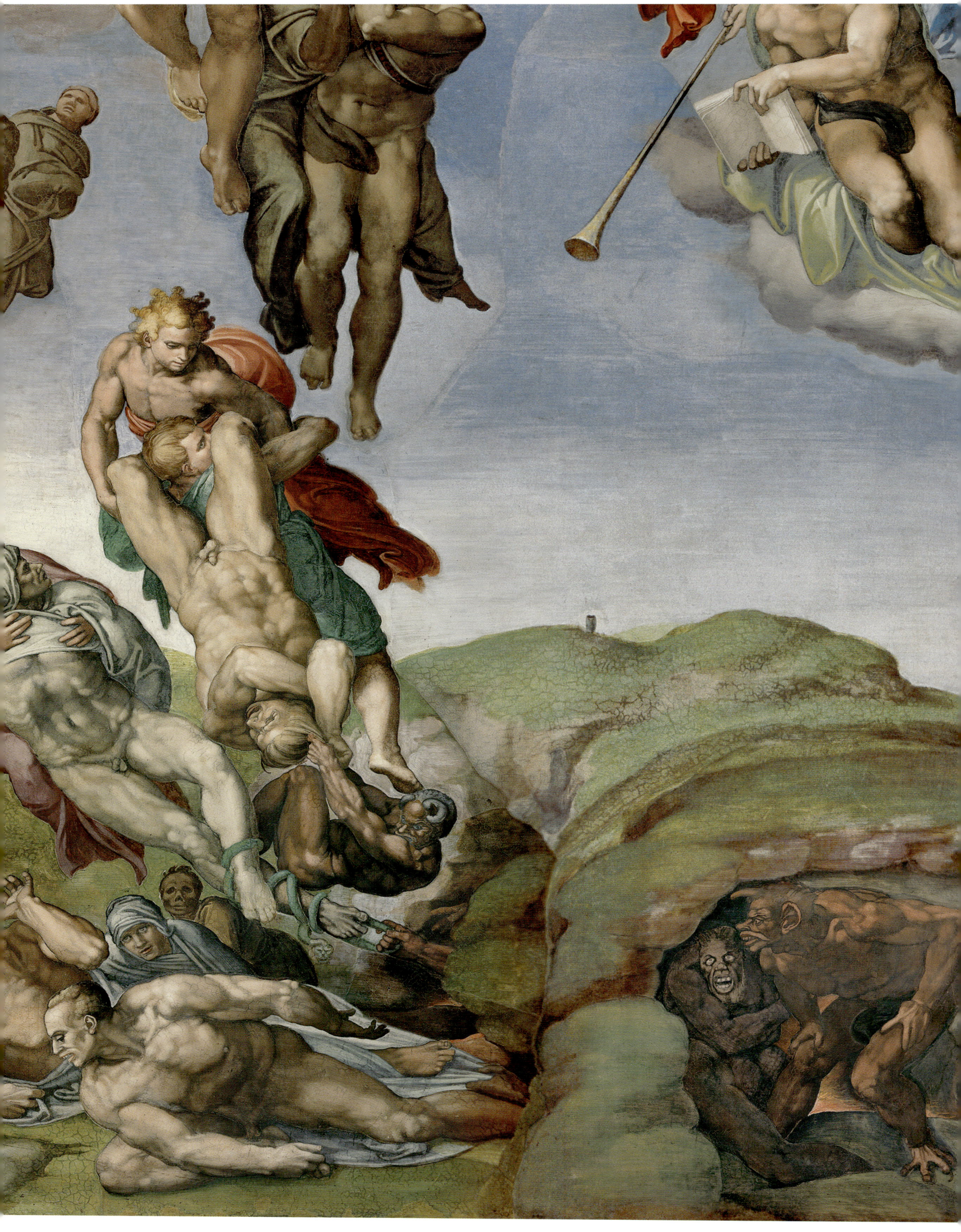

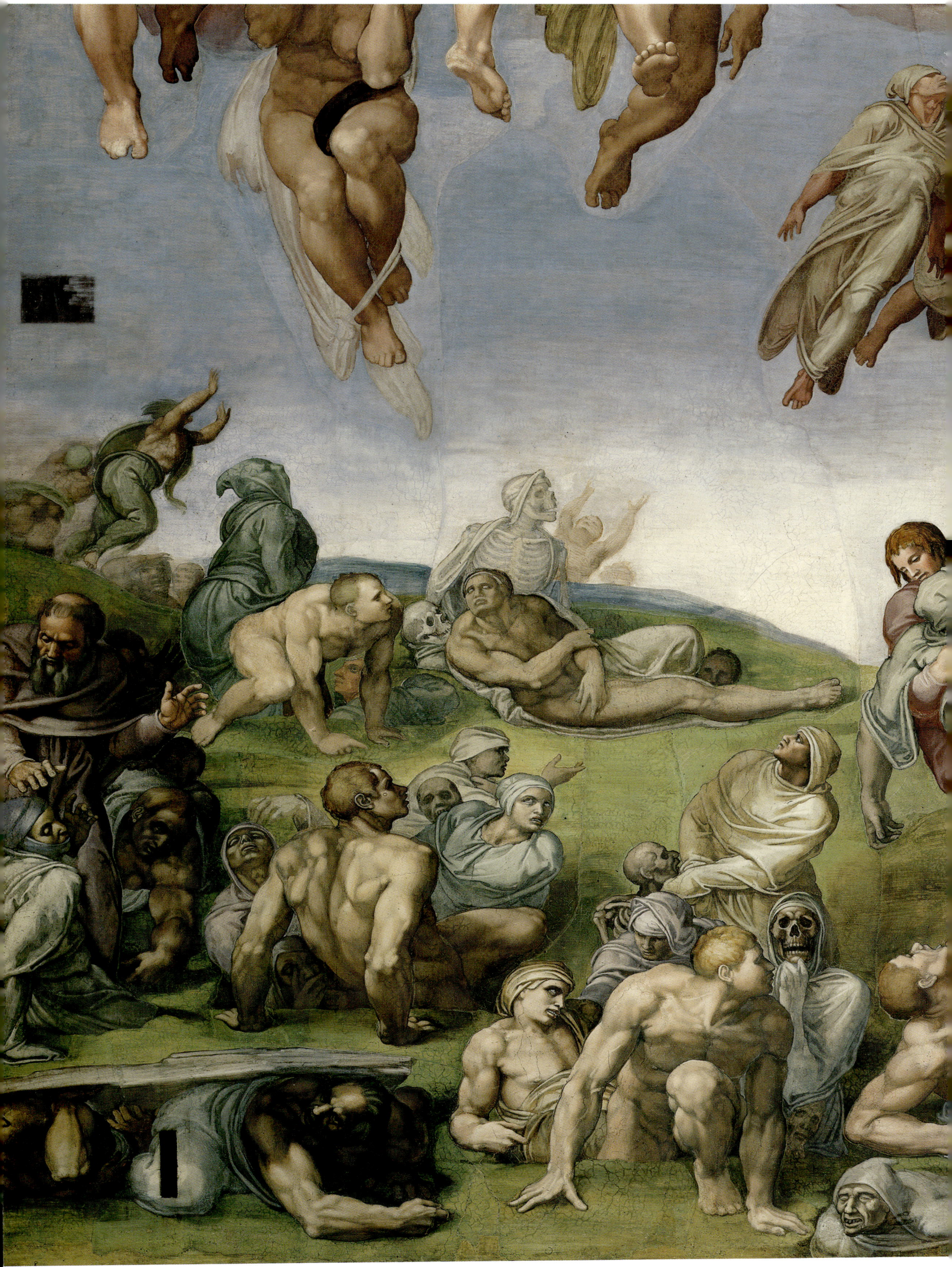

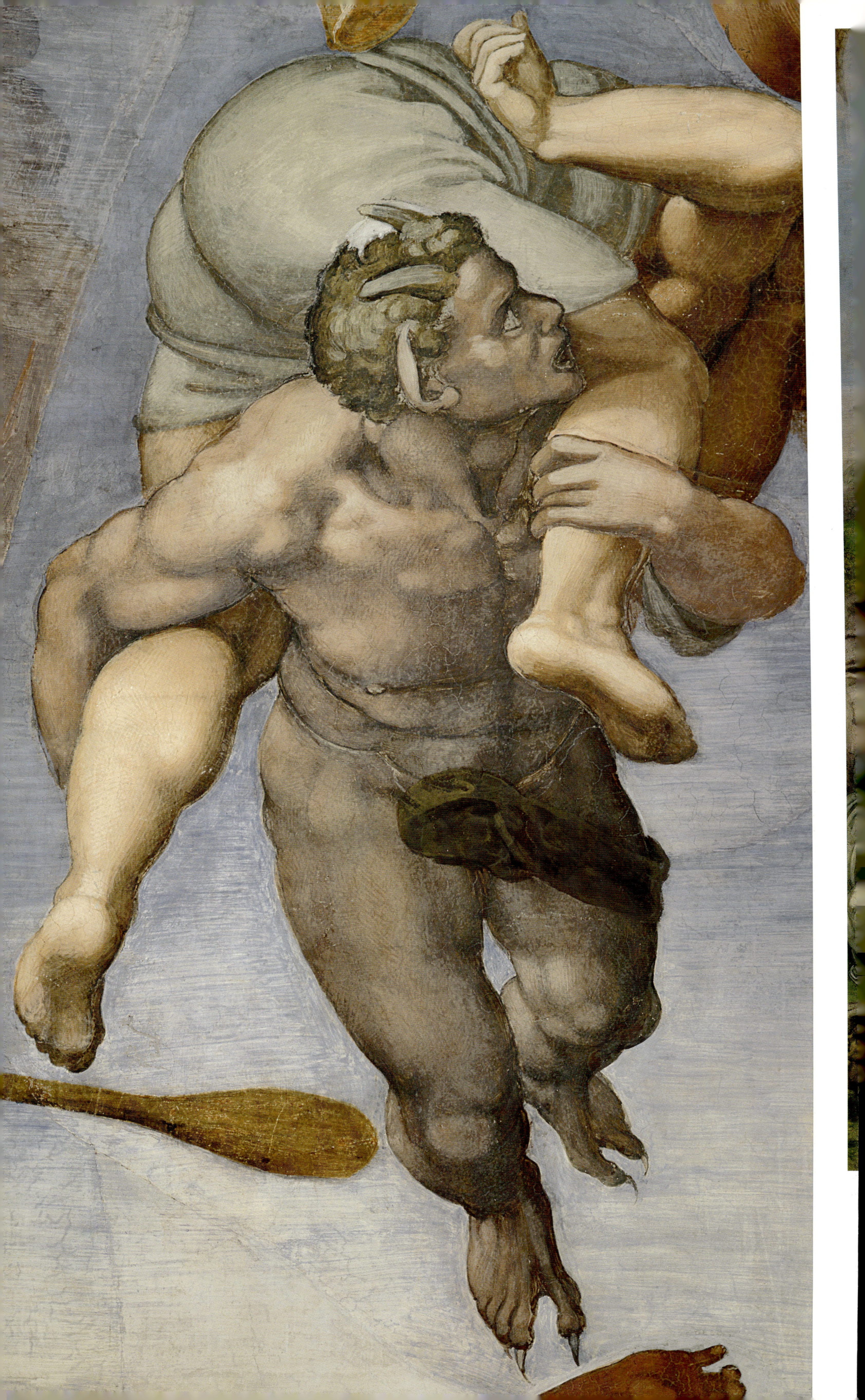

Auferstehung des Fleisches

Die Darstellung der Auferstehung nimmt die untere Hälfte des Freskos ein. Eine erste genaue Beschreibung stammt von Condivi:
„Beim Schalle jener Posaunen sieht man auf Erden die Grabstätten sich öffnen und daraus die Menschheit mit den mannigfachsten und merkwürdigsten Gebärden hervorsteigen. Einige haben nach der Wahrsagung des Ezechiel nur ihre Gebeine beisammen, andere erscheinen halb, wieder andere ganz mit Fleisch bedeckt. Der da ist nackt, dieser mit dem Gewande oder den Laken bekleidet, in denen er zu Grabe getragen wurde, und sucht sich aus ihnen herauszuwickeln. Unter ihnen sind auch einige, die noch nicht recht wach erscheinen und, den Blick nach dem Himmel gerichtet, gewissermaßen im Zweifel dastehen, wohin die göttliche Gerechtigkeit sie rufen mag. Ein ergötzliches Bild ist es, hier zu sehen, wie verschiedene mit Anstrengung und Gewalt aus der Erde herauszukommen suchen und teils mit ausgestreckten Armen sich anschicken, den Flug zum Himmel zu nehmen, teils schon mehr oder weniger sich mit den verschiedensten Gebärden und Haltungen in die Lüfte erhoben haben."

Des Herrn Hand kam über mich, und er führte mich hinaus im Geist des Herrn und stellte mich mitten auf ein weites Feld; das lag voller Totengebeine. Und er führte mich überall hindurch. Und siehe, es lagen sehr viele Gebeine über das Feld hin, und siehe, sie waren ganz verdorrt. Und er sprach zu mir: Du Menschenkind, meinst du wohl, dass diese Gebeine wieder lebendig werden? Und ich sprach: Herr, mein Gott, du weißt es. Und er sprach zu mir: Weissage über diese Gebeine und sprich zu ihnen: Ihr verdorrten Gebeine, höret des Herrn Wort! So spricht Gott der Herr zu diesen Gebeinen: Siehe, ich will Odem in euch bringen, dass ihr wieder lebendig werdet. Ich will euch Sehnen geben und lasse Fleisch über euch wachsen und überziehe euch mit Haut und will euch Odem geben, dass ihr wieder lebendig werdet; und ihr sollt erfahren, dass ich der Herr bin. Und ich weissagte, wie mir befohlen war. Und siehe, da rauschte es, als ich weissagte, und siehe, es regte sich, und die Gebeine rückten zusammen, Gebein zu Gebein. (Ez 37, 1–7)

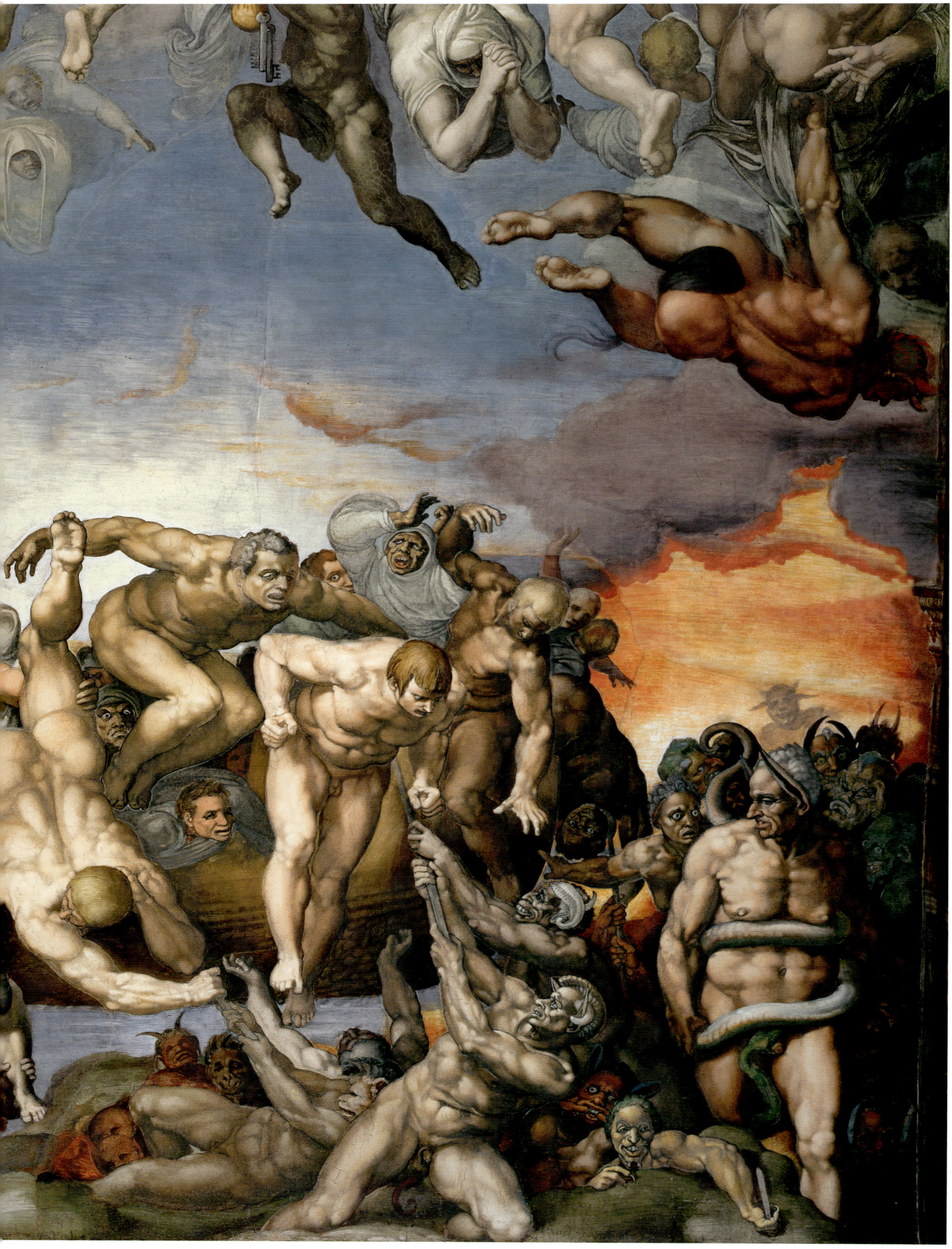

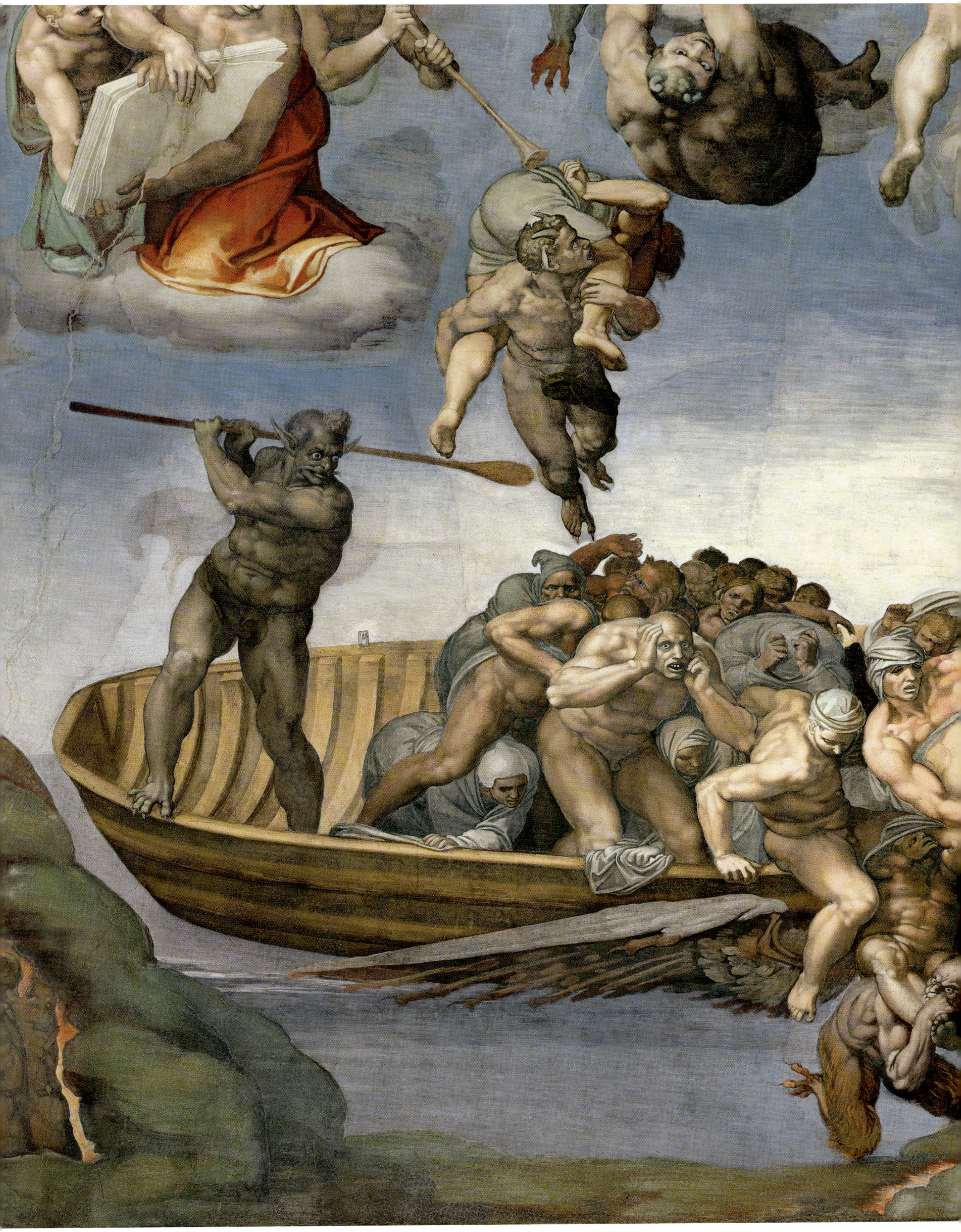

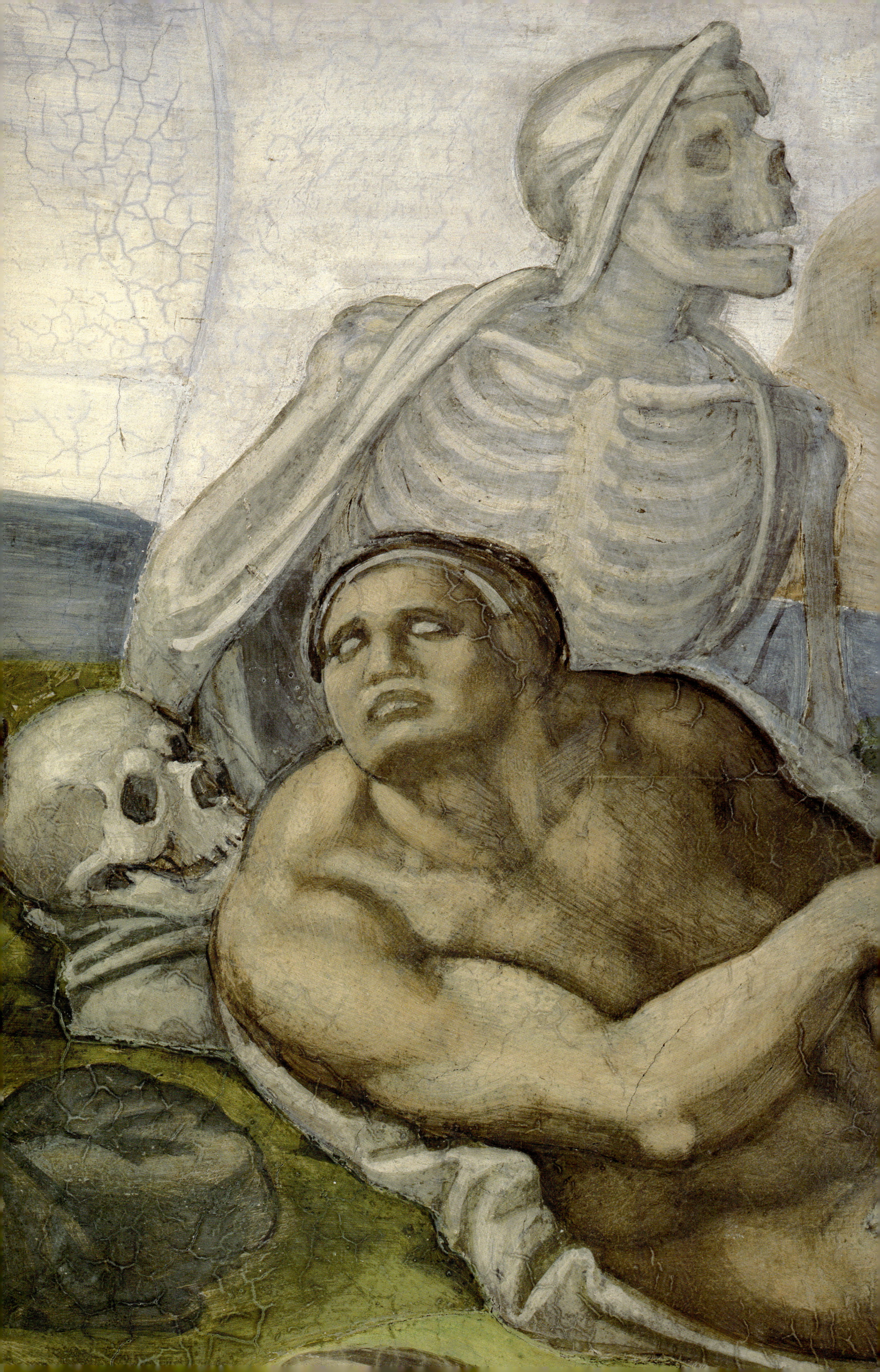

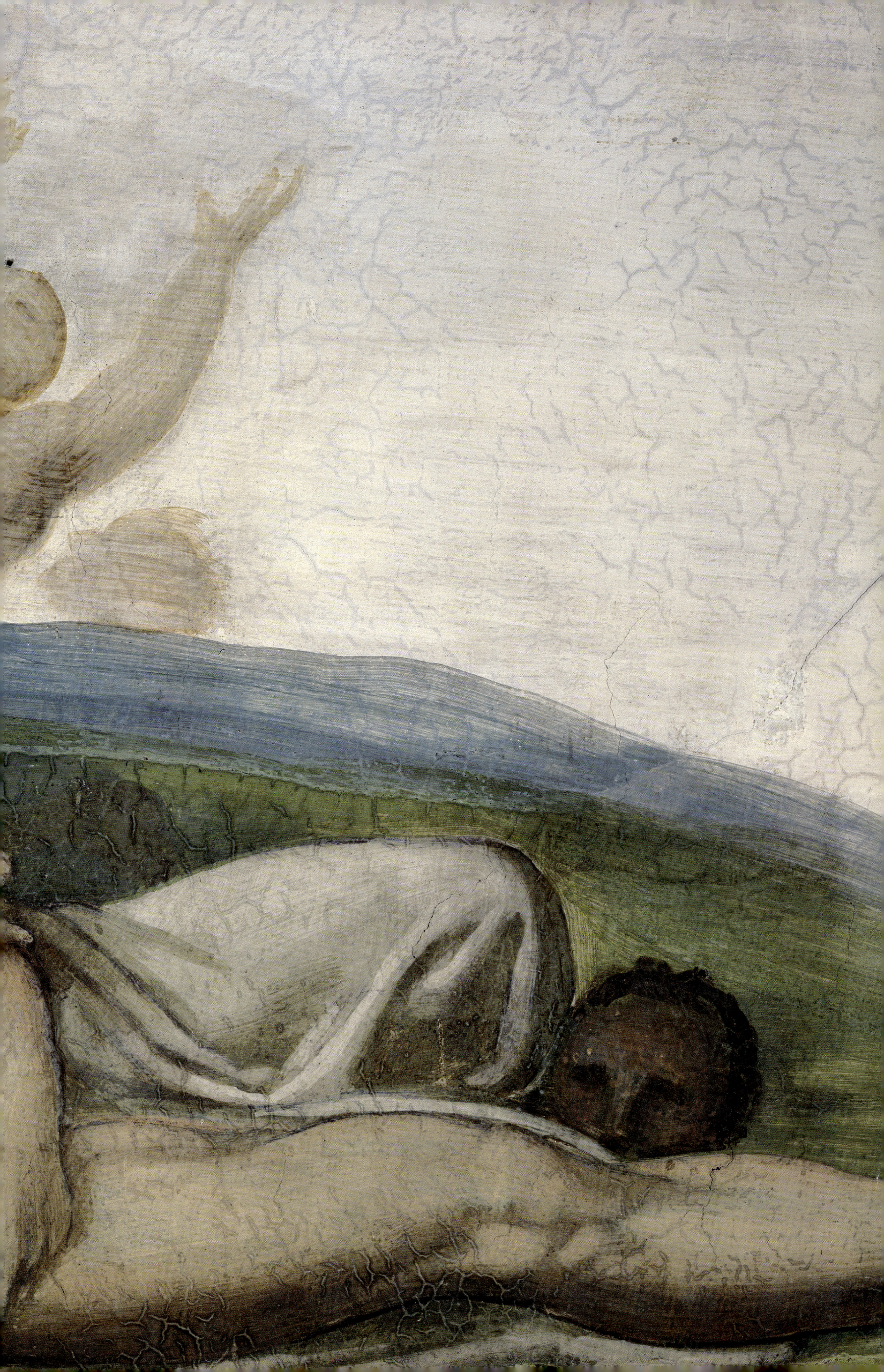

Vor allem den Figuren des *Jüngsten Gerichts* bescheinigt Vasari eine emotionale Ausdruckskraft, die bis dahin noch keinem anderen Künstler erreicht worden war: „Wer demnach Einsicht besitzt und von der Malerei etwas versteht, der erkennt hier die Gewalt der Kunst, sieht in den Gestalten Gedanken und Leidenschaften veranschaulicht, die keiner außer Michelangelo je gemalt hat. Hier lernt man, wie den Stellungen Mannigfaltigkeit gegeben werden könne, an den seltsamen, verschiedenen Gebärden bei jungen und alten Männern und Frauen; und wem tut sich in ihnen nicht die Macht und Anmut kund, die diesem tiefen Meister von der Natur verliehen war, da sein Bild alle Herzen bewegt, mögen sie von unserem Berufe nichts verstehen oder dessen kundig sein! Wie täuschend sind die Verkürzungen und wie rund und weich die Formen!"

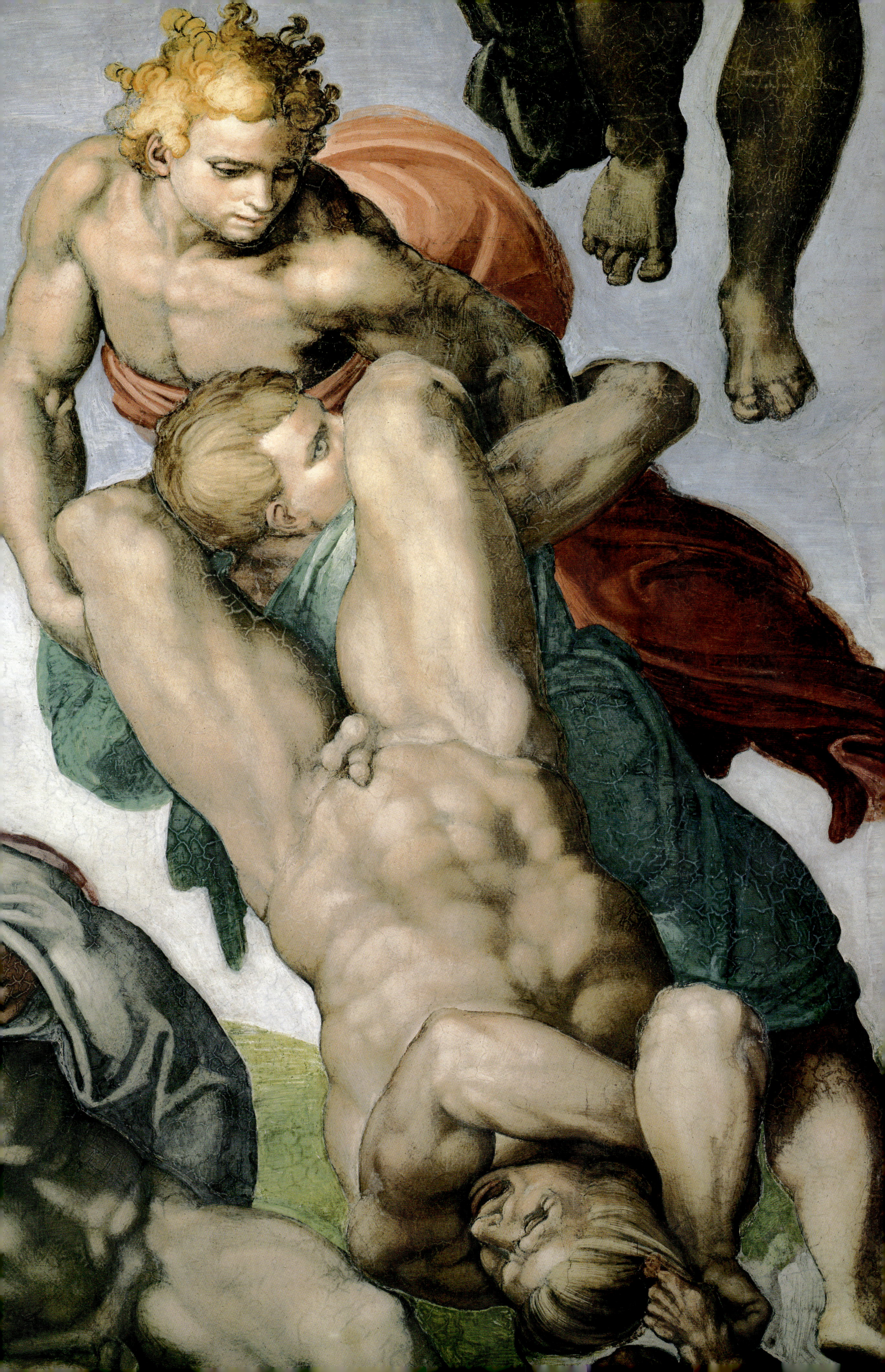

MICHELANGELO

Vasari formuliert in seiner Beschreibung einen Primat der praktischen, aus dem Leben geschöpften Malerei gegenüber Buchwissen und Philosophie: „Es lässt sich nicht denken, welche Mannigfaltigkeit in den Köpfen der Teufel, der wahren Ungeheuer der Hölle, gefunden wird. In den Sündern erkennt man ihre Vergehen und ihre Furcht vor ewiger Strafe. Als etwas ganz Außerordentliches aber erscheint es, dass Michelangelo dies große Werk so gleichmäßig ausführte, als ob es in einem Tage gemalt wäre, und dabei so fein, wie niemals ein Miniaturbild ausgeführt worden. In Wahrheit, die Menge der Figuren, die Schrecknis und Großartigkeit des Ganzen lässt sich nicht schildern, da alle möglichen menschlichen Leidenschaften bewunderungswürdig darin ausgedrückt sind. Die Stolzen, die Neidischen, die Geizigen, die Schwelger und andere Sünder werden von jedem denkenden Menschen leicht unterschieden; es ist alles bei ihnen geziemend beachtet, in den Gesichtszügen, den Stellungen, kurz in jeder naturgemäßen Beziehung, was zwar erstaunenswürdig ist und groß, diesem Manne aber nicht unmöglich fiel, weil er stets aufmerksam und klug war, genug Menschen gesehen und im Verkehr mit der Welt die Kenntnis gewonnen hatte, welche die Philosophen durch Spekulation und Bücher erlangen."

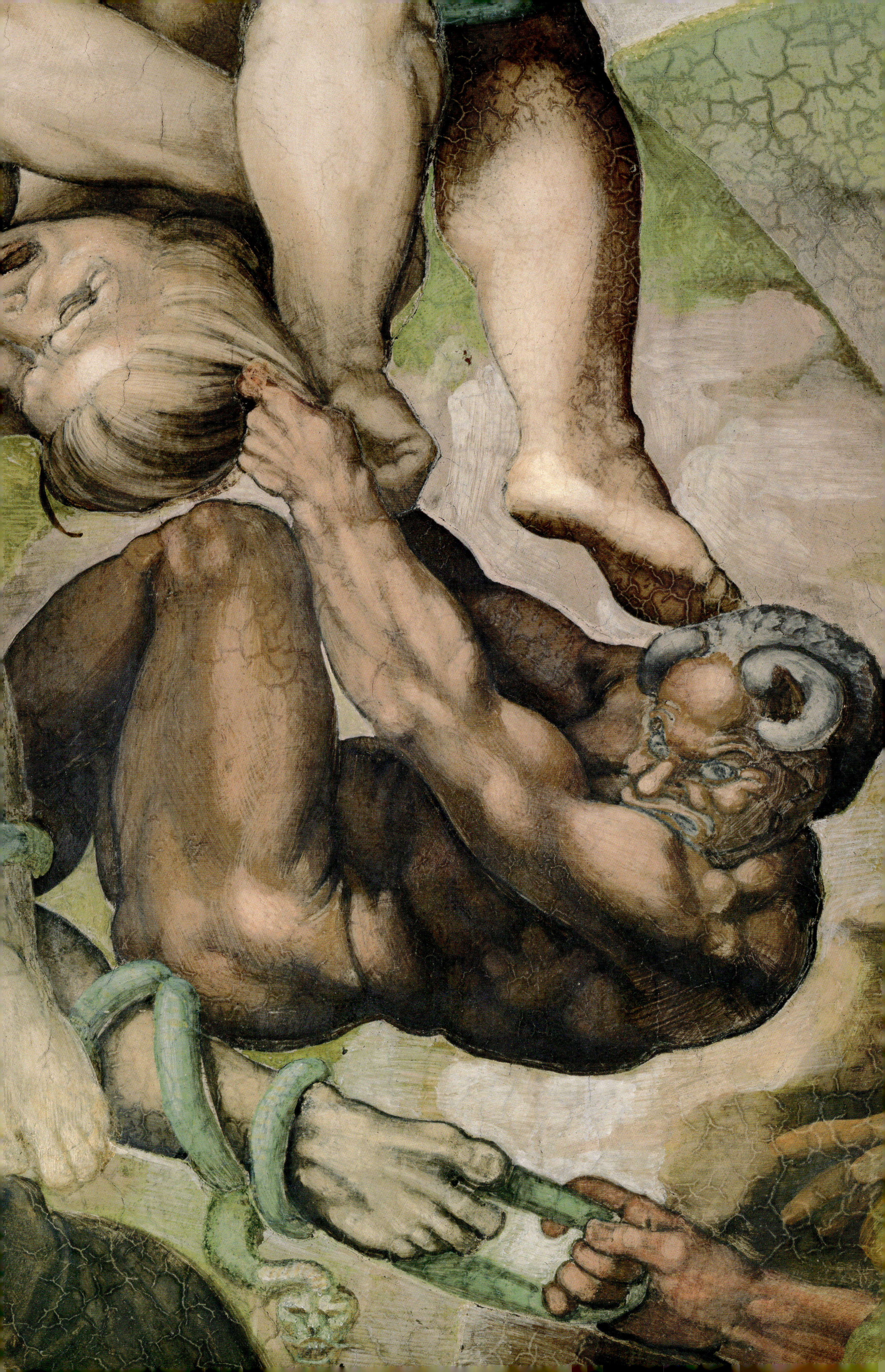

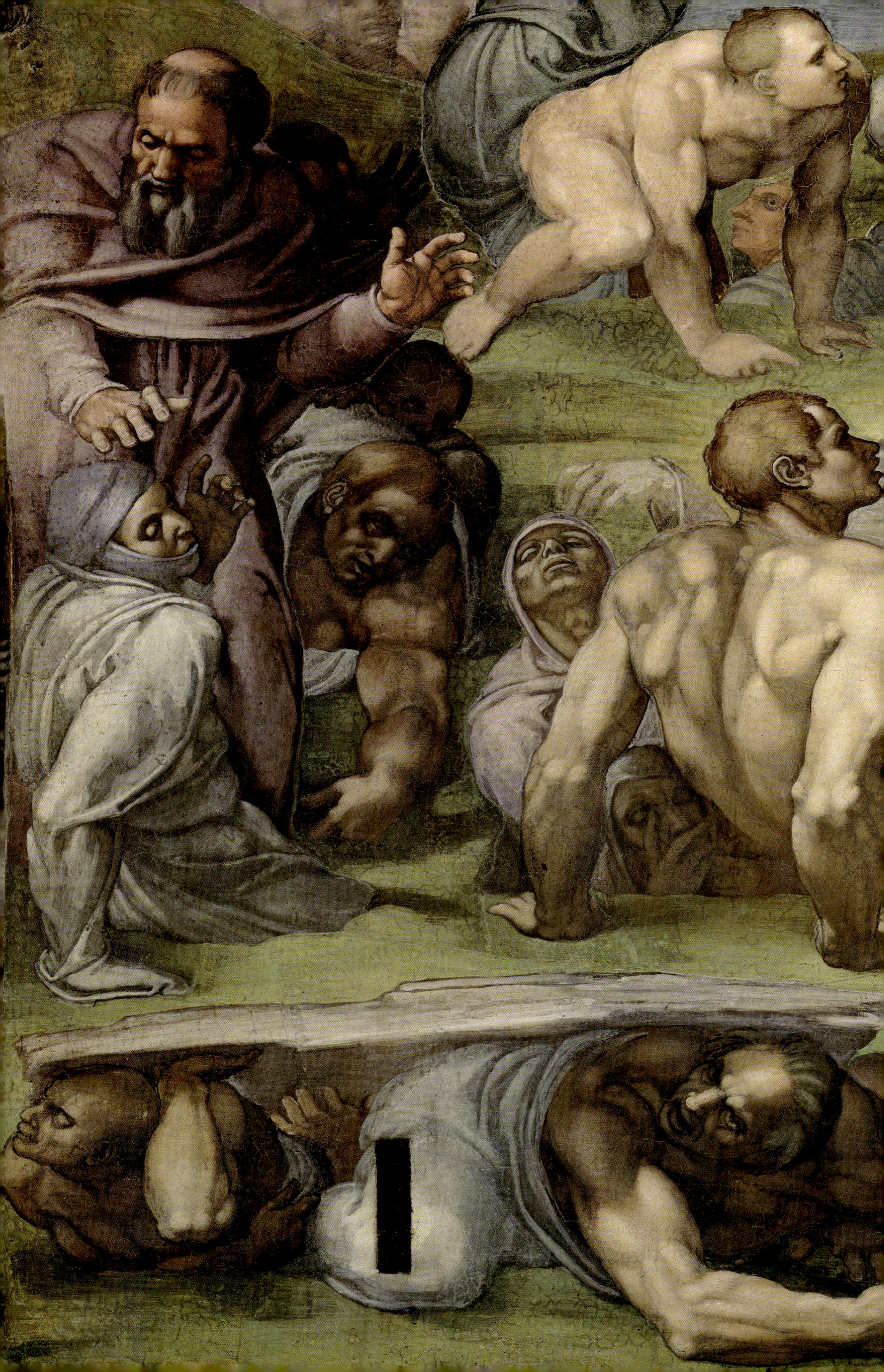

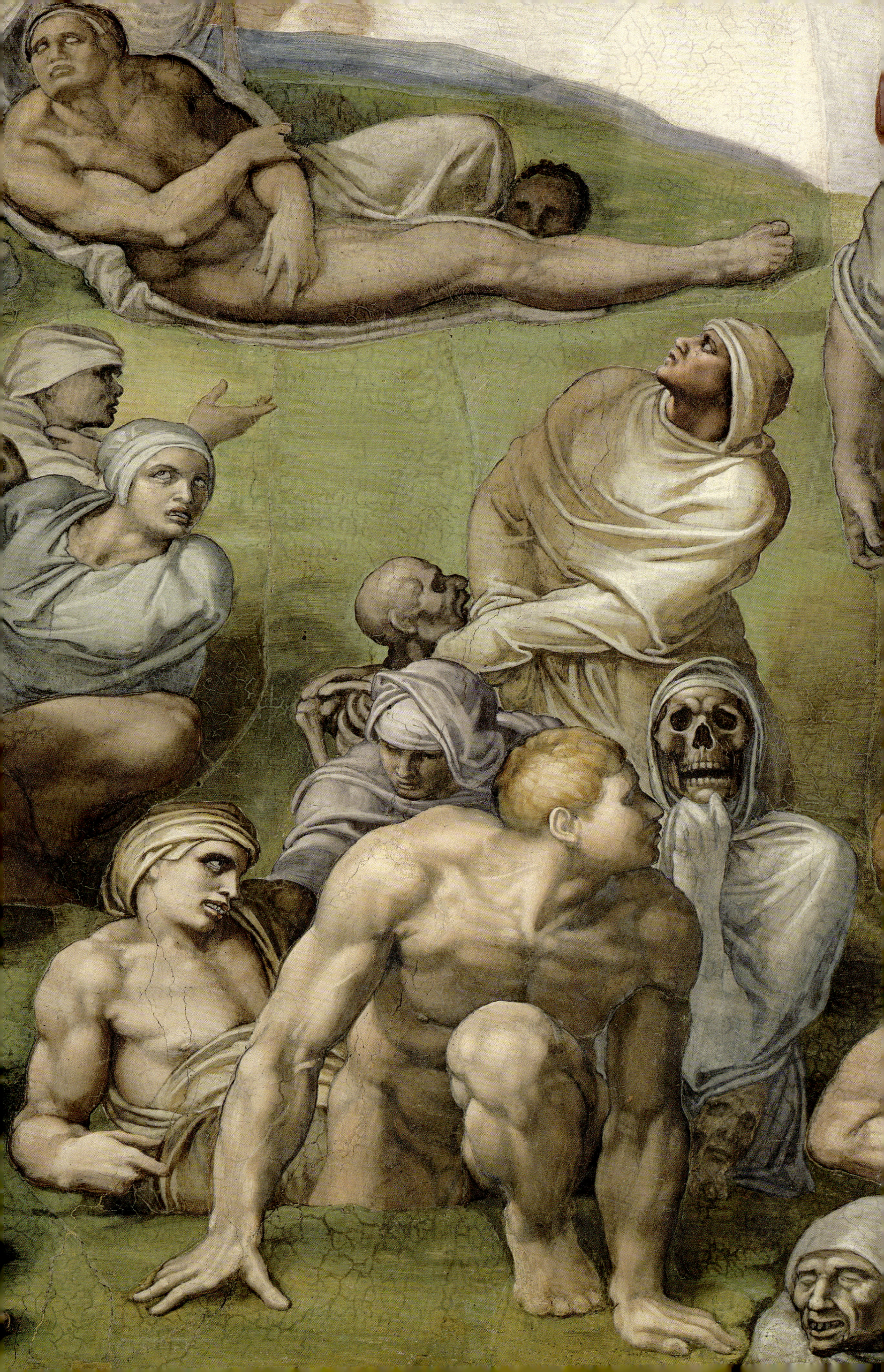

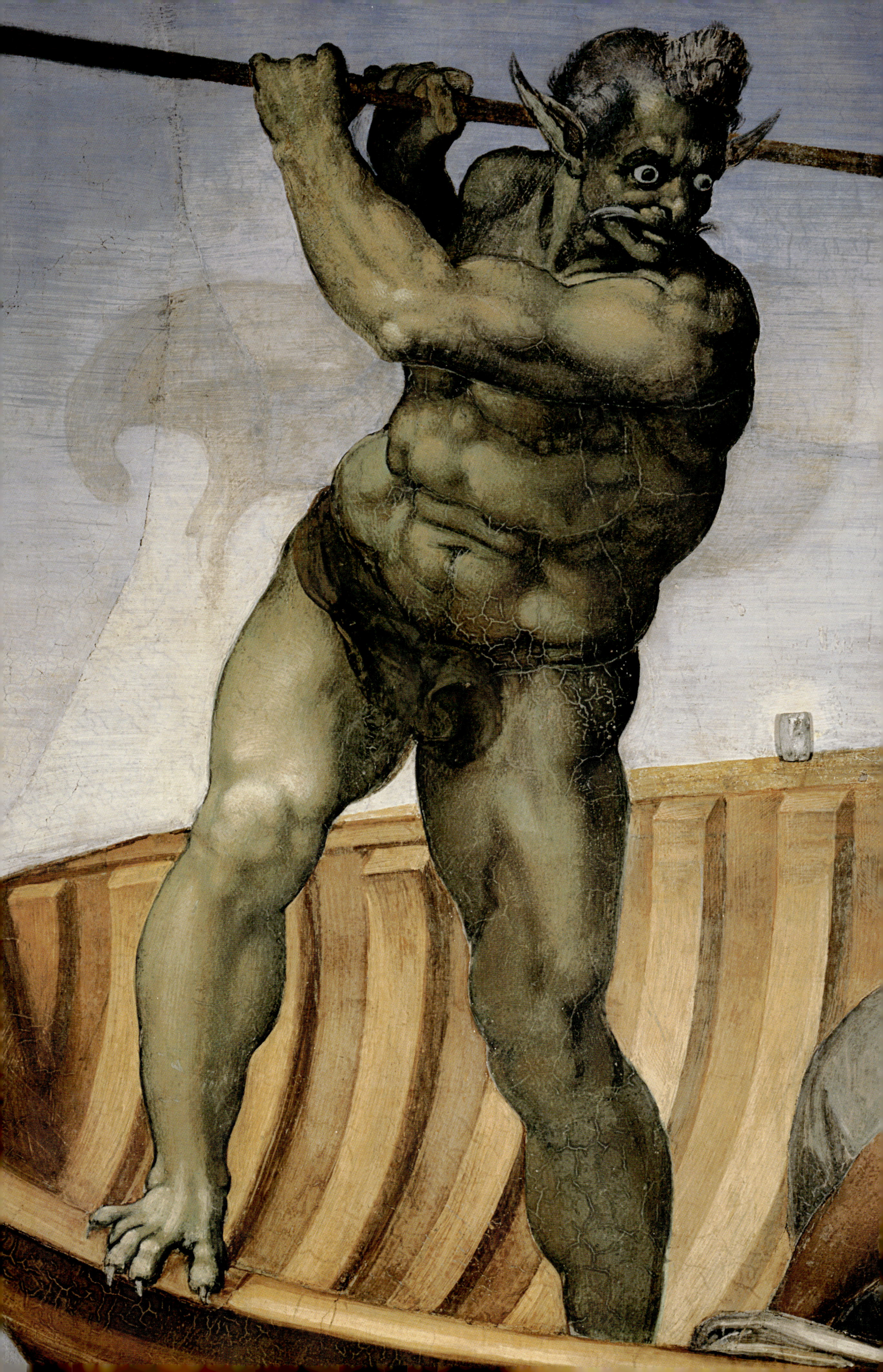

Vorhölle *und* Charons Barke

Die Hölle selbst ist nur durch einen feurigen Schlund ganz rechts angedeutet; an ihre Stelle tritt im Fresko die in Dantes *Göttlicher Komödie* beschriebene Barke Charons, mit der die Verdammten über den Styx an den Ort ihrer ewigen Bestrafung gefahren werden:

„Da schoss zu uns heran auf einem Boote
ein Greis, dem Alter weiß das Haar gemacht,
und rief uns zu: ‚Weh euch, verdorbene Tote;

Hofft nicht zu schauen je des Himmels Pracht:
Hinüber setz ich euch, auf dass euch quäle
die Kälte, Hitze und die ewige Nacht.'"

— DANTE ALIGHIERI, *Die Göttliche Komödie, Inferno, 3. Gesang*

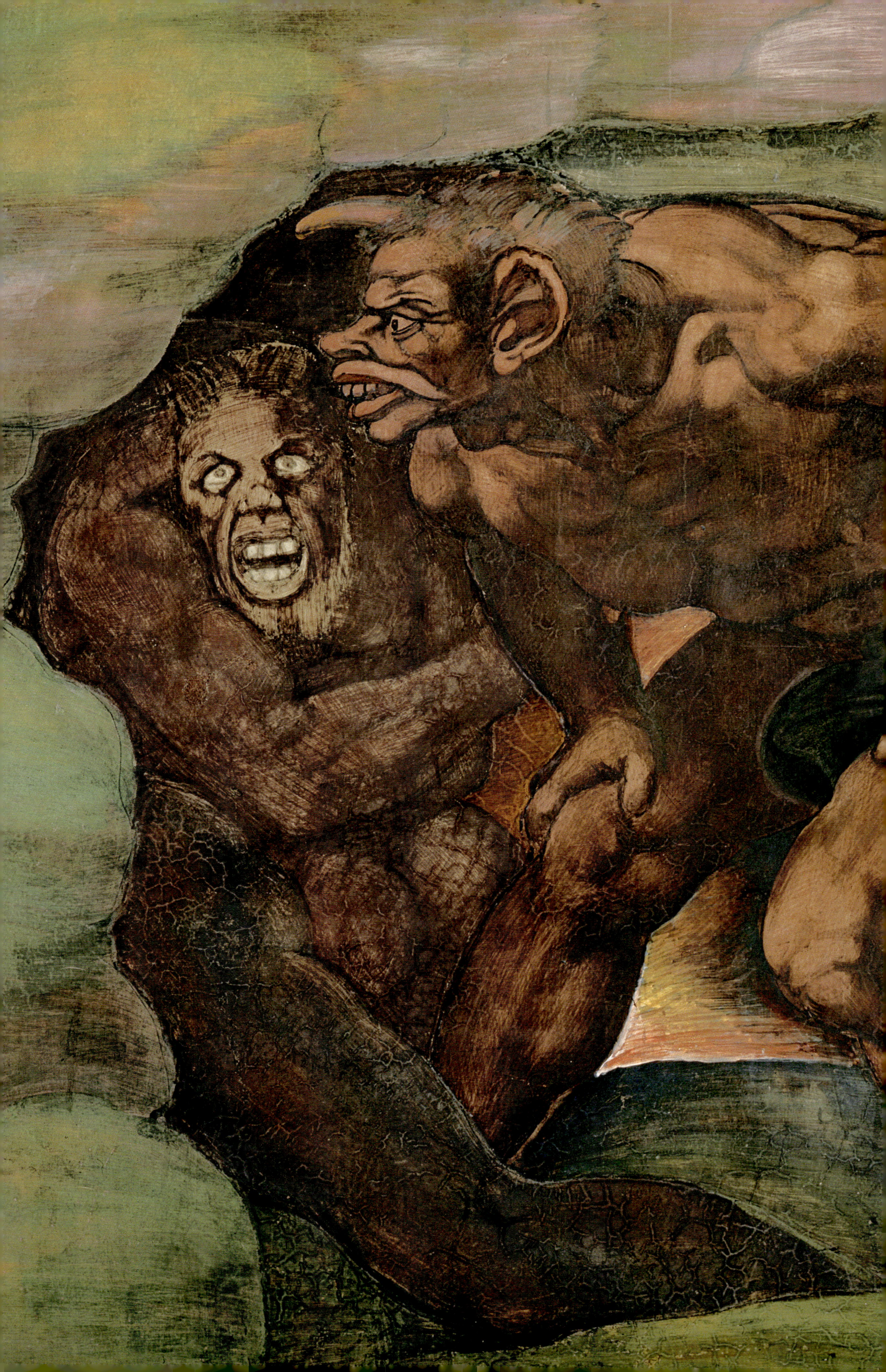

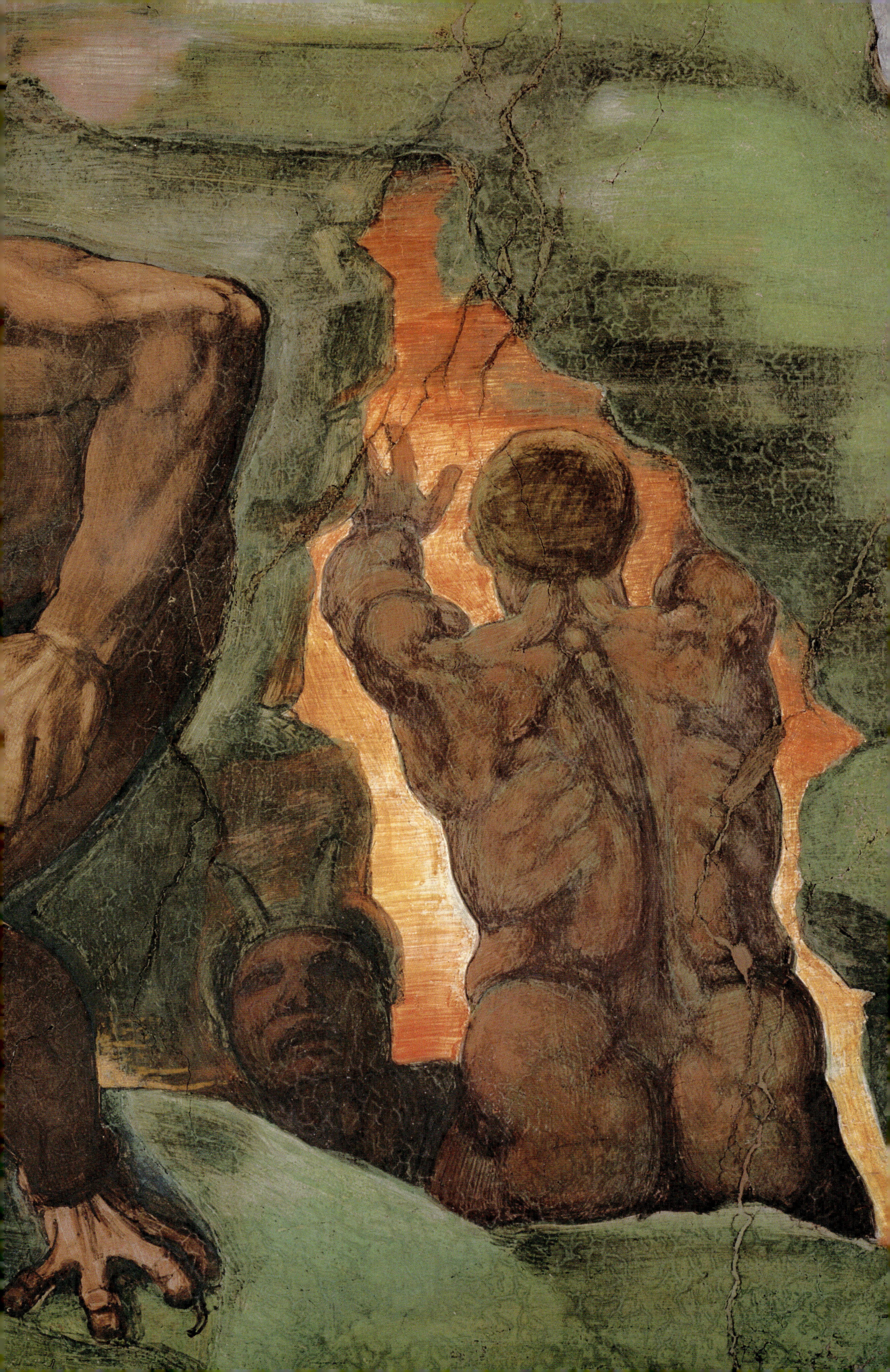

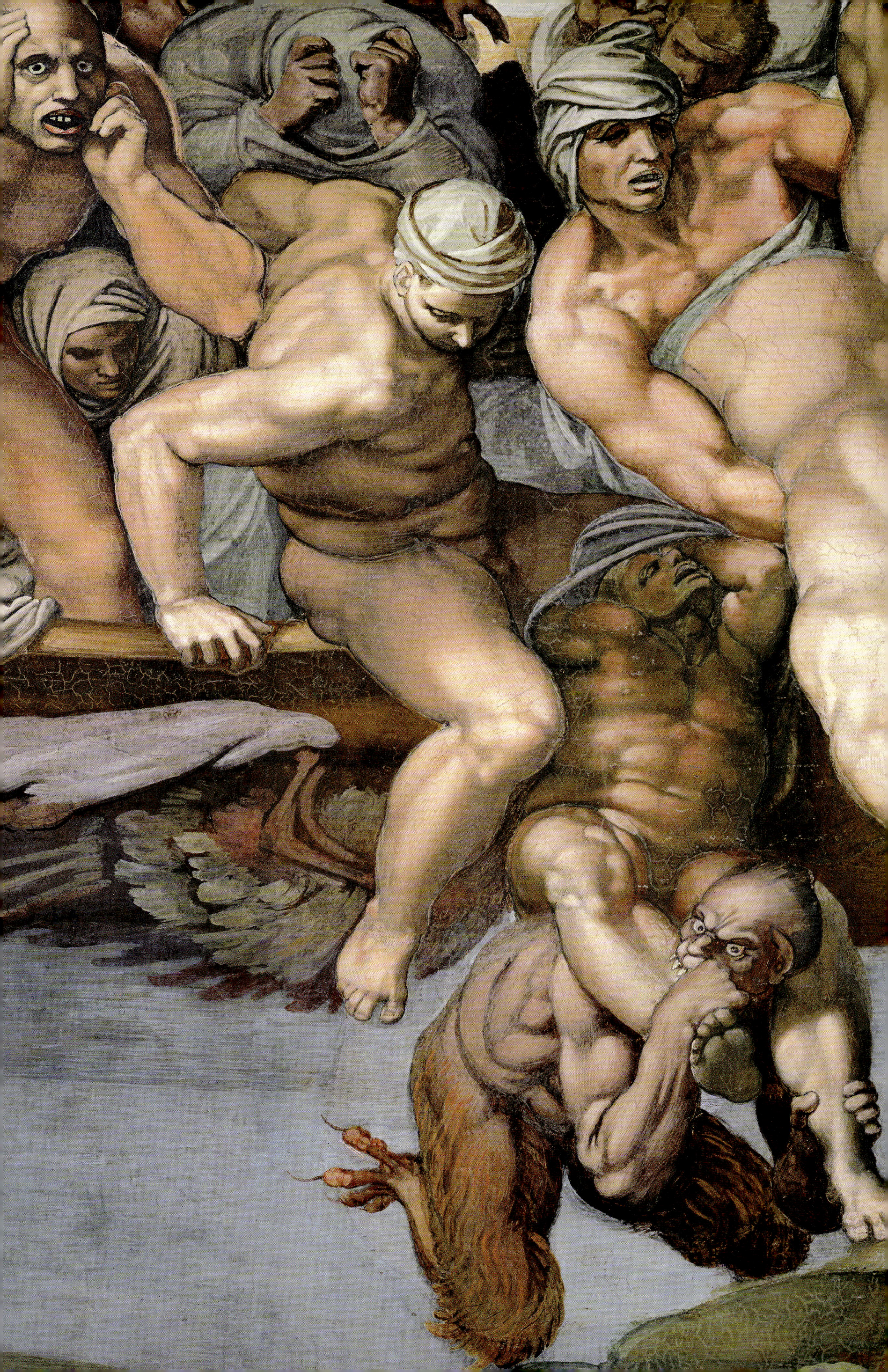

VIII. GESCHENKZEICHNUNGEN UND JÜNGSTES GERICHT 1534–1541

Auf diesen Seiten ist die Dramatik der Verdammten in der gesteigerten Gestik, den erschreckenden Fratzen und dämonischen Gestalten bis auf das Äußerste gesteigert. Einzelne Figuren und Figurengruppen erinnern an die bildhafte Sprache Dantes, Michelangelos Lieblingsdichter, dem er mit seinem Fresko ein Denkmal gesetzt hat:

„Die Seelen, nackt und müde an dem Orte,
Sah ich erbleichen, klappern mit den Zähnen,
Sobald vernommen sie die wilden Worte.

Gott und den Eltern ward geflucht von jenen,
Der Menschheit, Ort und Stunde, und dem Samen
Der Sippe und Geburten unter Tränen.

Dann sammelten sich alle, die dort kamen,
Laut weinend an dem niederträchtgen Strand,
Der aller harrt, die schmähen Gottes Namen.

Charon, der Dämon, mit der Augen Brand
Versammelt sie, ein Zeichen gebend allen;
Schlägt mit dem Ruder, wer nicht kommt gerannt.

Gleichwie im Herbste, wenn die Blätter fallen,
Das eine nach dem andern, bis der Ast
Dem Grunde abgibt alle seine Schalen,

So sah ich Adams schlimme Saat voll Hast
Sich stürzen nacheinander von der Schwelle,
Gleich Vögeln, welche ihren Pfiff erfasst.

So gleiten sie dahin die braune Welle,
Und ehe sie erreicht die andere Seite,
Ist wieder schon ein neuer Schwarm zur Stelle."

— DANTE ALIGHIERI, *Die Göttliche Komödie, Inferno, 3. Gesang*

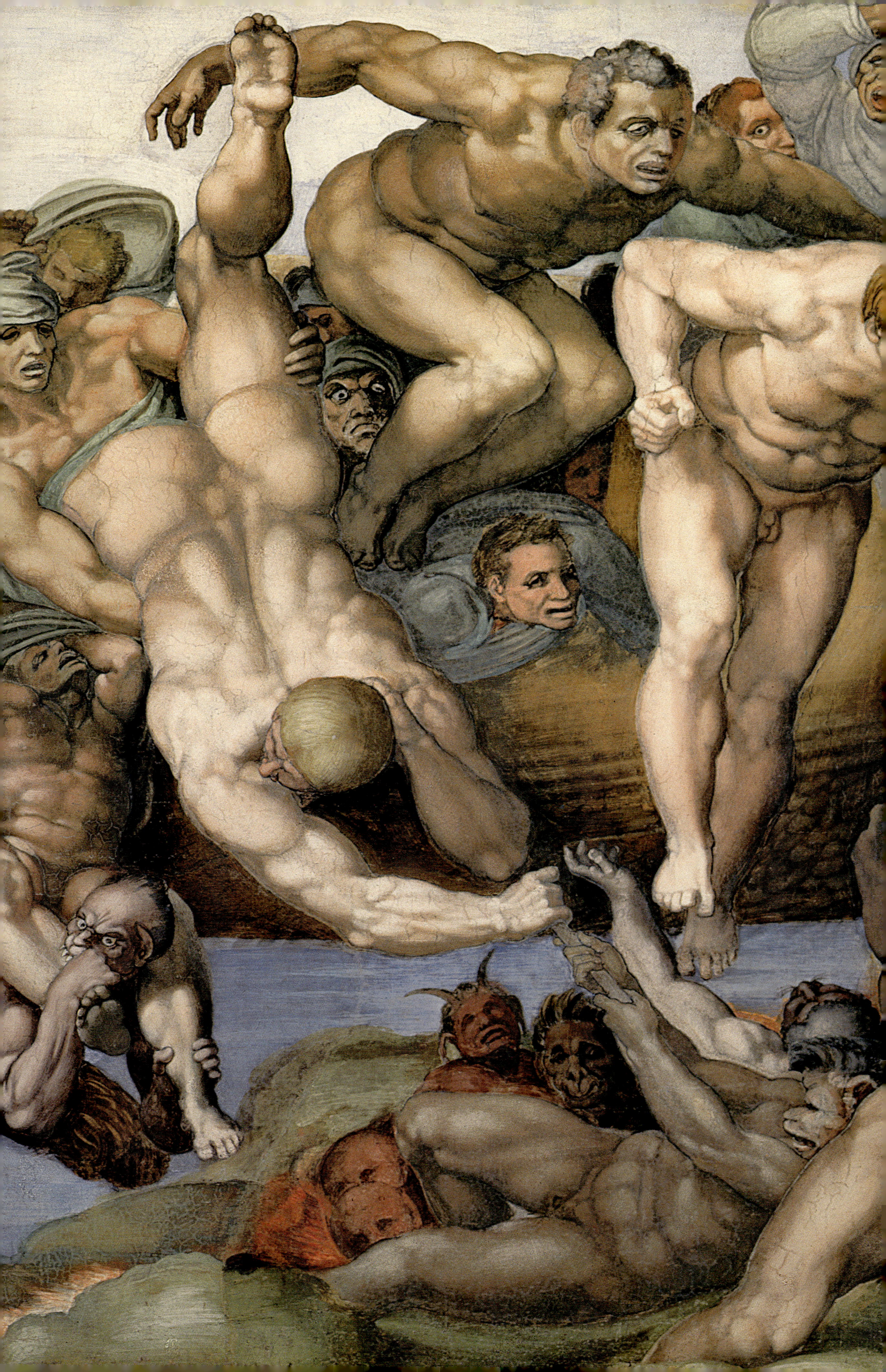

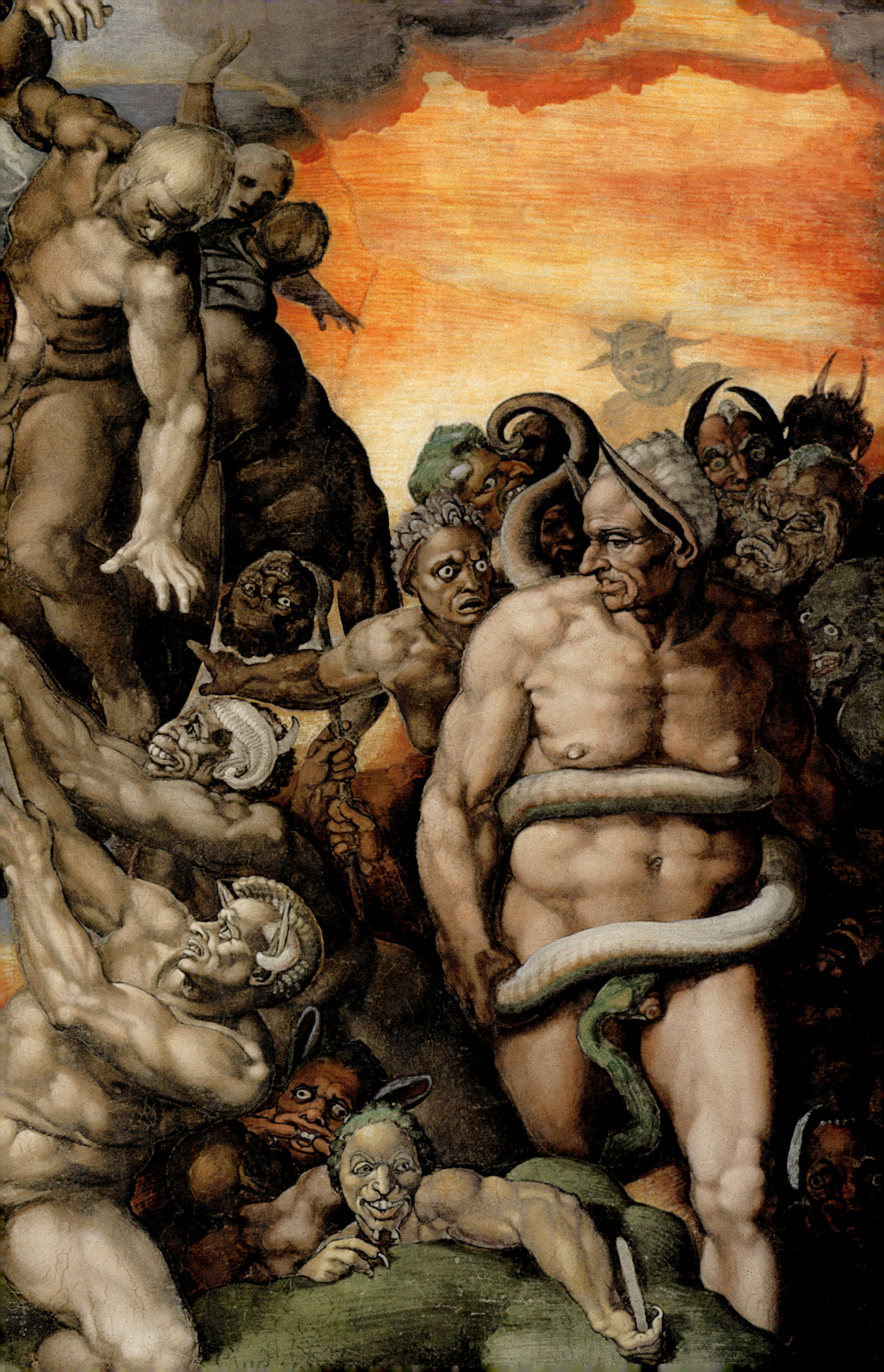

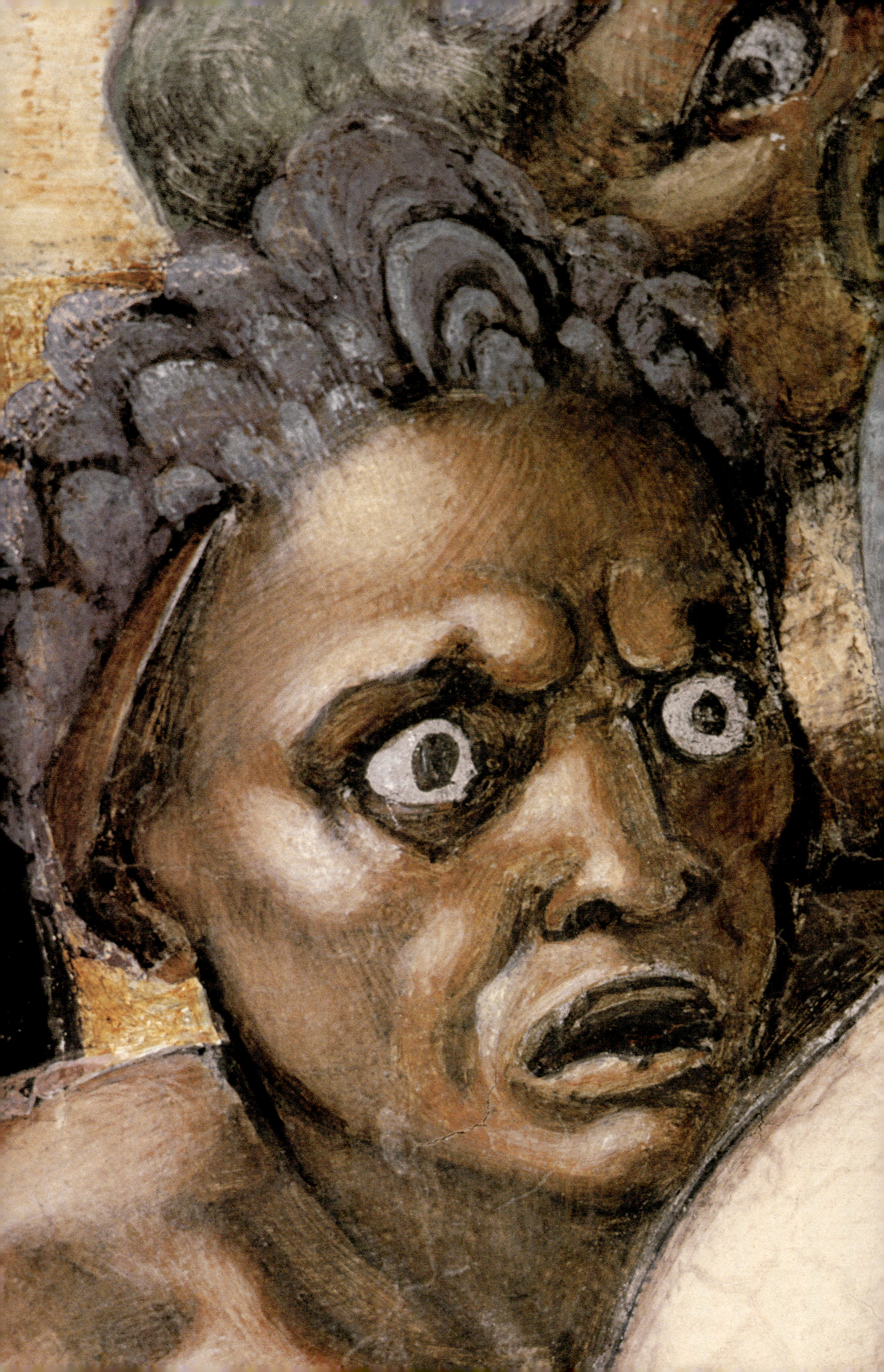

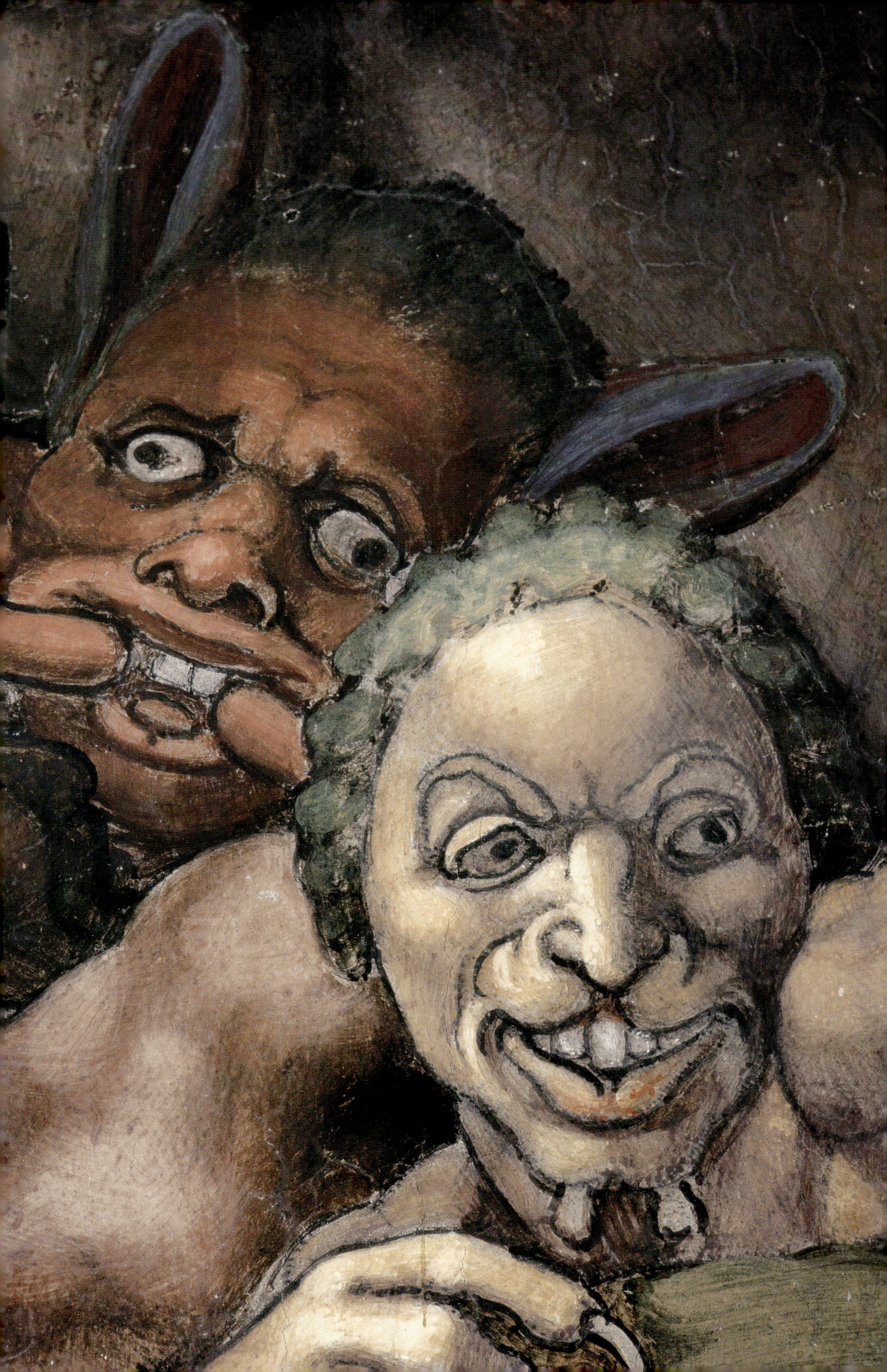

Minos

Am äußeren rechten Bildrand steht, umringt von Dämonen, der Höllenwächter Minos. Zu dieser Figur erfreut sich in der italienischen Kunstliteratur eine Anekdote ganz besonderer Beliebtheit: Der Künstler habe einen widerwärtigen Zeitgenossen in einer Negativgestalt seines Gemäldes unvorteilhaft porträtiert. Bei Leonardo da Vincis Abendmahl war das der Prior des Klosters von S. Maria delle Grazie in Mailand (den er als Judas porträtierte), bei Michelangelo der Zeremonienmeister des Papstes. Bei Vasari heißt es dazu: „Herr Biagio von Cesena, Zeremonienmeister und ein sehr peinlicher Mann, war mit dem Papst in der Kapelle, und befragt, was er von dem Werke halte, entgegnete er: Es sei wider alle Schicklichkeit, an einem so heiligen Ort so viel nackte Gestalten zu malen, die aufs Unanständigste ihre Blößen zeigten, und dass es kein Werk für die Kapelle des Papstes, sondern für eine Badestube oder Kneipe sei. Das verdross Michelangelo, und um sich zu rächen, malte er den Zeremonienmeister, sobald er fort war, ohne ihn weiter vor sich zu haben, als Minos in der Hölle, die Beine von einer großen Schlange umwunden, umgeben von einer Schar von Teufeln. Und es half dem H. Biagio nichts, dass er sich an den Papst und an Michelangelo wandte und bat, er möge sein Bild doch wegnehmen; es blieb stehen, zum Gedächtnis dieser Geschichte wie man es noch jetzt sieht."

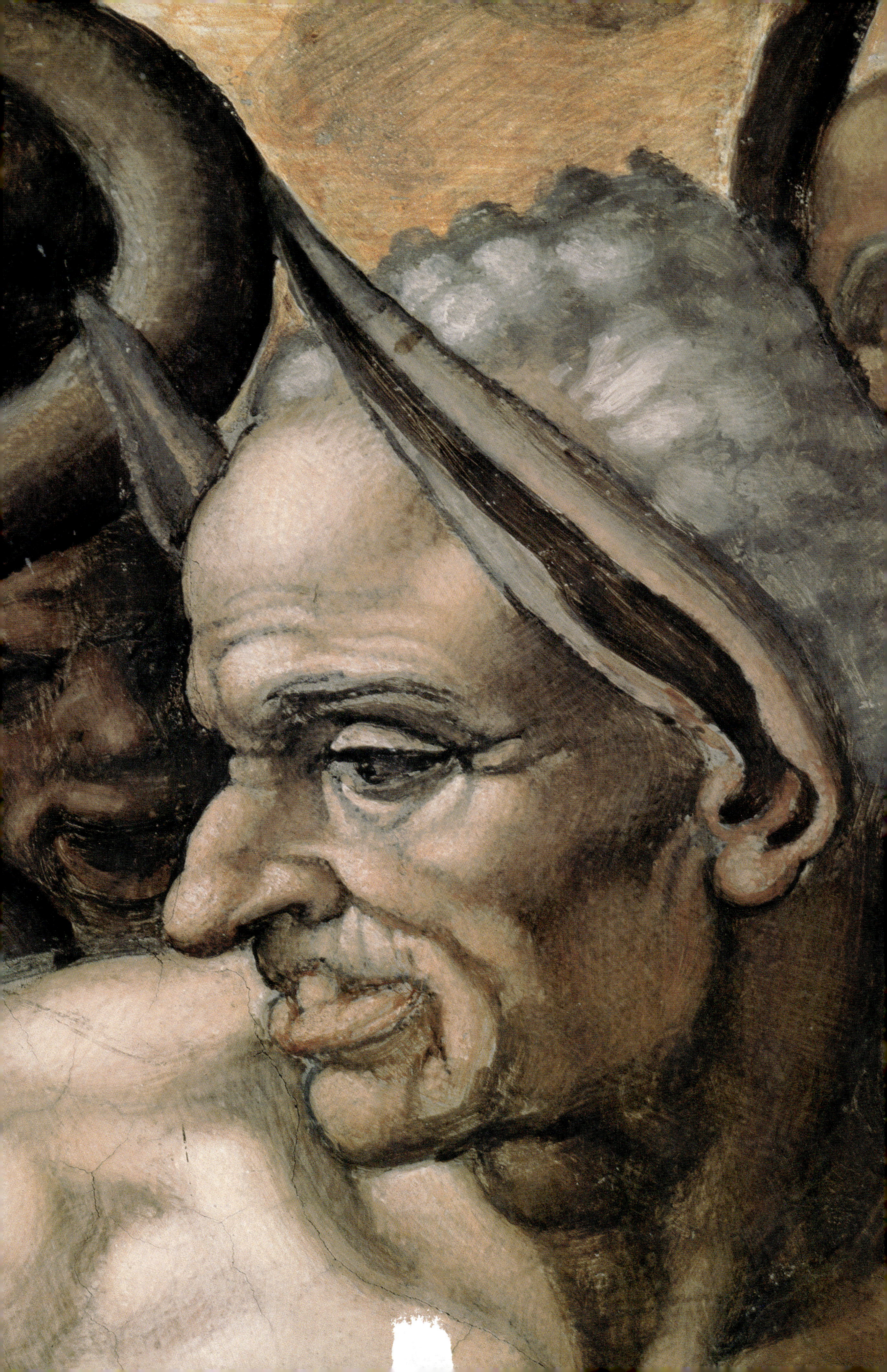

IX.
Der Architekt in Rom
1534–1564

Christof Thoenes

Auf dem Weg an St. Peter vorbei und angesichts des gewaltigen Doms rief Goethe aus, dass er immer eine Art Furcht vor Michelangelo habe, weil er ihm eine Art Zauberbann über das moderne Rom auszuüben schien.

— CONRAD GESSNER (?), NACH PETER HUME BROWN, 1787

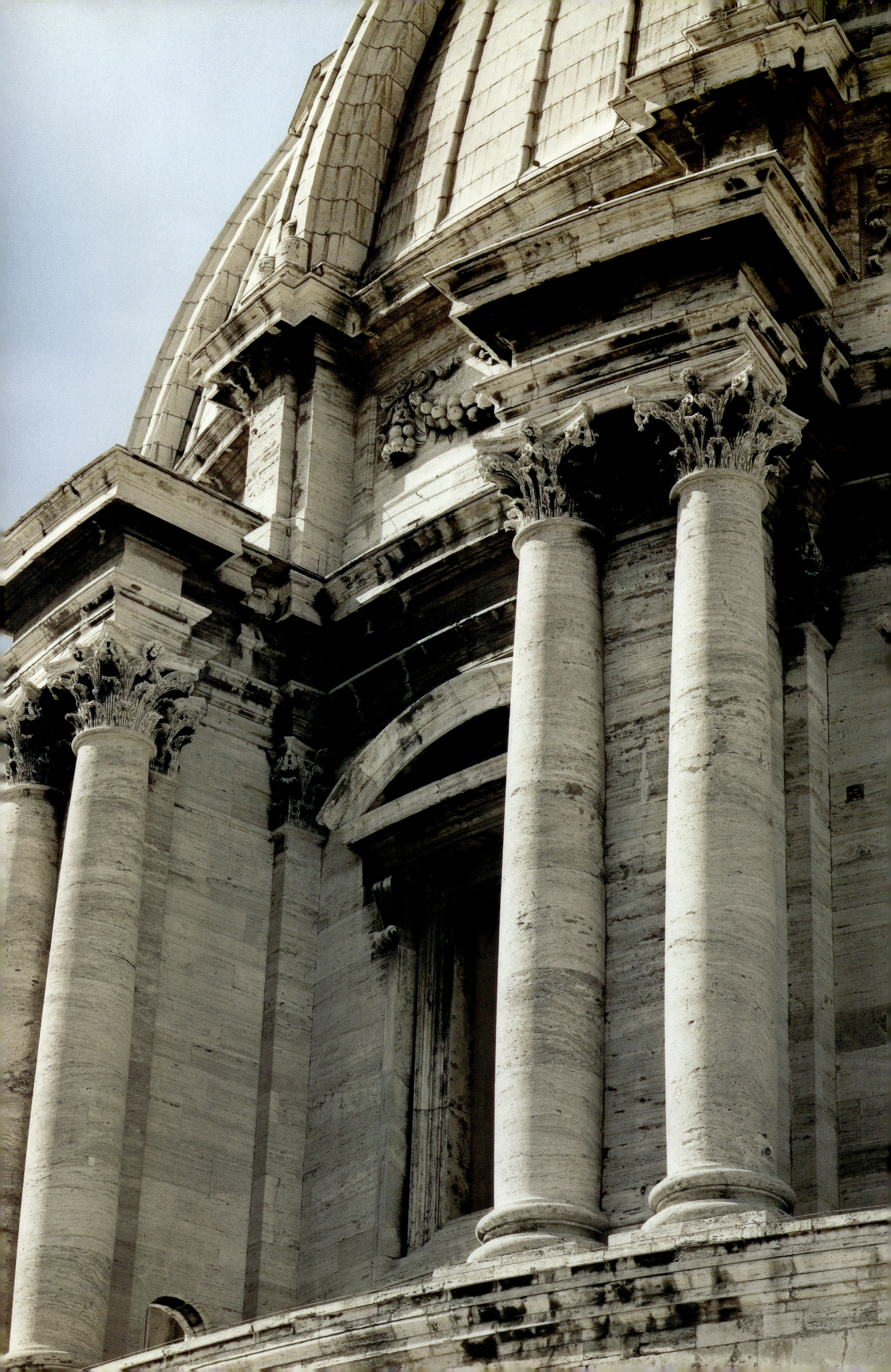

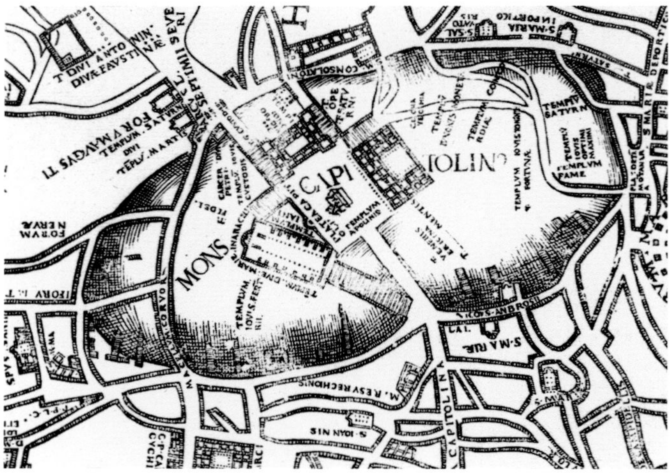

Als der 59-jährige Michelangelo 1534 Florenz verließ, war keine seiner Architekturen vollendet. Aber während das unfertige Juliusgrab in Rom nicht aufhörte, ihn zu beunruhigen, rückten die Florentiner Bauten ihm fern; war er genötigt, auf sie zurückzukommen, kehrten die Ideen von damals als Träume wieder (wie die Treppe der Laurenziana). In Rom hatten sich ihm neue Horizonte eröffnet; eine Rückkehr in das Florenz Cosimos I. – der mehrfach versuchte, ihn an seinen Hof zu ziehen – hat er wohl zu keiner Zeit ernsthaft erwogen.

Aber auch die Stadt, mit der Michelangelo sein weiteres Lebensschicksal verband, war nicht mehr das Rom der Renaissance. Nach dem Tod des politisch so katastrophal gescheiterten zweiten Medici-Papstes bestieg 1534 Alessandro Farnese den päpstlichen Stuhl. 1468 geboren und noch durch die Schule der großen Humanisten des Quattrocento gegangen, leitete er als Paul III., vom Saulus zum Paulus gewandelt, die Reform der römischen Kirche ein; zugleich aber konnte er sich nun den (wie er selbst sagte) 30 Jahre lang gehegten Wunsch erfüllen, Auftraggeber Michelangelos zu werden. Dem Architekten stellte das Rom der beginnenden Gegenreform neue Aufgaben, und sie beanspruchten einen wachsenden Teil von Michelangelos Schaffenskraft: die Gestaltung offener und öffentlich wirksamer Räume und Bauten (Kapitol, Palazzo Farnese, Porta Pia), der Umgang mit der Großarchitektur der Antike (S. Maria degli Angeli), der Jahrhundertbau von St. Peter. Meist ging es um Eingriffe in schon Bestehendes oder Begonnenes; die Planungs- und Baugeschichten sind langwierig, und es fällt oft nicht leicht, Michelangelos Anteil zu präzisieren, zumal kaum Zeichnungen oder Modelle erhalten sind. Der einzige frei konzipierte Bau, S. Giovanni dei Fiorentini, blieb auf dem Papier; die interessanteste Raumschöpfung, die er verwirklicht hat, die Cappella Sforza, war nur die Seitenkapelle einer großen Basilika. Erstaunlich die stilistische Spannweite dieser römischen Werke. In Florenz war eine quasi hermetisch geschlossene, für denselben Auftraggeber bestimmte Gruppe von Bauten entstanden, deren Entstehungsgeschichten eng miteinander verzahnt waren; jetzt stehen durchaus heterogene Architekturen nebeneinander. Die Auseinandersetzung mit der römischen Hochrenaissance, in der Michelangelo in Florenz seinen eigenen Stil ausgebildet hatte, ist beendet: Er greift auf ihr Instrumentarium zurück (an den Kapitolspalästen und an St. Peter) oder auch nicht (an der Porta Pia). Es sind freie, von Fall zu Fall getroffene Entscheidungen; sie münden nicht in eine neue „Manier", wie sie sich in der florentinischen Michelangelo-Nachfolge herausbilden sollte, sondern generieren Dialoge auf den Gipfelhöhen der Architektur, mit Palladio, Bernini und Borromini.

In die architektonische Physiognomie der „Roma moderna" schrieb Michelangelo sich zuerst mit seinem Kapitolsentwurf ein. Als *caput mundi* war der kleinste und vornehmste der alten Sieben Hügel zum Fluchtpunkt der Rom-Ideologie des Mittelalters geworden; „Senat und Volk von Rom", im 12. Jahrhundert als Gemeinde konstituiert, wählten ihn zu ihrem Amtssitz. Aber der *popolo* – d. h. die großen Familien, die den Gemeinderat bildeten und sich gegenseitig in die städtischen Ämter wählten – blieb wirtschaftlich schwach, und der Traum einer Wiedergeburt der altrömischen Republik war spätestens mit der Rückkehr der Päpste aus Avignon ausgeträumt. Seit Nikolaus V. fungierte der Kardinalkämmerer der Kurie als *Governatore di Roma*; ihm unterstanden die drei vom Rat gewählten Konservatoren als höchste Beamte der Exekutive, während die jurisdiktionelle Gewalt in den Händen des vom Papst eingesetzten Senators lag. Damit war der Interessenkonflikt auf dem Hügel selbst installiert, und schon dies musste, im Verein mit den spärlichen Einkünften der Gemeinde, jede bauliche Initiative lähmen. So blieb es bis ins 16. Jahrhundert bei dem Zustand, den wir aus Maerten van Heemskercks Veduten kennen.

Wie an anderen Kardinalpunkten Roms war es auch hier Paul III., von dem der Impuls zur Erneuerung ausging. Sein Interesse am Kapitol schien zunächst rein privat motiviert: Im Bereich des Franziskanerkonvents von S. Maria in Aracoeli auf dem Nordgipfel des Hügels ließ er sich eine Sommervilla errichten, die durch Rampen und Treppenwege mit seinem Wohnquartier im Palazzo Venezia wie auch mit dem Senatorenpalast und dem Forum Romanum verbunden war. Dahinter aber stand wohl von Anfang an die Idee, dem Ort etwas von seiner antiken Würde zurückzugeben und den Kapitolsplatz zum zivilen Mittelpunkt eines neuen, die wiederhergestellte Autorität des päpstlichen Stuhls ausstrahlenden Rom zu machen. Ihre Realisierung vollzog sich, im Spannungsfeld zwischen Papst und Kommune, bis ins 17. Jahrhundert hinein in zahlreichen kleinen, scheinbar unzusammenhängenden, aber kontinuierlich aufeinanderfolgenden Schritten. Gestützt auf die bahnbrechenden Archivarbeiten Pio Pecchiais hat die Forschung all diese Vorgänge nachzeichnen können. Aber die großen Planungsentscheidungen sind nicht dokumentiert und bleiben bis heute Gegenstand kontroverser Debatten sowohl im Hinblick auf ihre Datierung wie ihre Autorschaft.

Michelangelos Beiträge zur Gestaltung des Hügels lassen sich drei Phasen zuordnen. Das Hauptereignis der ersten Phase, 1537/38, war die Aufstellung des Marc Aurel „secundum iudicium d. Michaelis Angeli sculptoris". Mit dem Transport antiker Statuen auf das Kapitol hatte die römische Bürgerschaft sich als Nachfolgerin des *populus romanus* zu legitimieren gesucht, jetzt nahm der Papst diese Tradition auf und deutete sie in seinem Sinne um: Die alten Bronzebildwerke, Exempla republikanischer Bürgertugend, wurden ins Innere des Konservatorenpalastes verbannt, an ihre Stelle trat eine Herrscherfigur. Die entscheidende Neuerung lag in der Besetzung der Platzmitte. Sie setzte voraus, dass die zwischen dem Palast des Senators, dem Konservatorenpalast und S. Maria in Aracoeli liegende trapezförmige Freifläche als Platz aufgefasst und in das Wegenetz der neuen Stadt eingebunden wurde. Eine Längsachse ergab sich aus der Verbindung zwischen dem neu zu schaffenden Mittelportal des Senatorenpalastes und der 1535 trassierten oder geplanten Via Nuova Capitolina, die in der Gegend des heutigen Gesù von der alten Via Papalis abzweigen, geradlinig den Fuß des Hügels erreichen und als Rampe diesen ersteigen sollte. Die Querachse ging vom Eingang des Konservatorenpalastes aus (über dem damals die Bronzewölfin stand) und mündete in die Mittelnische der unterhalb von Aracoeli zu errichtenden Terrassenmauer. Der Rom-Plan Bufalinis von 1551 gibt das urbanistischen Grundmuster wieder (S. 318). Bei seiner Konzeption könnte der römische Patrizier und Humanist Latino Giovenale Manetti, der unter Paul III. mehrfach städtische Ämter bekleidete, mitgewirkt haben; eine Beteiligung Michelangelos kann vermutet, aber nicht belegt werden. – In der zweiten Phase, ab Anfang der 40er Jahre, kommen die ersten Baumaßnahmen in Gang. Ab 1542 arbeitet man an der Aracoeli-Terrasse, am Senatorenpalast und an den rückwärtigen Treppen und Loggien, ab 1554 an der Cordonata, also der von der Stadt heraufführenden Rampe, und ihrer Brüstungsmauer. Am wichtigsten waren die Regulierung der Front des Senatorenpalastes und die Anlage der großen Freitreppe davor. Diese war das Werk Michelangelos. Am Konservatorenpalast geschah noch nichts, doch spricht einiges dafür, dass Michelangelo damals sein Umbauprojekt ausgearbeitet hat. Vielleicht hat sein Freund und Vertrauter Tommaso Cavalieri, der in jenen Jahren im Gemeinderat an Einfluss gewann, ihn dazu angeregt (Frommel, 1979). – Die dritte Phase wird wieder durch die Initiative eines Papstes eingeleitet: Es ist der 1559 gewählte Pius IV. (reg. bis 1569), der auf dem Hügel endlich Ordnung hergestellt sehen will und auch für die nötigen Mittel sorgt. 1561 erhalten der Sockel des Marc Aurel und die umgebende Platzfläche ihre definitive Gestalt, 1563 beginnt der Umbau des Konservatorenpalasts nach Michelangelos Plänen. Die Bauleitung hatte Guidetto Guidetti, nach dessen Tod 1564 führte Giacomo Della Porta (um 1540–1602) das Unternehmen zu Ende. Es folgen ab 1573 ein innerer Umbau des Senatorenpalastes, ab 1593 die Neudekoration von dessen Fassade, die fortlaufende Ergänzung des Statuenschmucks und endlich, nach mehreren Anläufen, 1645–1662 die Errichtung des Palazzo Nuovo auf der Aracoeli-Seite.

Eine Würdigung von Michelangelos Kapitol muss von seinen für uns fassbaren Einzelleistungen ausgehen. Sein Name taucht zuerst im Zusammenhang mit der Versetzung des Marc Aurel auf (S. 320), und zwar als der eines Opponenten: Michelangelo sei der Meinung, „dieses Pferd bleibe besser stehen, wo es steht",

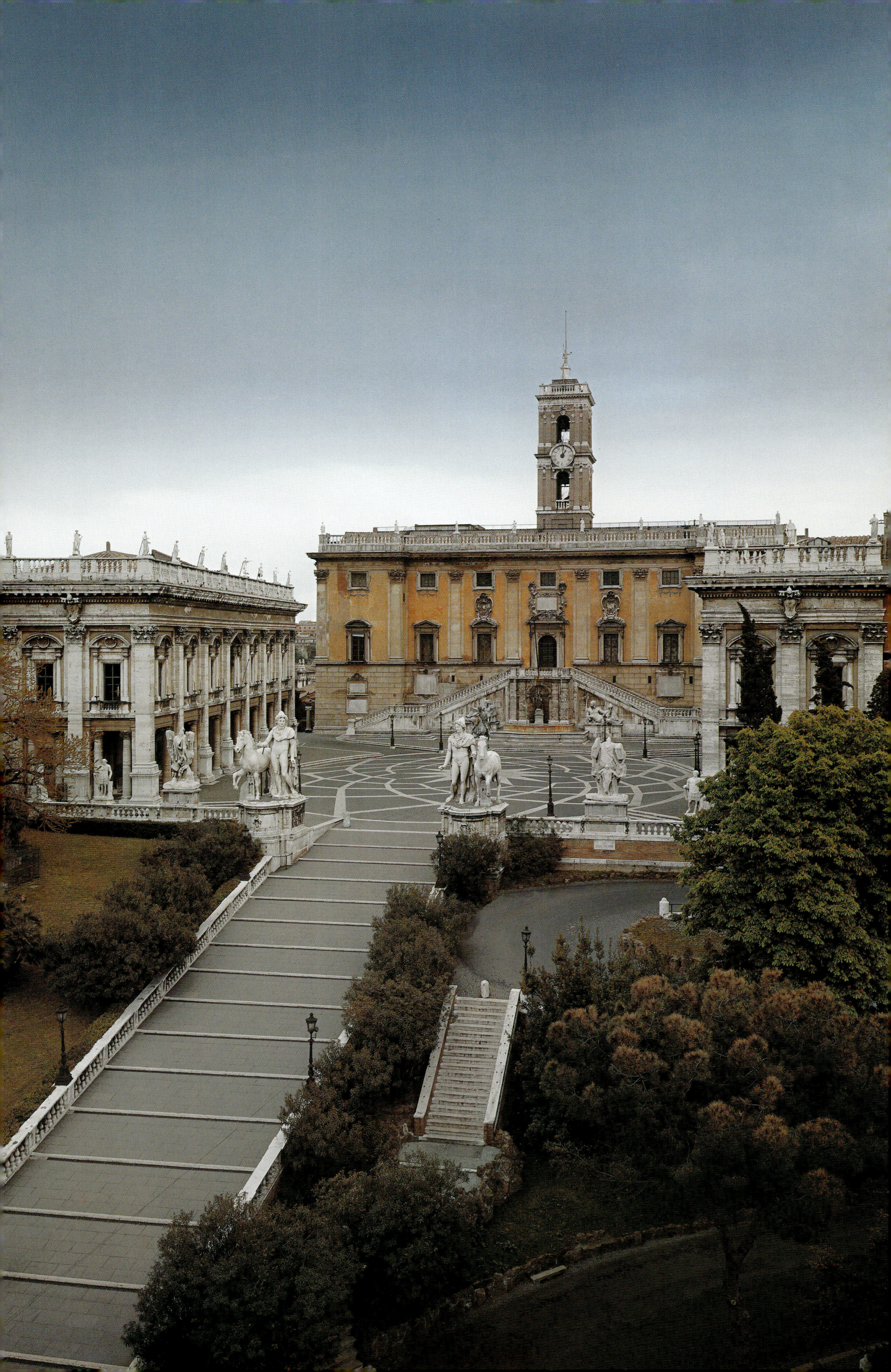

MICHELANGELO

Seite 317:
Rom, Kuppeltambour von St. Peter

Seite 318:
Leonardo Bufalini
Romplan mit Kapitol (Detail),
1551
Holzschnitt

Seite 319:
Rom, Ansicht des Kapitols

berichtet ein Zeitgenosse. Papst Paul, selbst Antikensammler großen Formats, wollte auch noch die Rossebändiger vom Quirinal auf das Kapitol schaffen lassen; dies vermochte Michelangelo zu verhindern, aber das Kaiserbild hat er aufgestellt und ihm die größtmögliche Wirkung gesichert. Während quattrocenteske Reiterstatuen wie Donatellos *Gattamelata* oder Verocchios *Colleoni* hoch über den Köpfen der Menge dahinziehen, steht Marc Aurel niedrig genug, um mit dem Beschauer zu kommunizieren, und herrscht dennoch unbedingt über den Platz: Es ist die gleiche Verbindung von Herrscherautorität und humaner Nähe, die etwa auch Tizians Fürstenporträts eignet. Der Ovalsockel ruft die Vorstellung einer „Bildsäule" wach; 1561 wurde er – wohl aus technischen Gründen – noch einmal umgestaltet, gleichzeitig entstand das umgebende Stufenoval, das die Platzfläche dem Reiterbild dienstbar macht. Das Sternmuster des Paviments wurde erst 1940 nach dem Vorbild des Faleti-Stichs von 1567 angelegt; Quellen für eine Urheberschaft Michelangelos gibt es nicht.

Der im 12. Jahrhundert über den Ruinen des Tabulariums errichtete Palast des Senators war im Lauf der Zeit zu einer Vierflügelanlage mit zinnenbekrönten Ecktürmen ausgebaut worden. Ihre Hauptfront war dem Platz zugekehrt; hinter den Mauern des Sockelgeschosses lagen Verliese und Magazinräume, im ersten Obergeschoss die Gerichtssaula, zugänglich über eine Freitreppe, und eine offene Loggia in der rechten Hälfte der Front, darüber wahrscheinlich die Wohnung des Senators. Für eine durchgreifende Erneuerung des alten Gebäudes fehlte das Geld; die Aufgabe des Architekten bestand darin, der Fassade zum Platz ein regelmäßiges Aussehen zu geben, den Zugang zur Aula in die Mittelachse zu legen und die Treppe entsprechend umzubauen. Sicherlich war es Michelangelos Idee, dafür das gesamte Sockelgeschoss in Anspruch zu nehmen. Er entwarf eine Zeremonialtreppe vom Typ seiner ersten Skizzen für den Ricetto der Laurenziana: zwei lange, symmetrisch zur Mitte ansteigende Läufe münden in ein vorspringendes Podest (S. 321). Die darunterliegende Nische sollte eine antike Jupiterstatue aufnehmen, das Podest – als Ort der Verkündung der Richtersprüche – von einer Art Baldachin überfangen werden; darüber war ein offener Balkon geplant, der mit einem Laufgang vor den Fenstertüren des Obergeschosses kommunizierte; dahinter, an der Rückfront des Fassadenflügels, erhob sich ein Campanile. So würde man, von der Stadt her über die Cordonata den Hügel ersteigend, Reiter, Jupiterstatue, Baldachin und Campanile über- und hintereinander aufragen sehen: eine eindrucksvolle Demonstration höchstrichterlicher Amtsgewalt.

Bei alledem blieb der Kastellcharakter des Baus ausdrücklich gewahrt; der Quadersockel, die betonte Mittelachse wie auch die beiden Ecktürme, um die die Treppenläufe umständlich herumgeführt werden, erinnern an den von Bramante begonnenen Justizpalast Julius' II. in der Via Giulia, der nach dem Willen jenes Papstes die Funktion des Senatorenpalastes hätte übernehmen sollen. Doch kam der Baldachinaufbau über erste, am Bau noch erhaltene Ansätze nicht hinaus; er wurde endgültig aufgegeben, nachdem man 1573/74 das Innere des Palastes umgestaltet und die Geschossfolge verändert hatte. Erst nach 1593 wurde die große Pilasterordnung angebracht. Sie repetiert das System des Konservatorenpalastes, besteht aber nur aus flachen Streifen von Travertinstuck; für eine tiefere Gliederung blieb kein Raum, da die Wandebene durch Michelangelos Treppe determiniert war, die sich direkt an die alte Palastmauer anlehnt. Dies erlaubt den Schluss, dass Michelangelo zumindest in den 40er Jahren noch nicht an eine Pilasterordnung dachte. Ob er später seine Meinung geändert hat, steht dahin; er hätte dann entweder seine Treppe noch einmal umbauen oder aber das Wandrelief aus dem bestehenden Mauerwerk herausmeißeln müssen. Vielleicht ging die ganze Idee nicht auf ihn, sondern auf einen späteren Auftraggeber – etwa Pius IV. – zurück, der den Sitz des Senators aufwerten und dem Kapitol ein einheitlich modernes Gesicht geben wollte. So wie sie dann von Della Porta (oder Girolamo Rainaldi) realisiert wurden, wirken die Pilaster eher wie eine nachträglich angebrachte Festdekoration. Das eigentliche Pathosmotiv der Fassade bleibt Michelangelos Treppe.

Die Hauptsorge der Konservatoren galt naturgemäß ihrem eigenen Palast. Um die Mitte des 15. Jahrhunderts von Nikolaus V. gestiftet, war er im Typus dem Palast des Senators entgegengesetzt: ein relativ niedriger, zweigeschossiger Breitbau, das Erdgeschoss in einer durchgehenden Säulenarkade geöffnet. Dahinter lagen die Lokale der städtischen Zünfte, im Obergeschoss Amtszimmer und Versammlungsräume. Auf den Veduten macht der Bau einen leicht verwahrlosten Eindruck, und der Wunsch nach mehr *magnificentia* war wohl allgemein. Michelangelos Umbauprojekt betraf aber nicht nur den Fassadentrakt, sondern die gesamte Struktur des Gebäudes, einschließlich des Hofs und der Treppe (Morrogh, 1994). Es war eine durch und durch neuartige Architektur. Michelangelos Grundgedanke war die Ersetzung der Säulenarkade durch ein pfeilergestütztes Architravsystem, in dem Säulen als zusätzliche Trageglieder fungieren (S. 322, 323). An der Fassade tritt eine kolossale, beide Geschosse umfassende Pilasterordnung hinzu, die die vorderste Wandebene bildet und das mit einer Statuenbalustrade bekrönte Kranzgebälk trägt. Die Konfiguration dieser beiden Ordnungen lässt sich über Entwürfe Peruzzis und Raffaels bis auf Bramantes St.-Peter-Projekt zurückverfolgen; sie ging dort aus der Kombination der

IX. DER ARCHITEKT IN ROM 1534–1564

**Reiterstandbild des Marc Aurel
auf dem Kapitol**

Giovanni Antonio Dosio
**Skizze der Treppenanlage des
Senatorenpalastes**
Florenz, Uffizien, A2560r

**Blick auf den Treppenaufgang
des Senatorenpalastes**

Ansicht des
Konservatorenpalastes

Detail der Fassade

Blick in das Innere des Portikus

großen Pilasterpfeiler mit den architravierten Säulen der alten Basilika hervor. Aber erst Michelangelo interpretiert sie als eine Art Kraftwerk: Seine Säulen drängen sich, so scheint es, an die Pfeiler, um das Gewicht des Obergeschosses stemmen zu können; das Zwischengebälk läuft hinter den Pilastern durch, ist aber mit den diese begleitenden, tief einschneidenden Mauerrahmen fest verklammert. Übrigens war das heute freiliegende Ziegelwerk der Füllwände im Oberstock ursprünglich mit Travertinputz überzogen (Frommel, 1997); das Bild einer Fachwerkstruktur ist also im Sinn eines homogenen Wandreliefs zu korrigieren.

Im Inneren der Portikus und im Durchgang zum Hof setzt sich das Pfeiler-Architrav-System fort; es bildet quadratische, kassettengedeckte Zellen, die begleitenden Säulen stehen in Kehlen halb in der Wand. Das Ganze wirkt fast übertrieben stabil, ist aber konstruktiv hoch problematisch, da Steinbalken nur sehr begrenzt biegefest sind; Palladio, der am Palazzo Chiericati in Vicenza eine ähnliche Konstruktion erprobte, verwendete Holzbalken als Architrave. Am Konservatorenpalast bedurfte es aufwendiger Hilfskonstruktionen – im Mauerwerk der Fassade versteckter Entlastungsbögen und Eisenanker in den Portiken –, um ihren Bruch zu verhindern (Frommel, 1997).

So gesehen, stellt die Architektur des Konservatorenpalastes eine Art Antithese zum Ricetto der Laurenziana dar: Wurde dort die klassische Stütze-Last-Tektonik als künstlich vorgeführt, so wird hier alle Kunst aufgewandt, ihr den Schein von Natur zurückzugeben. Im Zeichen der Aussöhnung mit der Klassik – nicht des Rückfalls in die Konvention – steht auch die Detailbildung. Die große Pilasterordnung ist regelrecht korinthisch, die Säulenordnung ionisch, aber ihre Kapitelle mit den zwischen den Voluten herabhängenden Lorbeerfestons sind Schöpfungen des Bildhauers Michelangelo, die Masken eine Art persönlicher Signatur. Demgegenüber wirken die Fensterädikulen des Obergeschosses eher uninspiriert; sie entstanden erst unter der Leitung Guidettis. Dessen Nachfolger Della Porta ist für die Kapitelle und das Gebälk der großen Pilasterordnung wie auch für das protobarocke Mittelfenster verantwortlich, das unvermittelt – und sicher entgegen Michelangelos Absicht – das Gleichmaß der Joche aufbricht. Tatsächlich gehört eine gewisse Gleichförmigkeit, ja Starrheit zu den Charakteristika dieser Fassade. Ihre in die Breite gedehnte Gesamtproportion war durch den Altbau vorgegeben, aber auch die einzelnen Joche wirken auffallend breit, wie niedergedrückt durch die Last der Gebälke. Vielleicht wollte Michelangelo den Kontrast zum Hochbau des Senatorenpalastes betonen, vielleicht bedachte er auch, dass im Ensemble des Platzes die Seitenpaläste in der Regel verkürzt wahrgenommen werden, die reine Frontalansicht eine Ausnahme darstellt.

Am schwierigsten zu verfolgen ist der Werdegang des Gesamtprojekts. Denn das Kapitol Michelangelos, wie Vasari es 1568 beschrieben und Dupérac es mit einigen Unschärfen abgebildet hat – ein hoch komplexes Gebilde –, ist gewiss nicht in einem Moment erschaffen worden. Die Idee einer axialsymmetrisch organisierten Gebäudegruppe mag Michelangelo seit 1538 vorgeschwebt haben. Aber sie zu konkretisieren lag kein Anlass vor, auch war Michelangelo damals durch die Arbeit am *Jüngsten Gericht* voll in Anspruch genommen. Erst nach dessen Vollendung, 1541, wandte er sich wieder architektonischen Aufgaben zu. In den folgenden Jahren dürfte entstanden sein, was Vasari 1550, seine Bekanntheit voraussetzend, „il disegno del Campidoglio" nennt. Dazu gehörte mit Sicherheit die Treppe des Senatorenpalastes, vermutlich das Umbauprojekt für den Konservatorenpalast, dessen Reflexe in anderen Architekturen schon in der Jahrhundertmitte zu beobachten sind, so in Palladios Palazzi Chiericati und Valmarana und in Vasaris Uffizien; dass Michelangelo erst bei Baubeginn – er war damals 88 – ein derart kompliziertes, technisch anspruchsvolles und arbeitsintensives Projekt in Angriff genommen hätte, ist wenig wahrscheinlich. Die Baustelle scheint er nicht mehr betreten zu haben.

Auch für weitergehende Planungen zum Senatorenpalast gibt es keinen Anhaltspunkt, und es ist keineswegs ausgemacht, dass der alte Michelangelo ihn sich im Sinne der Dupérac-Stiche als ein hierarchisch übergeordnetes Spiegelbild der beiden Seitenpaläste vorgestellt hat. Vergegenwärtigt man sich die unterschiedliche Funktion der Gebäude, so wäre auch eine ganz andere Lesart denkbar: Die altertümliche Gesamterscheinung des Senatorenpalastes – mit Michelangelos Treppe vor der eckturmbewehrten Front – könnte auf eine aus feudaler Tradition hergeleitete Autorität hindeuten, die modern-antikisierende Architektur der Trabantenpaläste auf die in der städtisch-bürgerlichen Gesellschaft wirksamen Kräfte, die Tätigkeit des Gemeinderats und der Zünfte. Dieser Gegensatz, wenn Michelangelo ihn im Auge hatte, wäre in der Version Dupéracs eingeebnet, die Pilasterordnung zum puren Dekorationsmotiv verflacht und verallgemeinert worden. Auch nach seiner Umgestaltung imponiert der Senatorenpalast vor allem durch seine erhabene Position, seinen Umriss und sein Volumen, der Konservatorenpalast durch sein Gliederwerk; die große Ordnung erscheint dort hoheitsvoll und abstrakt, hier irdisch-konkret, durchwirkt von realen Kräften. Man sieht sie „arbeiten".

Michelangelos Kapitol ist politische Architektur. Aber seine „Aussage" ist nicht leicht zu verstehen. Der Auftrag Pauls III. ging dahin, den Platz der Kommune in einen Schauplatz obrigkeitlicher Machtentfaltung umzuformen; die um ein Herrscherbild zentrierten Anlagen der römischen Kaiserforen, speziell des Trajansforums, waren als Vorbilder gegenwärtig. Wie immer Michelangelo darüber dachte, er hat Pauls Vorhaben sich zu eigen gemacht und in großem Stil realisiert. Das Kapitol ist noch heute Sitz der römischen Stadtregierung, aber demokratischer Aktion bietet es keinen Raum; ja ein bürgermeisterliches Dekret untersagte 1998 ausdrücklich jede Art von Demonstration auf dem Platz, im Hinblick auf die „kulturellen Werte, die diesen zu einem der prestigeträchtigsten Orte Roms machen". Kultur vor Politik, Selbstdarstellung vor Machtausübung: Dies entspricht dem Verhalten der römischen Bürgerschaft seit dem Mittelalter. Als Zeugen römischer Größe hatten die Volksvertreter antike Statuen auf dem Hügel versammelt, ohne ihnen einen angemessenen baulichen Rahmen bieten zu können: ein utopisches Antiquarium, dem Michelangelo nun eine architektonische Dimension verlieh. Denn wie stets zielte seine Architektur höher, als der praktische Zweck es verlangte. Funktionell ein Komplex von Verwaltungsbauten wie Vasaris Uffizien, erheben seine Kapitolspaläste sich über den Alltag der Stadt als eine profane Akropolis. Dass er „die Welt in Ordnung bringe" (statt sich um Einzelheiten in den Sixtina-Fresken zu kümmern), erwartete Michelangelo von Paul IV. Vielleicht darf man in seinem Kapitol so etwas wie das Wunschbild eines geordneten Gemeinwesens sehen, in der Nachfolge der gemalten Idealstadtbilder der Renaissance. Aber Freiheit und Ordnung fallen nicht mehr wie dort selbstverständlich in eins, sie stehen zueinander in Spannung. Die Idealstadt Michelangelos entsprang dem Krisenbewusstsein der Moderne.

Mit dem Tod des jüngeren Antonio da Sangallo im September 1546 war die größte Baustelle Roms, die Basilika des heiligen Petrus, verwaist. Sie war 40 Jahre zuvor eröffnet worden, und Sangallo hatte ihr seit damals gedient – als Gehilfe Bramantes,

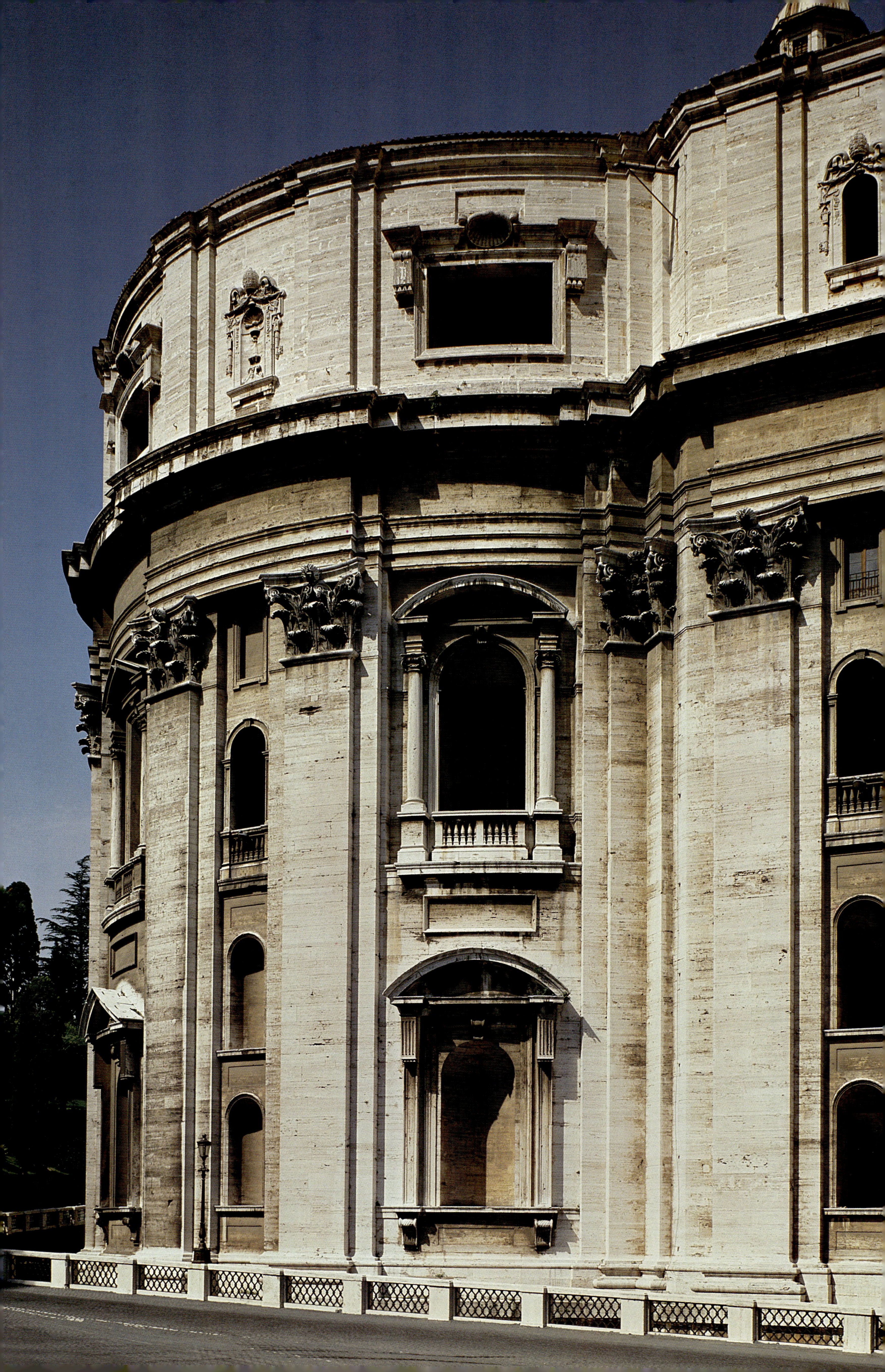

IX. DER ARCHITEKT IN ROM 1534–1564

Rom, Blick auf die Südtribuna von St. Peter

Fenster an der Südtribuna, Außen- und Innenansicht

als zweiter Architekt an der Seite Raffaels, schließlich als dessen Nachfolger in der Chefposition; er hatte alle einander ablösenden Pläne gekannt, an den meisten von ihnen mitgearbeitet. Jetzt trat Michelangelo, der seit seiner ersten Niederlage gegen Bramante dem Petersbau ferngestanden hatte, sein Erbe an – auf Befehl des Papstes, „gegen meinen Willen und unter äußerstem Druck", wie er später erklärte. Er wird gewusst haben, dass er sich der Aufgabe nicht würde entziehen können. Aber er wusste auch, was damit auf ihn zukam. Nach fünf krisengeschüttelten Pontifikaten hatte die Planung des Riesenbaus sich hoffnungslos festgefahren; die Bürokratie der zuständigen Behörde war ins Uferlose gewuchert, Korruption und Misswirtschaft hatten um sich gegriffen, das Bauwerk „war zur Geisel in der Hand seiner Betreiber geworden" (Vasari). So ging es nicht darum, weiter schöne neue Entwürfe zu produzieren, sondern den Bau in die Hand zu bekommen, gegen den Widerstand des Sangallo-Clans – der „setta (Sekte) sangallesca", wie Michelangelo ihn grimmig nannte – und der mit ihm verbündeten Kurialen.

Michelangelos Waffe war ein Gegenbündnis zwischen ihm selbst und dem Papst als der obersten, absolut souveränen Entscheidungsinstanz, so wie er dies auch in seinen Florentiner Bauvorhaben angestrebt hatte. Mit Recht hat man von seinem „Kunstabsolutismus" gesprochen; er entspricht der Option des europäischen Bürgertums für den modernen, zentralistisch geführten Staat, gegen das Privilegiensystem der Feudalgesellschaft. Die außerordentlichen Vollmachten, die er seinem Architekten übertrug, begründete Paul III. damit, dass dieser sein Amt allein „per l'amor de Dio" ausübe, unter Verzicht auf das ihm zustehende Gehalt. Das sicherte Michelangelo die Unangreifbarkeit eines Gottgesandten. Den Deputierten der Baukongregation erklärte er, sie hätten das nötige Geld zu beschaffen und es vor „Dieben" – ungetreuen Werkleuten und Beamten – zu schützen; die Bauplanung sei seine Sache, und er diskutiere sie allein mit dem Papst; was Paul III. und sein Nachfolger Julius III. (reg. 1550–1555) ausdrücklich bestätigten. In der Fabbrica provozierte Michelangelo einen Skandal, kritisierte Sangallos Projekt in Grund und Boden und ersetzte die Häupter der Sangallo-Partei durch Männer seines Vertrauens. Es war und blieb ein Kampf gegen eine Hydra; noch ein Jahr vor seinem Tod musste Michelangelo mit Rücktritt drohen, um die Ernennung seines Erzfeindes Baccio Bigio zum *soprastante* rückgängig zu machen.

Die Planungsgeschichte von Neu-St.-Peter kann hier nicht resümiert werden. Ihren zur Zeit der Berufung Michelangelos erreichten Stand illustriert Sangallos berühmtes Holzmodell von 1539–1546, ein Monstrum von über 7 m Länge, in allen Details perfekt ausgearbeitet. Es hat kein Langhaus, wohl auf Wunsch des Papstes, der die Bauzeit begrenzt sehen wollte; allerdings hatte Sangallo sich eine absurd aufwendige Vestibül- und Fassadenarchitektur ausgedacht, die, wenn ausgeführt, jede Zeitersparnis illusorisch gemacht hätte. Auf dem Bauplatz entstand unterdessen ein kurioses Zwittergebilde: Die noch aufrecht stehende vordere Hälfte des Langhauses der alten Basilika wurde konsolidiert und für den Gottesdienst wieder nutzbar gemacht;

MICHELANGELO

Blick in das südliche Querhaus von St. Peter

Paris Nogari
Idealvedute von St. Peter
(Detail), 1587
Fresko
Rom, Biblioteca Apostolica
Vaticana, La Sala Sistina

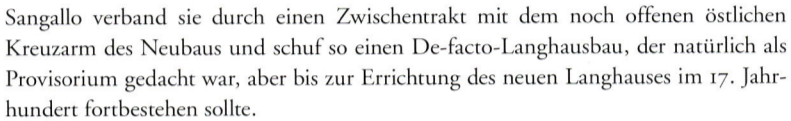

Sangallo verband sie durch einen Zwischentrakt mit dem noch offenen östlichen Kreuzarm des Neubaus und schuf so einen De-facto-Langhausbau, der natürlich als Provisorium gedacht war, aber bis zur Errichtung des neuen Langhauses im 17. Jahrhundert fortbestehen sollte.

Was Michelangelo dem entgegensetzte, erfahren wir aus einer Stichserie Dupéracs. Sie zeigt einen Bau, der mit Sangallos Modell auf den ersten Blick kaum etwas gemein hat. Es fehlt der Fassadentrakt mit seinen Türmen und Aufbauten; den Umfang des Zentralbaus hat Michelangelo reduziert, indem er Bramantes Apsidenumgänge wegschnitt. Er hielt sie, wie aus einem Brief hervorgeht, für eine entstellende Zutat Sangallos. Offenbar orientierte er sich an dem Chorarm, den Bramante auf Wunsch Julius' II., abweichend von seinem eigenen Entwurf, über dem Fundament des quattrocentesken „Rossellino-Chors" hatte errichten müssen. Vier solche Kreuzarme, einschiffig, umgangslos, durch große Fenster erhellt und innen wie außen durch Kolossalpilaster gegliedert: Das war der Petersbau, der Michelangelo vorschwebte, „klar, hell und eindeutig, ringsum freistehend", wie er selbst sein Ideal formulierte. Es war eine radikale Absage an die Tradition der Basilika und ihre multiple, hierarchisch gestufte, differenziert ausgeleuchtete Raumstruktur, die in Bramantes Entwürfen fortlebte und auch von Sangallo noch konserviert worden war.

Michelangelo wusste wohl, dass seine Lebenszeit nicht ausreichen würde, den Bau zu vollenden. So galt seine Hauptsorge der Sicherung seiner *compositione* gegen Veränderungen durch die Nachfolger. Zwei Strukturen sollten exemplarisch für den Gesamtbau stehen: die Tribuna (Apsis) des Südquerarms und die Kuppel. An der Tribuna hatte Sangallo schon das Untergeschoss des Umgangs errichtet. Dessen Abbruch stieß auf den erbitterten Widerstand der Deputierten, die keine Einbuße an Bauvolumen hinnehmen wollten; der Papst werde nach Michelangelos Eingriff S. Pietro in „S. Pietrino" (Klein-St.-Peter) umtaufen müssen. Aber das ökonomische Argument war unwiderleglich: Das Opfer an schon geleisteter Arbeit würde im Weiterbau eine bedeutende Zeit- und Kostenersparnis einbringen. Erst nach und nach wuchs die Einsicht in den damit zu erzielenden ästhetischen Gewinn; Vasari formulierte sie schlagend in seinem Diktum von der „minor forma, ma sì bene maggior grandezza" des Michelangelo-Baus. Die planerische Aufgabe wurde durch die Reduktion nicht vereinfacht, im Gegenteil; leider können wir mangels einschlägiger Zeichnungen Michelangelos Vorgehen nicht verfolgen. Vordringlich war ein Ersatz für die vier von Sangallo geplanten Spindelrampen für den Materialtransport während des Baus; Michelangelo verlegte sie ins Innere der Konterpfeiler, schrägte deren Außenkanten ab und verhalf so dem Gesamtbau zu einem einheitlich bewegten Außenmantel. Ferraboscos Stiche im Maßstab 1:100 mit ihren exakten, in diversen Ebenen geführten Horizontal- und Vertikalschnitten durch Mauerkörper und Hohlräume, Gewölbe, Treppen und Korridore vermitteln einen Begriff von der Komplexität der Strukturen.

Im Blick auf das Ganze wird Michelangelos Planungsziel deutlich: Der Kerngedanke Bramantes – die große Kuppel über einem Gerüst von Pfeilern und Bögen – sollte auch am Außenbau sichtbar werden. Wo Sangallo treu nach Vitruv eine Säulenordnung über die andere gestapelt hatte, markieren nun Kolossalpilaster, paarweise gebündelt, die tragenden Partien der Apsiswand des Baukörpers; dazwischen öffnen sich unten Nischen, oben Fenster, kolossal auch sie (S. 324). Die kritische Zone war die der Gewölbe. Die Apsiskalotte sollte, wie die aufgehende Wand, ganz in Travertin ausgeführt werden, „was in Rom nicht gebräuchlich war", als ein aus drei gekrümmten Flächen zusammengesetztes Gebilde. Aber Michelangelos Anweisungen waren wohl nicht klar oder nicht detailliert genug; die unter Sangallo geschulten Bauleute arbeiteten im gewohnten Stil, und als Michelangelo, der nur noch selten vor Ort ging, das Ergebnis sah, wollte er „vor Scham sterben". Er setzte durch, dass die schon errichteten Teile wieder abgetragen und neu aufgeführt wurden. Am Außenbau entsprach den Gewölben die Attika über dem Hauptgebälk. Michelangelo ließ sie ungegliedert: Durch drei riesige, in die glatte Wand eingeschnittene Bogenfenster sollte Licht ins Innere fallen. Die Idee war zu ungewöhnlich; sogleich nach Michelangelos Tod wurde – zuerst an der Nordseite – die auf den Dupérac-Stichen dargestellte Verkleidung angebracht, die trichterförmigen Lichtschächte wurden durch querrechteckige Fensterrahmen kaschiert.

An das Verständnis der Zeitgenossen stellte Michelangelos Architektur erhebliche Anforderungen. Der römische Geschmack war geprägt vom Klassizismus der Bramante-Raffael-Schule, und dem entsprach Sangallos Modellprojekt: Wer die Regeln der „guten Architektur" beherrschte, konnte seine Formgebung nachvollziehen. Vor diesem Hintergrund musste die Tribuna, die Michelangelo 1546/47 erst im Ton-, dann im Holzmodell präsentierte, als Ausgeburt purer Willkür erscheinen. Wir können das einem Brief entnehmen, in dem Michelangelo einen Kritiker, vermutlich ein Mitglied der Baukongregation, mit einem architekturtheoretischen Gemeinplatz abfertigt: Da er den Grundriss verändert habe, habe er auch die *adornamenti* verändern müssen, das hänge zusammen wie die Glieder im menschlichen Körper; wer nicht Anatomie studiert habe, könne es nicht verstehen. Ihm war wohl bewusst, dass, was er machen wollte und gemacht hatte, auf rationaler Ebene nicht zu erklären war. Vielmehr lag die Neuheit seiner Architektursprache in der emotionalen Aufladung aller Formen, auch und gerade der konventionell geprägten. So hat er die Elemente der Innengliederung der Tribuna – Bramantes große Pilaster und architravierte Säulen – in ihrem Bestand nicht angetastet, aber je für sich unter Spannung gesetzt: Die tragenden Glieder springen hervor, Gesimse verkröpfen sich, die Fenster liegen in tief eingeschnittenen Schächten, auf deren Grund im Inneren der Wand Quaderwerk sichtbar wird; die Fensterrahmungen werden gegen die Gebälkunterkante gedrängt, ihre Giebel gesprengt (S. 325). Auch am Außenbau sind die Einzelformen, auf Papier betrachtet, nicht unbedingt neu; was den Beschauer vor Ort überwältigt, sind primär ihre Dimensionen und vielleicht eine Art unterschwelliger Furcht vor den Kräften, die diese Steinmassen in Bewegung halten, weit über das konstruktiv geforderte Maß hinaus. Der Eindruck war wohl noch stärker, solange das Gedränge der Gliederungen noch mit Michelangelos glatter Attika kontrastierte, nicht in deren Verkleidung gemildert ausklang. Auch so bleibt es ein erstaunliches Stück „absoluter" Architektur, darin vergleichbar dem Ricetto der Laurenziana. Aber es wendet sich nicht mehr gegen die klassische Tradition, sondern bezieht diese ein, zeigt Möglichkeiten des Umgangs mit ihr.

Sobald die neue Tribuna im Bau war, wandte Michelangelo sich der Kuppel zu. Ihre Ausführung lag noch fern, aber sie würde den Bau bekrönen, den Fortbestand seines Projekts sichern. So hatte Bramante sich verhalten, als er, „ehe er starb" (Serlio), noch seinen Kuppelentwurf zu Papier brachte; Serlio publizierte ihn dann im Holzschnitt. Ein ernsthafter Schritt in Richtung Kuppelbau wurde seitdem nicht mehr unternommen, erst Michelangelo trieb den Bau wieder in die Vertikale, indem er auf Bramantes Tragbögen den Tambour errichtete. Weiter kam er nicht mehr, aber er hinterließ ein Holzmodell seines Entwurfs (S. 328). 20 Jahre nach Michelangelos Tod führte Della Porta die Wölbung aus, in abweichender Form: Das Profil der Kalotte wurde zugespitzt, der Scheitel liegt über 8 m höher, als Michelangelo es gewollt hatte. Auch das Modell wurde damals verändert. Daraus erwuchs die Aufgabe einer Rekonstruktion der Michelangelo-Kuppel aufgrund früher Zeichnungen nach dem Modell, der Stichserie Dupéracs und einer ausführlichen Beschreibung Vasaris; sie kann heute nach intensiver Diskussion in der Forschungsliteratur als im Wesentlichen gelöst gelten.

Im Kuppelbau greifen Technik und Kunst ineinander, statische wie konstruktive Überlegungen wirken auf die Formgebung ein. Bramante hatte sich zugetraut, die halbkugelige Kalotte des Pantheons auf einen freistehenden, lichtdurchlässigen Tambour zu setzen und ihre Scheitelöffnung mit einer Laterne zu belasten, eine gewagte Synthese heterogener, unterschiedlichen konstruktiven Traditionen entstammender Elemente. Sein Nachfolger Sangallo zeigte sich skeptisch; er zog es vor, sich am Beispiel einer modernen Großkonstruktion, Brunelleschis Florentiner Dom-

MICHELANGELO

Zu jeder Zeit des Jahres und Tages weist die Peterskuppel neue Schönheiten auf: ob die Morgenröte oder die Mittagsglut sie bestrahlt, ob die scheidende Abendsonne die Fenster ihres Tambours durchleuchtet, oder ob dunkle Regen- und Gewitterwolken sie beschatten, selbst dann, wenn der bleierne Himmel des Schirokko sich über die Ewige Stadt lagert ... Von jedem Standpunkt aus wirkt sie großartig, vom Pincio wie von den Kaiserpalästen. Von den Höhen der Albanerberge betrachtet, tritt sie unter allen Bauten Roms allein beherrschend hervor.

— LUDWIG VON PASTOR, 1926

Kuppelmodell von St. Peter, Außen- und Innenansicht
Rom, Reverenda Fabbrica di S. Pietro

Seite 329–331:
Kuppel von St. Peter

kuppel (S. 201), zu orientieren. In seinen Entwürfen erprobte er spitzbogige Profile, der Kuppel seines Holzmodells gab er im Inneren einen elliptischen Querschnitt; für die Außenkontur behielt er Bramantes Halbkugel bei, doch verschwand deren Fußzone hinter einem doppelgeschossigen Umgang, der den Tambour gegen den Schub der Wölbung absichern sollte. Auch Michelangelo ließ sich zu Beginn seiner Arbeit die Maße der Florentiner Kuppel schicken. Aber er wollte den Tambour aus Sangallos Umhüllung befreien, die Kuppelwölbung wieder voll sichtbar machen. In seinen frühen Entwürfen schwankt er zwischen halbrunden und leicht zugespitzten Profilen. Dabei zeichnet sich ein neues konstruktives Konzept ab: Die äußere Wölbschale wird nicht mehr als reine Bedeckung behandelt, sondern übernimmt selbst tragende Funktion; in der Haarlemer Zeichnung sieht es so aus, als sei sie speziell zur Aufnahme der Laterne gedacht, in der Michelangelo vielleicht das eigentliche Problem der Kuppel erkannte. Im Gegensatz zu Sangallo wollte er die Innenschale halbrund lassen und die Außenschale überhöhen, so dass der Zwischenraum nach oben hin zunahm. Dies bleibt ein Merkmal seiner Entwürfe bis zum Modell, und auch Della Porta hat daran festgehalten; ähnliche Konstruktionen finden sich in Florenz schon bei Giuliano da Sangallo (Bellini, 2006). Im Modell hatten beide Schalen Halbkreisform, doch waren die Zentren der Bögen auf komplizierte Art gegeneinander versetzt; Michelangelo hat dies Vasari genau erläutert. Es wäre in jedem Fall eine Konstruktion an der Grenze des technisch Möglichen gewesen (während Sangallo mit seiner Ellipse der statischen Ideallinie ziemlich nahegekommen war); ob sie sich bewährt hätte und ob Della Portas Eingriff sie tatsächlich verbessert hat, bliebe zu untersuchen.

In der Gestaltung des Tambours knüpfte Michelangelo an seine 30 Jahre zurückliegenden Entwürfe für den Dom von Florenz an. In der Liller Zeichnung denkt er noch an 12 große Rundfenster; sie werden später durch 16 hochrechteckige Fenster mit Giebeln ersetzt. Schwer lastet die Halbkugel der Dupérac-Stiche auf dem Tambour (während Della Portas Kuppel sich leicht über ihn emporschwingt); am Kämpferpunkt nehmen 16 weit auskragende, durch Kolossalstatuen beschwerte Strebepfeiler den Seitenschub auf. Ihre Außenkanten sind mit Doppelsäulen besetzt; der Rhythmus der Pilasterordnung des Unterbaus erscheint in ihnen konzentriert, reguliert und gebändigt. Die doppelten Kraftlinien setzen sich in den Rippen der Kalotte fort – der Dupérac-Stich zeigt sie in ihrer ursprünglich geplanten Form – und kulminieren in den 16 Säulenpaaren der Laterne.

Im Hinblick auf den Gesamtbau bleiben zwei Fragen offen. Die Dupérac-Stiche zeigen eine Eingangsfassade aus zwei Säulenreihen, aber ihre Abbildung ist in sich widersprüchlich, und es gibt Gründe für die Annahme, sie sei nachträglich hinzugefügt worden. Michelangelo hat in einer frühen, sehr summarischen Zeichnung eine der Ostapsis vorgelagerte offene Portikus von der Art der Pantheon-Vorhalle skizziert. Vermutlich dachte er an eine Eingangslösung dieses Typs, hat aber dafür keinen

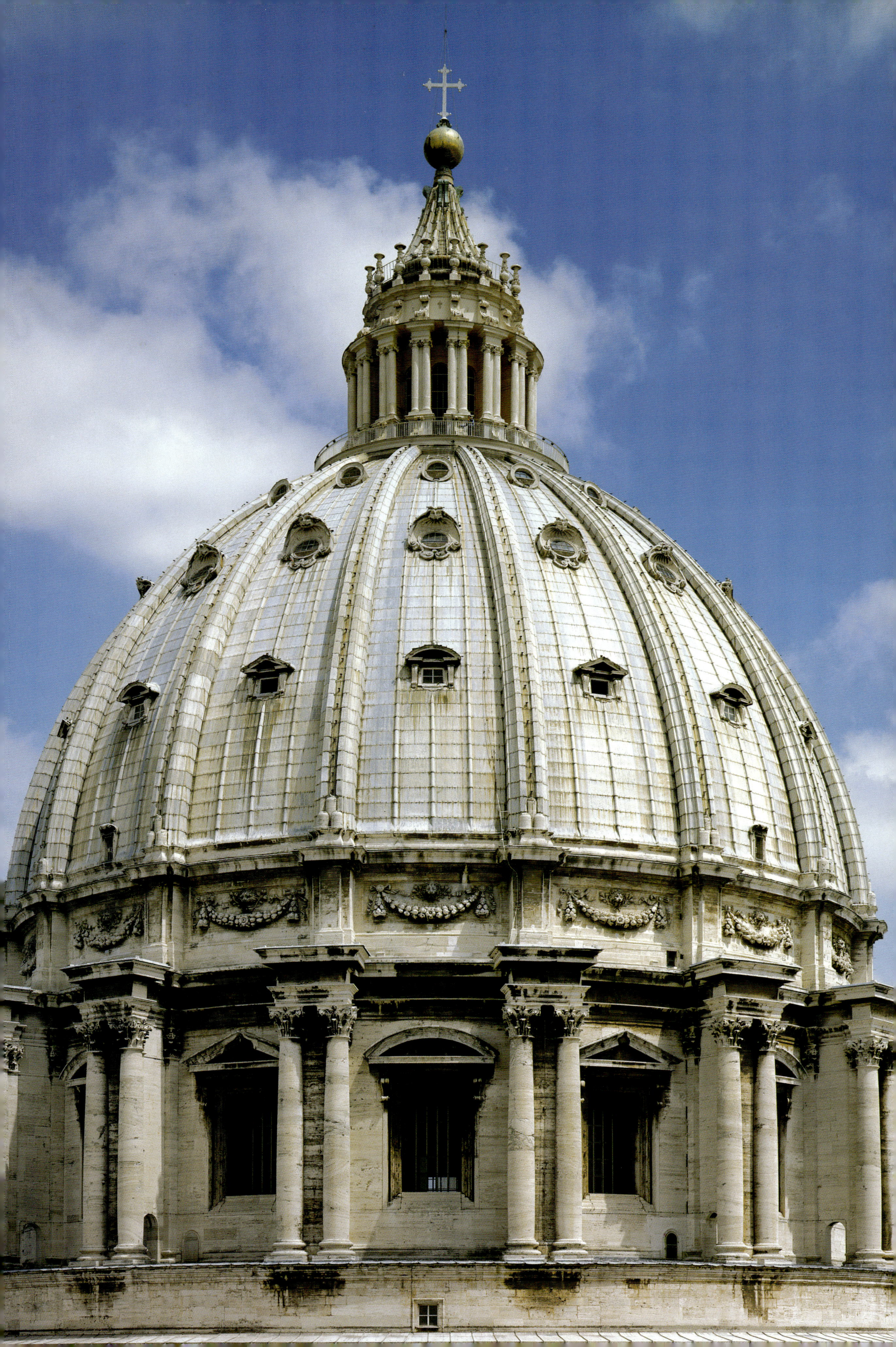

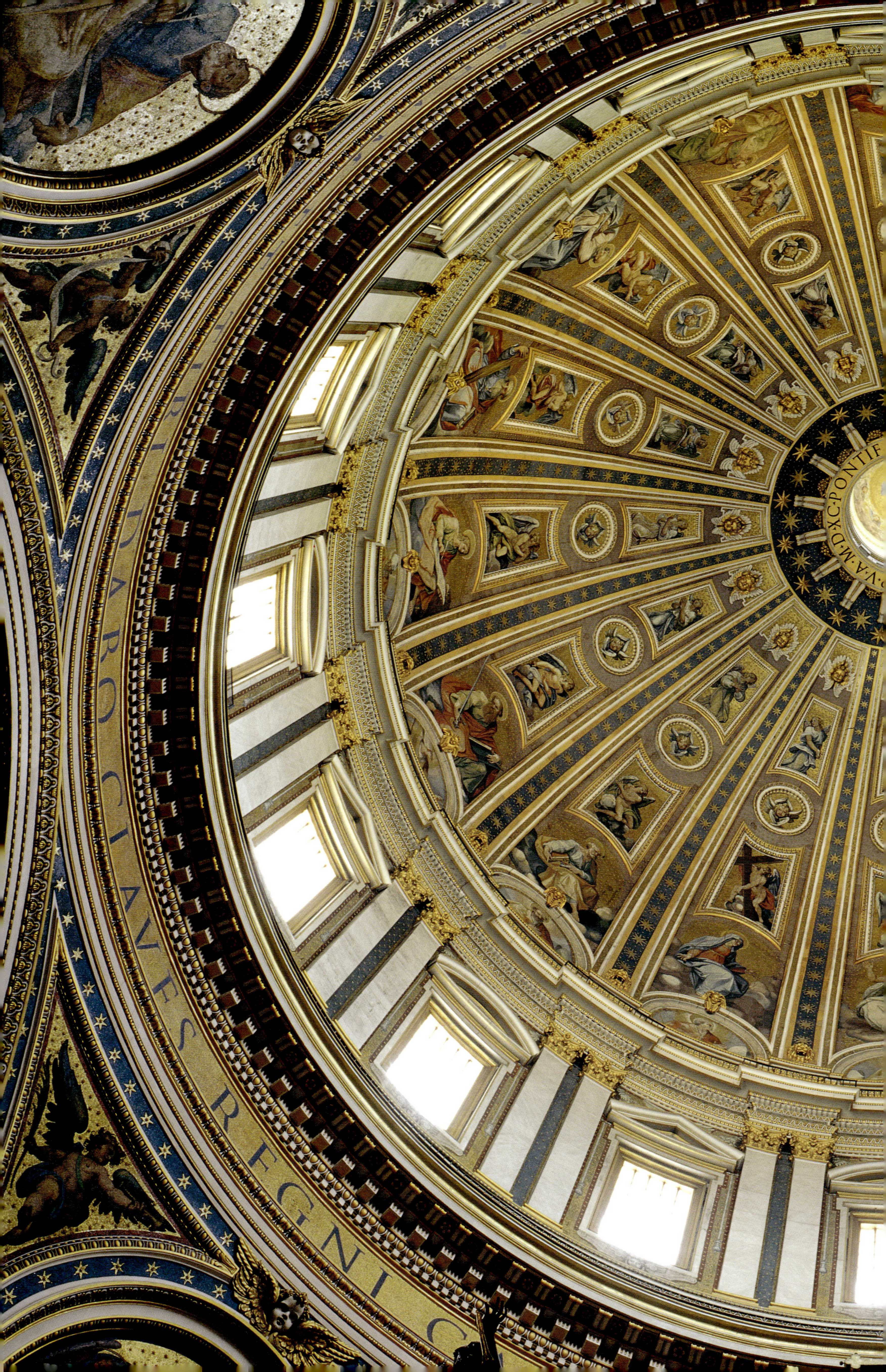
CLAVES REGNI

ERVS ET SVPER HANC PETR

Innen im Hof baute er über der ersten Säulenreihe die beiden folgenden mit den verschiedenartigsten zierlichsten Fenstern, Ausschmückungen und Dachgesimsen, die man je gesehen hat, sodass es durch die Bemühung um den Geist dieses Künstlers numehr der schönste Hof in ganz Europa ist.

— GIORGIO VASARI

Entwurf hinterlassen, und seine Nachfolger standen vor der Aufgabe, das Michelangelo-Projekt, das im Stich fixiert werden sollte, zu komplettieren. Ähnlich liegen die Dinge bei den Nebenkuppeln, genauer gesagt, den offenen Scheinkuppeln über den vier im Unterbau steckenden Eckkapellen. Die der Dupérac-Stiche werden überzeugend Vignola zugeschrieben, die beiden heute stehenden stammen von Della Porta. Entwürfe Michelangelos sind nicht erhalten; ob er überhaupt an derartige Gebilde dachte oder wie anders er die beim Bau der Eckkapellen auftretenden technischen Probleme (Beleuchtung, Wasserführung) lösen wollte, wissen wir nicht.

St. Peter ist Michelangelos größtes architektonisches Werk und dasjenige, mit dem er sich am rückhaltlosesten identifizierte. Von Cosimo I. zur Rückkehr nach Florenz eingeladen, ließ Michelangelo dem Herzog bestellen, er könne aus Liebe zu Gott und zum heiligen Petrus Rom nicht verlassen, man werde ihm sonst seinen Petersbau verderben: ein Unglück, eine Schande und eine große Sünde. Je mehr der Gedanke an den Tod ihn beschäftigte („ich fasse keinen Gedanken mehr, in den nicht der Tod eingemeißelt ist"), desto zwingender empfand er die Verpflichtung, seine Vision einer neuen, aus den Fesseln der Tradition befreiten Kirche zu realisieren. Es gelang ihm beinahe. Aber die Geschichte des Baus ging nach seinem Tod weiter; ein Langhaus wurde angefügt und der Zentralbau mit seiner Kuppel dem Blick entzogen, überdies durch Korrekturen und Zutaten geglättet, entschärft und in den historischen Kontext der alt-neuen Petersbasilika eingebunden. Was Michelangelo gewollt hat, ist am Bau selbst nur noch fragmentarisch erfahrbar.

„Il dado (der Würfel) dei Farnese" (S. 332) verrät dem Beschauer auf dem Vorplatz so gut wie nichts von den Peripetien seiner nahezu 100-jährigen Baugeschichte. 1514 von Antonio da Sangallo begonnen, kam der Bau ziemlich langsam voran, bis 20 Jahre später Kardinal Alessandro Farnese als Paul III. zum Papst gewählt wurde; so wuchs das als innerstädtischer Wohnpalast konzipierte Gebäude in die Rolle einer Fürstenresidenz hinein, ohne dass an Lage und Umfang noch viel zu verändern war. Mit der Umplanung leistete Sangallo ein solides Stück Arbeit; Michelangelo, dem Paul III. nach Sangallos Tod auch diese Baustelle anvertraute, hatte dessen Linie zu akzeptieren, war aber jedenfalls entschlossen, seine eigenen Akzente zu setzen.

Furore machte Michelangelos Eingriff in die Hauptfassade. Sangallo hatte wie am Außenbau von St. Peter Geschoss auf Geschoss gesetzt, die beiden unteren waren bei seinem Tode fertig, das dritte, niedrigere, im Bau; Michelangelo fasste die Gesamtproportion des Blocks ins Auge und verlagerte, wie schon in seinem Fassadenmodell für S. Lorenzo in Florenz (S. 203), das Gewicht der Komposition nach oben, indem er das dritte Geschoss erhöhte und mit einem überschweren, auf die Gesamtmasse des Palastes bezogenen Kranzgesims krönte (S. 333). Das war für Rom etwas Neues. Ein 3,50 m langes Probestück des Gesimses wurde aus Holz hergestellt und versuchsweise auf die rechte Ecke der Fassade gesetzt; nachdem der Papst es gebilligt hatte, folgte die Ausführung in Stein. Die „setta sangallesca" war prompt zur Stelle: Ein wohl von Antonios Bruder Giambattista verfasstes Schriftstück listete alle möglichen „Fehler" des neuen Gesimses auf, Baccio Bigio warnte, dessen (physisches) Übergewicht werde den Bestand der Fassade gefährden. Er wusste wohl, dass die Fundamente des Vorder-

IX. DER ARCHITEKT IN ROM 1534–1564

Rom, Palazzo Farnese

Detail des Kranzgesimses

Blick in den Innenhof

trakts zum Teil auf schwachem antikem Mauerwerk ruhten. Sie mussten tatsächlich nachgebessert werden. Ein zweiter Eingriff betraf das Mittelfenster des Hauptgeschosses. Schon Sangallo hatte es nach 1534 mit Balkon, Säulenstellung und einer Bogenöffnung ausgezeichnet; Michelangelo entschied sich wie stets für einen geraden Architrav und nutzte die damit gewonnene Wandfläche zur Anbringung eines kolossalen marmornen Wappenschildes, gekrönt von Tiara und Schlüsseln.

Nach dem Tod Pauls III. übergab Michelangelo die Bauleitung an Vignola, der schon seit zwei Jahren in farnesischen Diensten stand, doch blieb sein Entwurf maßgeblich für die Architektur des Hofes (S. 333). Im zweiten Geschoss wurde Sangallos vitruvianisch korrekte Pfeilerarkade, deren Werkstücke wohl schon bereitlagen, durch einen kostbar skulptierten Fries bereichert und verfremdet, das dritte Geschoss ist reiner Anti-Sangallo: steile Proportionen, Fensterädikulen von ausgesuchter Bizarrerie, keine Bögen, keine Halbsäulen, dafür flach geschichtete Pilasterbündel und ein geistreich verkürztes, exquisit ornamentiertes Gebälk. Vasari fand die Formel, Michelangelo habe hier den römischen Travertin „geadelt", indem er ihn wie Marmor behandelte.

Ein Fürstensitz sollte nach außen wirken, seine Umgebung beherrschen. Der Farnese-Palast tut dies allein durch sein – von Michelangelo optisch akzentuiertes – Volumen; urbanistisch war er in eine Situation eingebunden, die jeder bauherrlichen Initiative enge Grenzen setzte. Immerhin gelang es, einen Vorplatz freizuhalten und eine vom Campo dei Fiori auf das Mittelportal zielende, halbwegs geradlinige Straße anzulegen. Es scheint Michelangelos Wunsch gewesen zu sein, diese Blickachse durch den Palastblock fortzuführen: Er wollte die Loggien in den beiden Untergeschossen der Hofrückwand offen halten und so den Durchblick in einen Gartenhof freigeben, wo die in den Caracalla-Thermen aufgefundene Marmorgruppe des *Farnesischen Stiers* ihren Platz finden sollte. Damit nicht genug, schlug er laut Vasari vor, in der Achse des Palasts eine Brücke über den Tiber zu schlagen und so eine Verbindung zu der jenseits des Flusses gelegenen Suburbanvilla der Familie – der „Farnesina" – herzustellen. Damit wäre im Weichbild der Stadt ein Residenz-Komplex nach dem Muster des Vatikans entstanden, ein Ziel, das Paul III. ja offenbar schon beim Bau seiner Aracoeli-Villa vorgeschwebt hatte. Die „Roma farnesiana" Papst Pauls (Bruschi, 2004) hätte damit ihr beherrschendes Zentrum erhalten.

Michelangelos römische Architekturen sind Alterswerke: als er das Amt des Petersbaumeisters antrat, war er 71. Auch später kamen noch vielerlei architektonische Aufgaben auf ihn zu, und er entzog sich ihnen nicht, wenngleich seine Aktivität in der Regel auf Vorschläge oder Anregungen beschränkt blieb; Bauvorhaben verantwortlich zu übernehmen war er nicht mehr bereit. Aber im letzten Jahrfünft seines langen Lebens trat er noch vier Mal mit ganz und gar neuen, alle Konventionen der Zeit herausfordernden Ideen hervor.

In der Geschichte der 1484 gegründeten Nationalkirche der in Rom lebenden Florentiner, S. Giovanni dei Fiorentini, kommen die Namen der berühmtesten Renaissancearchitekten vor, und es fehlte nicht an großartigen Plänen. Aber der Bau gelangte aus vielerlei Gründen nie über erste Anfänge hinaus, bis Della Porta 1583 die heute stehende Kirche zu errichten begann. So konnte Michelangelo, als die Florentiner ihn im Juli 1559 um einen Entwurf baten, für dieses eine Mal seiner Erfindungskraft freien Lauf lassen. Er sagt auch sofort zu, ohne die üblichen Ausflüchte, gibt allerdings zu verstehen, dass er vom Herzog persönlich gebeten zu werden wünscht. Dieser tut das in der liebenswürdigsten Form: „Wir möchten Euch bitten, wenn es Euch nichts ausmacht, uns ein wenig zur Hand zu gehen (…)" Michelangelo antwortet postwendend, er habe schon diverse Entwürfe gemacht, und die Deputierten hätten den schönsten ausgewählt. Den Florentinern erklärt er laut Vasari, dies werde ein Bau, wie ihn weder Römer noch Griechen je zustande gebracht hätten: Die euphorische Stimmung aus den Tagen seines ersten Medici-Auftrags –

„der Spiegel ganz Italiens" – scheint wiederzukehren. Sein Adlatus Tiberio Calcagni zeichnet den Plan ins Reine, ein Tonmodell und ein 1,80 m hohes Holzmodell werden angefertigt. Im März 1560 reist Calcagni nach Pisa, um dem Herzog einen Satz Zeichnungen zu überbringen. Dieser findet immer neue Wendungen, sein Entzücken auszudrücken und Michelangelo zu schmeicheln – „Ich habe mich in Euren Entwurf verliebt. (…) Der Bau wird dem Ruhm unserer Stadt und Eurem ewigen Andenken dienen, und das habt Ihr wahrlich verdient" –, verspricht auch, etwas vage, die nötigen Mittel lockerzumachen. Im Mai wird ein Bauunternehmer verpflichtet, unter Leitung Calcagnis beginnt die Arbeit an den Fundamenten. Aber die Gelder fließen spärlich und bleiben 1562 ganz aus, und damit endet das Unternehmen.

Michelangelos Holzmodell hat bis ins 18. Jahrhundert existiert und ist in Zeichnungen und Stichen (S. 335) gut überliefert. Schwieriger zu beurteilen sind seine Entwürfe. Drei oder vier Grundrisse der Casa Buonarroti lassen sich mit S. Giovanni verbinden. Aber es sind Arbeitsblätter, keine Reinzeichnungen – Michelangelo entschuldigt sich gegenüber dem Herzog, das Alter hindere ihn, solche

MICHELANGELO

IX. DER ARCHITEKT IN ROM 1534–1564

Grundrissentwurf und Skizzen für S. Giovanni dei Fiorentini, 1559
Feder, Lavierung, Rötel und schwarzer Lapis, 425 × 295 mm
Florenz, Casa Buonarroti, 120Ar

Jaques Le Mercier
Holzmodell für S. Giovanni dei Fiorentini von Michelangelo und Tiberio Calcagni, 1607

Giovanni Antonio Dosio
S. Giovanni dei Fiorentini, Schnitt durch das Holzmodell
Modena, Biblioteca Estense, ms. Campori App. 1775 (C. 140v–141r)

herzustellen –, auch wenn vielleicht eines von ihnen dem Herzog schon einmal vorgelegt wurde („jener Grundriss, den Sie gesehen haben"). Michelangelo benutzt für jeden Entwurf nur ein Blatt, probiert und korrigiert mit Stift, Feder und Pinsel, sicher nicht um des „malerischen" Gesamteffekts willen, sondern um sich die Mühe des wiederholten Auftragens der Konstruktion zu ersparen. So liegen Hilfslinien, Skizzen, erste Ansätze, Korrekturen übereinander, und die kräftigen Lavierungen sind nicht als Energieäußerungen des Zeichners zu verstehen, sondern dienen der Selbstverständigung über das Erreichte. Einzelheiten der Aufrissgestaltung sind den Blättern nicht zu entnehmen, und nicht immer wird klar, was dem Autor räumlich vorgeschwebt haben mag.

Fest steht: Michelangelo will einen Zentralbau – das Grundstück eignete sich dafür –, und er fasst diesen Begriff erstaunlich weit. Das Pantheon, S. Costanza und S. Stefano rotondo, das Florentiner Baptisterium, Brunelleschis S. Maria degli Angeli, Bramantes Tempietto mit seinem Rundhof sind ihm als Exempla präsent; sie alle will er übertreffen, indem er ihre Grundformen miteinander verschmilzt. Kreis und Quadrat, Umgang, Oktogon, griechisches Kreuz und Andreaskreuz sollen sich durchdringen und in einer höheren Einheit aufgehen. Als leitendes Prinzip erscheint die von Entwurf zu Entwurf rigoroser durchgeführte Zentralsymmetrie, der alle inhaltlichen Vorgaben – Vorhalle, Taufkapelle, Presbyterium, Haupt- und Nebenaltäre, Kapellen und Sakristeien – sich unterzuordnen haben. Aber die große Synthese gelingt nur zum Teil. In der definitiven, im Modell dargestellten Version fällt der Umgang weg, der Stützenkranz rückt an die Peripherie, Zylinder und Halbkugel bilden einen Hauptraum von elementarer Einfachheit, umgeben von einer Folge klar abgesetzter, teils rechteckiger, teils ovaler Nebenräume. Die Wände bestehen aus acht rhythmisch gruppierten, also gegen die Achsen der Windrose verschobenen Pfeilern, zwischen ihnen öffnen sich abwechselnd große und kleinere Arkaden. In der Tambourzone sitzt über jedem Pfeiler (!) ein großes Fenster mit schrägem, nach außen trichterförmig geöffnetem Lichtschacht, in jedem Nebenraum gibt es nochmals zwei kleinere Fenster, also insgesamt 24 in den aufgehenden Wänden, dazu die Kuppellaterne: ein Pantheon, das man sich von allseits einfallendem Tageslicht erfüllt vorstellen muss.

Die Wandbehandlung ist streng tektonisch: Vollsäulen in zwei Geschossen, Nischen, ein paar flache Rahmenfelder; hier hätten, wäre der Bau zustande gekommen, künftige Stiftergenerationen für Abwechslung gesorgt. Den Außenbau gliedern schlichte („toskanische") Pilaster in sparsamster Dosierung, die Attika ist glatt, die Kuppel ein reiner Rotationskörper ohne jedes Relief. Es ist sonderbar zu denken, dass

Michelangelo in denselben Jahren, 1558–1561, an seinem Peterskuppelmodell gearbeitet hat. Reizte ihn einzig die Spannweite formaler Möglichkeiten, oder ging es um einen meditativen, in sich selbst ruhenden Gegenpol zur Machtrhetorik der päpstlichen Basilika? Auch das Ideal einer allseits symmetrischen, durch keinerlei Richtungsimpulse gestörten Zentralität ließe sich in diesem Sinne verstehen: Signal der Abkehr von einer den Konflikten dieser Welt gewidmeten Vita activa.

Die Cappella Sforza am linken Seitenschiff von S. Maria Maggiore (S. 336) galt lange Zeit als ein unsicher überliefertes, postum ausgeführtes und dabei entstelltes Werk; erst kürzlich ist die Entstehungsgeschichte geklärt und Michelangelos Autorschaft in allen wesentlichen Punkten bestätigt worden (Satzinger, 2005), womit auf Michelangelos Spätwerk im Ganzen neues Licht fällt. Der Entwurf muss Ende 1561/Anfang 1562, also unmittelbar nach dem für S. Giovanni dei Fiorentini, entstanden sein. Im August 1562 gibt es ein Modell, 1563 ist der Bau im Gang, unter Leitung Tiberio Calcagnis; er kam wohl zügig voran, da das Altarbild Sicciolantes schon auf 1565 datiert ist. Die Eingangsfassade im Seitenschiff der Kirche wurde 1573 hinzugefügt, wahrscheinlich von Giacomo Della Porta.

Auftraggeber war der 1564 verstorbene Kardinal Guido Ascanio Sforza, Erzpriester von S. Maria Maggiore, der mit der Grablege für seine Familie zugleich die Sakramentskapelle der Basilika schuf. Dies erklärt vielleicht die ungewöhnliche Gestalt des Baus: Auf einen quadratischen Zentralraum mit vier Ecksäulen und seitlichen Grabnischen folgt ein tiefes Sacellum, das Platz für ein auf dem Altar aufgestelltes, aus dem Hauptschiff der Kirche gut sichtbares Sakramentstabernakel bieten sollte. Den vorbereitenden Skizzen ist zu entnehmen, dass das Vier-Säulen-Motiv ursprünglich dem Sacellum zugedacht war, dann erst in die Grabkapelle wanderte; die Quelle der Inspiration ist also nicht in der thematischen Vorgabe eines „Mausoleums" zu suchen. Quadratischer Hauptraum und seitlich angesetzte Halbrundnischen sind in den Skizzen klar voneinander geschieden; erst der ausgeführte Bau zeigt jene offene Struktur, die den Beschauer leicht ratlos macht. Die Säulen mit ihren Gebälkblöcken und Wandrücklagen stehen, über Eck gedreht, innerhalb eines Raums, dessen Grenzen sich dem Blick entziehen. Die flachen, hinter den zweimal geknickten Wandpfeilern verschwindenden Konchen suggerieren die Vorstellung einer allumfassenden Rotunde; andererseits tauchen in den Winkeln zwischen Konche und Pfeiler nochmals Säulen auf, als gehe der Raum dort weiter. Auch das (nach Satzinger) gurtlos zu denkende, in der Ausführung nicht voll geglückte Gewölbe grenzt die Räume nicht voneinander ab, sondern wirkt eher wie ein über sie ausgespanntes, locker gefaltetes Segel (S. 337). Erst im Sacellum kommen rechte Winkel, gerade Wände und ein reguläres Tonnengewölbe zu ihrem Recht.

Wie in S. Giovanni suchte Michelangelo auch hier nach Alternativen zur herkömmlichen Typologie des Sakralraums. Aber während er in seinem Modellprojekt für die Kirche der Florentiner zu einer in sich geschlossenen, hierarchisch gefestigten Raumform zurückgekehrt war, bewegte er sich in der kleineren, weniger prominenten Kapelle vorwärts in Richtung auf eine Architektur, die es noch nicht gab. Impliziert war eine radikale Kritik am zeitgenössischen römischen Architekturschaffen, das sich zunehmend darauf beschränkte, einen möglichst glanzvollen Rahmen für die Inhalte der Gegenreform bereitzustellen. Dem setzt Michelangelo noch einmal sein Ideal einer absoluten, künstlerisch autonomen Architektur entgegen, wie es schon seinem Florentiner Frühwerk zugrunde lag. Wohl nicht zufällig ergeben sich Reminiszenzen an die „polyphone" Kompositionstechnik jener Jahre (Neue Sakristei, Laurenziana); die halb verborgenen, der Wand zugekehrten Säulen sind dafür ebenso symptomatisch wie das Motiv der „negativen Verkröpfung" – die Säulen treten zurück, der Mauerkörper zwischen ihnen hervor. Und wie damals verband der höchste Anspruch sich mit der Gefahr des Scheiterns. Auch für spätere, an barocker Architektur geschulte Augen behält die Sforza-Kapelle etwas Schroffes und Ungereimtes, bleiben einzelne Ansichten objektiv hässlich, weil unverständlich; der intendierte Zusammenhang

MICHELANGELO

> *Was aber den Entwurf angeht, so ist er eine Gipfelleistung von Buonarrotis Ingenium: von grandioser Einfachheit, wunderbar neuartig, dabei streng gesetzmäßig und schreckenerregend groß. Wer die Kapelle erblickt, ist überwältigt: er meint kein reales Gebäude vor sich zu haben, sondern eine abstrakte Idee, einen Gedanken- oder ein Traumbild einer nie gesehenen Architektur, die das Fassungsvermögen des Menschengeists übersteigt.*
>
> – GIOVANNI BOTTARI, 1748

Rom, Cappella Sforza in S. Maria Maggiore, Blick in den Altarraum und in das Gewölbe, Detail von Kapitell und Gebälk

wird nicht klar. Vielleicht waren Michelangelos Gedanken hier noch nicht wirklich zu Ende gedacht. Aber er wusste, dass er allein sie noch verwirklichen konnte.

Die Thermen des Diokletian, das größte Bauwerk der Antike in Rom, inspirierte die Architekten der Renaissance immer wieder zu Rekonstruktionsversuchen. Bei der Geistlichkeit indessen löste der Name des Kaisers und Christenverfolgers Abscheu aus; man stellte sich Massenheere christlicher Sklaven vor, deren Schweiß und Blut bei der Errichtung des Baus geflossen wären. So lag der Gedanke nahe, die Ruine in eine Gedenkstätte für diese Märtyrer umzuwandeln. Ein sizilianischer Priester namens Antonio Del Duca, mit Ignatius von Loyola und Filippo Neri befreundet, nahm sich der Sache an, fand aber bei Paul III. keine Unterstützung gegen die römische Kommune, der die antiken Trümmerstätten unterstanden. Unter Julius III. durfte er dann im wohlerhaltenen Mittelsaal des Komplexes 14 Altäre errichten. Der Ausbau zur Kirche erfolgte endlich im Zuge der stadtplanerischen Aktivitäten Pius' IV.; der Titel S. Maria degli Angeli hing mit Engelsvisionen Del Ducas zusammen, schmeichelte aber auch dem Papst, dessen weltlicher Vorname Giovanni Angelico war. Dem energischen Mailänder, Onkel und Förderer des großen Kirchenreformers Carlo Borromeo, verdanken wir nicht nur das Ende des Tridentiner Konzils, sondern auch die Existenz von Michelangelos architektonischem Spätwerk: S. Maria degli Angeli, Porta Pia, Kapitolsplatz und Konservatorenpalast entstanden auf seinen Wunsch. Vielleicht hatte er auch bei der Vergabe der Sforza-Kapelle die Hand im Spiel (Satzinger, 2005).

In Bezug auf den Kirchenbau in den Thermen traf Michelangelo zwei Entscheidungen von großer Tragweite. Die erste betraf seine Ausrichtung. Del Duca hatte das Frigidarium, einen Rechtecksaal von ca. 56 × 23 m, für sich genommen und wie eine Langhauskirche behandelt, die man von einer Schmalseite her betrat; die Altäre waren längs der Seitenwände aufgereiht. Michelangelo verlegte den Haupteingang in die Mitte der Längsseite, d. h. in die Symmetrieachse der alten Anlage; so konnte der südwestlich angrenzende Rundraum, das Tepidarium, als Vestibül einbezogen werden, „worauf keiner der anderen Architekten gekommen war" (Vasari). Dem Eingang gegenüber erhielt der Hauptaltar seinen Platz, dahinter errichtete Michelangelo einen Mönchschor, der durch eine offene Säulenstellung mit dem Altarraum kommunizierte, andererseits vom angrenzenden Kloster her bequem zugänglich war. Auch die Schmalseiten des Saals erhielten Eingänge: So schuf Michelangelo wiederum eine Art Zentralbau, unterließ es allerdings, das Zentrum selbst irgendwie zu markieren; die Raumform blieb letztlich offen (S. 338). Dies hängt mit Michelangelos zweiter Entscheidung zusammen: dem Verzicht auf Eingriffe in die Substanz des antiken

IX. DER ARCHITEKT IN ROM 1534–1564

Gebäudes. Die allzu naheliegende Chance, das heidnische Monument auch architektonisch zu christianisieren und im modernen Stil die Antike zu übertrumpfen, blieb ungenutzt; vielmehr sollte die raue Größe des kaiserzeitlichen Baus ungemildert wirken. Nackte Mauern, große Fenster, acht kolossale Granitsäulen mit Kompositkapitellen und Gebälkblöcken, die ein dreijochiges, ungegliedertes Kreuzgratgewölbe trugen: Dies war Michelangelos letzte, nicht mehr zu widerrufende Absage an den Zeitgeist.

Die Herrichtung des Gebäudes nahm nicht viel Zeit in Anspruch. Im August 1561 wurde unter dem Hauptaltar ein Grundstein gelegt, 1563 war der Bau im Gang, im Mai 1565 konnte schon die Messe gelesen werden. Was Michelangelo an Detailentwürfen für Fenster, Portale etc. beisteuerte, ist nicht dokumentiert. Im 17. Jahrhundert blieb die Kirche im Wesentlichen unangetastet – zumal die Ausmaße der Kapellen private Stifter abschreckten –; sie galt unter Kennern als eine der schönsten von Rom. Erst 1749 wurde Vanvitelli beauftragt, sie dem Zeitgeschmack anzupassen. Er überzog die Mauern mit Stuck und Marmor, verband die Säulen, um sechs weitere Exemplare vermehrt, durch ein fortlaufendes Gebälk, koppelte sie mit Pilastern und neutralisierte sie so zur wandgliedernden „Ordnung" (S. 338). Von Michelangelos Thermensaal blieb nichts als das Kreuzgewölbe und die gewaltigen Dimensionen.

Sogleich nach seiner Stuhlbesteigung ging Pius IV. daran, ein wohl schon lange gehegtes Vorhaben in die Tat umzusetzen: die Anlage der Via Pia, einer Prachtstraße auf dem Hügelrücken zwischen Quirinal und Porta Nomentana (S. 339). Der dort verlaufende antike Straßenzug wurde begradigt, nivelliert und verbreitert, die Anlieger sollten die Mauern und Tore ihrer Gärten und Vignen verschönern und beeilten sich, wie aus Gesandtenberichten hervorgeht, diesem Wunsch nachzukommen. Irgendwelche frommen Zwecke sind nicht erkennbar, auch wurde keine neue Kirche oder Kapelle geplant; die Errichtung der Marienkirche in den benachbarten Diokletiansthermen mochte als Alibi gelten. Ein Stück nördlich der alten Porta Nomentana war ein neuer Mauerdurchbruch zu schaffen, und Michelangelo wurde um den Entwurf eines Stadttors gebeten, das als „Porta Pia" das Werk des Papstes krönen sollte. Die Gründungsmedaille von 1561 zeigt ein von zwei Türmen bekröntes Tor im Zuge der zinnenbewehrten Stadtmauer; geplant war die Anlage eines Binnenhofs, der sich mit einem zweiten Tor zur Via Pia hin öffnete. Diese relativ dünnwandige Struktur wurde als Erstes errichtet, und dabei blieb es. Die Porta Pia ist also kein wirkliches Stadttor, sondern der östliche Abschlussprospekt der neuen Straße: für den Bauherrn die Gelegenheit, über seiner Schöpfung sonnengleich das eigene Wappen aufgehen zu lassen,

für Michelangelo das architektonische – und moderne – Gegenstück zu den Meisterwerken antiker Skulptur am westlichen Straßenausgang, also der Gruppe der Dioskuren, die als Werke des Phidias und des Praxiteles galten.

Die Arbeiten an der Straße kamen 1560 in Gang, vor April 1561 wurde die Medaille für das Stadttor in Auftrag gegeben, im Juni dessen Grundstein gelegt, im August arbeitete Michelangelo an Zeichnungen für das Außentor. Im Mai 1562 wurde der Bildhauer Jacopo Del Duca, ein Neffe des Priesters von S. Maria degli Angeli, für die Ausführung des Papstwappens bezahlt. 1564 war der bekrönende Aufsatz über dem Tor im Bau, aber er wurde nicht fertig und blieb nach dem Tod des Papstes im Dezember 1565 als Fragment stehen; seine Gestalt auf dem 1568 publizierten Faleti-Stich – der, wie die gleichzeitigen Stiche des Kapitols und der Peterskirche, „das Michelangelo-Projekt" wiedergeben sollte – ist jedenfalls nicht authentisch. Wieweit die Details der Seitenflügel noch auf Michelangelo selbst zurückgehen, ist strittig. Den heutigen Giebelaufsatz und das äußere Tor stiftete Pius IX., sie wurden 1853 und 1861–1868 von Vespignani errichtet.

Michelangelos Entwurfsarbeit für das innere Tor ist ausnahmsweise gut dokumentiert: Drei großformatige Zeichnungen, und eine Reihe von Skizzen lassen sich damit verbinden. Die großen Blätter zeigen sorgfältig konstruierte Linienraster, darüber

Rom, S. Maria degli Angeli

Rom, Porta Pia

entwickeln sich die Motive der Torarchitektur: halbrunde, gedrückte und scheitrechte Bögen, flankierende Säulen, diverse Giebel, ein Inschriftenblock. Deckende Weißschichten sind im Lauf der Zeit verblasst, so dass Unterzeichnungen geisterhaft wieder aufscheinen. Aber der Gang der Planung wird nicht recht klar, ja man gewinnt eher den Eindruck einer „Akkumulation" als einer chronologischen Abfolge der im Lauf der Arbeit sich einstellenden Ideen (Maurer, 2006). Gegensätzliches bleibt in der Schwebe, Dreiecks- und Segmentgiebel bilden keine Alternativen, sondern gehen auseinander hervor und vereinigen sich zu einem – tektonisch widersinnigen – Doppelgebilde, wie Michelangelo es im Lesesaal der Laurenziana schon einmal verwirklicht hatte. Architektur soll den Charakter starrer Dauerexistenz verlieren, als im Werden begriffen erscheinen. Dass „der Abschluss des Werks den Tod des Schaffensvorgangs" bedeutete, hat Horst Bredekamp als zentrales Problem von Michelangelos architektonischer Produktion erkannt. Vielleicht erklärt dies den merkwürdigen Umstand, dass Michelangelo laut Vasari sowohl hier wie schon in S. Giovanni dei Fiorentini nicht einen, sondern drei verschiedene Entwürfe vorlegte, ohne sich selbst für einen „Ausführungsplan" zu entscheiden.

Tatsächlich unterscheidet das ausgeführte Tor sich noch einmal erheblich von dem der Entwürfe, wie überhaupt von jeder bis dahin gebauten Architektur; fast scheint es, als habe Michelangelo, konträr zu seinen Zeichnungen, hier das Erstarren der in die Materie eingehenden Idee darzustellen versucht. Jeder Anklang an „Natur" ist vermieden, alles „organische" Verständnis der Architekturform planvoll hintertrieben; Elemente von Rustica (Keilsteine), Dorica (Guttae), Ionica (Voluten mit Girlanden) tauchen, riesenhaft vergrößert, als Bruchstücke auf und erhalten ihren Stellenwert in einem abstrakten, verfremdeten, nicht mehr einfühlbaren Ganzen. Nur der *mascherone* über dem Schlussstein springt plastisch-lebendig hervor. Im Übrigen ist auf Modellierung verzichtet, die Einzelformen sind scharfkantig und glatt, berechnet auf Fernsicht und Schattenschlag und, in der Tat, im Blick durch die Via Pia (heute: XX Settembre) unglaublich wirksam. Im Stadtbild Roms blieb die Porta Pia ein Fremdkörper, nicht rezipierbar und auch von den Michelangelo-Verehrern des Barock nicht rezipiert. Einzig Bernini erlaubte sich einmal – an der Innenseite der Porta del Popolo –, ein Detail daraus zu zitieren.

IX. DER ARCHITEKT IN ROM 1534–1564

X.

Spätwerk: Die letzten Gemälde und Skulpturen 1540–1564

Frank Zöllner

Kennst Du die Liebessonette von Michelangelo?
Wo dieser harte, riesenstarke Mann so kinderweich
ist. Und er war ein Gefäß, das die Liebe wohl fast
sprengen konnte.
— PAULA MODERSOHN-BECKER

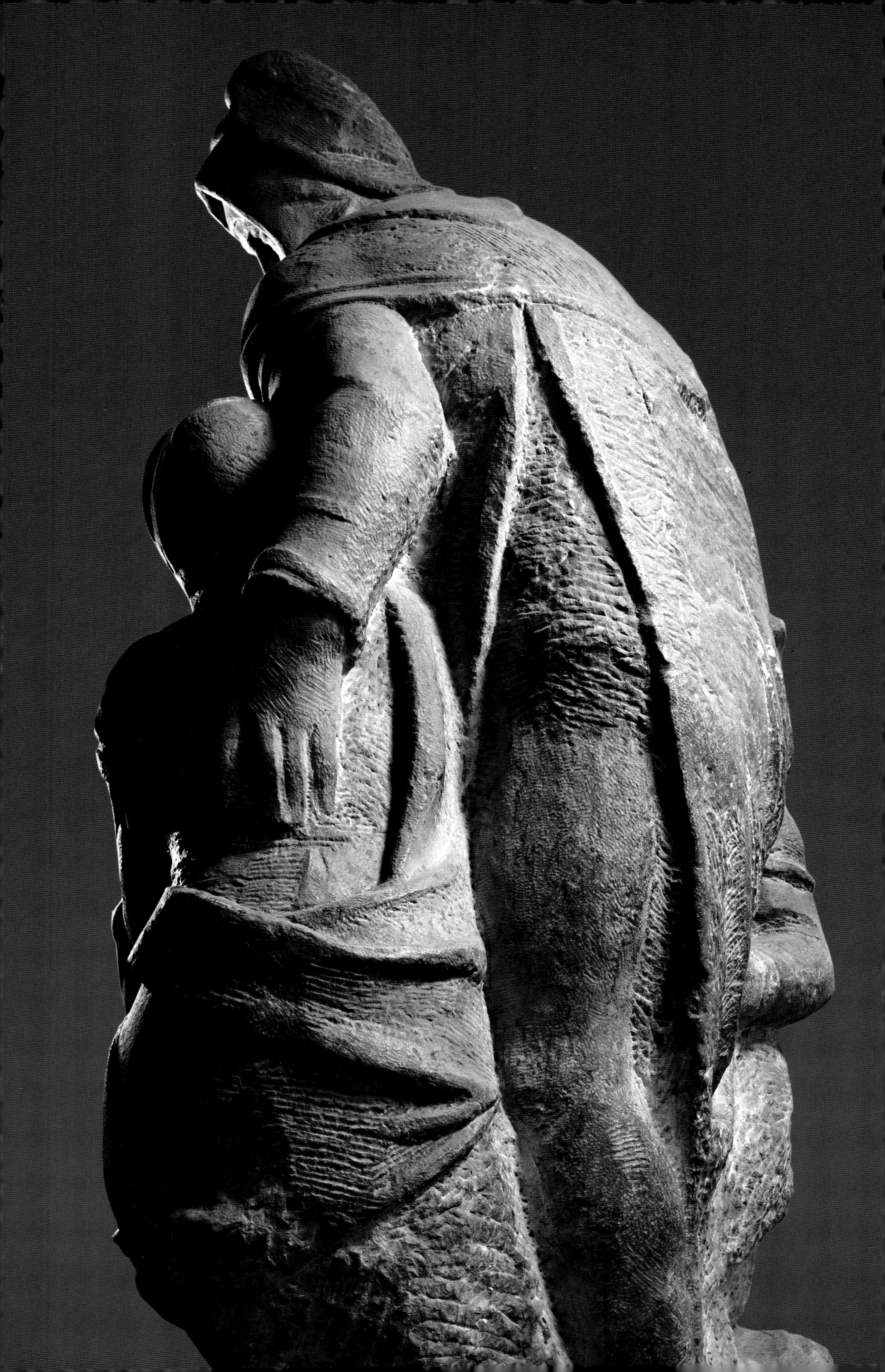

Seite 341:
Michelangelo und Tiberio Calcagni
Pietà (Detail), um 1547–1555
(Abb. S. 353)

Grabmal Julius' II., 1505–1545
Rom, S. Pietro in Vincoli

In den letzten 25 Jahren seines Lebens stellte Michelangelo die Produktion kleinerer Auftragswerke für private Klienten fast vollständig ein. Eine prominente Ausnahme hiervon ist die um 1539 begonnene *Brutus*-Büste für Niccolò Ridolfi. Das späte Œuvre Michelangelos stand vielmehr im Zeichen päpstlicher Großaufträge in Rom, darunter die Vollendung des Juliusgrabes und die Freskierung der Cappella Paolina. Hinzu kamen mehrere architektonische Projekte, die den größeren Teil seiner Zeit beanspruchten (s. Kap. IX). Daneben schuf er für sich selbst die Florentiner *Pietà* und die *Pietà Rondanini*, die beiden letzten Skulpturen von seiner Hand. Zudem dürfte Michelangelo in jenen Jahren mehrere Zeichnungen, darunter auch Vorlagen für Gemälde anderer Künstler, geschaffen haben. Wir wissen allerdings aus zuverlässigen Aussagen von Zeitgenossen, dass Michelangelo gegen Ende seines Lebens einen Großteil seiner Zeichnungen vernichtet hatte. Viele Blätter des Spätwerks, die in der traditionellen Forschung Michelangelo selbst zugeschrieben werden, stammen wohl eher von Künstlern aus seinem Umkreis. Für eine Beurteilung von Michelangelos Spätwerk kommen diese Zeichnungen also erst in Betracht, wenn ihre Autorschaft unzweifelhaft geklärt ist.

Wahrscheinlich hätte sich jeder andere 66-jährige Künstler nach Vollendung des *Jüngsten Gerichts* eine Verschnaufpause gegönnt, ja sogar gönnen müssen, um nicht bei nächster Gelegenheit vom Malgerüst zu fallen. Nicht so Michelangelo. Die Farben des Freskos waren kaum getrocknet, da ließ er sich schon von Paul III. für die Ausmalung der Cappella Paolina im Vatikan engagieren. Hiervon berichtete zuerst Kardinal Ascanio Parisani in einem Brief vom 23. November 1541 an Guidobaldo della Rovere, seit 1538 Herzog von Urbino und Verwalter der Angelegenheiten Julius' II. Nicht genug damit, wünschte der Papst in diesem Zusammenhang auch eine Überführung nicht mehr benötigter Skulpturen des Juliusgrabes in die Cappella Paolina. Ähnliche Überlegungen hatte es schon einige Jahre früher gegeben, als man daran dachte, Figuren des ersten Grabmalprojekts in der Medici-Kapelle aufzustellen. In diesem Fall wären die Skulpturen immerhin in eine Grabkapelle, einen passenden Ort also, gelangt. Die Wünsche Pauls III. hingegen gingen weiter, denn sein Vorschlag bedeutete eine vollständige Entkontextualisierung und semantische Umwidmung der Figuren. Allerdings hatte der Papst in dieser Angelegenheit seine Möglichkeiten überschätzt. Der Skulpturentransfer scheiterte und trieb den Konflikt mit den della Rovere auf die Spitze, die nach der Vollendung des *Jüngsten Gerichts* erneut auf die Fertigstellung des Juliusgrabes drängten. Michelangelo wurde auch hier zum Spielball der konträren Interessen seiner Auftraggeber. Mit den beiden zu freskierenden Wänden in der Cappella Paolina vor Augen und den della Rovere im Nacken machte sich bei ihm immer wieder Verzweiflung breit. Das belegt ein sarkastischer Brief an seinen Freund Luigi del Riccio von Ende Oktober 1542, in dem es um das ersehnte Ende der „Tragödie" des Grabmals geht: „(…) Malerei und Skulptur, Arbeiten und Treuehalten haben mich ruiniert, und ständig wird aus Schlechtem noch Schlechteres. Besser für mich wäre gewesen, ich hätte in meiner Jugend Zündhölzer zu machen gelernt (…). Ich will weder länger unter diesem Schwergewicht leben, noch täglich als Betrüger von Leuten getadelt werden, die mir Leben und Ehre genommen haben. Der Tod oder der Papst allein können mich daraus retten." In einem zeitgleich verfassten, sehr langen Brief an einen bislang unidentifizierten kirchlichen Würdenträger resümiert Michelangelo noch einmal alle Details, um sich erneut gegen den nicht ganz unberechtigten Vorwurf zu wehren, er habe Geld veruntreut, da er riesige Summen für das Juliusgrab erhalten, dafür aber keine entsprechende Gegenleistung geliefert habe.

Doch ein tragfähiger Kompromiss zeichnete sich zu solchem Zeitpunkt bereits ab. In einer Eingabe vom 20. Juli 1542 bat Michelangelo um eine weitere Reduktion des Skulpturenprogramms und um eine Begrenzung der eigenhändig auszuführenden Arbeiten. So heißt es in dieser von Luigi del Riccio aufgesetzten Bittschrift, dass dem Künstler gestattet werden solle, von nunmehr sechs geplanten Statuen nur noch drei – den *Moses* und zwei *Gefangene* – selbst fertigzustellen und drei andere – die *Madonna*, eine *Sibylle* und einen *Propheten* – von Raffaello da Montelupo vollenden zu lassen. In seiner Petition gibt Michelangelo auch zu bedenken, dass die beiden fast fertigen *Gefangenen* für ein wesentlich größeres und figurenreicheres Monument bestimmt gewesen seien und daher zu dem kleineren Projekt nicht mehr passen würden. Um „seiner Ehre" willen („per non mancare a l'onore suo") sei er daher bereit, zusätzlich zwei Allegorien des „beschaulichen und tätigen Lebens" zu liefern.

Diesem Kompromissvorschlag folgt eine am 20. August 1542 unterzeichnete Abmachung mit Guidobaldo della Rovere in wesentlichen Teilen: Die *Sibylle*, der *Prophet* sowie *Vita contemplativa* und *Vita activa* werden darin als beinahe, die *Madonna* nun als ganz vollendet bezeichnet. Die endgültige Fertigstellung der beiden Allegorien solle Raffaello da Montelupo übernehmen, während Michelangelo darauf verpflichtet wird, den schon fast vollendeten *Moses* auf eigene Kosten im Grabmal zu installieren. Unter Zuhilfenahme bereits 20 Jahre früher ausgeführter Architekturteile entsteht schließlich im rechten Querhaus von S. Pietro in Vincoli eine zweigeschossige Anlage mit insgesamt sieben Figuren. In der Mitte der unteren Ebene erhält *Moses* seinen Platz, flankiert von *Rahel* (*Vita contemplativa*) links (S. 344) und *Lea* (*Vita activa*) rechts (S. 344). Die architektonische Gliederung erfolgt durch Postamente, gigantische Voluten (sie ersetzen die *Gefangenen*), ein verkröpftes Gesims sowie durch Sockel und Hermenpilaster. Hinzu kommt aufwendiger Bauschmuck in Gestalt stilisierter Blätter und Blüten, Masken, Drachen, Fruchtgirlanden, Füllhörner, Flammen und Fackeln.

Im weniger reich ornamentierten Obergeschoss finden der Sarkophag mit der Liegefigur des Papstes und darüber die *Madonna mit Kind* Aufstellung, links daneben die *Sibylle* und rechts der *Prophet*. Auch das Obergeschoss wird durch Hermenpilaster gegliedert, doch nun mit wesentlich längeren Pilasterschäften und Faunsköpfen, die an die Stelle der Kapitelle treten. Den Abschluss des Gesamtarrangements bilden vier Kandelaber und eine Kartusche mit dem Wappen der della Rovere und den Insignien des Papstes, Schlüssel und Tiara. Die formale Figurenverteilung dieser Anlage ähnelt anderen Papst- und Kardinalgrabmälern des 16. Jahrhunderts: Sarkophag, *gisant* und Madonna mit Kind werden von allegorisch gemeinten weiblichen Figuren in Nischen flankiert. Ungewöhnlich und ohne Vorbild für ein Papstgrab sind aber die Figuren selbst: ein *Moses* zusammen mit der *Vita contemplativa* und der *Vita activa* und einem *Propheten* und einer *Sibylle*. Üblich waren bis dahin Tugenden und Heilige, die den Sarkophag mit seinem *gisant* und der Madonna umgaben.

Ebenso wie im Fall der Medici-Kapelle, deren provisorische Vollendung sogar in Abwesenheit Michelangelos erfolgte (s. Kap. VIII), war die endgültige Fertigstellung des Juliusgrabes im Februar 1545 das Resultat einer Kooperation mehrerer Künstler. Raffaello da Montelupo vollendete die zuvor schon als vollendet bezeichnete *Madonna mit Kind*, für deren erste Bearbeitung der Bildhauer Sandro Fancelli bereits im Dezember 1537 bezahlt worden war. Michelangelos Gehilfe, Freund und Faktotum Urbino (eigentlich Francesco di Bernardino d'Amadore da Casteldurante) sowie der Steinmetz Giovanni de' Marchesi setzten die Grabmalsarchitektur aus bereits früher entstandenen Teilen zusammen, und Tommaso di Pietro Boscoli schuf die Liegefigur des Papstes, so jedenfalls berichtet es Giorgio Vasari. Einer weiteren Abmachung vom 21. August 1542 folgend, hat Michelangelo jedoch wohl auch das Gesicht des *gisant* sowie einige Hermen überarbeitet. Diese Hermen, die das Gebälk im unteren Geschoss tragen, stammen wahrscheinlich zum größeren Teil von Urbino, die im Obergeschoss von Jacopo Del Duca.

Aufgrund der erheblichen Reduktion des ursprünglich geplanten Projekts – Michelangelo bezeichnet das Wandgrab in der Petition vom Juli 1542 als ein „abgeschnittenes Werk" („opera risecata") – fällt es schwer, in dem ausgeführten Monument ein kohärentes ikonografisches Programm zu erkennen. Im Unterschied zu den ersten Grabmalsprojekten fehlen dem Monument in S. Pietro in Vincoli die Personifikationen von Himmel und Erde (Cybele) sowie die *Gefangenen* und Victorien. Das für die Hochrenaissance typische und noch für die Medici-Kapelle bezeichnende Zusammenspiel christlich-sakraler und antiker Elemente, besonders aber die Anklänge

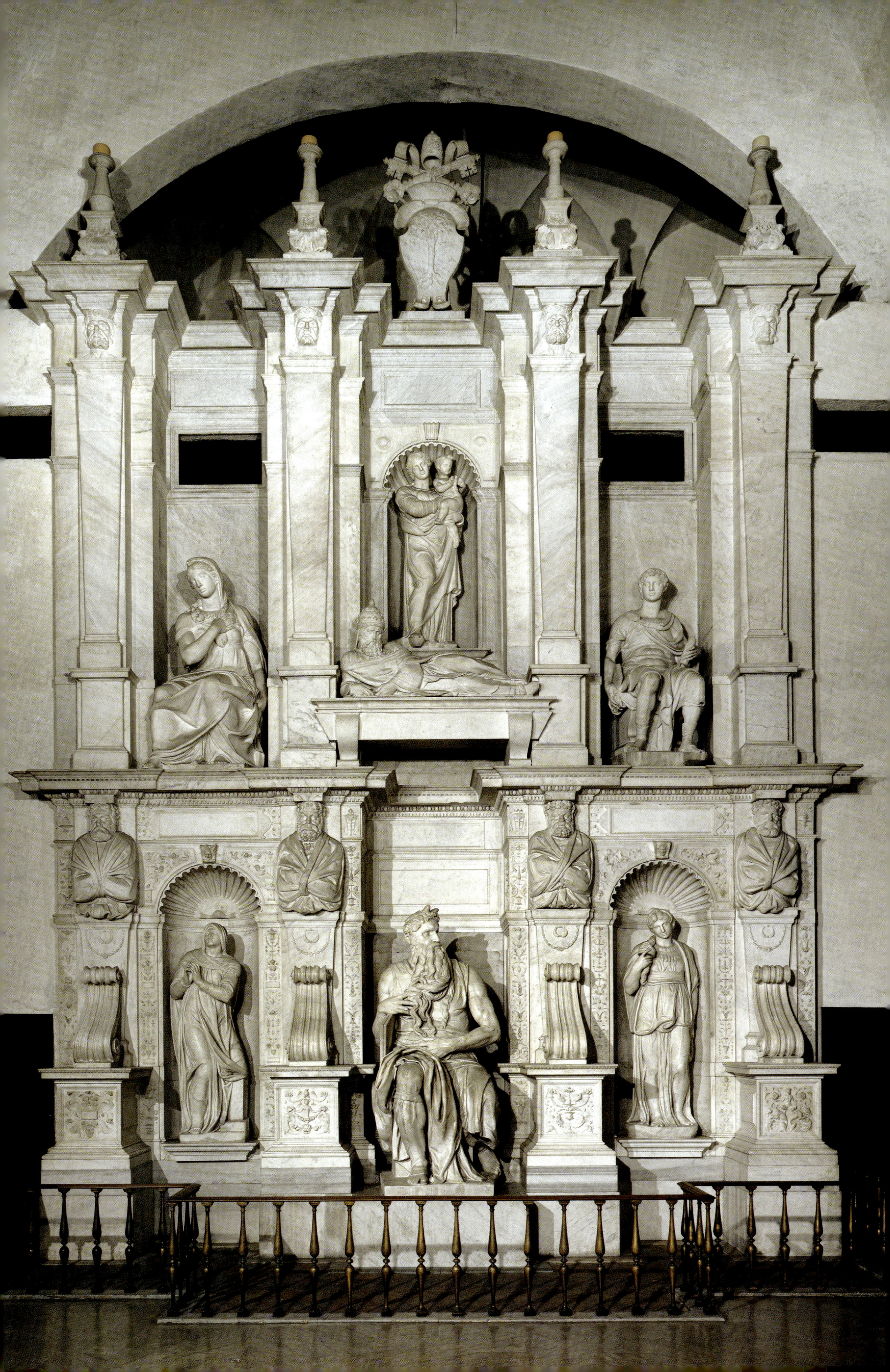

MICHELANGELO

Rahel (*Vita contemplativa*),
um 1542–1545
Marmor, Höhe 209 cm
Rom, S. Pietro in Vincoli

Lea (*Vita activa*),
um 1542–1545
Marmor, Höhe 197 cm
Rom, S. Pietro in Vincoli

an die Triumphalikonografie des Altertums treten nun merklich zurück. Diesen radikalen konzeptuellen Bruch hatte wohl auch Condivi im Sinn, wenn er das Juliusgrab als „ausgeflickt und umgearbeitet" („rattoppata e rifatta") bezeichnet. Gleichwohl, so der Biograf weiter, sei es das ansehnlichste Monument dieser Art in ganz Rom, zumal es immerhin noch drei eigenhändig gefertigte Statuen Michelangelos aufweise. Besonders den *Moses* lobt er als eine „wunderbare" Skulptur, die sowohl Nachdenklichkeit als auch Weisheit verkörpere und dabei Liebe und Schrecken zugleich einflöße. Bedeutsamer ist aber Condivis Identifizierung der Allegorien des tätigen (*Lea*) und des beschaulichen Lebens (*Rahel*). Er bezieht sich mit seiner Deutung der beiden weiblichen Figuren auf Dantes *Göttliche Komödie* (Purg. 27.100–109), denn dort ist davon die Rede, dass Lea großen Gefallen darin finde, mit ihren Händen etwas auszuschmücken, während Rahel es vorziehe, „mit schönen Augen nur zu sehn" („Ell'è de' suoi begli occhi veder vaga"). Michelangelo illustriert Leas Lust am Schmuck und Schmücken durch ein gegürtetes und geschürztes Gewand sowie durch üppiges Haar, das die junge Frau teils zu einem Zopf geflochten, teils durch einen ornamentierten Reif in ihrer rechten Hand gezogen hat. Der Lorbeerkranz in ihrer Linken unterstreicht ebenfalls ihre Liebe zum Schmuck. Rahel hingegen ist deutlich schlichter gestaltet. Kein schmückendes Beiwerk findet sich in ihren zum Gebet erhobenen Händen, kein üppiges Haar und kein Ornament lenken von ihrem gen Himmel gerichteten Blick und damit von der kontemplativen Schau des Göttlichen ab.

Als Allegorien des beschaulichen (*Vita contemplativa*) und des tätigen Lebens (*Vita activa*) repräsentieren *Rahel* und *Lea* in einem ganz allgemeinen Sinn die unterschiedlichen Wege zu Gott. Vor allem aber stellt *Rahel* die Verbindung zu dem konzeptuell schwer einzubindenden *Moses* her, denn sie bekommt in der *Göttlichen Komödie* einen Platz unter den Seligen (Par. 32.7–10) zugewiesen und gehört dort neben Moses zu den wenigen Auserwählten des Alten Testaments, die von Christus selbst erlöst wurden (Inf. 4.53–61). Durch die Anwesenheit von *Rahel* kann also auch der ursprünglich ganz anders konnotierte *Moses* mit dem Gedanken einer für Grabmäler geläufigen Erlösungsikonografie in Verbindung gebracht werden. Ihre besondere Bedeutung kommt auch in ihrer Aufstellung auf dem Ehrenplatz zur Rechten des *Moses* zum Ausdruck – wie auch in ihrer skulpturalen Gestaltung: Aufgrund ihrer stärkeren körperlichen Bewegung, ihrer erhobenen Hände und ihrer Stellung des Kopfes wirkt sie deutlich aktiver als Lea, die Allegorie des tätigen Lebens, die paradoxerweise einen ruhigen Eindruck macht. Mit dieser Dialektik der beiden Figuren – das kontemplative Leben wirkt bewegt, das tätige passiv und sinnend – betont Michelangelo den höheren Rang der durch Rahels Kontemplation illustrierten Schau des Göttlichen.

Die Idee der Erlösung findet durch die Platzierung von Maria und Christuskind im oberen Geschoss ihre Fortsetzung. Maria als Mutter des Gottsohnes sowie das Jesuskind selbst vermitteln diesen für Renaissance-Grabmäler üblichen Gedanken. Selbst die Passion als Voraussetzung für die Erlösung ist in Gestalt eines Vogels in Händen des Jesusknaben symbolisch angedeutet. Die in den Nischen neben der *Madonna* und dem Kind platzierten Figuren von *Sybille* und *Prophet* wiederum darf man als die Sehergestalten antiker und alttestamentlicher Zeit verstehen, deren Weissagungen als Voraussagen der Ankunft des Erlösers gedeutet wurden. Diese Eigenart christlicher Zeitvorstellung war schon für die Struktur von Michelangelos Sixtinischer Decke konstituierend (s. Kap. V), findet sich aber auch in älteren Altarretabeln, wo Sibyllen und Propheten die Rahmen zieren und als Verweise auf deren Prophezeiungen fungieren.

Dass das Juliusgrab in S. Pietro in Vincoli nur ein schwacher Abglanz des ursprünglichen Projekts von 1505 ist, lehrt auch ein Blick auf die Einzelskulpturen. Als einzige Erinnerung an den heroischen Stil der Hochrenaissance verbleibt der *Moses* (S. 219). Seiner individuellen *terribilità* wird mit den Figuren des tätigen und des beschaulichen Lebens jenes Glaubensideal gegenübergestellt, das bereits in den Geschenkzeichnungen für Vittoria Colonna (s. Kap. VIII) zum Ausdruck gelangte und auch in den letzten Werken Michelangelos, den Fresken der Cappella Paolina, der Florentiner *Pietà* und der *Pietà Rondanini*, zum Thema werden sollte (s. u.). *Lea* und *Rahel* leiten gewissermaßen zu diesen persönlicheren Werken des Künstlers und ihrer Religiosität über.

Die 1540er Jahre gehörten für Michelangelo zu den schwierigsten seines Lebens, und das nicht nur aufgrund der Mühen mit dem Juliusgrab. Schwere Krankheiten im Juli 1544 und im Januar 1546 zwangen den Unermüdlichen, seine Arbeiten zu unterbrechen. Mehrere Todesfälle im Kreis seiner Familie, Freunde und Kollegen erinnerten ihn an die Endlichkeit alles Irdischen: 1546 starb sein Vertrauter Luigi del Riccio, im Februar 1547 Vittoria Colonna, die einzige Freundin Michelangelos, im Juni 1547 Sebastiano del Piombo, unter den Malern von Rang der einzige Intimus des Künstlers, und im Januar 1548 sein Bruder Giovansimone Buonarroti. Im November 1549 verschied mit Paul III. der Papst, für den Michelangelo am längsten gearbeitet hatte.

Angesichts des eigenen Alters und der Todesfälle in seinem engsten Kreis nahmen in Michelangelos Briefen die Klagen über das nahende Ende einen immer größeren Raum ein. Bezeichnend für seine Stimmung ist auch ein sarkastisches Gedicht von ca. 1546 über die Lebensumstände an seinem Wohnort, dem Macel de' Corvi, dem Rabenplatz am Trajansforum. Das Elend dieses – im Übrigen selbst gewählten – Quartiers und seine gesundheitlichen Beschwerden (nächtlicher Harndrang, Erbrechen, Erkältungen, schwache Verdauung, Blähungen, Kurzatmigkeit etc.) schildert Michelangelo folgendermaßen:

„Eng eingeschlossen wie in seine Rinde
Des Baumes Mark, leb einsam ich und ärmlich,
Gleich einem Geist, gebannt in die Phiole.

Mein Grab ist dunkel und ist schnell durchflogen,
Darin die Spinnen emsig, tausendfach
Am Werk, sich selbst als Weberschiffchen nützen.

Ein Berg von Kot türmt sich vor meiner Pforte.
Wer Trauben aß, wer Medizinen schluckte,
Dem dient der Platz hier zur Erleichterung.

Hier lernte ich des Harnes Wasser kennen
Und auch ihr Ausflussrohr durch jene Ritzen,
Die mich vor Tagesanbruch schon erwecken.

Wer Katzen, Aas, Lockvögel, Mist in seinem
Hausstand führt, bringt sie zu mir. Stört es mich,
Darf ich sogar mit ihnen Umzug halten.

Das Innerste ist mir derart zerwühlt,
Dass, selbst wenn der Gestank verduften sollte,
Kein Brot und Käse mir im Magen blieben.

Husten und Schnupfen hindern, dass ich sterbe.
Weicht mir die Blähung unten leicht von hinnen,
So geht der Atem mühvoll aus dem Munde.

Ich bin erlahmt, geborsten und zerbrochen
Durch meines Lebens Qualen. Und die Schenke,
In der auf Borg ich lebe, ist der Tod.

Den Frohsinn finde ich in dumpfer Schwermut,
Und meine Qualen spenden mir Erholung.
Wer mag, dem möge Gott dies Elend schenken. (...)"

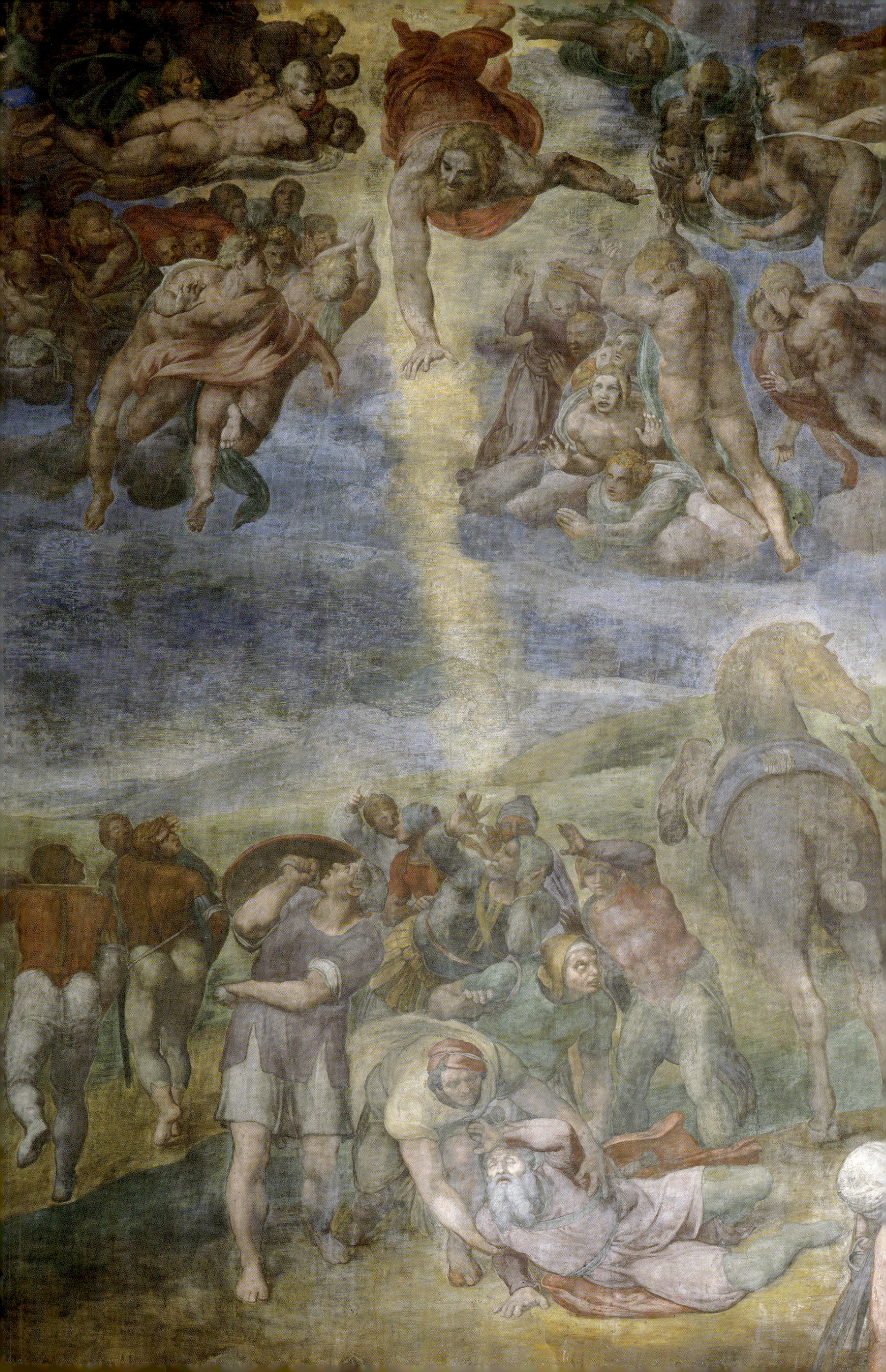

Bekehrung des Saulus, 1542–1545
Fresko, 625 x 661 cm
Rom, Vatikan, Cappella Paolina

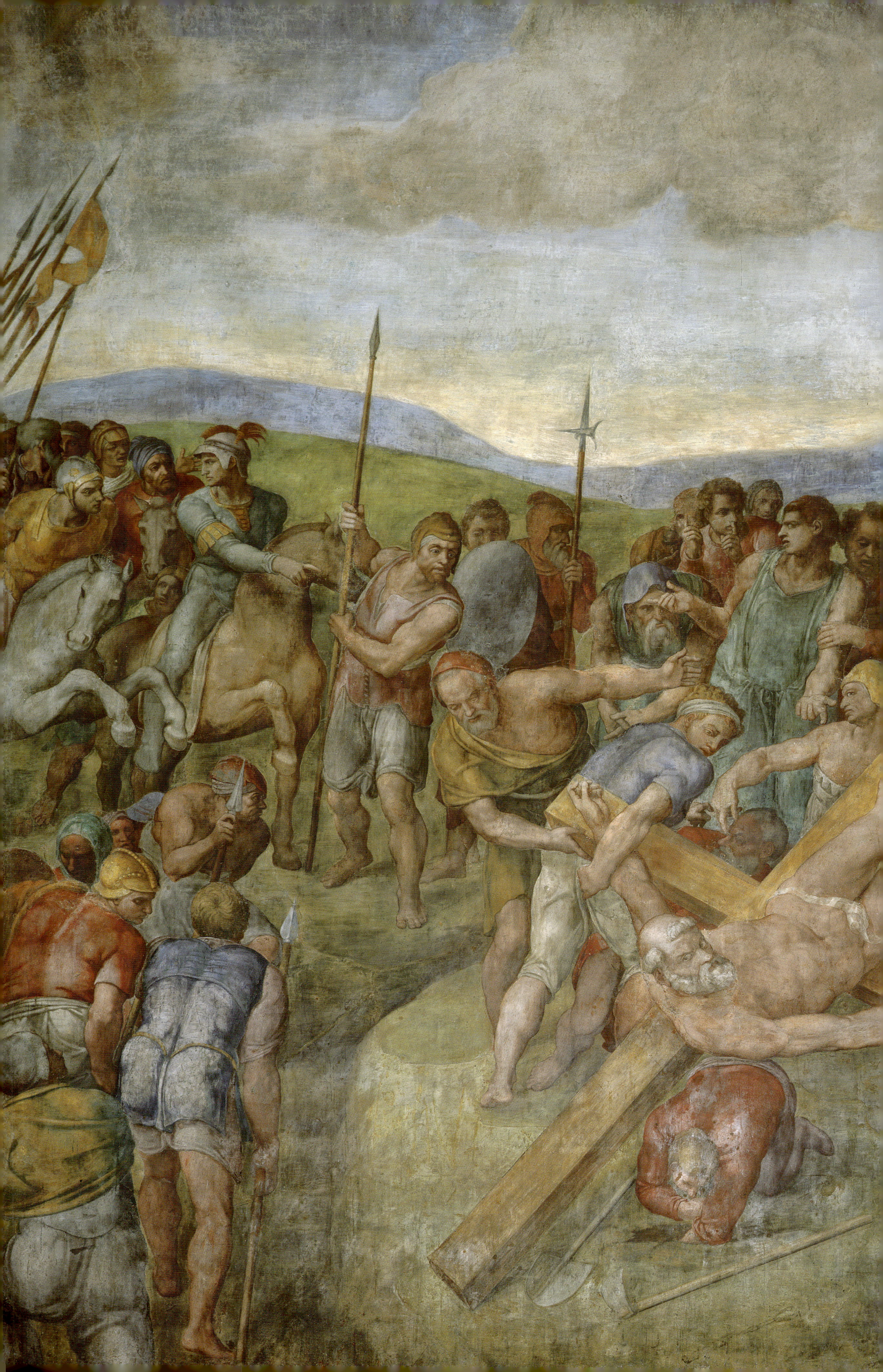

Kreuzigung Petri, 1546–1550
Fresko, 625 x 662 cm
Rom, Vatikan, Cappella Paolina

Nicolas Beatrizet
**Kopie von Michelangelos
Bekehrung des Saulus,** nach 1545
Kupferstich, 43,5 x 54,5 cm

Giovanni Battista Cavalieri
**Kopie von Michelangelos
Kreuzigung Petri,** 1567
Kupferstich, 43,3 x 57,5 cm

Neben die Gedanken über häuslichen Schmutz, Krankheit und Tod traten Reflexionen über das Nachleben der eigenen Werke und die Dauerhaftigkeit des eigenen Ruhmes. In einem wohl um 1542 für Vittoria Colonna entstandenen Sonett äußerte sich Michelangelo hierzu noch sehr optimistisch, denn er glaubte, dass die mühsam aus hartem Marmor geschaffenen Werke den Ruhm des Künstlers über seinen Tod hinaus sichern könnten:

„Wie kommt's, Geliebte, was Erfahrung lehrt,
Dass sich, aus sprödem Stein geformt, Gestalten
Voll Leben länger als ihr Meister halten,
Der mit den Jahren heim zum Staube kehrt?

Vor seinem Werk der Mensch von hinnen fährt,
So wird Natur besiegt von Künstlers Walten.
Im Bildwerk kann ich Schönes so gestalten,
Dass sich trotz Zeit und Tod mein Werk bewährt.

Drum kann ich langes Leben auch uns beiden
In Stein, in Farben, wie du willst, verleihn,
Getreu nachbildend dein und mein Gesicht;

So wird noch tausend Jahr' nach unsrem Scheiden
Mein Elend, deine Schönheit sichtbar sein;
Dass ich dich liebte, tadelt man dann nicht."

Doch in einem 1545 oder 1546 verfassten Brief an Michelangelo stellt Vittoria Colonna die Dauerhaftigkeit irdischen Ruhms radikal infrage: „Erlauchter Herr Michelangelo. So groß ist der Ruhm, den Euere Kunst Euch verleiht, dass Ihr vielleicht noch nie geglaubt hättet, auch er würde mit der Zeit oder aus einem anderen Grunde verblassen; aber in Euer Herz kam jenes himmlische Licht, das Euch gezeigt hat, wie der Erdenruhm, so lange er auch dauern mag, doch einen zweiten Tod erleidet."

Dass Michelangelo diesen Gedanken des „zweiten Todes" alsbald verinnerlichte, belegt ein Sonett, das der Künstler 1554 einem Brief an Giorgio Vasari beilegte:

„Schon naht auf sturmdurchwühltem Meer mein Leben
Dem großen Hafen sich in schwankem Kahn,
Um Rechenschaft am Ende seiner Bahn
Vom guten und vom schlechten Tun zu geben.

Zum Abgott und zum Herrscher mir gegeben
Hat schmeichelnd Phantasie die Kunst; dem Wahn,
Nun seh ich's, ward durch sie ich untertan,
Leid schafft der Mensch sich durch sein eignes Streben.

Verliebtes Sinnen, heiter einst doch leer,
Was wird aus ihm, da zwiefach naht der Tod?
Gewiss ist einer mir, der andre dräut.

Jetzt stillt nicht Malen und nicht Meißeln mehr
Die Seele, Liebe sucht sie nur bei Gott,
Der uns vom Kreuz die offnen Arme beut."

In die Zeit intensiver Gedanken an den Tod und der Orientierung an einem neuen religiösen Ideal, das in der abschließenden Terzine des zitierten Sonetts deutlich wird, fällt auch Michelangelos Arbeit an seinem letzten Werk als Maler, die Freskierung der

Cappella Paolina (S. 351). Die beiden großformatigen Gemälde entstanden zwischen 1542 und 1550 und haben die *Bekehrung des Saulus* (S. 346–347) zum Paulus auf der einen sowie die *Kreuzigung Petri* (S. 348–349) auf der anderen Seite zum Gegenstand. Der Auftrag stammt von Paul III., der mit der Themenwahl für die beiden Fresken sowohl auf die eigene Person als auch auf sein Amt anspielte: Sein Name als Papst spiegelt unmittelbar seine Verehrung für den Apostelfürsten Paulus wider; zudem war der Pontifex maximus Amtsnachfolger des ersten Apostelfürsten Petrus, dessen Darstellung sich daher im päpstlichen Rom seit den Mosaikzyklen der frühchristlichen Basiliken großer Beliebtheit erfreute.

Die ab 1538 von Antonio da Sangallo d. J. neu errichtete Cappella Paolina befindet sich in unmittelbarer Nähe zur Sala Regia und zur Sixtinischen Kapelle und ersetzte einen älteren Bau. Von der Funktion her war dieser Raum die Sakramentskapelle des Vatikans und der Ort des Konklaves, d. h. hier wurde die konsekrierte Hostie aufbewahrt, hier fand die Wahl des Papstes während der Zusammenkunft der Kardinäle statt. Die Cappella Paolina ist also der Ort der Berufung des Papstes in sein Amt. Das Fresko mit der *Bekehrung des Saulus* zieht hierbei eine Parallele zwischen der Papstwahl durch das Konklave und der direkten Berufung Sauls durch Christus. Dem wurde mit der *Kreuzigung Petri* ein Martyrium als die radikalste Konsequenz apostolischen Wirkens in der Nachfolge Christi gegenübergestellt. Selbst angesichts der hohen zeremoniellen Bedeutung und der Würde dieses Raumes scheute der Künstler sich übrigens nicht, seinem Sarkasmus freien Lauf zu lassen. In dem bereits genannten Brief an einen unidentifizierten Würdenträger vom Oktober 1542 merkt Michelangelo zur bevorstehenden Freskierung der Kapelle an: „Doch um zur Malerei zurückzukehren, so kann ich Papst Paul nichts verweigern. Ich werde übellaunig malen und übel geratene Dinge hervorbringen."

Die zuerst freskierte, vom Eingang aus gesehen links gelegene Wand der Cappella Paolina illustriert die in der Apostelgeschichte (Apg 9.1–19) überlieferte Reise des Saulus nach Damaskus, wo er als unerbittlicher Verfolger der Christen zu wirken gedachte. Kurz bevor Saulus die Stadt erreicht hatte, erschien ihm plötzlich ein starkes Licht am Himmel, er fiel geblendet zur Erde und hörte die Stimme Christi ihn fragen: „Saul, Saul, warum verfolgst du mich?" Nach diesem Ereignis und der Ankunft in Damaskus wird Saulus von Ananias, einem Anhänger Christi, von seiner durch das Himmelslicht erfahrenen Erblindung geheilt und daraufhin zu einem glühenden Verfechter des Christentums. Um seiner Konversion Ausdruck zu verleihen, nennt er sich fortan Paulus.

Michelangelo stellt den Sturz des Saulus in einer hügeligen Landschaft dar, an deren Horizont rechts oben das Weichbild von Damaskus zu erkennen ist. Im Unterschied zum traditionellen Darstellungsmodus bildet nicht der zu Boden gestürzte Saulus das Zentrum der Komposition, sondern sein Pferd, das in den Bildhintergrund zu fliehen scheint. Diese Wendung des Pferdes sowie weitere Details entsprechen formal einem um 1517 entstandenen Holzschnitt Domenico Campagnolas. Im Unterschied zu diesem Holzschnitt unterteilt Michelangelo das Bildfeld deutlich in einen himmlischen und einen irdischen Bereich. Von oben nähert sich der in kühner perspektivischer Verkürzung dargestellte Christus, umgeben von größtenteils nacktem Personal. Einige dieser wohl als Engel und Selige zu deutenden Gestalten wenden sich dem gleißenden Lichtstrahl zu, der vom rechten Arm Christi ausgehend bis in die irdische Zone reicht und dort den größeren Teil der anwesenden Personen erschrocken zurückweichen lässt. Nur wenige brechen nicht in Panik aus, darunter eine Figur links von Paulus, die ihm aufzuhelfen scheint.

Bei seiner Gestaltung der 1546 bis 1550 auf der rechten Kapellenwand entstandenen *Kreuzigung Petri* orientierte sich Michelangelo zunächst an der *Legenda aurea* und damit wie so oft an einer naheliegenden Quelle. Dort wird ausführlich vom Martyrium des Apostelfürsten berichtet: Petrus habe sich dieselbe Hinrichtungsmethode wie Christus gewünscht, gleichzeitig aber darauf bestanden, mit dem Kopf nach unten gekreuzigt zu werden. Dieser Wunsch wird in der *Legenda aurea* als Gestus der Demut

X. SPÄTWERK: DIE LETZTEN GEMÄLDE UND SKULPTUREN 1540–1564

Innenansicht der Cappella Paolina
Rom, Vatikan

Leone Leoni
Porträtmedaille Michelangelos,
1560
Silber, 6 cm Durchmesser
Florenz, Museo del Bargello

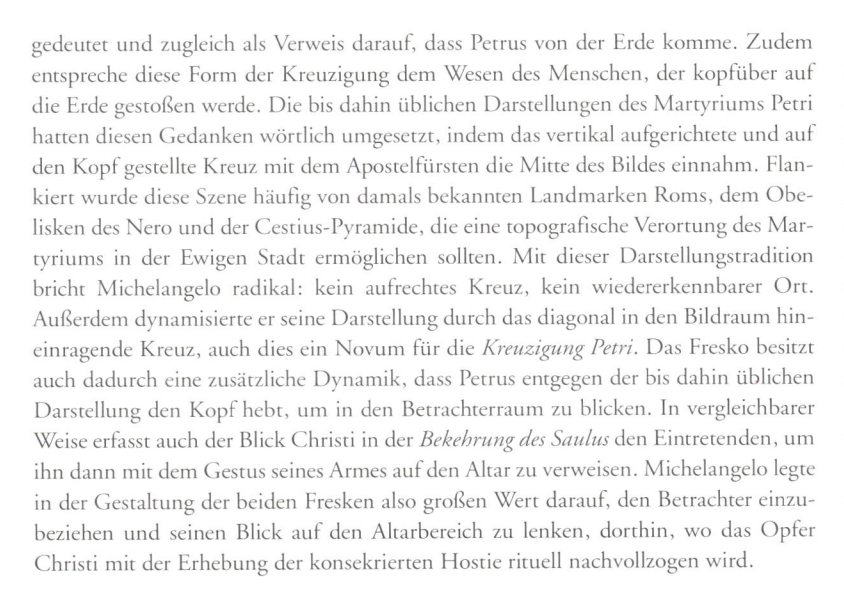

gedeutet und zugleich als Verweis darauf, dass Petrus von der Erde komme. Zudem entspreche diese Form der Kreuzigung dem Wesen des Menschen, der kopfüber auf die Erde gestoßen werde. Die bis dahin üblichen Darstellungen des Martyriums Petri hatten diesen Gedanken wörtlich umgesetzt, indem das vertikal aufgerichtete und auf den Kopf gestellte Kreuz mit dem Apostelfürsten die Mitte des Bildes einnahm. Flankiert wurde diese Szene häufig von damals bekannten Landmarken Roms, dem Obelisken des Nero und der Cestius-Pyramide, die eine topografische Verortung des Martyriums in der Ewigen Stadt ermöglichen sollten. Mit dieser Darstellungstradition bricht Michelangelo radikal: kein aufrechtes Kreuz, kein wiedererkennbarer Ort. Außerdem dynamisierte er seine Darstellung durch das diagonal in den Bildraum hineinragende Kreuz, auch dies ein Novum für die *Kreuzigung Petri*. Das Fresko besitzt auch dadurch eine zusätzliche Dynamik, dass Petrus entgegen der bis dahin üblichen Darstellung den Kopf hebt, um in den Betrachterraum zu blicken. In vergleichbarer Weise erfasst auch der Blick Christi in der *Bekehrung des Saulus* den Eintretenden, um ihn dann mit dem Gestus seines Armes auf den Altar zu verweisen. Michelangelo legte in der Gestaltung der beiden Fresken also großen Wert darauf, den Betrachter einzubeziehen und seinen Blick auf den Altarbereich zu lenken, dorthin, wo das Opfer Christi mit der Erhebung der konsekrierten Hostie rituell nachvollzogen wird.

Die Cappella Paolina hat nicht so viel Aufsehen erregt wie die beiden anderen Fresken Michelangelos im Vatikan. Zwar gab es auch hier Kritik, doch der Ton war nicht so scharf wie im Fall des *Jüngsten Gerichts*. So monierte etwa Andrea Gilio da Fabriano in seinem 1564 erschienen Traktat *Degli errori de' pittori circa l'istorie* die übermäßige perspektivische Verkürzung der Gestalt Christi mit folgenden Worten: „Nach meinem Dafürhalten hat Michelangelo den Christus, der dem heiligen Paulus bei seiner Bekehrung erscheint, vollkommen verfehlt; er entbehrt jeder Feierlichkeit und Würde. Es sieht aus, als stürze er in einer wenig ehrenvollen Haltung vom Himmel herab, obwohl doch dieses Erscheinen mit einer solchen Würde und Majestät vonstatten gehen müsste, wie es dem König des Himmels und der Erde und einem Gottsohn gebührt." Auch die unziemliche Darstellung des Nackten in der Cappella Paolina scheint nicht allen Betrachtern gefallen zu haben, aber die Blößen der Engel in der *Bekehrung des Saulus* riefen keinen Skandal hervor, sie wurden ohne viel Aufsehens übermalt. Zwei Kupferstiche von Nicolas Beatrizet (S. 350) und Giovanni Battista Cavalieri (S. 350) geben den Zustand der Fresken vor diesen Übermalungen wieder. In der Rezeptionsgeschichte der Cappella Paolina finden sich gleichwohl zahlreiche negative Urteile, die sich vor allem an dem oft merkwürdig disproportioniert wirkenden Bildpersonal festmachen. So ist beispielsweise der mächtige Arm Christi in der

Michelangelo und Tiberio Calcagni
Pietà, um 1547–1555
Marmor, Höhe 226 cm
Florenz, Museo dell'Opera
del Duomo

Bekehrung des Saulus deutlich zu groß ausgefallen, und diese Missachtung realistischer Proportionen zeichnet auch andere Figuren des Freskos aus. So weisen die um Christus herumgruppierten Gestalten eine deutlich kleinere Maßstäblichkeit auf als er selbst, Ähnliches gilt für die beiden Männer am unteren Bildrand rechts, deren Größe in keinem realistischen Verhältnis zu den Hauptfiguren des Mittelgrundes steht. Ein ähnlicher Verstoß gegen die Proportionslehre findet sich auch in der *Kreuzigung Petri*, wo beispielsweise der Protagonist Petrus deutlich zu groß dargestellt ist. Man denkt unwillkürlich an die sarkastische Drohung Michelangelos, die Konklavekapelle mit „übel geratenen" Figuren auszumalen (s. o.). Allerdings ist es eher unwahrscheinlich, dass der Künstler ausgerechnet im zeremoniellen Zentrum des Vatikanpalasts seinem Sarkasmus freien Lauf ließ, dafür war ihm die Sache dann doch zu wichtig, wie nicht zuletzt die Art seine Selbstdarstellung in den Fresken der Kapelle zeigt (s. u.).

Auch an mangelndem Geschick oder nachlassender Schaffenskraft kann es nicht gelegen haben. Tatsächlich belegt die Aufteilung der Tagwerke des Freskos, dass Michelangelo zwar etwas langsamer geworden war, doch nach wie vor mit großer Sicherheit zu malen verstand. In einem Brief vom 15. März 1549 an seinen Neffen Lionardo Buonarroti betont der Künstler, der sonst kaum eine Gelegenheit zu hypochondrischen Klagen ausließ, sogar seinen guten körperlichen Zustand: Er fühle sich trotz seiner Blasensteine keineswegs schlechter als mit 30 Jahren.

Nicht ganz der klassischen Proportionslehre entsprechende Figuren dürften bei Michelangelo eigentlich nicht überraschen. Bereits in Frühwerken wie der *Kentaurenschlacht* hatte er sich nicht immer sklavisch an das Prinzip der korrekten Naturnachahmung gehalten (s. Kap. I). In einigen Skulpturen – etwa in der überdimensionierten rechten Hand des *David* (s. Kap. III) – fand sich eine gewollte Verletzung der Proportionsregeln. Ähnlich wie im Fall der Bedeutungsperspektive des Mittelalters stand der Maßstabswechsel im Dienst einer symbolisch gemeinten Akzentuierung einzelner Personen oder Körperteile. Die eigentlich zu groß dargestellten Protagonisten Petrus und Paulus in der Cappella Paolina gehorchen demselben Prinzip der Akzentuierung. Michelangelos Verletzung der Proportionslehre und damit des Prinzips der Naturnachahmung korrespondiert im Übrigen recht genau mit einigen Gedanken in dem wenig später entstandenen *Trattato delle perfette proporzioni* Vincenzo Dantis. Der Verfasser assoziiert die traditionelle Nachahmung der Natur mit dem Wort *ritrare*, während er den Begriff *imitare* für eine Perfektionierung des Naturvorbildes reklamiert, die von einem künstlerisch idealen Konzept ausgeht. Dieses Prinzip einer ideellen Nachahmung hatte Michelangelo in den Fresken der Cappella Paolina vorexerziert, indem er das Dargestellte dem Prinzip des Darstellens unterordnete und so die Grundvoraussetzung für eine autonome Ästhetik schuf.

Auch in der Cappella Paolina, seinem letzten Werk als Maler, hat Michelangelo sich selbst zum Thema gemacht. So handelt es sich beim Saulus um ein Rollenporträt des Künstlers. Tatsächlich gleicht die Darstellung des Apostelfürsten mit dem Bart, der eingedrückten Nase, den Falten auf der Stirn und den Furchen unterhalb der Wangenknochen den Michelangelo-Porträts aus jener Zeit. Für diese Selbstdarstellung wich der Künstler sogar etwas von der Konvention ab, wie sie sich seit Raffael durchzusetzen begann: Saulus war zum Zeitpunkt seiner Bekehrung noch kein alter Mann, was zur Folge hatte, dass der Apostel in den meisten Fällen relativ jung dargestellt wurde. Michelangelos Abweichung wurde von Andrea Gilio da Fabriano in seinem bereits genannten Traktat *Degli errori de' pittori circa l'istoria* ausdrücklich gerügt.

Nicht nur das Rollenporträt in der *Bekehrung des Saulus*, sondern auch eine Gestalt am rechten Bildrand in der *Kreuzigung Petri* wurde als Selbstdarstellung des Künstlers identifiziert. Allerdings sind hier die physiognomischen Übereinstimmungen mit den erhaltenen Bildnissen Michelangelos weniger zwingend. Doch entspricht die in demutsvoller Haltung am rechten Bildrand platzierte Figur dem „blinden Pilger" auf einer schon bei Vasari genannten Bildnismedaille. Auf deren Obvers hatte sich Michelangelo von Leone Leoni im Profil porträtieren lassen (S. 351), und der auf dem Revers dargestellte blinde und alte Pilger gilt als Identifikationsfigur des Künstlers. Sie wird von folgender Inschrift eingefasst: „Docebo iniquos vias tuas et impii ad te convertentur" („Ich will Abtrünnige deine Wege lehren, und die Gottlosen werden zu dir umkehren"; Ps 51.15 [50.15]). Die Deutung der Inschrift ist umstritten, doch hat man die Medaille Leonis dahingehend verstanden, dass sie Michelangelos „Konversion" zu einer intensiveren Religiosität thematisiere und dass bereits die Fresken der Cappella Paolina dieses neue Glaubensbekenntnis zum Gegenstand haben, zum einen in Michelangelos Selbstporträt als Saulus und zum anderen in der demütigen „Pilger"-Gestalt in der *Kreuzigung Petri*. In seinen letzten Fresken hat Michelangelo sich also im Rahmen jener religiösen Neubesinnung selbst inszeniert, die von dem Kontakt mit Vittoria Colonna ausgelöst worden war (s. Kap. VIII). Sogar unter diesen religiösen Vorzeichen bleibt das Rollenporträt in der Cappella Paolina ein bemerkenswertes Beispiel künstlerischer Selbstdarstellung, denn Bildnisse dieser Art finden sich traditionell eher in Randfiguren, keineswegs versah ein Künstler den Protagonisten eines Freskos in einem hochrangigen Sakralraum mit seinen eigenen Zügen. Auch wenn Michelangelos Religiosität sich gewandelt hatte, sein Wille zur Selbstdarstellung war derselbe geblieben.

Michelangelos religiöse Besinnung und die Sorge um sein Seelenheil scheinen zwar die letzten beiden Jahrzehnte seines Lebens bestimmt zu haben, doch Gelassenheit und Seelenfrieden brachten sie ihm nicht. Vom Sarkasmus und von der Unzufriedenheit seines Geistes zeugen zahlreiche Briefe jener Jahre. Sein Misstrauen gegenüber engsten Mitgliedern seiner Familie, die er sei Jahrzehnten mit großen Summen Geldes unterstützte, bestand weiter. So schreibt er an 6. Februar 1546 an seinen Neffen Lionardo Buonarroti in Florenz: „Und ich sage Dir, ich will langsam vorgehen, denn das Geld habe ich hier mit solcher Anstrengung erworben, die der nicht kennen kann, der gleich gestiefelt und gesporrnt wie Du zur Welt gekommen ist. (…) Genug, Du wirfst das Geld weg, das Du nicht erworben hast. So ängstlich bist Du darum bemüht, nur nicht die Erbschaft zu verlieren. Und Du sagst, es wäre Deine Pflicht, herzukommen aus Liebe zu mir! Eine Liebe aus Eigennutz! Wenn Du mir Liebe entgegenbrächtest, würdest Du mir jetzt geschrieben haben: ‚Lieber Michelangelo, gebt doch die 3000 Dukaten dort (d. h. in Rom) für Euch aus, denn Ihr habt uns schon so viel gegeben, dass wir genug haben; wir haben Euer Leben lieber als Euren Besitz.' Ihr habt von dem meinigen nunmehr vierzig Jahre gelebt, und noch nie habe ich von Euch ein gutes Wort, geschweige denn etwas anderes bekommen."

Einige Monate später, am 5. Juni 1546, zürnt er erneut mit seinem Neffen: „Und schreibe mir nicht mehr, denn allemal, wenn ich einen Brief von Dir erhalte, kriege ich das Fieber: Solche Mühe erdulde ich, wenn ich ihn lese. Ich weiß nicht, wo Du schreiben gelernt hast. Ich glaube, wenn Du an den größten Esel der Welt zu schreiben hättest, würdest Du mit mehr Sorgfalt schreiben. Deshalb bürde mir nicht noch mehr Beschwerden zu denen auf, die ich schon habe, denn ich habe so viele davon, dass sie mir genügen."

Mit Zeitgenossen, die nicht seiner Familie angehörten, ging Michelangelo weniger scharf ins Gericht. Aber auch gegenüber einem ihm wohlgesinnten Mann wie Benedetto Varchi konnte er sich so manche Spitze nicht verkneifen. Varchi hatte den berühmt-berüchtigten *paragone*, den Wettstreit der Künste, initiiert. Es ging hierbei um die Frage, ob die Bildhauerei oder die Malerei den höheren Rang in der bildenden Kunst besitze. In einem zwischen April und Juni 1547 verfassten Brief an Varchi gibt der Künstler darauf anfangs eine diplomatische Antwort: „Da alle beide, nämlich Malerei und Skulptur, ein und derselben Intelligenz entstammen, so kann man einen guten Frieden zwischen ihnen schließen." Doch bereits im nächsten Satz bemerkt Michelangelo, dass man die gelehrten Abhandlungen darüber unterlassen könne, „denn damit vergeht mehr Zeit als mit der Anfertigung der Figuren selbst". Außerdem hätten die Gelehrten, die der Malerei den Vorrang gäben, letztlich weniger davon verstanden als sein Dienstmädchen. „Unendlich viel, und zwar was bisher noch nicht darüber bemerkt worden ist, würde über dergleichen Wissenschaften zu sagen sein; aber wie ich gesagt habe, würde das auch allzu viel Zeit erfordern, und ich habe

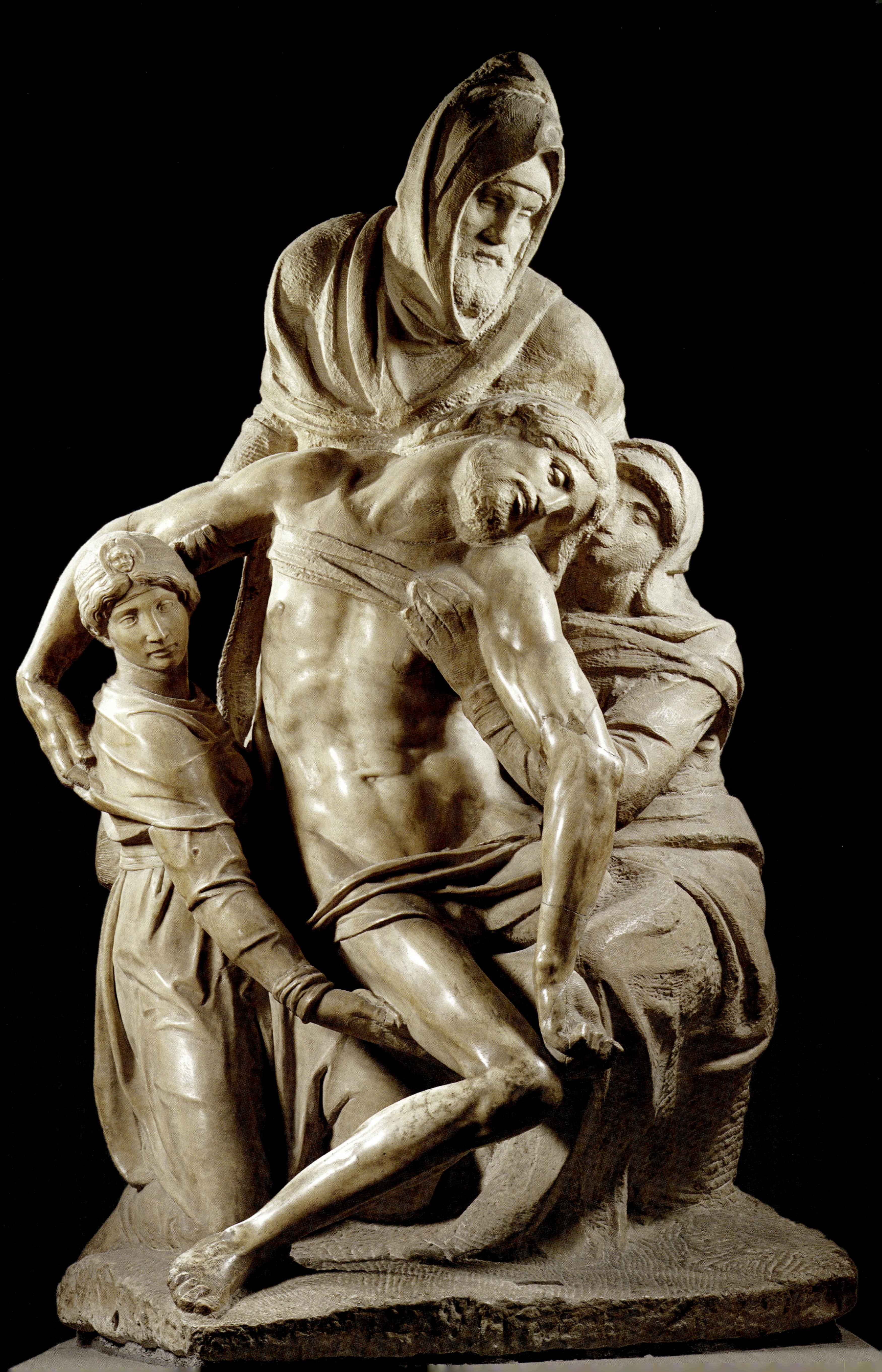

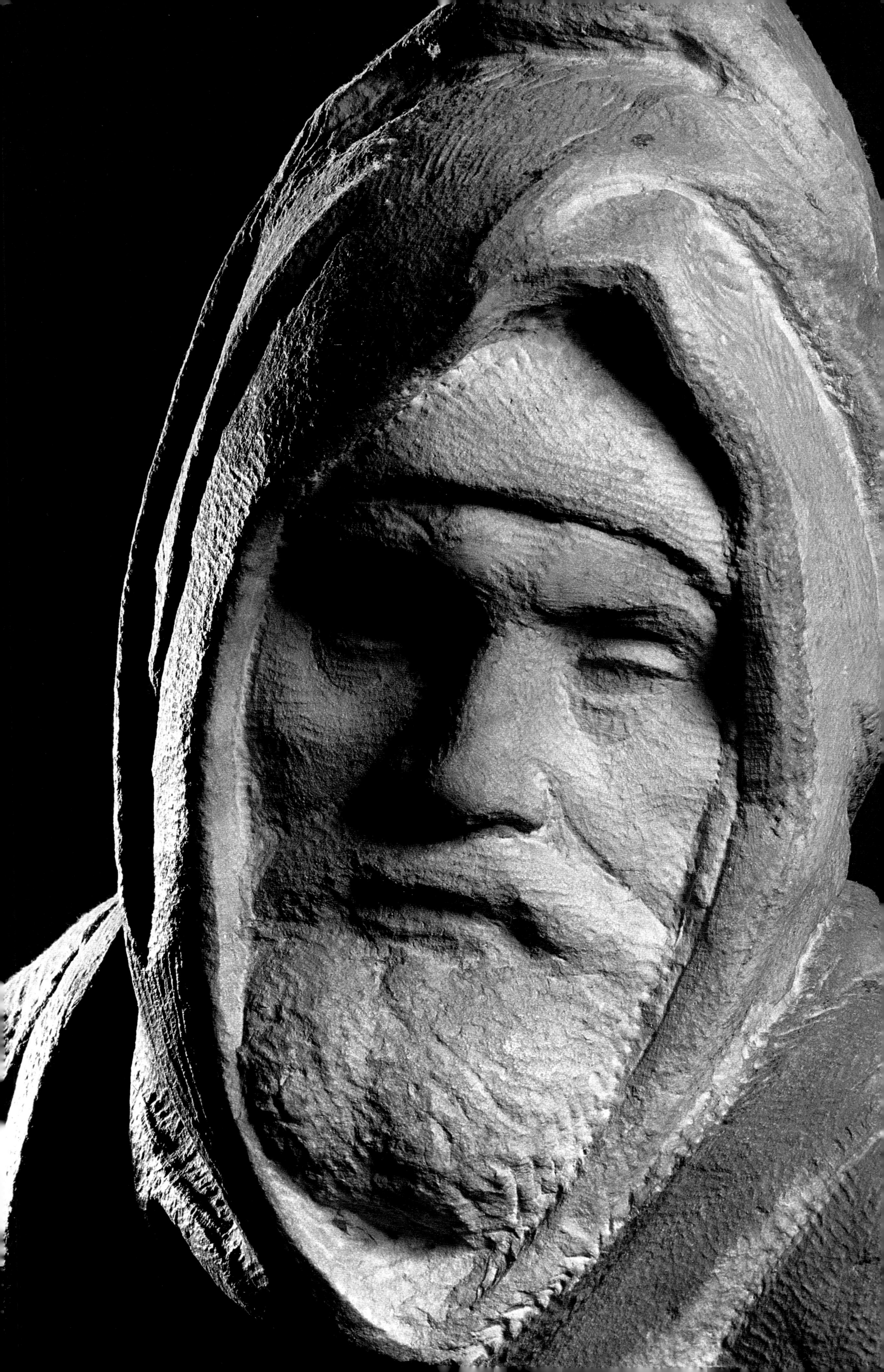

X. SPÄTWERK: DIE LETZTEN GEMÄLDE UND SKULPTUREN 1540–1564

*Er hat seinen Gestalten eine furchtbare Form gegeben,
die er aus den tiefen Geheimnissen der Anatomie herausgeholt
hat, die nur wenige andere kennen, träge, aber voll Würde
und Erhabenheit.*

— GIAN PAOLO LOMAZZO

wenig, denn ich bin nicht nur ein alter Mann, sondern zähle fast schon zu den Toten. Daher entschuldigt mich bitte, und ich empfehle mich Euch und danke Euch, wie ich weiß und kann, für die allzu große Ehre, die Ihr mir erweiset, und die mir nicht zukommt." Mit dieser etwas sarkastischen Antwort hatte sich der Künstler nicht nur eine lästige Frage vom Hals geschafft, sondern auch gleich noch die akademische Kunsttheorie des 16. Jahrhunderts ironisch hinterfragt.

Ein weiteres Beispiel: Nach seiner Ernennung zum Baumeister von St. Peter hatte sich Michelangelo mit den Plänen des verstorbenen Antonio da Sangallo d. J. auseinanderzusetzen. An dessen Entwurf für den Neubau der Peterskirche kritisiert er in sarkastischem Tonfall vor allem die schlechte Belichtung des Innenraums. Die entsprechenden Bemerkungen in einem Brief an Bartolommeo Ferratini vom Januar 1547 lauten folgendermaßen: Der Entwurf Sangallos habe „viele dunkle Ecken und Schlupfwinkel oben und unten, die zu allen möglichen Umtrieben beste Gelegenheit bieten. Gauner fänden hier die Möglichkeit, Falschmünzerei zu treiben, Nonnen zu schwängern und andere Schurkereien, so dass abends, wenn die Kirche geschlossen werden soll, man 25 Mann benötigte, um nach denen zu suchen, die sich drinnen verstecken, und man würde sie selbst dann kaum finden."

In derselben Zeit, also noch vor Vollendung der Fresken in der Cappella Paolina und zu Beginn seiner Tätigkeit als Architekt von St. Peter, dürfte Michelangelo die Florentiner *Pietà* (S. 353) begonnen haben. Es handelt sich um die komplizierteste Skulptur Michelangelos, weil sie aus vier Figuren besteht und dabei aus einem einzigen Block gehauen wurde, was seit der Antike als besonders anspruchsvolle Aufgabe der Bildhauerei galt. (Plinius, *Naturalis historia*, 36.4.37) Auch im fortgeschrittenen Alter stellte sich der Künstler also außergewöhnlichen Herausforderungen.

Ebenso wie in der Cappella Paolina hielt sich Michelangelo in der Florentiner *Pietà* nicht sklavisch an eine korrekte Maßstäblichkeit der Figuren untereinander. Nikodemus ist deutlich größer als Maria Magdalena und Maria, die links und rechts den Körper Christi stützen. Dessen linker Arm – offenbar ein Zitat des berühmten Meleagersarkophages, den Raffael Jahrzehnte zuvor als Vorbild für seinen toten Christus in der *Pala Baglioni* gewählt hatte – hängt schwer und überdimensioniert von seinem schmächtigen Rumpf. Einen Kontrast hierzu bildet das weniger kräftige rechte Bein Christi. Auch hier also ein Verstoß gegen die Gesetze der Proportionslehre und das Nachahmungsprinzip. Wie schon im Fall der Cappella Paolina dient der Bruch mit der klassischen Ästhetik einer Steigerung innerbildlicher Dramatik. Im Zentrum steht hier das tief empfundene religiöse Gefühl, das vor allem in der disproportionierten Körperlichkeit Christi, der intimen Zuwendung Mariens und dem kontemplativen Sinnen des Nikodemus zum Ausdruck gelangt.

Vasari berichtet, dass Michelangelo diese Figurengruppe als Schmuck für sein eigenes Grab vorgesehen, sie dann aber angesichts von Materialproblemen in einem Wutanfall zerschlagen habe. Wahrscheinlicher ist allerdings die Annahme, dass der Künstler mit der Arbeit an seinem Werk nicht zufrieden war, vielleicht auch einen Fehler bei der schwierigen Bearbeitung der komplexen Skulpturgruppe gemacht hatte und daher einige Teile kontrolliert abschlug, um dann an dem verbliebenen Block weiterzuarbeiten. Da Michelangelo auch diese zweite Fassung als misslungen ansah, verschenkte er sie schließlich. Später hat sie sein Schüler Tiberio Calcagni ausgebessert. Er setzte die abgeschlagenen Gliedmaßen wieder an und überarbeitete das Gesicht Maria Magdalenas und die linke Hand Christi. Zudem schuf Calcagni eine Aussparung mit einem Zapfloch für das fehlende linke Bein des Erlösers.

Auch die Florentiner *Pietà* zeugt von Michelangelos unbedingtem Willen zur Selbstdarstellung. Wie wir aus einem Brief Vasaris an Lionardo Buonarroti vom 18. März 1564 wissen, handelt es sich bei der alles dominierenden Figur des Nikodemus um ein Selbstporträt des Künstlers. Ein Vergleich mit zeitgenössischen Michelangelo-Bildnissen bestätigt diese Angabe des Biografen. Wir haben es hier also mit einem physiognomisch wiedererkennbaren Rollenporträt zu tun. Von allen Selbstdarstellungen Michelangelos übersetzt der Nikodemus eines der Leitmotive seines gesamten Schaffens, die Inszenierung seiner selbst, vielleicht am deutlichsten in ein plastisches Werk. Es illustriert zudem das Konzept plastischer Selbstdarstellung, wie der Künstler es in seinen Gedichten zum Ausdruck gebracht hatte. Als Beispiel mag ein Madrigal aus den frühen 1540er Jahren gelten, in dem Michelangelo erklärt, dass er in seiner Skulptur jenen gequälten Aspekt seiner selbst abbilde, dessen Leiden die ihn abweisende (fiktive) Geliebte verursacht habe:

„Geschieht es wohl, dass in dem Block ein Bildner
Sich selber ähnlich macht des andern Bildnis,
So bild' ich meine Herrin totenbleich
Und düster, so, wie sie mich selber machte:
Und glaub' ich sie zu formen,
Nehm' ich mein eignes Angesicht zum Vorbild.
Vom Stein wohl könnt' ich sagen,
In dem ich sie gestalte,
Dass er an rauer Härte gleicht ihrer selber;
Und d'rum, so lang sie mich
Verachtend tötet, kann ich
Nichts andres meißeln, als mein eignes Leid.
Doch rettet Kunst die Schönheit
Für spät're Zeiten – ihr Dauer zu verschaffen,
Das macht mich froh, und schön wird d'rum ihr Bildnis."

Rollenporträts als solche waren nicht ungewöhnlich, allerdings nehmen erst im 16. Jahrhundert die Fälle zu, in denen sich das Bild des Künstlers an herausgehobener Stelle, etwa im Zentrum einer lebensgroßen Figurengruppe, findet. Nikodemus hatte zudem eine besondere Bedeutung für den Berufsstand der Bildhauer, denn seit dem 9. Jahrhundert kursierte die Legende, dass er der Schöpfer eines wundertätigen hölzernen Kruzifixus, des *Volto Santo* in Lucca, und damit des ersten skulptierten Christusbildes gewesen sei. Unter den Personen des Neuen Testaments war Nikodemus also eine ideale Identifikationsfigur für die Bildhauer jener Tage. Daher haben sich beispielsweise auch Tilman Riemenschneider und Baccio Bandinelli als Nikodemus porträtiert.

Michelangelos Rollenporträt in der Florentiner *Pietà* verweist zudem auf die Wiederauferstehungshoffnung des Künstlers. In der Bibel wird Nikodemus zunächst als Skeptiker geschildert, der zweifelnd fragt, wie jemand, der alt sei, wiedergeboren werden könne. Christus antwortet darauf mit mehreren Gleichnissen sowie mit dem Verweis darauf, dass die Auferstehung mit seiner Passion zusammenhänge und eine Sache des festen Glaubens an Gott sei (Jh 3.1–21). Nikodemus war also ein Zweifler, der durch das Wort und das Opfer Christi zum Glauben geführt bzw. zurückgeführt wurde. Hierin mag man eine Parallele zu Michelangelo sehen, der in seinen späten Lebensjahren zu einem intensiveren Glauben fand. An die Idee der Wiederauferstehung erinnert schließlich auch die für eine *Pietà* ungewöhnliche Darstellung der Maria Magdalena, denn sie war die erste, die Christus nach seiner Auferstehung aus dem Grabe gesehen hatte.

Der fragmentierte Zustand der Florentiner *Pietà*, an der Michelangelo wohl noch bis etwa 1555 arbeitete, spiegelt mittelbar den unruhigen „Lebensabend" des Künstlers wider. Irritationen näherten sich von allen Seiten. So brachte ihm seine Tätigkeit als Architekt von St. Peter die ständige Feindschaft intriganter Rivalen in Rom ein. Zugleich waren auch der Wechsel der Pontifikate ein potentieller Unruheherd. Mit dem Tod Pauls III. am 10. November 1549 etwa verlor Michelangelo einen Gönner, der seiner eigenen Generation angehörte und ihm sehr gewogen gewesen war. Der Künstler fürchtete eine Kürzung des wirklich fürstlichen Gehalts, das Paul III. ihm 1535 (s. Kap. VIII) verschafft hatte. Die damals versprochenen 100 Golddukaten monatlich waren zwar nicht immer vollständig ausgezahlt worden, doch allein die Größenordnung übertraf die damals für Künstler üblichen Gehaltszahlungen bei weitem. Aufgrund dieser üppigen Alimentierung durch den Farnese-Papst konnte Michelangelo im Übrigen auch behaupten, dass er den Neubau von St. Peter ohne Bezahlung und nur für die „Liebe Gottes" leite (s. Kap. IX), denn direkte Entlohnung erhielt er als Architekt für dieses Projekt nicht, „nur" sein 1535 vereinbartes monatliches Gehalt. Dieses Gehalt wurde durch Julius III. und Paul IV. tatsächlich deutlich vermindert, dann aber 1560 unter Pius IV. wieder erhöht. Auch die Kritik an seiner Kunst drohte zu beunruhigenden Konsequenzen zu führen. So berichten Vasari in der Vita Daniele da Volterras und Lomazzo im *Libro de' Sogni* davon, dass Paul IV. geplant habe, *Das Jüngste Gericht* wegen seiner schamlosen Details herunterschlagen zu lassen (s. Kap. VIII).

Nicht zur Ruhe kam Michelangelo auch wegen der in den 1540er Jahren zunehmenden Bitten Herzog Cosimo de' Medicis, er möge nach Florenz zurückkehren. Der Künstler fühlte sich durch diese Nachfragen so sehr belästigt, dass er dem Herzog durch einen hochrangigen Mittelsmann, den Kardinal Rodolfo Pio da Carpi, in einem Brief vom 24. Mai 1558 ausrichten ließ, er möge ihn in Ruhe weiter an St. Peter arbeiten lassen. Ungemach bereitete dem Künstler auch seine Heiratspolitik. Bereits 1537 war es ihm gelungen, seine Nichte Francesca mit Michele Guicciardini zu verheiraten, dem Spross einer sehr angesehenen Florentiner Familie. Die mit dieser Liaison verbundene soziale Nobilitierung war ihm die stattliche Mitgift von 1400 Goldflorin wert. Um eine ähnliche „gute Partie" für seinen Neffen Lionardo musste sich Michelangelo noch bis 1553 sorgen. In diesem Jahre ehelichte Lionardo mit Cassandra Ridolfi eine Frau vergleichbar guter Abstammung.

Der größte Unruheherd für Michelangelo aber war zweifellos er selbst. Die Rivalen auf der Baustelle von St. Peter, die Launen und Wechsel der Päpste, Kürzungen des Gehalts, die Penetranz Herzog Cosimos, die Unschlüssigkeit seines Neffen – Michelangelo meisterte diese Probleme trotz seines hohen Alters. Wie besonders die Konflikte um die großen Bauprojekte in Rom zeigten, war er inzwischen unantastbar und zudem ein internationaler Star. Franz I. bot Unsummen, um ihn nach Frankreich zu locken oder eine Arbeit von seiner Hand zu erwerben, davon jedenfalls berichtet Condivi. Mit deutlich weniger gaben sich einige deutsche Rombesucher zufrieden, die Michelangelo allein schon dadurch glücklich machte, dass er sie im Macel de' Corvi empfing.

Ursache seiner Unruhe war Michelangelos unbändiger Schaffenseifer, worüber besonders anschaulich der französische Reisende Blaise de Vigenère berichtet: „Ich sah Michelangelo an der Arbeit. Er hatte sein sechzigstes Jahr überschritten, und obwohl er nicht sehr kräftig war, schlug er von einem harten Marmorblock in einer Viertelstunde noch mehr Splitter herunter als drei junge Männer in drei- oder viermal so langer Zeit. Wer das nicht mit Augen gesehen hat, der kann es nicht glauben. Und er ging mit solchem Feuer und Ungestüm an die Arbeit, dass ich glaubte, das Werk müsse in Stücke gehen. Mit einem Schlag brachte er Fetzen von drei bis vier Fingern Dicke herunter, und das so genau bis zum markierten Punkt, dass, wenn nur ein bisschen mehr Marmor abgesprungen wäre, er Gefahr lief, das Ganze zu verhauen." Die Arbeitswut des greisen Michelangelo schildert später auch Daniele da Volterra in einem Brief an Lionardo Buonarroti vom 11. Juni 1564: Der Künstler habe bis zum 12. Februar 1564, sechs Tage vor seinem Tod, erneut an einer Pietà gearbeitet. Diese heute als *Pietà Rondanini* (S. 358–359) bekannte Skulptur hatte Michelangelo schon in den 1550er Jahren begonnen. Wohl nach mehreren Versuchen, aus dem verhauenen Block noch eine passable Skulptur zu meißeln, gelangte Michelangelo schließlich zu der reduzierten und fragmentierten letzten Fassung mit der Jungfrau Maria, die den fast gänzlich aufgerichteten Körper Christi von hinten stützt. Diese beiden unvollendeten Figuren stehen im Zentrum, während ein isoliert aufragender Arm Christi noch von der ersten Idee für eine etwas größere Pietà zeugt. Michelangelo ließ dieses Fragment stehen, obwohl es ihn bei der Weiterarbeit an dem verbliebenen Block behindert haben muss. Im Falle jedes anderen Künstlers würde man in einer derartigen Skulptur ein Dokument des Scheiterns sehen, nicht so bei Michelangelo, bei dem man eher von einem „Testament in Marmor" spricht. Tatsächlich ist die *Pietà Rondanini* die ultimative Konsequenz von Michelangelos Schaffensdrang und seiner Idee des Künstlerischen. Beginnend mit der *Kentaurenschlacht*, besonders aber in späteren Gemälden wie dem *Jüngsten Gericht* und den Fresken in der Cappella Paolina hatte Michelangelo die korrekte Naturnachahmung weit hinter sich gelassen, so dass letztlich auch das Abbild fragmentierter Natur einen künstlerischen Wert bekommen konnte. Andere Skulpturen wie die niemals ganz fertiggestellten *Gefangenen* für das Juliusgrab haben zudem die Voraussetzung dafür geschaffen, dass wir sogar das Unvollendete als vollwertiges Kunstwerk akzeptieren, ja sogar schätzen. Erst mit dieser Akzeptanz konstituieren sich eine vom Auftraggeber emanzipierte Kunst und eine autonome Ästhetik. Für deren Erfindung war allein Michelangelo verantwortlich.

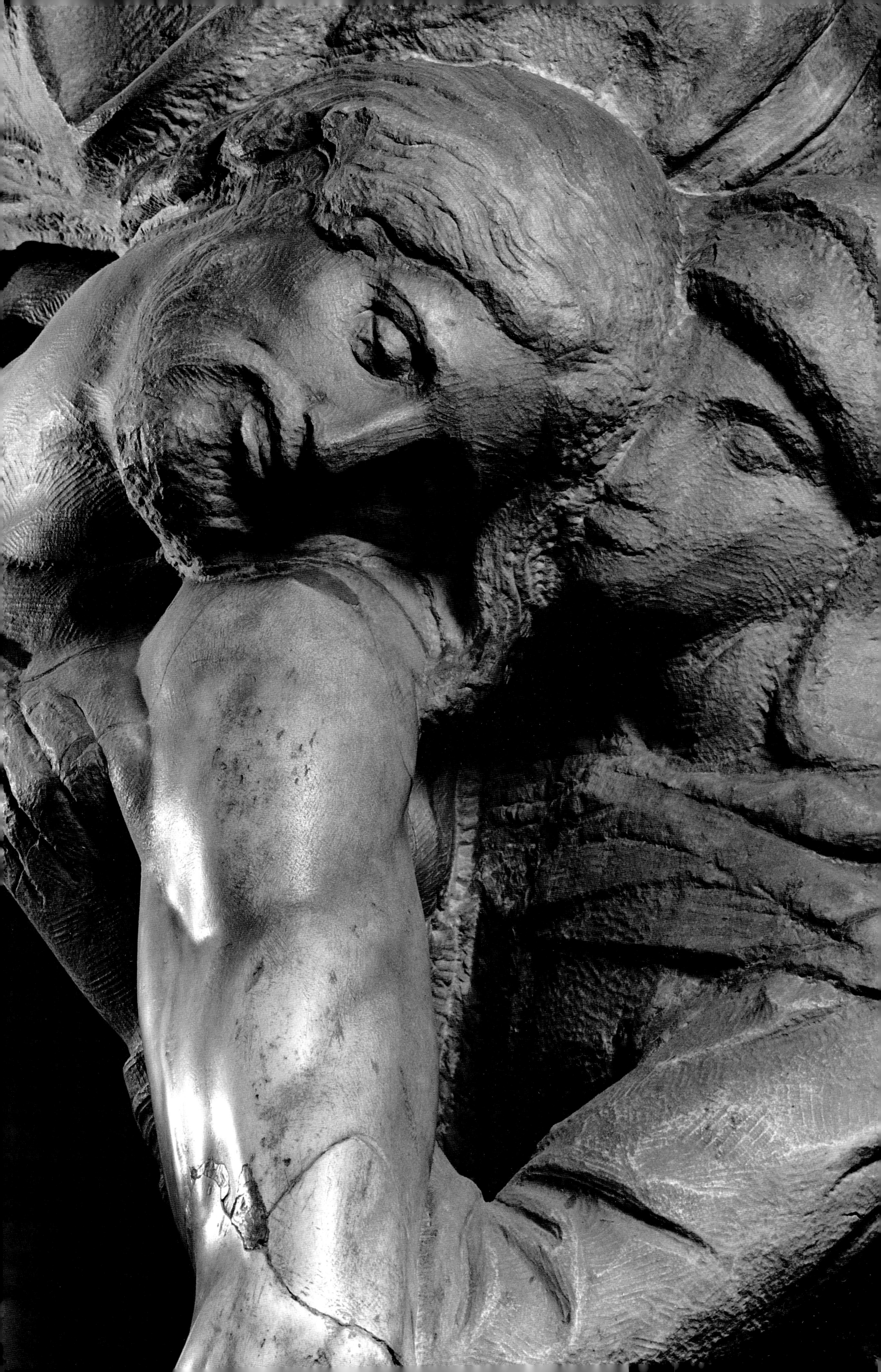

MICHELANGELO

*Rückkehr der Seele zu sich selbst, Leiden,
Enttäuschung am Leben, Kampf gegen
die Schranken der Materie, das sind die
Grundlagen seiner Inspiration.*
— AUGUSTE RODIN

Pietà Rondanini, 1552/53–1564
Marmor, Höhe 195 cm
Mailand, Museo del
Castello Sforzesco

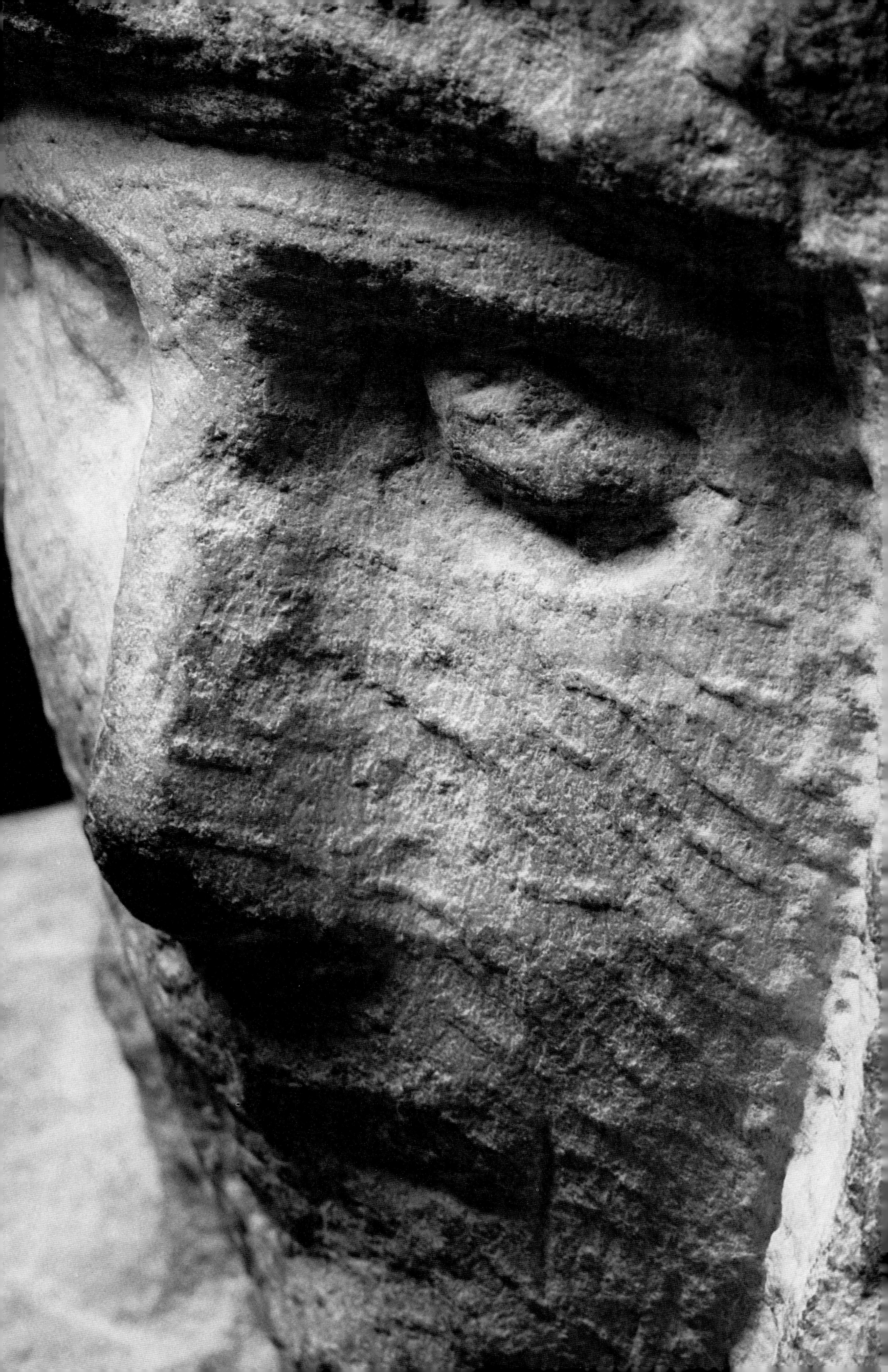

Epilog

Giorgio Vasari
Grabmal Michelangelos,
1564–1575
Florenz, S. Croce

Michelangelo stirbt am 18. Februar 1564 gegen fünf Uhr nachmittags im Beisein mehrerer Ärzte und Freunde, darunter Tommaso de' Cavalieri, Daniele da Volterra und Antonio del Francese, sein Diener. Bereits im Jahr zuvor hatte Vasari nach Absprache mit Herzog Cosimo de' Medici den Haushalt Michelangelos beobachten lassen. Man sorgte sich vor allem darum, dass bereits vor oder sofort nach dem Tod des greisen Künstlers einige seiner Werke verschwinden könnten. Daher wurde gleich am 19. Februar 1564 ein Inventar des im Macel de' Corvi vorhandenen Besitzes erstellt. Viel gab es nicht zu inventarisieren. Abgesehen von der bescheidenen Ausstattung des Anwesens mit Haushaltsgütern verzeichnet das Dokument die kleine Skulptur eines Christus mit Kreuz, eine wohl für die erste Version des Juliusgrabes bestimmte Petrusstatue, die *Pietà Rondanini* sowie zehn „Kartons" („cartoni"). Zwei Briefe Daniele da Volterras, der eine an Giorgio Vasari (17. März 1564) und der andere an Lionardo Buonarroti (11. Juni 1564), bestätigen die enttäuschenden Funde im römischen Nachlass des Künstlers. Vor allem was die Zeichnungen anbelangt, hatte man deutlich mehr erwartet. Cosimo de' Medici äußert sich in einem Brief vom 5. März 1564 geradezu empört über die dürftige Ausbeute im Macel de' Corvi.

Reichlich vorhanden war jedoch Bargeld, insgesamt 8289 Goldmünzen mit einem Wert, der damals ungefähr dem Verkaufspreis des Palazzo Pitti entsprach, des monumentalsten Palastes der Florentiner Renaissance. Schon Michelangelo wusste, dass man den Banken nicht trauen darf. Nicht zuletzt aus diesem Grund – und weil es mit hohem gesellschaftlichem Ansehen verbunden war – investierte Michelangelo den anderen Teil seines riesigen Vermögens zugunsten seiner Familie in Immobilien. Sein Barvermögen und sein Grundbesitz hätten es ihm ermöglicht, wie ein Fürst zu leben. Aber das interessierte ihn nicht.

Um Besitz ging es auch in den Tagen und Wochen unmittelbar nach Michelangelos Tod, nämlich um den Besitz seines Leichnams. Die Römer wollten ihn in Rom behalten, die Florentiner nach Florenz holen und dort bestatten. Das entsprach auch dem Wunsch des Verstorbenen. Der Leichnam wurde daher in die Heimatstadt des Künstlers überführt. Davon berichtet ausführlich Vasari am Ende seiner Vita Michelangelos, allerdings nicht ohne die ganze Geschichte gehörig zu dramatisieren. Dramatisch sind auch die Ereignisse nach dem Eintreffen des Leichnams in Florenz. Er wird zunächst ins Zollamt gebracht, dann zur Compagnia dell'Assunta nahe der Kirche S. Piero Maggiore und schließlich nach S. Croce, der traditionellen Begräbnisstätte der Familie Buonarroti. Hier findet Michelangelo später seine letzte Ruhe. Doch zuvor sorgte die 1563 von Vasari gegründete Florentiner Accademia del Disegno (die erste Kunstakademie der Neuzeit), allen voran ihr Vizepräsident Don Vincenzo Borghini, dafür, dass der Leichnam in S. Lorenzo, der Hauskirche der Medici, aufgebahrt und dort mit einem gigantischen Katafalk und einer pompösen Feier geehrt wurde. Vergleichbares hatte es bis dahin nur für Fürsten gegeben. Doch Michelangelo, *il divino*, wurde nicht nur geehrt wie ein Herrscher, sondern auch verehrt wie ein Heiliger. Diese Heiligkeit zeigte sich bereits daran, dass Michelangelos Leichnam selbst nach 25 Tagen weder zu verwesen noch zu stinken begann – so die nicht ganz glaubwürdige Überlieferung, die an Heiligenlegenden des Mittelalters anknüpft, um dem Künstler eine sakrale Aura zu verleihen. Nicht genug damit, Hunderte von Trauernden pilgerten zu dem aufgebahrten Leichnam und berührten sein Gesicht, das immer noch frisch schien und nicht wie das eines Toten. Die Accademia del disegno und ihre Künstler hatten es also geschafft, den Leichnam ihres großen Zeitgenossen und Vorbildes in das Zentrum eines grandiosen Spektakels zu stellen. Allerdings entsprach diese Form pompöser Verehrung keineswegs den Wünschen Michelangelos. Er war bescheiden. Auch darin hat ihn niemand übertroffen.

Entgangen, Herr, der Bürde, die mir schwer
und unlieb war, getrennt von Erdensachen,
wend ich mich müd zu dir, ein schwacher Nachen
aus Stürmen in das milde ebne Meer.

Die Dornen, Nägel, beide deine Hände,
dein lindes Antlitz, das in Großmut scheue,
versprechen Gnade einer tiefen Reue
und Hoffnung, dass ihr Heil die Seele fände.

Dass nicht dein Aug dich richtend anschaun hieße
Vergangnes; da ich, deines Ohrs Betrüber,
nicht fürchten müsse deines Arms Erhebung.

Dein Blut nur komme über mich und fließe
je mehr, je mehr ich älter werde, über
von Beistand und von völliger Ergebung.

— MICHELANGELO

MICHAELI ANGELO BONAROTIO
E VETVSTA SIMONIORVM FAMILIA
SCVLPTORI PICTORI ET ARCHITECTO
FAMA OMNIBVS NOTISSIMO
LEONARDVS PATRVO AMANTISS ET DE SE OPTIME MERITO
TRANSLATIS ROMA EIVS OSSIBVS ATQVE IN HOC TEMPLO MAIOR
SVOR SEPVLCRO CONDITIS COHORTANTE SERENISS COSMO MED
MAGNO HETRVRIAE DVCE
AN S MDLXX
VIXIT ANN LXXXVIII M XI D XV

Bibliografische Nachweise zu Leben und Werk

Die bibliografischen Nachweise sind auf das Wesentliche beschränkt. Auf einen genauen Nachweis der zitierten oder genannten Briefe Michelangelos wurde verzichtet, wenn deren Auffinden durch die Angabe von Datum und Adressat problemlos erfolgen kann. Für die Kapitel VI und IX werden nur wörtliche Zitate nachgewiesen.

Bei der Übersetzung der Briefe Michelangelos wurden die Texte von Karl Frey (1961) benutzt, bei den Viten Ascanio Condivis und Giorgio Vasaris die Übertragungen Rudolph Valdeks (1874) bzw. Adeline Seebecks (Vasari, Schorn/Förster, 1832–1849). Für Vasaris Michelangelo-Vita sei auf die 2009 erschienene, exzellent annotierte Neuübersetzung von Victoria Lorini verwiesen.

I. Der Beginn einer großen Karriere, 1475–1491

Michelangelos frühe Biografie (Frey, 1907; Tolnay, I; *Giovinezza di Michelangelo*, 1999, S. 17–113 und 444–446; Hatfield, 2002, passim; Forcellino, 2006, S. 19–45) – Künstler als Gott (Leonardo, *Trattato*, § 19; Kris/Kurz, 1934/1979; Panofsky, 1924/1982; Neumann, 1986, S. 82–86) – Michelangelo als Maßstab der Kunstgeschichte (Emison, 2000, S. 59–110) – Condivis Michelangelo-Biografie (Condivi, 1998; Elam, 1998; Hirst, 1998) – Auftragskünstler und Ausdruckskünstler (Zöllner, 2005b) – Michelangelos sozialer Status und Aufstieg (Hatfield, 2002, S. 186–188, 222–225 und passim; Forcellino, 2006, S. 11 und passim) – Michelangelos Nähe zum Guelfentum und seine politische Position (Tolnay, I, S. 3–5; Tolnay, 1947, S. 9–36; Spini, 1999; Hatfield, 2002, S. 201–234) – Michelangelos missbräuchliche Verwendung der Gelder für das Juliusgrab (Hatfield, 2002, S. 26–138, 228; Forcellino, 2006, S. 193, 273) – Michelangelos Amme (Weil-Garris Brandt, 1992b; Goffen, 1999) – Michelangelo und die Steinmetzen (Wallace, 1992a) – Michelangelo-Porträts (Steinmann, 1913) – Michelangelos Lebensstil (Hatfield, 2002, S. 183, 188, 232) – Giovio (Text u. dt. Übers. nach Steinmann, 1930, S. 77–78) – Michelangelo über sexuelle Verausgabung (Condivi, 1998, S. 65) – Bankkonto und Hausstand (Hatfield, 2002; Forcellino, 2006, S. 7–16 und passim) – Torrigianis Faustschlag (Cellini, 1968, S. 72 [1.13]; dt. Übers. nach Johann Wolfgang von Goethe, 1971, S. 32) – Michelangelo als Laufbursche (Cadogan, 1993) – Ausbildung und Bildungsstand Michelangelos (Hatfield, 2002, S. 145–151) – Lehrvertrag (Frey, 1907, S. 17–18) – Schongauers *Versuchung des heiligen Antonius* (Möseneder, 1993) – Leonardos Periodisierungsmodell (Text bei Richter, 1970, § 660; dt. Übers. nach Leonardo, 1952, S. 704) – Garten von S. Marco (Elam, 1992a, S. 41–84; Joannides, 1996b) – „Bildhauer aus dem Garten" (Poggi, 1906) – Kryptoporträt des Phidias (Barolsky, 1990b, S. 107–109; Thielemann, 2000) – Plutarch (*Vita des Perikles*, dt. Übers. nach Christoph Martin Wieland) – „Paragone" (Leonardo, 1882, § 36).

II. Zwischen Florenz, Bologna und Rom, 1492–1500

Biografie (*Giovinezza di Michelangelo*, 1999, S. 127–162 und 439–446; Forcellino, 2006) – Kruzifix für S. Spirito (Lisner, 1964) – Michelangelos *Herkules* (Chatelet-Lange, 1972) – Schneefall in Florenz (Hirst, 1994, S. 17) – Michelangelos Flucht (Poggi, 1906; Elam, 1992a, S. 58, 73) – Michelangelo bei Gianfrancesco Aldovrandi in Bologna (*Giovinezza di Michelangelo*, 1999, S. 127–141 und 440) – Auftrag Riarios für den *Bacchus* (Hirst, 1981a; Hirst/Dunkerton, 1994, S. 29–35) – Bacchische Mysterien in der Renaissance (Wind, 1958/1987, S. 205–219) – Rausch des *Bacchus* als Weg der Erkenntnis (Hirst/Dunkerton, 1994, S. 34) – Francisco de Holandas Text (dt. Übers. nach Emmerling-Skala, 1994, S. 255–256) – Vasari und Varchi über eine *Stigmatisation des heiligen Franziskus* (V/M, VII, S. 149; Barocchi, 1962, I, S. 16, und II, S. 158–159; Hirst, 1994, S. 37) – Altarbild für S. Agostino (Hirst, 1994, S. 37–46; Nagel, 1994; Hatfield, 2002, S. 5, 11–14, 120) – *Pietà* in St. Peter (Weil-Garris Brandt, 1987a; Hirst/Dunkerton, 1994, S. 47–71) – Vertrag für die *Pietà* in St. Peter (Milanesi, 1875, S. 613–614; *Contratti*, S. 5–6; dt. Übers. nach Koch, 1943, S. 57–58) – Analogie zwischen Pietà und Messhandlung (Krüger, 1992, S. 21–22) – Wunder wirkende Vesperbilder (Körte, 1937, S. 96–97) – Signatur der *Pietà* (Juren, 1974; Weil-Garris Brandt, 1987a; Wang, 2004).

III. Der Durchbruch in Florenz, 1501–1504

Biografie (*Giovinezza di Michelangelo*, 1999, S. 75–95, 447–450) – Rückgabe der Bezahlung für das S.-Agostino-Altarbild (Hirst, 1994, S. 58) – Verdienst Michelangelos in Rom (Hatfield, 2002, S. 15–16) – Vorgeschichte von Michelangelos *David* (Seymour, 1967; Hibbard, 1974, S. 52; Levine, 1974) – „schlecht behauener Block" (Milanesi, 1875, S. 620) – Vertrag für den *David* (Milanesi, 1875, S. 620–622; *Contratti*, S. 16; dt. Übers. nach Chastel, 1984, S. 145) – Kunstpflege der großen Zünfte (Verspohl, 2001, S. 91–92) – Dokumente und Debatte zur Aufstellung des *David* (Milanesi, 1875, S. 620–623; Seymour, 1967b, S. 108–137; Levine, 1974; Beck, 2001, S. 138–149) – politische Ikonografie des *David* (Herzner, 1978; Verspohl, 1991a; 2001) – Donatellos Bronze-*David* (Herzner 1982; Verspohl, 2001, S. 41) – Savonarolas starker und schöner David (Brockhaus, 1909, S. 12–19, 103, und 108–109) – David in der Sicht Machiavellis (Verspohl, 2001, S. 110–120) – Michelangelos Selbstzeugnis zur Arbeit am *David* (Lavin, 1992; 1993) – Michelangelos Ehrgeiz und Gier nach Geld (Hatfield, 2002, S. XXV und passim; Forcellino, 2005, S. 84, 104–108, 129–130 und passim) – *Brügger Madonna* (Mancusi-Ungaro, 1971; Schwedes, 1998, S. 95–108) – *Tondo Doni* (Levi d'-Ancona, 1968; Echinger-Maurach, 2000) – Joseph im *Tondo Doni* (Hayum, 1981/1982) – politische Ikonografie der Wandbilder Leonardos und Michelangelos (Hartt, 1983; Rubinstein, 1991) – Deutung der *Anghiari-Schlacht* (Zöllner, 1998; 2003, S. 164–174) – Leonardos „Sack voller Nüsse" (Richter, 1970, § 488).

IV. Zwischen Rom und Florenz, 1505–1508

Biografie (Hibbard, 1974, S. 85–95; Hirst, 1991; Hatfield, 2002, S. 17–23; Forcellino, 2006, S. 99–112) – Michelangelos und Julius' II. *terribilità* (Barocchi, 1962, II, S. 472–479; Summers, 1981, S. 234–241; Zöllner, 2002, S. 111–113) – Konflikt zwischen Michelangelo und Julius II. (Beck, 2001, S. 157–231) – Gesamtdarstellungen zum Juliusgrab (Echinger-Maurach, 1991; Poeschke, 1992, S. 89–100, 102–106, 119; Pope-Hennessy, 1996, S. 425–435) – Ruf Michelangelos nach Rom im Februar 1505 (Hirst, 1991) – erste Pläne für das Juliusgrab in Vasaris Vita Giuliano da Sangallos (V/M, IV, S. 282) – Juliusgrab und Rossellino-Chor (Frommel, 1977) – Kontrakte für den Marmor vom November und Dezember 1505 (Milanesi, 1875, S. 630–631) – New Yorker Modell-Zeichnung (Hirst, 1988a; Joannides, 1991b; Kempers, 2000; 2004; Bredekamp, 2004) – liturgisches Gerät der New Yorker Modell-Zeichnung (Bredekamp, 2004) – Madonna des Juliusgrabes im Vertrag vom 8. Juli 1516 (Milanesi, 1875, S. 646 und 650; *Contratti*, S. 64 und 67) – Freigräber auf römischen Kaisermünzen (Frazer, 1975) – antike Vorbilder für das Juliusgrab (Frommel, 1977) – *termini* als Grenze zwischen Diesseits und Jenseits (Echinger-Maurach, 1991, S. 206–219) – Breve des Papstes vom 8. Juli 1506 (Bottari, III, 1822, S. 472; Steinmann, 1905, II, S. 695; dt. Übers. nach Guhl, 1913) – Michelangelo zweigt Geld für Immobilienkäufe ab (Hatfield, 2002, S. 65, 126–138; Forcellino, 2006, S. 193, 273) – Fund und Ausgrabung des *Laokoon* (Haskell/Penny, 1981, Nr. 52; Bober/Rubinstein, 1986, Nr. 122) – Versöhnung mit dem Papst in Bologna (Forcellino, 2006, S. 110, 363–364).

V. Die Sixtinische Decke, 1508–1512

Biografie (Seymour, 1972, S. XIX–XXI und passim; Hatfield, 2002, S. 23–30; Forcellino, 2006, S. 112–133) – Anmietung eines Hauses in Florenz (Gaye, II, S. 477–475; Tolnay, II, S. 3) – Quellen zur Sixtinischen Kapelle (Steinmann, II, 1905; Seymour, 1972; Zöllner, 2002; 2004) – Brief Pietro Rossellis an Michelangelo vom Mai 1506 (*Carteggio*, I, S. 16) – Briefentwurf vom Dezember 1523 für Giovan Francesco Fattucci (*Carteggio*, III, S. 7–9, dt. Übers. nach Zöllner, 2002, S. 81) – *ricordo* vom 10. Mai 1508 (*Ricordi*, S. 1–2) – Bezahlung für die Sixtinische Decke (Hatfield, 2002, S. 123–125 und 318) – Michelangelo hat keine Ausgaben für Gehilfen (Hatfield, 2002, S. 22–30) – erster Entwurf für die Sixtinische Decke (Sandström, 1963; Weil Garris Brandt, 1992a; Fastenrath, 2000) – Michelangelos illustrierte italienische Bibel (Wind, 1960; Hope, 1987; Hatfield, 1991) – die Trilogien der Sixtinischen Decke (Kuhn, 1975, S. 14–40; Rohlmann, 1995, S. 21) – Genien als Vermittler des Göttlichen (Piper, I, 1847, S. 343–373) – Weissagungen der Sibyllen (LCI, IV, Sp. 150–153; Gilbert, 1994, S. 64–91) – Ahnenregister Christi (Poeschel, 2000, S. 197–201) – Bramantes Zweifel an Michelangelos Talent für Verkürzungen (*Carteggio*, I, S. 16) – Goldenes Zeitalter der della Rovere (Hartt, 1950, S. 133–134; Stinger, 1985, S. 296–299; Joost-Gaugier, 1996) – Genealogie als Programm der Sixtinischen Kapelle (Zöllner, 2002, S. 94–96) – Gedicht auf Freskierung der Sixtinischen Decke (Frey, 1964, Nr. IX; dt. Übers. v. Hinderberger, 1947, S. 380–381):

„I'ho già fatto un gozzo in questo stento,
come fa l'aqua a' gatti in Lombardia
ovver d'altro paese che si sia,
ch'a forza 'l ventre appicca sotto 'l mento.

La barba al cielo e la memoria sento
in sullo scrigno e 'l pecto fo d'arpia,
e 'l pennel sopra 'l viso tuttavia
mel fa, gocciando, un richo pavimento.

E' lombi entrati mi son nella peccia,
e fo del cul per contrapeso groppa,
e' passi senza gli occhi muovo invano.

Dinanzi mi s'allunga la corteccia
e per piegarsi adietro si raggroppa,
e tendomi com'arco soriano.

Però fallace e strano
sorge il giudizio, che la mente porta,
chè mal si tra' per cerbottana torta.

La mia pittura morta
difendi orma', Giouanni, e 'l mio onore,
Non sendo in loco bon nè io pittore."

– Deutung der Harpyen und des Syrerbogens (Lavin, 1992; Zöllner, 2002) – Michelangelos Rollenporträt im Haupt des Holofernes (Tolnay, II, S. 95–96, 180; Agoston, 1997, S. 546–547; Zöllner, 2005b) – Michelangelos Immobilieninvestitionen (Hatfield, 2002, S. 61–114).

VI. Der Architekt in Florenz, 1513–1534

„nicht mein Metier" (*Carteggio*, III, S. 20) – „kein Architekt" (Wilde, 1953c, S. 109) – „den Beruf niemals ausüben" (Condivi, 1998, S. 58) – „nicht seine Kunst" (V/M, VII, S. 218) – „contra mia voglia" (*Carteggio*, V, S. 30 und 105) – Ausmalung der Sixtina (V/M, VII, S. 173–175) – Raffael und Fra Giocondo (Camesasca, 1994, S. 175 f.) – römische Stadtbefestigungen (V/M, VII, S. 217) – „Michelangelo scultore" (*Carteggio*, IV, S. 299) – gegen den Fürstendienst (Zitate bei De Maio, 1978, S. 361–376) – Michelangelos Amme (Condivi, 1998, S. 8 f., und V/M, VII, S. 137) – „Grillenkäfig" (V/M, V, S. 353) – „Kinderkram" (*Carteggio*, I, S. 267) – Brief Sansovinos (*Carteggio*, I, S. 291) – „vom Papst beauftragt" (*Carteggio*, I, S. 266) – Fassadenprogramm (*Carteggio*, I, S. 245–247) – „der Spiegel Italiens" (*Carteggio*, I, S. 277–279) – Auslagen, Abschlusszahlung, Bilanz (*Carteggio*, II, S. 218–221) – „Teile eines weitverzweigten Organismus" (Maurer, 2004, S. 93) – antike Vorbilder (Krieg, 1999/2000) – keine „Reibungsverluste" durch Detailarbeit (Maurer, 2004, S. 101) – Ausweg aus der Sackgasse (V/M, VII, S. 193) – „Teil des Bauwerks zu werden" (Wallace, 1994, S. 191) – Säulen „in Wandschränken" (Burckhardt, 1953, S. 312) – „Vorführung eines abstrakten Prinzips" (Krieg, 1999/2000, S. 153) – Tür zum Lesesaal (*Carteggio*, III, S. 221) – Treppenläufe für „Signore" und Dienerschaft (*Carteggio*, V, S. 43) – Schreiben Vasaris (V/M, VII, S. 236 f.) – Antwort Michelangelos (*Carteggio*, V, S. 47–49) – Tonmodell, Brief Michelangelos (*Carteggio*, V, S. 146) – Ausführung in Holz oder Stein (*Carteggio*, V, S. 151 f.) „Michelangelo sia carezzato" (Gaye, 1839–1840, S. 22 f.; vgl. auch *Carteggio*, III, S. 303–306).

VII. Der Bildhauer, 1513–1534

Biografie (von Einem, 1959; S. 71–112; Forcellino, 2006, S. 137–224) – Symbolik des Affen (Janson, 1952, S. 295–301) – Körperlichkeit der Skulptur Michelangelos (Hall, 2005) – *Der auferstandene Christus* (Panofsky, 1991; Schwedes, 1998, S. 31–72) – Sebastiano del Piombos Brief vom 6. September 1521 über Pietro Urbanos Betragen (*Carteggio*, II, S. 313–315; Pope-Hennessy, 1996, S. 436) – politische Motive für die Aufstellung des *Auferstandenen Christus* (Panofsky, 1991) – Sebastiano del Piombos Brief vom 6. September 1521 über die Knie des *Christus* (Milanesi, 1890, S. 30) – Verlust des Geschlechtsteils Christi im 17. Jahrhundert (Lotz, 1965, Anm. 35) – abergläubische Römerinnen (Schwedes, 1998, Anm. 71) – Empfangsbestätigung Metello Varis vom Juni 1532 (*Ricordi*, S. 275, Nr. CCXLIX) – Giovan Battista Figiovanni zur Genese der Medici-Kapelle (Corti, 1964) – Umbettung der *Magnifici* 1559 (Ettlinger, 1978, S. 302, Anm. 29) – Baubeginn der Medici-Kapelle (Ettlinger, 1978; Elam, 1979) – *Cosmas* und *Damian* in der Medici-Kapelle (Laschke, 1993, S. 31–33; Pope-Hennessy, 1996, S. 441) – Michelangelos Entwürfe zur Medici-Kapelle (Neufeld, 1966; Perrig, 1981; Wallace, 1987b; Ascher, 2002) – Rekonstruktionen der Medici-Kapelle (Popp, 1922) – Architekturdetails (Krieg, 1999/2000) – Silvio Cosinis Trophäen (Tolnay, III, S. 165) – Regenerationsikonografie beschnittener Bäume (Ladner, 1960) – Brief Niccolò Martellis vom 28. Juli 1544 (Tolnay, III, S. 68, 143) – Leda, Flussgötter und Quellnymphen als Vorbilder (Bober/Rubinstein, 1986, Nrn. 5, 62, 64–67) – Ornament und Totenkult (Tolnay, IV, S. 165) – Herkunft der Allegorien der Medici-Kapelle (Steinmann, 1907, S. 64–66) – Sarkophagrelief aus S. Lorenzo fuori le Mura in Rom als konzeptuelles Vorbild (Petersen, 1906; Bober/Rubinstein, 1986, Nr. 196) – Tiber und *Fluentia* in der Sala di Costantino (Quednau, 1979, S. 500–504) – Gandolfo Porrini über Tiber und Arno (Steinmann, 1907, S. 62–63; Barocchi, 1962, III, S. 950–952) – Michelangelos Bemerkung zum Doppelgrab der *Magnifici* (Frey, 1964, Nr. XVIII; dt. Übers. v. Engelhard, 1999, Nr. 13; Gilbert, 1971) – Michelangelos Bemerkung zum Grabmal des Herzogs Giuliano de' Medici (Frey, 1964, Nr. XVII; dt. Übers. nach Nelson, 1922, Nr. 16) – Psychologie der Allegorien (Neufeld, 1966) – Benedetto Varchi über die Allegorien der Medici-Kapelle (Varchi, 1549, S. 117; Text auch bei Pope-Hennessy, 1996, S. 444–445; dt. Übers. nach Brockhaus, 1909, S. 53–54) – Giovanni di Carlo Strozzi zur Medici-Kapelle (Frey, 1964, Nr. CIX.17; dt. Übers. v. Adeline Seebeck):

„La Notte, che tu vedi in sì dolci atti
Dormire, fu da un Angelo scolpita
In questo sasso: e, perchè dorme, ha vita:
Destala, se no'l credi, e parleratti.

Grato m' è il sonno, e più l'esser di sasso,
Mentre che 'l danno e la vergogna dura.
Non veder, non sentir, m'è gran ventura;
Però non mi destar; deh! parla basso."

– Symbolik der Maske (Leuschner, 1997, S. 195–201) – Maske als Selbstdarstellung Michelangelos (Paoletti, 1992) – „ewige Anbetung" (Ettlinger, 1978) – Verallgemeinerung Allegorien (Poeschke, 2005) – Figiovanni über Mordpläne gegen Michelangelo (Corti, 1964, S. 29) – Giovan Battista Minis Brief an Baccio Valori vom 29. September 1531 (*Carteggio*, III, 1973, S. 329–330; Pope-Hennessy, 1996, S. 440).

VIII. Geschenkzeichnungen und *Jüngstes Gericht*, 1534–1541

Biografie (von Einem, 1959, S. 107–134; Forcellino, 2006, S. 222–250) – Vertrag für das Juliusgrab von 1532 (Milanesi, 1875, S. 702–709; *Contratti*, S. 199–207) – *Noli me tangere* für Vittoria Colonna (Hirst/Mayr, 1997) – Michelangelo und Vittoria Colonna (Campi, 1997; *Vittoria Colonna*, 1997; *Vittoria Colonna e Michelangelo*, 2005) – Tommaso de' Cavalieris Brief an Michelangelo vom 5. September 1533 (*Carteggio*, IV, S. 49) – Phaetonzeichnung und Ippolito de' Medici (Chapman, 2006, S. 224–226) – Geburtsdatum Tommaso de' Cavalieris (Panofsky-Soergel, 1984; Kirkendale, 2001, S. 46; Chapman, 2006, S. 224) – Michelangelos Briefe vom 28. Juli und 1. Januar 1533 (dt. Übersetzung nach Frey, 1961, Nr. 74 und 73) – Sonett für Cavalieri (Frey, 1964, Nr. LXIII; dt. Übers. Engelhard, 1999, Nr. 82):

„Non posso altra figura immaginarmi
O di nud'ombra o di terrestre spoglia,
Col più alto pensier, tal che mie voglia
Contra la tuo beltà di quell's'armi.

Ché da te mosso, tanto scender parmi,
Ch'amor d'ogni valor mi priva e spoglia
Ond'a pensar di minuir mie doglia
Duplicando la morte viene darmi.

Però non val che più sproni mie fuga,
Doppiando 'l corso alla beltà nemica,
Ché 'l men dal più veloce non si scosta.

Amor con le sue man gli occhi m'asciuga,
Promettendomi cara ogni fatica:
Che vile essere non può chi tanto costa."

– Geschenkzeichnungen für Cavalieri (Panofsky, 1939/1997, S. 279–290; Hartt, 1975a, S. 249–258; TC, II, S. 103–110; Testa, 1979; Hirst, 1988a, S. 111–118; Winner, 1992) – Leber als Sitz der Leidenschaft (Panofsky, 1939/1997, S. 217) – Vergil (Text nach Vergil 1998; dt. Übers. v. nach Vergil, 1976):

„Nec non et Tityon, terrae omniparentis alumnum,
cernere erat, per tota novem cui iugera corpus
porrigitur, rostroque immanis vultur obunco
immortale iecur tondens fecundaque poenis
viscera rimaturque epulis habitatque sub alto
pectore, nec fibris requies datur ulla renatis."

– *Ganymed* (Testa, 1979; *Vittoria Colonna*, 1997, S. 327–329) – Ganymeds Flug zu Höherem (Panofsky, 1939/1997, S. 212–218) – Sonett Michelangelos für Cavalieri von ca. 1546 (Frey, 1964, Nr. CIX.19; dt. Übers. v. Hermann Grimm, zit. nach von Einem, 1959, S. 107–108):

„Veggio co be vostr' occhi un dolce lume,
Che co mie ciechi già veder non posso.
Porto co vostri piedi un pondo adosso
Che de mie zoppi non è lor costume.

Volo con le vostr' ale e senza piume.
Col vostro ingegno al ciel sempre non mosso.
Da vostro arbitrio son pallido e rosso,
Freddo al sol, caldo alle più fredde brume.

Nel voler vostro è sol la voglia mia.
I miei pensier nel vostro cor si fanno.
Nel vostro fiato son le mie parole.

Come luna da se sol par ch' io sia,
Che gli occhi nostri in ciel veder non sanno
Se non quel tanto che n' accende il sole."

– *Phaeton* (Brinckmann, 1925, S. 45–47; Testa, 1979; Chapman, 2006, S. 224–227) – Phaetonsarkophag (Bober/Rubinstein, 1986, Nr. 27) – Sebastiano del Piombos Brief an Michelangelo vom 17. Juli 1533 (*Carteggio*, IV, S. 17–19) – *Jüngstes Gericht* (Steinmann, 1905, II, S. 776; Tolnay, V, S. 19–22; von Einem, 1959, S. 113–129; Barnes, 1998; Hall, 2005; Chapman, 2006, S. 229–232) – Genese des *Jüngsten Gerichts* (Tolnay, V, S. 22; Rohlmann, 2000; Kliemann/Rohlmann, 2004, S. 97–99) – *Göttliche Komödie*, Inf. 3.109–111 (dt. Übers. nach von Einem, 1959, S. 122):

„Caron dimonio, con occhi di bragia
Loro accenando, tutte le raccoglie;
Batte col remo qualunque s' adagia."

– Vasari über Michelangelos Bewunderung der Fresken Signorellis (V/M, III, S. 690) – Bertoldo di Giovannis Porträtmedaille des Filippo de' Medici (Draper, 1992, S. 82–86) – Vorzeichnungen zum *Jüngsten Gericht* (Chapman, 2006, S. 233–247) – Ambrogio Brambillas Kupferstich des *Jüngsten Gerichts* (De Maio, 1978, S. 43 und 62–63) – *Jüngstes Gericht* als Reaktion auf die Plünderung Roms (Chastel, 1983, S. 191–200; De Maio, 1978, S. 37; Boroughs, 1995), als Häresie (Steinberg, 1975a; 1980a), als Ausdruck der Gegenreformation (Feldhusen, 1953; von Einem, 1959, S. 128–129; De Maio, 1978) – Michelangelo als Märtyrerkünstler (Zöllner, 2005b) – Deutung der abgezogenen Haut (Wind, 1958/1987, S. 200 und 216) – Bartholomäus und Marsyas (Magnusson, 1984; Posèq, 1994; Barnes, 1995, S. 69; Wyss, 1996, S. 7–25; Jacobs, 2002) – Kritik am *Jüngsten Gericht* (Barocchi, 1956; 1962, III, S. 1254–1270; De Maio, 1978; Chastel, 1984, S. 188–207, 277–282; Möseneder, 1997; Barnes, 1998, S. 71–101) – Aretinos Kritik am *Jüngsten Gericht* (*Carteggio*, IV, S. 82–91; 181–182; 208–209; Zöllner, 2002, S. 103–106) – Briefzitate Aretinos (*Carteggio*, IV, S. 215, 218–219, und 217; dt. Übers. teilweise nach Hinderberger, 1947, S. 267) – Genese von Condivis Michelangelo-Vita (Condivi, 1998, S. 48–49; Condivi, 1874, § LII) – Niccolò Serninis Brief vom 19. November 1541 (De Maio, 1978, S. 17; Chastel, 1984, S. 277; dt. Übers. ebd., S. 188) – Brief Don Miniato Pittis an Giorgio Vasari vom 1. Mai 1545 (Chastel, 1984, S. 278; dt. Übers. ebd., S. 190) – Ambrogio Polis Kritik von 1551 (De Maio, 1978, S. 19–20 und 48; Chastel, 1984, S. 280; dt. Übers. ebd., S. 200–201) – Lomazzos Kritik (Chastel, 1984, S. 281; dt. Übers. ebd., S. 205) – Übermalungen des *Jüngsten Gerichts* (De Maio, 1978, S. 39; Barnes, 1998, S. 88) – Korrespondenz Michelangelos und Vittoria Colonnas, Geschenkzeichnungen (*Carteggio*, IV, S. 101–105, 224, 269; Campi, 1994; 1997; *Vittoria Colonna*, 1997, S. 396–403; *Vittoria Colonna e Michelangelo*, 2005, S. 178–189; Chapman, 2006, S. 252–257) – Kopien nach Geschenkzeichnungen für Vittoria Colonna (Kamp, 1993; *Vittoria Colonna e Michelangelo*, 2005, S. 170–175) – *Pietà* für Vittoria Colonna (Campi, 1997; *Vittoria Colonna*, 1997, S. 426) – Geschenkzeichnung als Ausdruck katholischer Reformtheologie (Campi, 1994; 1997) – „menschlicher" Christus in mittelalterlichen Beispielen (Haussherr, 1971) – Briefe Vittoria Colonnas über Michelangelos *Kreuzigung* (*Carteggio*, IV, S. 104; dt. Übers. nach Thode, 1903, II, S. 403, und Frey, 1961, S. 270; *Carteggio*, IV, S. 105; dt. Übers. v. Thode, 1903, II, S. 405, und Frey, 1961, S. 270–271).

IX. Der Architekt in Rom, 1534–1564

Wunsch Pauls III. (V/M, VII, S. 206) – „secundum iudicium Michaelis Angeli" (Lanciani, 1903, S. 11, 69) – Opposition Michelangelos (Gronau, 1906, S. 9 f.) – Beschreibung des Kapitols (Vasari, 1550, S. 987 f.; Vasari, 1568; V/M, VII, S. 222 f.) – Dekret des Oberbürgermeisters („Corriere della Sera", 8.11.1998) – Paul IV. möge „die Welt in Ordnung bringen" (V/M, VII, S. 240) – „gegen meinen Willen" (*Carteggio*, V, S. 102, 105) – „setta sangallesca" (V/M, VII, S. 218) – „Kunstabsolutismus" (Bredekamp, 1995b, S. 120) – „per l'amor de Dio" (V/M, VII, S. 220) – Deputierte sollen Geld beschaffen (Saalman, 1978, S. 489) – Rücktrittsdrohung Michelangelos (V/M, VII, S. 264–266) – „klar, hell und eindeutig" (*Carteggio*, IV, S. 251 f.) – Sicherung gegen Veränderung (*Carteggio*, V, S. 84 und 110) – „S. Pietrino" (Saalman, 1978, S. 491) – „minor forma" (V/M, VII, S. 220 f.) – „in Rom nicht gebräuchlich" (*Carteggio*, V, S. 117 f.) – „vor Scham sterben" (*Carteggio*, V, S. 113 f.) – Brief an Kritiker (*Carteggio*, V, S. 123 f.) – Serlio über Bramantes Kuppel (Serlio, 1540, S. 9 f.) – Kuppelkonstruktionen von Giuliano da Sangallo (Bellini, 2006) – Michelangelo kann Rom nicht verlassen (*Carteggio*, V, S. 35 f.) – kein Gedanke mehr ohne Tod (*Carteggio*, V, S. 35 f.) – „il dado" (röm. Volksmund) – Probestück des Gesimses (V/M, VII, S. 223) – Kritik daran (Meller, 1909) – Nanni di Baccio Bigio (*Carteggio*, IV, S. 267 f.) – „Travertin geadelt" (V/M, I, S. 123) – Tiberbrücke (V/M, VII, S. 224 f.) – „Roma farnesiana" (Bruschi, 2004) – Michelangelo möchte vom Herzog gebeten werden (*Carteggio*, V, S. 175 f.) – „Wir möchten Euch bitten" (*Carteggio*, V, S. 181) – Michelangelos Antwort (*Carteggio*, V, S. 183) – weder Römer noch Griechen (V/M, VII, S. 263) – „Ich habe mich verliebt" (*Carteggio*, V, S. 224) – die nötigen Mittel (*Carteggio*, V, S. 217) – Michelangelo entschuldigt sich (*Carteggio*, V, S. 183) – „jener Grundriss" (*Carteggio*, V, S. 206) – Pius IV. und Cappella Sforza (Satzinger, 2005) – „keiner der anderen Architekten" (V/M, VII, S. 261) – „eine der schönsten Kirchen" (B. Gamucci, Libri quattro dell'antichità, Venedig 1565, zit. nach De Maio, 1978, S. 331) – Gesandtenberichte: 18. Januar und 18. Juni 1561 (Pastor, VII, S. 638 und 644) – „der Abschluss des Werks den Tod des Schaffensvorgangs" (Bredekamp, 1995, S. 122).

X. Spätwerk: Die letzten Gemälde und Skulpturen, 1540–1564

Biografie (von Einem, 1959, S. 135–163; Forcellino, 2006, S. 250–352) – Zeichnungen für Gemälde anderer Künstler (Chapman, 2006, S. 257–272) – Kardinal Ascanio Parisanis Brief vom 23. November 1538 (Barocchi, 1962, III, S. 1199) – Figuren des Juliusgrabs für die Medici-Kapelle (*Carteggio*, III, S. 342–347; Brief Sebastiano del Piombos an Michelangelo vom 15./21. November 1531) – verzweifelter Brief an Luigi del Riccio, Ende Oktober 1542 (dt. Übers. nach Frey, 1961, S. 117) – Michelangelos Brief an unidentifizierten Würdenträger; veruntreute Gelder (*Carteggio*, IV, S. 150–155; Hatfield, 2002, S. 126–138) – Juliusgrab allgemein (Echinger-Maurach, 1991; Satzinger, 2001) – Abmachung vom 20. August 1542 (Milanesi, 1875, S. 715–716; *Contratti*, S. 250–255) – Vergleich mit Renaissance-Grabmälern (Bredekamp, 1999) – Sandro Fancellis Arbeit an der Madonna des Juliusgrabes (Milanesi, 1875, S. 604) – Urbinos Arbeiten am Juliusgrab (Milanesi, 1875, S. 712–713; *Contratti*, S. 239–241) – Abmachung vom 21. August 1542 (Milanesi, 1875, S. 717–718; *Contratti*, S. 256–258; Forcellino, 2002, S. 100–110) – Zuschreibung der Hermen (Echinger-Maurach, 1991, S. 381–385 und passim) – Rolle *Rahels* im Juliusgrab (Poeschel, 2001) – Krankheiten Michelangelos 1544 und 1546 (Forcellino, 2006, S. 315–317) – sarkastisches Gedicht von ca. 1546 über die Lebensumstände am Macel de' Corvi (Frey, 1964, Nr. LXXXI; dt. Übers. nach Koch, 1966/1999, S. 13/15):

„I' sto rinchiuso come la midolla
da la sua scorza, qua pover e solo,
come spirto legato in un'ampolla:

e la mia scura tomba è picciol volo,
dov'è Aragn' e mill'opre e lavoranti,
e fan di lor filando fusaiuolo.

D'intorn'a l'uscio ho mete di giganti,
ché chi mangi'uva o ha presa medicina
non vanno altrove a cacar tutti quanti.

I' ho 'mparato a conoscer l'orina
e la cannella ond'esce, per quei fessi
che 'nanzi dì mi chiamon la mattina.

Gatti, carogne, canterelli o cessi,
chi n'ha per masserizi' o men viaggio
non vien a vicitarmi mai senz'essi.

L'anima mia dal corpo ha tal vantaggio,
che se stasat' allentasse l'odore,
seco non la terre' 'l pan e 'l formaggio.

La toss' e 'l freddo il tien sol che non more;
se la non esce per l'uscio di sotto,
per bocca il fiato a pen' uscir può fore.

Dilombato, crepato, infranto e rotto
son già per le fatiche, e l'osteria
è morte, dov'io viv' e mangio a scotto.

La mia allegrezz' è la maninconia,
e 'l mio riposo son questi disagi:
che chi cerca il malanno, Dio gliel dia."

– Sonett von 1542 für Vittoria Colonna über den Ruhm des Künstlers (Frey, 1964, Nr. CIX.92; dt. Übers. nach Nelson, 1922, S. 216):

„Com'esser, donna, può quel c'alcun vede
per lunga sperïenza, che più dura
l'immagin viva in pietra alpestra e dura
che 'l suo fattor, che gli anni in cener riede?

La causa a l'effetto inclina e cede,
onde dall'arte è vinta la natura.
I' 'l so, che 'l pruovo in la bella scultura,
c'all'opra il tempo e morte non tien fede.

Dunche, posso ambo noi dar lunga vita
in qual sie modo, o di colore o sasso,
di noi sembrando l'uno e l'altro volto;

sì che mill'anni dopo la partita,
quante voi bella fusti e quant'io lasso
si veggia, e com'amarvi i' non fu' stolto."

– Brief Vittoria Colonnas von 1545 oder 1546 über den „zweiten Tod" (*Carteggio*, IV, S. 224; dt. Übers. nach Frey, 1961, S. 274) – Michelangelos Sonett über den „zweiten Tod" (Frey, 1964, Nr. CXLVII; dt. Übers. nach Nelson, 1922, S. 268):

„Giunto è già 'l corso della vita mia,
con tempestoso mar, per fragil barca,
al comun porto, ov'a render si varca
conto e ragion d'ogni opra trista e pia.

Onde l'affettüosa fantasia
che l'arte mi fece idol e monarca
conosco or ben com'era d'error carca
e quel c'a mal suo grado ogn'uom desia.

Gli amorosi pensier, già vani e lieti,
che fien or, s'a duo morte m'avvicino?
D'una so 'l certo, e l'altra mi minaccia.

Né pinger né scolpir fie più che quieti
l'anima, volta a quell'amor divino
c'aperse, a prender noi, 'n croce le braccia."

– Cappella Paolina (Baumgart/Biagetti, 1934; Steinberg, 1975b; Kuntz, 1998; 2003; 2005; Hemmer, 2003) – Brief Michelangelos an einen unidentifizierten Würdenträger vom Oktober 1542 (dt. Übers. nach Frey, 1961, S. 120) – Holzschnitt Domenico Campagnolas (Hemmer, 2003) – Blickführung der Fresken (Wallace, 1989) – Gilios Kritik am Christus der Cappella Paolina (Barocchi, II, S. 44; Steinberg, 1975b, S. 37; dt. Übers. nach Forcellino, 2006, S. 280) – Rezeptionsgeschichte der Cappella Paolina (Barocchi, 1962, III, S. 1411–1430) – Tagwerke der Cappella Paolina (Forcellino, 2006, S. 276–278) – Vincenzo Dantis Konzept der Naturnachahmung (Barocchi, 1960, I, S. 241, 263; Summers, 1981, S. 279–282) – Gilios Kritik am Alter des Paulus (Barocchi, 1960, I, S. 45; Steinberg, 1975b, S. 25, 60) – Leonis Porträtmedaille und Michelangelo als „Pilger" (Pope-Hennessy, 1966, S. 209; Barolsky, 1990b, S. 44–46; Schumacher, 2004) – Michelangelos Brief an Varchi, April und Juni 1547 (dt. Übers. nach Frey, 1961, S. 153–154) – Nonnen schwängern in St. Peter (Milanesi, 1875, S. 535 [als Brief an Bartolommeo Ammannati], Nr. CDLXXIV) – Meleagersarkophag (Bober/Rubinstein, 1986, Nr. 118) – Michelangelos kontrollierte Umarbeitung der Florentiner *Pietà* (Wasserman, 2003) – Brief Vasaris an Lionardo Buonarroti vom 18. März 1564 (*Carteggio indiretto*, II, S. 179–183) – Madrigal über abweisende (fiktive) Geliebte und Selbstdarstellung (Frey, 1964, Nr. CIX.53; dt. Übers. nach Thode, 1903, II, S. 234):

„S'egli è che 'n dura pietra alcun somigli
talor l'immagin d'ogni altri a se stesso,
squallido e smorto spesso
il fo, com'i' son fatto da costei;
e par ch'esempio pigli
Ogni or da me, ch'i' penso di far lei.
ben la pietra potrei
per l'aspra sua durezza,
in ch'io l'esempio, dir c'a lei s'assembra;
del resto non saprei,
mentre mi strugge e sprezza,
altro scolpir che le mie afflite membra.
Ma se l'arte rimembra
agli anni la beltà, per durare ella,
farà me lieto, ond'io la farò bella."

– Künstlerselbstporträt als Nikodemus (Pope-Hennessy, 1966, S. 289–300; Schleif, 1993; Nagel, 2000, S. 202–212; Zöllner, 2005b) – *Volto Santo* von Lucca (Stechow, 1964; Schleif, 1993; Verdon, 2003) – Rolle der Maria Magdalena in der Florentiner *Pietà* (Wallace, 2000) – päpstliche Gehaltszahlungen für Michelangelo (Hatfield, 2002, S. 160, 164–167) – geplante Zerstörung des *Jüngsten Gerichts* (V/M, VII, S. 65; Lomazzo, zit. bei Chastel, 1984, S. 281, und oben, Kap. VIII) – Brief Kardinal Rodolfo Pios an Cosimo de' Medici (Barocchi, 1962, IV, S. 1696; *Carteggio indiretto*, II, S. 101) – Heiratspolitik Michelangelos (Hatfield, 2002, S. 103–105, 223–224; Forcellino, 2006, S. 321–322) – Michelangelos Sonderstellung bei Konflikten (Bredekamp, 2006) – Michelangelo empfängt deutsche Rombesucher (Gaye, 1840, III, S. 419) – Blaise de Vigenère (Barocchi, 1962, II, S. 232; frz. Text auch bei Lavin, 1992, Anm. 26; dt. Übers. nach Goldscheider, 1971, S. 23) – Daniele da Volterra in einem Brief an Lionardo Buonarroti vom 11. Juni 1564 über Michelangelos Arbeitswut (*Carteggio indiretto*, II, S. 198–200, Nr. CCCLXX) – *Pietà Rondanini* als „Testament in Marmor" (Fiorio, 2004, S. 13) – das Unvollendete (Schulz, 1975; Barricelli, 1993).

Epilog

Michelangelos Tod (Gaye, 1840, III, S. 126) – Nachlassinventar Michelangelos (Barocchi, 1962, IV, S. 1848–1851) – Enttäuschung über Michelangelos Nachlass (Frey, 1930, II, S. 53–54, 902; *Carteggio indiretto*, II, S. 198–200) – Michelangelos Goldschatz im Macel de' Corvi (Hatfield, 2002, S. 183–185) – Trauerfeier, Sanktifizierung Michelangelos (V/M, VII, S. 285; Wittkower, 1964, S. 1–17, 77 und passim; Barolsky, 1990, S. 55; Pon, 1996).

Literaturverzeichnis

ABKÜRZUNGEN DER BIBLIOGRAFISCHEN NACHWEISE UND DER BIBLIOGRAFIE

AB: *The Art Bulletin*
AeH: *Artibus et Historiae*
AH: *Art History*
BM: *The Burlington Magazine*
CT: *Il Carteggio di Michelangelo*, 1965–1983
GBA: *Gazette des Beaux-Arts*
H: Hartt, 1975a
JbPKS: *Jahrbuch der Königlich Preußischen Kunstsammlungen*
JWCI: *Journal of the Warburg and Courtauld Institutes*
LCI: *Lexikon der christlichen Ikonographie*, 1968–1976
MD: *Master Drawings*
MKIF: *Mitteilungen des Kunsthistorischen Institutes in Florenz*
s.c.: stile comune (Jahresbeginn am 1. Januar im Gegensatz zu s.f., dem stile fiorentino, Jahresbeginn am 25. März, dem Tag der Verkündigung)
SCJ: *The Sixteenth Century Journal*
SiI: *Studies in Iconography*
TC: Tolnay, 1975–1980
V/M: Vasari, 1906
ZfKG: *Zeitschrift für Kunstgeschichte*

QUELLEN

P. Barocchi (Hg.), *Trattati d'arte del Cinquecento fra manierismo e controriforma*, 3 Bde., Bari 1960–1962.
P. Barocchi (Hg.), *Giorgio Vasari. La vita di Michelangelo nelle redazioni del 1550 e del 1568*, 5 Bde., Mailand/Neapel 1962.
Giovanni Gaetano Bottari/Stefano Ticozzi, *Raccolta di lettere sulla pittura, scultura ed architettura*, 10 Bde., Mailand 1822–1825 (Reprint Hildesheim 1976).
Il Carteggio di Michelangelo. Edizione postuma di Giovanni Poggi, hg. v. P. Barocchi u. R. Ristori, 5 Bde., Florenz 1965–1983.
Il Carteggio indiretto di Michelangelo, hg. v. P. Barocchi, K.L. Bramanti u. R. Ristori, 2 Bde., Florenz 1988–1995.
Benvenuto Cellini, *Opere*, hg. v. B. Maier, Mailand 1968.
Ascanio Condivi, *Das Leben des Michelangelo Buonarroti* [1553], übers. v. R. Valdek, Wien 1874 (Reprint Osnabrück 1970).
Ascanio Condivi, *Vita di Michelagnolo Buonarroti*, hg. v. G. Nencioni, Florenz 1998.
I Contratti di Michelangelo, hg. v. L. Bardeschi Ciulich, Florenz 2005.
M. Engelhard (Hg. u. Übers.), *Michelangelo. Gedichte*, Frankfurt am Main 1999.
K. Frey (Hg.), *Die Briefe des Michelagniolo Buonarroti*, neu hg. v. H.-W. Frey, Berlin 1961 (zuerst 1907).
K. Frey (Hg.), *Die Dichtungen des Michelagniolo Buonarroti*, 2. Aufl., neu hg. v. H.-W. Frey, Berlin 1964 (zuerst 1897).
Bernardo Gamucci, *Libri quattro dell'antichità della città di Roma*, Venedig 1565.
G. Gaye, *Carteggio inedito d'artisti dei secoli XIV, XV, XVI*, 3 Bde., Florenz 1839–1840.
E. Guhl (Hg.), *Künstlerbriefe der Renaissance*, Berlin 1913.
H. Koch (Hg. u. Übers.), *Gedanken eines Einsamen. Der unbekannte Michelangelo in Rede und Prosa*, Hamburg 1943.
H. Koch, *Michelangelo. Mit Selbstzeugnissen und Bilddokumenten*, Reinbek bei Hamburg 1999 (zuerst 1966).
Leonardo da Vinci, *Das Buch von der Malerei*, hg. v. H. Ludwig, 3 Bde., Wien 1882.
Leonardo da Vinci, *Tagebücher und Aufzeichnungen*, hg. u. übers. v. Th. Lücke, München 1952.
Michelangelo, *Lebensberichte, Briefe, Gespräche, Gedichte*, hg. u. übers. v. H. Hinderberger, Zürich 1947.
G. Milanesi, *Le lettere di Michelangelo Buonarroti, pubblicate coi ricordi ed i contratti artistici*, Florenz 1875 (Reprint Osnabrück 1976).
G. Milanesi, *Les correspondants de Michel-Ange. 1. Sebastiano del Piombo*, Paris 1890.
H. Nelson (Hg. u. Übers.), *Michelagniolo Buonarroti. Dichtungen*, Jena 1922.
J. P. Richter (Hg.), *The Literary Works of Leonardo da Vinci*, 2 Bde., 3. Aufl., Oxford 1970 (zuerst 1883).
I Ricordi di Michelangelo, hg. v. L. Bardeschi Ciulich u. P. Barocchi, Florenz 1970.
Benedetto Varchi, *Due lezzioni [...]*, Florenz 1549.
Giorgio Vasari, *Das Leben des Michelangelo*. Neu übers. von Victoria Lorini. Hg., kommentiert und eingel. von Caroline Gabbert, Berlin 2009.
Giorgio Vasari, *Leben der ausgezeichnetsten Maler, Bildhauer und Baumeister von Cimabue bis zum Jahre 1567 (1568)* [übers. v. A. Seebeck], hg. v. L. Schorn und E. Förster, 6 Bde., Stuttgart/Tübingen 1832–1849 (Reprint Worms 1983, hg. v. J. Kliemann, 2. Aufl. 1988).
Giorgio Vasari, *Le vite de' più eccellenti architetti, pittori, et scultori italiani da Cimabue insino a' tempi nostri [1550]*, hg. v. L. Bellosi u. A. Rossi, Turin 1986.
Giorgio Vasari, *Le vite de' più eccellenti pittori, scultori ed architettori [1568]*, hg. v. G. Milanesi, 9 Bde., Florenz 1906 (Reprint 1981).
Vergil, *Aeneis. 12 Gesänge*, übers. u. hg. v. W. Plankl, Stuttgart 1976.
P. Vergilius Maro, *Aeneis, 5. und 6. Buch*, übers. u. hg. v. E. u. G. Binder, Stuttgart 1998.

SEKUNDÄRLITERATUR

J. S. Ackerman, *The Architecture of Michelangelo*, 2 Bde., London 1961.
L. C. Agoston, „Sonnet, Sculpture, Death: The Mediums of Michelangelo's Self-Imaging", in: AH, 20, 1997, S. 534–555.
G. C. Argan/B. Contardi, *Michelangelo architetto*, Mailand 1990.
Y. Ascher, „Michelangelo's Projects for the Medicean Tombs: Rereading of the Story of the Medici Chapel", in: AeH, 23 (46), 2002, S. 83–96.
U. Baldini, *L'opera completa di Michelangelo scultore*, Mailand 1973.
B. Barnes, „Metaphorical Painting: Michelangelo, Dante, and the ‚Last Judgment'", in: AB, 77 (1), 1995, S. 65–81.
B. Barnes, *Michelangelo's ‚Last Judgment'. The Renaissance Response*, Berkeley u. a. 1998.
P. Barocchi, „Schizzo di una storia della critica cinquecentesca sulla Sistina", in: *Atti e memorie dell'Accademia Toscana di Scienze e Lettere, La Colombaria'*, 7, 1956 [ersch. 1957], S. 175–212.
P. Barocchi (Hg.), *Mostra di disegni di Michelangelo*, Ausst.-Kat., Florenz 1962.
P. Barolsky, „Metaphorical Meaning in the Sistine Ceiling", in: *Source*, 9 (2), 1990, S. 19–22. (Barolsky, 1990a)
P. Barolsky, *Michelangelo's Nose. A Myth and its Maker*, University Park 1990. (Barolsky, 1990b)
J.-P. Barricelli, „Michelangelo's ‚Finito': In the Self, the Later Sonnets, and the Last ‚Pietà'", in: *New Literary History*, 24 (3). 1993, S. 597–616.
F. Baumgart/B. Biagetti, *Gli Affreschi di Michelangelo e di Lorenzo Sabbatini e Federico Zuccari nella Cappella Paolina in Vaticano*, Vatikanstadt 1934.
J. Beck, *Die drei Welten des Michelangelo*, München 2001 (zuerst engl. 1999).
F. Bellini, „Da Michelangelo a Giacomo Della Porta", in: *Petros Eni: Catalogo della Mostra*, hg. v. M. C. Carlo-Stella, P. Liverani u. M. L. Polichetti, Ausst.-Kat., Monterotondo 2006, S. 81–104.
P. P. Bober/R. Rubinstein, *Renaissance Artists and Antique Sculpture. A Handbook of Sources*, London 1986.
H. Bredekamp, „Michelangelos Modellkritik", in: Evers, 1995, S. 116–123.
H. Bredekamp, „Grabmäler der Renaissancepäpste. Die Kunst der Nachwelt", in: *Hochrenaissance im Vatikan 1503–1534. Kunst und Kultur im Rom der Päpste I*, hg. v. P. Kruse, Ausst.-Kat., Ostfildern-Ruit 1998, S. 259–267.
H. Bredekamp, „Ende (1545) und Anfang (1505) von Michelangelos Juliusgrab. Frei- oder Wandgrab?", in: Bredekamp/Reinhardt, 2004, S. 61–83.
H. Bredekamp, „Antipoden der Souveränität: Künstler und Herrscher", in: U. Raulff (Hg.), *Vom Künstlerstaat. Ästhetische und politische Utopien*, München/Wien 2006, S. 31–41. (Bredekamp, 2006a)
H. Bredekamp, „Im Zustand der Belagerung. Michelangelos Prinzip der Kompilation", in: *Das Modell in der bildenden Kunst des Mittelalters und der Neuzeit, Festschrift für Herbert Beck*, hg. v. P. C. Bol, Petersberg 2006, S. 65–84. (Bredekamp, 2006b)
H. Bredekamp/V. Reinhardt (Hg.), *Totenkult und Wille zur Macht. Die unruhigen Ruhestätten der Päpste in St. Peter*, Darmstadt 2004.
A. E. Brinckmann, *Michelangelo. Zeichnungen*, München 1925.
H. Brockhaus, *Michelangelo und die Medici-Kapelle*, Leipzig 1909.
A. Bruschi, „Roma farnesiana. Città e architetture al tempo di Paolo III. Il caso del complesso capitolino", in: M. E. Avagnina/G. Beltramini (Hg.), *Per Franco Barbieri: studi di storia dell'arte e dell'architettura*, Venedig 2004, S. 131–153.
J. Burckhardt, *Der Cicerone. Eine Anleitung zum Genuss der Kunstwerke Italiens*, 1. Ausg. 1855, Neudruck der Urausgabe, Stuttgart 1953.
J. K. Cadogan, „Michelangelo in the Workshop of Domenico Ghirlandaio", in: BM, 135 (1), 1993, S. 30–31.
E. Camesasca, *L'opera completa di Michelangelo pittore*, Mailand 1966.
E. Camesasca (Hg.), *Raffaello. Gli scritti: lettere, firme, sonetti, saggi tecnici e teorici*. Mailand 1994.
E. Campi, *Michelangelo e Vittoria Colonna*, Turin 1994.
E. Campi, „Kruzifixus und Pietà Michelangelos für Vittoria Colonna. Der Versuch einer theologischen Interpretation", in: *Vittoria Colonna. Dichterin und Muse Michelangelos*, hg. v. S. Ferino-Pagden, Wien 1997, S. 405–412.
H. Chapman, *Michelangelo Drawings. Closer to the Master*, Ausst.-Kat., London 2005.
A. Chastel, *The Sack of Rome. 1527*, Princeton 1983.
A. Chastel, *Chronik der italienischen Renaissancemalerei 1280–1580*, Würzburg 1984 (zuerst frz. 1983).
L. Châtelet-Lange, „Michelangelos Herkules in Fontainebleau", in: *Pantheon*, 30, 1972, S. 455–468.
G. Corti, „Una ricordanza di Giovan Battista Figiovanni", in: *Paragone/Arte*, 15 (175), 1964, S. 24–31.
P. d'Ancona/A. Pinna/I. Cardellini, *Michelangelo. Architettura, pittura, scultura*, Mailand 1964.
R. De Maio, *Michelangelo e la Controriforma*, Rom/Bari 1978 (Reprint 1990).
J. D. Draper, *Bertoldo di Giovanni. Sculptor of the Medici Household. Critical Reappraisal and Catalogue Raisonné*, Columbia/London 1992.
C. Echinger-Maurach, *Studien zu Michelangelos Juliusgrabmal*, 2 Bde., Hildesheim u. a. 1991.
C. Echinger-Maurach, „Zwischen Quattrocento und Barock: Michelangelos Entwurf für das Juliusgrabmal in New York", in: Poeschke/Kusch-Arnold/Weigel, 2002, S. 257–277.
H. von Einem, *Michelangelo*, Stuttgart 1959 (2. Aufl. Berlin 1973).
C. Elam, „Lorenzo de' Medici's Sculpture Garden", in: MKIF, 36 (1/2), 1992, S. 41–84. (Elam, 1992a)
C. Elam, „Drawings as Documents: The Problem of the San Lorenzo Façade", in: *Michelangelo Drawings*, 1992, S. 99–114. (Elam, 1992b)
C. Elam, „‚Ché ultima mano!': Tiberio Calcagni's Marginal Annotations to Condivi's Life of Michelangelo", in: *Renaissance Quarterly*, 51, 1998, S. 475–497 (auch abgedruckt in Condivi/Nencioni, 1998, S. XXIII–XLVI).
P. Emison, „The ‚Ignudo' as Proto-Capriccio", in: *Word & Image*, 14 (3) 1998, S. 281–295.
P. Emison, *Creating the ‚Divine Artist'. From Dante to Michelangelo*, Leiden/Boston 2004.
A. Emmerling-Skala, *Bacchus in der Renaissance*, 2 Bde., Hildesheim u. a. 1994.
L. D. Ettlinger, „The Liturgical Function of Michelangelo's Medici Chapel", in: MKIF, 22, 1978, S. 287–304.
B. Evers (Hg.), *Architekturmodelle der Renaissance: Die Harmonie des Bauens von Alberti bis Michelangelo*, München/New York 1995.
W. Fastenrath Vinattieri, „Terribilità – Bizzaria – Capriccio. Zum Dekorationssystem der Sixtinischen Decke", in: *Michelangelo. Neue Beiträge*, 2000, S. 151–179.
R. Feldhusen, *Ikonologische Studien zu Michelangelos Jüngstem Gericht*, Phil. Diss., Hamburg 1953 (Reprint Unterlengenharth-Bad Liebenzell 1978).
M. T. Fiorio, *La Pietà Rondanini*, Mailand 2004.
A. Forcellino, *Michelangelo. Eine Biographie*, München 2006 (zuerst ital. 2005).
A. Forcellino/M. Forcellino, „Il restauro della tomba di Giulio II a S. Pietro in Vincoli. Una nuova lettura del monumento e del Mosé", in: *Incontri*, 17 (1), 2002, S. 43–59.
A. Frazer, „A Numismatic Source for Michelangelo's First Design for the Tomb of Julius II", in: AB, 57, 1975, S. 53–57.
K. Frey, *Michelagniolo Buonarroti. Quellen und Forschungen zu seiner Geschichte und Kunst. I. Michelagniolos Jugendjahre*, Berlin 1907.
C. L. Frommel, „‚Capella Iulia': Die Grabkapelle Julius' II in Neu-St. Peter", in: ZfKG, 40, 1977, S. 26–62.
C. L. Frommel, „Michelangelo und Tommaso dei Cavalieri", in: *Castrum Peregrini*, 139–140, 1979 (Separatum, Amsterdam 1979).
J. W. Gaye, „Sulla fuga di Michelangelo da Firenze nel 1529", in: *Rivista Europea*, 3, 1839, S. 107–114.
C. E. Gilbert, „Texts and Contexts of the Medici Chapel", in: AB, 34, 1971, S. 391–410.
C. E. Gilbert, *Michelangelo On and Off the Sistine Ceiling*, New York 1994.
Giovinezza di Michelangelo, hg. v. K. Weil-Garris Brandt u. a., Ausst.-Kat., Florenz 1999.
R. Goffen, „Mary's Motherhood According to Leonardo and Michelangelo", in: AeH, 20 (40), 1999, S. 35–69.
L. Goldscheider, *Michelangelo. Gemälde, Skulpturen, Architekturen. Gesamtausgabe*, 6. Aufl., Köln 1971 (zuerst engl. 1951).
H. Grimm, *Leben Michelangelos*, 19. Aufl., Stuttgart 1922 (zuerst 1860–1863, 2 Bde.).
G. Gronau, „Die Kunstbestrebungen der Herzöge von Urbino. II", in: JbPKS, 27, 1906, Beiheft, S. 1–11.
V. Guazzoni, *Michelangelo. Der Bildhauer*, Stuttgart/Zürich 1988 (zuerst ital. 1984).
J. Hall, *Michelangelo and the Reinvention of the Human Body*, London 2005.
M. B. Hall (Hg.), *Michelangelo's ‚Last Judgment'*, Cambridge 2005.
F. Hartt, „‚Lignum Vitae in Medio Paradisi': The Stanza d'Eliodoro and the Sistine Ceiling", in: AB, 32, 1950, S. 115–145, 181–218.
F. Hartt, *Michelangelo Drawings*, New York 1975 (zuerst 1970). [mit *Handlist of Newly Accepted Drawings by Michelangelo*, 1976]
F. Hartt, „The Evidence for the Scaffolding of the Sistine Ceiling", in: AH, 5 (3), 1982, S. 273–286.
F. Haskell/N. Penny, *Taste and the Antique. The Lure of Classical Sculpture 1500–1900*, New Haven/London 1981.
R. Hatfield, *Trust in God: The Sources of Michelangelo's Frescoes on the Sistine Ceiling*, Florenz 1991 (Occasional Papers Published by Syracuse University, Florenz, 1).
R. Hatfield, *The Wealth of Michelangelo*, Rom 2002.
R. Haussherr, *Michelangelos Kruzifixus für Vittoria Colonna. Bemerkungen zu Ikonographie und theologischer Deutung*, Opladen 1971.
A. Hayum, „Michelangelo's ‚Doni Tondo': Holy Family and Family Myth", in: SiI, 7–8, 1981/82, S. 209–251.
P. Hemmer, „Michelangelos Fresken in der Cappella Paolina und das ‚Donum Justificationis'", in: *Functions and Decorations: Art and Ritual at the Vatican Palace in the Middle Ages and the Renaissance*, hg. v. T. Weddigen, Turnhout 2003, S. 131–152.
V. Herzner, „David Florentinus. I. Zum Marmordavid Donatellos im Bargello", in: *Jahrbuch der Berliner Museen*, 20, 1978, S. 43–115.
V. Herzner, „David Florentinus. II–IV", in: *Jahrbuch der Berliner Museen*, 24, 1982, S. 63–142.
H. Hibbard, *Michelangelo*, New York 1974.
M. Hirst, „Michelangelo in Rome: An Altarpiece and the ‚Bacchus'", in: BM, 123, 1981, S. 581–593.
M. Hirst, *Michelangelo and His Drawings*, New Haven/London 1988. (Hirst, 1988a)
M. Hirst, *Michelangelo Draftsman*, Ausst.-Kat., Washington 1988. (Hirst, 1988b)
M. Hirst, „Michelangelo in 1505", in: BM, 133, 1991, S. 760–766.

M. Hirst, „The Artist in Rome 1496–1501", in: Hirst/Dunkerton, 1994, S. 13–81.
M. Hirst, „Introduction", in: Condivi/Nencioni, 1998, S. I–XXII.
M. Hirst/G. Mayr, „Michelangelo, Pontormo und das ‚Noli me tangere' für Vittoria Colonna", in: *Vittoria Colonna*, 1997, S. 335–344.
C. Hope, „The Medallions on the Sistine Ceiling", in: JWCI, 50, 1987, S. 200–204.
F. Jacobs, „(Dis)assembling: Marsyas, Michelangelo, and the Accademia del Disegno", in: AB, 84, 2002, S. 426–448.
H. W. Janson, *Apes and Ape Lore in the Middle Ages and the Renaissance*, London 1952.
P. Joannides, „La Chronologie du tombeau de Jules II à propos d'un dessin de Michel-Ange découvert", in: *Revue du Louvre*, 41 (2), 1991, S. 32–42.
P. Joannides, „Michelangelo and the Medici Garden", in: *La Toscana al tempo di Lorenzo il Magnifico. Politica, economia, cultura, arte*, 3 Bde., Pisa 1996, I, S. 23–36.
C. L. Joost-Gaugier, „Michelangelo's ‚Ignudi' and the Sistine Chapel as a Symbol of Law and Justice", in: AeH, 17 (34), 1996, S. 19–43.
V. Juren, „Fecit-Faciebat", in: *Revue de l'art*, 26, 1974, S. 27–30.
G. W. Kamp, *Marcello Venusti. Religiöse Kunst im Umfeld Michelangelos*, Egelsbach u. a. 1993.
B. Kempers, „‚Capella Iulia' and ‚Capella Sixtina': Two Tombs, One Patron and Two Churches", in: *Sisto IV: Le arti a Roma nel primo Rinascimento*, hg. v. F. Benzi, Rom 2000, S. 33–59.
B. Kempers, „Die Erfindung eines Monuments. Michelangelo und die Metamorphosen des Juliusgrabmals", in: Bredekamp/Reinhardt, 2004, S. 41–59.
W. Kirkendale, *Emilio de' Cavalieri. „Gentiluomo Romano". His life and letters, his role as superintendent of all the arts at the Medici Court, and his musical compositions*, Florenz 2001.
J. Kliemann/M. Rohlmann, *Wandmalerei in Italien. Die Zeit der Hochrenaissance und des Manierismus 1510–1600*, München 2004.
W. Körte, „Deutsche Vesperbilder in Italien", in: *Kunstgeschichtliches Jahrbuch der Bibliotheca Hertziana*, 1, 1937, S. 1–138.
S. W. Krieg, „Das Architekturdetail bei Michelangelo. Studien zu seiner Entwicklung bis 1534", in: *Römisches Jahrbuch der Bibliotheca Hertziana*, 33, 1999/2000 [2003], S. 101–256.
K. Krüger, *Der frühe Bildkult des Franziskus in Italien. Gestalt- und Funktionswandel des Tafelbildes im 13. und 14. Jahrhundert*, Berlin 1992.
R. Kuhn, *Michelangelo. Die Sixtinische Decke. Beiträge über ihre Quellen und zu ihrer Auslegung*, Berlin/New York 1975.
M. A. Kuntz, *The Cappella Paolina: before and after Michelangelo*, Ann Arbor 1997.
M. A. Kuntz, „Designed for Ceremony: The Cappella Paolina at the Vatican Palace", in: *Journal of the Society of Architectural Historians*, 62, 2003, S. 228–255.
M. A. Kuntz, „A Ceremonial Ensemble: Michelangelo's ‚Last Judgment' and the Cappella Paolina Frescoes", in: Hall, 2005, S. 150–182.
G. B. Ladner, „Vegetation Symbolism and the Concept of Renaissance", in: *De artibus opuscula XL. Essays in Honour of Erwin Panofsky*, hg. v. M. Meiss, 2 Bde., New York 1961, I, S. 303–322.
R. Lanciani, *Storia degli scavi di Roma*, 4 Bde., Rom 1902–1912.
B. Laschke, *Fra Giovan Angelo da Montorsoli. Ein Florentiner Bildhauer des 16. Jahrhunderts*, Berlin 1993.
I. Lavin, „David's Sling and Michelangelo's Bow", in: M. Winner (Hg.), *Der Künstler über sich in seinem Werk*, Internationales Symposium der Bibliotheca Hertziana (Rom 1989), Weinheim 1992, S. 161–190.
I. Lavin, „David's Sling and Michelangelo's Bow: A Sign of Freedom", in: *Past-Present: Essays on Historicism in Art from Donatello to Picasso*, hg. v. I. Lavin, Berkeley 1993, S. 29–61.
E. Leuschner, *Persona, Larva, Maske. Ikonologische Studien zum 16. bis frühen 18. Jahrhundert*, Frankfurt am Main u. a. 1997.
M. Levi d'Ancona, „The ‚Doni Madonna' by Michelangelo: An Iconographic Study", in: AB, 50 (1), 1968, S. 43–50.
S. Levine, „The Location of Michelangelo's ‚David': The Meeting of January 25, 1504", in: AB, 56, 1974, S. 31–49.
Lexikon der christlichen Ikonographie, hg. v. E. Kirschbaum, 8 Bde., Rom/Freiburg u. a. 1994 (zuerst 1968–1976).
M. Lisner, „Michelangelos Kruzifixus aus S. Spirito", in: *Münchner Jahrbuch der bildenden Kunst*, 15, 1964, S. 7–36.
W. Lotz, „Zu Michelangelos Christus in Santa Maria sopra Minerva", in: *Festschrift für Herbert von Einem*, hg. v. G. von der Osten, Berlin 1965, S. 143–150.
C. Magnusson, „En not om Michelangelo och Belvederetorson", in: *Konsthistorisk Tidskrift*, 53, 1984, S. 45–46.
H. R. Mancusi-Ungaro, *Michelangelo, the Bruges Madonna and the Piccolomini Altar*, New Haven/London 1971.
G. Maurer, *Michelangelo: Die Architekturzeichnungen. Entwurfsprozeß und Planungspraxis*, Regensburg 2004.
G. Maurer, „Überlegungen zu Michelangelos Porta Pia", in: *Römisches Jahrbuch der Bibliotheca Hertziana*, 37, 2006, S. 123–162.
S. Meller, „Zur Entstehungsgeschichte des Kranzgesimses am Palazzo Farnese in Rom", in: JbPKS, 30, 1909, S. 1–8.
Michelangelo Drawings, hg. v. C. H. Smyth, Washington 1992 (Studies in the History of Art 33).
Michelangelo. Neue Beiträge, hg. v. M. Rohlmann u. A. Thielemann, Akten des Michelangelo-Kolloquiums (Köln 1996), München/Berlin 2000.
A. Morrogh, „The Palace of the Roman People: Michelangelo at the Palazzo dei Conservatori", in: *Römisches Jahrbuch der Bibliotheca Hertziana*, 29, 1994, S. 129–186.
K. Möseneder, „Der junge Michelangelo und Schongauer", in: *Italienische Frührenaissance und nordeuropäisches Spätmittelalter. Kunst der frühen Neuzeit im europäischen Zusammenhang*, hg. v. J. Poeschke, München 1993, S. 259–270.
K. Möseneder, „Michelangelos ‚Jüngstes Gericht'. Über die Schwierigkeit des Disegno und die Freiheit der Kunst", in: K. Möseneder (Hg.), *Streit um Bilder. Von Byzanz bis Duchamp*, Berlin 1997, S. 95–117.
A. Nagel, „Michelangelo's London ‚Entombment' and the Church of S. Agostino in Rome", in: BM, 136, 1994, S. 164–167.
A. Nagel, *Michelangelo and the Reform of Art*, Cambridge, MA, u. a. 2000.
G. Neufeld, „Michelangelo's Times of Day. A Study of their Genesis", in: AB, 48, 1966, S. 273–283.
E. Neumann, *Künstlermythen. Eine psycho-historische Studie über Kreativität*, Frankfurt am Main 1986.
A. Nova, *Michelangelo architetto*, Mailand 1984.
A. Nova, *Michelangelo. Der Architekt*, Stuttgart/Zürich 1988.
E. Panofsky, *Idea. Ein Beitrag zur Begriffsgeschichte der älteren Kunsttheorie*, 4. Aufl., Berlin 1982 (zuerst 1924).
E. Panofsky, *Studien zur Ikonologie der Renaissance*, 2. Aufl., Köln 1997 (zuerst engl. 1939).
G. S. Panofsky, *Michelangelos „Christus" und sein römischer Auftraggeber*, Worms 1991.
G. Panofsky-Soergel, „Postscriptum to Tommaso Cavalieri", in: *Scritti di storia dell'arte in onore di Roberto Salvini*, hg. v. C. de Bendictis, Florenz 1984, S. 399–405.
J. T. Paoletti, „Michelangelo's Masks", in: AB, 74, 1992, S. 423–440.
L. von Pastor, *Geschichte der Päpste im Zeitalter der Renaissance und der Glaubensspaltung von der Wahl Leos X. bis zum Tode Klemens' VII. 1513–1534, IV. 1–2*, 13. Aufl., Freiburg 1956.
A. Perrig, „Die Konzeption der Wandgrabmäler der Medici-Kapelle", in: *Städel-Jahrbuch*, 8, 1981, S. 247–257.
E. Petersen, „Zu Meisterwerken der Renaissance. Bemerkungen eines Archäologen", in: *Zeitschrift für bildende Kunst*, 17, 1906, S. 179–187.
F. Piper, *Mythologie und Symbolik der christlichen Kunst von der ältesten Zeit bis in's sechzehnte Jahrhundert*, 2 Bde., Weimar 1847 und 1851 (Reprint Osnabrück 1972).
S. Poeschel, „Capricci straordinari e nuovi. Michelangelos ‚Ahnen Christi' in der Sixtinischen Kapelle", in: *Michelangelo. Neue Beiträge*, 2000, S. 181–203.
S. Poeschel, „Moses und die Frauen des Jakob: Das Konzept des Julius-Grabes von 1545", in: *Heilige und profane Bilder: Kunsthistorische Beiträge aus Anlass des 65. Geburtstags von Herwarth Röttgen*, hg. v. S. Poeschel, R. Steiner und R. Wegner, Weimar 2001, S. 55–78.
J. Poeschke, *Die Skulptur der Renaissance in Italien. Michelangelo und seine Zeit*, München 1992.
J. Poeschke, „Historizität und Symbolik im Figurenprogramm der Medici-Kapelle", in: Poeschke/Kusch-Arnold/Weigel, 2005, S. 145–169.
J. Poeschke/B. Kusch-Arnold/Th. Weigel (Hg.), *Praemium virtutis I. Grabmonumente und Begräbniszeremoniell im Zeichen des Humanismus*, Münster 2002.
G. Poggi, „Della prima partenza di Michelangelo Buonarroti da Firenze", in: *Rivista d'arte*, 4, 1906, S. 33–37.
L. Pon, „Michelangelo's First Signature", in: *Source*, 15 (4), 1996, S. 16–21.
J. Pope-Hennessy, *Italian High Renaissance & Baroque Sculpture*, London 1996 (zuerst 1963).
A. E. Popp, *Die Medici-Kapelle Michelangelos*, München 1922.
P. Portoghesi/B. Zevi (Hg.), *Michelangiolo architetto*, 2 Bde., Turin 1964.
A. W. G. Posèq, „Michelangelo's Self-Portrait on the Flayed Skin of St. Bartholomew", in: GBA, 124 (1506/07), 1994, S. 1–14.
R. Quednau, *Die Sala di Costantino im Vatikanischen Palast. Zur Dekoration der beiden Medici-Päpste Leo X. und Clemens VII.*, Hildesheim/New York 1979 (Studien zur Kunstgeschichte, 13).
M. Rohlmann, *Michelangelos „Jonas". Zum Programm der Sixtinischen Decke*, Weimar 1995.
M. Rohlmann, „Michelangelos ‚Jüngstes Gericht' in der Sixtinischen Kapelle. Zu Themenwahl und Komposition", in: *Michelangelo. Neue Beiträge*, 2000, S. 205–234.
N. Rubinstein, „Machiavelli and the Mural Decoration of the Hall of the Great Council of Florence", in: *Musagetes. Festschrift für Wolfram Prinz zu seinem 60. Geburtstag*, hg. v. R. G. Kecks, Berlin 1991, S. 275–285.
H. Saalman, „Michelangelo at St. Peter's: The Arberino Correspondence", in: AB, 60, 1978, S. 483–493.
S. Sandström, *Levels of Unreality. Studies in Structure and Construction in Italian Mural Painting During the Renaissance*, Uppsala 1963.
G. Satzinger, „Michelangelos Grabmal Julius' II. in S. Pietro in Vincoli", in: ZfKG, 64, 2001, S. 177–222.
G. Satzinger, „Michelangelos Cappella Sforza", in: *Römisches Jahrbuch der Bibliotheca Hertziana*, 35, 2005, S. 327–414.
A. Schiavo, *Michelangelo architetto*, Rom 1949.
A. Schiavo, *La vita e le opere architettoniche di Michelangelo*, Rom 1953.
C. Schleif, „Nicodemus and Sculptors: Self-Reflexivity in Works by Adam Kraft and Tilman Riemenschneider", in: AB, 75 (4), 1993, S. 599–626.
J. Schulz, „Michelangelo's Unfinished Works", in: AB, 57, 1975, S. 366–373.
A. Schumacher, „Leone Leonis Michelangelo-Medaille. Porträt und Glaubensbekenntnis des alten Buonarroti", in: G. Satzinger (Hg.), *Die Renaissance-Medaille in Italien und Deutschland*, Münster 2004, S. 169–194.
K. Schwedes, *Historia in Statua. Zur Eloquenz plastischer Bildwerke Michelangelos im Umfeld des Christus von Santa Maria sopra Minerva zu Rom*, Frankfurt am Main u. a. 1998.
Ch. Seymour, Jr., *Michelangelo`s David: A Search for Identity*, Pittsburgh 1967. (Seymour, 1967b)
C. Seymour, Jr., *Michelangelo. The Sistine Chapel Ceiling*, New York/London 1972 (Reprint 1995).
G. Spini, *Michelangelo politico e altri studi sul Rinascimento fiorentino*, Mailand 1999.
W. Stechow, „Joseph of Arimathea or Nicodemus?", in: *Studien zur toskanischen Kunst. Festschrift für Ludwig Heinrich Heydenreich*, hg. V. W. Lotz, München 1964, S. 289–302.
L. Steinberg, „Michelangelo's ‚Last Judgment' as Merciful Heresy", in: *Art in America*, 63 (6), 1975, S. 48–63. (Steinberg, 1975a)
L. Steinberg, *Michelangelo's Last Paintings. The Conversion of St. Paul and the Crucifixion of St. Peter in the Cappella Paolina, Vatican Palace*, London 1975. (Steinberg, 1975b)
L. Steinberg, „A Corner of the ‚Last Judgment'", in: *Daedalus*, 109, 1980, S. 207–273.
E. Steinmann, *Die Sixtinische Kapelle*, 2 Bde., München 1901–1905.
E. Steinmann, *Das Geheimnis der Medicigräber Michel Angelos*, Leipzig 1907.
E. Steinmann (Hg.), *Die Porträtdarstellungen des Michelangelo*, Leipzig 1913.
E. Steinmann, *Michelangelo im Spiegel seiner Zeit*, Leipzig 1930.
C. L. Stinger, *The Renaissance in Rome*, Bloomington 1985.
D. Summers, *Michelangelo and the Language of Art*, Princeton 1981.
J. A. Testa, „The Iconography of the ‚Archers': A Study of Self-Concealment and Self-Revelation in Michelangelo's Presentation Drawings", in: SiI, 5, 1979, S. 45–72.
A. Thielemann, „Schlachten erschauen – Kentauren gebären. Zu Michelangelos Relief der Kentaurenschlacht", in: *Michelangelo. Neue Beiträge*, 2000, S. 17–92.
H. Thode, *Michelangelo. Kritische Untersuchungen über seine Werke*, 3 Bde., Berlin 1908–1913.
Ch. de Tolnay, „Michelangelo Studies. II: Michelangelo's Projects for the Fortification of Florence in 1529", in: AB, 22, 1940, S. 130–137.
Ch. de Tolnay, *Michelangelo*, 5 Bde., Princeton 1947–1960 [zit. als Tolnay, I–V].
Ch. de Tolnay, *Michelangiolo architetto*, Florenz 1955.
Ch. de Tolnay, *Corpus dei disegni di Michelangelo*, 4 Bde., Novara 1975–1980.
P. de Vecchi, *Michelangelo. Der Maler*, Stuttgart/Zürich 1988 (zuerst ital. 1984)
T. Verdon, „Michelangelo and the Body of Christ. Religious Meaning in the Florence ‚Pietà'", in: Wasserman, 2003, S. 127–148, 168–169.
F.-J. Verspohl, „Der Platz als politisches Gesamtkunstwerk", in: W. Busch (Hg.), *Funkkolleg Kunst. Eine Geschichte der Kunst im Wandel ihrer Funktionen*, 2 Bde., 2. Aufl., München 1991, II, S. 363–391.
F.-J. Verspohl, *Michelangelo Buonarroti und Niccolò Machiavelli. Der David, die Piazza, die Republik*, Bern/Wien 2001.
Vittoria Colonna, Dichterin und Muse Michelangelos, Ausst.-Kat., hg. v. S. Ferino-Pagden, Wien 1997.
Vittoria Colonna e Michelangelo, hg. v. P. Ragionieri, Florenz 2005.
W. E. Wallace, „‚Dal disegno allo spazio': Michelangelo's Drawings for the Fortifications of Florence", in: *Journal of the Society of Architectural Historians*, 46, 1987, S. 119–134.
W. E. Wallace, „Narrative and Religious Expression in Michelangelo's Pauline Chapel", in: AeH, 10 (19), 1989, S. 107–121. (Wallace, 1989a)
W. E. Wallace, „The Lantern of Michelangelo's Medici Chapel", in: MKIF, 33 (1), 1989, S. 17–36. (Wallace, 1989b)
W. E. Wallace, „Michelangelo's Rome Pietà. Altarpiece or Grave Memorial? ", in: *Verrocchio and Late Quattrocento Italian Sculpture*, hg. v. S. C. Bule u. a., Florenz 1992, S. 243–255.
W. E. Wallace, *Michelangelo at San Lorenzo. The Genius as Entrepreneur*, Cambridge 1994.
W. E. Wallace, „Michelangelo, Tiberio Calcagni, and the Florentine Pietà", in: AeH, 21 (42), 2000, S. 81–99.
A. J. Wang, „Michelangelo's Signature ", in: SCJ, 35 (2), 2004, S. 447–473.
J. Wasserman, *Michelangelo's Florence „Pietà"*, Princeton 2003.
K. Weil-Garris Brandt, „Michelangelo's ‚Pietà' for the Cappella del Re di Francia", in: *„Il se rendit en Italie": Études offertes à André Chastel*, hg. v. G. Briganti, Rom 1987, S. 77–119.
K. Weil-Garris Brandt, „Michelangelo's Early Projects for the Sistine Ceiling. Their Practical and Artistic Consequences", in: *Michelangelo Drawings*, 1992, S. 56–87. (Weil-Garris Brandt, 1992a)
K. Weil-Garris Brandt, „The Nurse of Settignano. Michelangelo's Beginnings as a Sculptor", in: *The Genius of the Sculptor*, 1992, S. 21–43. (Weil-Garris Brandt, 1992b)
T. Weddigen/S. de Blaauw/B. Kempers (Hg.), *Functions and Decorations: Art and Ritual at the Vatican Palace in the Middle Ages and the Renaissance*, Turnhout 2003.
J. Wilde (Hg.), *Italian Drawings in the Department of Prints and Drawings in the British Museum. Michelangelo and His Studio*, London 1953.
E. Wind, *Heidnische Mysterien in der Renaissance*, Frankfurt am Main 1987 (zuerst engl. 1958).
E. Wind, „Maccabean Histories in the Sistine Ceiling. A Note on Michelangelo's Use of the Malermi Bible", in: *Italian Renaissance Studies. A Tribute to the Late C. M. Ady*, hg. v. E. F. Jacob, London 1960, S. 312–327.
M. Winner, „Michelangelo's ‚Il Sogno' as an Example of an Artist's Visual Reflection in His Drawings", in: *Michelangelo Drawings*, 1992, S. 227–242.
R. Wittkower, *La cupola di San Pietro di Michelangelo: Riesame critico delle testimonianze contemporanee*, Florenz 1964.
B. Wyss, *Der Wille zur Kunst. Zur ästhetischen Mentalität der Moderne*, Köln 1996.
F. Zöllner, *La „Battaglia di Anghiari" di Leonardo da Vinci fra mitologia e politica* (XXXVII Lettura Vinciana), Florenz 1998.
F. Zöllner, *Michelangelos Fresken in der Sixtinischen Kapelle. Gesehen von Giorgio Vasari und Ascanio Condivi*, Freiburg 2002.
F. Zöllner, *Leonardo da Vinci 1452–1519. Sämtliche Gemälde und Zeichnungen*, Köln 2003.
F. Zöllner, „Die Quellen zu Michelangelos Deckenfresken in der Sixtinischen Kapelle", in: *Kunsthistorische Arbeitsblätter*, 7/8, 2004, S. 37–46.
F. Zöllner, „Leonardo und Michelangelo: Vom Auftragskünstler zum Ausdruckskünstler", in: *Leonardo da Vinci all'Europa. Einem Mythos auf den Spuren*, hg. v. M. Huberty u. R. Ubbidiente, Berlin 2005, S. 131–167.

Register

A
Agnolo, Baccio d' 201–203
Agostino di Duccio 41, 42
Alberti, Leandro 22
Aldovrandi, Gianfrancesco 22
Alidosi, Kardinal Francesco 68
Alighieri, Dante (s. Dante)
Amelia, Piermatteo d' 68
Ammannati, Bartolomeo 210, 211
Apoll von Belvedere 246
Arca, Niccolò dell' (s. Niccolò dell'Arca)
Aretino, Pietro 247
Ariost, Ludovico 12

B
Bacon, Francis 44
Bandinelli, Baccio 355
Herkules und Kakus 22, 42, 42
Beatrizet, Nicolas
Bekehrung des Saulus (Kopie nach Michelangelo) 350, 350, 351
Bentivoglio, Familie 62
Bentivoglio, Giovanni 22
Berenson, Bernard 38
Bernini, Gian Lorenzo 318, 338
Bertoldo di Giovanni 17, 18
Porträtmedaille des Filippo de' Medici 245, 245, 246
Schlachtenrelief 14, 15, 17
Bicci, Giovanni di (s. Giovanni d'Averardo de' Medici)
Bigio, Baccio (Giovanni di Lepo) 208, 325, 332
Bilhères-Lagraulas, Kardinal Jean de 33
Borghini, Don Vincenzo 360
Borromeo, Carlo 336
Borromini, Francesco 318
Boscoli, Tommaso di Pietro 342
Bottari, Giovanni 336
Botticelli, Sandro 42
Bramante, Donato 70, 200, 202, 204, 320, 323, 325, 327, 328, 335
Brambilla, Ambrogio 246, 246
Brunelleschi, Filippo 201, 202, 206–208, 222, 327, 335
Brutus, Leonardo
Rom-Plan 318, 318, 320
Buffalmacco, Bonamico
Jüngstes Gericht 244, 245
Buonarroti, Familie 72, 73
Buonarroti, Giovansimone 72, 345
Buonarroti, Lionardo 352, 355, 356, 360
Buonarroti, Ludovico 12
Buoninsegni, Domenico 203

C
Calcagni, Tiberio
Florentiner Pietà 341, 342, 352, 353, 354, 355, 356, 357
S. Giovanni dei Fiorentini 333
S. Maria Maggiore 335
Campagnola, Domenico 350
Carpi, Kardinal Rodolfo Pio da 356
Carus, Carl Gustav 49
Cavalieri, Giovanni Battista
Kreuzigung Petri (Kopie nach Michelangelo) 350, 350, 351
Cavalieri, Tommaso de' 240, 243, 244, 251, 318, 360
Cellini, Benvenuto 14
Cencio, Bernardo 218
Cesena, Biagio da (s. Martinelli da Cesena, Biagio)
Chigi, Agostino 61
Cicero 18
Colonna, Vittoria 240, 246, 250, 251, 345, 350, 352
Condivi, Ascanio 12–14, 17, 22, 25, 26, 33, 34, 41, 58–61, 200–202, 214, 231, 236, 245–247, 251, 295, 345, 352
Conte, Jacopino del
Porträt Michelangelos 6, 7
Cosini, Silvio
Trophäen, S. Lorenzo 224, 224, 228
Cronaca, Il (Simone del Pollaiuolo) 42, 201, 207

D
Dante (Dante Alighieri) 14, 245, 247, 251, 305, 309, 345
Danti, Vincenzio 352
Delacroix, Eugène 249
Donatello (Donato di Niccolò) 208
David (Bronze) 42, 46, 46

David (Marmor) 42, 46, 46
Gattamelata 320
Judith 42
Doni, Agnolo 53
Dosio, Giovanni Antonio 320, 321, 335, 335
Duca, Antonio Del 336
Duca, Jacopo Del 337, 342
Duccio, Agostino di (s. Agostino di Duccio)
Dupérac, Etienne 322, 323, 327, 328, 332

E
Ebu, Bischof Giovanni 26
Este, Herzog Alfonso d' 62

F
Fabriano, Andrea Gilio da 351, 352
Faleti, Bernardo 320, 337
Fancelli, Sandro 342
Farnese, Alessandro (s. Papst Paul III.)
Fattucci, Giovan Francesco 61, 68, 210, 237
Ferrabosco, Martino 327
Ferratini, Bartolommeo 355
Figiovanni, Giovan Battista 222, 237
Filarete, Francesco di Lorenzo 42
Fra Giocondo 200
Francese, Antonio del 360
Franz I., König von Frankreich 356
Freud, Sigmund 212
Frizzi, Federigo 218
Füssli, Johann Heinrich 222, 235

G
Galli, Jacopo 26, 33
Gessner, Conrad 316
Ghiberti, Lorenzo 14
Ghirlandaio, Davide 42
Ghirlandaio, Domenico 14
Giorgione (Giorgio da Castelfranco) 7
Giotto di Bondone 14, 17
Himmelfahrt des Evangelisten Johannes 12, 14
Giovanni, Bertoldo di (s. Bertoldo di Giovanni)
Giovio, Paolo 13
Giulio, Romano 249
Goethe, Johann Wolfgang von 74
Gonzaga, Kardinal Ercole 249
Granacci, Francesco 14, 42
Gregor der Große, Papst 247
Guicciardini, Michele 356
Guidetti, Guidetto 318, 322

H
Heemskerck, Marten van 318
„Bacchus" in der Antikensammlung Jacopo Gallis in Rom 26, 26
Holanda, Francisco de 26

I
Ignatius von Loyola 336
Innozenz VIII., Papst 36, 60

J
Julius II., Papst (Giuliano della Rovere) 49, 58, 60, 62, 63, 66, 72, 73, 75–77, 230, 234, 263, 320, 327
Julius III., Papst 325, 336
Justi, Carl 20, 218

K
Karl V., Kaiser 237, 245
Karl VIII, König von Frankreich 47
Klemens VII., Papst (Giulio de' Medici) 72, 200, 202, 203, 206, 208, 210, 211, 222, 224, 228, 240, 245, 318

L
Labacco, Antonio 201
Landino, Cristoforo 14
Landucci, Luca 46
Laokoon 62, 62
Le Mercier, Jacques 335, 335
Leo X., Papst (Giovanni de' Medici) 61, 72, 73, 200–202, 206, 222, 224, 228
Leonardo da Vinci 7, 13, 14, 17, 18, 42, 53, 55
Abendmahl 33, 34
Anghiari-Schlacht, Tavola Doria (Kopie des 16. Jahrhunderts nach Leonardo da Vinci) 53–55, 54
Leoni, Leone
Porträtmedaille Michelangelos 351, 351, 352
Lippi, Filippino 42

Lomazzo, Gian Paolo 64, 250, 355, 356
Loyola, Ignatius von (s. Ignatius von Loyola)

M
Machiavelli, Niccolò 46, 47
Manetti, Latino Giovenale 318
Mann, Thomas 340
Marchesi, Giovanni de' 342
Martelli, Niccolò 228
Martinelli da Cesena, Biagio 246, 247, 314
Masaccio (Tommaso Cassai) 14, 17
Der Zinsgroschen, Fresken der Brancacci-Kapelle 13, 13, 14
Medici, Familie 12, 13, 22, 72, 73, 201, 214, 222, 224, 225, 228, 233, 237
Medici, Cosimo de' (il Vecchio) 46, 206, 208, 222
Medici, Herzog Cosimo I. de' 210, 222, 318, 332, 333, 356, 360
Medici, Giovanni d'Averardo de' (Giovanni di Bicci) 206, 222, 224
Medici, Giovanni de' (s. Papst Leo X.)
Medici, Giuliano de' 222, 225
Medici, Herzog Giuliano de' 224, 225, 228, 233, 236
Medici, Kardinal Giulio de' (s. Papst Klemens VII.)
Medici, Kardinal Ippolito de' 240
Medici, Lorenzo de' (il Magnifico) 13, 17, 22, 208, 222, 224, 225, 237
Medici, Herzog Lorenzo de' 224, 225, 228, 236
Medici, Lorenzo di Pierfrancesco de' 25
Medici, Piero de' 22, 26, 222
Meleager-Sarkophag 355

Michelangelo Buonarroti
Architektur
Befestigungsanlagen 210, 211, 211
Engelsburg, Kapelle Leos X. 200, 201
Florentiner Dom (s. S. Maria del Fiore)
Kapitol 8, 58, 245, 318, 319, 323
Konservatorenpalast, Fassade 318, 320, 322, 322, 323, 323, 336
Platz und Reiter (Marc Aurel) 318, 320, 336
Senatorenpalast, Fassade 318, 320, 321, 322, 323
Via Capitolina, Cordonata 318
Palazzo Farnese 8, 201, 245, 318, 332, 333, 333
Porta Pia 8, 318, 336–338, 339
S. Giovanni dei Fiorentini 318, 333, 334, 335, 335, 338
S. Lorenzo
Biblioteca Laurenziana 58, 73, 198, 199, 200, 202, 206–209, 208, 210, 211, 222, 322, 327, 335, 338
Fassadenprojekt 58, 73, 202, 203, 202–204, 206, 214, 218, 222, 332
Neue Sakristei/Medici-Kapelle 58, 73, 202, 204, 205, 206–208, 222, 224, 224, 225, 233, 335
Reliquientribüne 206
S. Maria degli Angeli 8, 336, 337, 338
S. Maria del Fiore, Kuppeltambour 201, 201
S. Maria Maggiore, Cappella Sforza 8, 318, 335, 336, 337
St. Peter 8, 58, 73, 200, 245, 318, 323, 325, 326, 327, 328, 332, 335, 338
Kuppel 201, 317, 328–331, 328, 335
Tribunen 206, 324, 325
Vatikan, Befestigung 245

Malerei
Cappella Paolina 49, 58, 59, 245, 250, 342, 345, 351, 350–352, 355, 356
Bekehrung des Saulus 9, 14, 49, 346/347, 350–352
Kreuzigung Petri 348/349, 350–352
Cascina-Schlacht 47, 54, 53–55, 60
Jüngstes Gericht 8, 58, 69, 235, 239, 246, 245–247, 248, 249, 249, 250, 252–315, 322, 356
Auferstehung des Fleisches 290–294, 295, 296/297, 299, 301–303
Christus als Weltenrichter mit Maria und den Heiligen 245, 258–262, 263, 265–271
Engel des Jüngsten Gerichts, Selige und Verdammte 245, 272–276, 277, 278–280, 281, 282–286, 287, 288, 289
Leidenswerkzeuge Christi 245, 253, 254–257
Minos 314, 315
Vorhölle und Charons Barke 245, 304, 305, 306–308, 310–313
Londoner Grablegung 26
Manchester Madonna 26
Sixtinische Decke 14, 58, 64–197, 200, 201, 235, 249, 345
Biblische Geschichten 69, 80, 95, 99, 106, 116, 123, 132, 142, 148

– *Erschaffung Adams* 69, 122, 123, 124–131
– *Erschaffung Evas* 69, 116, 118–121
– *Erschaffung von Sonne, Mond und Pflanzen* 69, 132, 136–139
– *Gott scheidet Himmel und Wasser* 69, 148, 150–151
– *Noahs Opfer* 69, 99, 100–102
– *Scheidung von Licht und Finsternis* 69, 148, 150–151
– *Sintflut* 69, 90–94, 95, 96/97
– *Sündenfall/Vertreibung aus dem Paradies* 69, 106, 107–115, 244
– *Trunkenheit Noahs* 69, 70, 80, 84–87
Geschichten der Makkabäer 69, 80, 99, 116, 132, 148
– *Alexander der Große vor dem Hohen Priester* 116, 119
– *Bestrafung Heliodors* 99, 101
– *Elias auf dem Himmelswagen* 148
– *Heilung Naamans* 132
– *Matthatias zerstört den Altar in Modin* 99, 100
– *Opfer Isaaks* 148
– *Selbstmord des Razis* 80, 85
– *Sturz des Antiochus* 80, 84
– *Tod des Absalom* 132, 137
– *Tod des Nikanor* 116, 118
Geschichten des Volkes Israel 69, 172, 178
– *Bestrafung Hamans* 70, 71, 178, 182/183
– *David und Goliath* 70, 70, 172, 176/177
– *Eherne Schlange* 70, 71, 178, 179–181
– *Judith und Holofernes* 70, 70, 172, 173–175
Ignudi 65, 69, 71
Propheten 69, 70, 152, 153–155, 158–159, 161, 164, 166, 170/171
– *Jonas* 70, 70, 71, 170/171
Sibyllen 69, 69, 70, 152, 156, 157, 160, 162, 163, 165, 167–169
Vorfahren Christi 69, 71, 184, 185–197
Stigmatisation des heiligen Franziskus 26
Tondo Doni 45, 50, 51

Skulpturen
Apoll, Florenz 222, 237
Apoll/Cupido, New York 26
Auferstandener Christus (Il Cristo sopra Minerva) 56, 218, 222, 222, 223
Bacchus 25, 26, 27–31, 34
Brügger Madonna 47, 49, 50, 51, 53
Brutus 342
David (Bronze) 49
David (Marmor) 42, 39–45, 41, 42, 46, 47, 49, 55, 352
Florentiner Pietà 341, 342, 345, 353, 354, 355
Grabmal des heiligen Dominikus (*Arca di San Domenico*) 22
Heiliger Petronius 22, 24
Heiliger Prokulus 22, 23, 24, 26
Knieender Engel (Leuchterengel) 22, 25
Heiliger Matthäus 47, 62, 63
Herkules 22, 26
Julius II., Bronzestatue 62, 68
Johannes der Täufer 25
Juliusgrab 13, 57, 58–60, 58–61, 62, 68, 73, 214, 218, 222, 240, 245, 247, 343, 345, 360
Gefangene (s. Sklaven)
Lea (Vita activa) 59, 218, 342, 344, 345
Madonna mit Kind 59, 60, 342, 345
Moses 59, 213, 214, 218, 218, 219, 342, 345
Prophet 342, 345
Rahel (Vita contemplativa) 59, 218, 342, 344, 345
Rebellischer Sklave 214, 215–217
Sieger 59, 60, 220, 221, 222
Sklaven 59, 60, 62, 214, 218, 222, 342, 356
Sterbender Sklave 214, 214, 215–217
Sybille 342, 345
Vita activa (s. Lea)
Vita contemplativa (s. Rahel)
Kentaurenschlacht 11, 16, 17, 18, 19, 47, 49, 55, 352, 356
Kruzifix, S. Spirito 22
Madonna an der Treppe (Madonna della Scala) 17, 53
Medici-Kapelle 8, 59, 222, 224, 224, 225, 225, 237, 342
Doppelgrab der *Magnifici* 225, 233, 237
– *Madonna mit Kind (Medici-Madonna)* 222, 225
– Grabmal des Giuliano de' Medici 222, 225, 226, 228, 233, 236, 237
– *Giuliano de' Medici* 222, 225, 228, 230, 231
– *Nacht (Notte)* 222, 225, 228, 228, 229, 233, 235–237

– *Tag (Giorno)* 222, 225, 228, 233, 236, 237
Grabmal des Lorenzo de' Medici 222, *224*, 225, *227*, 228, 236, *237*
– *Abend (Crepuscolo)* 222, 225, 228, 233, *234*, 236, 237
– *Lorenzo de' Medici* 222, 225, 228, *232*, 233
– *Morgen (Aurora)* 222, 225, 228, 229, *235*, 235, 236, 237
Piccolomini Altar 41, 47, 49
Heiliger Paulus 48, *49*, 49
Pietà Rondanini 342, 345, *356–359*, 356, 360
Römische Pietà 21, 26, *32*, 33, *34–37*, 34, 47, 49, 222, 237, 251
Schlafender Cupido 25
Tondo Pitti 47, 53
Tondo Taddei 47, 53

Zeichnungen und Studien
Anatomie- und Proportionsstudien *68*, *69*
Architektur
 Antikenstudien (nach Codex Coner) 203
 Architekturelemente *61*, 203
 Befestigungsanlagen 211
 Befestigungsanlagen: Prato d'Ognissanti *210*, 211
 Biblioteca Laurenziana *206*, 210
 Florentiner Dom (s. S. Maria del Fiore)
 Porta Pia 337
 S. Giovanni dei Fiorentini *333*, *334*
 S. Lorenzo 203, *203*, 206
 S. Maria del Fiore, Kuppeltambour 201, 328
 St. Peter 201, 328
Cascina-Schlacht 47, 55, 62
Figuren 62
Grabmäler
 Doppelgrabmal der Magnifici 233, *236*
 Herzogsgrabmäler 225, *236*
 Juliusgrab *58*, 59, *60–61*, 214
 Giuliano de Medici 233
Jüngstes Gericht 245, *247*
Mythologische Themen
 Bestrafung des Tityos *240*, 240, 243, 244
 Raub des Ganymed *240*, *241*, 243, 244
 Sturz des Phaeton *240*, *242*, 243, 244, 245
Religiöse Themen
 Apostel 62
 Christus und die Samariterin 250
 Kreuzigung 250, *251*, 251
 Noli me tangere 240
 Pietà 250, *250*, 251
Sixtinische Decke *68*, 68, 69
 Selbstporträt Michelangelos beim Malen der Sixtinischen Decke *72*, *73*
 Sibyllen *61*, 69
 Sonett Michelangelos *72*, *73*
Skulpturen
 Brügger Madonna *47*
 David (Bronze) *46*, 47

David (Marmor) *46*, 47
Sklaven *61*, 214
Studien nach
 Giotto
  – *Himmelfahrt des Evangelisten Johannes* *12*
 Masaccio
  – *Zinsgroschen* *13*

Milanese, Baldassare del 25
Modersohn-Becker, Paula 238
Montelupo, Raffaello da 342
 Heiliger Damian (nach einem Modell Michelangelos) 203
Montorsoli, Giovanni Angiolo da
 Heiliger Cosmas 203
Mouscron, Jean-Alexandre 49

N
Neri, Filippo 336
Niccolò dell'Arca 22
Nietzsche, Friedrich 30
Nikolaus V., Papst 320
Nogari, Paris
 Idealvedute von St. Peter *327*, 327

O
Ovid 17, 244

P
Palladio, Andrea 318, 322
Parisani, Kardinal Ascanio 342
Pastor, Ludwig von 328
Paul III., Papst (Alessandro Farnese) 201, 245, 250, 318, 320, 323, 325, 332, 333, 336, 342, 345, 350, 355, 356
Paul IV., Papst 250, 323, 356
Pecchiai, Pio 318
Perugino (Pietro Vanucci) 42
 Altarbild, Sixtinische Kapelle (*Himmelfahrt Mariens*) 69, 245
Peruzzi, Baldassare 320
Phidias 18
Piombo, Sebastiano del (s. Sebastiano del Piombo)
Pisano, Nicolà
 Schrein des heiligen Dominikus 22
Pitti, Don Miniato 249
Pius IV., Papst 318, 320, 336, 337, 356
Pius IX., Papst 337
Plinius der Ältere 34, 62, 355
Plutarch 18
Pogliaghi, Lodovico *60*, 60
Poli, Ambrogio (Caterino) 250
Poliziano, Angelo 17
Pollaiuolo, Antonio del
 Grabmal Papst Innozenz VIII. 34, 59, *60*
 Grabmal Papst Sixtus IV. 34, 59, *61*, 61
Porcari, Marta 218
Porrini, Gandolfo 228

Porta, Giacomo Della 318, 320, 322, 327, 328, 332, 333, 335
Pucci, Lorenzo 214

R
Raffael (Raffaello Sanzio) 7, 53, 199, 202, 245, 247, 320, 325, 327, 352
 Pala Baglioni 355
 Stanzen 58, 208
Rainaldi, Girolamo 320
Reynolds, Sir Joshua 264
Riario, Kardinal Raffaelle 25, 26, 33
Riccio, Luigi del 342, 345
Ridolfi, Cassandra 356
Ridolfi, Kardinal Niccolò 342
Riemenschneider, Tilman 355
Rocchetti, Giacomo *57*, 58, 59
Rohan, Pierre de 47
Romano, Giulio (s. Giulio Romano)
Rosselli, Cosimo 42
Rosselli, Piero 70
Rossellino, Antonio 41
Rovere, della, Familie 71, 72, 245, 342
Rovere, Giuliano della (s. Papst Julius II.)
Rovere, Guidobaldo della 342
Rovere, Leonardo Grosso della 214

S
Sangallo, Familie 325
Sangallo, Antonio da, der Ältere 201
Sangallo, Antonio da, der Jüngere 200–202, 323, 325, 327, 328, 332, 333, 350, 355
Sangallo, Aristotile da
 Cascina-Schlacht (Kopie nach Michelangelo) *54*, 54
Sangallo, Francesco da 62
Sangallo, Giovanni Battista da (il Gobbo) 332
Sangallo, Giuliano da 42, 58, 60, 61, 62, 201–203, 207, 328
Sansovino, Andrea 41, 202
Sansovino, Jacopo 202, 203, 222
 Madonna del Parto 222
Sarto, Andrea del 202
Savonarola, Girolamo 22, 46
Scappucci, Mario 218
Schadow, Gottfried 37
Schedel, Hartmann 14
Schmarsow, August 59, 59
Schongauer, Martin 17
 Versuchung des heiligen Antonius 14
Sebastiano del Piombo 218, 245, 345
Serlio, Sebastiano 327
Sernini, Niccolò (Nino) 249
Sforza, Kardinal Guido Ascanio 335
Sicciolante da Sermoneta, Girolamo
 Altarbild, S. Maria Maggiore 335
Signorelli, Luca
 Jüngstes Gericht 14, 244, 245
 Madonna mit Kind 53, *53*

Simmel, Georg 221
Sixtus IV., Papst 34, 58, 59, 68, 71, 72
Soderini, Piero 41, 61, 201
Stendhal (Marie-Henri Beyle) 18, 42
Strozzi, Familie 22
Strozzi, Giovanni di Carlo 237
Strozzi, Maddalena 53

T
Tizian (Tiziano Vecellio) 7, 320
Torrigiani, Pietro 14, 49
 Heiliger Franziskus 49
Tribolo, Niccolò 211

U
Udine, Giovanni da 208
Urban VIII., Papst 201
Urbano, Pietro 202, *203*, 218
Urbino (Francesco d'Amadore) 342

V
Valori, Baccio (Bartolomeo) 222, 237
Vanvitelli, Luigi 337
Varchi, Benedetto 26, 233, 236, 352
Vari, Metello 218, 222
Vasari, Giorgio 12–14, 17, 26, 34, 41, 46, 51, 51, 58–60, 62, 69–71, 198, 200–202, 208, 211, 236, 237, 246, 249, 250, 253, 289, 298, 300, 314, 322, 323, 325, 327, 328, 332, 333, 336, 338, 339, 342, 352, 355, 356, 360
 Grabmal Michelangelos 360, *361*
Venusti, Marcello
 Jüngstes Gericht (Kopie nach Michelangelo) *249*, 249
Vergil 72, 243
Verrocchio, Andrea del
 David 46
 Reiterdenkmal des *Colleoni* 46, 320
Vespignani, Virginio 337
Vigenère, Blaise de 356
Vignola, Giacomo Barozzi da 332, 333
Villani, Filippo 14
Vitruv (Marcus Vitruvius Pollio) 327
Vivo, Jacopo *246*, 246
Volpaia, Bernardo della 204, 208
Volterra, Daniele da 250, 356, 360

Z
Zevi, Bruno 211

Fotonachweis

Der Verlag dankt den in den Bildlegenden und im Photonachweis genannten Museen, Bibliotheken, Archiven und Institutionen für die freundliche Unterstützung der Publikation.
Besonderer Dank gebührt Dott.ssa Rosanna Di Pinto von den Vatikanischen Museen, Dott. Pietro Zander von der Fabbrica di San Pietro, Dott.ssa Elisabetta Archi von der Fondazione Casa Buonarroti, Paolo Tosi, Vera Silvani von der Agenzia Fotografica Scala, Noëlle Pourret und Leïla Audouy von der Réunion des Musées Nationaux, Antonio Quattrone und den Mitarbeitern von Alinari für die gute Zusammenarbeit.

Die im folgenden verwendeten Abkürzungen bedeuten: o. = oben, o. l. = oben links, o. r. = oben rechts, u. = unten, u. l. = unten links, u. r. = unten rechts, m = Mitte.
Agenzia Fotografica Scala, Antella, Florenz: S. 5, 13 o. l., o. r., 14, 24, 25, 40, 46 o. l., o. r., 48, 49, 53, 61 o. l.–62 o. l., 73, 202, 203 o. l., o. r.–206 o. l., 210, 215, 219, 224 u., 228 u., 244 o. l., 247, 249 l., 317, 319, 320 o. r., u. l., 324, 332, 334, 343, 344
akg-images/Erich Lessing, Berlin: S. 229, 234

ALINARI Archives, Florenz: S. 5, 43, 199, 206, 208, 209, 321, 333 r.
Araldo De Luca, Rom: S. 32, 222, 223, 322
Archiv des Verlages oder der Autoren: S. 54, 59, 79, 225 o., 237, 244 o. r., 249 l.
© Archivio Fotografico Antonio Quattrone, Florenz: S. 6, 225 u., 336, 337
Archivio Fotografico della Fabbrica di San Pietro in Vaticano, Rom. Per gentile concessione della Fabbrica di San Pietro in Vaticano: S. 325, 326, 328–331
Archivio Fotografico Jemolo, Rom: S. 200, 206 o. r., 207, 208, 323 o. l., o. r., 333 o. l., 338, 361
Archivio Fotografico Musei Vaticani. Per gentile concessione dei Musei Vaticani, Rom: Umschlag, Vorsatzpapier, S. 4, 5, 9, 65–67, 70, 71, 75–78, 81–94, 96–98, 100–105, 107–115, 117–122, 124–131, 133–141, 143–147, 149–151, 153–171, 173–177, 179–183, 185–197, 239, 248, 252, 254–262, 265–276, 278–280, 282–286, 288, 290–294, 296, 297, 299, 301–304, 306–308, 310–312, 315, 327, 346–349, 351 u.
Aurelio Amendola, Pistoia: S. 2, 4, 5, 21, 23, 27–31, 34–37, 39, 41, 45, 50, 51, 63, 213, 216, 217, 220, 221, 230–233, 235, 341, 353, 354, 356, 357, 359

Biblioteca Apostolica Vaticana, Rom: S. 246 u. r.
Biblioteca Estense Universitaria, Modena: S. 335 r.
© Bibliotheca Hertziana – Max-Planck-Institut für Kunstgeschichte, Rom: S. 201 o. l., o. r., 318, 335 l., 336, 350 o. l., o. r.
© Bildarchiv Preußischer Kulturbesitz, Berlin: S. 4, 26, 57, 58
The Bridgeman Art Library, London: S. 54, 55, 61 o. r., 62 u. l., 68, 236 u. r., 242, 250, 251
Casa Buonarroti, Photo © Antonio Quattrone, Florenz: S. 211
Courtauld Institute of Art Gallery, London: S. 246 o. l.
© The Detroit Institute of Arts, 1992, Detroit, MI: S. 69 l.
Harvard University Art Museums, Fogg Art Museum, Photo: Allan Macintyre © President and Fellows of Harvard College, Cambridge, MA: S. 241
Herbert List & Max Scheler Estate, Hamburg: S. 42
INDEX Ricerca Iconografica, Florenz: S. 60 l., 201 r. m., 339
© The Metropolitan Museum of Art, New York, All rights reserved: S. 60 r., 245

© Giorgio Nimatallah, De Agostini Editore, Mailand: S. 19
Réunion des Musées Nationaux, Paris
© Photo RMN: 214;
© Photo RMN / © Michèle Bellot: S. 236 o. l.;
© Photo RMN / © Madeleine Coursaget: S. 236 o. r.;
© Photo RMN / © Thierry Le Mage: S. 12, 46 u. r.
Georg Satzinger: S. 335 l.
Staatliche Graphische Sammlung, München: S. 13 l.
© Studio Fotografico Paolo Tosi, Florenz: S. 4, 11, 15, 16, 44, 52, 224 o. l., o. r., 226, 227, 351 o.
© The Trustees of The British Museum, London: S. 47, 69 r., 203 u., 236 u. l.
Windsor Castle, The Royal Collection © 2003, Her Majesty Queen Elizabeth II: S. 240, 243

Vor- und Nachsatzpapier:
Detail der Sixtinischen Decke, 1509–1511
Fresko
Rom, Vatikan, Sixtinische Kapelle

Seite 2:
Der Sieg (Der Sieger, Detail),
um 1520–1525 oder 1532–1534 (?)
Marmor, Höhe 261 cm
Florenz, Palazzo Vecchio

Um sich über Neuerscheinungen von TASCHEN zu informieren, fordern Sie bitte unser Magazin unter www.taschen.com/magazine an, oder schreiben Sie an TASCHEN, Hohenzollernring 53, D-50672 Köln, contact@taschen.com, Fax: +49-221-254919. Wir schicken Ihnen gerne ein kostenloses Exemplar mit Informationen über alle unsere Bücher.

© 2010 TASCHEN GmbH
Hohenzollernring 53, D–50 672 Köln
www.taschen.com

Originalausgabe:
© 2007 TASCHEN GmbH

Projektleitung: Petra Lamers-Schütze, Köln
Lektorat: Brigitte Beier, Hamburg
Mitarbeit: Mahros Allamezade,
Nicole Bilstein und Ute Kieseyer, Köln
Design: Sense/Net, Andy Disl und
Birgit Eichwede, Köln; Claudia Frey, Köln
Umschlaggestaltung: Angelika Taschen,
Berlin; Sense/Net, Andy Disl und
Birgit Eichwede, Köln
Produktion: Ute Wachendorf, Köln

ISBN 978-3-8365-2116-1
Printed in China

EZECHIEL